HANS PETSCHAR
HERBERT FRIEDLMEIER

NIEDER-ÖSTERREICH

IN ALTEN FOTOGRAFIEN

UEBERREUTER

ISBN 3-8000-7117-7

Covergestaltung: Maria Schuster
Coverbild: Goldhaubengruppe vor Stift Melk. Ausblick aus dem
Atelier des Malers Walter Prinzl. Um 1937.
Signatur: 116985B
www.bildarchiv.at

Printed in Austria
7 6 5 4 3 2 1

Ueberreuter im Internet: www.ueberreuter.at

VORWORT

Dieses Buch handelt von der Lebendigkeit der Erinnerung und von einer Stätte, die sie bewahrt.
Über zwei Millionen alte Fotografien lagern im Bildarchiv der Österreichischen Nationalbibliothek: ein unermesslicher Schatz von Bildern und Ansichten aus Zeiten, die schon vergessen scheinen und in unserer Vorstellungswelt doch noch nahe sind. Beim Einsehen taucht man ein in ein Meer der Erinnerung aus selten gewordenen Gegenständen, Werkstätten aus dem Arbeitsleben, verschwundenen Industriebauten, Kulturdenkmälern des Alltags, die es heute nicht mehr gibt. Landschaften, Kleider, selbst die typische Haltung und fremd gewordene Erscheinungsbilder von Frauen und Männern, von Kindern in verschiedensten Lebenssituationen werden für die Betrachter zu Zeichen der Zeit. Die Fotografien fixieren vergangene Gegenwart. In den Archiven wird sie bewahrt, werden die Zeugnisse der Vergangenheit sorgfältig restauriert und künftigen Generationen zugänglich gemacht.
„Niederösterreich in alten Fotografien" ist Teil einer Serie von Bildbänden, die zum ersten Mal Österreichs Bundesländer im Bildarchiv der Österreichischen Nationalbibliothek fotografisch dokumentiert.
Über viele Jahrzehnte haben Generationen von Bibliothekarinnen und Bibliothekaren die stummen Zeugen der Vergangenheit gesammelt, geordnet, archiviert und katalogisiert. Über viele Jahrzehnte blieben ihre Arbeit und die Zeitdokumente, die sie bearbeiteten, für einen Großteil der Bevölkerung verborgen.
Dagegen beginnt mit der Buchserie „Österreichs Bundesländer in alten Fotografien" eine große Öffnung des Archivs für alle Bevölkerungsschichten.
Tausende Negative auf alten Glasplatten, tausende Filme auf Celluloid, tausende historische fotografische Abzüge werden aus den Magazinen der Nationalbibliothek hervorgeholt, geprüft, mit einem professionellen Digitalsystem in Archivqualität digitalisiert und für den Druck vorbereitet. Tausende Inventare und Katalogeinträge werden geprüft, ergänzt und mit den Bildern in eine Bilddatenbank übertragen. Die Bildquellen werden über Internet zugänglich gemacht und gleichzeitig werden die schönsten fotografischen Bilddokumente ausgewählt und in die am ehesten vollendete Form gebracht, die die Geschichte der Medien und der dokumentierten Erinnerung kennt: in die Form eines Buches.

HANS PETSCHAR HERBERT FRIEDLMEIER
Im September 2005

EINLEITUNG

DIE BERGE

Seit mehr als 100 Jahren führt die dampfbetriebene Zahnradbahn von Puchberg auf den Schneeberg, mit 2076 m Seehöhe der höchste Berg Niederösterreichs. 1897 wird der Betrieb auf der 9,5 km langen Schmalspurstrecke aufgenommen. 1218 Höhenmeter bewältigt der kleine Zug und bringt Ausflügler, Wanderer, Skitouristen und Eisenbahnliebhaber in die niederösterreichische Alpinregion. 1889 bis 1901 wird von Rudolf Goebl die Kaiserin-Elisabeth-Gedächtniskirche ober der Endstation der Schneebergbahn erbaut, die seither die Ankömmlinge empfängt.
Von Beginn an wird der Schneeberg als touristisches Ausflugsziel fotografisch dokumentiert. Mitarbeiter der Österreichischen Lichtbildstelle und begeisterte Amateurfotografen sorgen mit ihren einprägsamen Aufnahmen für ein öffentliches Bild der Erinnerung: In einer Lichtdruckaufnahme um 1900 posiert eine gutbürgerlich gekleidete Gruppe von Ausflüglern bei der Haltestelle Baumgarten. Die Bahn, die Stationshütte, die Geleise, ein Wassertank und der Schneeberg im Hintergrund bilden die landschaftlichen und die kulturellen Ankerpunkte des Erinnerungsbildes. Der Bahnhof in Puchberg, die Endstation mit der Kirche, die Abfahrt des Zuges vom Hochplateau sind typische Szenenbilder, die bis heute den fotografischen Besuch auf dem Schneeberg bestimmen.
In der Dokumentation der Hochgebirgswanderung bestimmt das Posieren vor der Gipfelpyramide und der weite Ausblick die Szene. Eine Aufnahme um 1910 zeigt die vereiste Gipfelpyramide am Klosterwappen, dem höchsten Schneeberggipfel, ganz ohne Menschen. In einer Aufnahme der Österreichischen Lichtbildstelle um 1935 sehen wir sommerlich leger gekleidete Wanderer, die der Fotograf im Bildraum verteilt, um die Gipfelpyramide mit einem Blick auf die Rax in Szene zu setzen. In den alten Aufnahmen von den Gipfelpyramiden am Kaiserstein am Hochschneeberg 1924, auf dem Hochwechsel an der niederösterreichisch-steirischen Grenze 1924 und am Hochkar in den Göstlinger Alpen 1955 mit Wanderern als Staffage sind es in erster Linie Kleidung, die Ausrüstung und der Habitus der Menschen, die in der Naturlandschaft des Hochgebirges eine historische Situierung erlauben.
Auf den ersten Blick als historische Aufnahmen identifizierbar sind die fotografischen Dokumentationen des Skitourismus. Ein Lichtdruckfilm um 1900 zeigt eine Tourengruppe vor dem vereisten Schutzhaus auf der Reisalpe. Ein Skifahrer hält um 1912 Rast am Gipfel des Göller, eine Tourengruppe ist Anfang der 1930er-Jahre im Höllental unterwegs.
Unbeeindruckt von der touristischen Eroberung der Landschaft geht Kamillo Kronich, der Hüttenwirt vom Ottohaus auf der Rax, in einer nahezu zeitlosen Aufnahme (wäre da nicht der alte Skistock mit dem Teller) mit seinem Husky durch den Schnee.

DIE LANDSCHAFTEN

Die Darstellung der niederösterreichischen Kulturlandschaften in der historischen Dokumentarfotografie könnte vielfältiger nicht sein: Touristische Genrebilder, Erinnerungsfotos, Dokumentationen des Alltags und der Landschaft, Wirtschaftsgebäude, Gasthäuser und Industrieanlagen, Steinformationen im Waldviertel, Weinberge im Kamptal, Donaulandschaften und die Marchfelder Ebenen quer durch die Zeiten ergeben ein Bild der Vielfalt und des Unterschieds: historisch, sozial, kulturell.
Ein Pferdefuhrwerk auf der Dorfstraße zeigt ein Bild von Puchberg am Schneeberg von 1935 abseits des touristischen Blicks. Der 1926 angelegte Golfplatz am Semmering in einer Aufnahme um 1950, ein Blick auf den Bahnhof und die Villen am Semmering um 1930 vermitteln einen ersten Eindruck vom Erholungsgebiet für die gute Gesellschaft. Das „Gasthaus zur österreichischen Grenze" auf der Terz, aufgenommen 1893 auf dem Weg nach Mariazell, liegt zur Hälfte bereits in der Steiermark. Die Mariazellerbahn, das Höllental, die Steinwandklamm in den Gutensteiner Alpen, die Ruine Türkensturz in der Buckligen Welt werden als Ausflugsorte dokumentiert.
Kunstfotografische Landschaftsaufnahmen vom Ybbs-

tal schafft Armand Helm um 1895. Die staatliche Lichtbildstelle dokumentiert Pressbaum im Wienerwald mit dem Sacré Cœur als Orts- und Architekturansicht um 1900. Um 1910 werden die mythischen Steinformationen des Waldviertels fotografisch festgehalten: die Blockheide bei Gmünd, „Teufelsbett" und „Kas und Brot", die verwitterten Granitblöcke bei Greillenstein ebenso wie der Gipfelfelsen des Nebelsteins an der böhmischen Grenze. Eine Aufnahme aus den 1920er-Jahren bringt einen Einblick in eine völlig andere Gegend: Der Wirtschaftsweg durch die Lössterrassen bei Traismauer scheint das harte Leben am kargen Land zu spiegeln. Als Kontrast dazu stehen die Industrie- und Kulturdenkmäler: das Ybbstalkraftwerk in Opponitz 1925, der Sonntagsberg mit der mächtigen Pfarrkirche zur Hl. Dreifaltigkeit in einer Aufnahme um 1920. Die Bilder werden zu Stationen einer Reise durch die Zeit – September 1955: ein Bauer mit Pferdewagen vor den Erdöl-Fördertürmen im Mühlbergfeld bei Bernhardsthal. 1928: eine Pferdeschwemme am Donauufer bei Hainburg. 1910: Stift Altenburg. Im Feldhang vor der Burg sitzt eher zufällig eine junge Frau mit Kopftuch neben einer unbenützten Egge.

AM WASSER

Voll Stolz präsentiert sich um die Jahrhundertwende in einer Aufnahme des Lichtbild- und Postkartenverlages Ledermann der erste Betreiber der Rollfähre, die von Ybbs nach Persenbeug führt. Drei kleine Kinder, barfuß, mit Hose, Jacke und Sommerhut, spielen die Passagiere. Die Donaureise flussabwärts führt entlang malerischer Uferstationen, gibt Blicke auf den Strom und die Gestade frei und bildet so die Kulisse für Ausflügler und den Wirtschaftsraum für die Schifffahrt. In den Strandbädern vergnügt sich die mondäne Gesellschaft, in der Werft Korneuburg mit ihren imposanten Anlagen werden für die Donaudampfschifffahrtsgesellschaft Frachtschiffe gebaut.

Die Flüsse und Seen Niederösterreichs sind Ausflugsziele seit der Jahrhundertwende, an den Uferpartien werden Gasthausterrassen und Badestationen errichtet und von Sonntagsausflüglern genützt.

Doch auch Hochwasser begleitet das Leben am Wasser. Im Marchfeld überschwemmt der Weidenbach im März 1912 die Umgebung, eine Aufnahme um 1906 zeigt eine von der March überflutete abgeholzte Au bei Angern, um 1900 überschwemmt der Stockerauer Donauarm Spillern, Angehörige der k. u. k. Pionierkadettenschule machen sich bereit zum Zillenfahren bei Hainburg an der Donau 1908.

DAS LEBEN AUF DEM LAND

Die ethnografische Dokumentation des Lebens auf dem Land zählt zu den Pioniertaten der historischen Bilddokumentation in Österreich. Seit der Jahrhundertwende nehmen Fotografen der Lichtbildstelle und des Denkmalamtes Haus- und Hofformen auf, fotografieren Ortsbilder und Kulturdenkmäler und dokumentieren die vom Jahreslauf bestimmte ländliche Arbeit im Freien.

Die Arbeit der Professionisten und Institutionen wird ergänzt durch die Aufnahmen von gut ausgerüsteten Amateurfotografen und Akademikern, die aus Wien kommend aufs Land fahren, um ihre Eindrücke fotografisch festzuhalten.

Die Magd mit der Sense, die zum Nachreifen aufgestellten Kornmandeln auf dem Feld, das Einführen der Getreideernte im Waldviertel, die Marillenernte in der Wachau, eine Bäuerin beim Butterrühren, das Einbringen der Zuckerrübenernte im Tullnerfeld, eine Gruppe von Hauern beim Weinlesefest in Poysdorf sind kollektive Szenen vom Leben am Land.

Stolz posiert der Triestingtaler Bergbauer Michael Hacker vor seinem Hof und präsentiert seine Familie mit zwei Knechten in Eberach bei Weißenbach 1910. Etwa zur selben Zeit gehen verhüllt und anonym mit gesenktem Kopf zwei Frauen neben einem abgestellten Leiterwagen durch den St.-Pöltner-Hof in Joching bei Weißenkirchen in der Wachau.

Von Brandkatastrophen bis zu Hochzeitsbräuchen wird das Leben auf dem Land fotografisch dokumentiert.

DAS LEBEN IN DER STADT

Eine Aufnahme des Wiener Volkskundlers und Fotografen Friedrich Widter aus dem Jahr 1912 zeigt in einer belebten Straßenszene den Hauptplatz von Wiener Neustadt mit zahlreichen Passanten. Die Rathaus- und

Hauptplätze der Städte sind die Ankerpunkte für die Dokumentation des Stadtlebens. Das Stadtbild Badens wird geprägt durch die Kurgäste und die entsprechenden Gebäude, fast alle Bilder aus Klosterneuburg sind von den Türmen der Stiftskirche geprägt. In Korneuburg fotografiert Karl Möhsl auf einer seiner fotografischen Stationen durch Österreich 1895 den Hauptplatz mit dem eingerüsteten Rathaus. Im Rathaus von Bruck an der Leitha wird um 1900 ein Empfang gegeben. Die Plätze in den Kleinstädten bleiben weitläufig und weitgehend menschenleer, es sei denn, man trifft sich zum Wochenmarkt. Die Aufnahmen aus Krems zeigen städtisches Leben, den täglichen Markt um 1937, den Pferdemarkt vor der Pionierkaserne 1896, fotografiert von Karl Möhsl, einen Einsatz der Gendarmerie 1934. In einer Aufnahme um 1910 präsentiert in der engen Blutgasse in Tulln ein Pferdefleischhauer mit Hut und weißer Schürze selbstbewusst sein Schlachtobjekt. Zahlreich sind die Ansichten kunsthistorisch interessanter Gebäude in den Waldviertler Städten. Vom Blick über die Dächer gegen den Dom bis zum Einblick in die belebte Kremser Landstraße reicht die Bildauswahl zu St. Pölten.

DER ATEM DER GESCHICHTE

Die Erinnerung an die Schwedenbelagerung im 30-jährigen Krieg wird 1906 in einem Umzug in historischen Kostümen in Krems wach gehalten, die Erinnerung an die Napoleonischen Kriege manifestiert sich im „Franzosenturm" in Oberloiben und Heldendenkmälern bei Hollabrunn und in Deutsch-Wagram. Das Bundesdenkmalamt und die Lichtbildstelle fotografieren diese Orte.
Die Venus von Willendorf wird zur Darstellerin bei der Wien-Film, Karl Möhsl fotografiert 1913 das urgeschichtliche Hügelgrab bei Deutsch-Altenburg und zwei Studenten im Amphitheater von Carnuntum.
Die Monarchie feiert sich und den historischen Augenblick in Festen, Denkmälern und Eröffnungen. Kaiser Franz Joseph und Arthur Krupp beim Besichtigungsrundgang vor einer Werkshalle in Berndorf: eine Aufnahme vom 27. September 1899 anlässlich der Eröffnung des Arbeitertheaters der Krupp'schen Metallwerke. Kaiser Wilhelm II. und Kaiser Karl I. beim Verlassen des Bahnhofs Laxenburg anlässlich des Besuchs des deutschen Kaiserpaares am 6. Juli 1917, im Schlosspark wird später der Tee eingenommen. Kaiser Karl I., Kaiserin Zita und die Kinder Otto und Adelheid kommen zur Feldmesse des Gebirgsartillerie-Regiments Nr. 2 im August 1918. Ein Offizier begrüßt die Kaiserin mit Handkuss. In der Staatserziehungsanstalt für Kadetten gibt es eine Turnstunde in Uniform vor dem Mannschafts-Wohngebäude am Vorabend des Endes der Donaumonarchie. Dann betreten Heimwehr, Schutzbund und die Deutsche Wehrmacht vorübergehend die historische Bühne, in den frühen 50er-Jahren bestimmen der Eiserne Vorhang und die Demarkationslinie an der Enns das politische Bild. Leopold Figl feiert 1952 das gesellschaftliche Ereignis eines Besuchs in seinem Heimatort Rust im Tullnerfeld im Weinkeller, um 1958 sitzt Landeshauptmann Johann Steinböck Modell für seine offizielle Büste im Atelier des Bildhauers August Bodenstein.

MODERNE ZEITEN

Die Bahnhöfe, die Züge und das hervorragende Eisenbahnnetz der Monarchie werden in ihrer fotografischen Wiedergabe als Zeichen der Mobilität dokumentiert.
Der Verlag Ledermann produziert um die Jahrhundertwende Postkarten und Lichtdrucke von den Stationsgebäuden, den Lokomotiven und Zügen. Die Eröffnung neuer Strecken und Stationen wird gefeiert, in den 30er-Jahren begleiten Fotografen der Lichtbildstelle die vollbesetzten offenen Aussichtswagen der Österreichischen Bundesbahnen auf den Semmering, die Fotografen des amerikanischen Informationsdienstes in Österreich zeigen 1952 die Elektrifizierung der Westbahn auf der Strecke Wien–Amstetten mithilfe von ERP-Mitteln.
Die Laufkraftwerke an der Donau in Wallsee-Mitterkirchen und Ybbs-Persenbeug, das Speicherkraftwerk Wienerbruck, die Papierfabriken Klein-Neusiedl an der Schwechat und Kematen, die Zuckerfabriken in Hohenau und Tulln, die Wiener Neustädter Flugzeugfabrik, die Enzensfelder Metallwerke, die Erdölfelder und Bohranlagen in Zistersdorf und die Krupp'schen Metallwerke in Berndorf sind Beispiele für die beeindruckende Vielfalt niederösterreichischer Industrieanlagen, fotografiert von der Jahrhundertwende bis Anfang der

60er-Jahre. Vom alten Meilenstein am Semmering über alte Linienbusse bis zum überfüllten Parkplatz der Jausenstation Am Hals reichen die Zeugnisse der fortschreitenden Motorisierung, Linienflüge von Langenlebarn nach New York und Rundfunksender am Jauerling und am Bisamberg kündigen moderne Zeiten an.

BEI DER ARBEIT

Eine Gruppe von 19 Waldarbeitern mit ihren Schwemmstangen in Klausenleopoldsdorf wird 1910 von der Österreichischen Lichtbildstelle als Mannschaft vor ihrem Einsatz porträtiert. Für das Bildungswerk der Urania werden 1910 Torfstecher im Waldviertel und Förster im Wienerwald fotografiert. Der Geologe Gustav Götzinger fotografiert die Arbeiter beim Bau des Sonnleitenstollens für die 2. Wiener Hochquellenleitung im Februar 1906.

Bereits um die Jahrhundertwende wird das handwerkliche und frühindustrielle Arbeitsleben zu einem wichtigen Thema der österreichischen Dokumentarfotografie: von der Regulierung des Flussbetts der Perschling in Weißenkirchen 1910 über den Arbeitsschluss im Braunkohlenbergwerk in Hart bei Gloggnitz bis zum slowakischen Hausierer mit Körben und Kochlöffeln in der Wachau reichen die Motive.

Bis in die 30er-Jahre wird die systematische Dokumentation der ländlichen Arbeitswelt fortgesetzt. Heute zählen die fotografischen Aufnahmen zur Industrie- und Arbeitswelt von 1900 bis 1940 zu den bedeutendsten historischen Bildquellen des Bildarchivs der Österreichischen Nationalbibliothek.

WELTBERÜHMT

Der Maler Emil Jakob Schindler mit Gattin Anna und ihren Kindern Alma und Grete und Freunden im Park des Schlosses Plankenstein um 1890, Kolo Moser mit Schwiegermutter Editha Mautner-Markhof und Karl Otto Czeschka im Wald der Mautner-Villa am Semmering um 1912, Arthur Schnitzler bei einem Spaziergang in der Semmering-Landschaft um 1920, der Skipionier und Begründer der alpinen Skilauftechnik Matthias Zdarsky in einem steilen Hang der Kalkvoralpen beim Klettern um 1915, der Heimatforscher und Museumsgründer Josef Höbarth bei Ausgrabungen von Funden aus der Hallstattzeit mit seinem Mitarbeiter bei Horn um 1936, Rupert Hollaus, Österreichs einziger Motorradweltmeister, beim Überprüfen des Motors seiner Maschine in der Werkstatt seines Vaters im August 1954: Alltagsbilder von Berühmtheiten in Niederösterreich. Denkmäler an Orten wie Mayerling und Heiligenkreuz, am Heldenberg in Kleinwetzdorf und am Semmering wecken augenblicklich Assoziationen mit Ereignissen und Personen der österreichischen Geschichte.

EINBLICKE – AUSBLICKE

Februar 1934: Im Hotel Panhans am Semmering entflieht ein mondänes Publikum am Roulettetisch den Mühen des Alltags und dem Bürgerkrieg in Österreich. Eine Dokumentaraufnahme wird alleine aufgrund ihrer Datierung zum Sittenbild und zum sozialen Zeugnis, die Ästhetik des Blicks zur politischen Ästhetik. Lothar Rübelt, der Pionier und Meister der Sportfotografie, dokumentiert eine Schwimmkonkurrenz im städtischen Bad Mödling und erwischt nach dem Absprung punktgenau die horizontal in der Luft liegenden Sportler vor dem Eintauchen ins Wasser. Die Wahl des richtigen Augenblicks in der Bewegung, die Wahl der Perspektive und der Anordnung im Raum bestimmen das Einfangen des Motivs und der Zeit in der Featurefotografie.

Der Fotograf findet sein Modell auf dem Heck eines Ausflugsschiffs auf der Donau um 1950 und im Rundblick von den Aussichtswarten, die begehrte Ziele der Wochenendtouristen sind.

Unterschiedlichste Aufnahmen gewähren Einblicke in Häuser und Höfe, zeigen Kurioses und Vergängliches. Der Bauer aus der Buckligen Welt schmückt seine Stube mit seinen eigenen Gemälden, der Bauer aus dem Waldviertel schmückt seine Pfeife mit einem Porträt des 1921 verstorbenen Georg von Schönerer.

Im Karner von St. Michael blicken pyramidenförmig arrangiert ungezählte Totenschädel jedem Betrachter, jeder Betrachterin entgegen.

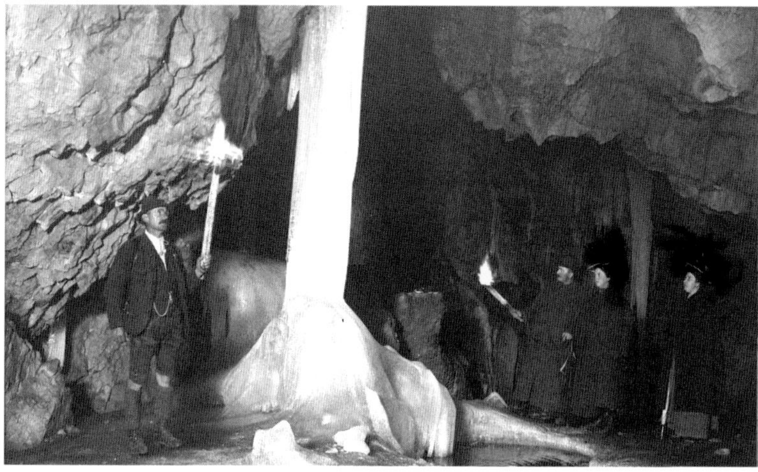

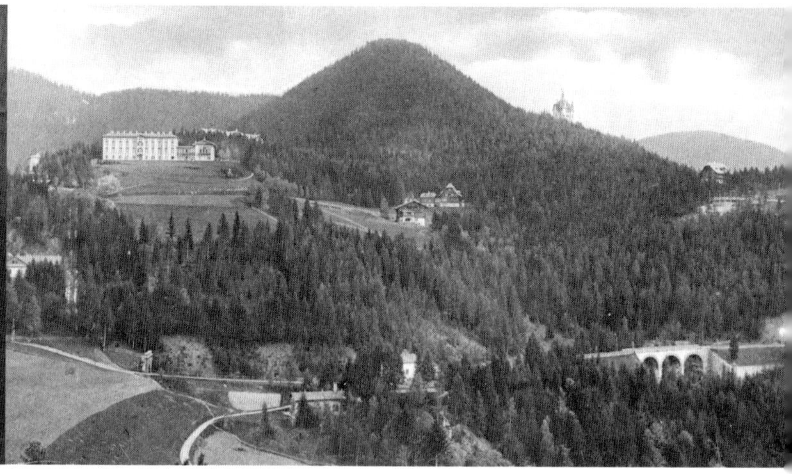

KAPITEL 1 DIE BERGE

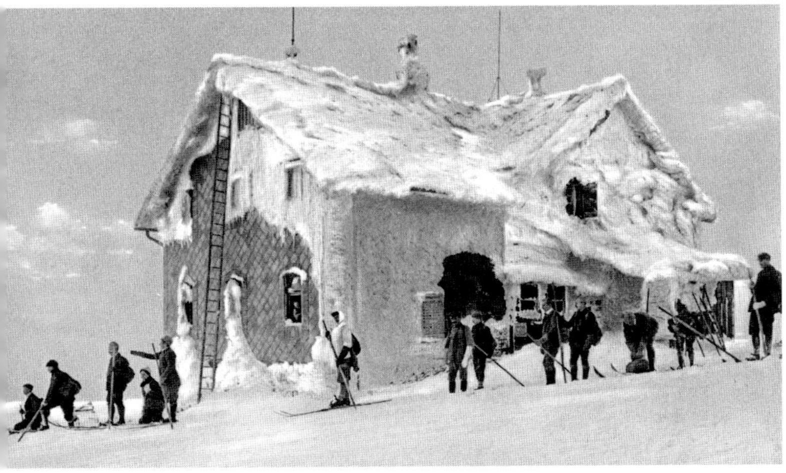

Hochschneeberg – Schneebergbahn – Raxalpe – Raxseilbahn – Raxalpe/Bergstation/Speckbacher Hütte – Im Ötscherland/Gösing/Lackenhof/Lassingfall – Semmering/Weinzettelwand/Polleroswand/Kalte Rinne – Gipfelpyramiden – Eishöhlen – Göller – Wienerwald – Reisalpe

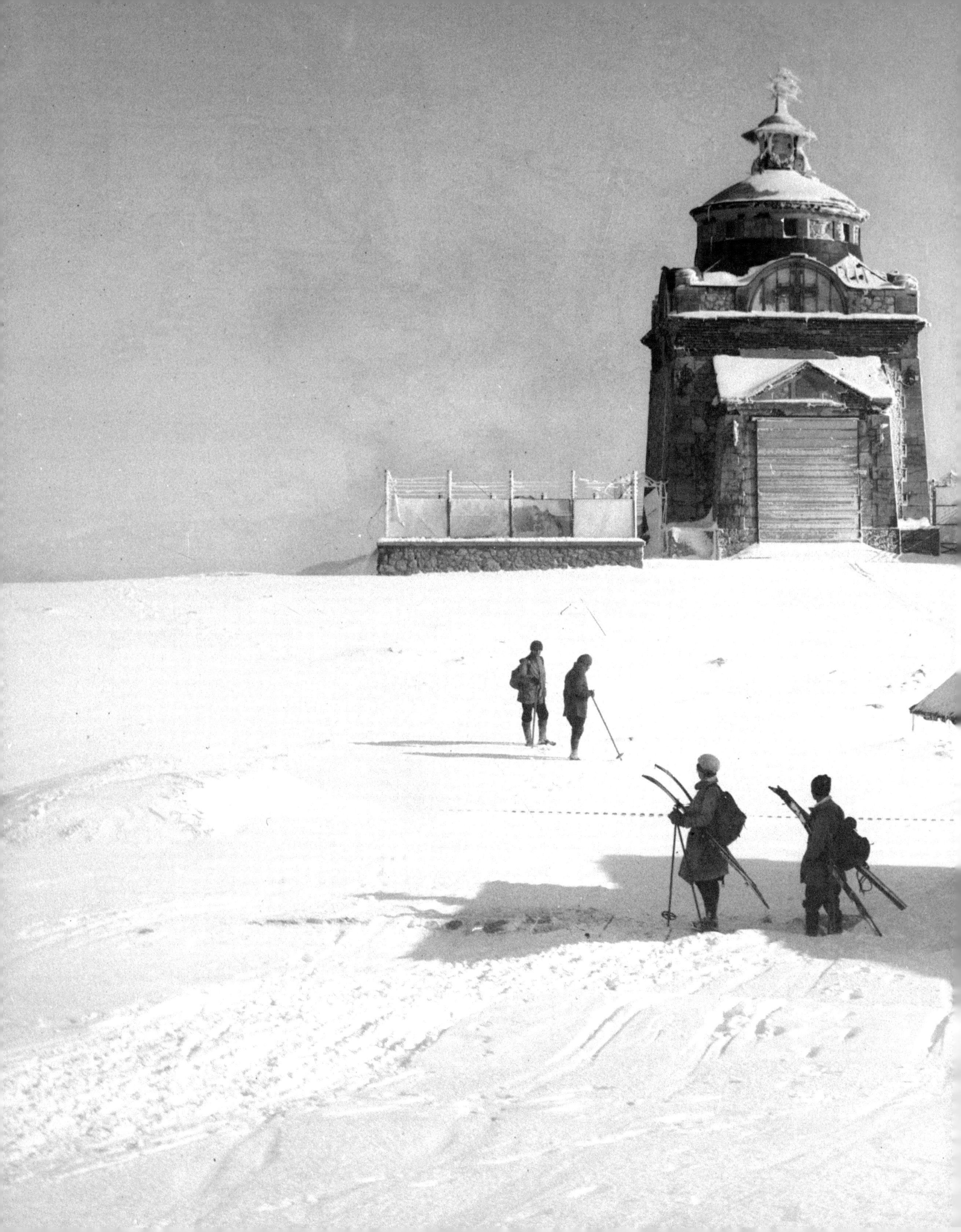

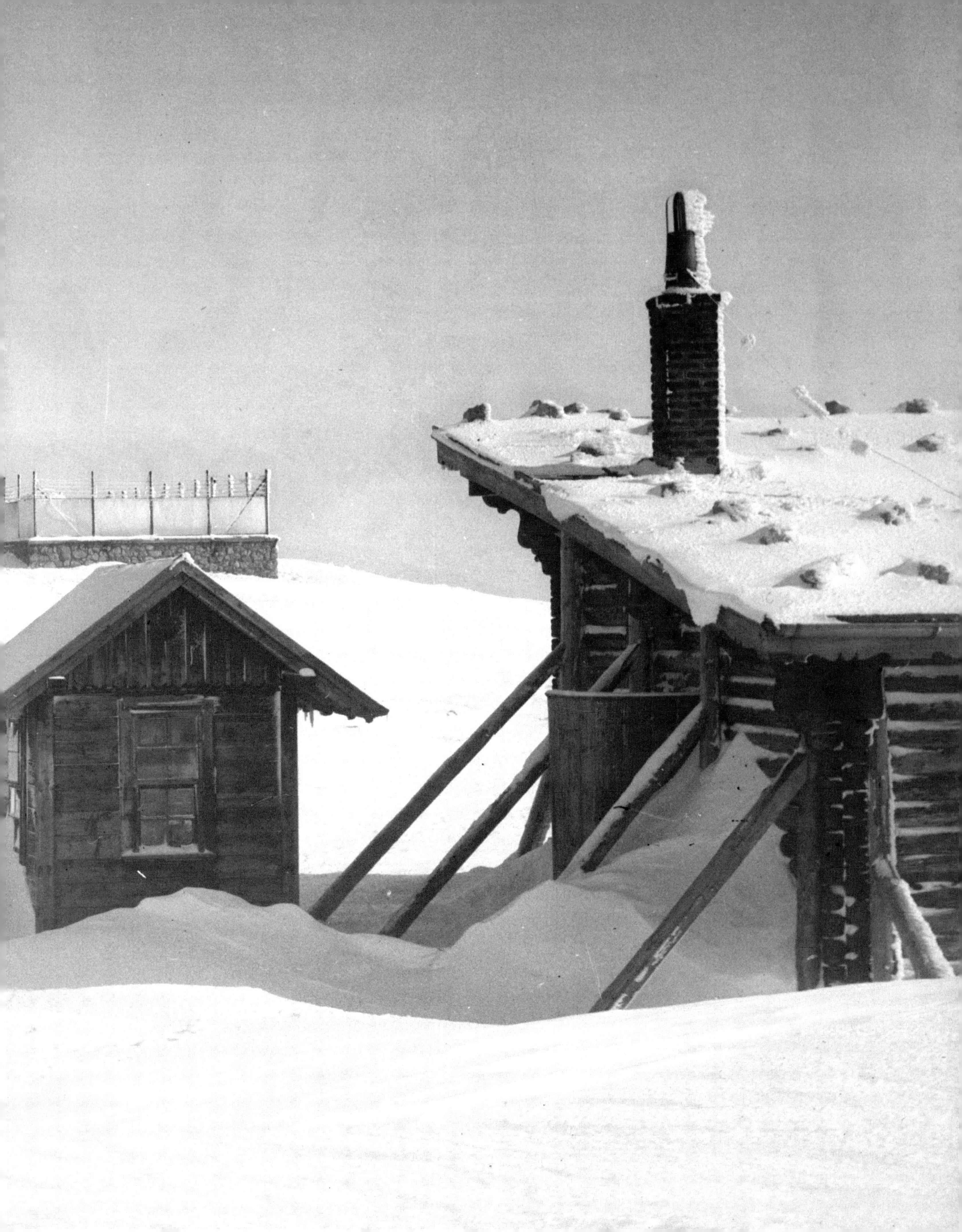

Vorderseite:
HOCHSCHNEEBERG
Blick zur Kaiserin-Elisabeth-Gedächtnis-kirche (erbaut 1899–1901 von Rudolf Goebl) und auf Skitouristen vor der Endstation der Schneebergbahn.
Um 1930.

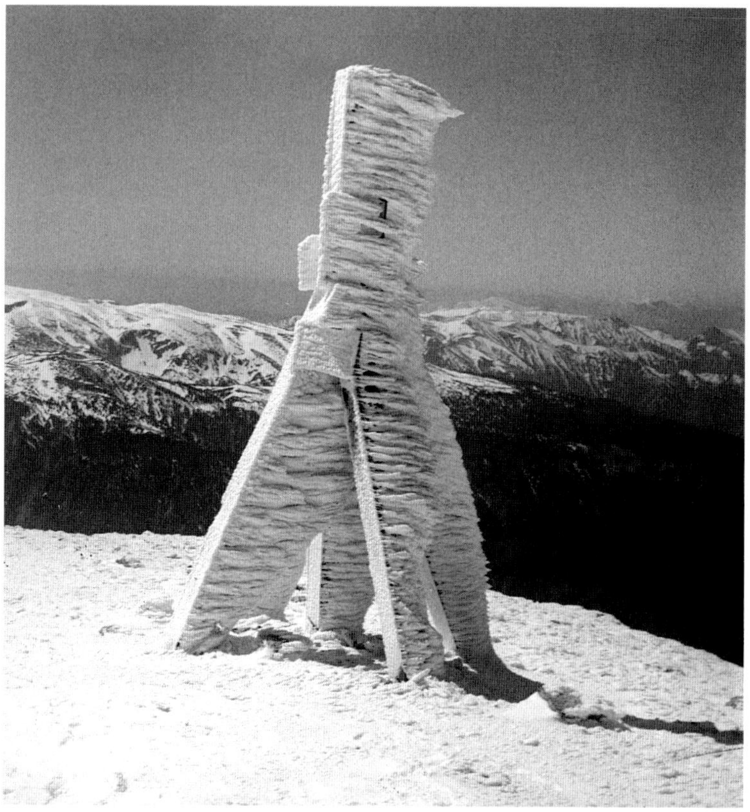

Vereiste Gipfelpyramide am Klosterwappen (höchster Schneeberggipfel, 2076 m).
Um 1910.

Gipfelpyramide mit Bergwanderern im Sommer. Ausblick auf die Rax (von NO).
Um 1935.

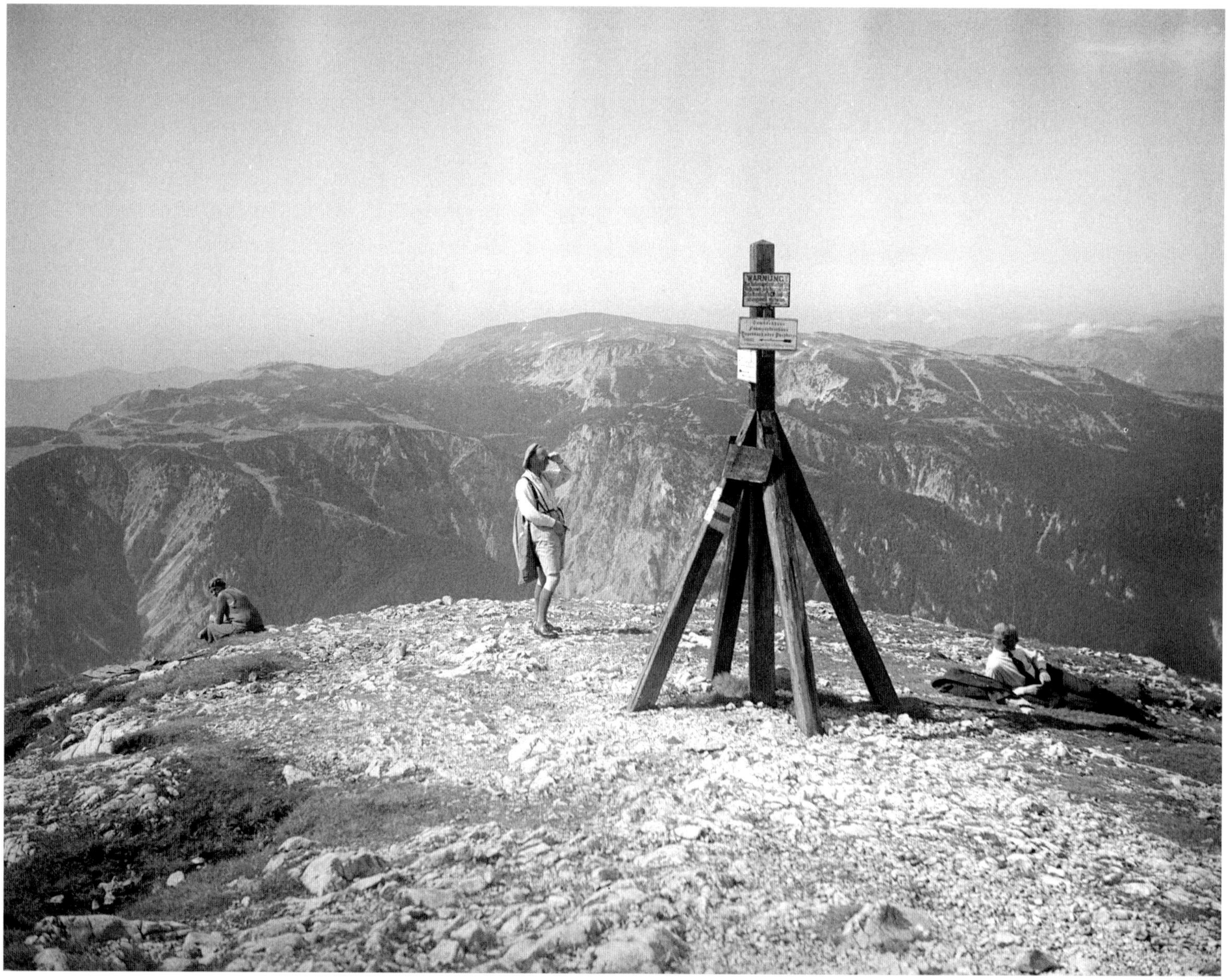

Stadelwandgrat.
Kletterer am Hauptturm.
Um 1930.

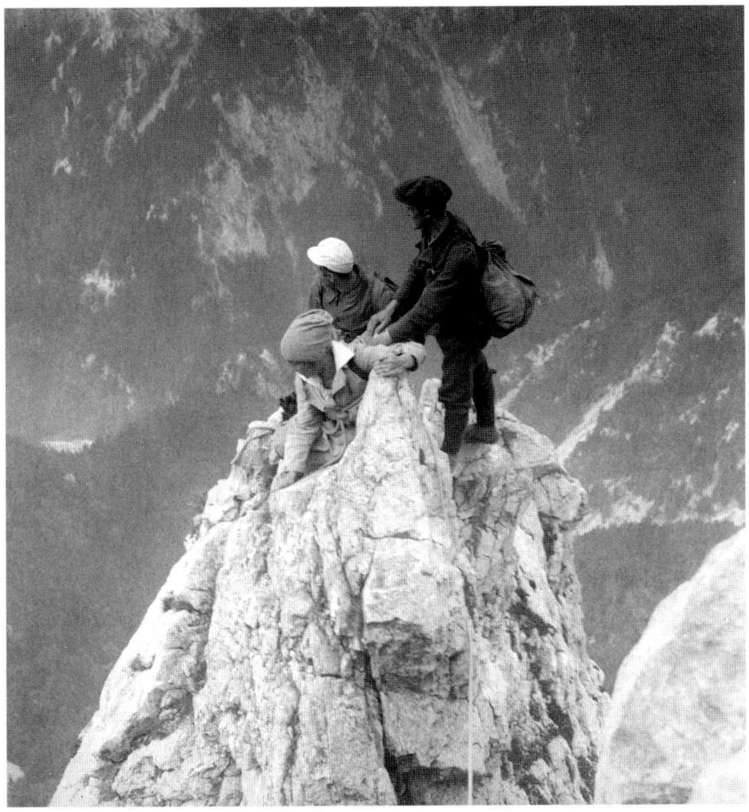

Ansicht vom Großen
Höllental (von S)
bei einer Skitour.
Um 1930.

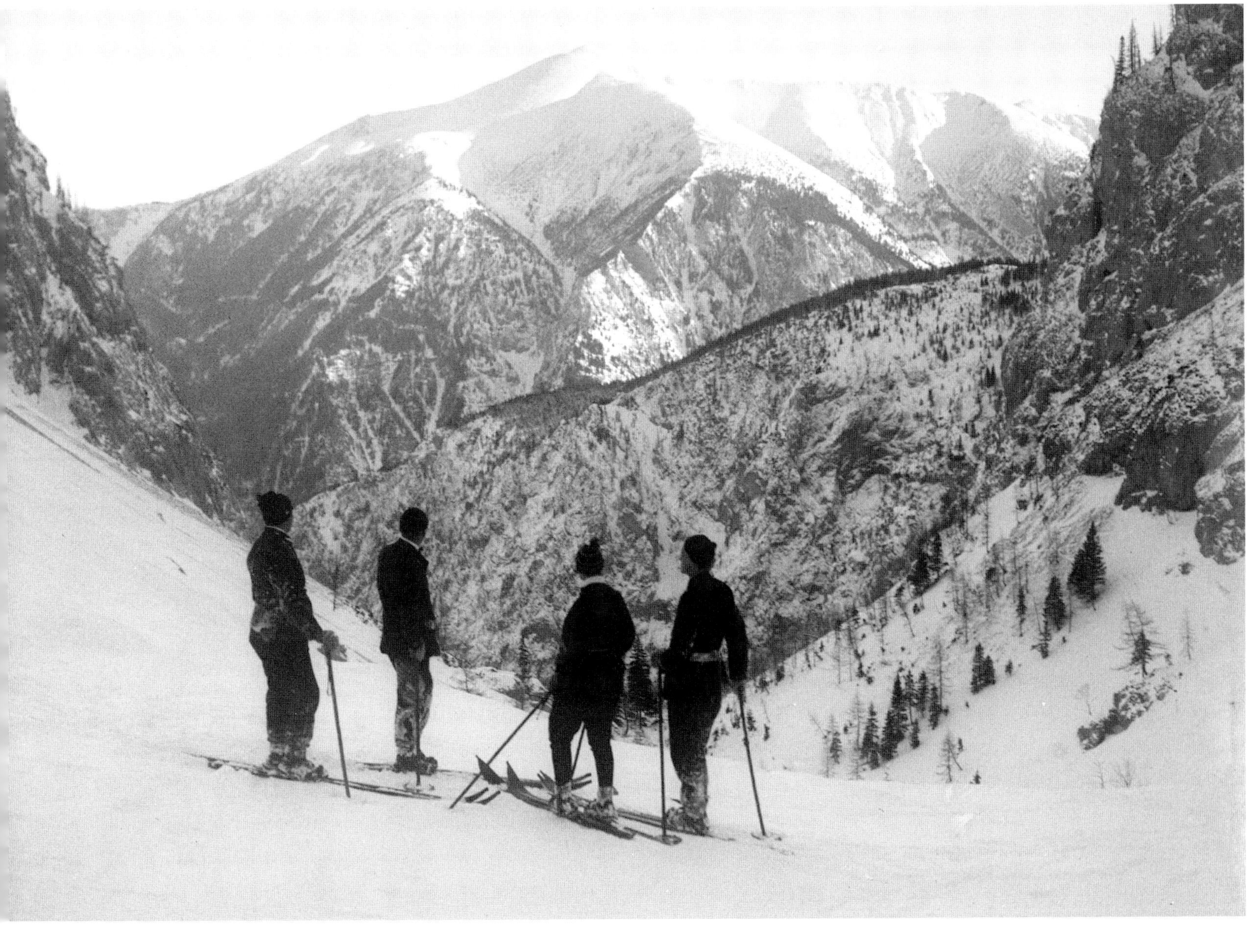

SCHNEEBERGBAHN
Dampfbetriebene Zahnradbahn,
seit 1897 in Betrieb.

Bahnhof in Puchberg am Schneeberg.
Ansicht von der Normalspurstrecke.
Heinrich Schumann. Um 1905.

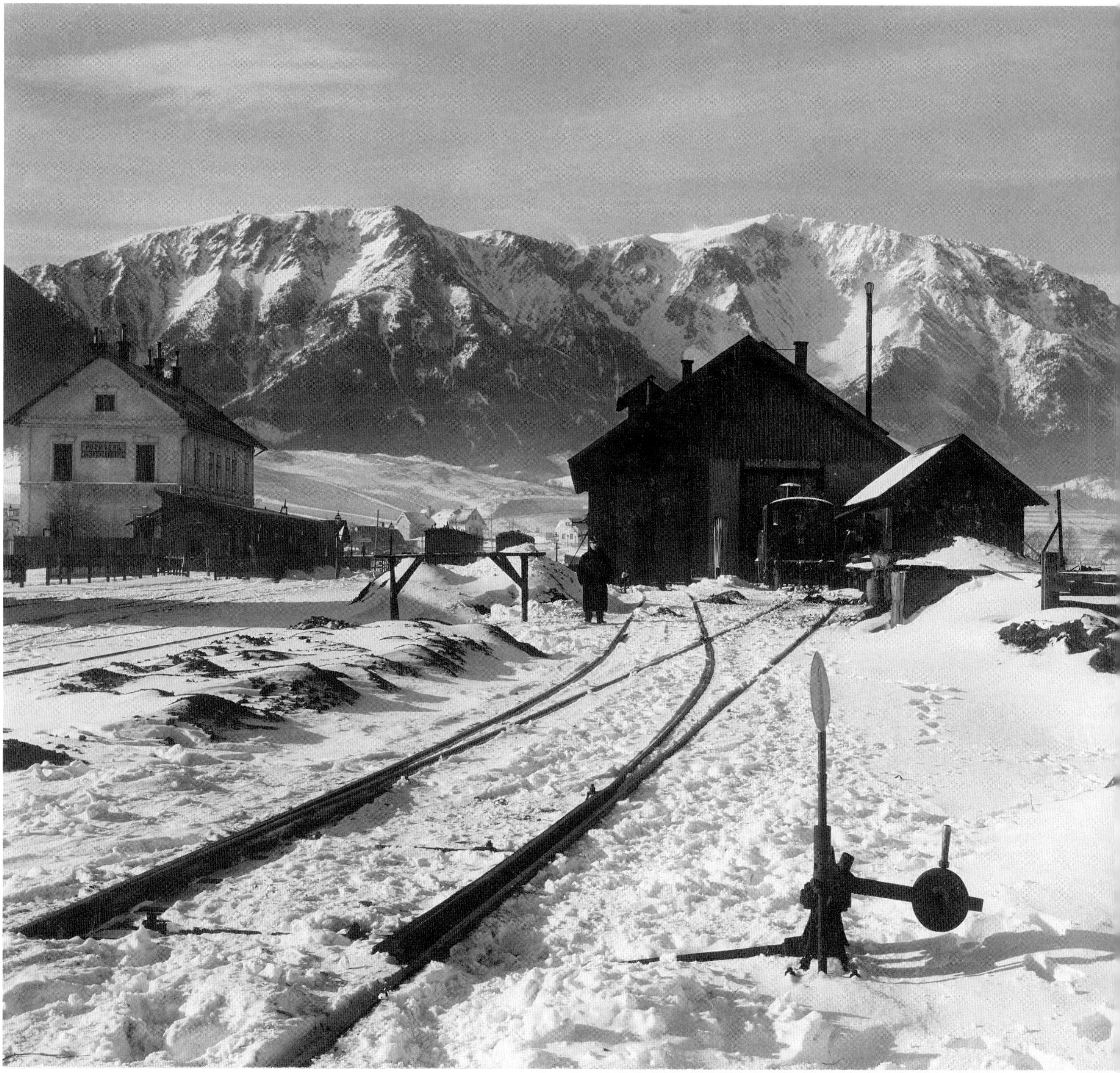

Unten:
Haltestelle Baumgartner mit Wassertank gegen den Hochschneeberg.
Lichtdruckfilm um 1900.

Abfahrt des Zuges vom Hochplateau.
Um 1920.

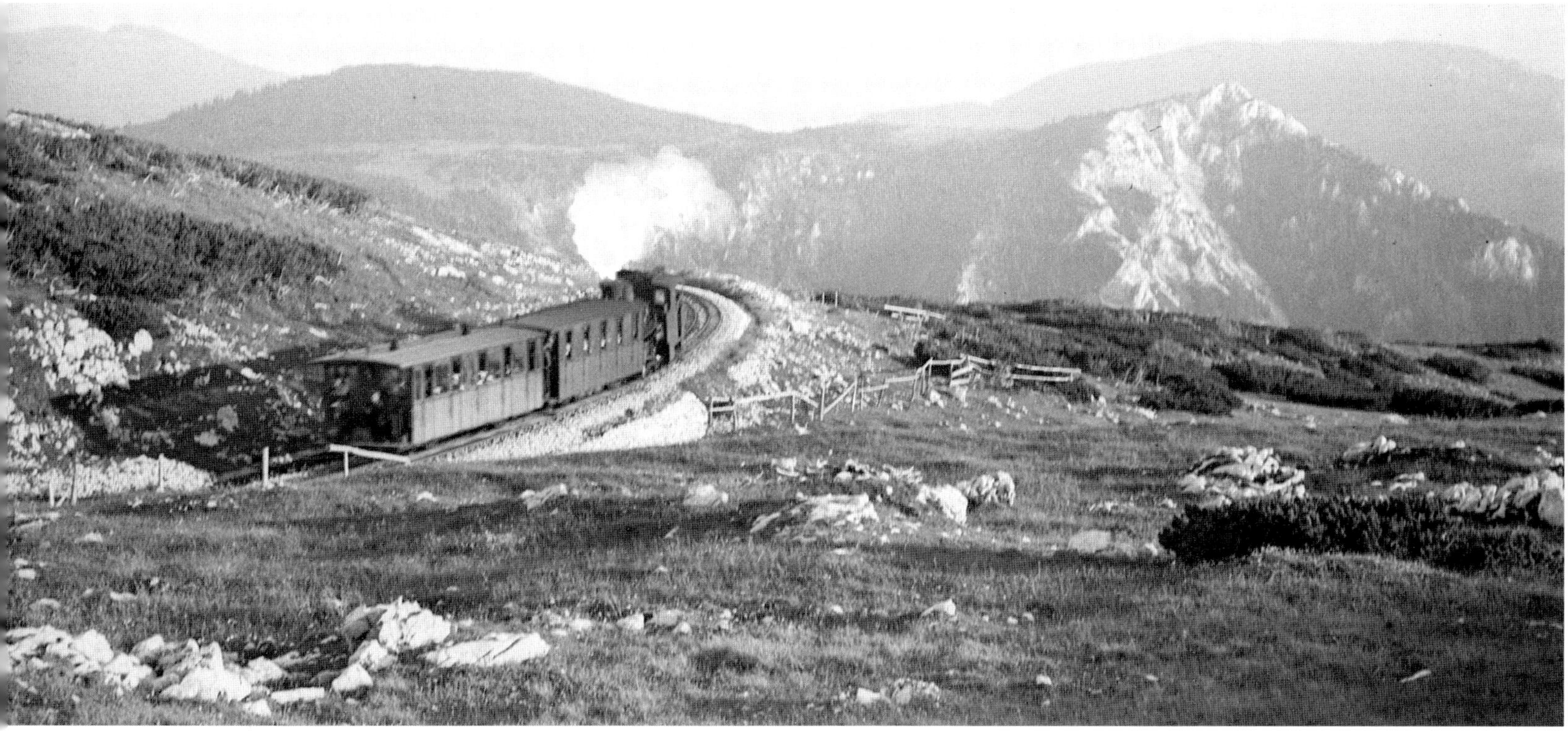

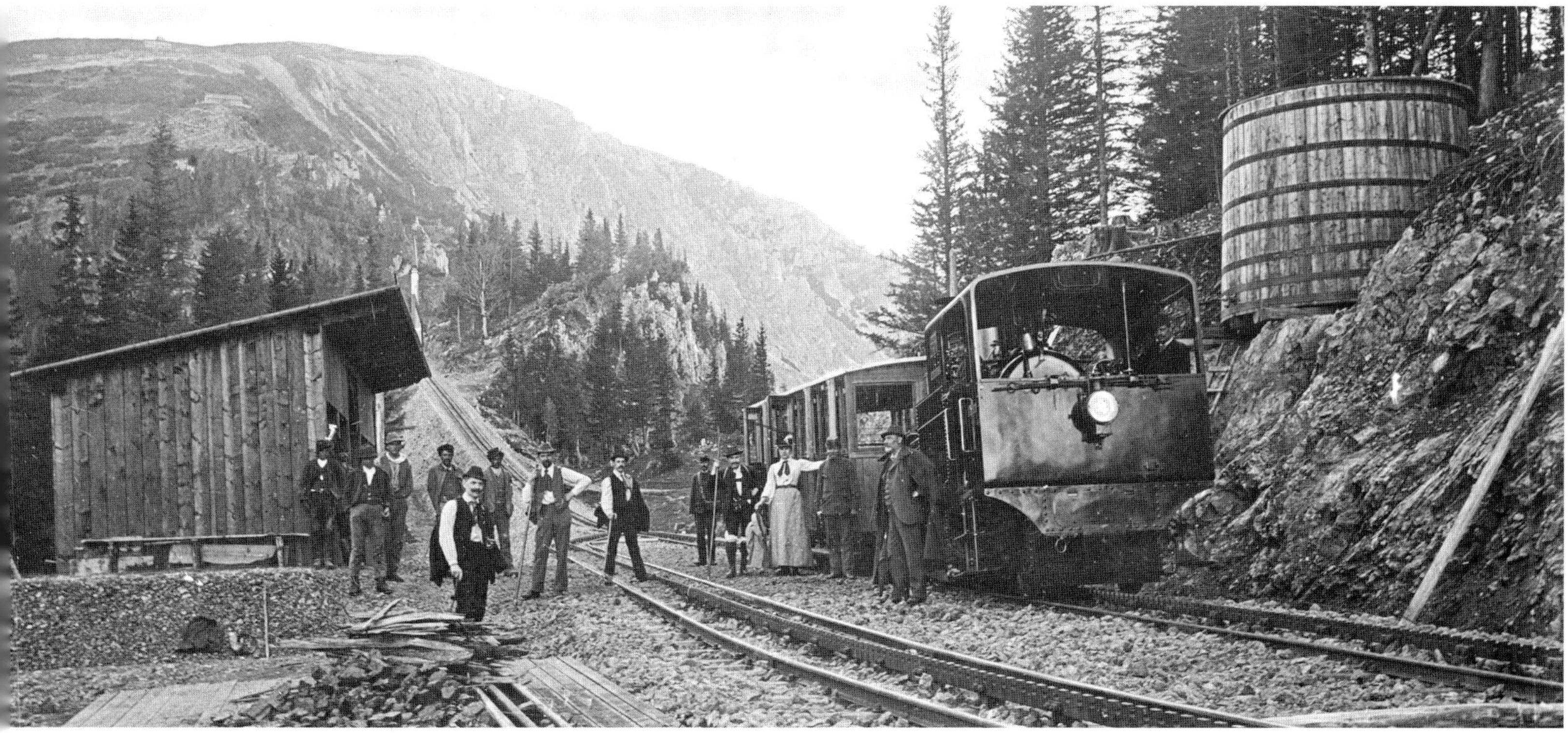

RAXALPE

Auf der Hochfläche
werden Schweine gehalten.
1942.

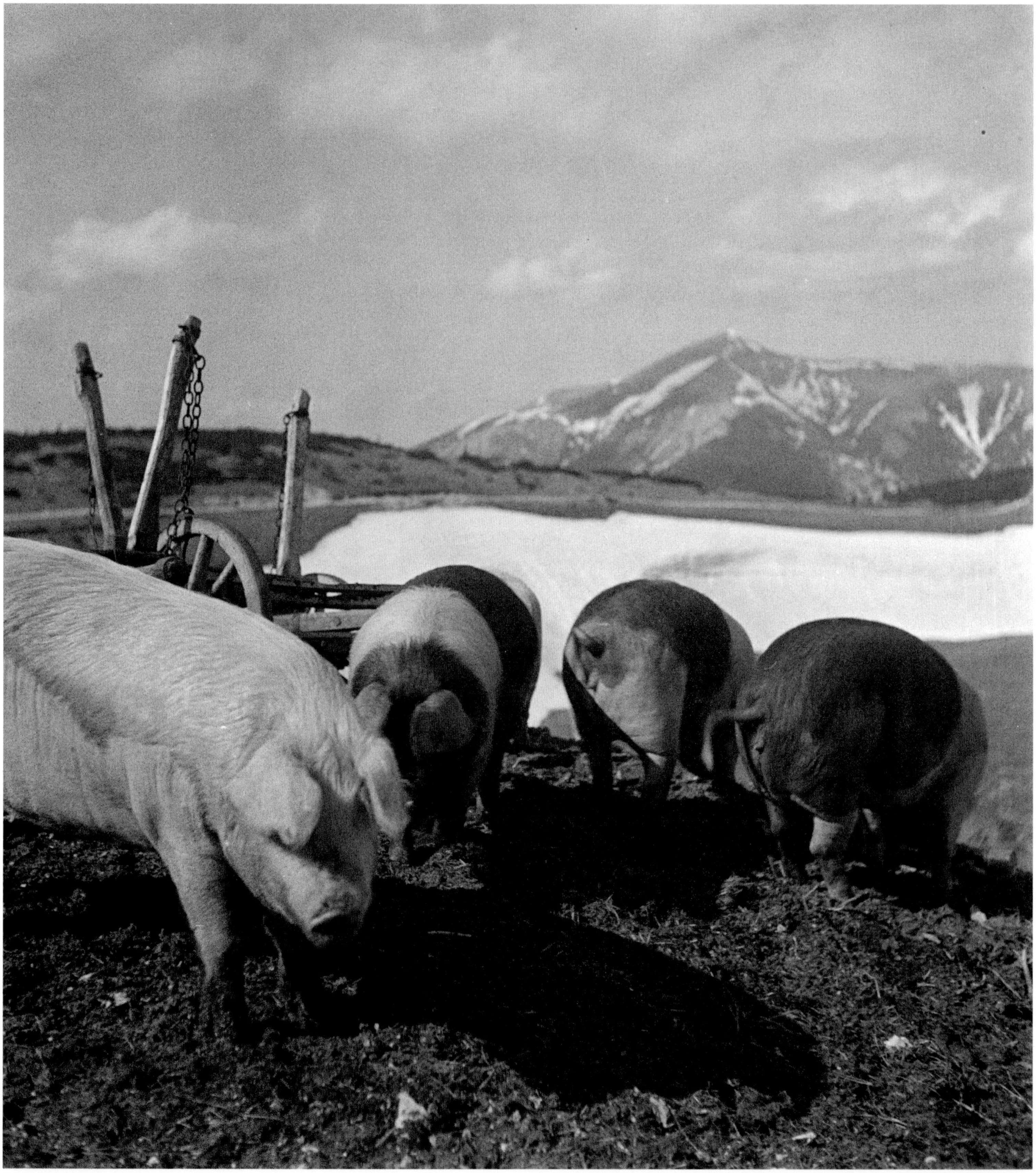

Kamillo Kronich,
Hüttenwirt vom Ottohaus,
mit Husky unterwegs.
Um 1930.

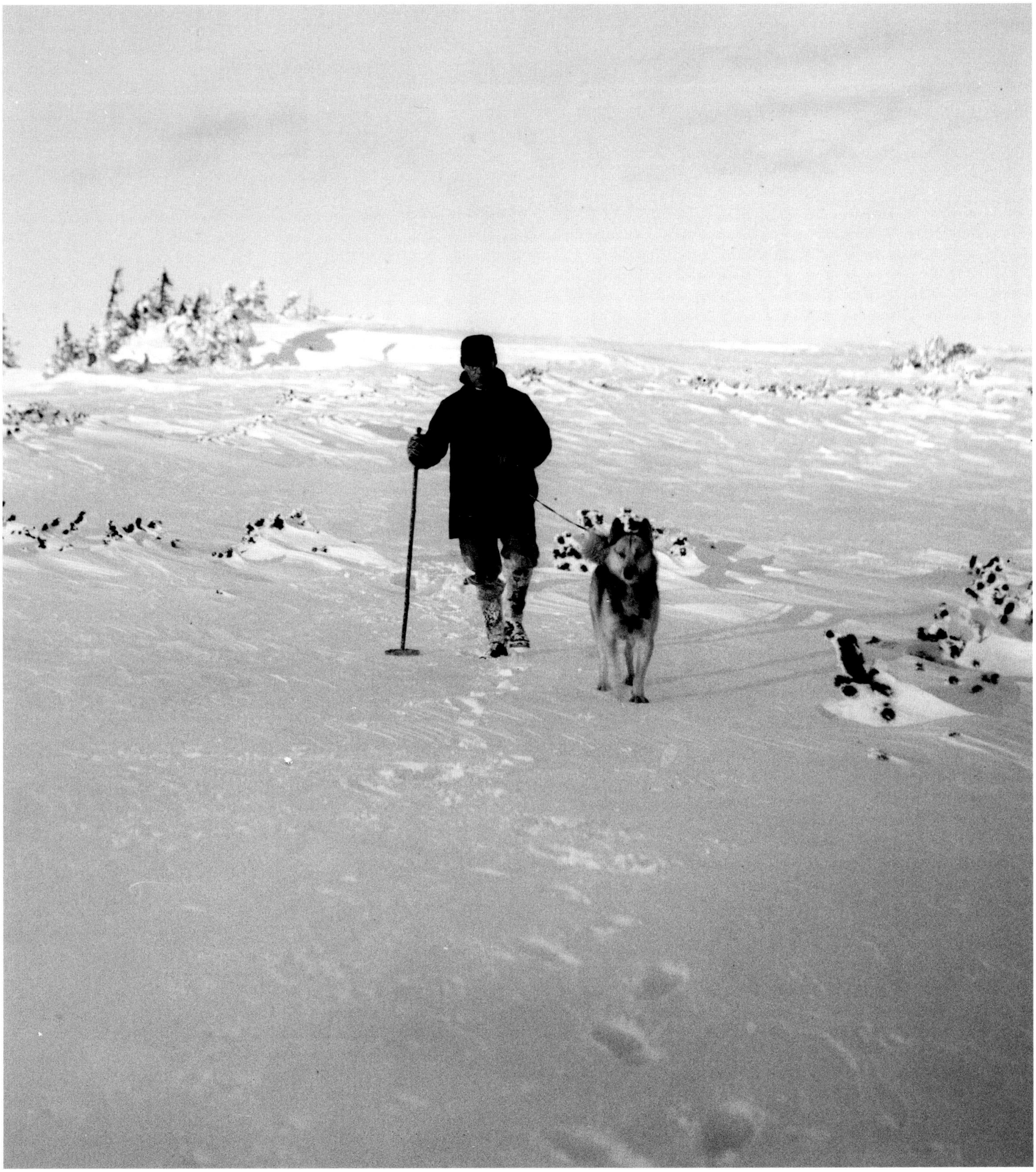

RAXBAHN
1. Seilschwebebahn in Österreich.

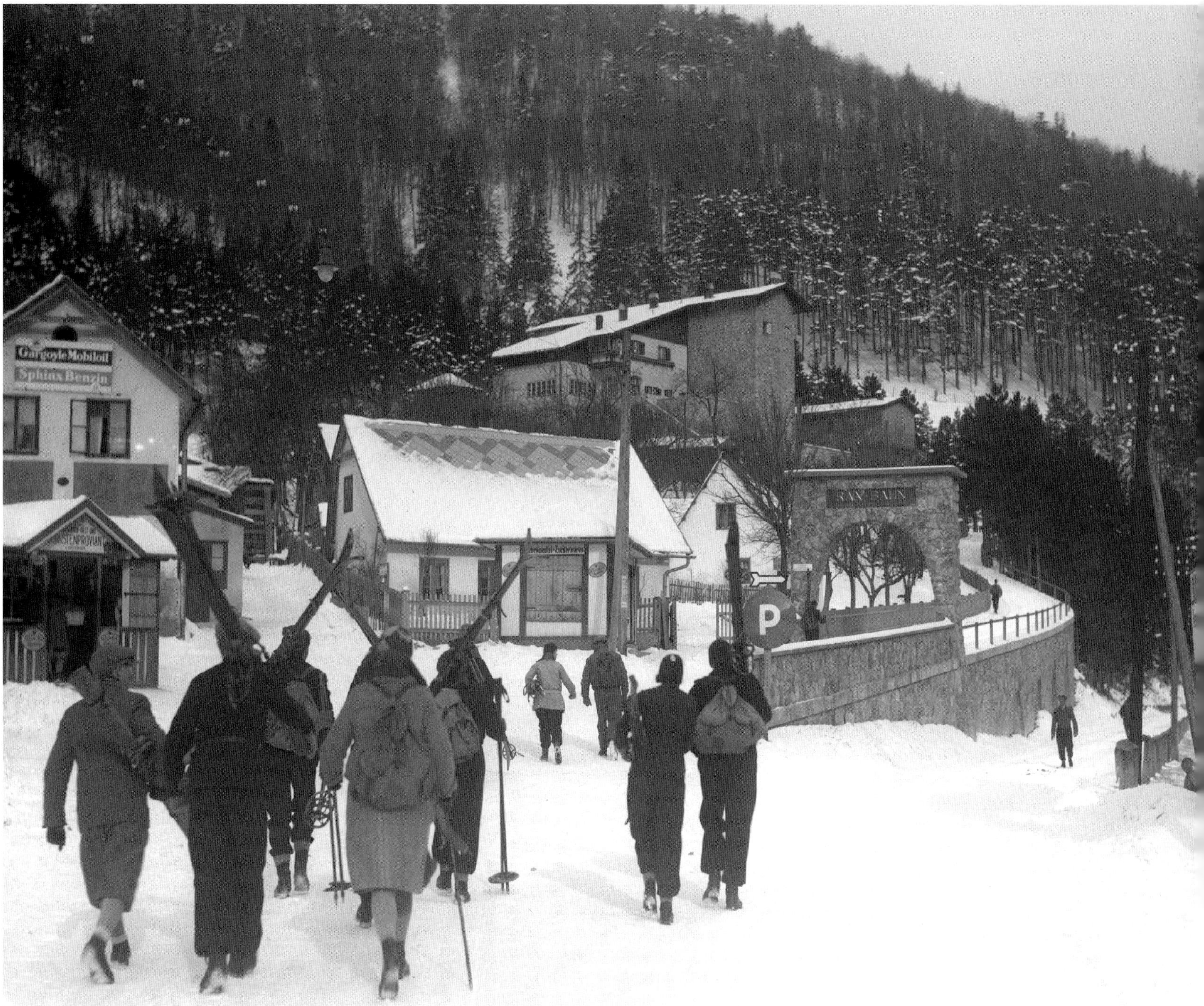

Zufahrt zur Talstation Hirschwang
mit Skiläufern.
Um 1933.

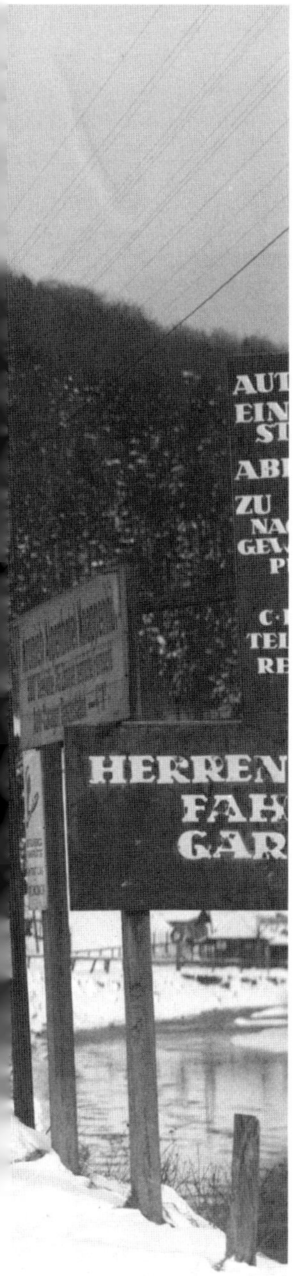

Skiläufer vor der
Bergstation Kleinau.
Um 1932.

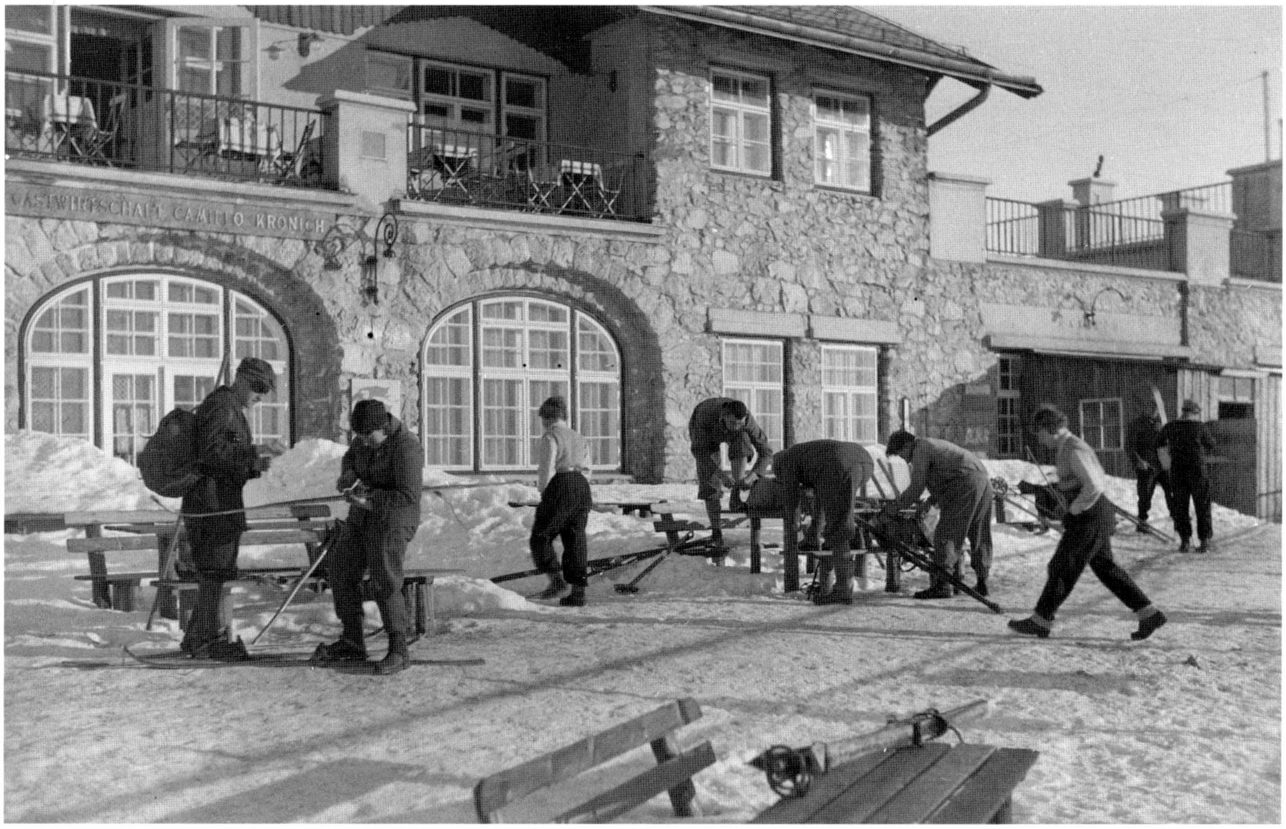

Unten:
Wagen bei einer Stütze.
Um 1928.

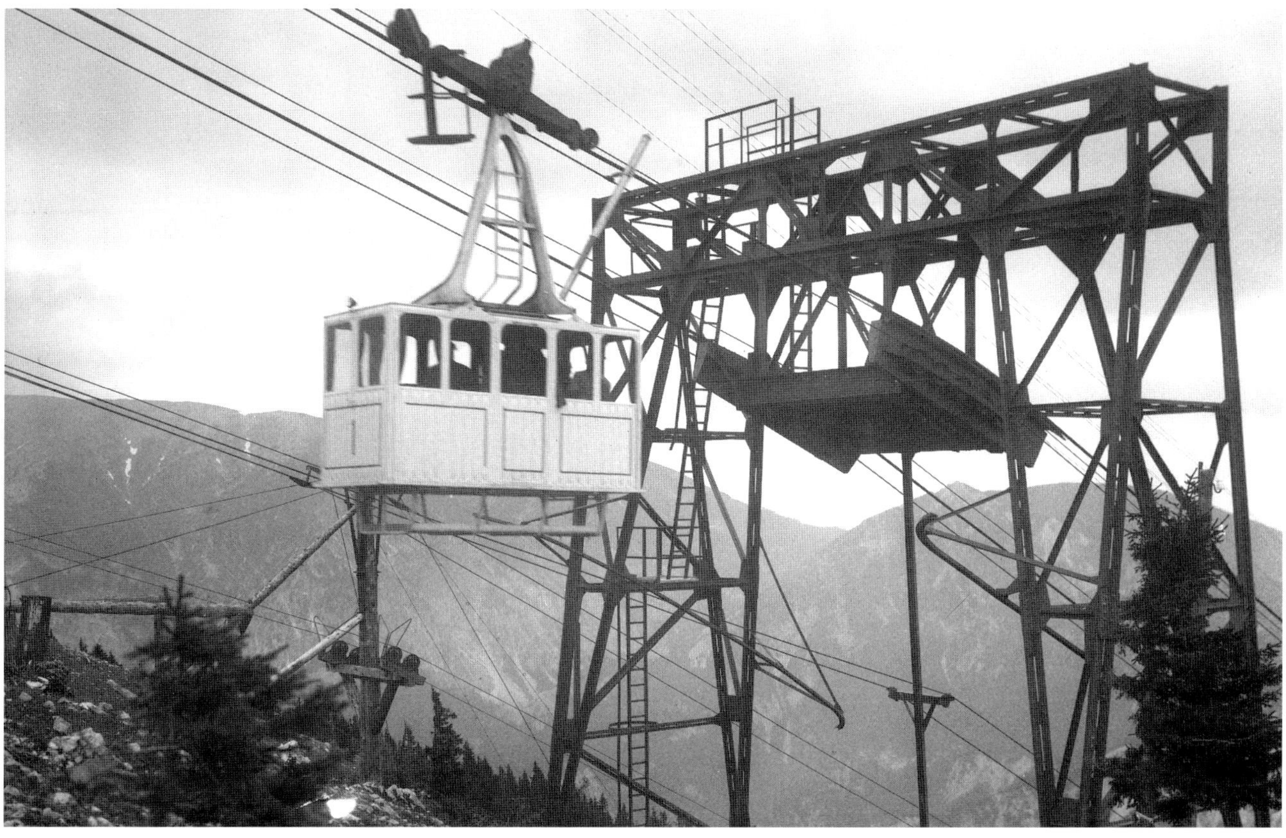

RAXALPE

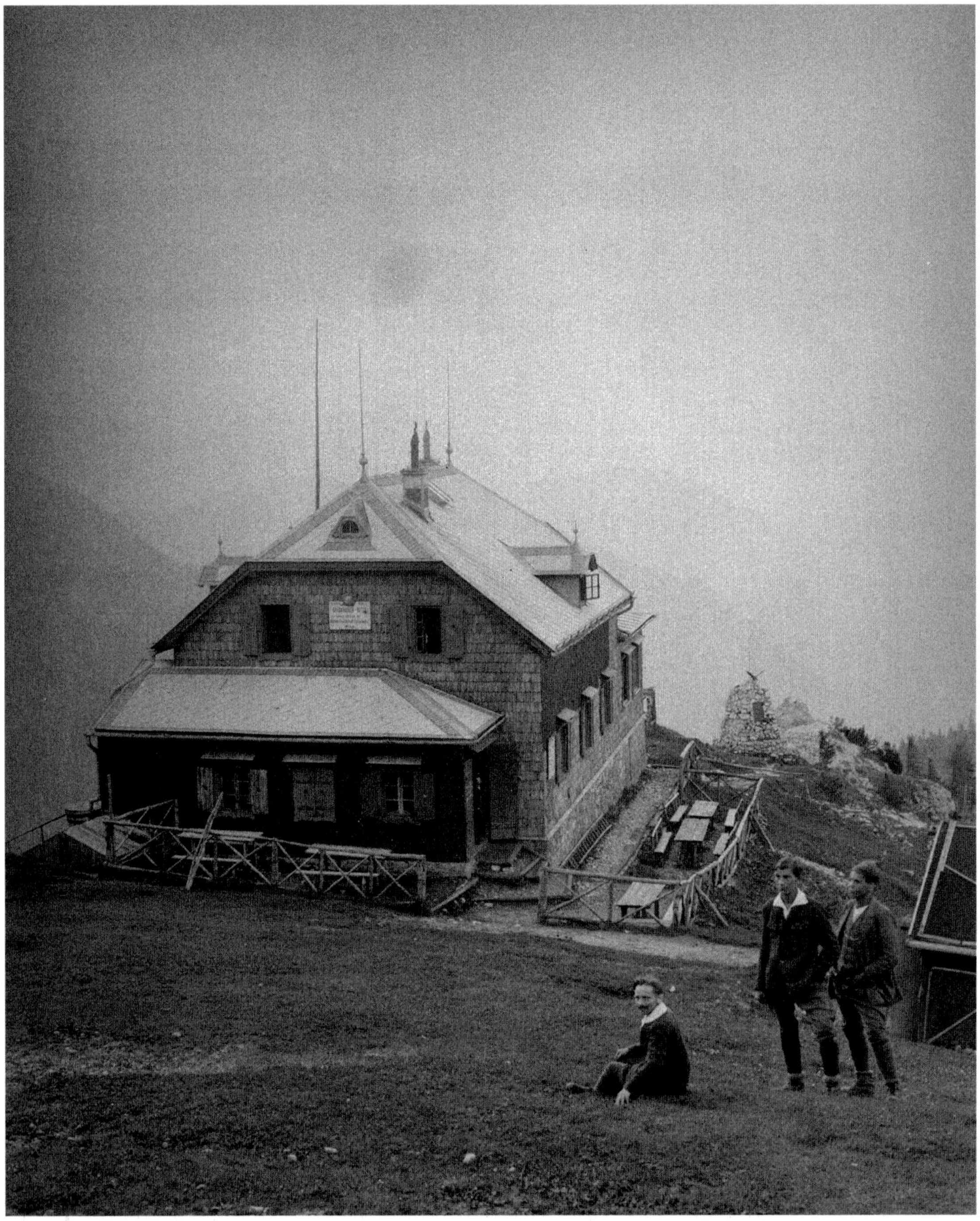

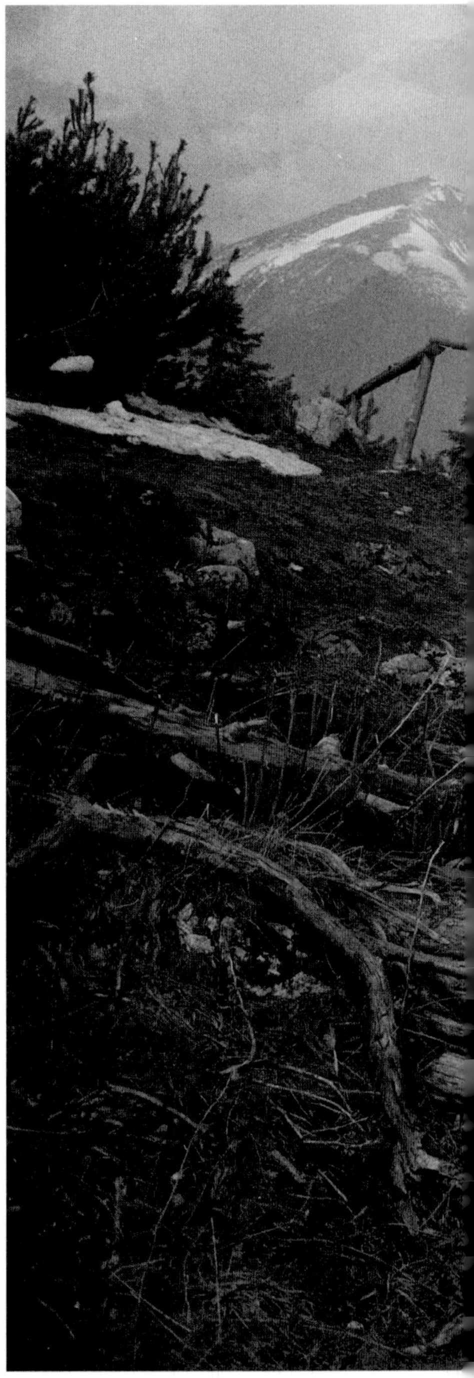

Speckbacher Hütte auf dem Wachthüttelkamm.
Ansicht von erhöhtem Standort mit Wanderern.
Juli 1920.

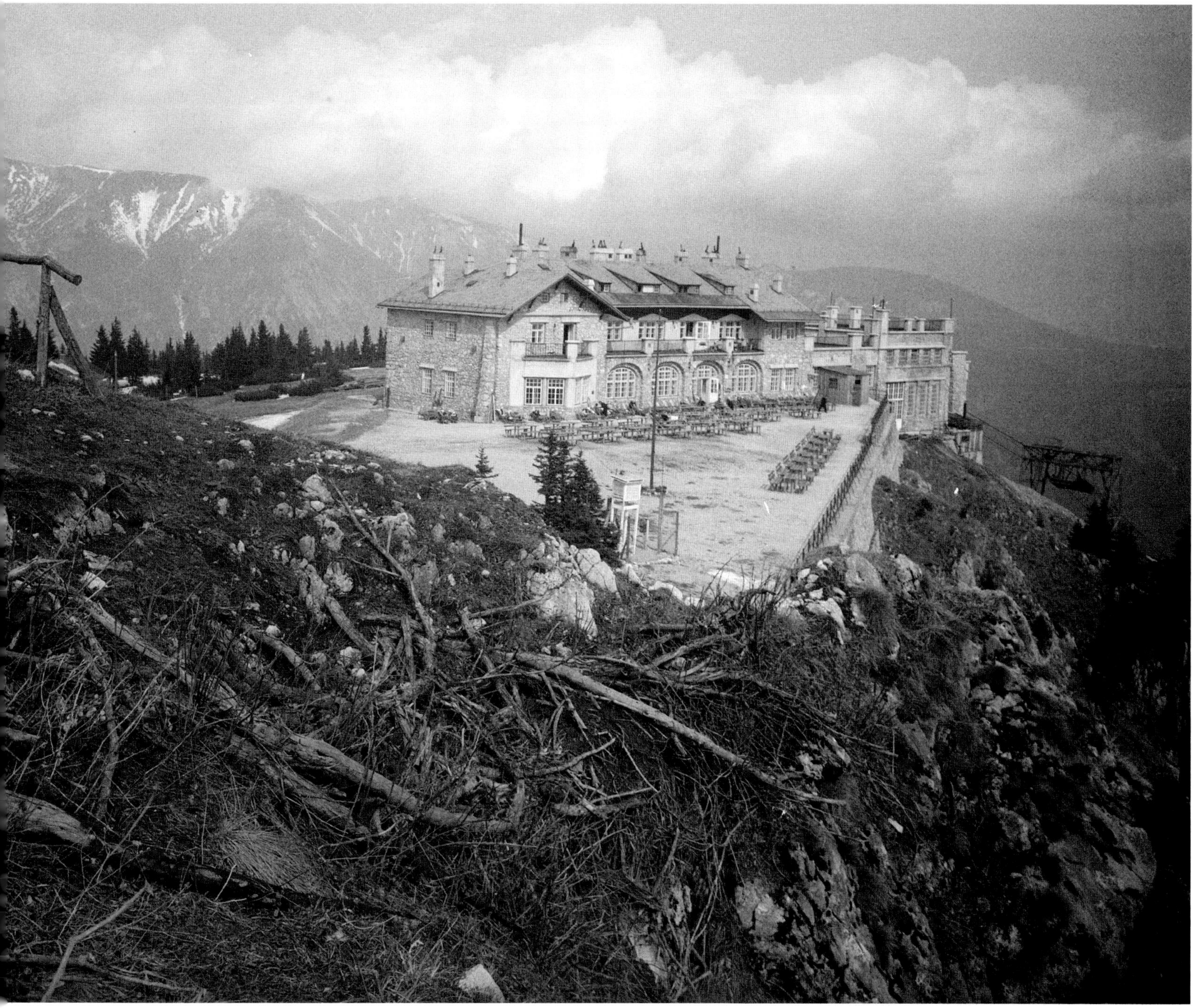

Bergstation der Seilbahn
gegen den Schneeberg (von SO).
Um 1935.

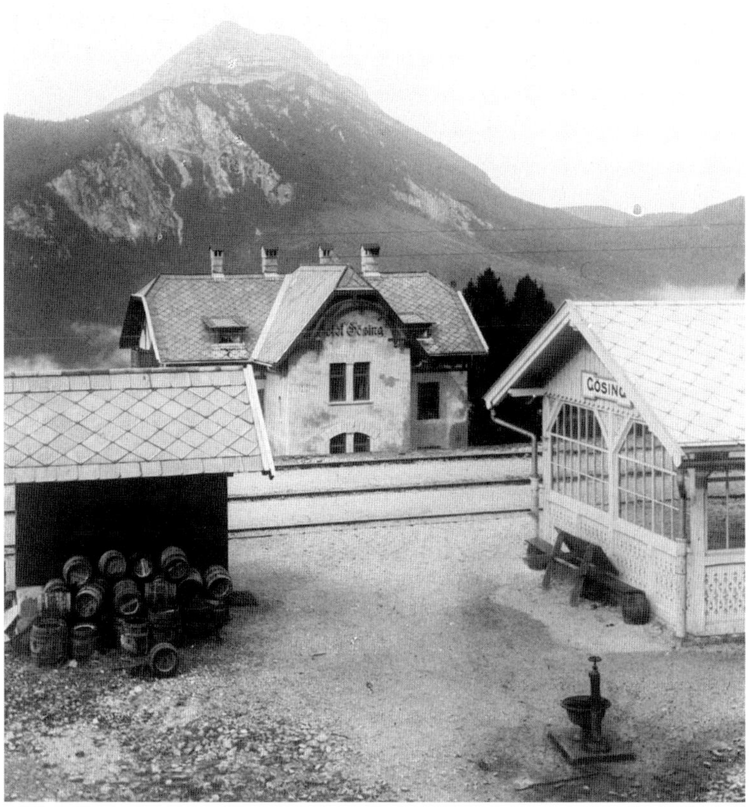

Gösing. Bahnhof und Alpenhotel gegen den Gipfel. Um 1912.

Blick von Obergösing über das Alpenhotel gegen den Ötscher (von NO). Um 1925.

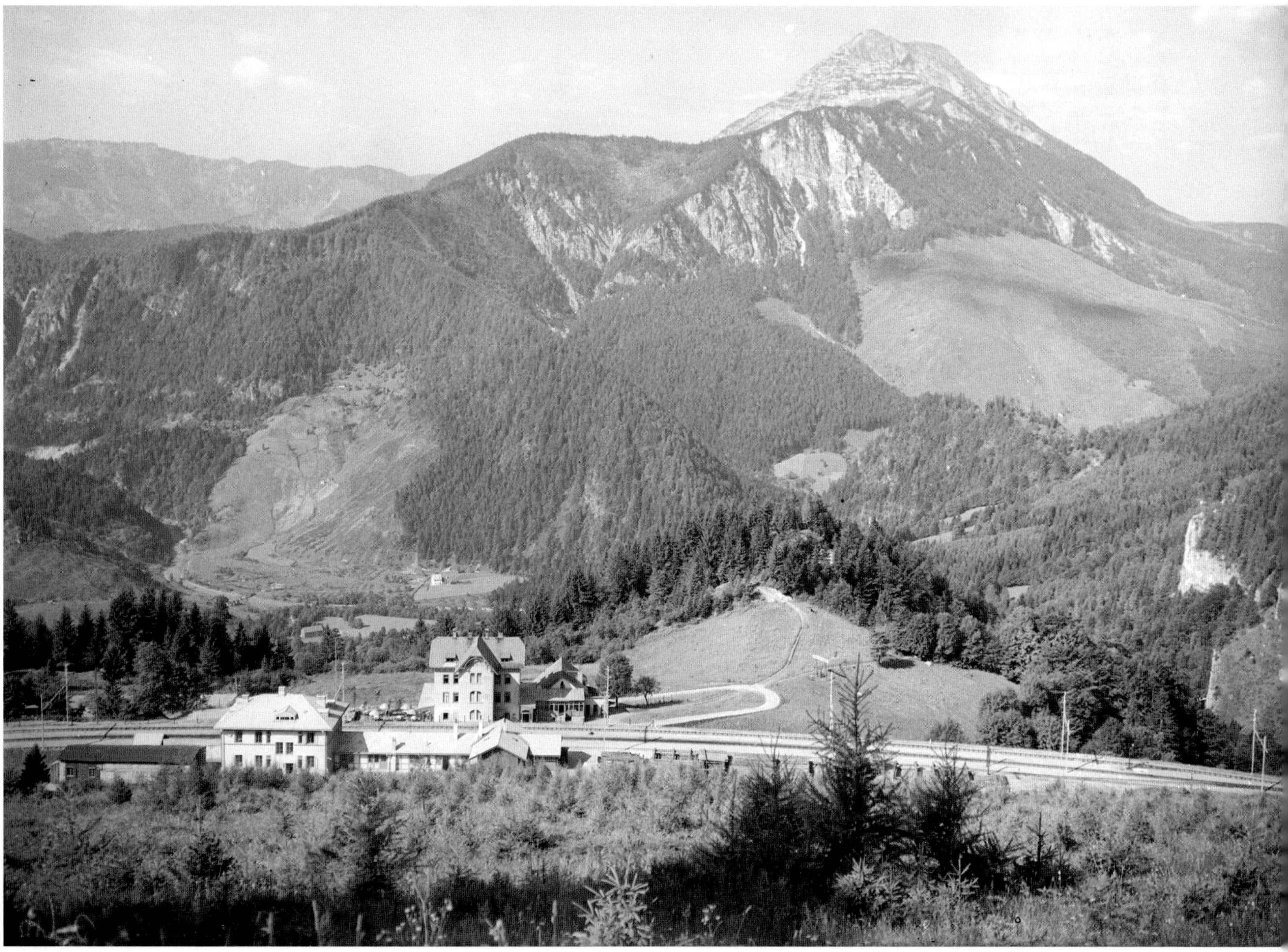

Lassingfall.
Oberer Teil im Aufblick.
Atelier Kuss, Mariazell.
Um 1875.

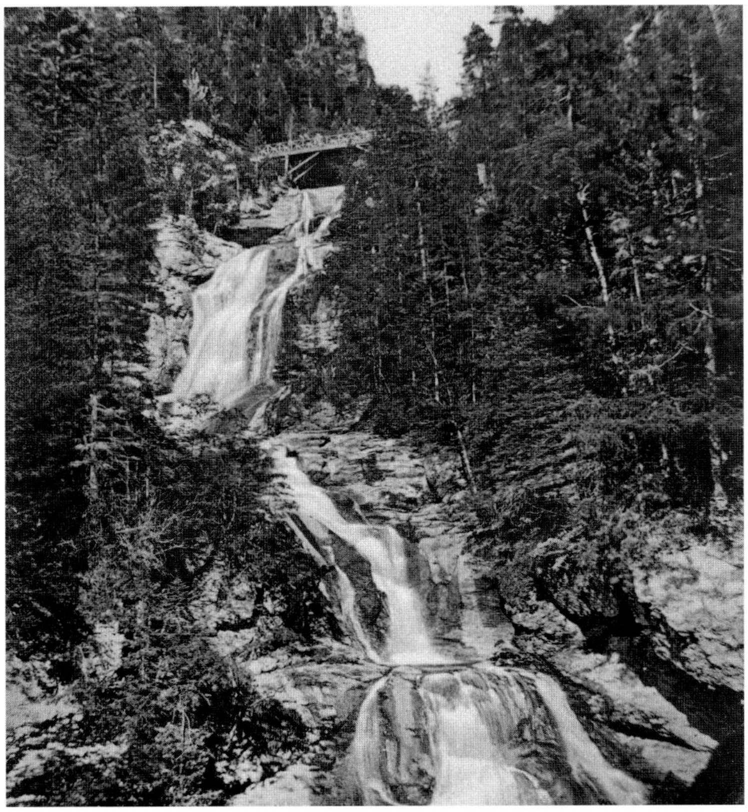

Lackenhof im Winter.
Um 1938.

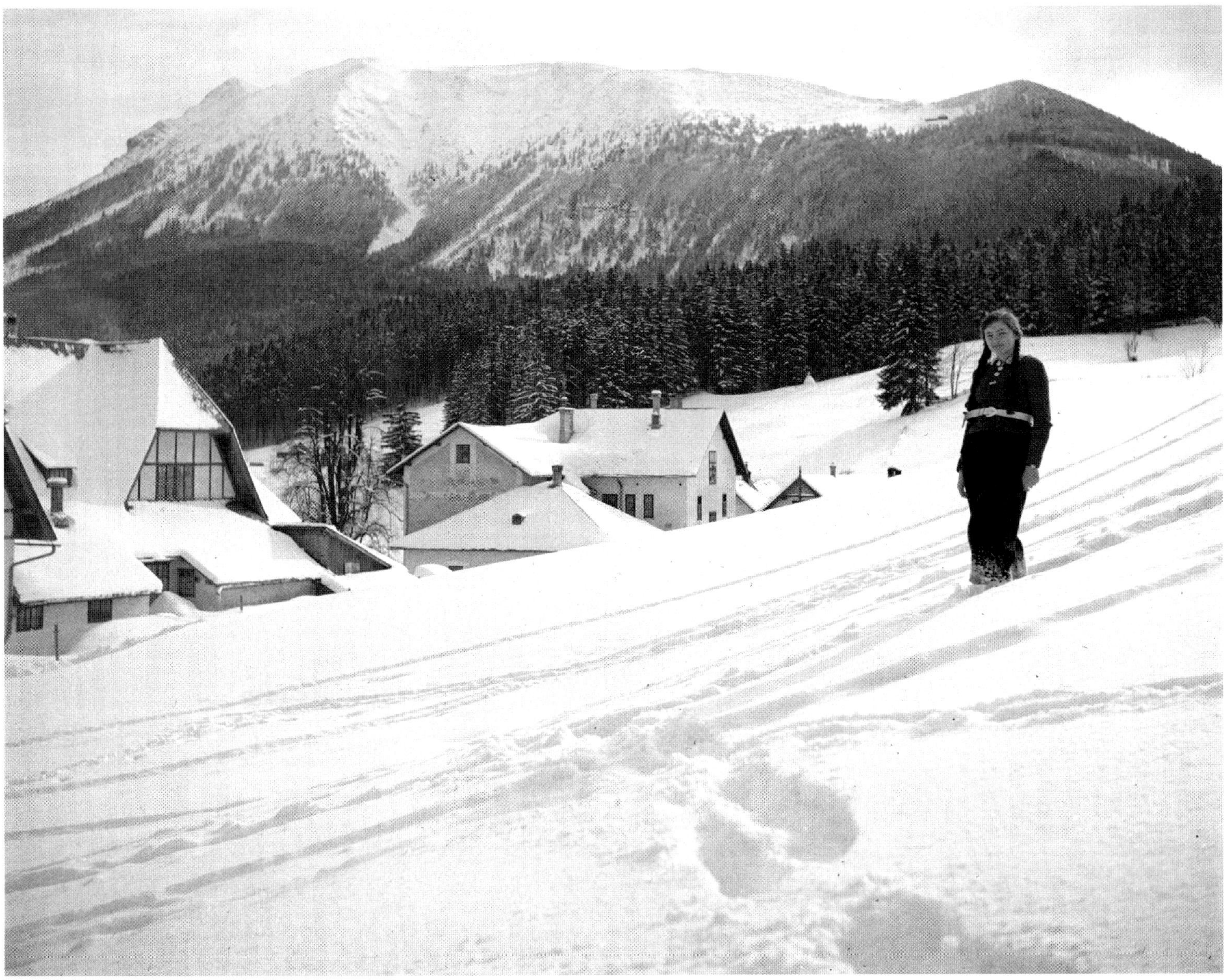

SEMMERING

Weinzettelwand.
Aus dem Tunnel
ausfahrender Zug.
Um 1937.

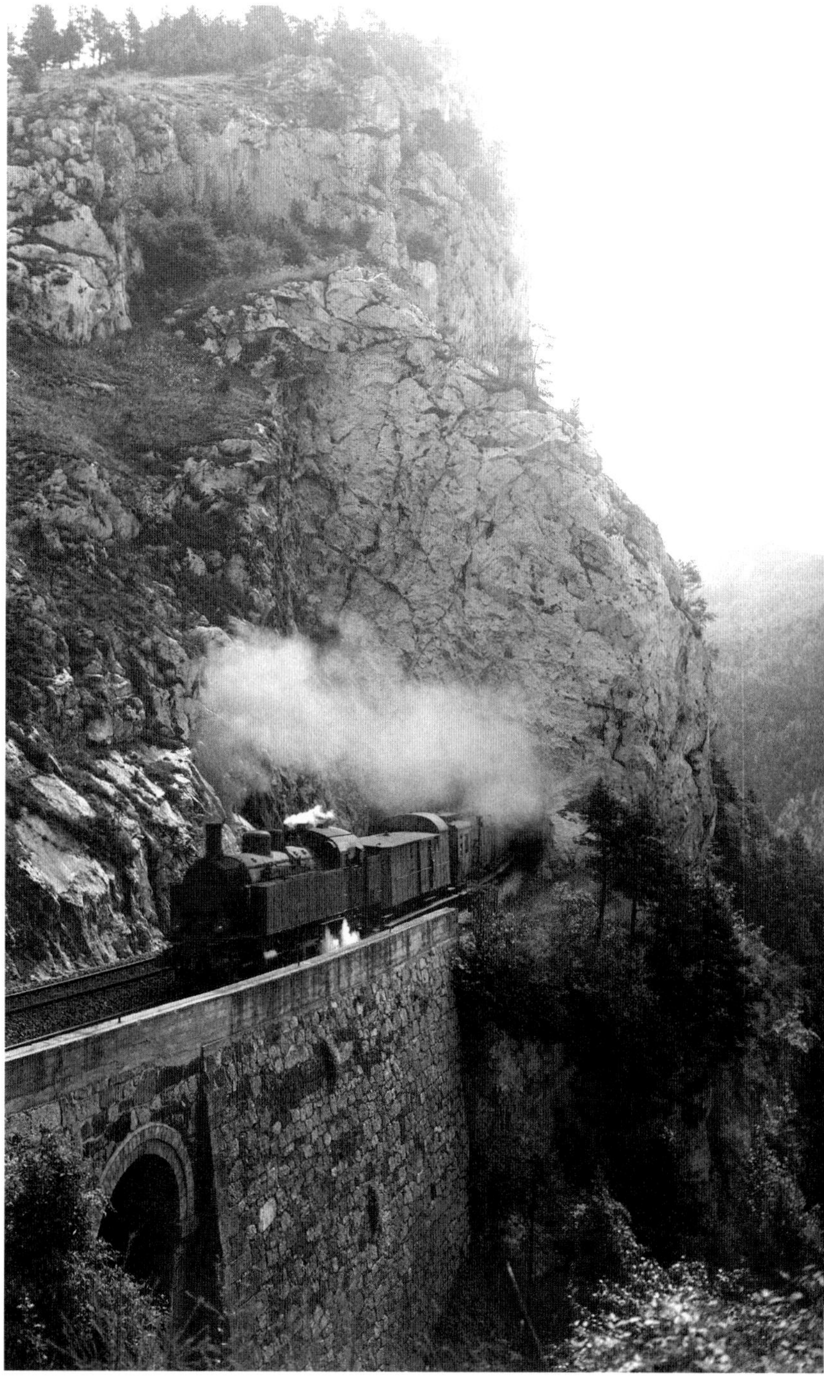

Liechtenstein-Sprungschanze
mit Skispringer im Flug.
Blick vom Turm.
Um 1938.

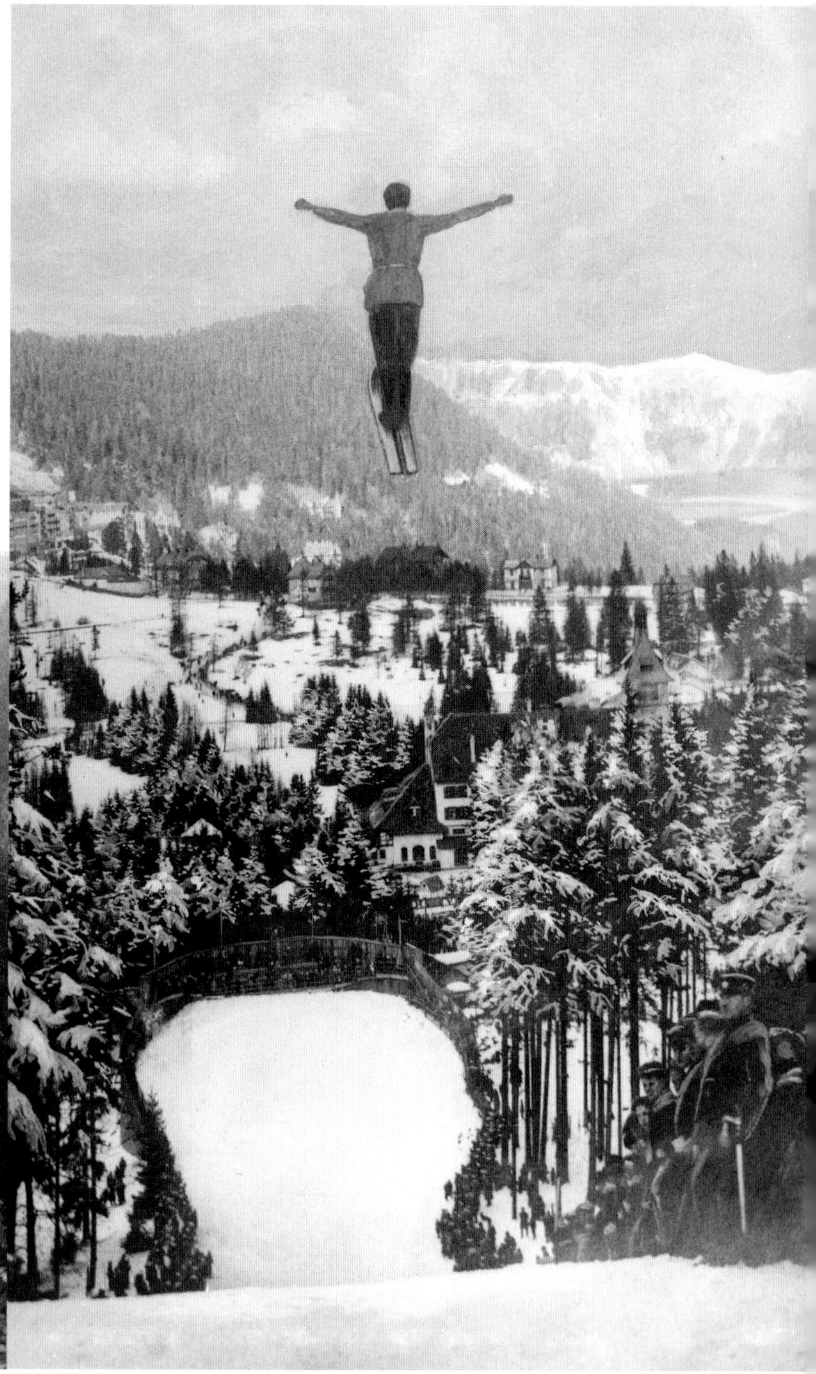

Teilübersicht von NO.
Lichtdruckfilm um 1900.

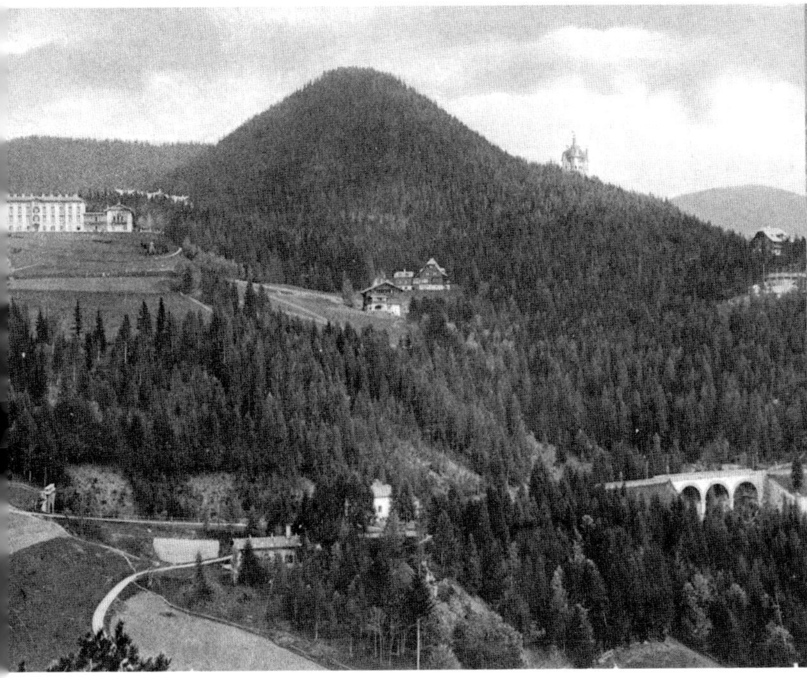

Polleroswand mit dem Bahnviadukt.
Blick von OSO gegen die Raxalpe.
Um 1927.

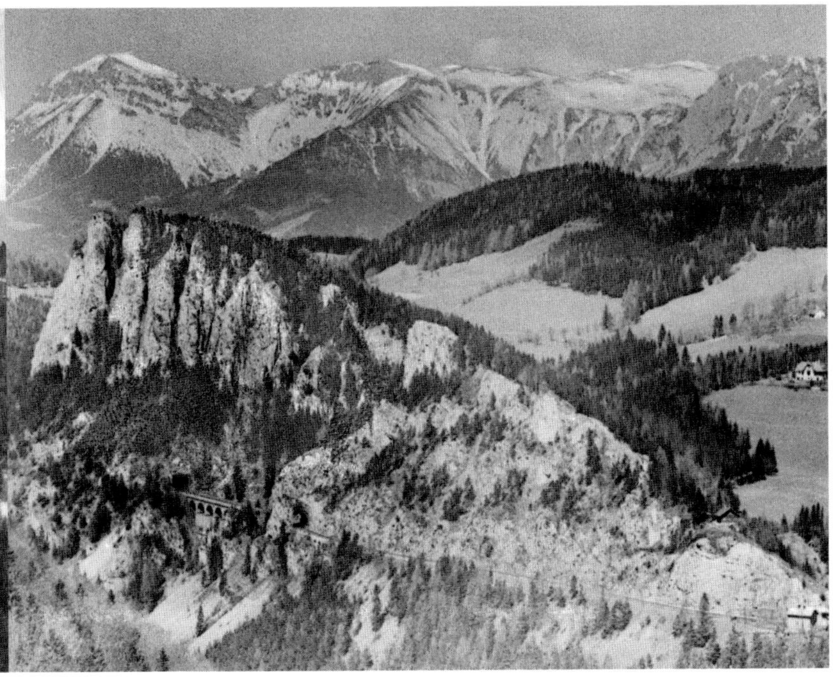

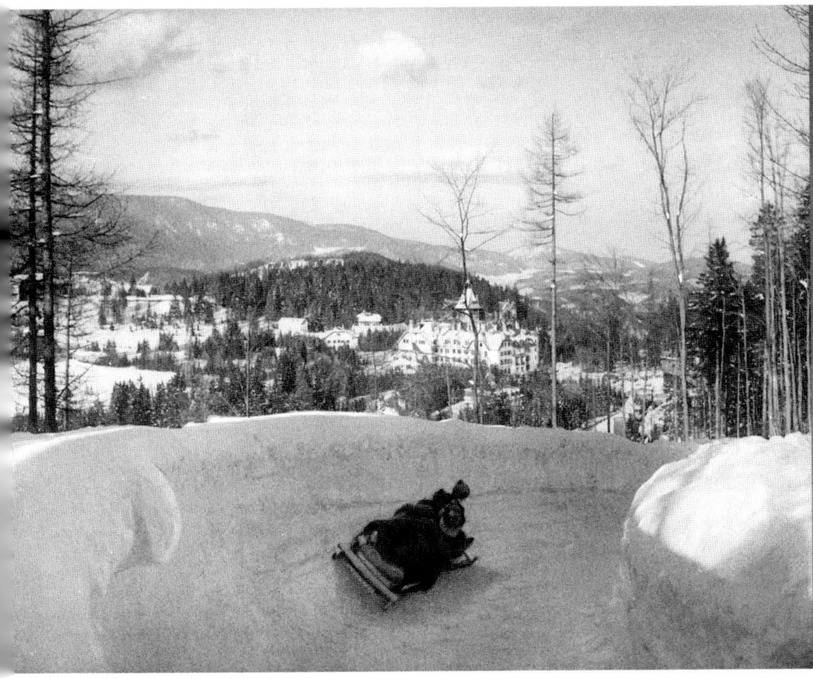

Blick auf die Bobbahn und den
Ort Semmering im Hintergrund.
Um 1950.

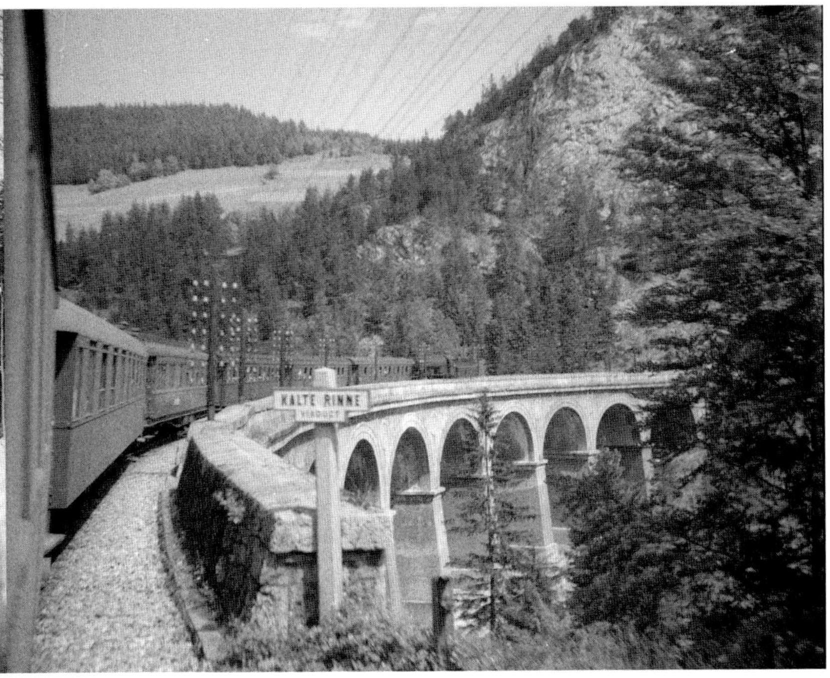

Viadukt über die Kalte Rinne.
Blick aus Waggonfenster
auf die Zugsgarnitur.
Um 1935.

GIPFELPYRAMIDEN

Auf dem Hochwechsel an der nieder-österreichisch-steirischen Grenze. 1924.

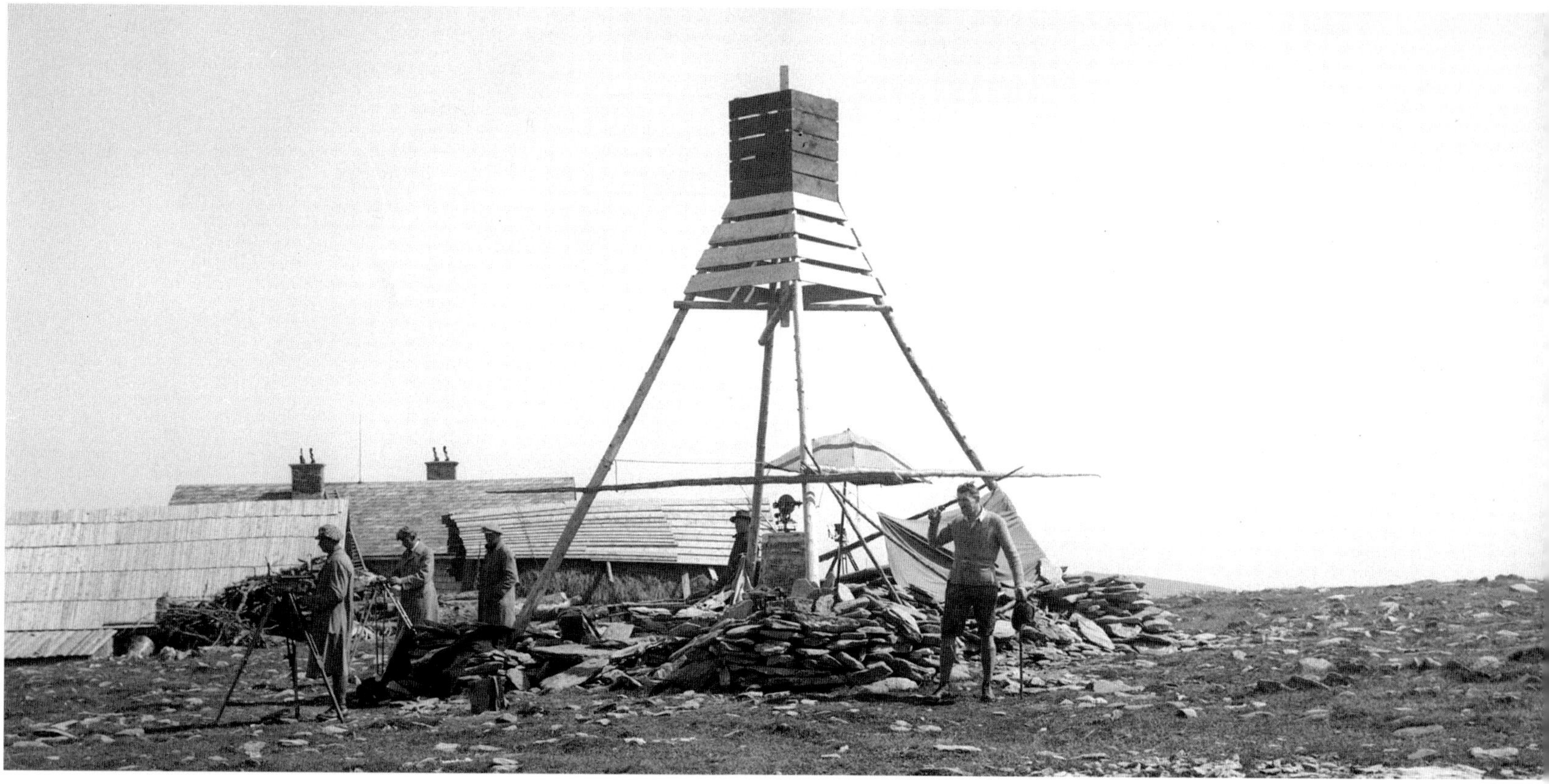

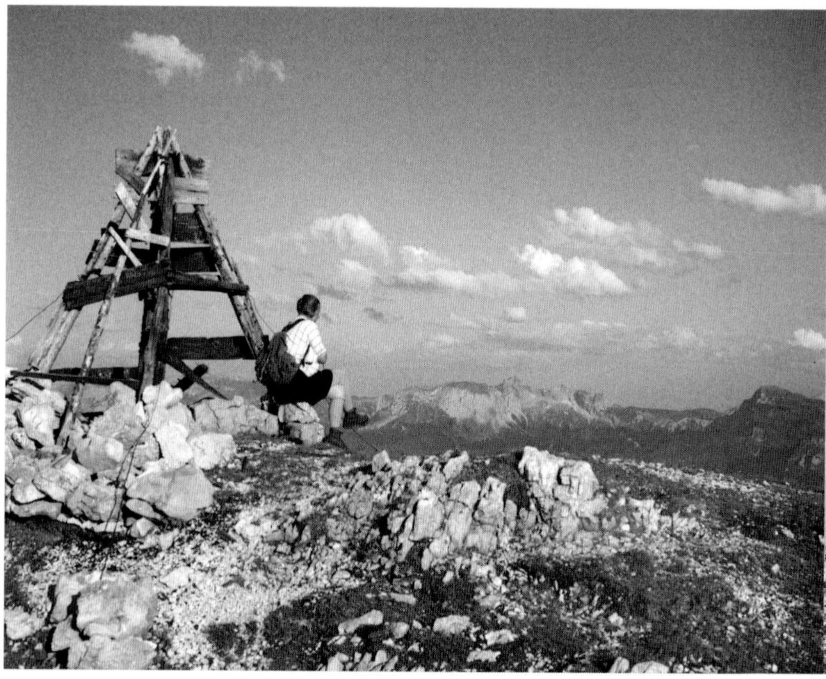

Am Hochkar in den Göstlinger Alpen. Um 1955.

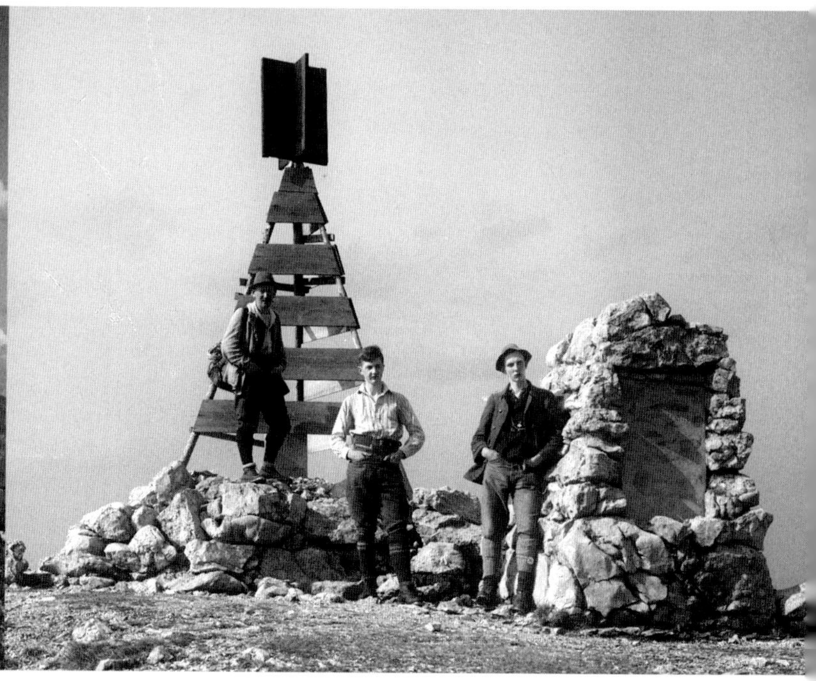

Kaiserstein am Hochschneeberg. Um 1924.

Ötschereishöhle.
Besucher vor der Eisnadel.
Um 1920.

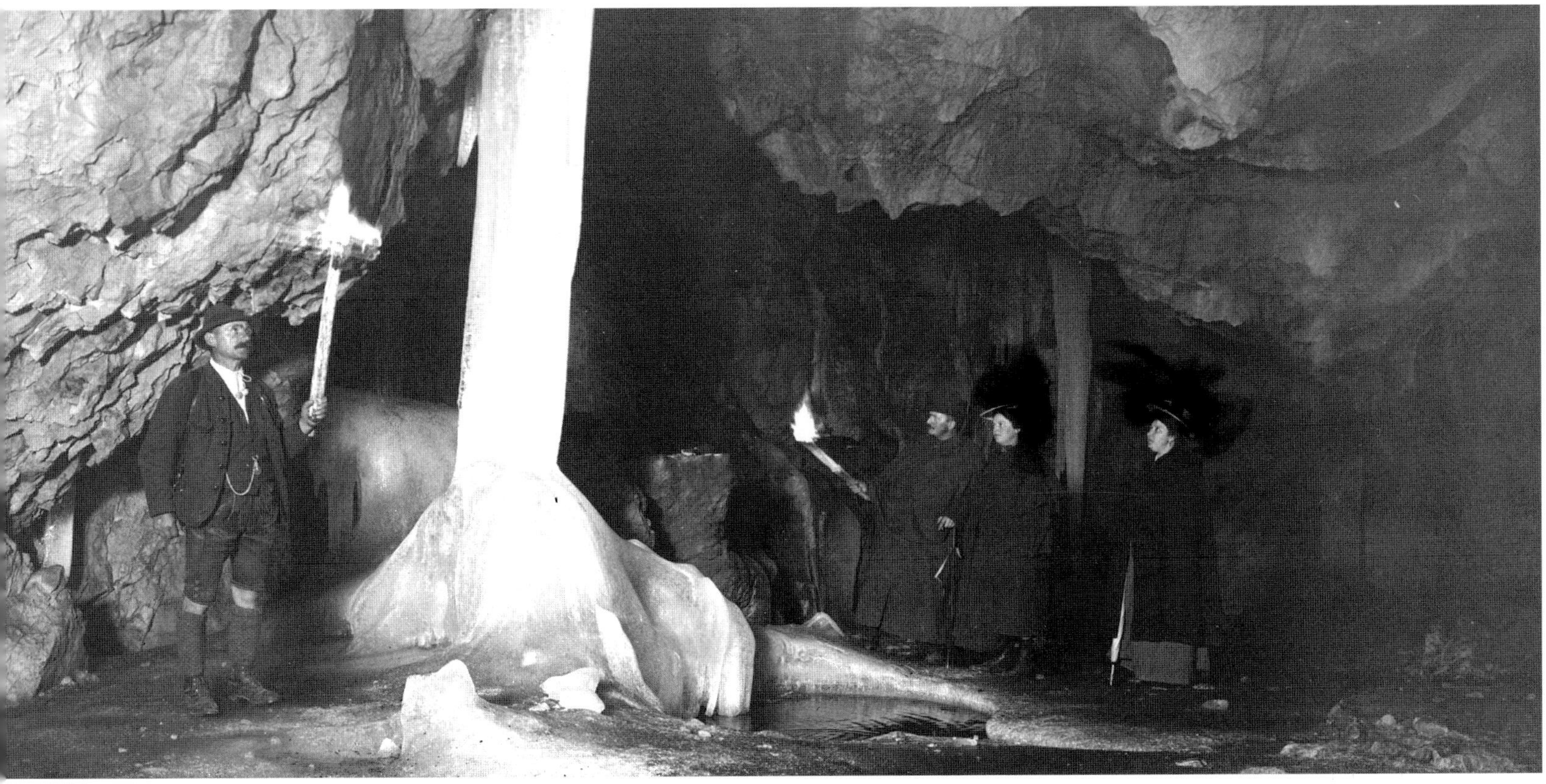

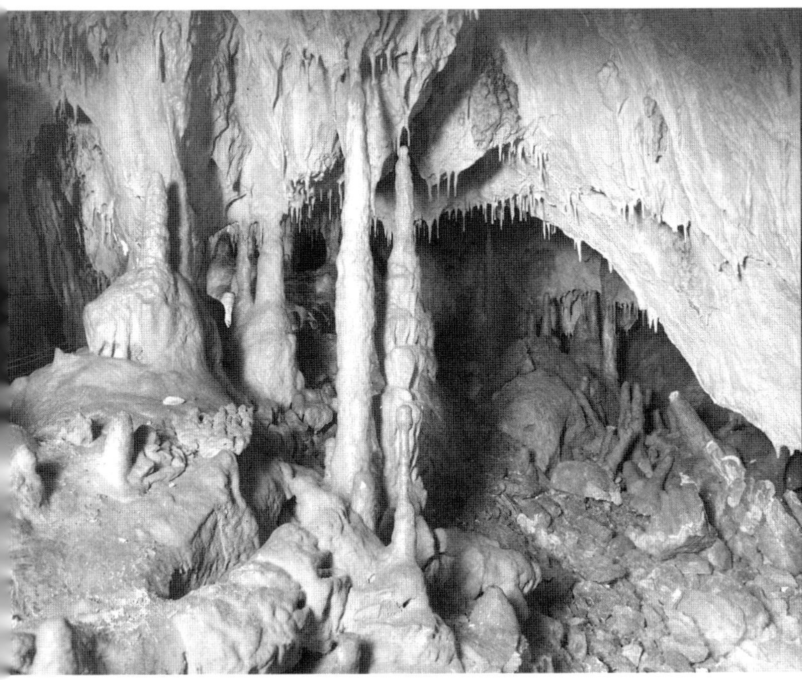

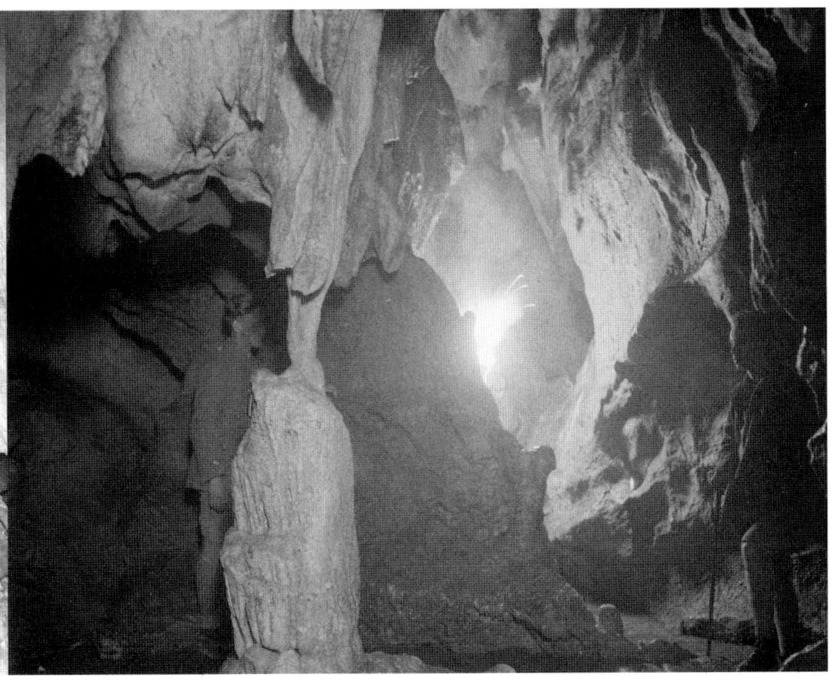

Einhornhöhle in der Hohen Wand.
Tropfsteinhalle.
Um 1935.

Hermannshöhle am Wechsel.
Niagara bei hoher Kluft.
1924.

GÖLLER
Skifahrer am Gipfel.
Um 1912.

Unten:
WIENERWALD
Drei Skiläufer werfen Schatten.
Um 1930.

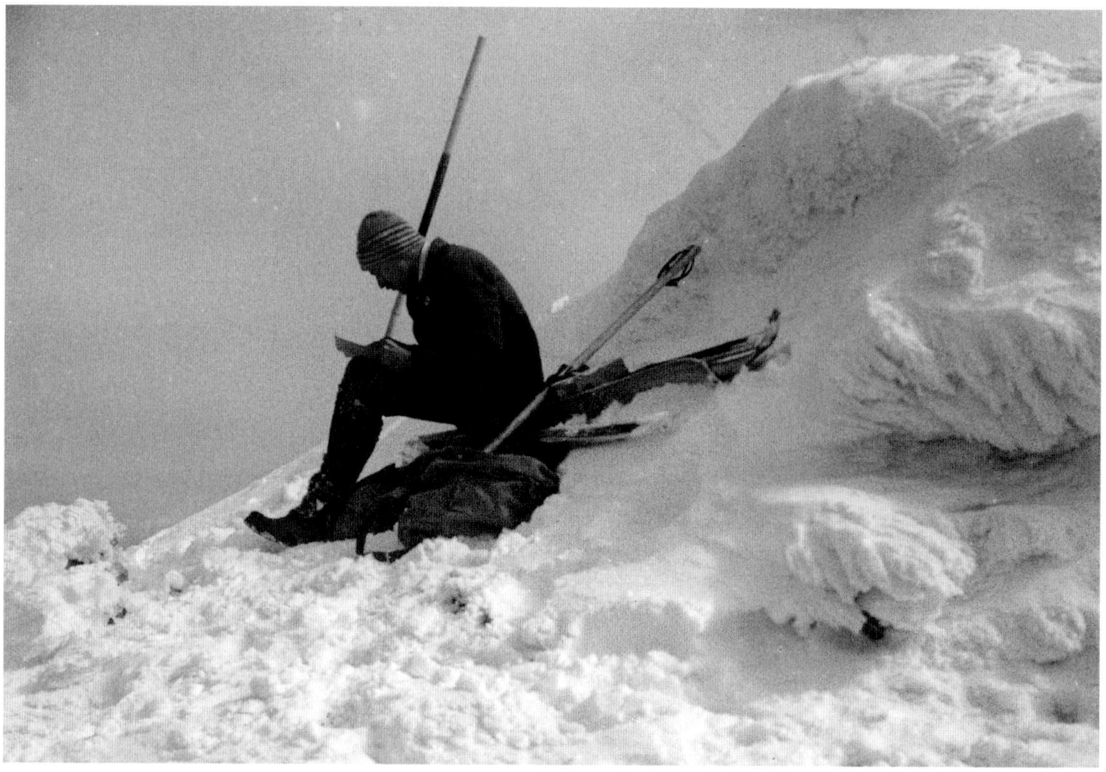

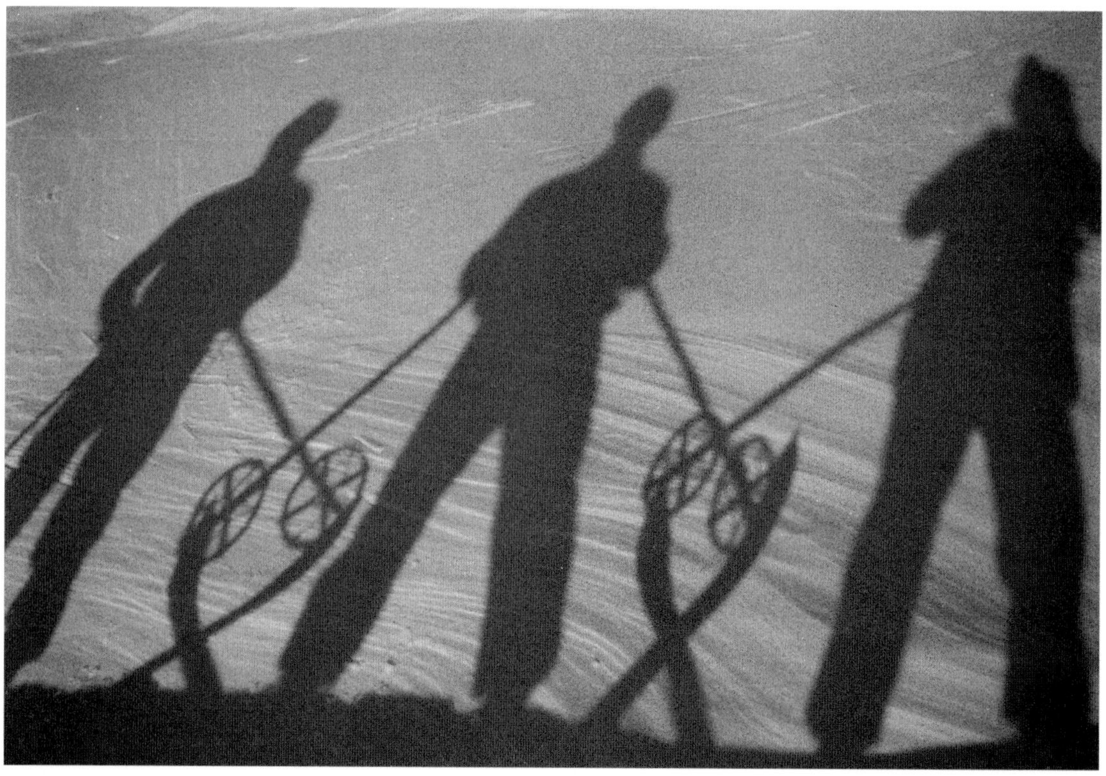

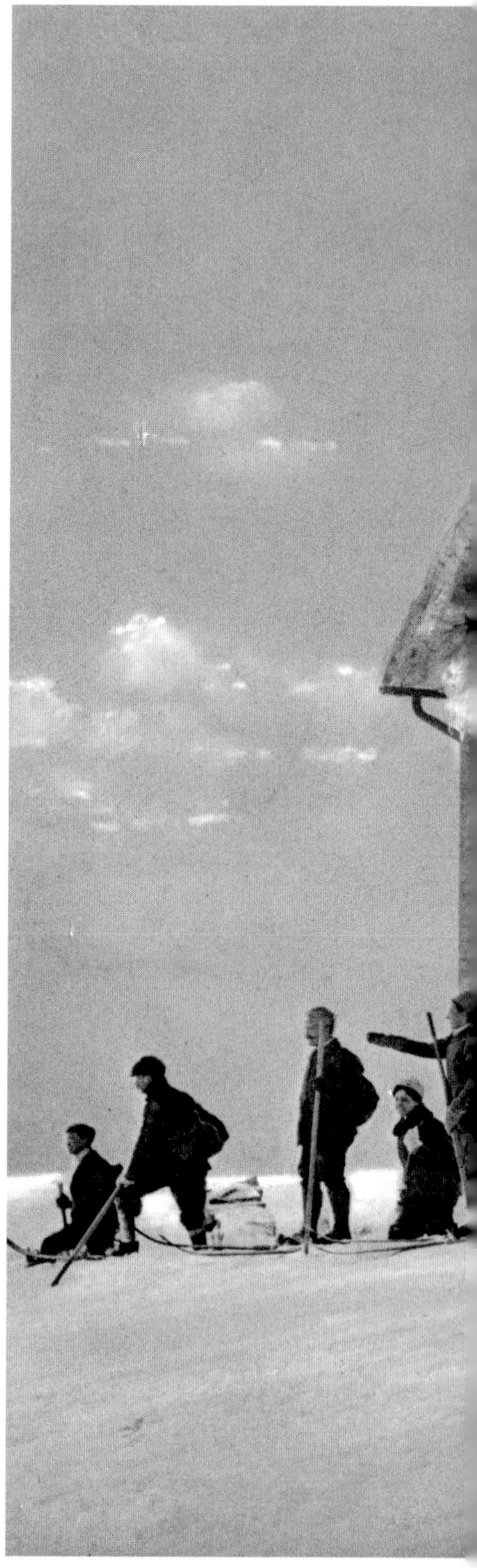

REISALPE
Vereistes Schutzhaus mit
Skitourengruppe vor dem Aufbruch.
Lichtdruckfilm um 1900.

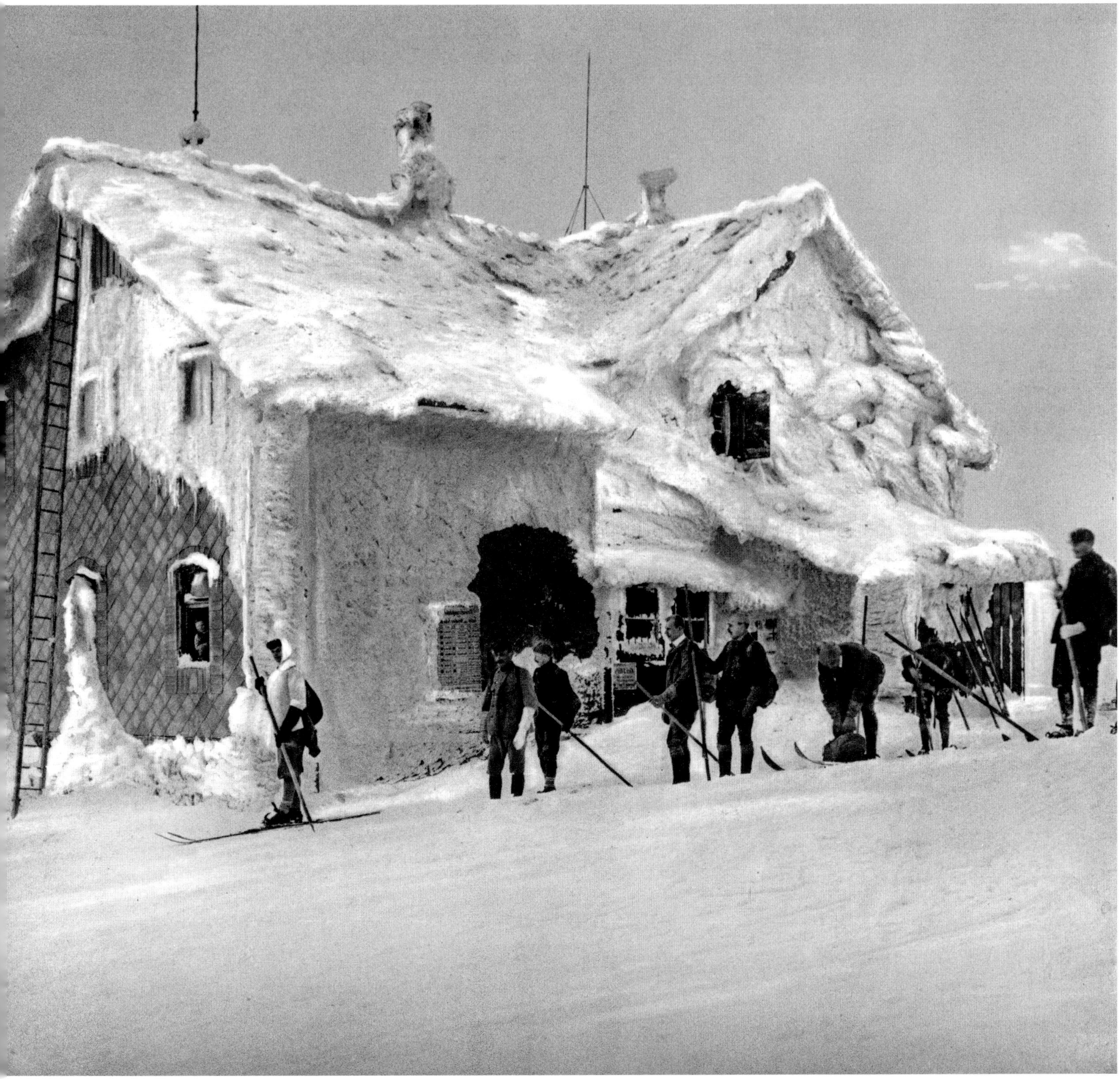

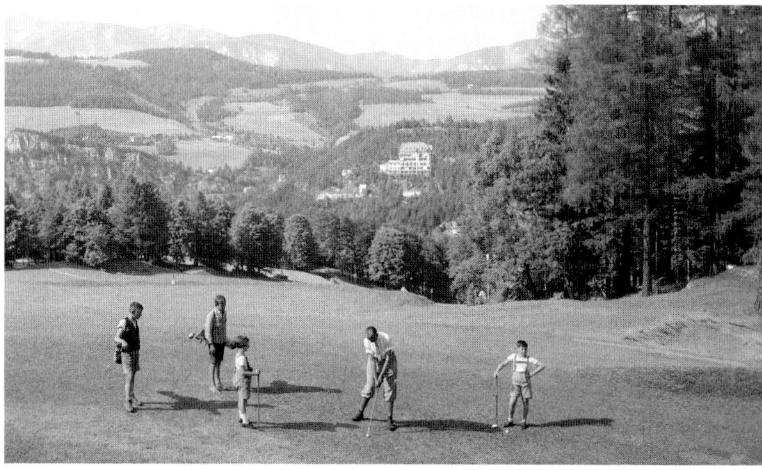
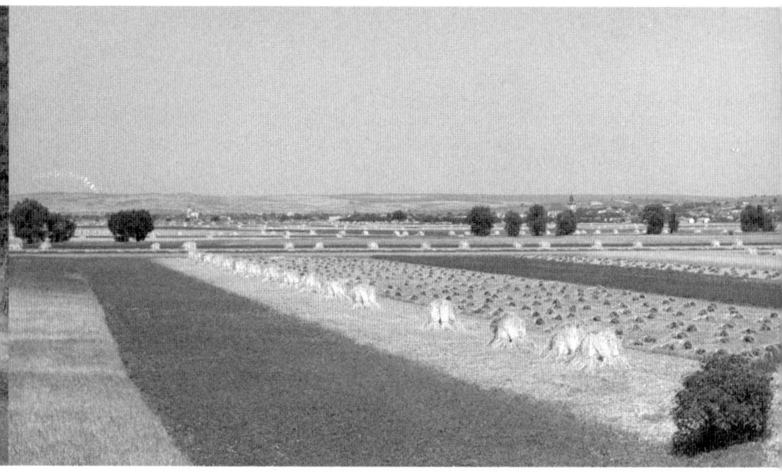

KAPITEL 2 DIE LANDSCHAFTEN

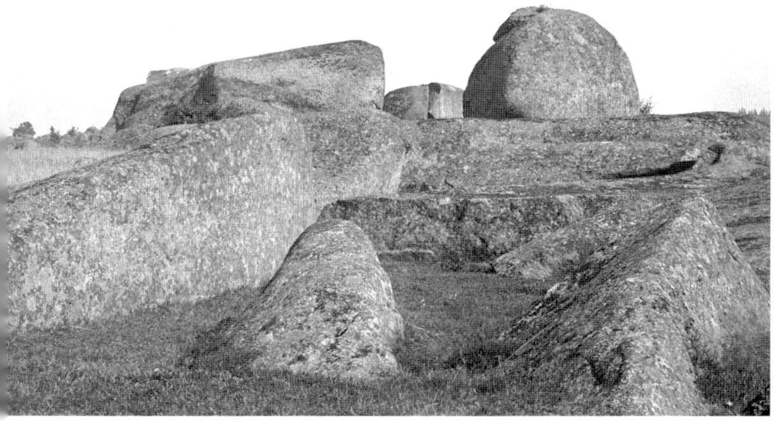

Puchberg am Schneeberg – Semmering – An der Mariazeller Bahn – Alpentäler – In der Buckligen Welt – Im Viertel unter dem Wienerwald – Im Traisental – Im Ybbstal – Ybbstal bei Waidhofen – Wachau bei Dürnstein und Spitz – Tullnerfeld – Am Wagram – Waldviertler Rundschau – Weinviertel und Marchfeld – An der östlichen Donau

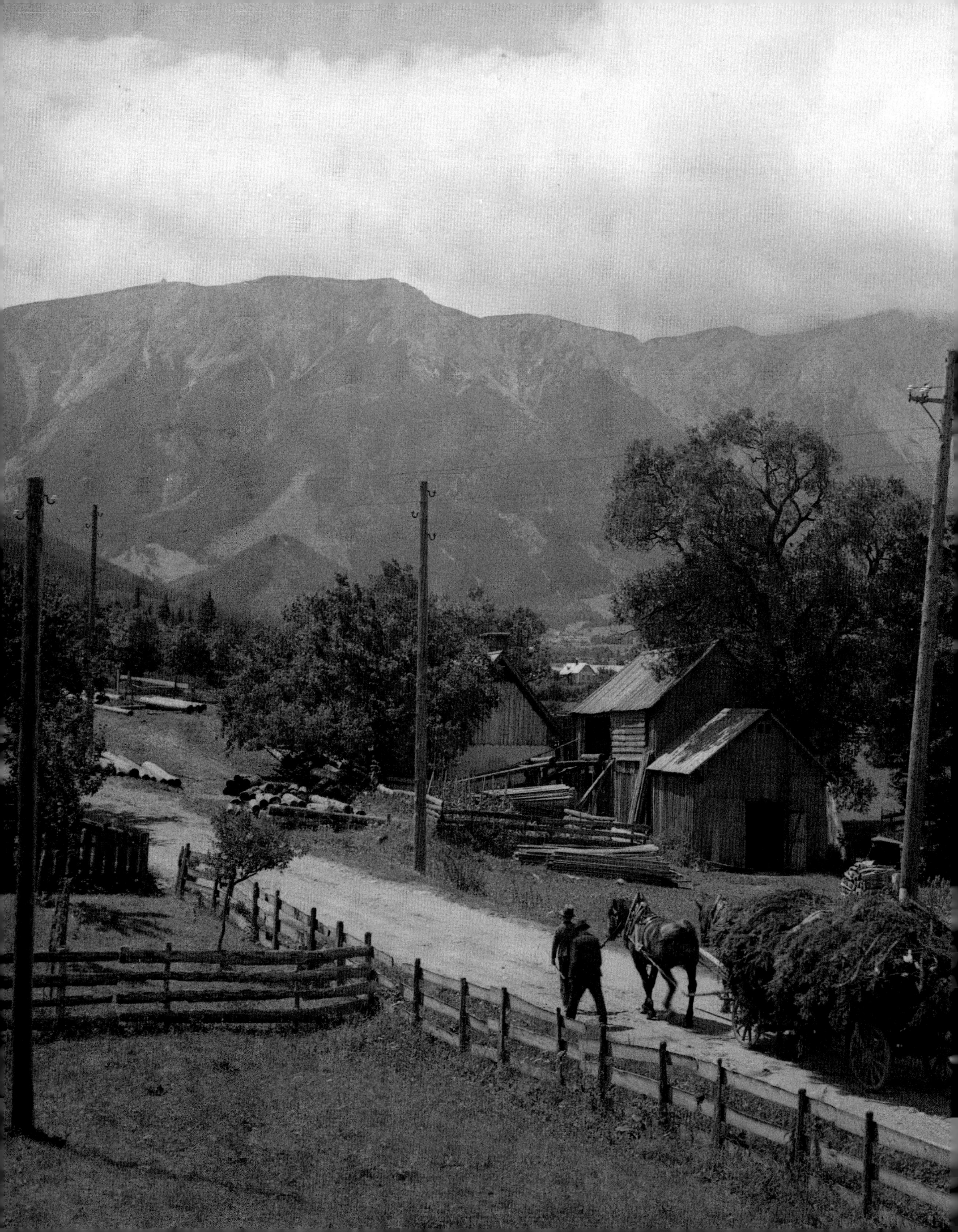

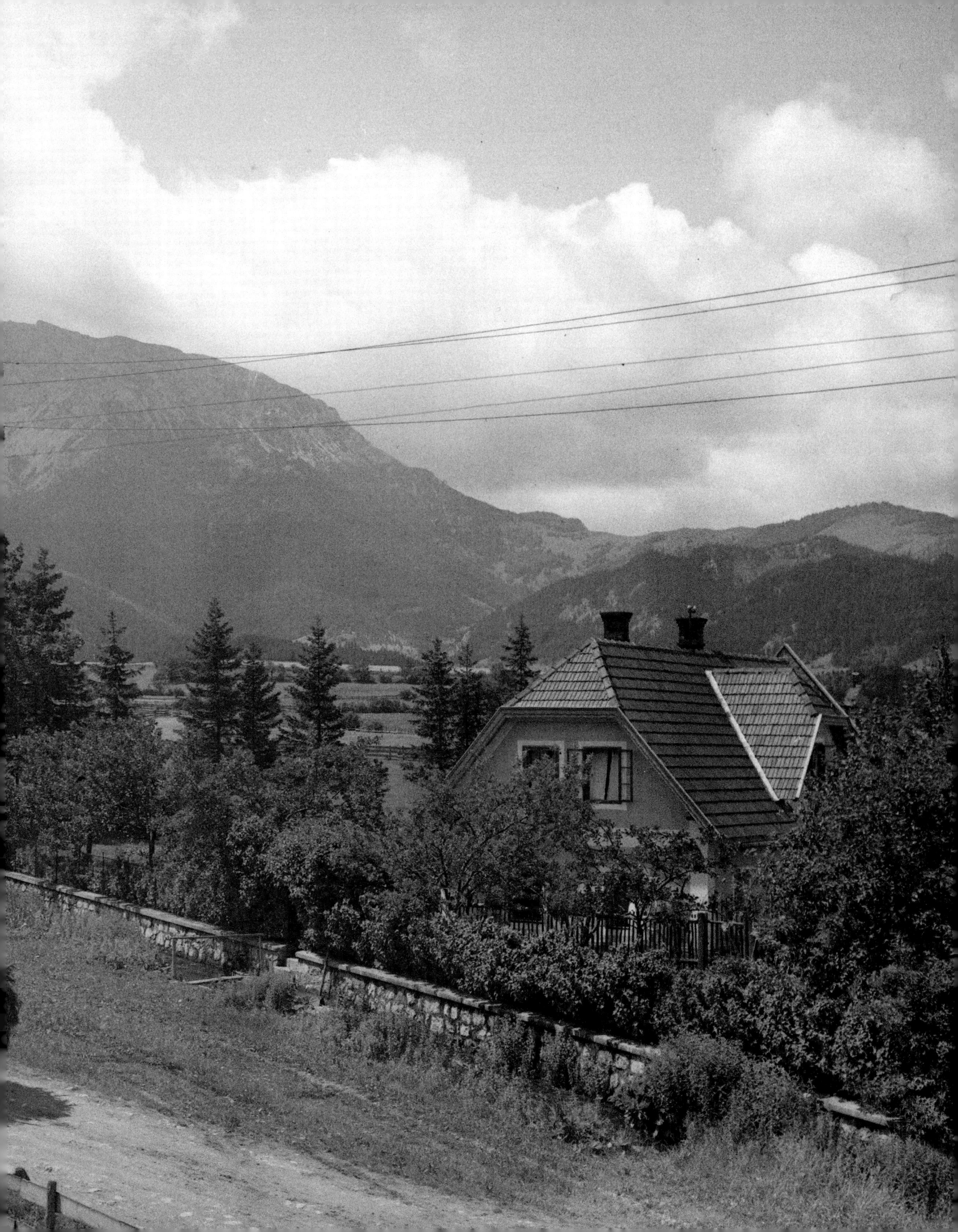

Vorderseite:
PUCHBERG AM SCHNEEBERG
Teilansicht mit Dorfstraße und Pferdefuhrwerk.
Um 1935.

SEMMERING

Golfplatz auf 1000 m Seehöhe, 1926 angelegt.
Um 1950.

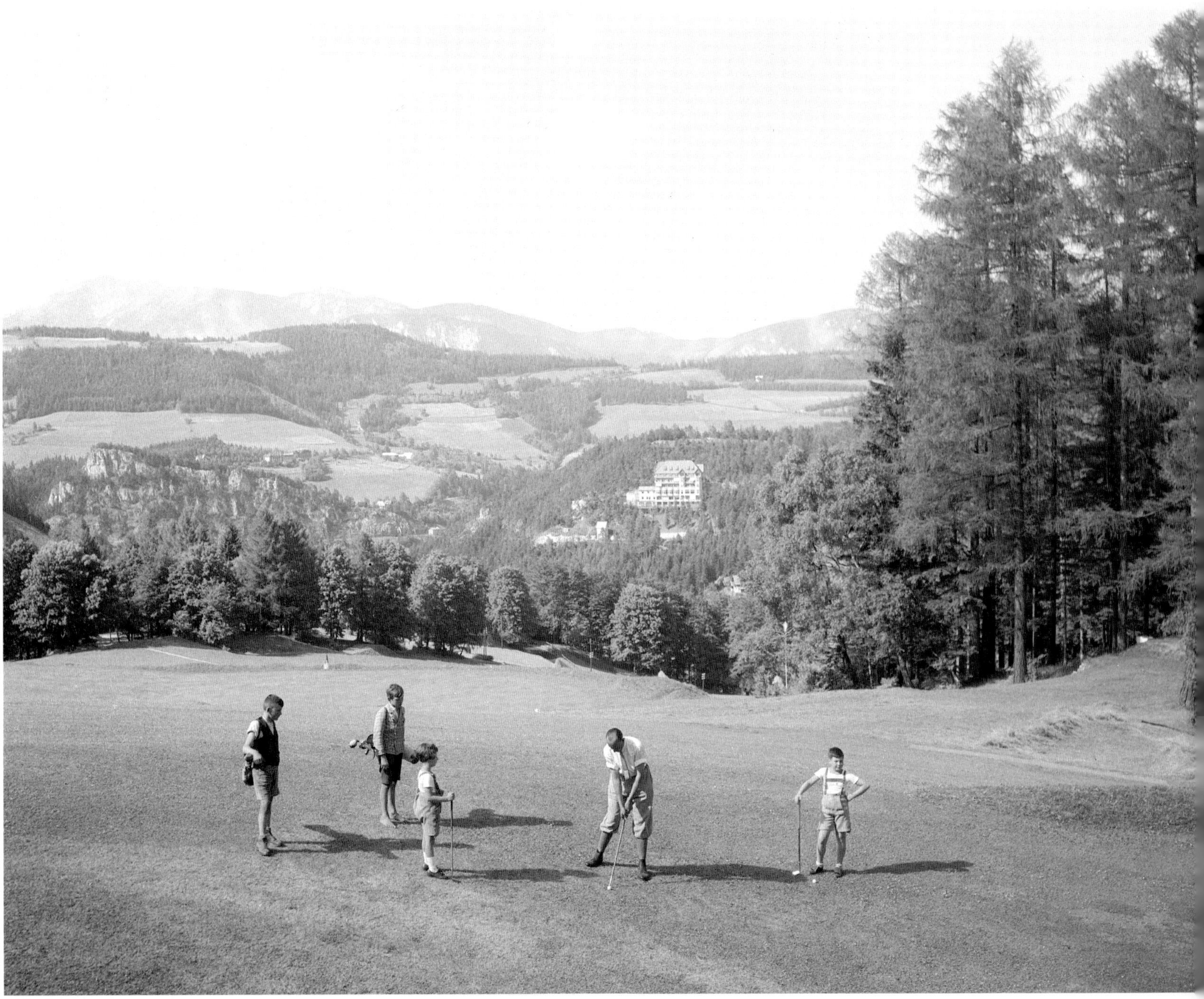

Blick von erhöhtem Standort (von SSO) auf Bahnhof und Villen. Um 1930.

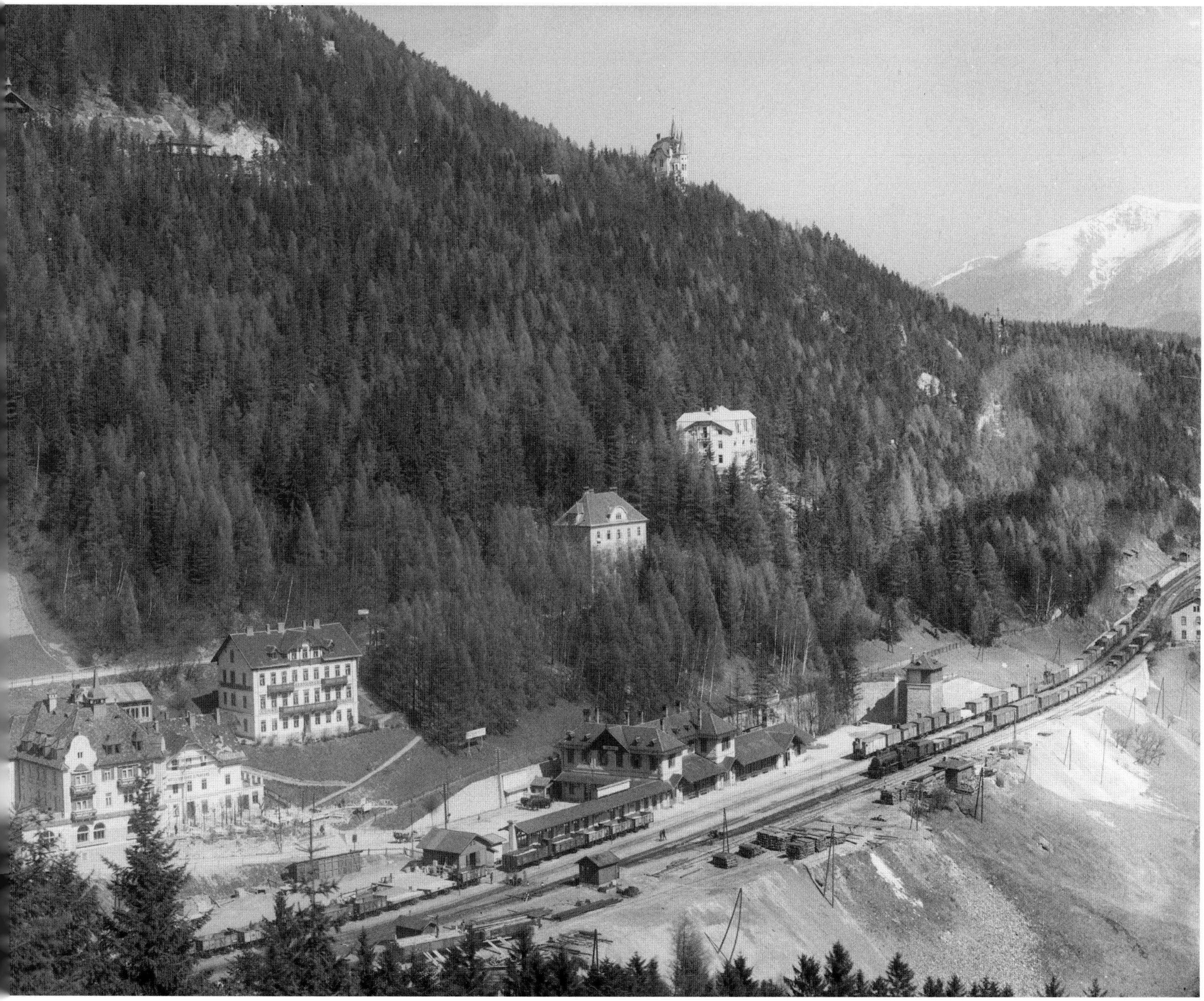

AN DER MARIAZELLER BAHN

Wienerbruck. Ansicht von O
gegen den Ötscher.
Um 1927.

Gegenüberliegende Seite:
ALPENTÄLER

Oben links: Höllental. Längsdurchblick mit Automobil auf der Abbrennbrücke. 1933.
Oben rechts: Höllental. Rast auf der Durchfahrt. Um 1907.
Unten links: „Lange Brücke" bei Gutenstein im Winter. Aufblick zur Ruine. 1911.
Unten rechts: Steinwandklamm in den Gutensteiner Alpen. Besucher in Uniform am Eingang. August 1912.

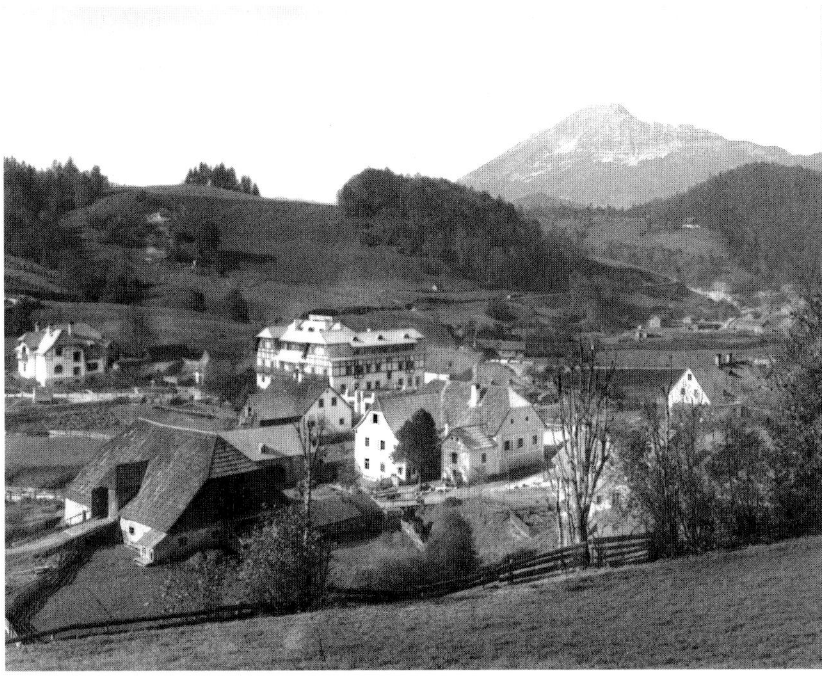

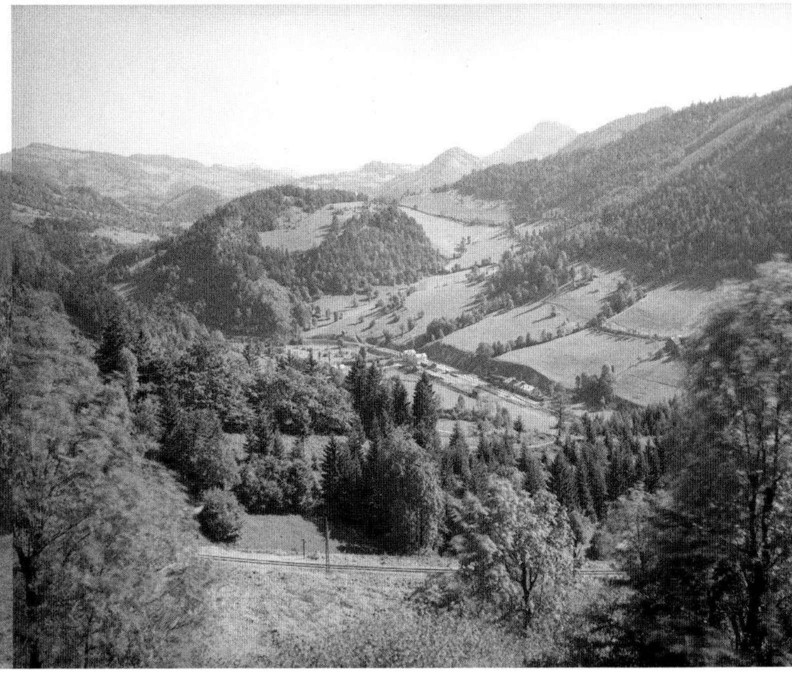

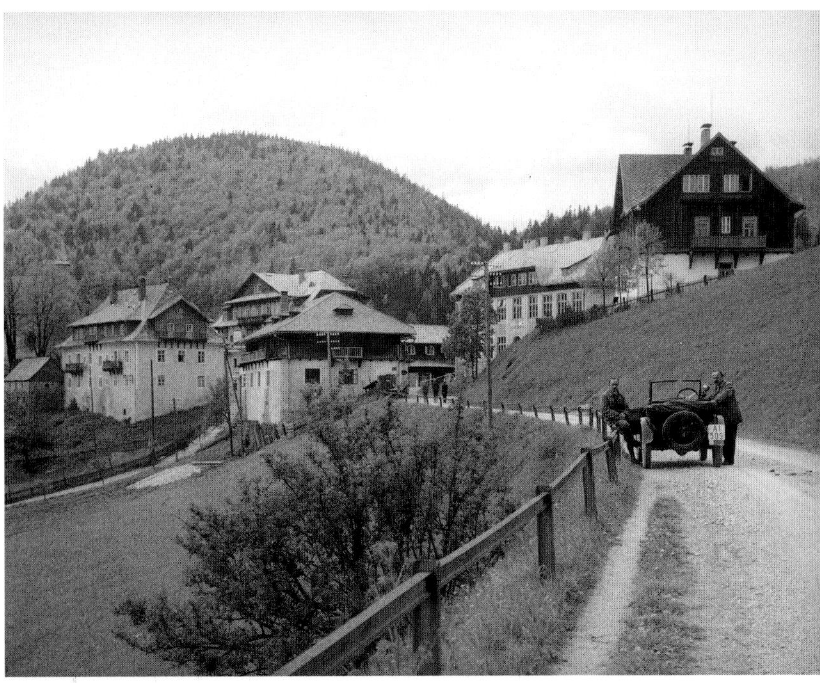

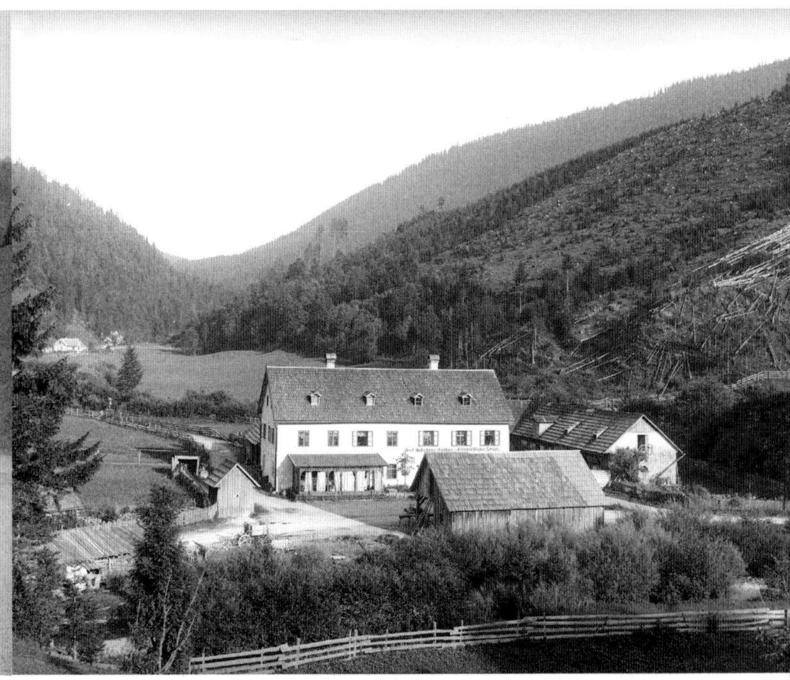

Puchenstuben.
Ansicht (von N) über die
Zufahrtsstraße.
Um 1928.

Oben: Bahnschleife mit Blick auf Station Laubenbachmühle. 1924.
Unten: Terz auf dem Lahnsattel.
„Gasthaus zur österreichischen Grenze"
auf dem Weg nach Mariazell. 1893.

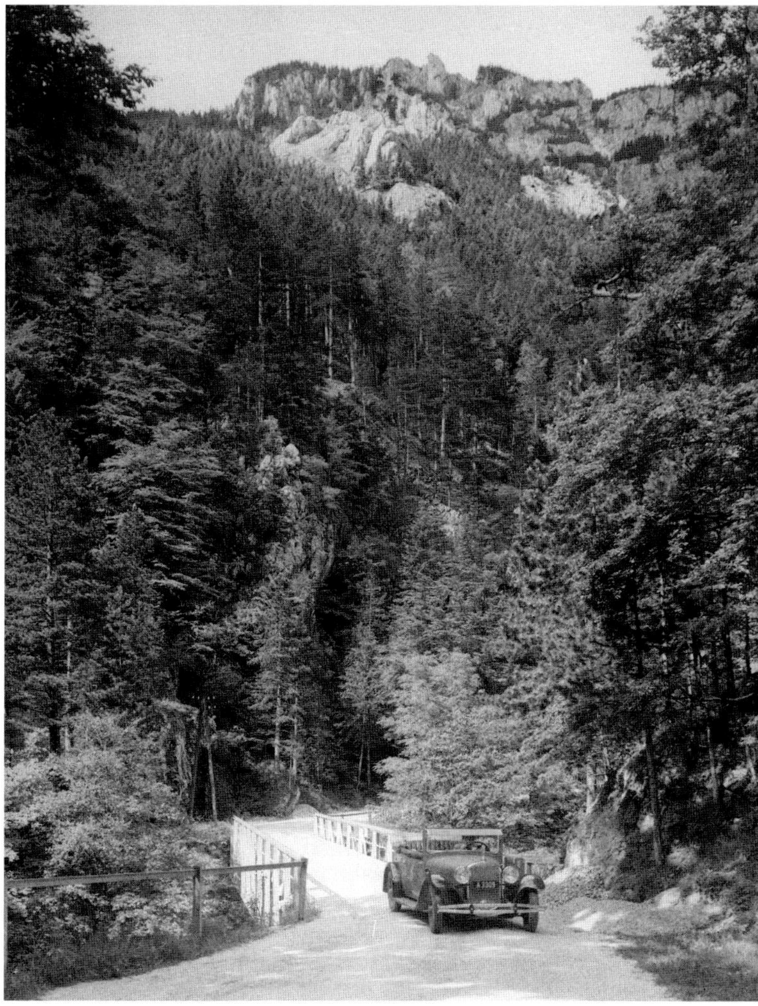
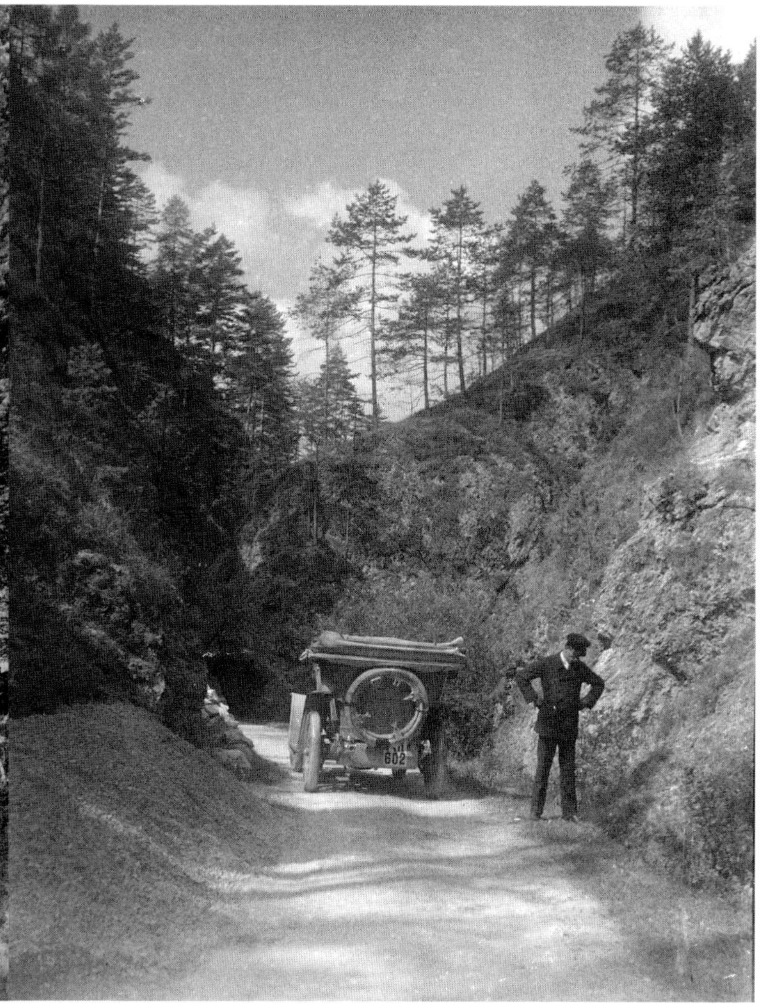
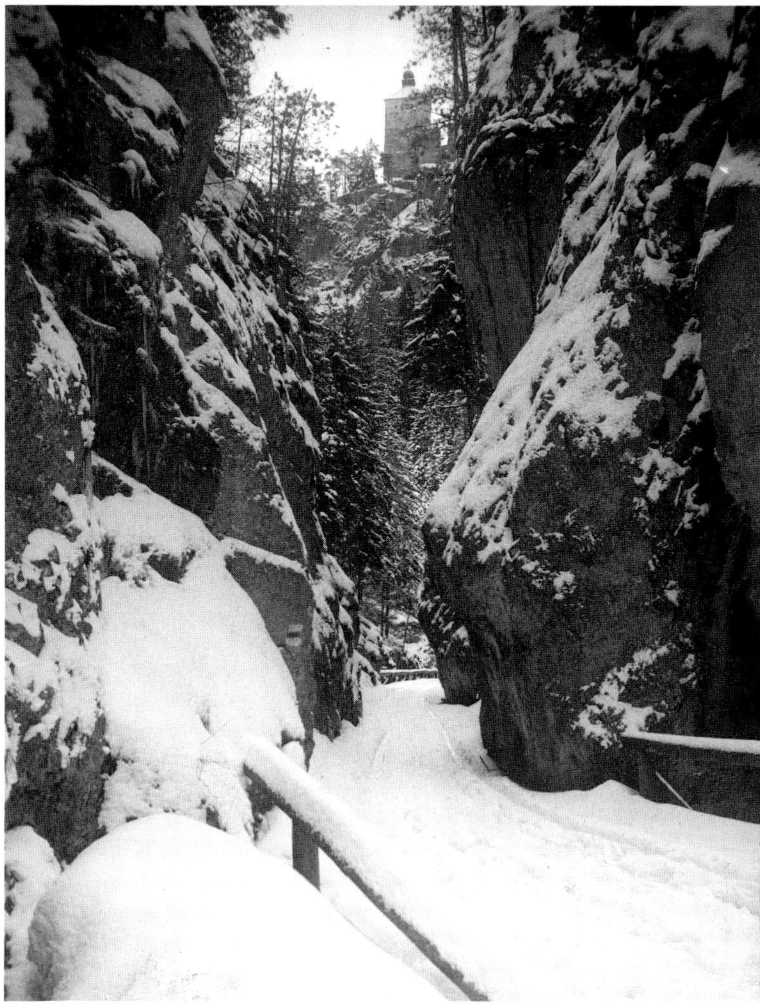
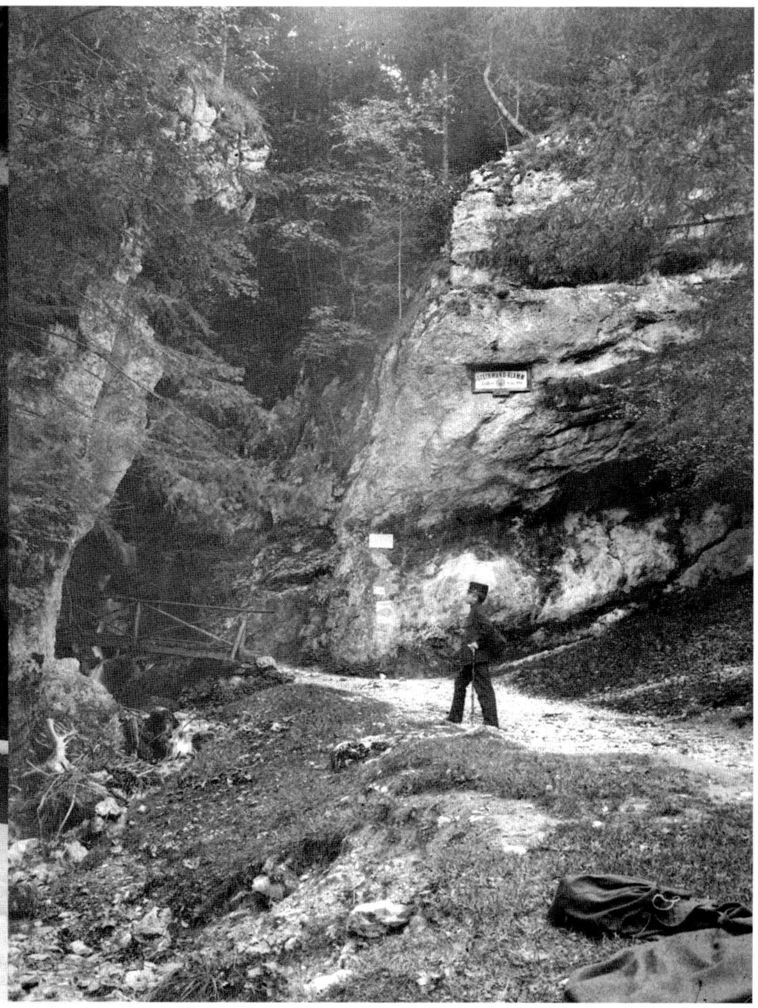

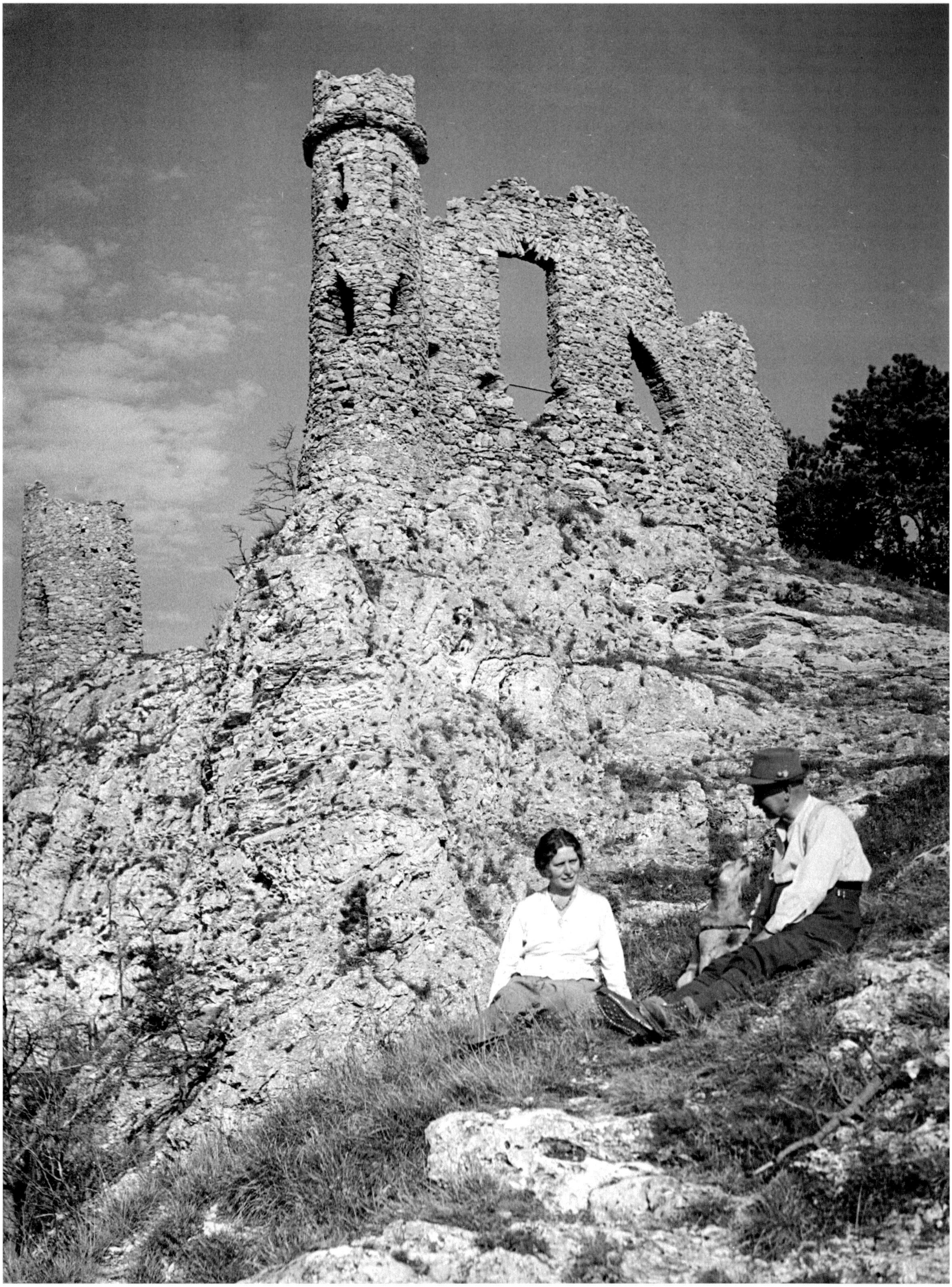

Ruine Türkensturz als Ausflugsziel.
Bei Gleissenfeld im Pittental.
Um 1935.

Mühle an einem Bach bei Aspang.
Um 1912.

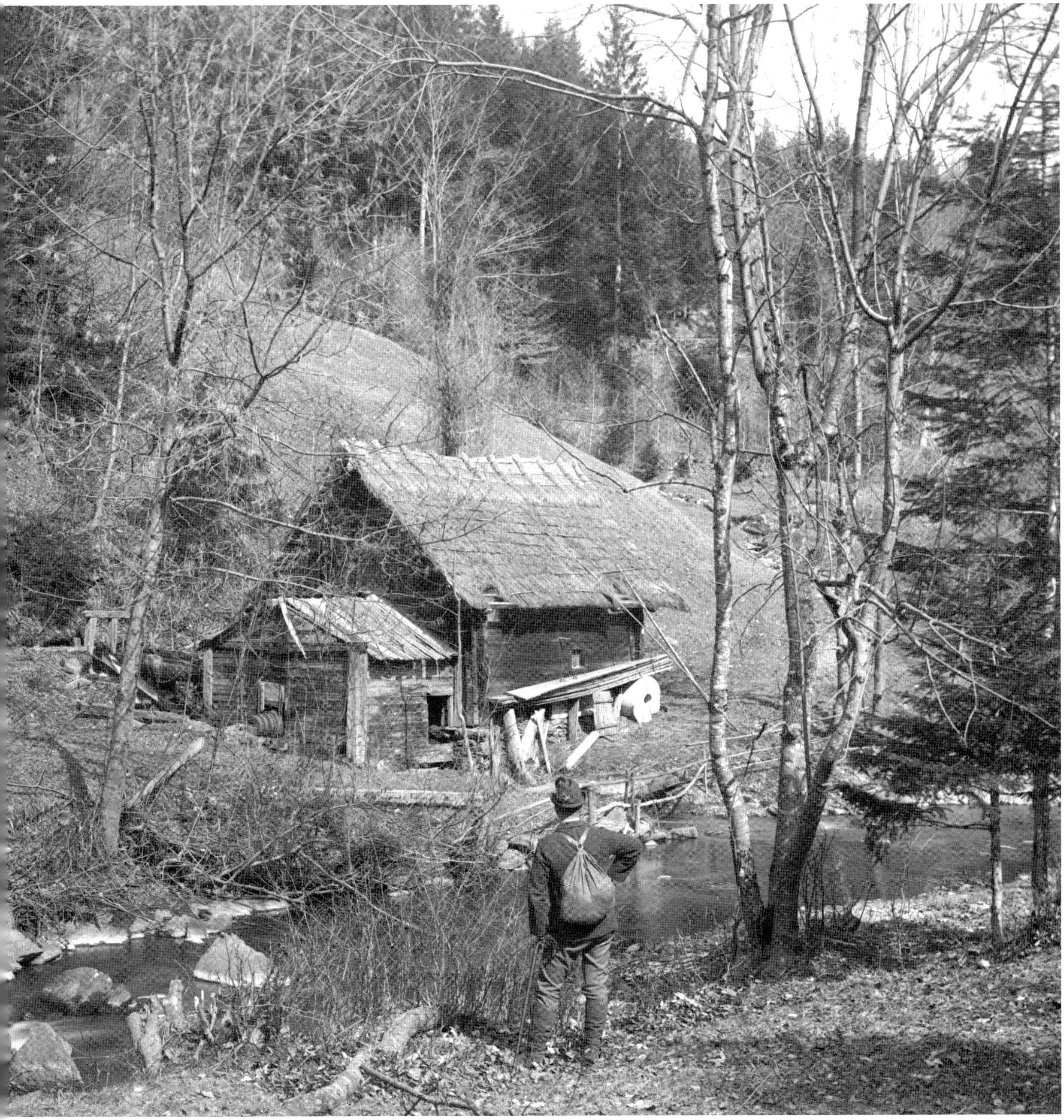

IM VIERTEL UNTER DEM WIENERWALD

Neuhaus im Triestingtal.
Schloss von NO. Winterbild mit Staffage.
Um 1912.

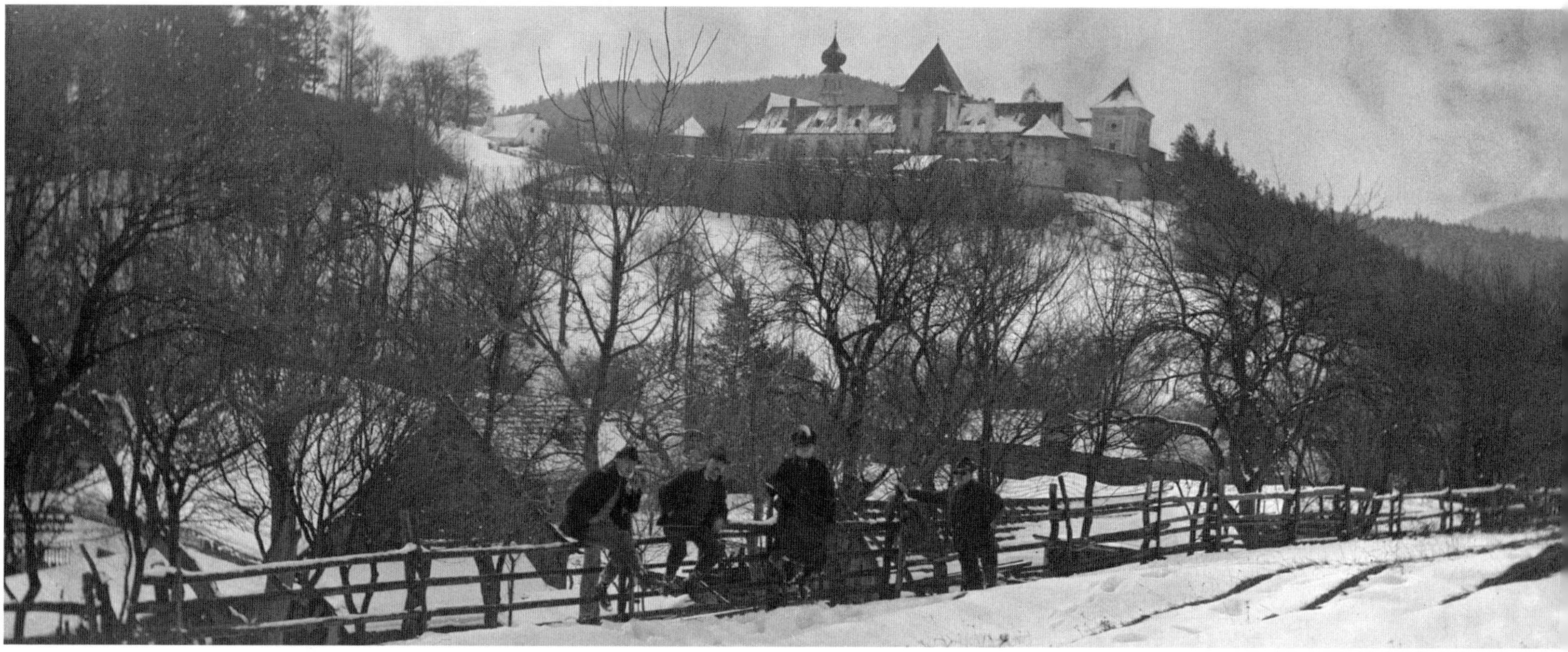

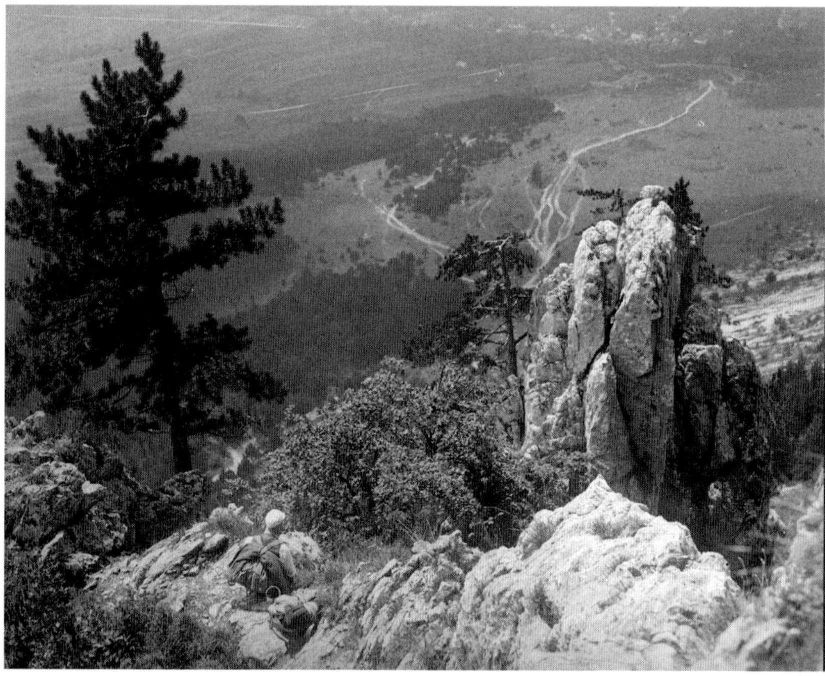

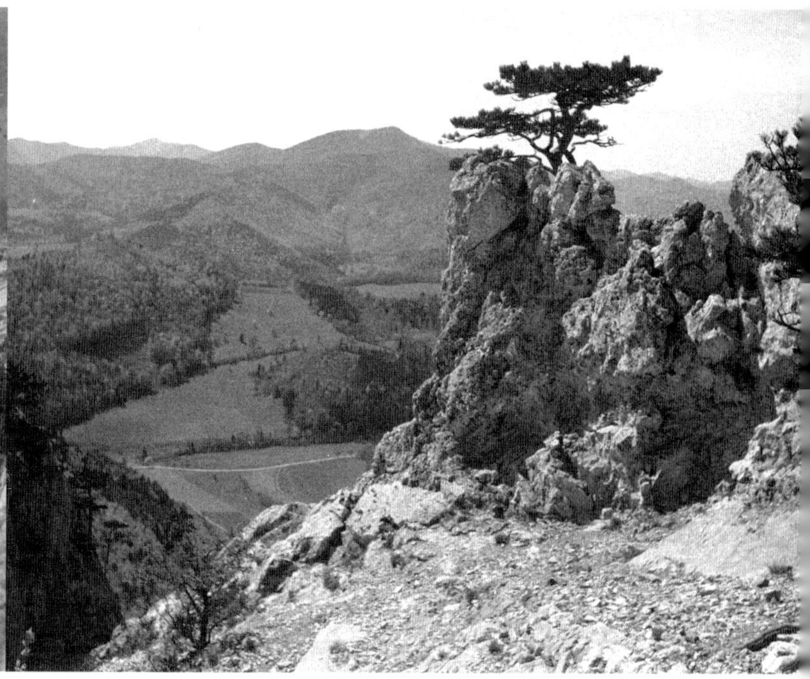

Hohe Wand.
Ausblick vom Fuchslochsteig.
Um 1930.

Peilstein.
Felspartie mit Ausblick.
1941.

Sankt Helena bei Baden.
Übersicht vom gegenüberliegenden Berghang mit Ruine Rauhenstein (von S).
Um 1935.

Pressbaum im Wienerwald.
Teilübersicht mit dem Sacré Cœur.
Lichtdruckfilm um 1900.

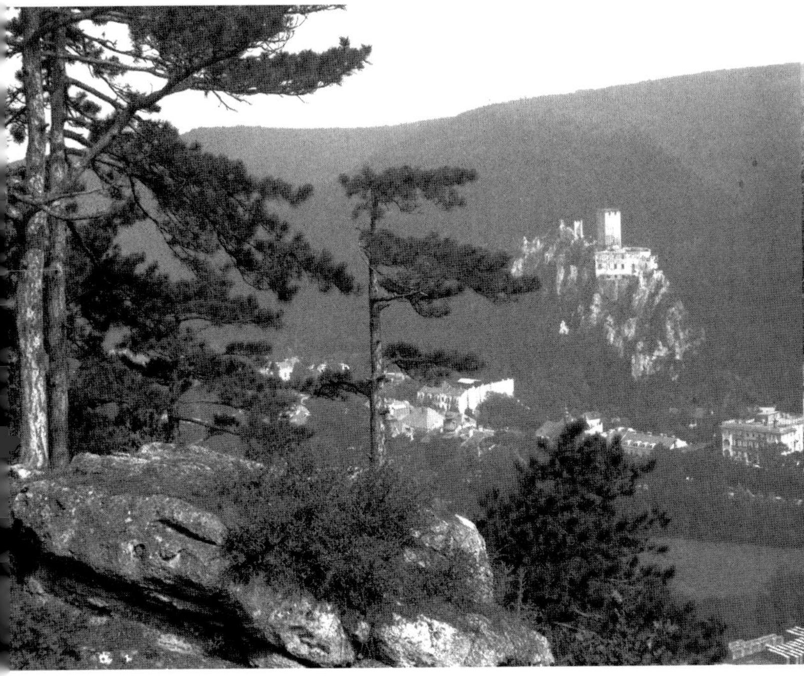

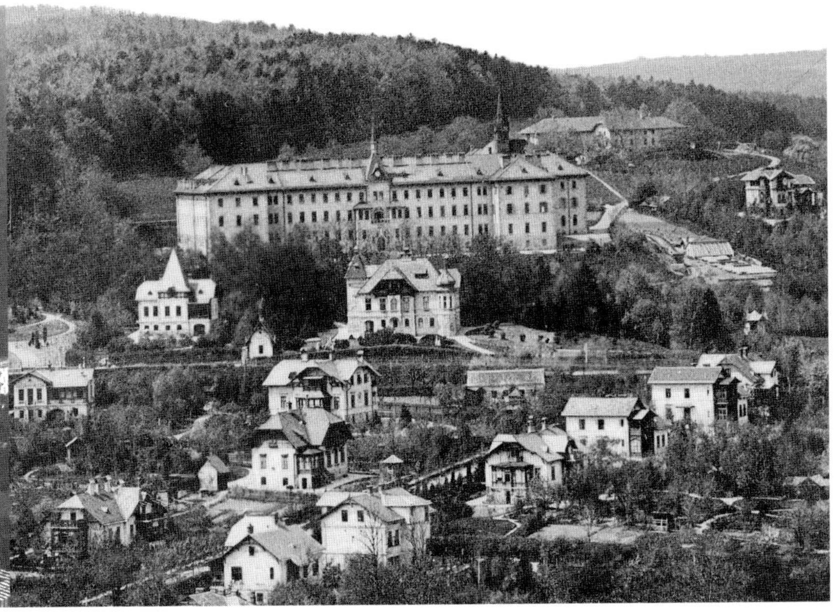

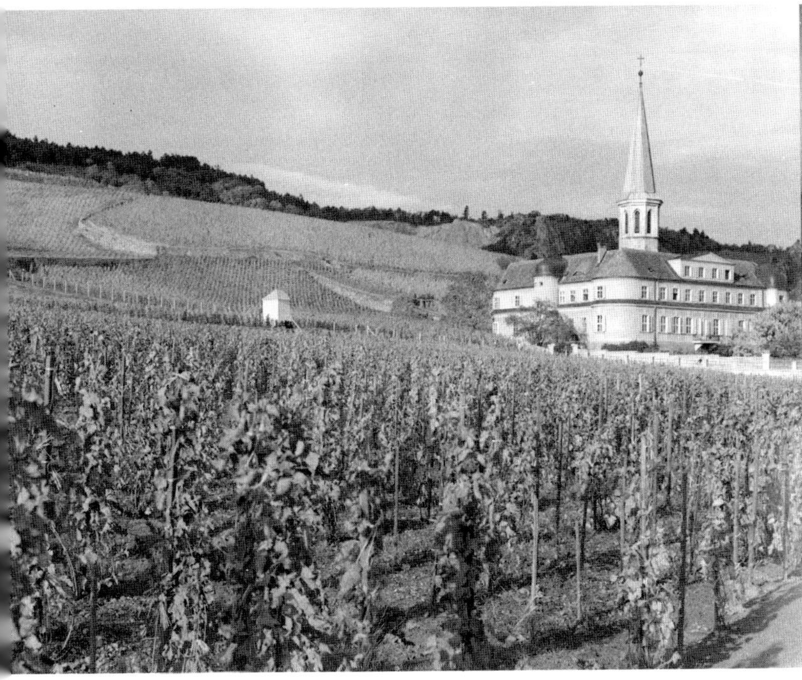

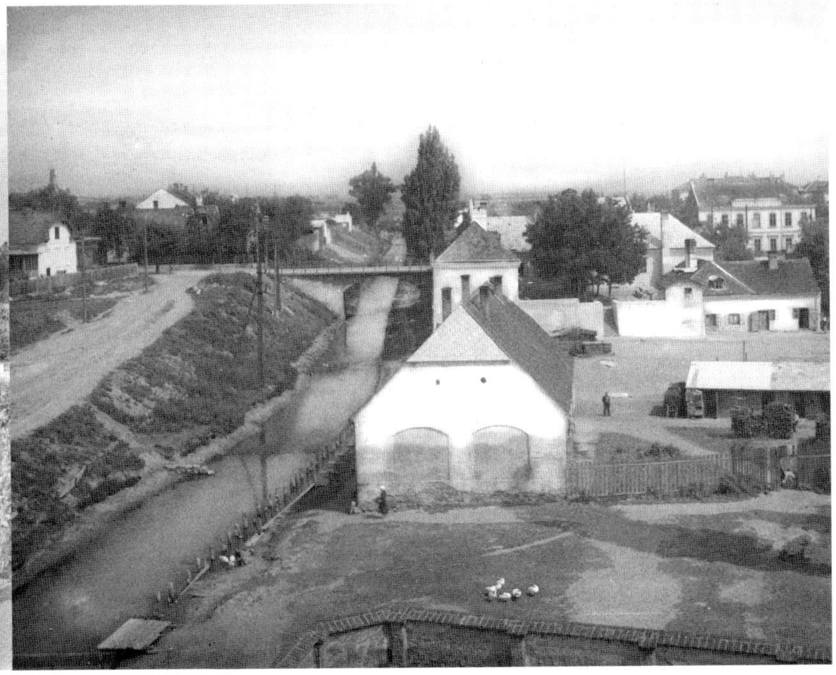

Gumpoldskirchen.
Umgebung. Weingärten gegen das Schloss.
Um 1950.

Guntramsdorf im Wiener Becken.
Partie am Mühlbach von erhöhtem Standort.
Um 1930.

TRAISENTAL

Hohenberg im oberen Traisental.
Übersicht.
Juli 1928.

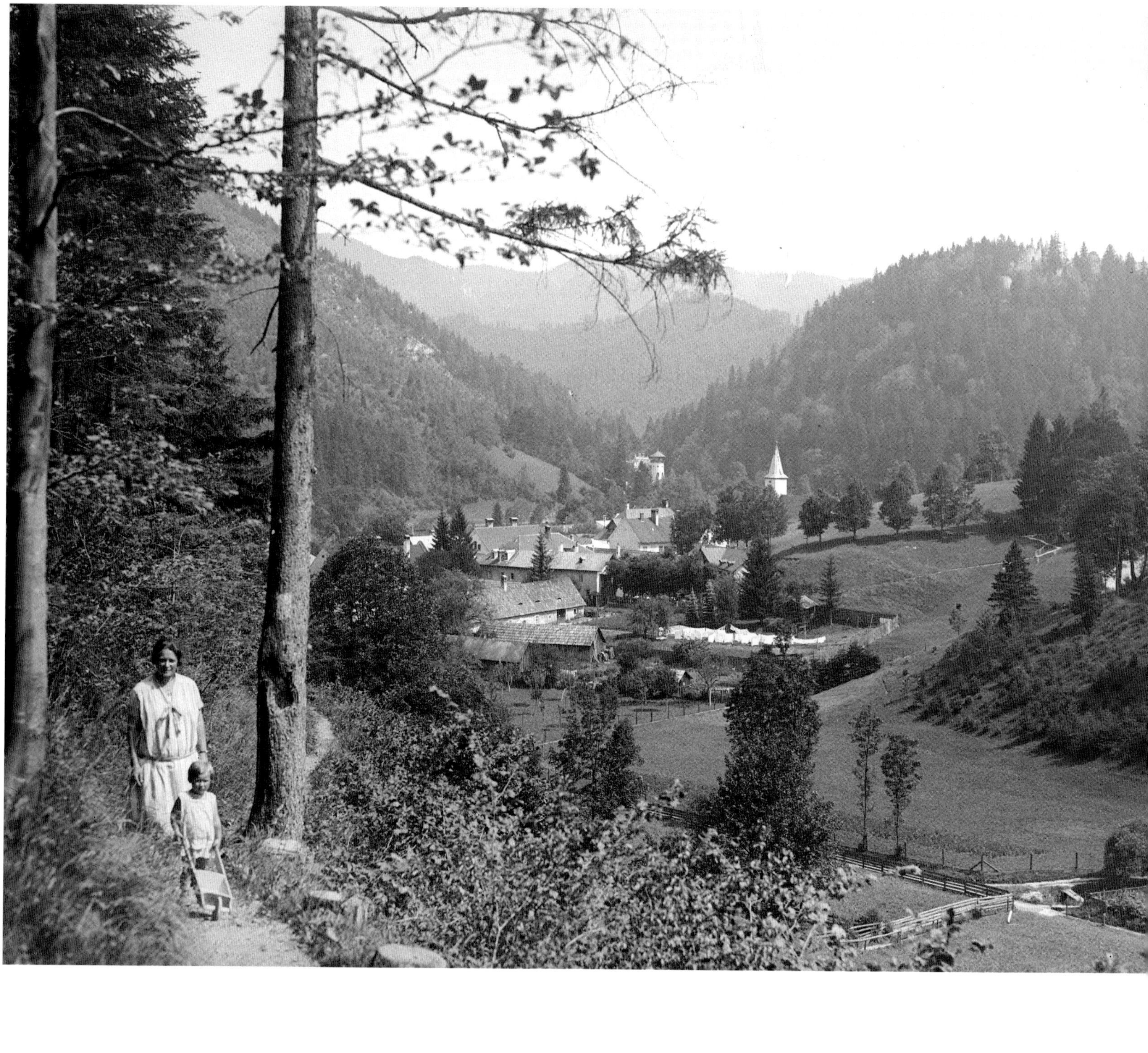

Wirtschaftsweg durch die Lössterrassen bei Traismauer. Um 1925.

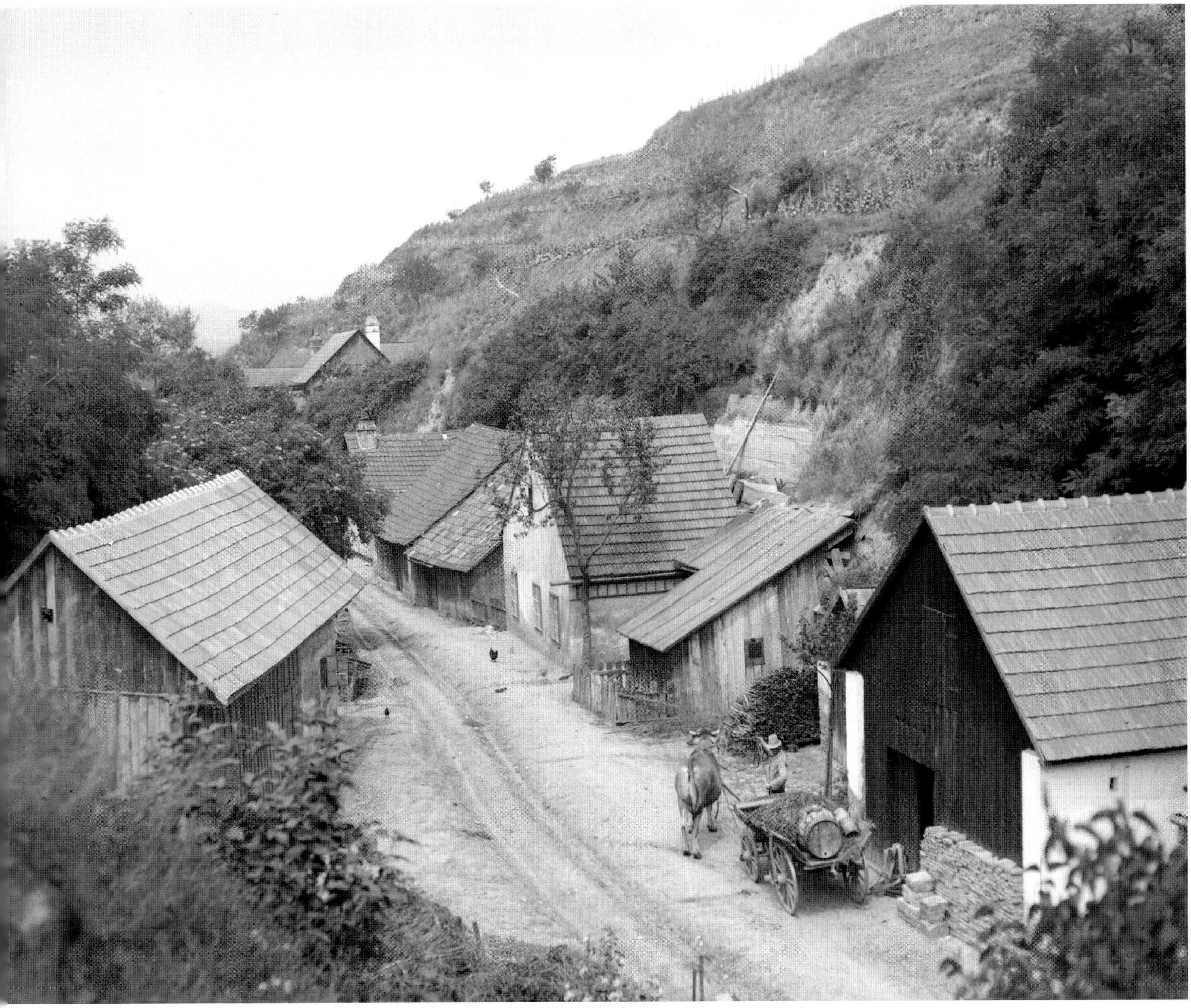

IM YBBSTAL

Kunstfotografische Ansichten
von Armand Helm. Um 1895.

Hollenstein.

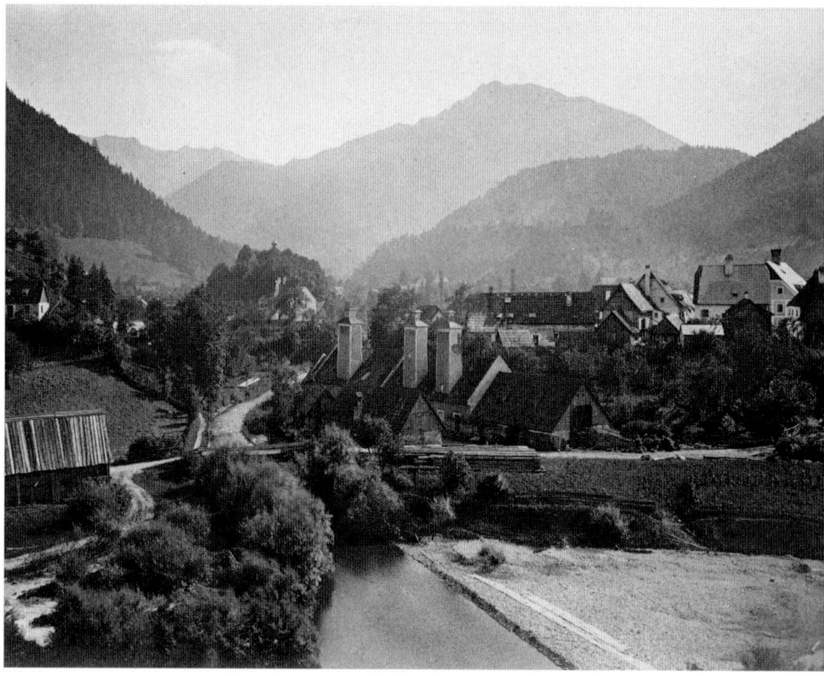

Klein Hollenstein.

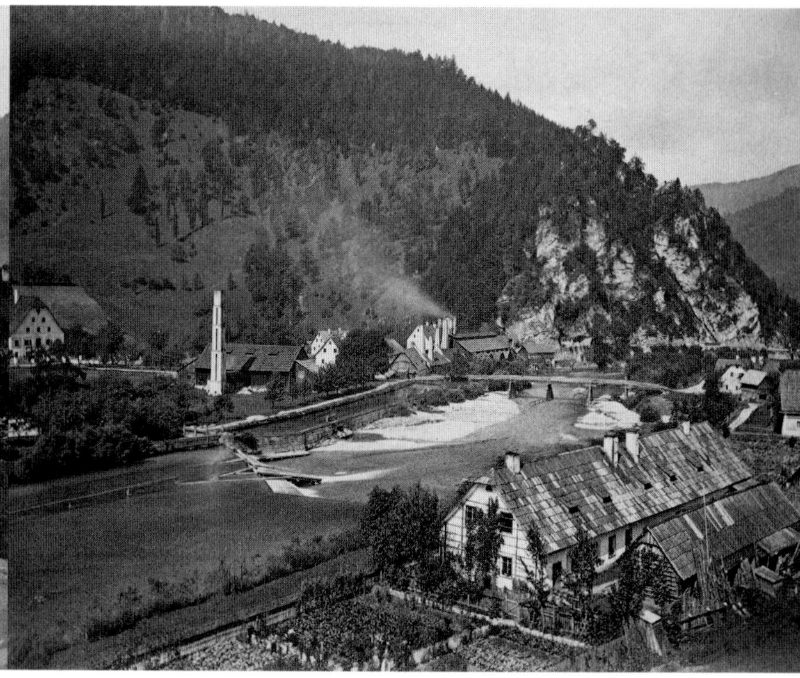

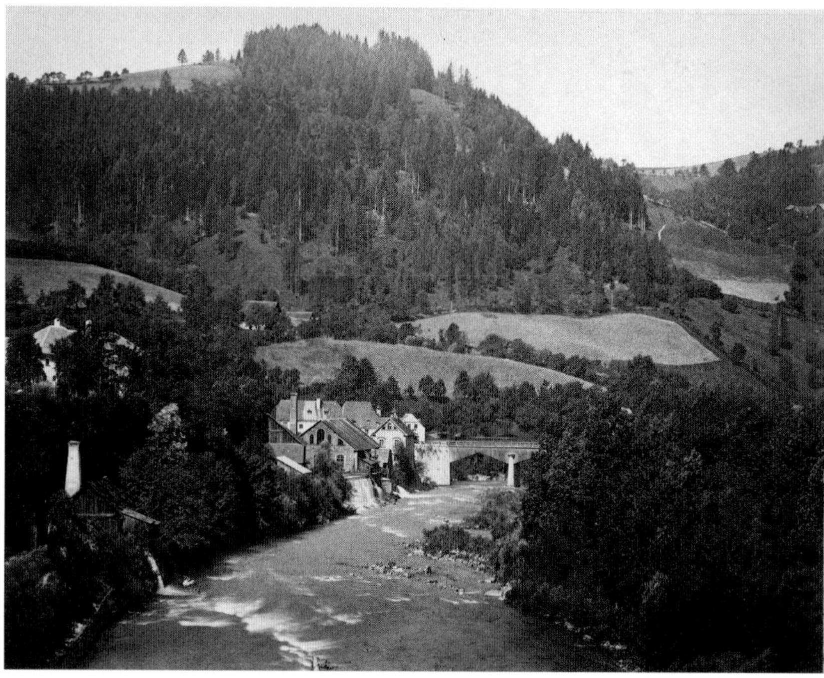

Gerstl.

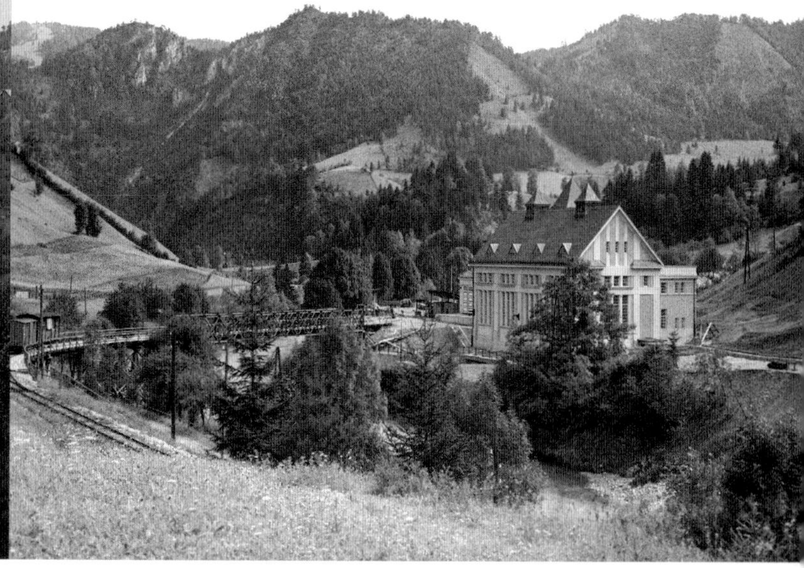

Opponitz. Ybbstalkraftwerk.
1925.

DAS YBBSTAL BEI WAIDHOFEN

Sonntagsberg mit Pfarrkirche zur hl. Dreifaltigkeit im Aufblick (von W). Um 1920.

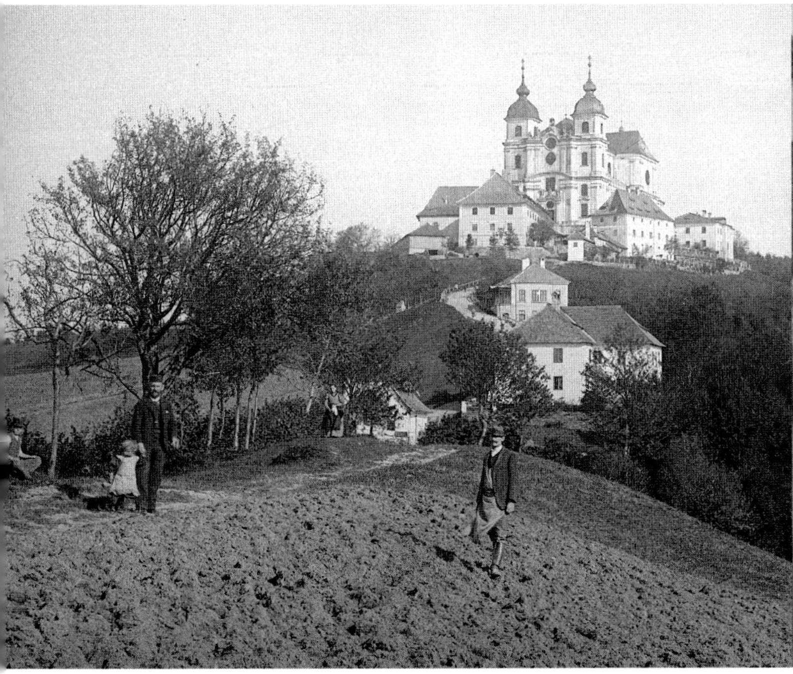

Idyll beim Zeller Ufer. Um 1900.

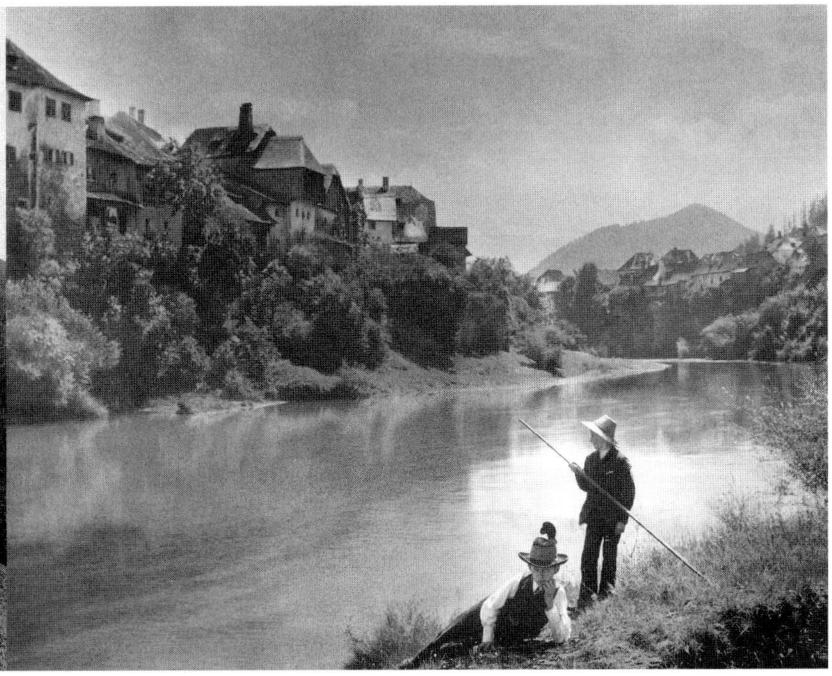

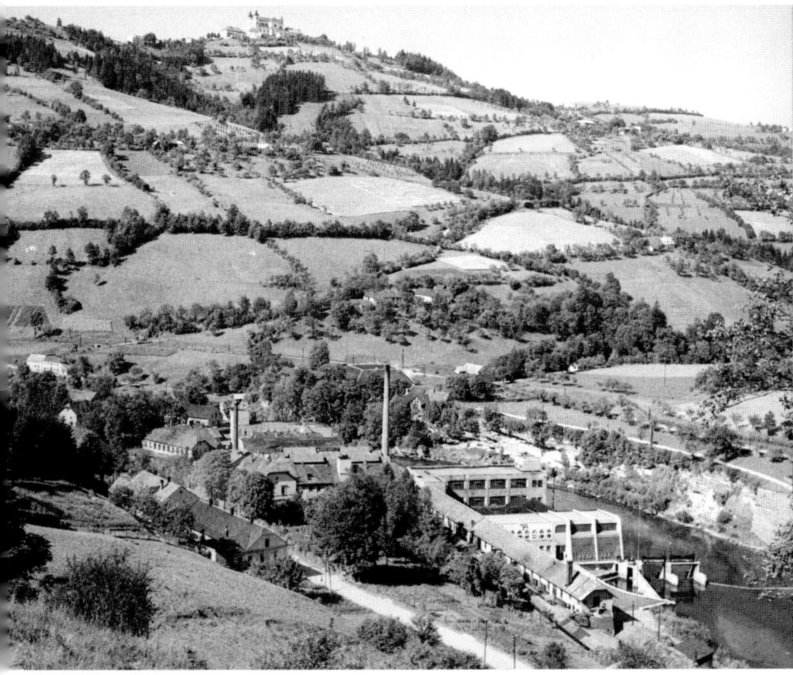

Böhlerwerk. Übersicht mit Fabriksgebäude gegen den Sonntagsberg. Um 1938.

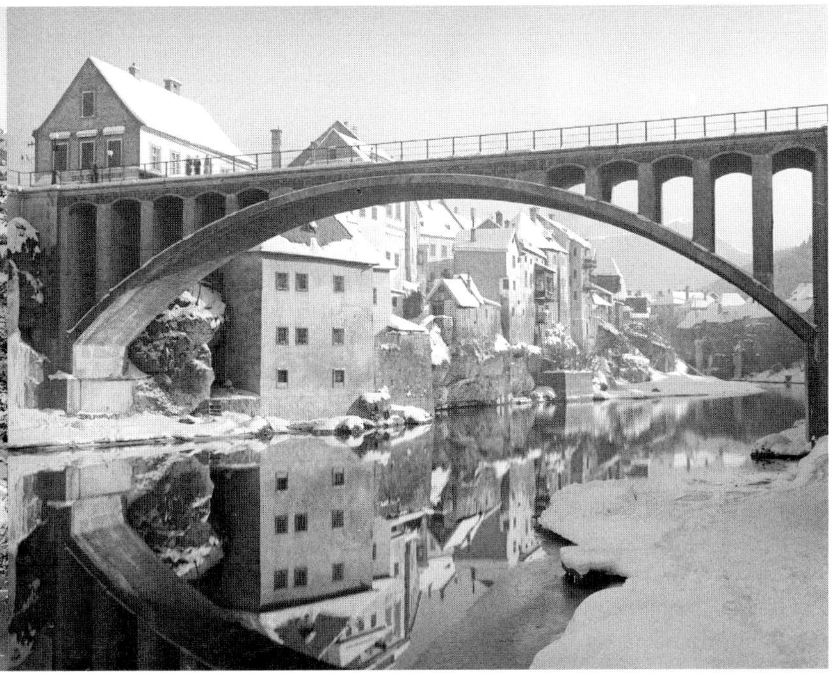

Zeller Hochbrücke im Winter. Durchblick von NW. Um 1938.

WACHAU BEI DÜRNSTEIN

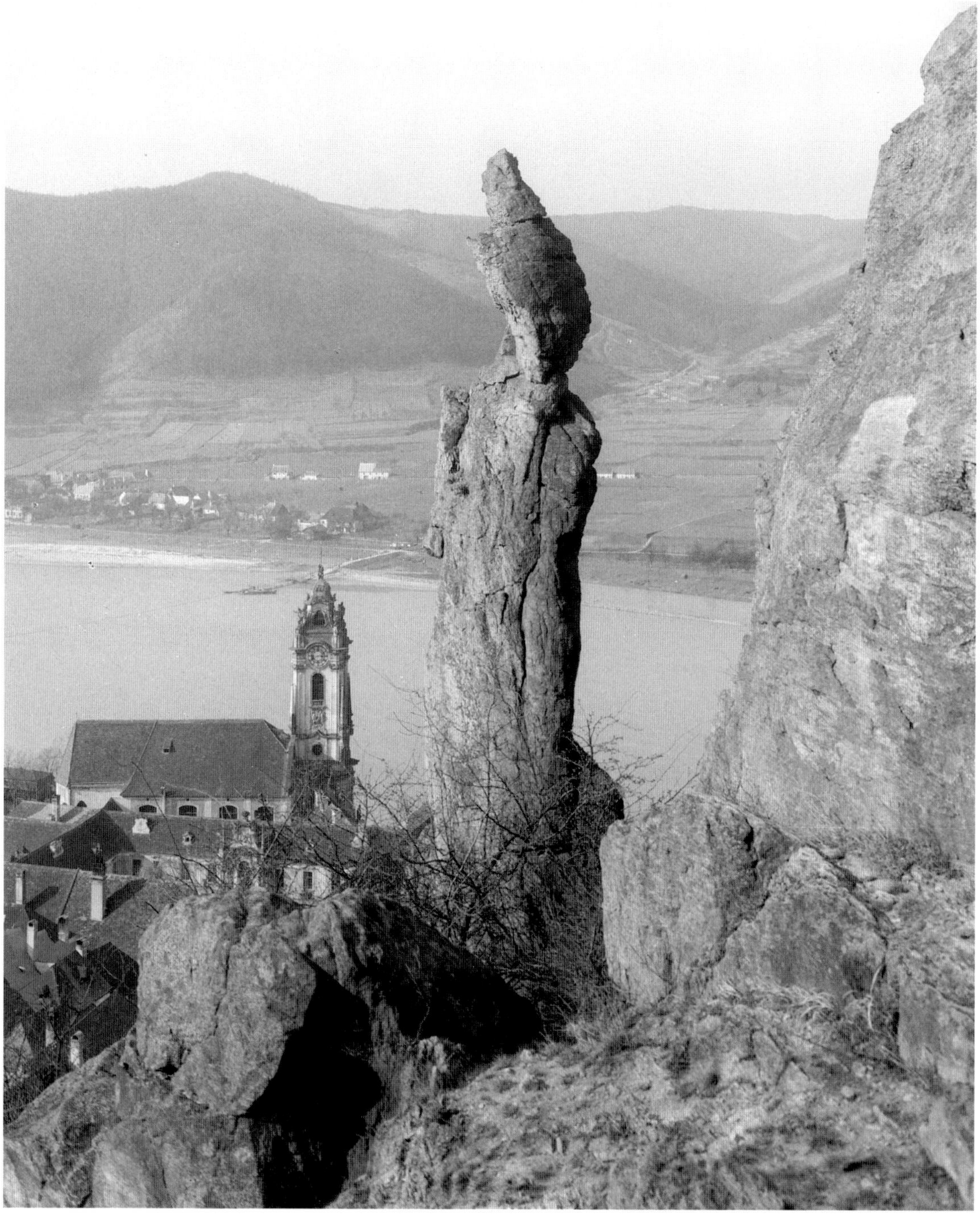

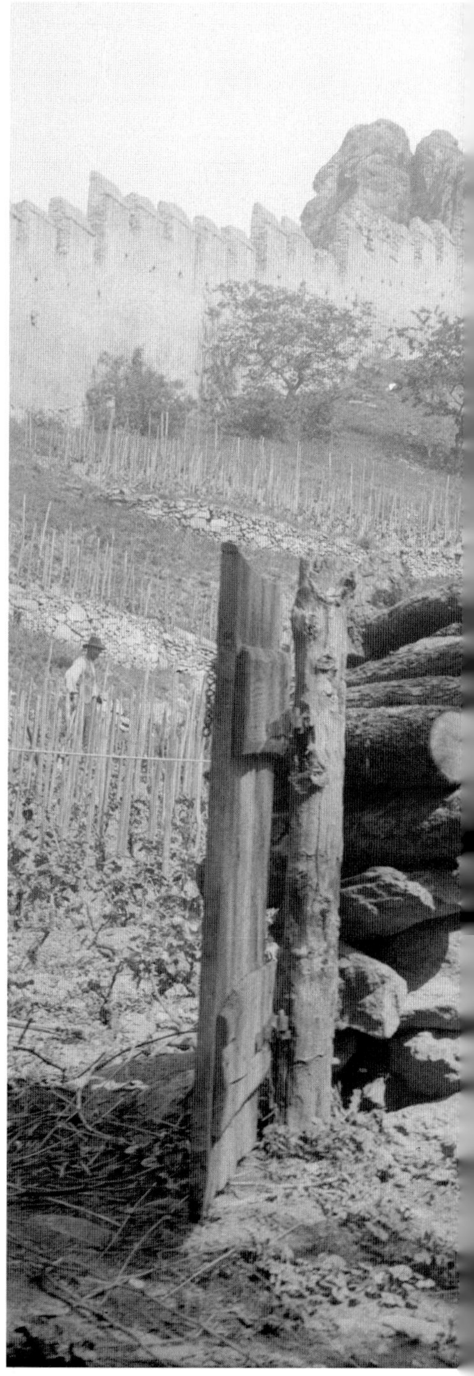

Übersicht (von N) mit Pfarrkirche
Maria Himmelfahrt und dem
Nadelfelsen gegen die Donau.
Um 1927.

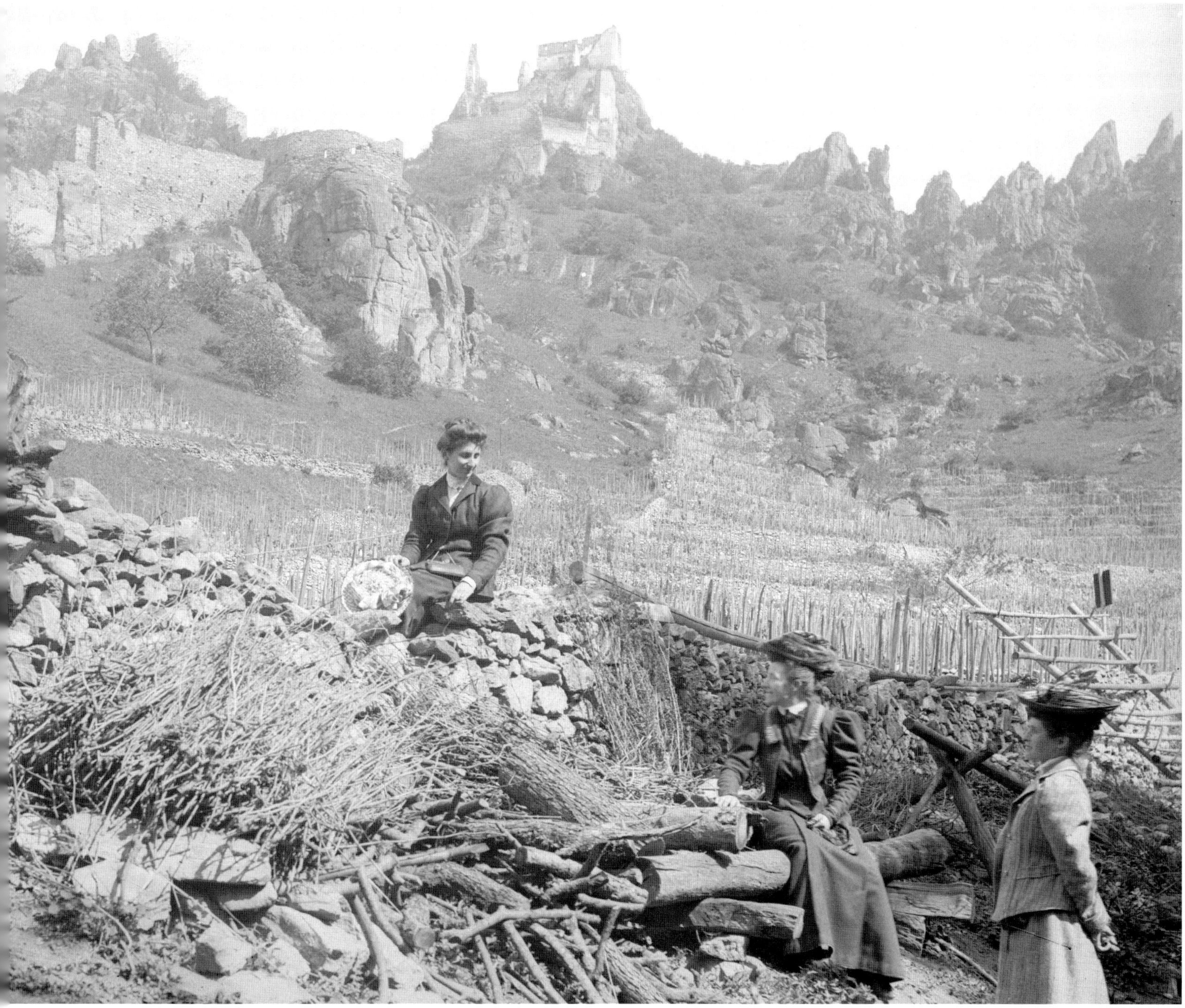

Ruine im Aufblick (von S) über
die Terrassen. Den Damen
dienen Holzstapel als Rastplatz.
Um 1912.

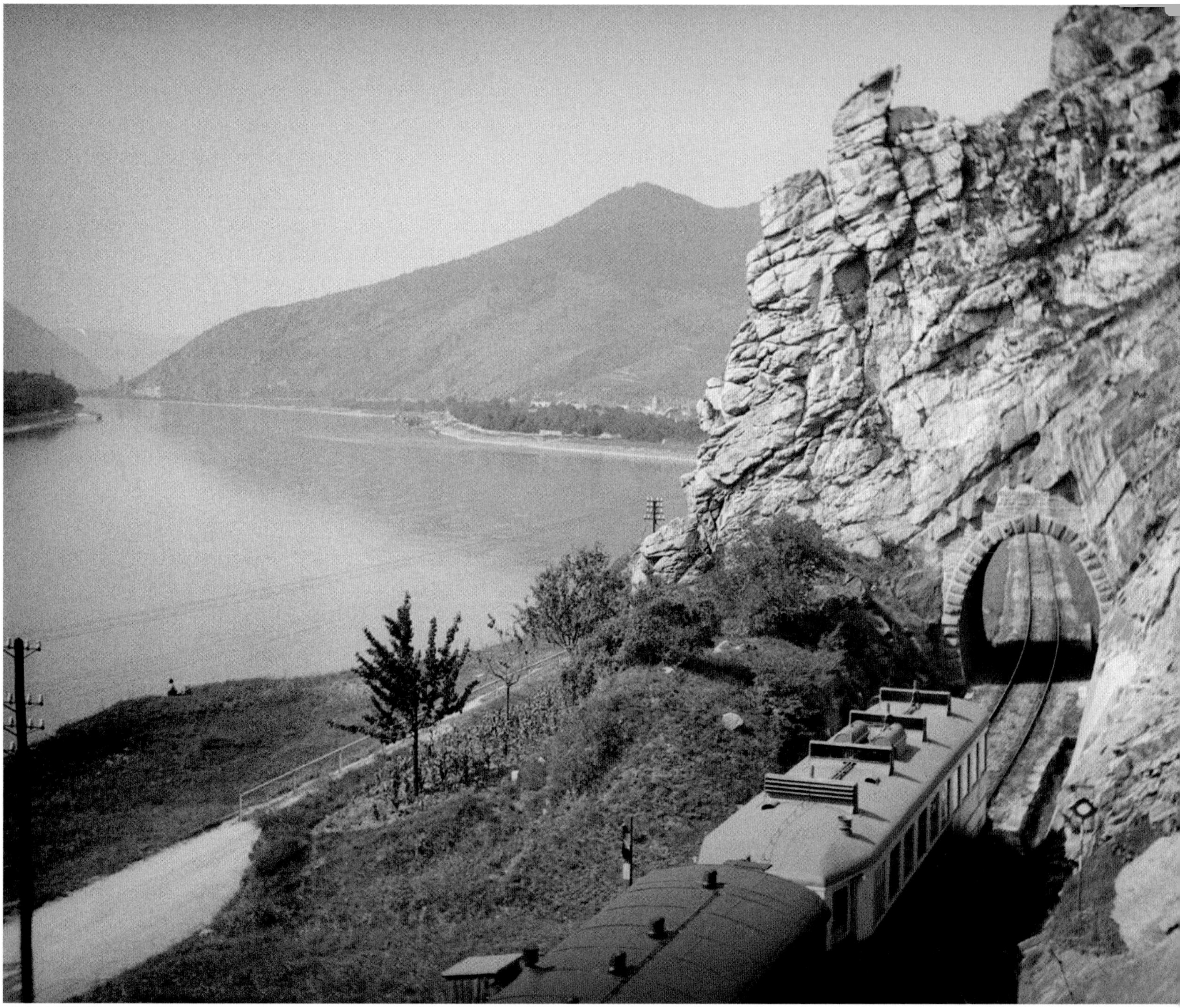

WACHAU BEI SPITZ
Teufelsmauer mit Zug
nach dem Tunnel.
Um 1935.

TULLNERFELD
Blick über die Ruine Greifenstein
ins Donautal (von erhöhtem
Standort von OSO).
Um 1934.

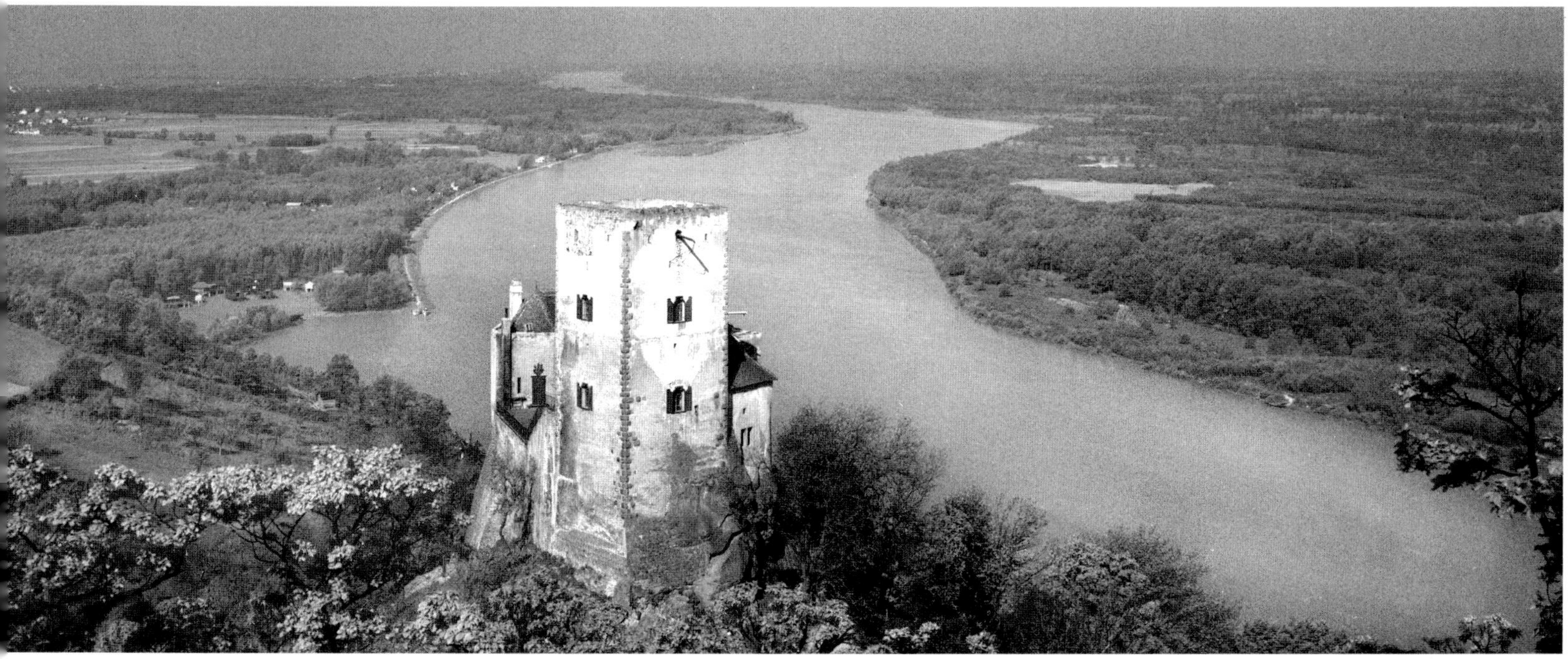

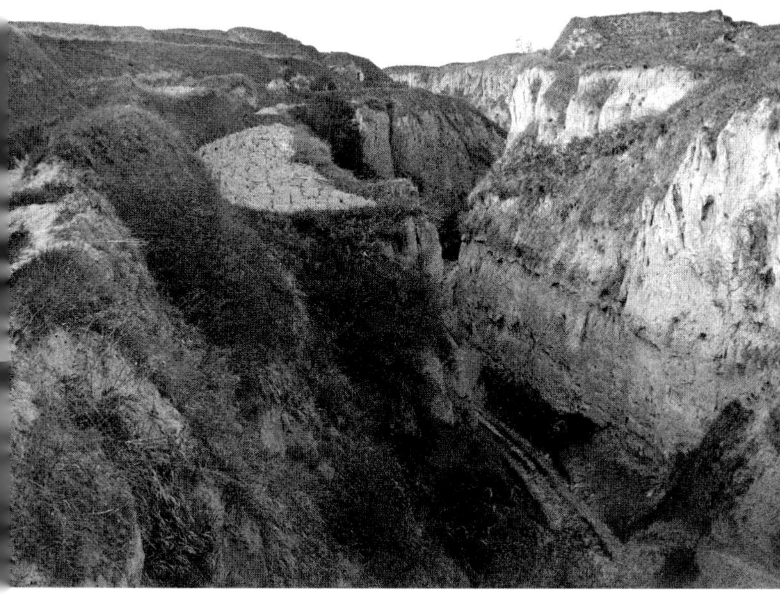

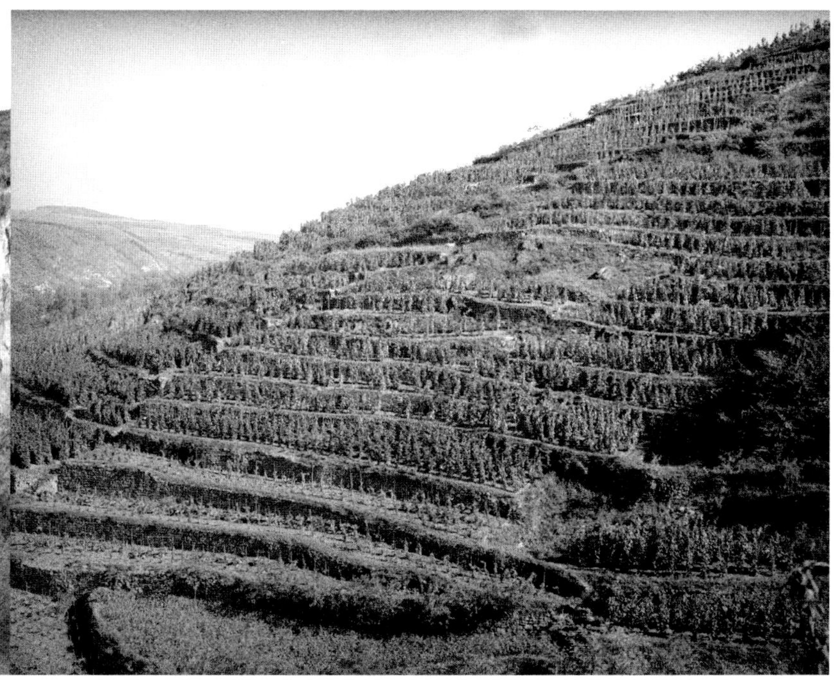

AM WAGRAM
Hochfläche mit eingesenkter
Schlucht bei Straß im Straßertal.
1912.

KAMPTAL
Heiligensteiner Weinberg
bei Zöbing.
1931.

Nebelstein an der
böhmischen Grenze.
Gipfelfelsen als Ausflugsziel.
Um 1910.

STEINREICHES WALDVIERTEL

Blockheide bei Gmünd.
Um 1910.

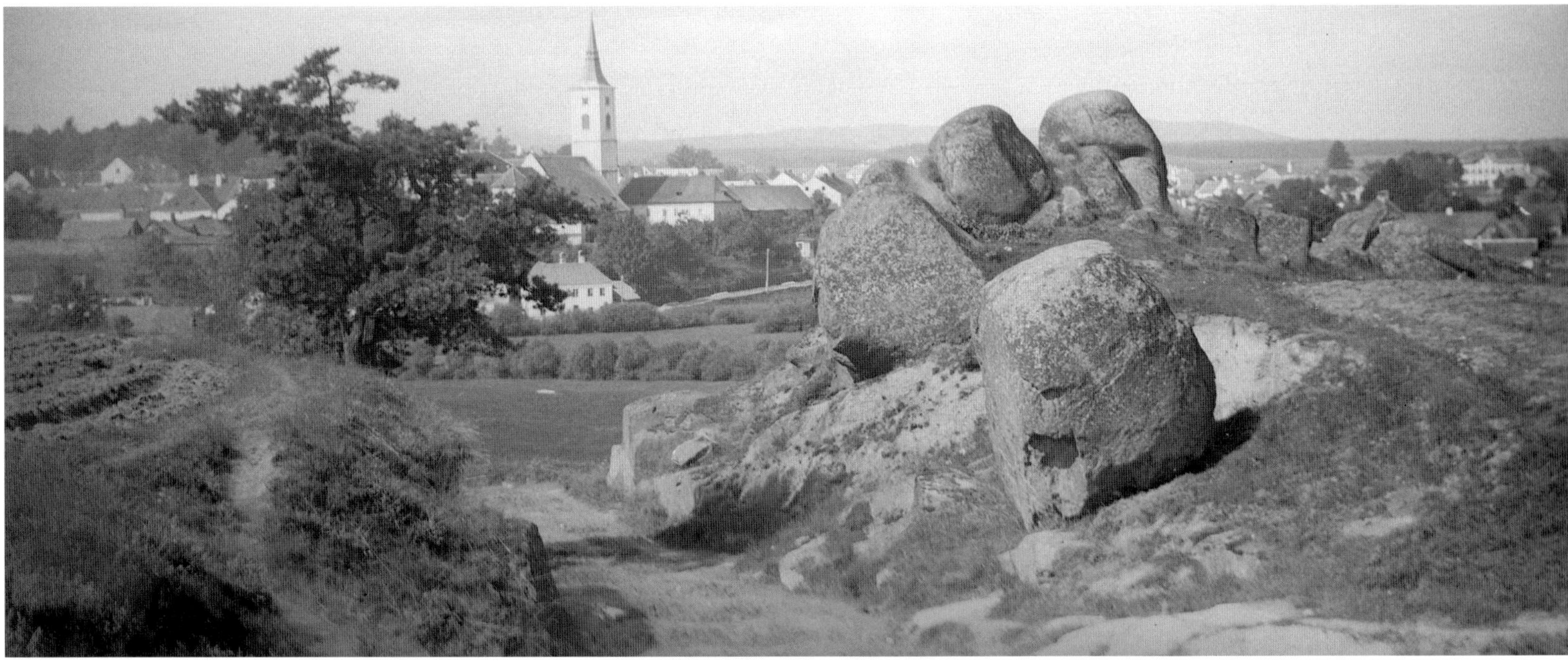

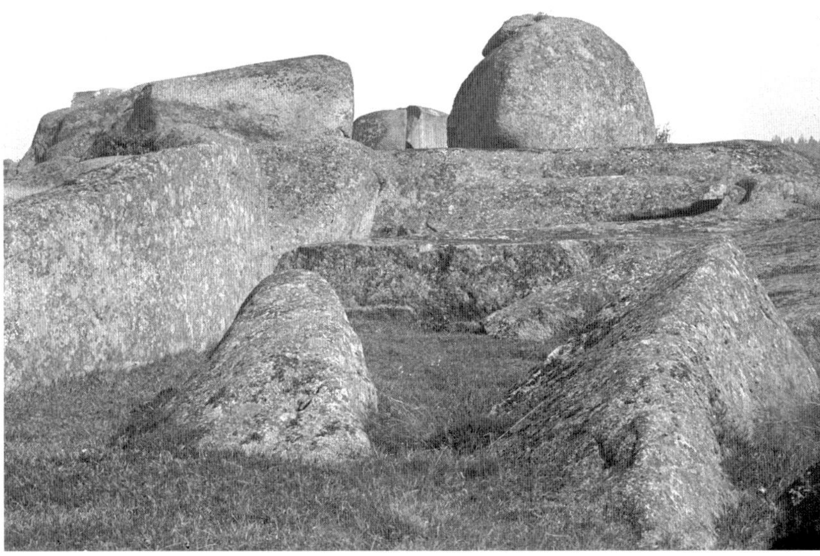

Greillenstein.
Verwitterte Granitblöcke:
„Teufelsbett" und „Kas und Brot".
Um 1910.

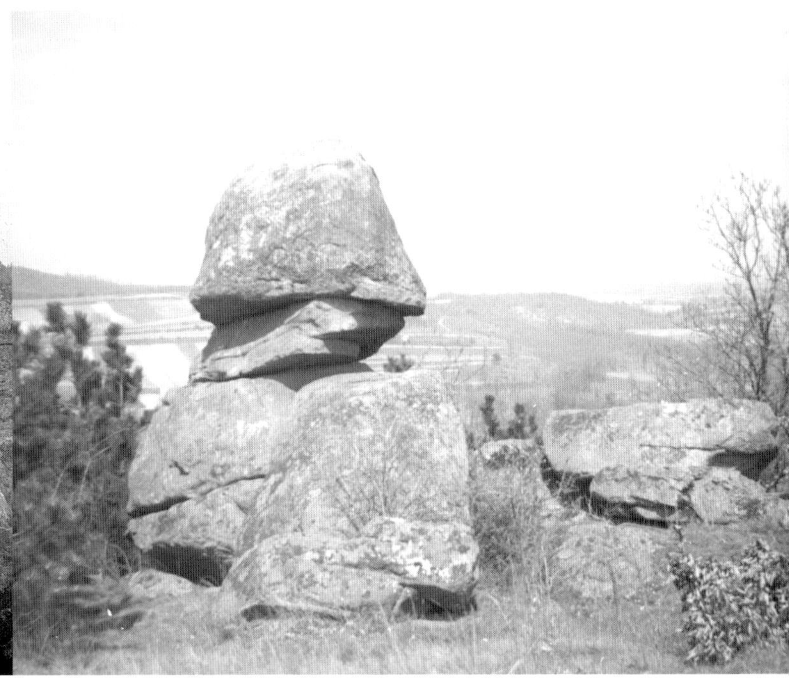

Am Stoitzenberg.
Verwitterungsformen
der Felsblöcke.
April 1950.

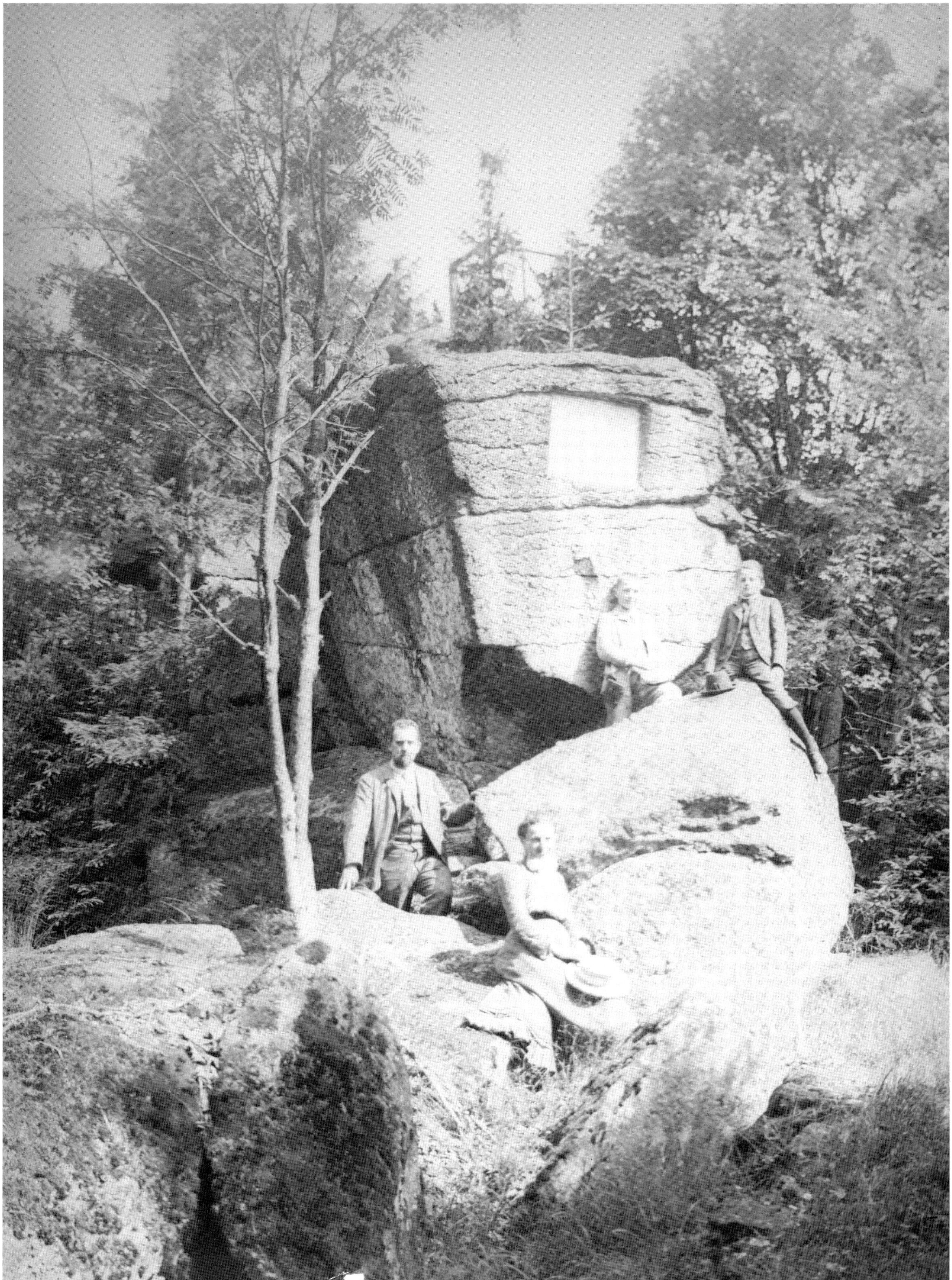

WALDVIERTLER RUNDSCHAU

Schloss Albrechtsberg an der Kleinen Krems. Um 1910.

Gegenüberliegende Seite:

Oben: Reinolz bei Dobersberg. Vierseithöfe am Angerteich. Um 1910.
Unten links: Schloss Rosenburg im Aufblick vom Kamp (von O). Um 1935.
Unten rechts: Stift Altenburg (Ansicht von N), am Feld davor Bäuerin neben Egge. Um 1910.

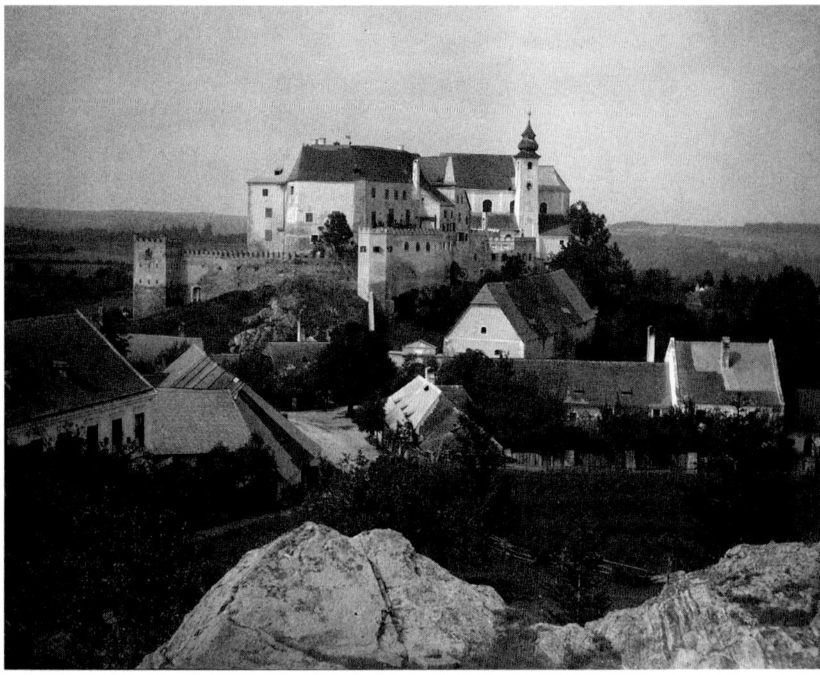

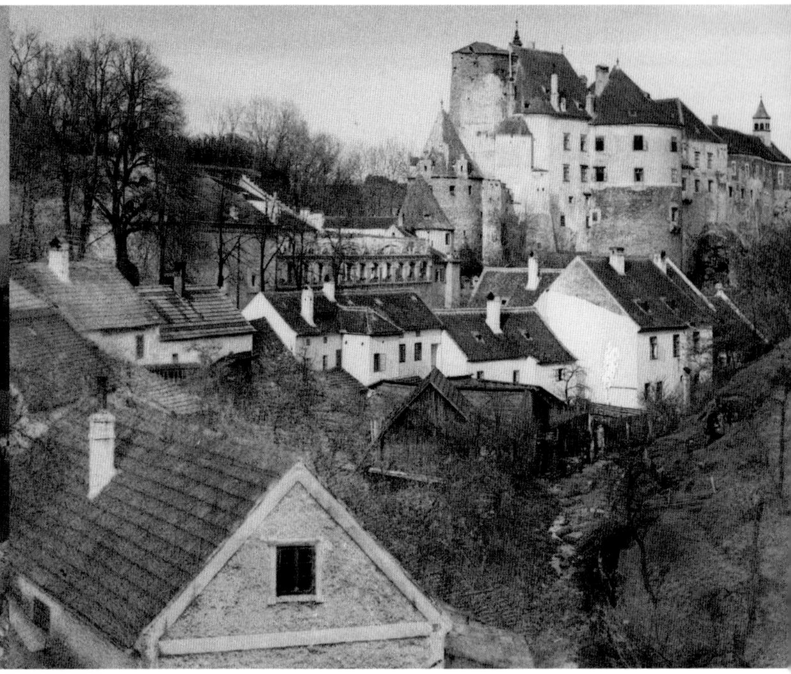

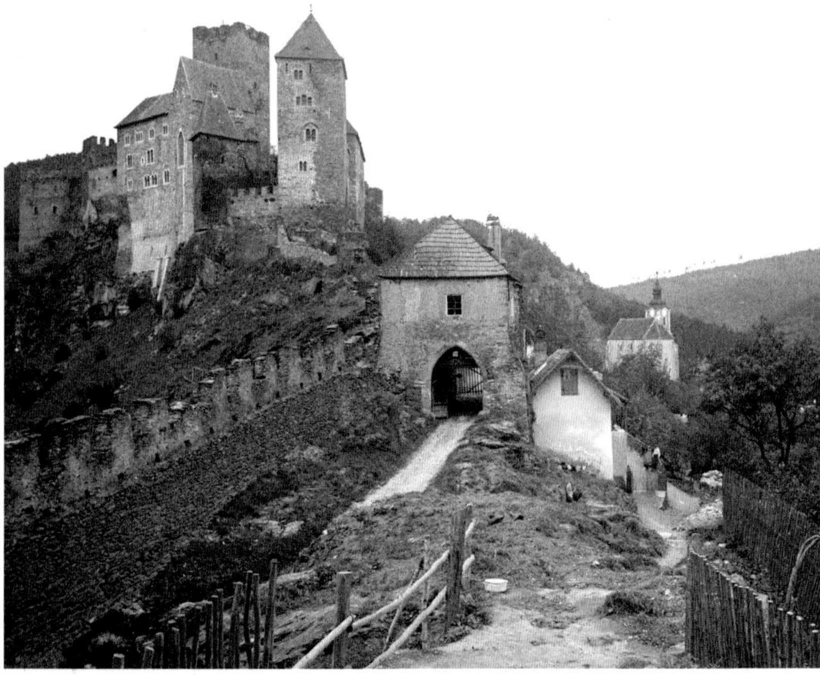

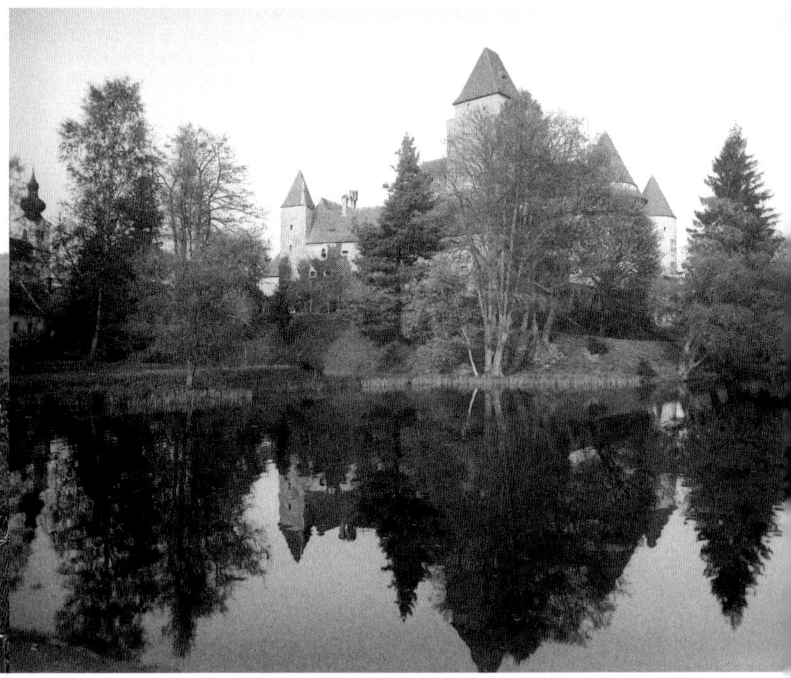

Hardegg an der Grenze zum Weinviertel. Übersicht mit Burg, Torhaus und Pfarrkirche (von SSO). Karl Möhsl. Juni 1909.

Oben: Raabs an der Thaya. Übersicht von erhöhtem Standort gegen das Schloss (von SW). Um 1927.
Unten: Heidenreichstein. Blick über Teichspiegelung auf die Burg. Um 1920.

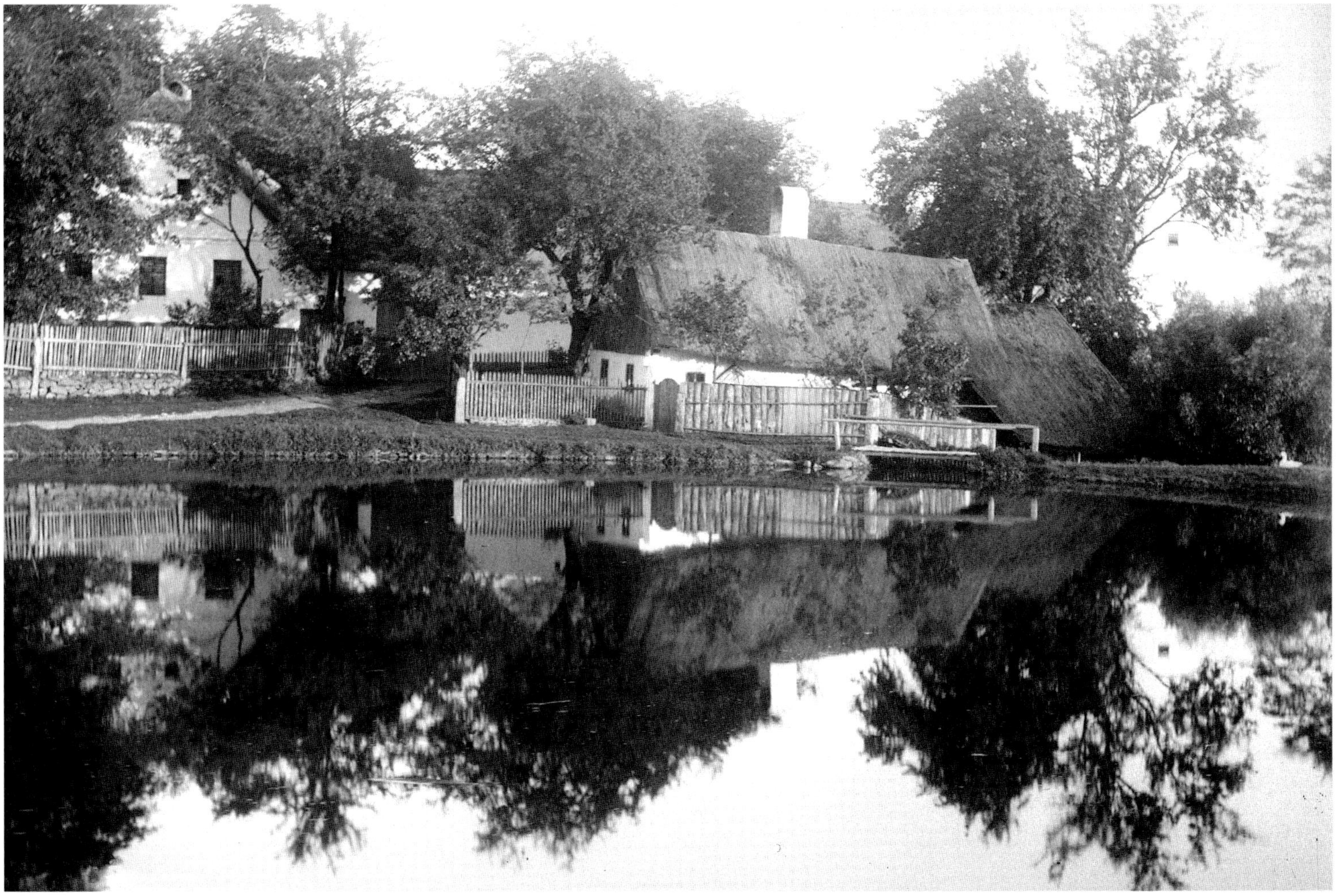

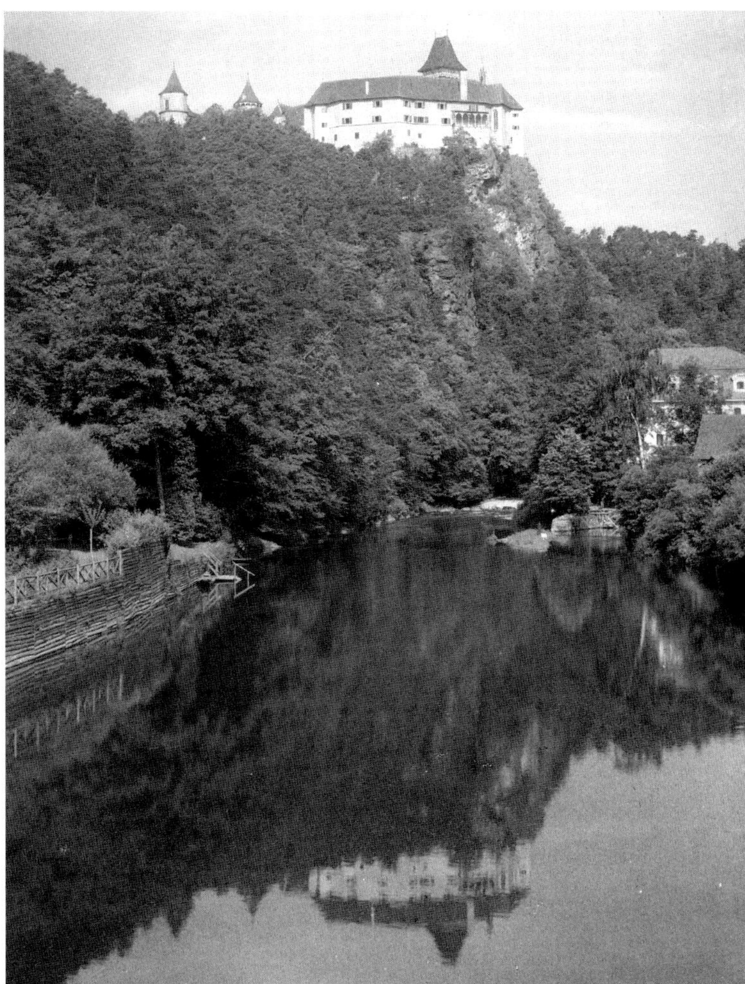

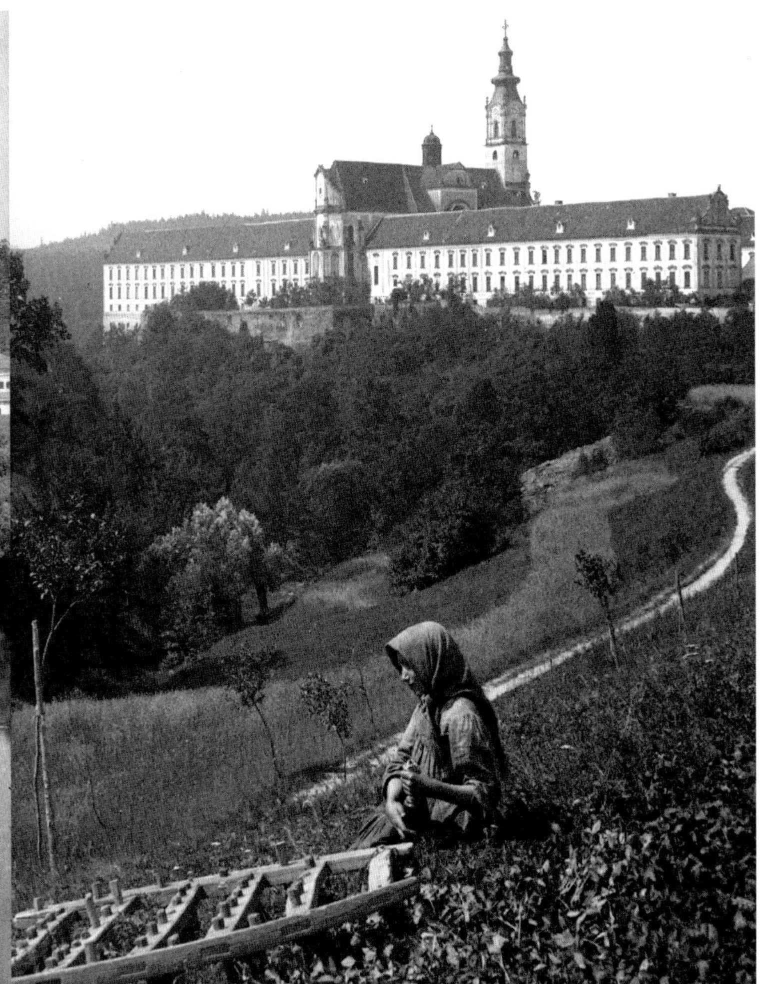

WEINVIERTEL UND MARCHFELD

Bei Untermarkersdorf.
Blick über die Weingärten.
Um 1950.

Unten:
Kreuttal. Luisenmühle.
Um 1935.

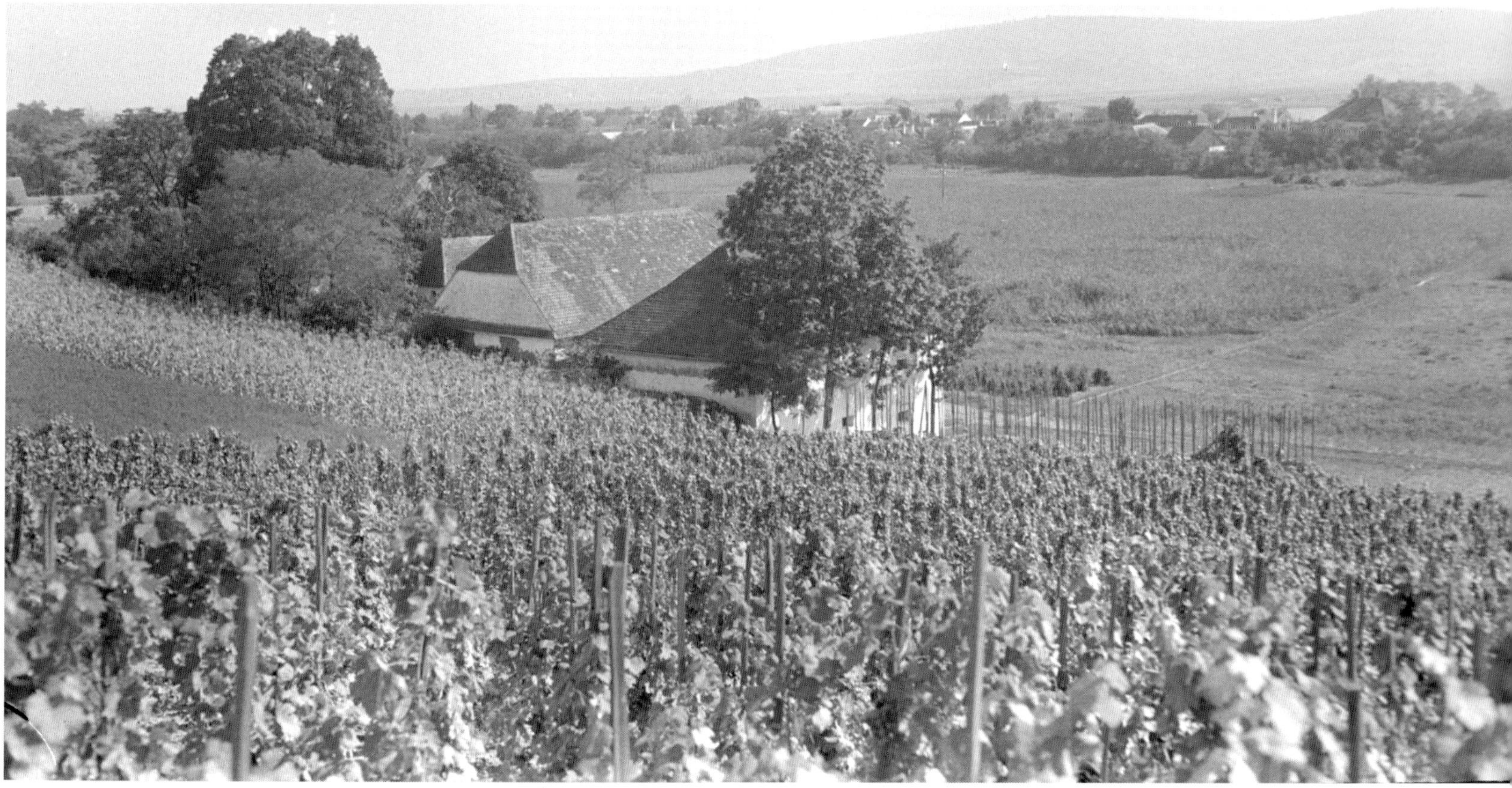

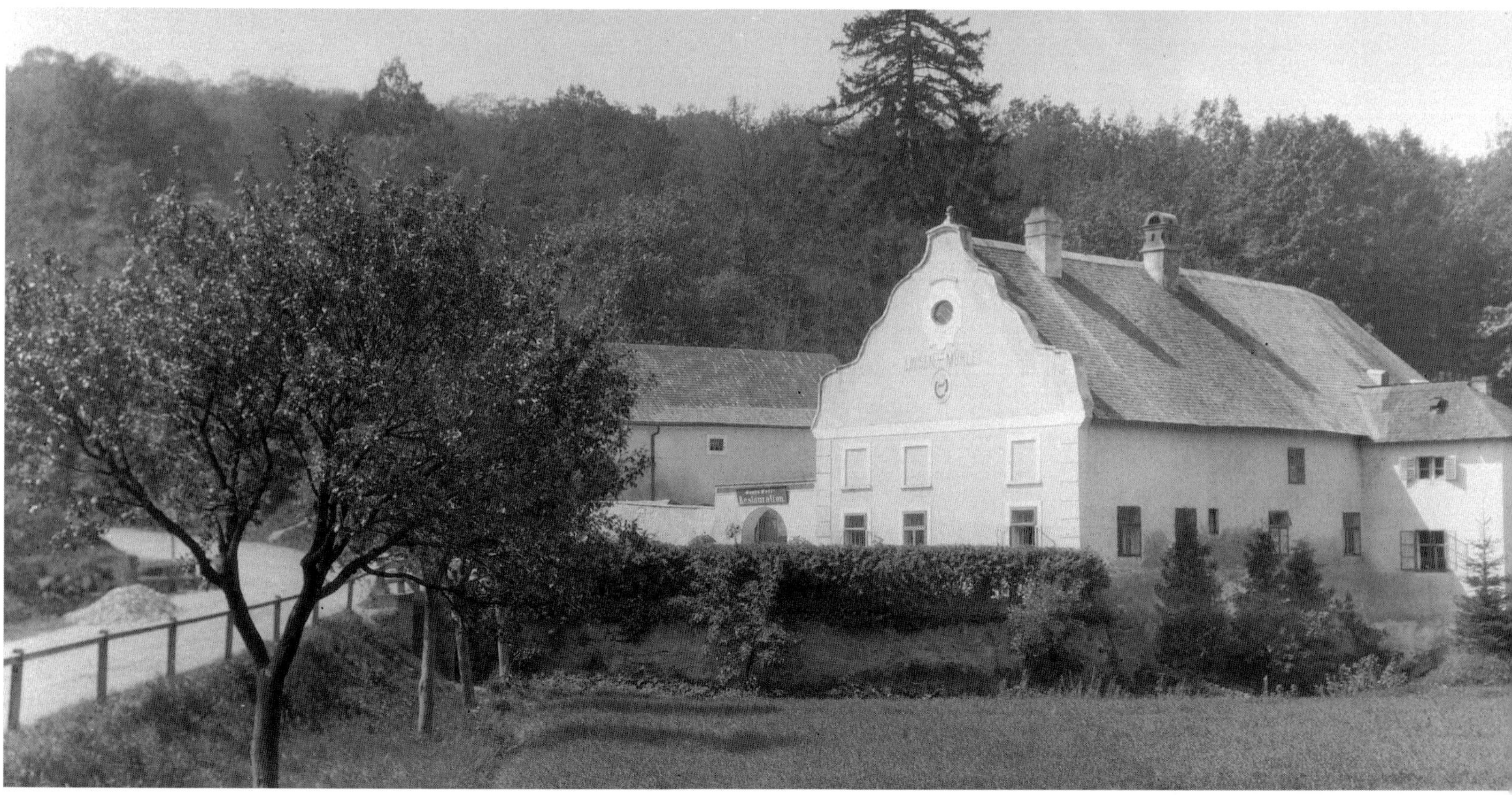

Äcker und Felder zwischen
Deutsch-Wagram und Bockfließ.
Um 1925.

Unten:
Mühlbergfeld bei Bernhardsthal.
Bauer mit Pferdewagen
vor den Erdöl-Fördertürmen.
September 1955.

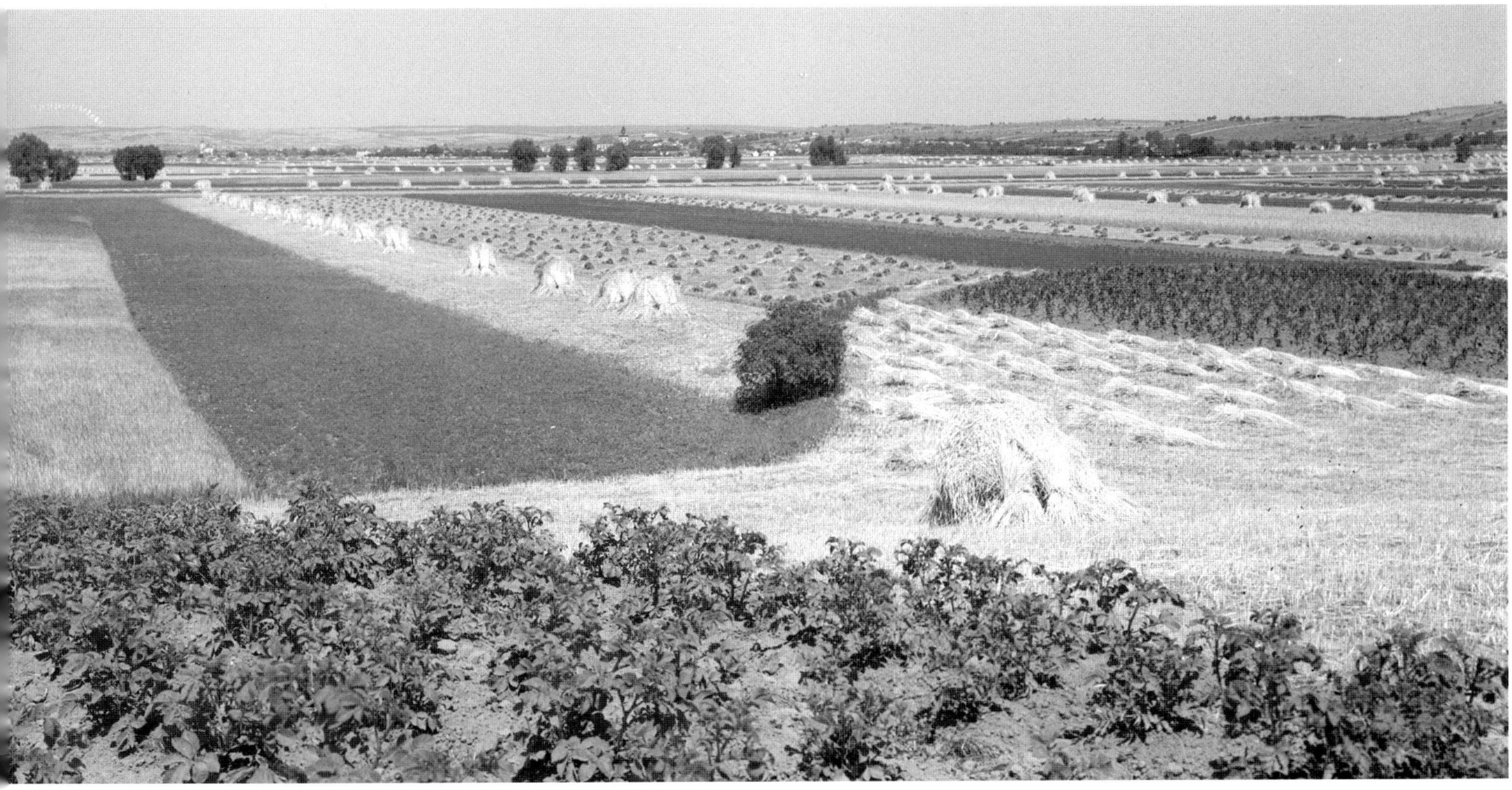

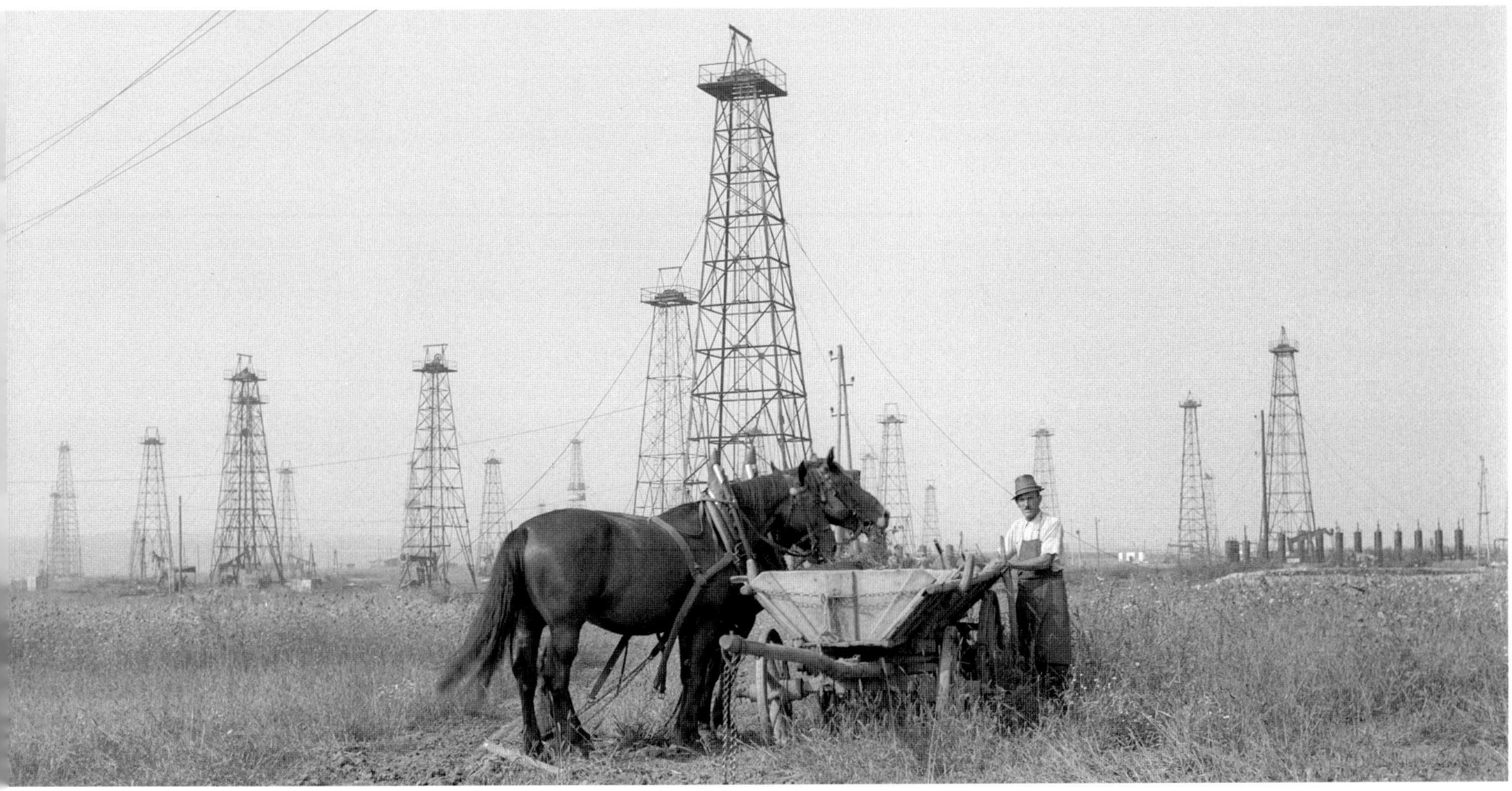

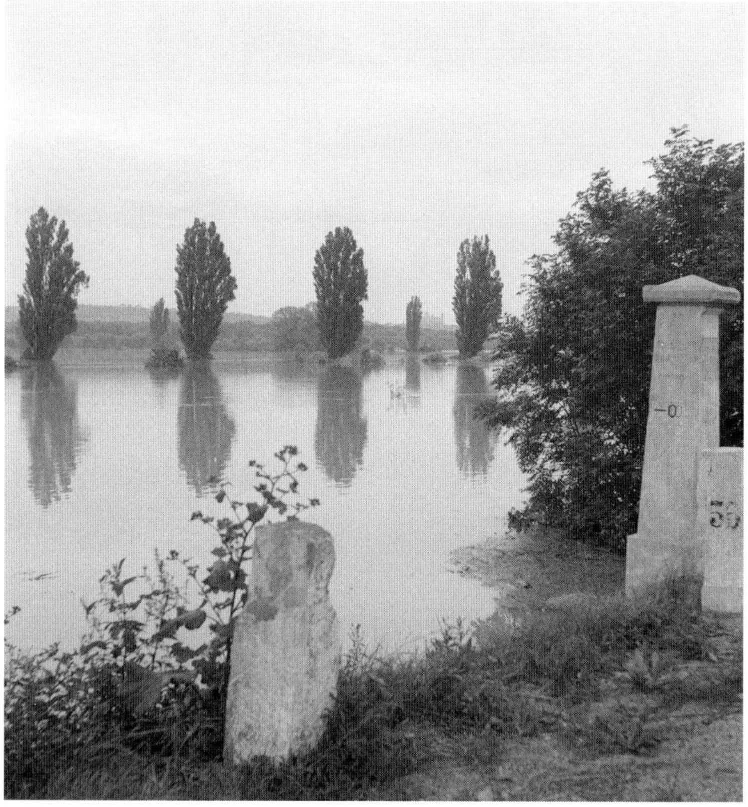

AN DER DONAU IM OSTEN

Hochwasser im Juli 1954. Überschwemmtes Gebiet bei Wolfsthal mit Grenzstein zur ČSSR.

Hainburg. Pferdeschwemme am Donauufer. 1928.

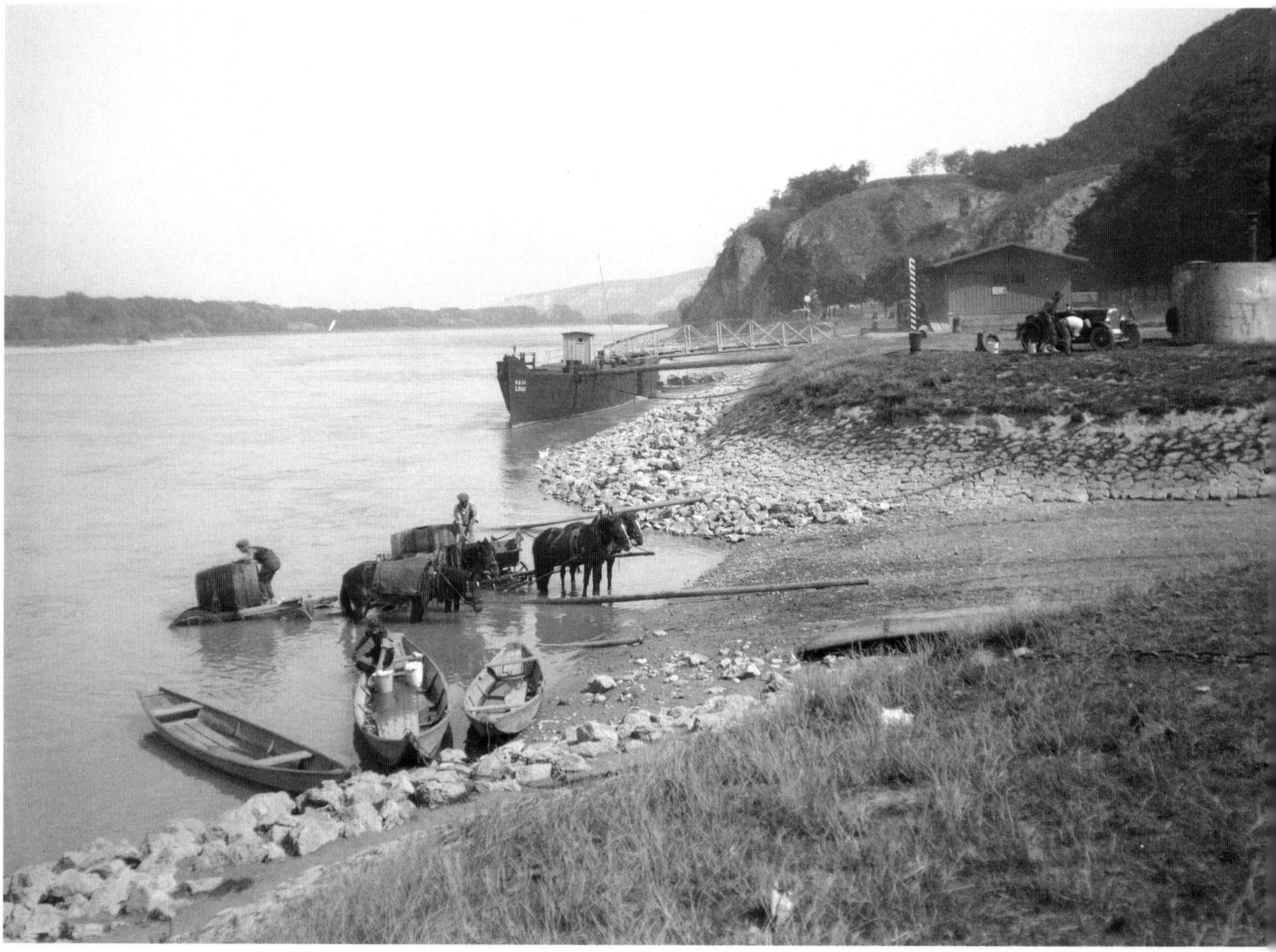

Hochwasser im Juli 1954.
Überschwemmtes
Grenzgebiet bei Wolfsthal
mit österreichischem
Zollhaus.

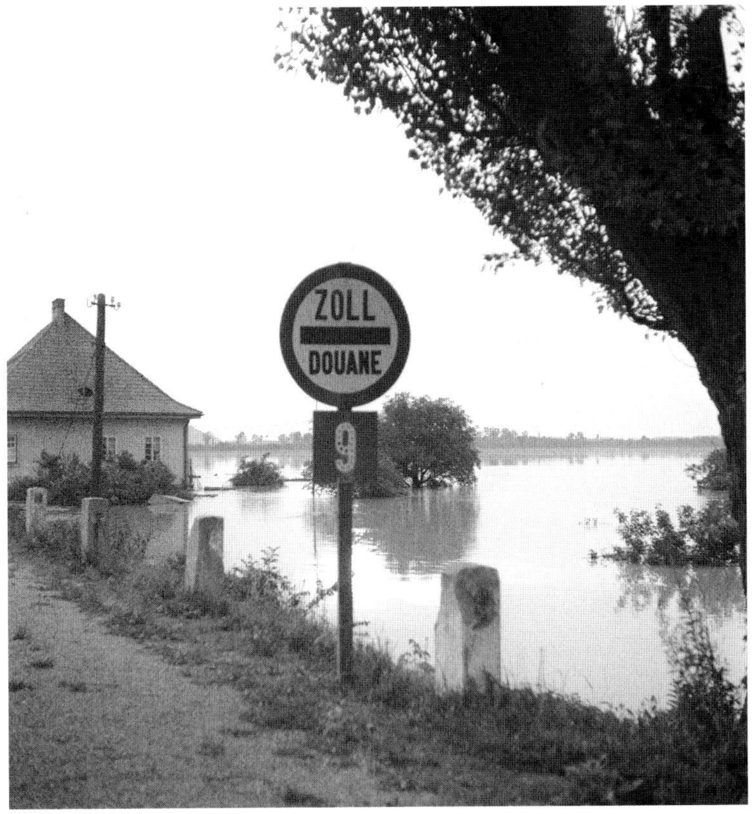

Hainburg.
Übersicht gegen den
Schlossberg mit Ruine
(von NNW).
Um 1920.

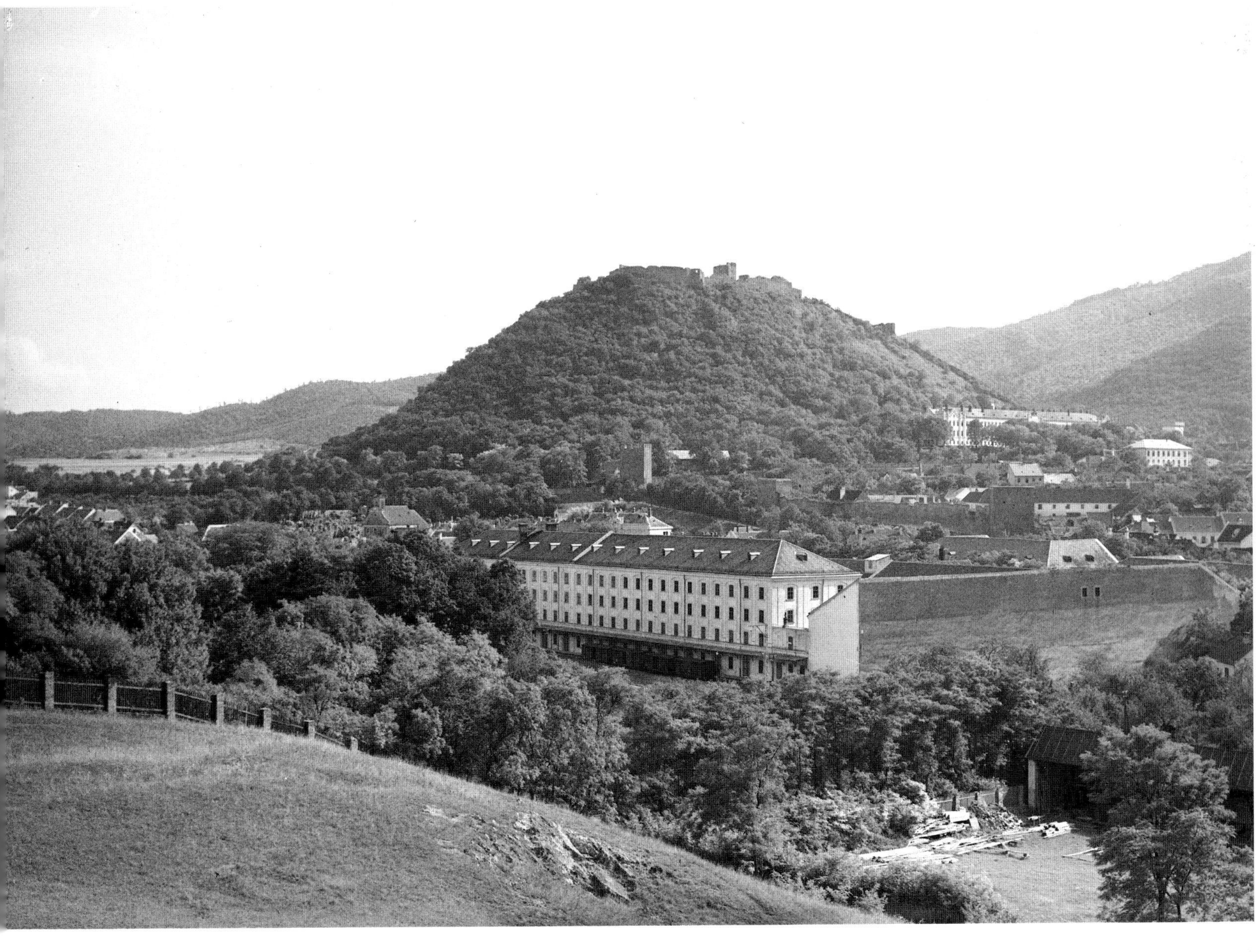

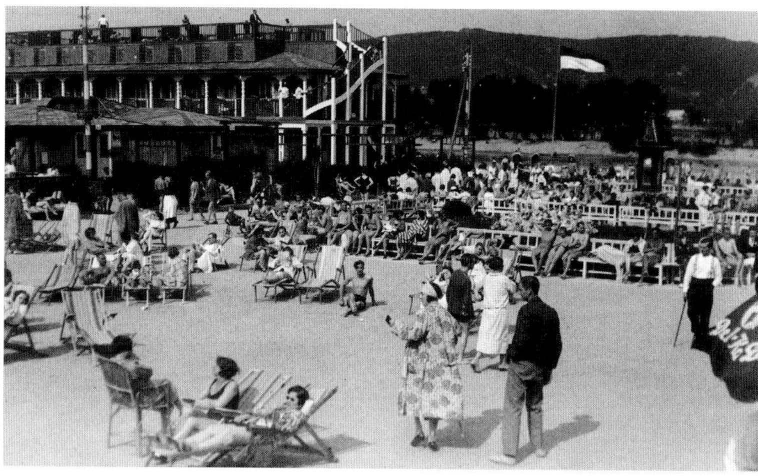

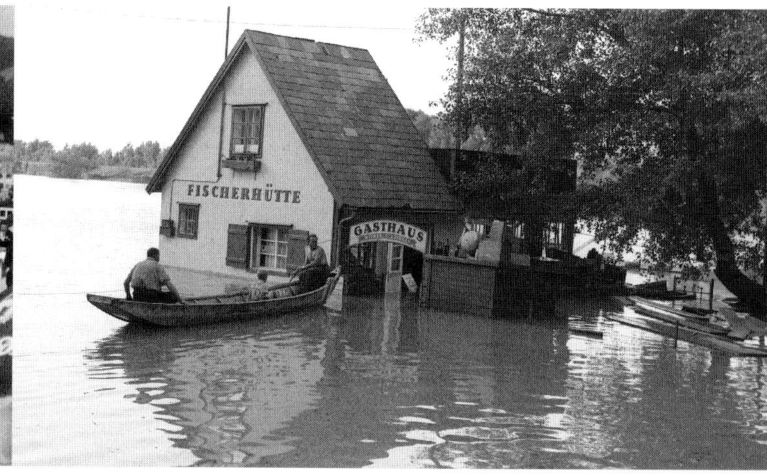
FISCHERHÜTTE
GASTHAUS

KAPITEL 3

AM WASSER

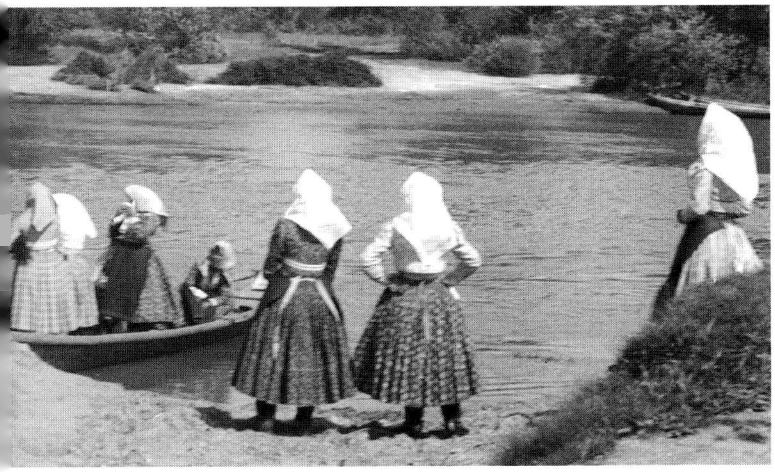

Donaufähren – Blicke auf die Donau und die Gestade – In der Wachau – Strandbäder – Werft Korneuburg – Hochwasser der Donau – Bootsmänner – An der March – Waldviertler Flüsse – Die Schwarza/Die Leitha/Die Piesting/Der Wiener Neustädter Kanal – Erlaufsee – Hinterbergteich – Lunzer See

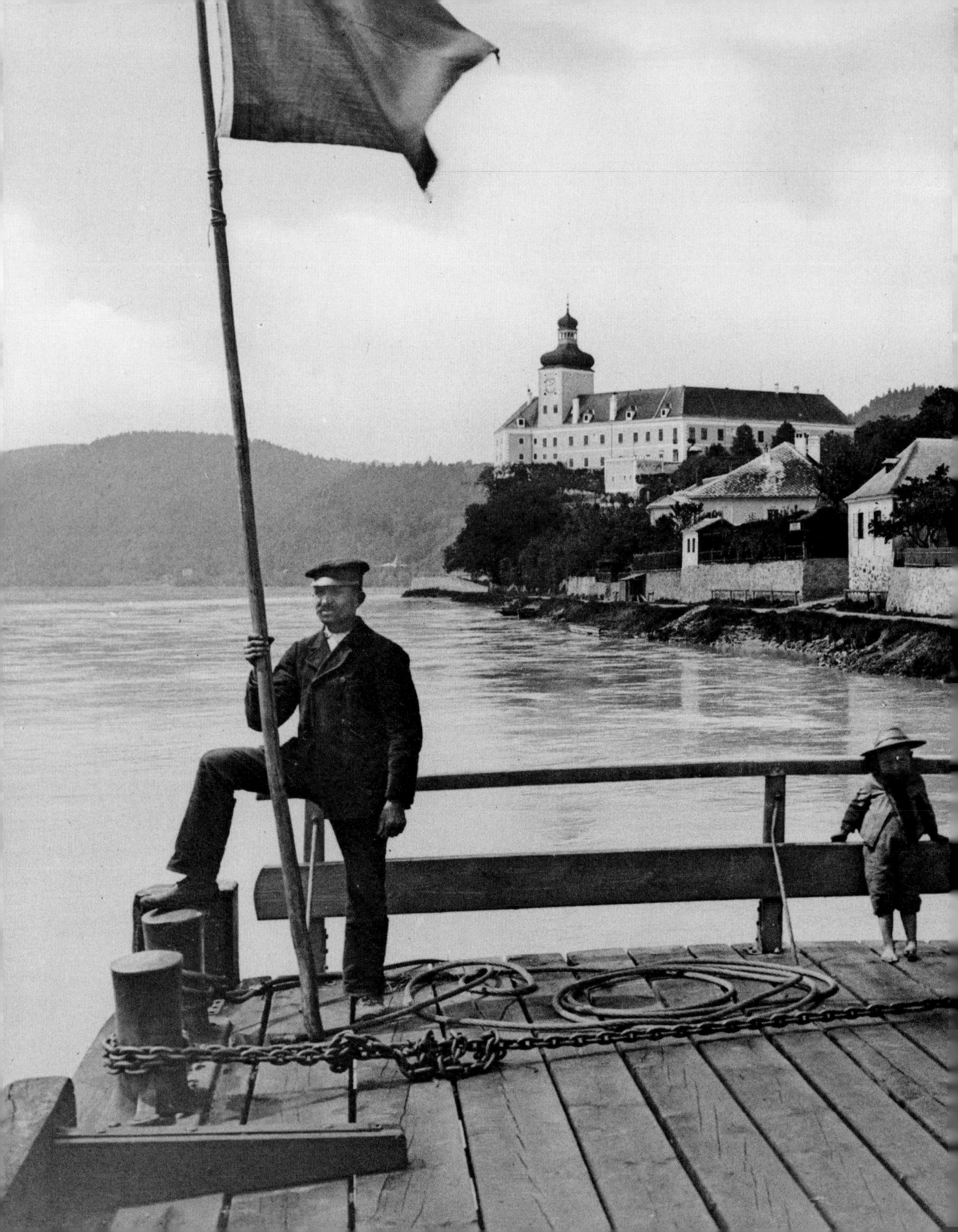

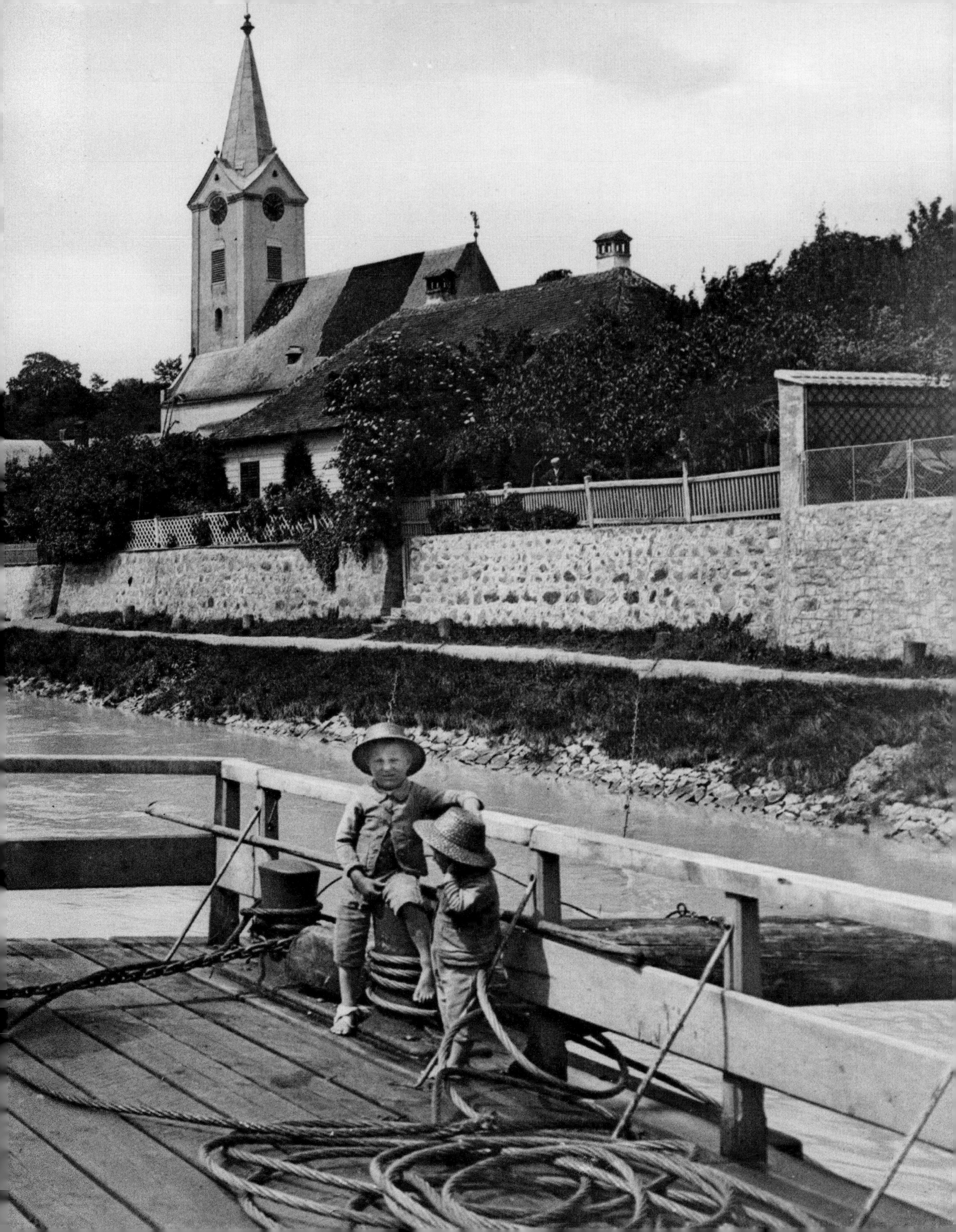

Vorderseite:
Von Ybbs nach Persenbeug.
Der erste Betreiber der Rollfähre
mit Kindern als Passagiere.
Lichtdruckfilm um 1900.

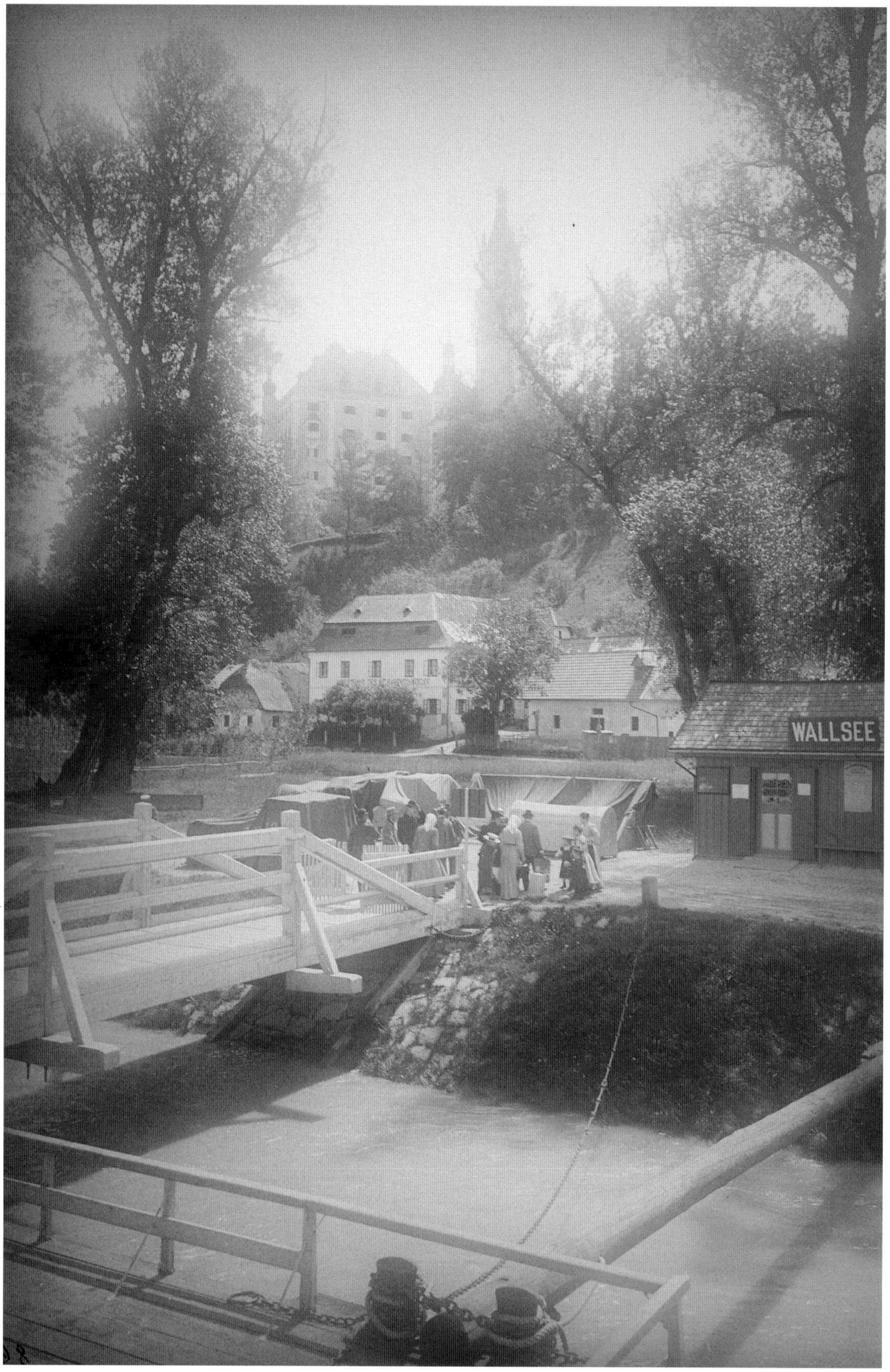

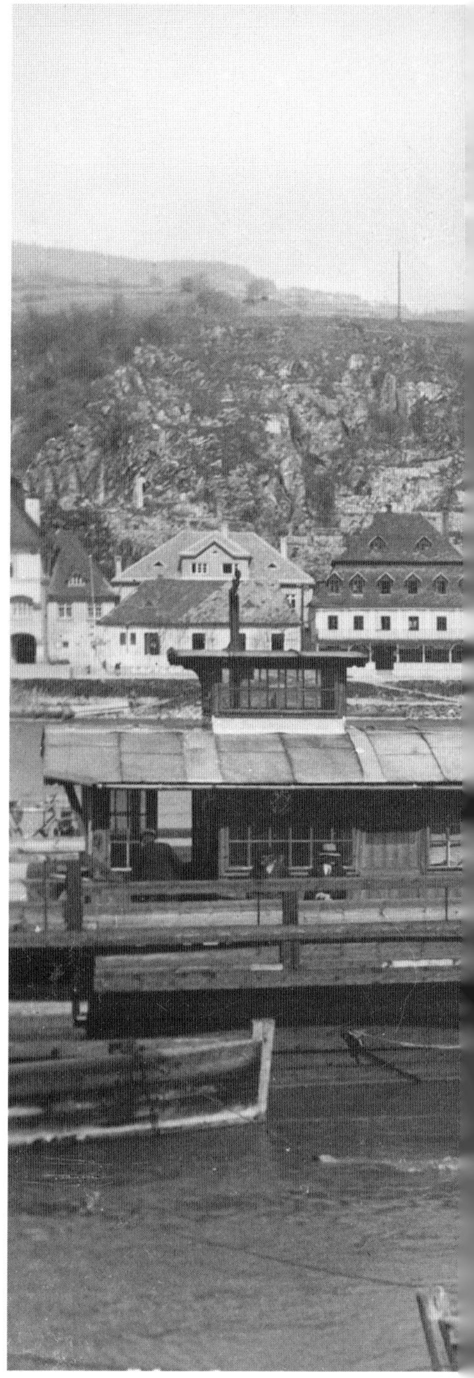

Wallsee.
Uferstation mit Blick gegen
Ort und Schloss.
Mai 1904.

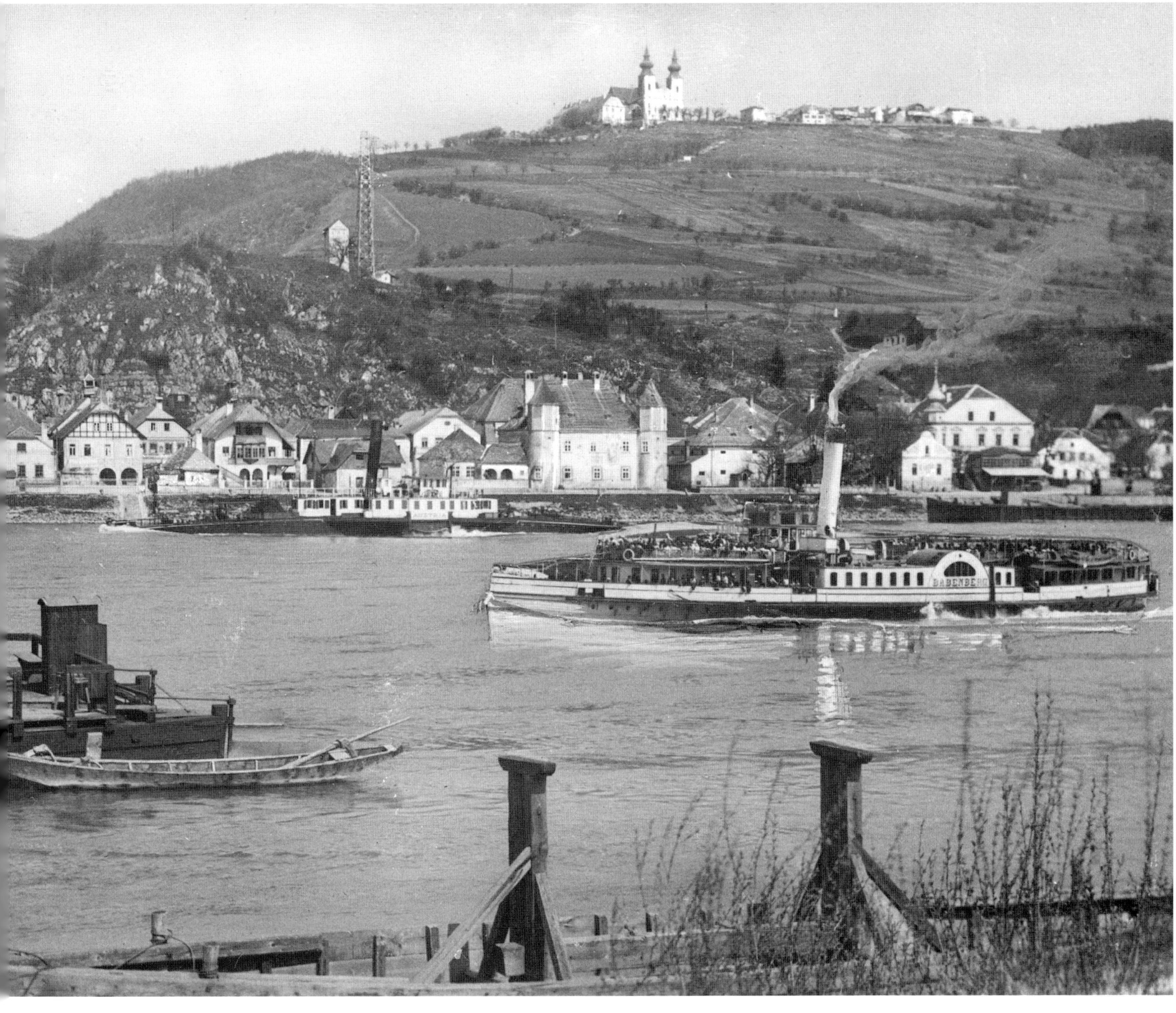

Marbach an der Donau.
Blick (von SW) über die Donau auf die Fähre, den Dampfer „Babenberg" und gegen die Wallfahrtskirche Maria Taferl.
Um 1936.

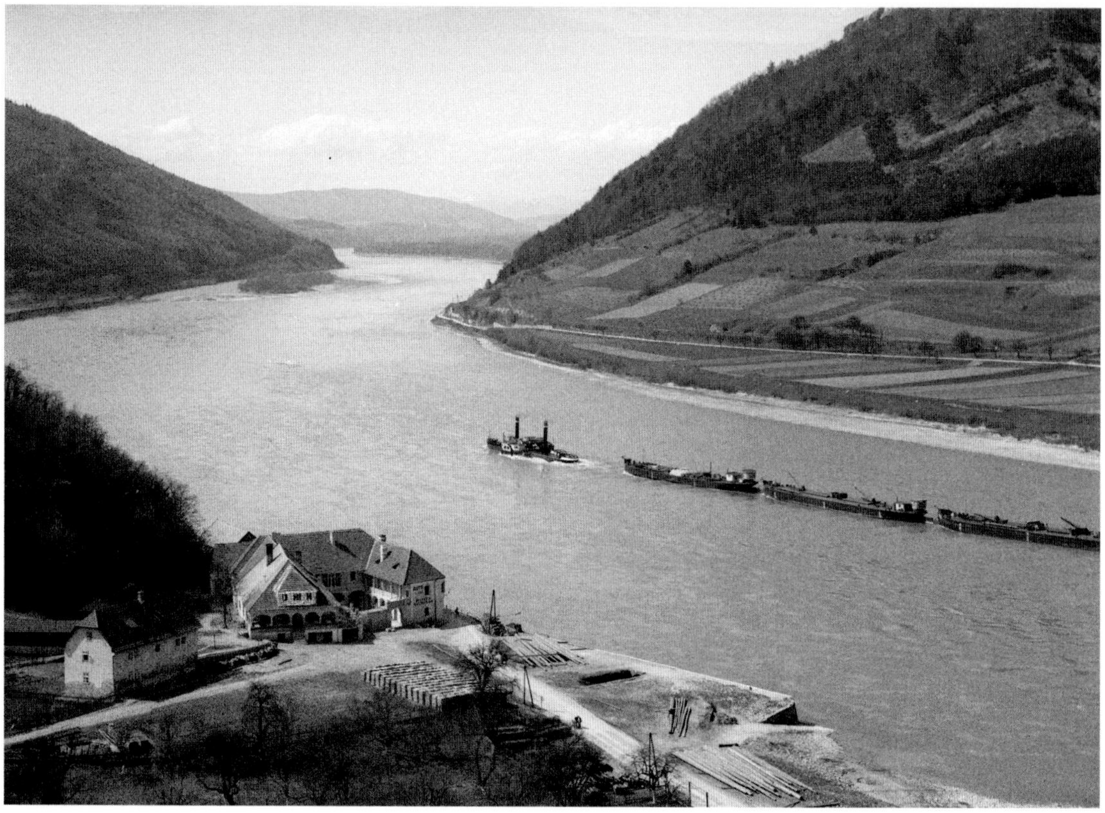

BLICKE AUF DEN DONAUSTROM UND DIE GESTADE

Dorf Aggsbach in der Wachau.
Ansicht stromaufwärts
beim Gasthof Bissinger.
Um 1927.

Bretterfloß im Strudengau.
Um 1930.

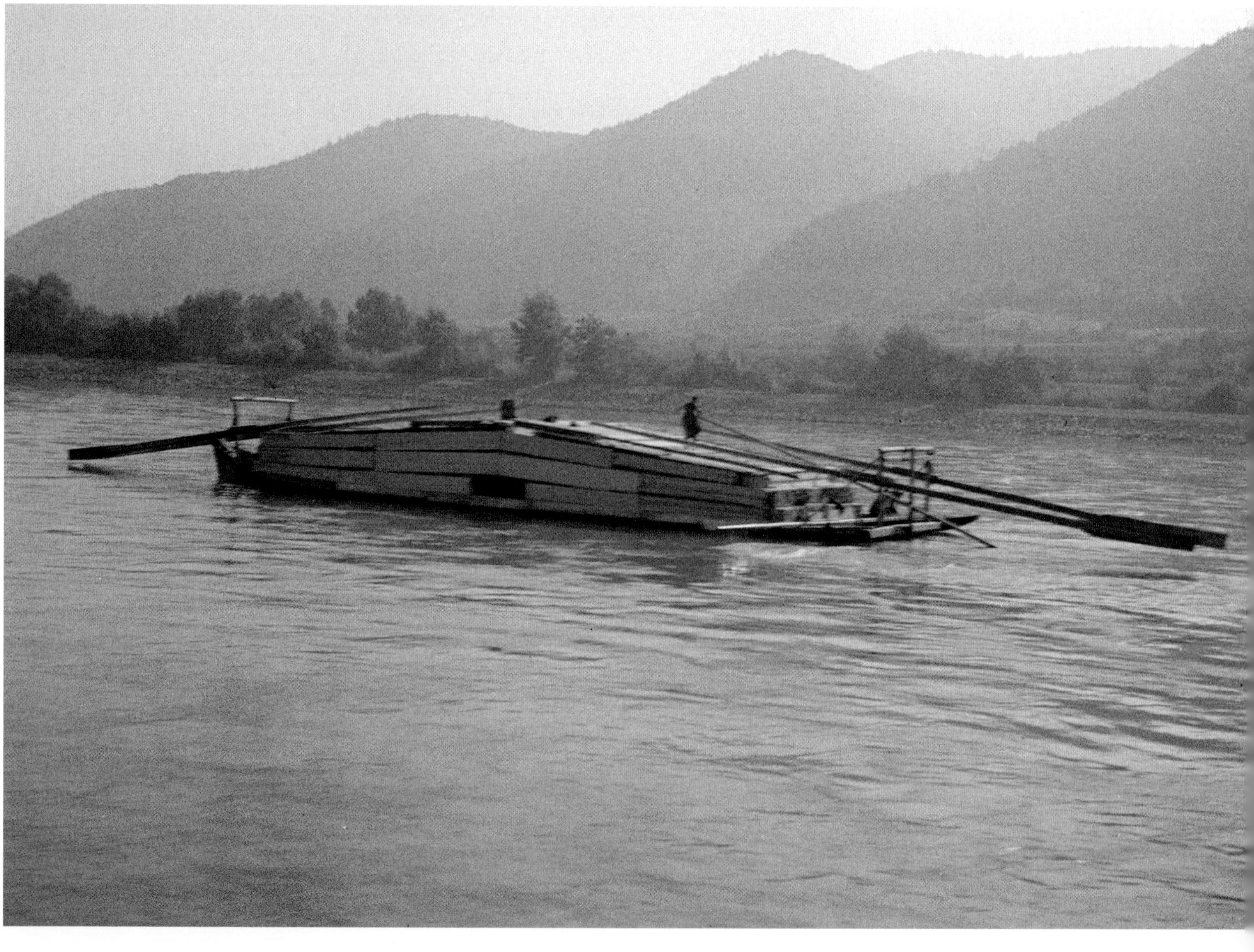

Schönbühel in der Wachau.
Servitenkloster
und Schloss (von ONO).
Um 1937.

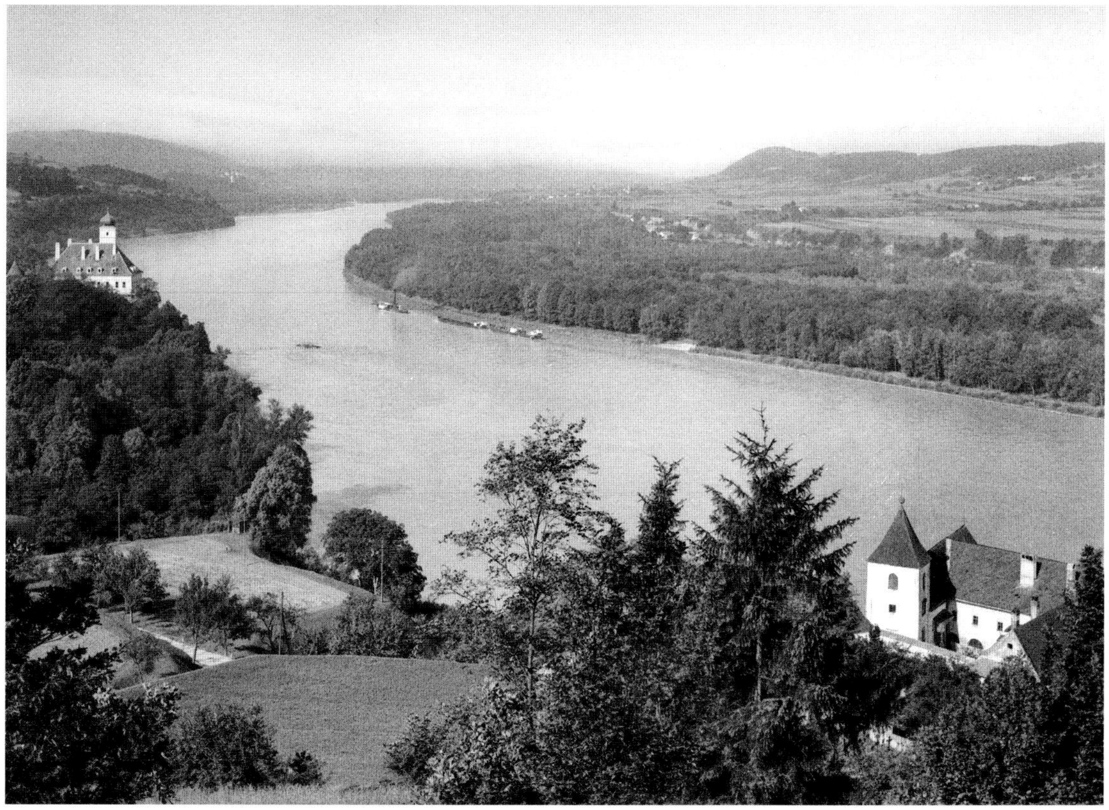

Donautal bei Tulln.
Männer beim Fischfang.
Um 1938.

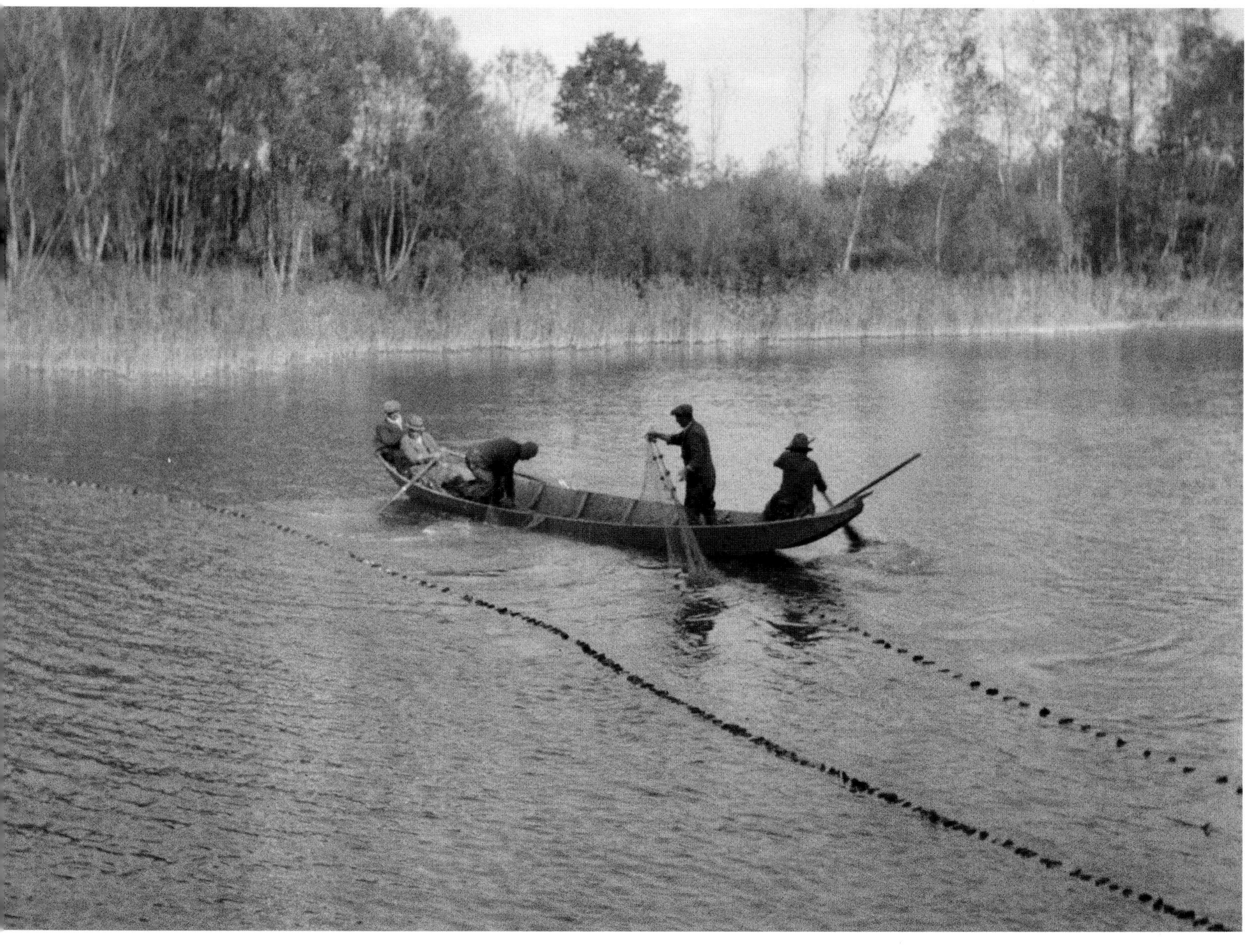

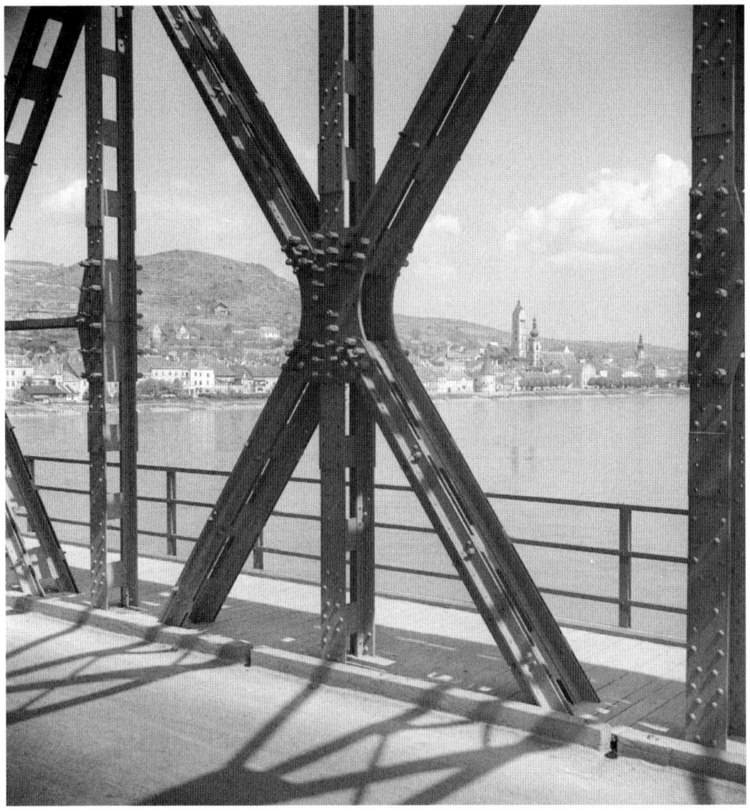

Stein an der Donau.
Blick durch die Eisenkonstruktion der Donaubrücke auf die Stadt (von SW).
Um 1950.

Donaudampfer in Fahrt bei Dürnstein.
Wachauerinnen in Tracht tanzen auf dem Deck.
Um 1950.

Spitz an der Donau.
Blick aus einem Gastgarten auf den Dampfer „Dürnstein“ und über den Fluss auf Hofarnsdorf (von WNW).
Um 1935.

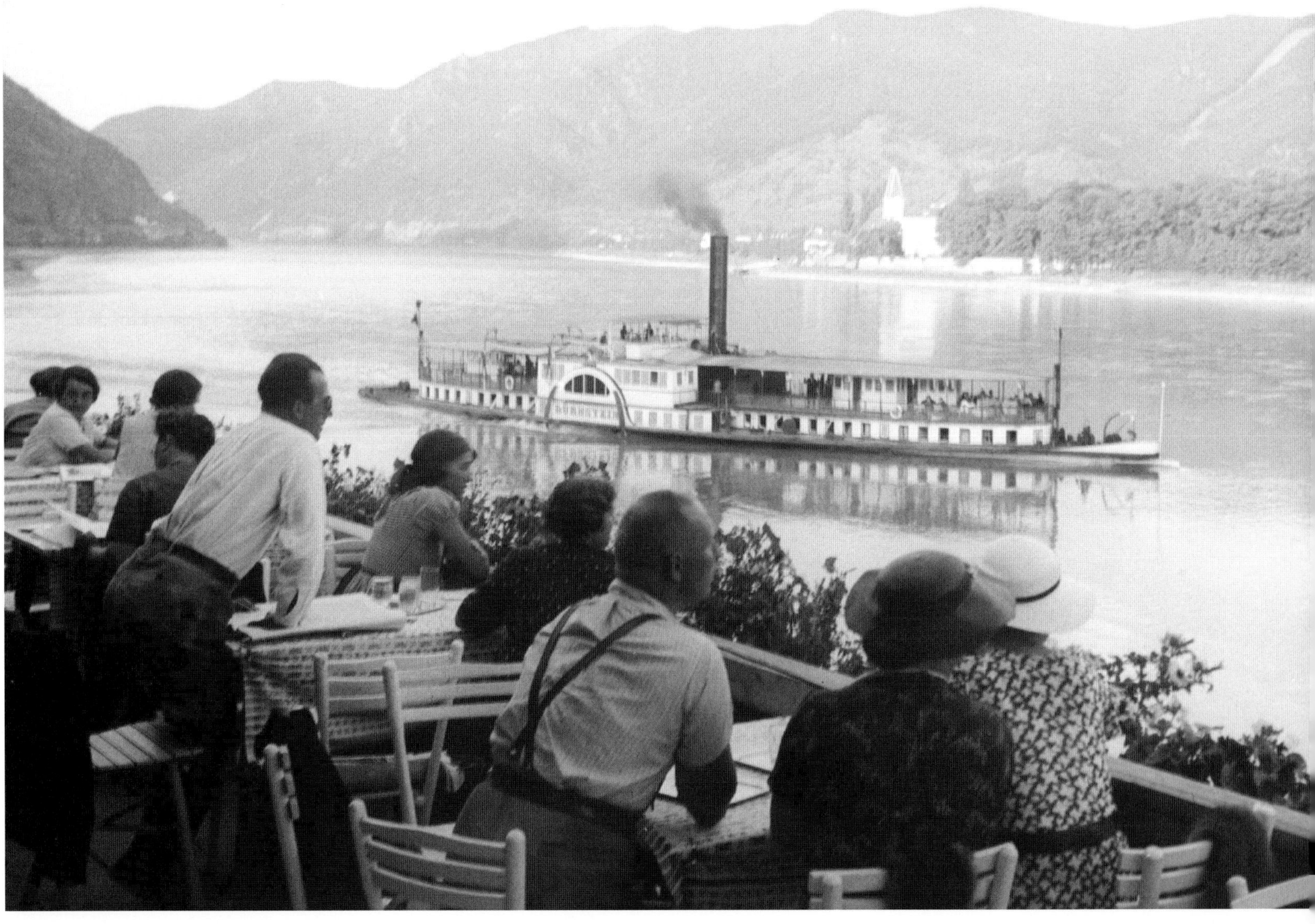

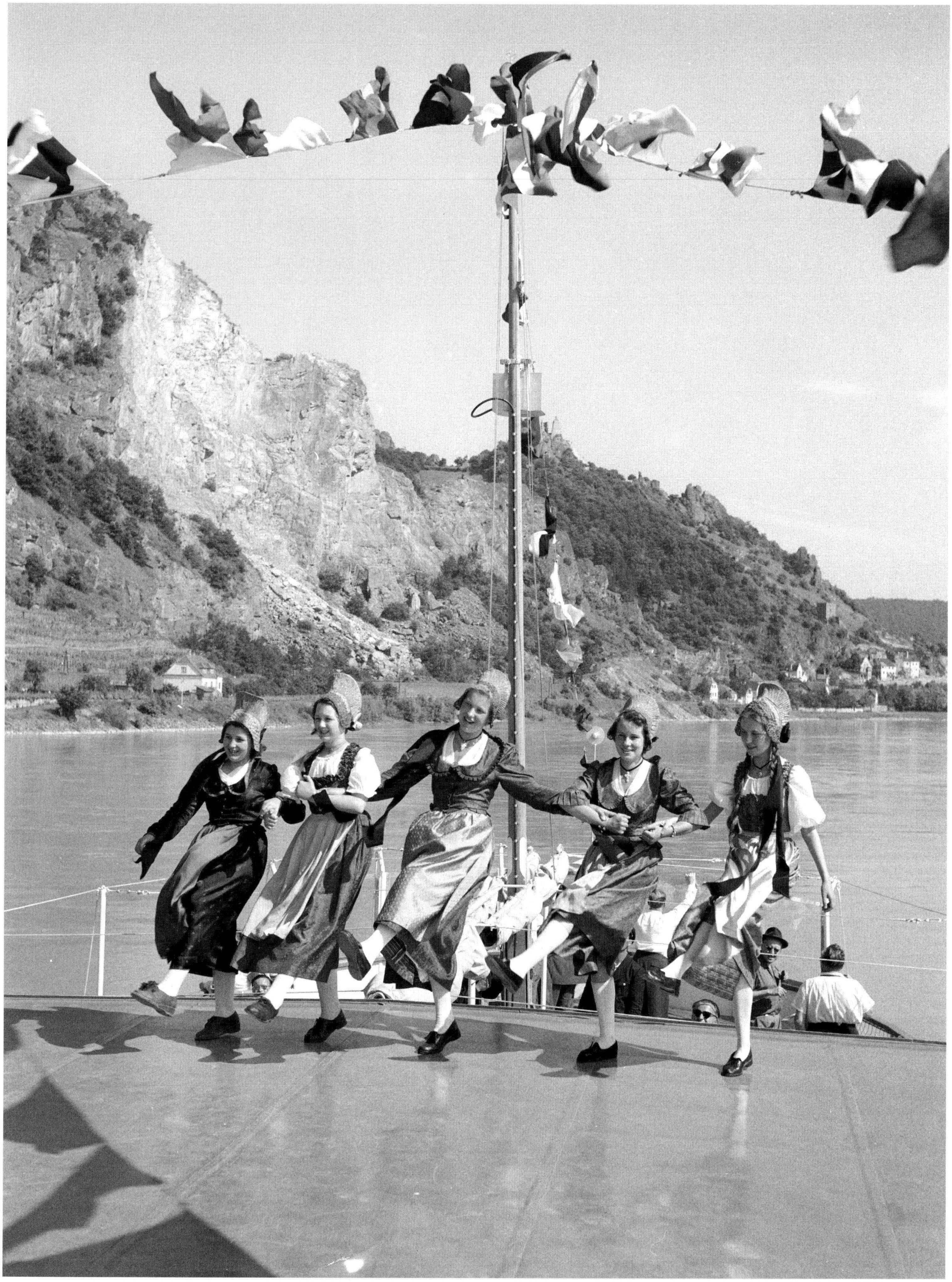

STRANDBÄDER an der Donau

Greifenstein.
Restauration.
Terrasse mit Badegästen.
1930.

Unten:
Kritzendorf.
Wiens mondäne Gesellschaft
zu Gast.
Lothar Rübelt. Um 1925.

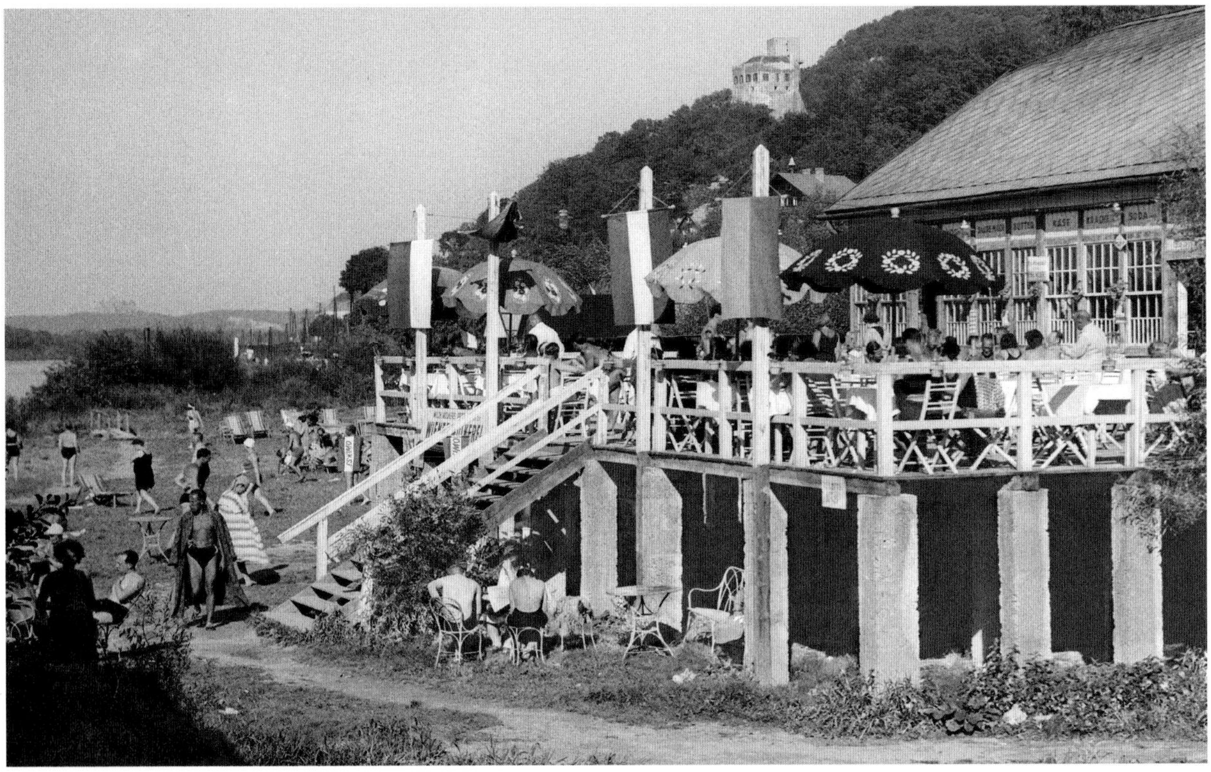

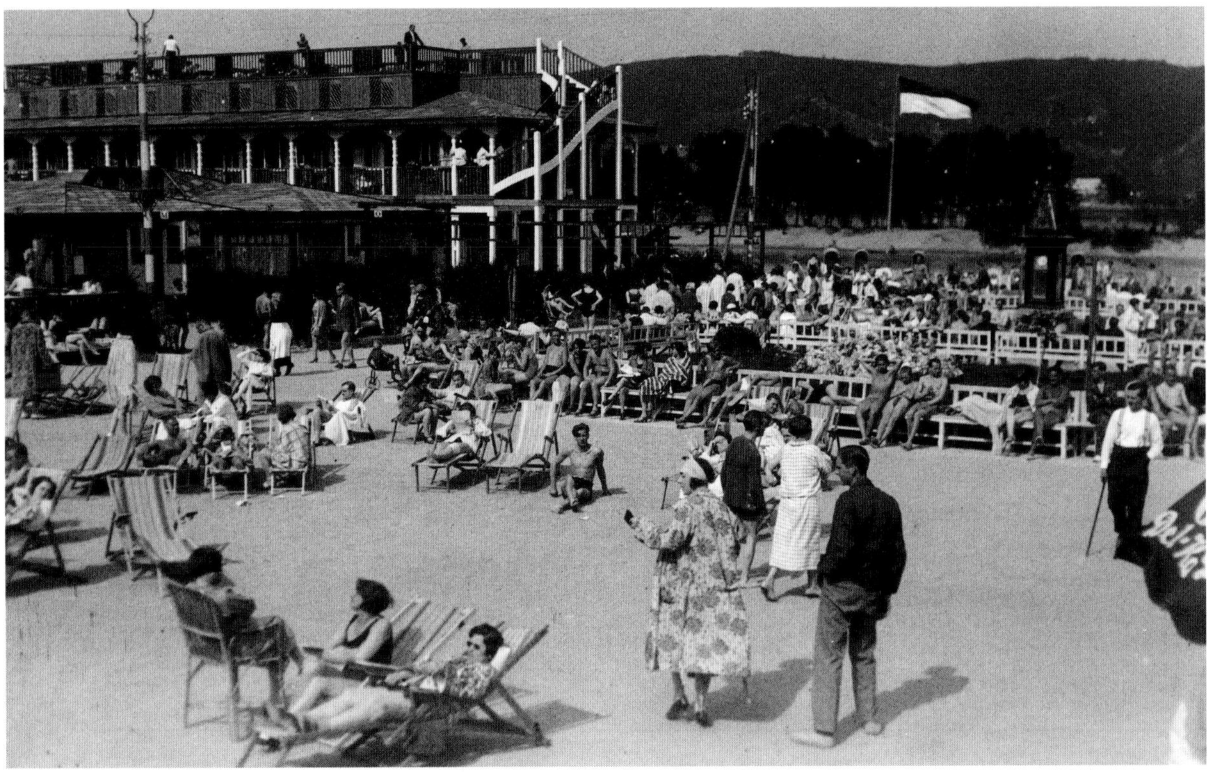

Tuttendörfl bei Korneuburg.
Promenade am Treppelweg.
Um 1912.

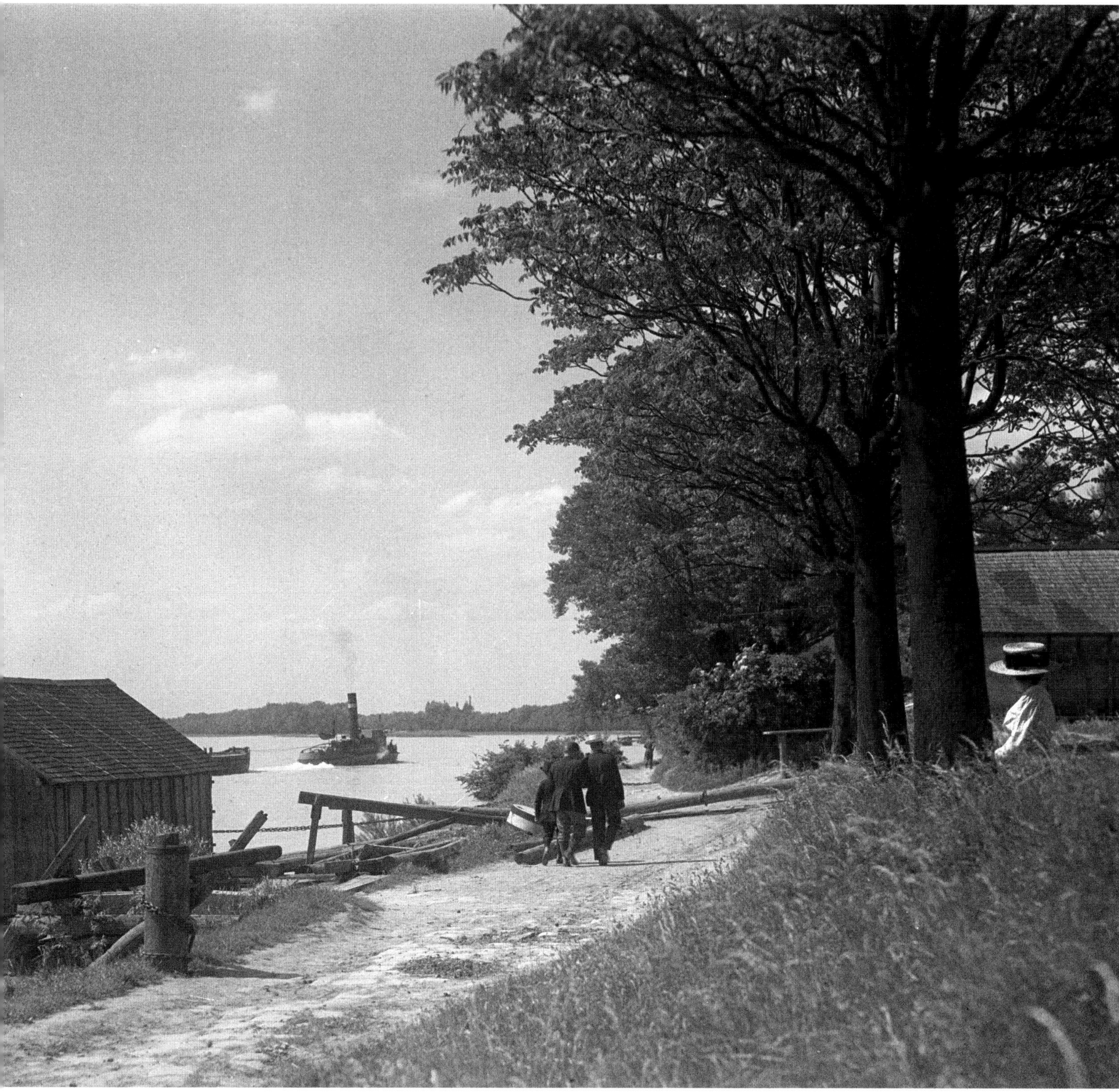

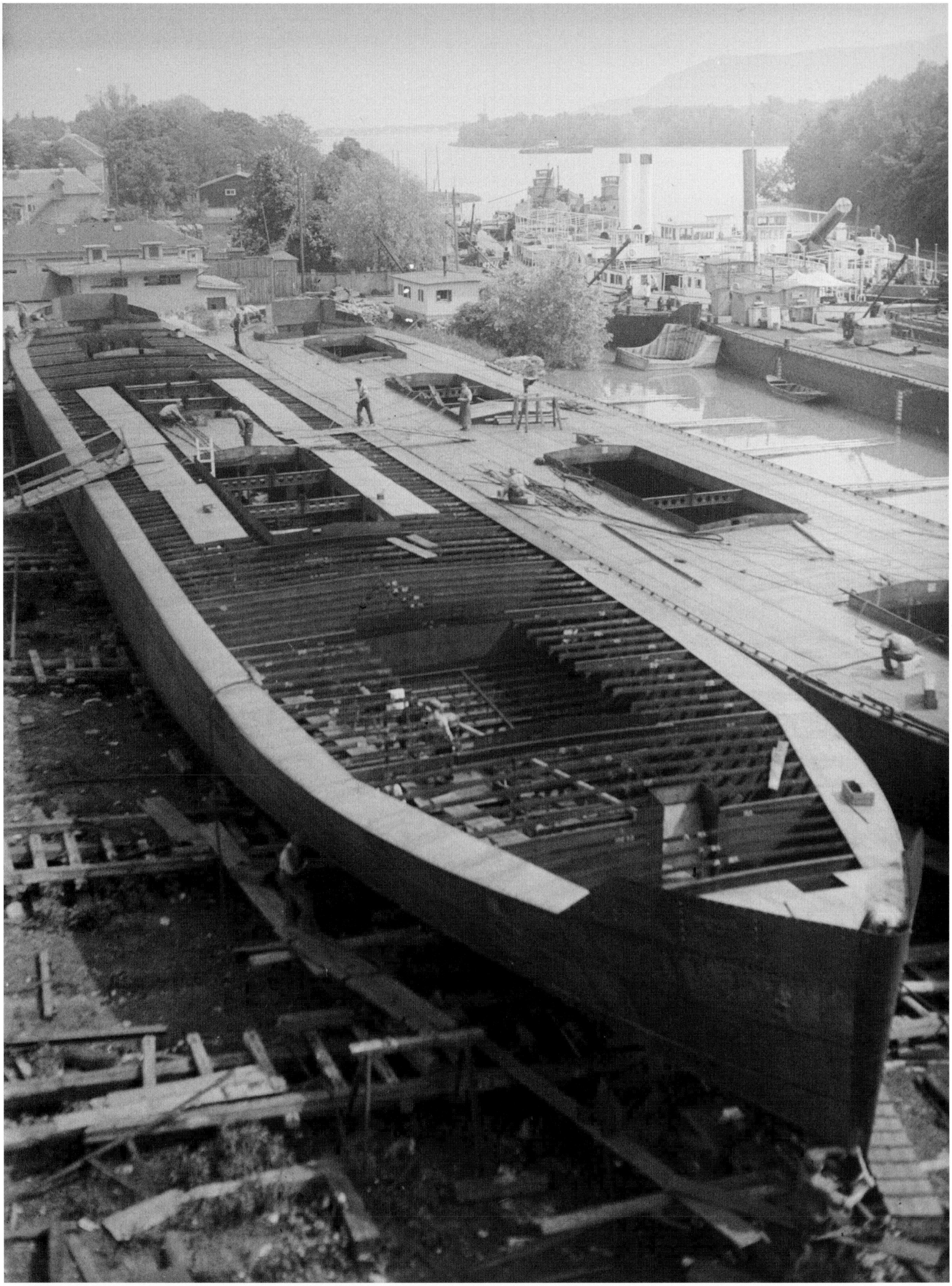

DDSG-Frachtschiff im Bau
auf der schrägen Helling.
1937.

Aufgedockter Schlepper
vor dem Stapellauf mit
Arbeitern auf dem Bug.
Um 1950.

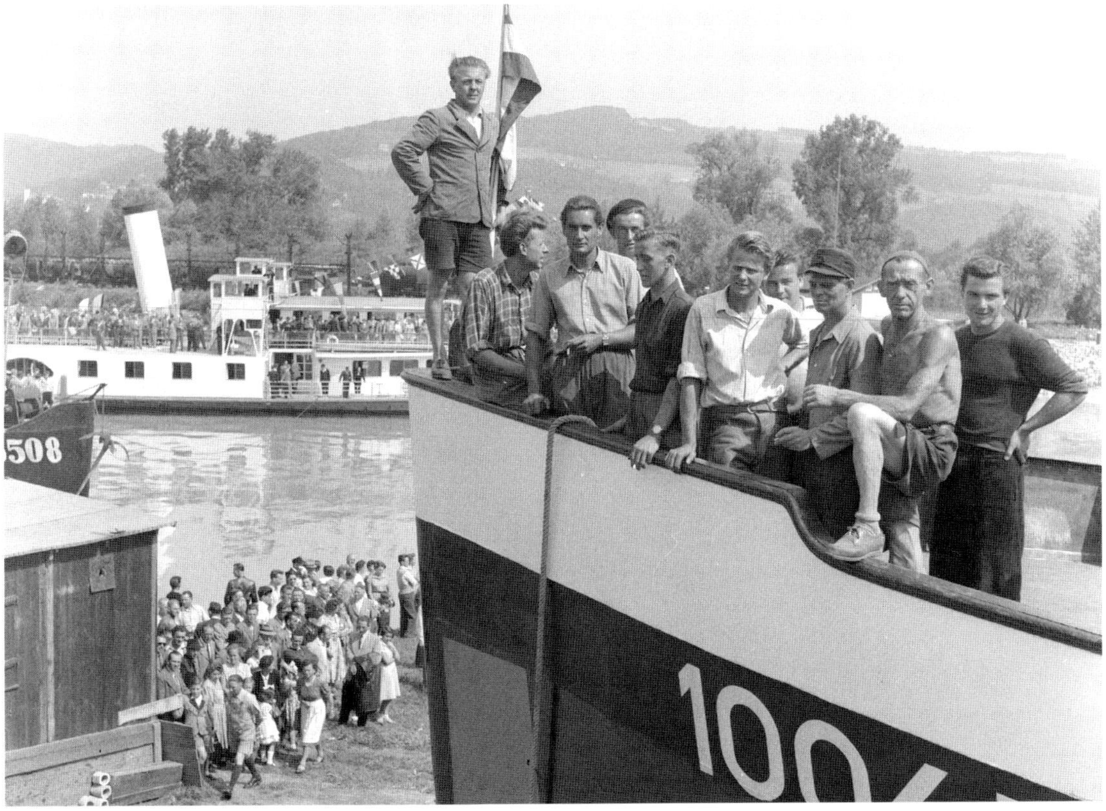

Blick über die Anlagen
mit Dampfern in Dock.
Um 1910.

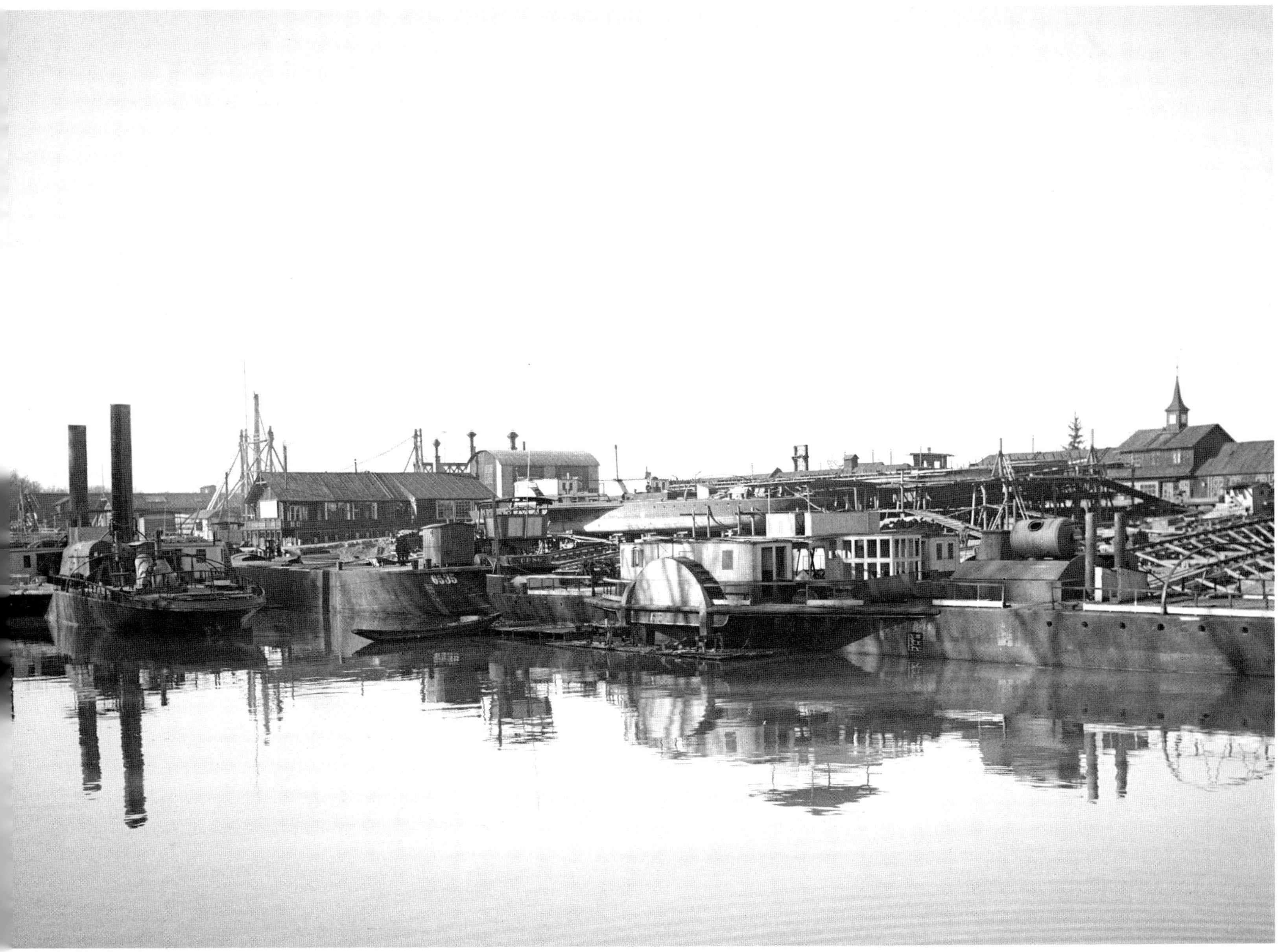

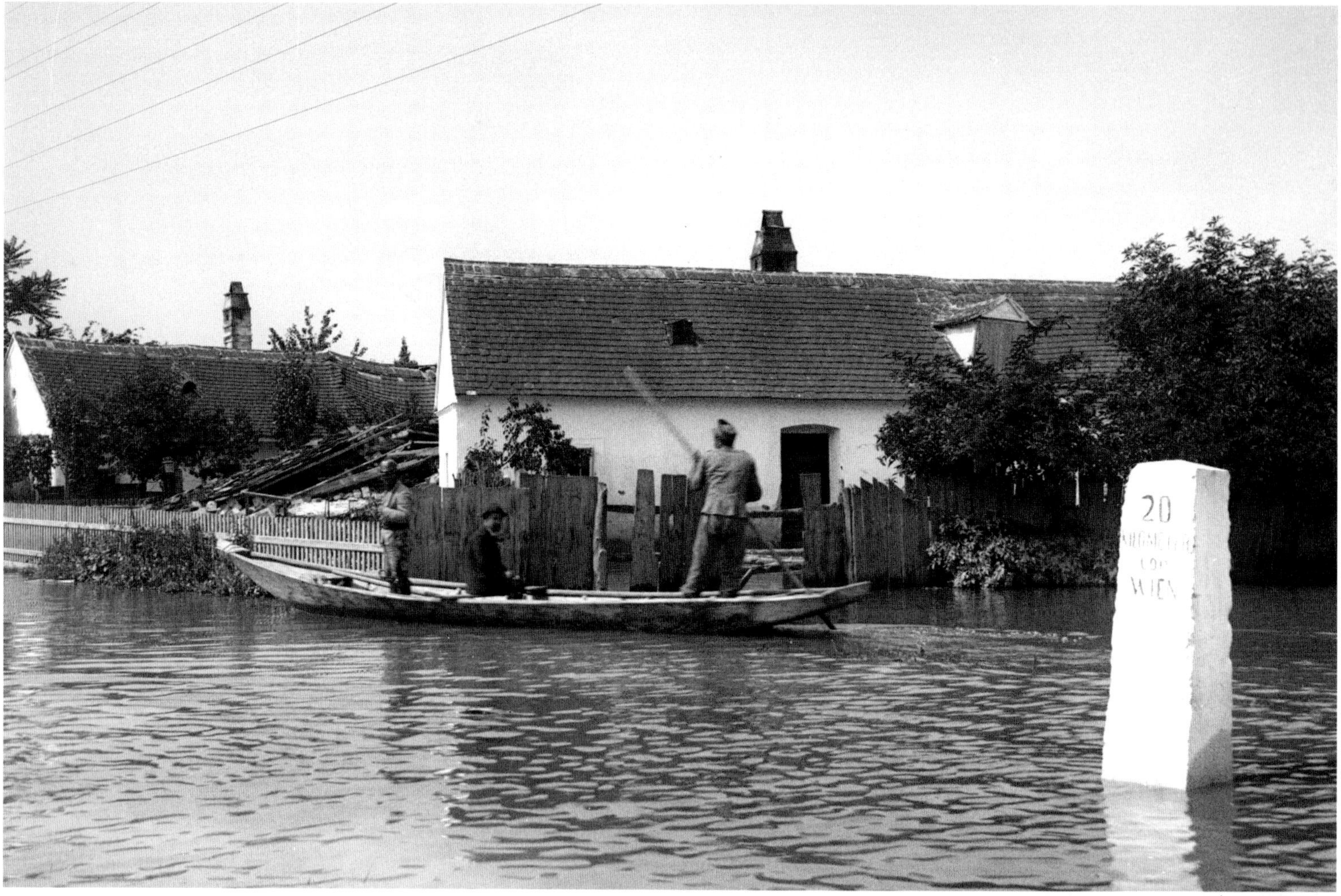
20
WIEN

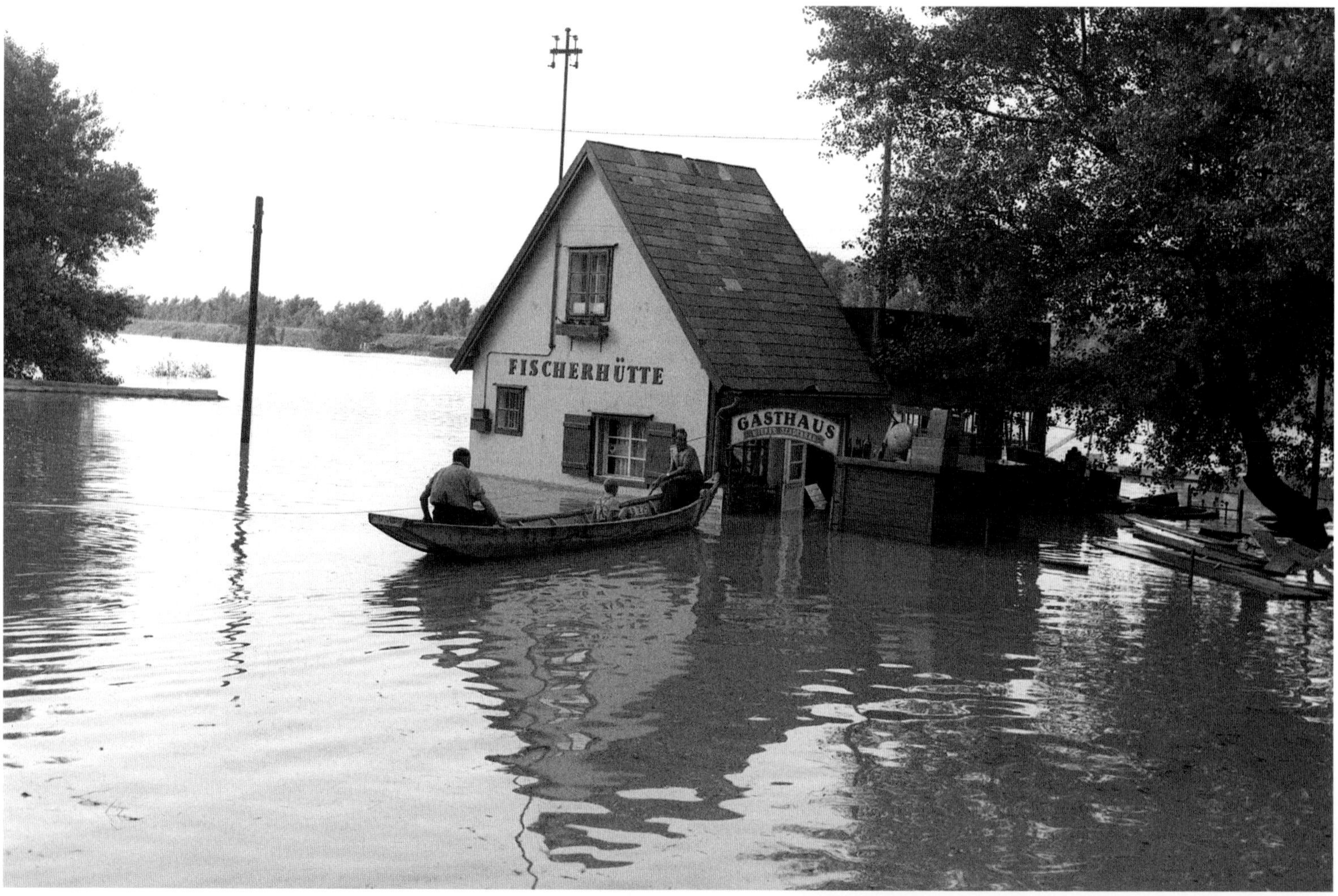
FISCHERHÜTTE
GASTHAUS

HOCHWASSER

Spillern überschwemmt vom Stockerauer Donauarm. Feuerwehr mit Zillen bei Kilometerstein 20. Um 1900.

Mannswörth. Ausflugsrestaurant „Fischerhütte", überschwemmt von Donau und Schwechat. Juli 1954.

BOOTSMÄNNER

Netzfischer bei Petronell. Um 1937.

Hainburg. Angehörige der k. u. k. Pionierkadettenschule beim Zillenfahren auf der Donau. 1908.

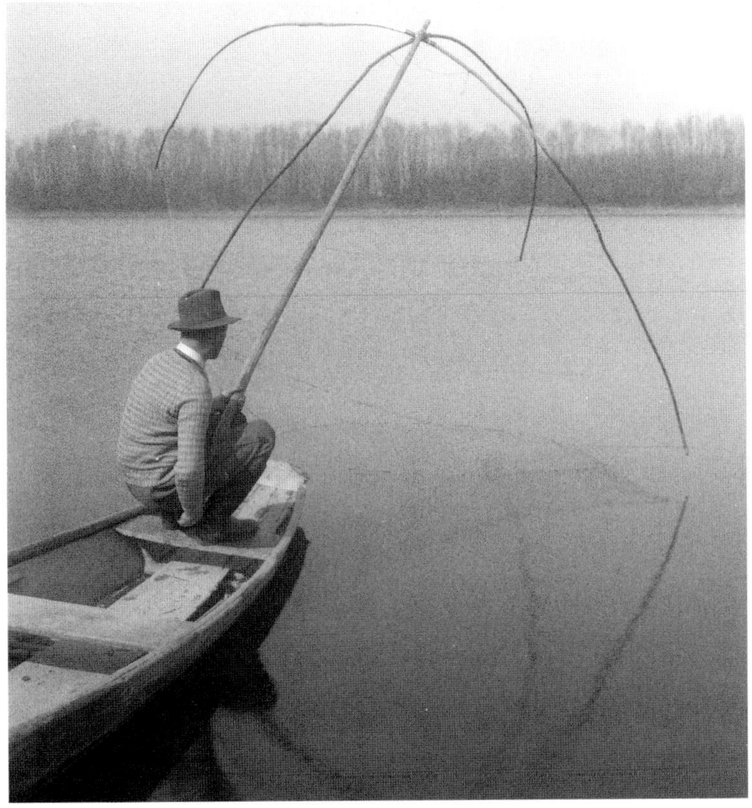

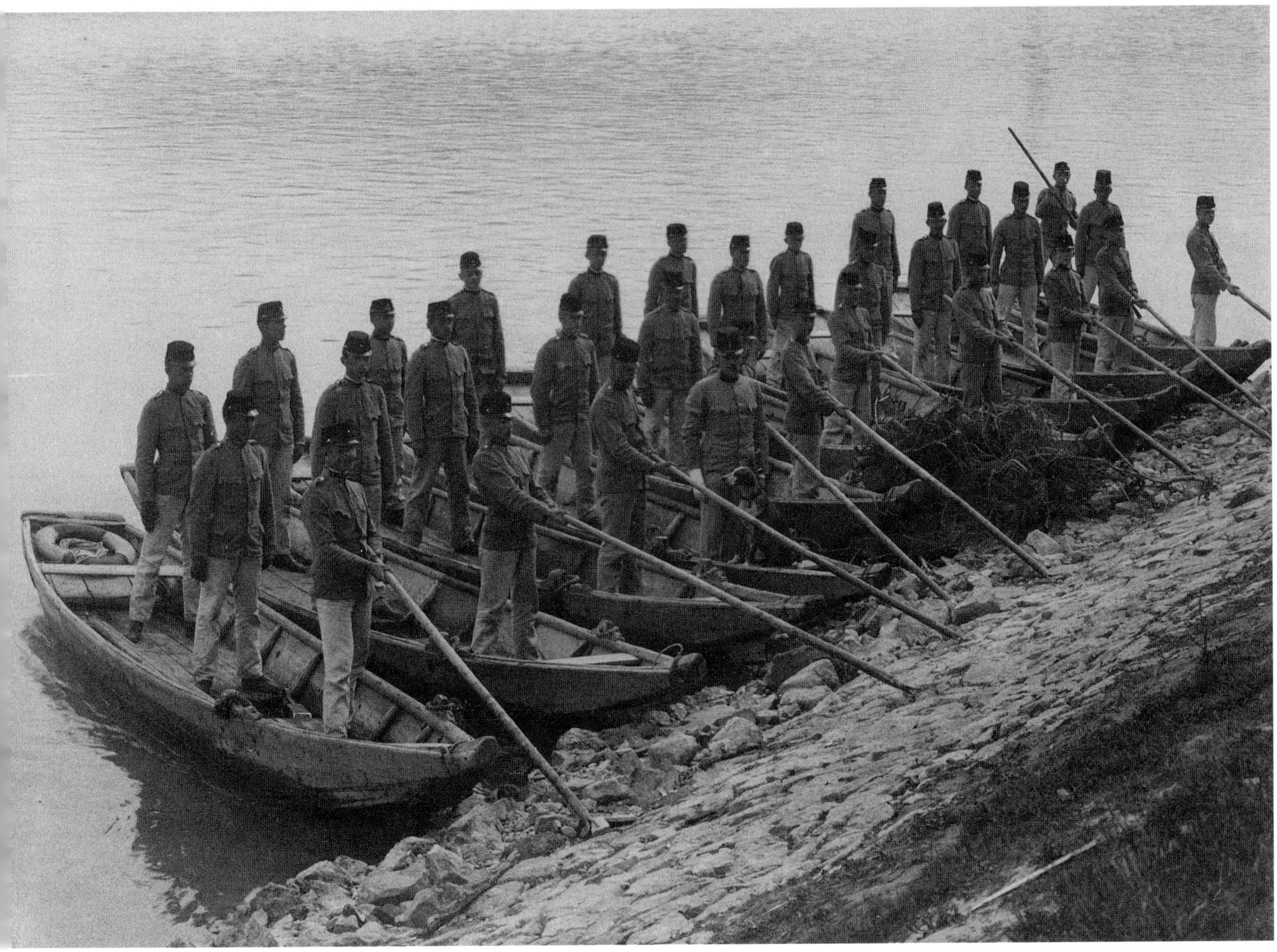

IM MARCHFELD

Gänserndorf.
Der Weidenbach
überschwemmt die Umgebung.
März 1912.

Unten:
Von der March überschwemmte
abgeholzte Au bei Angern.
Um 1906.

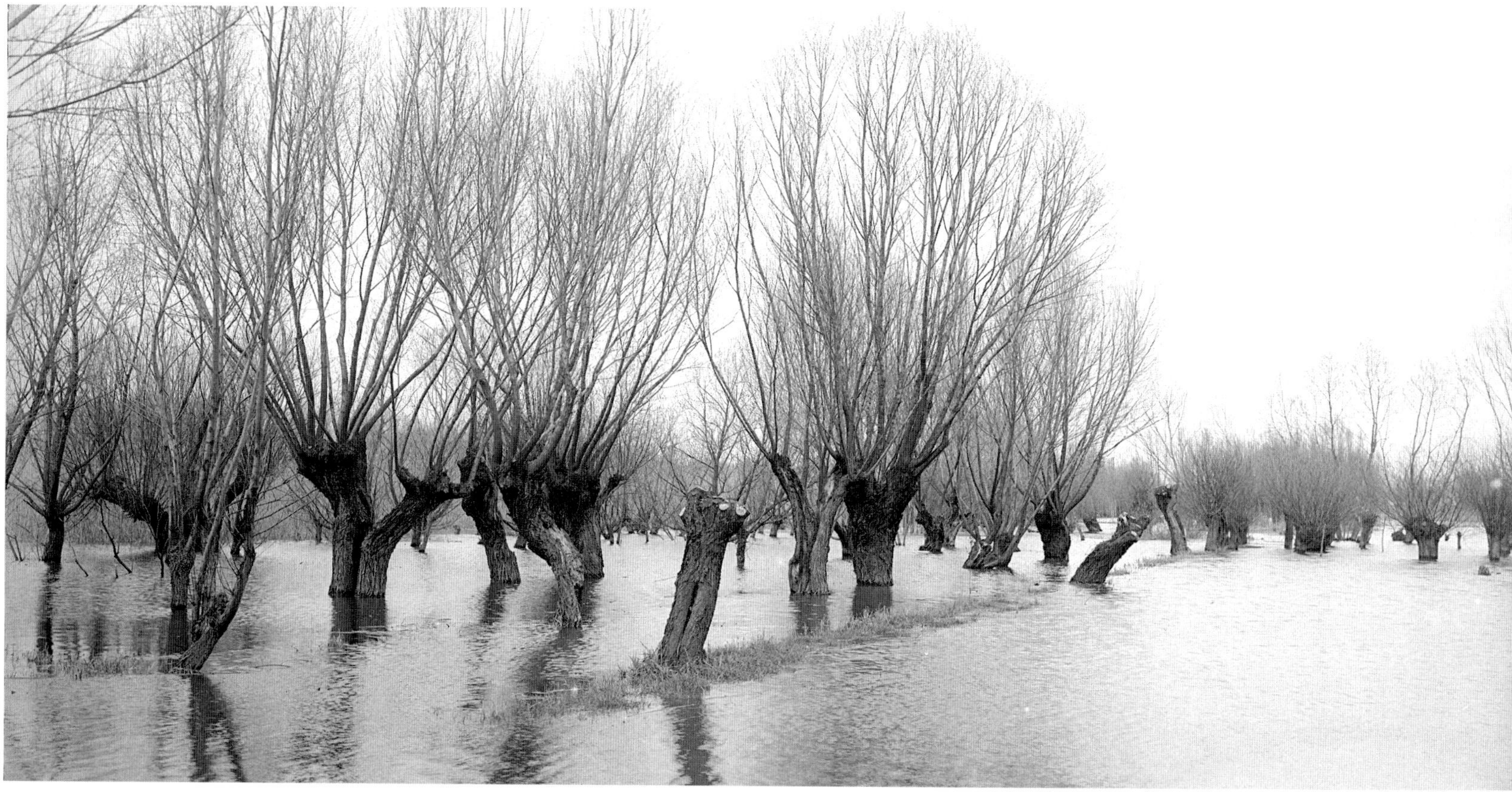

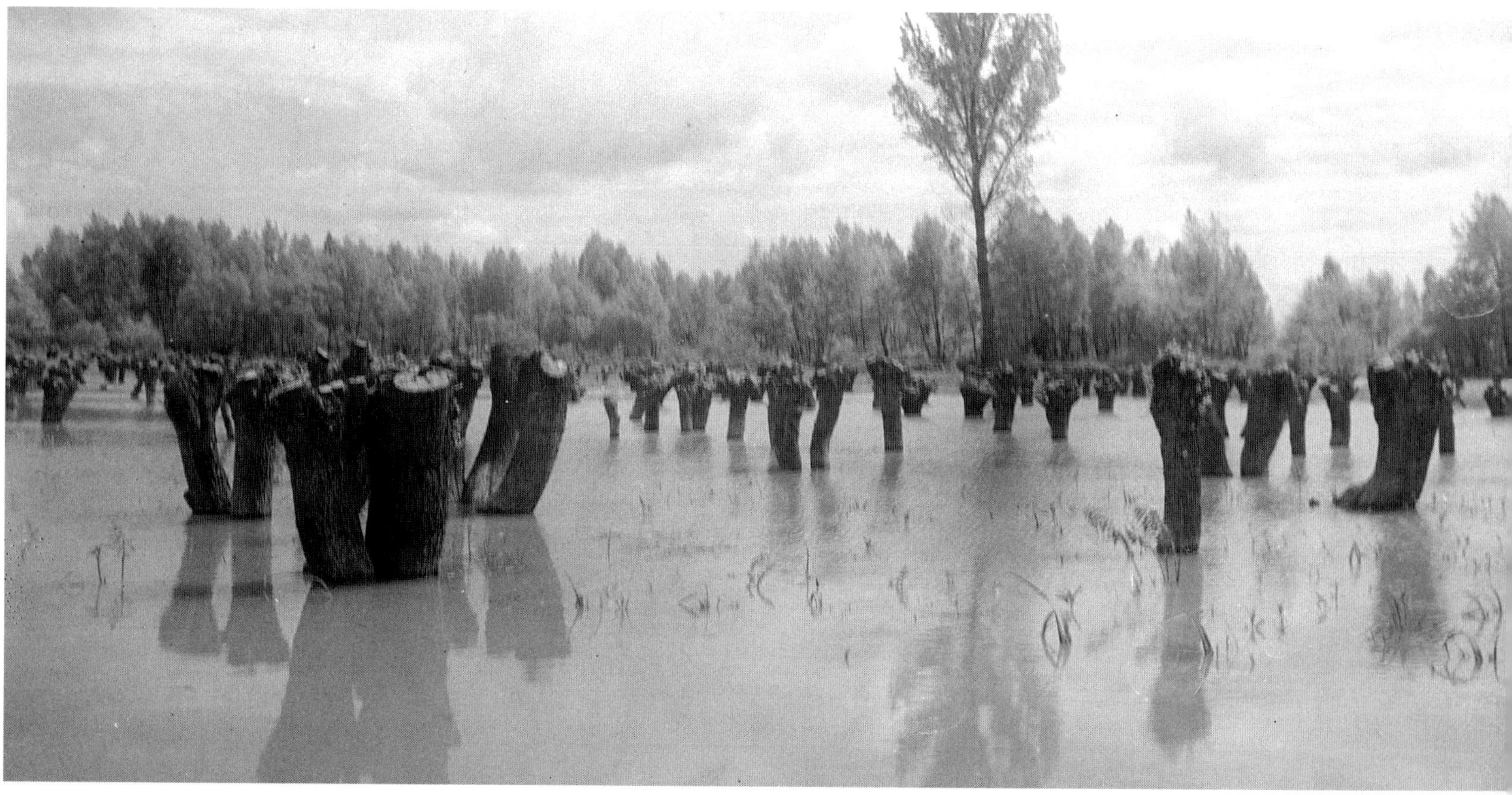

Stillfried an der March.
Landleute in slowakischer Tracht
warten auf die Überfuhr.
Um 1905.

Unten:
Dürnkrut.
Die hölzerne Marchbrücke (1875
errichtet, 1947 vom Eisstoß
zerstört). Schrägansicht vom Ufer.
Um 1930.

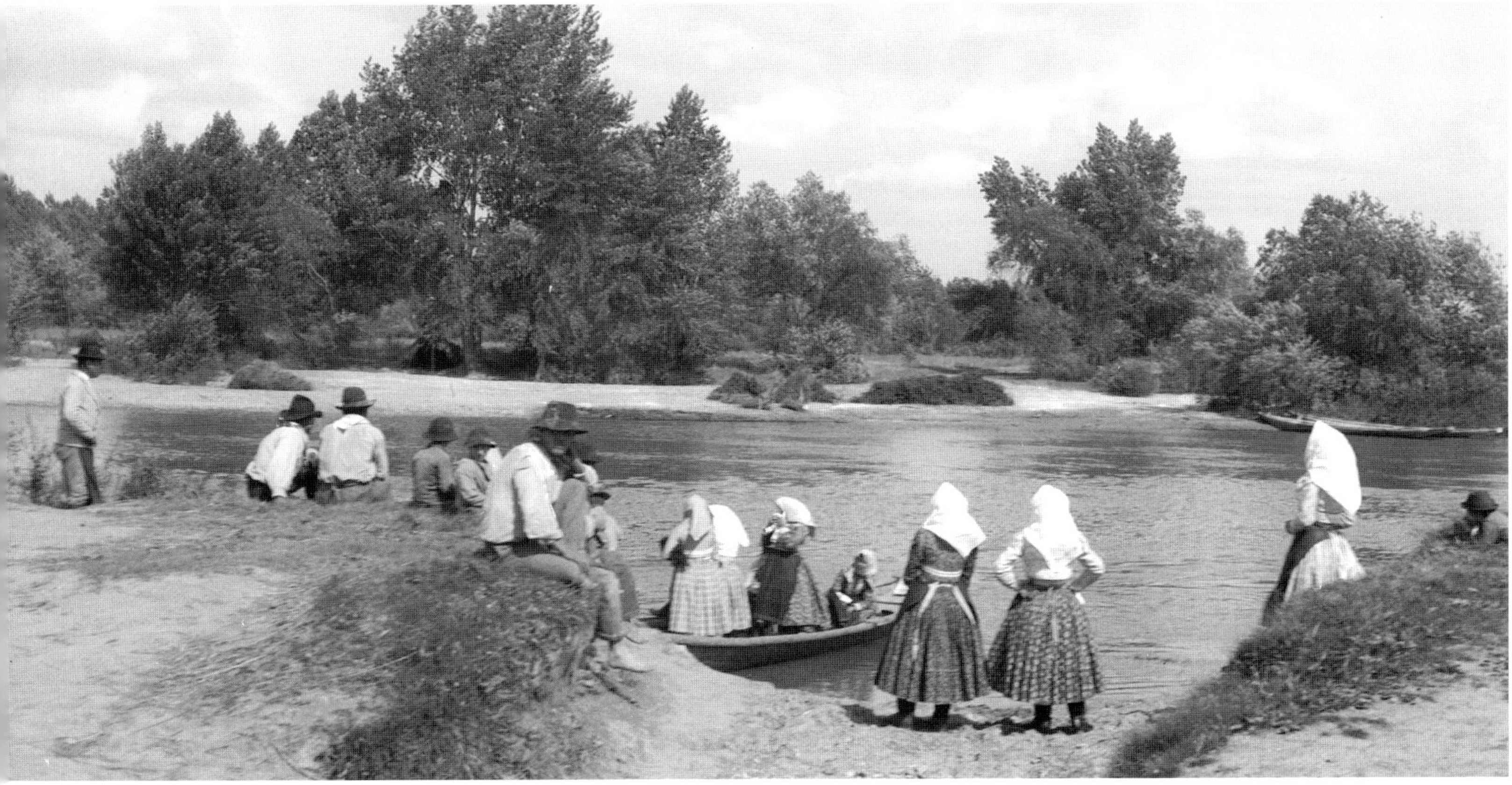

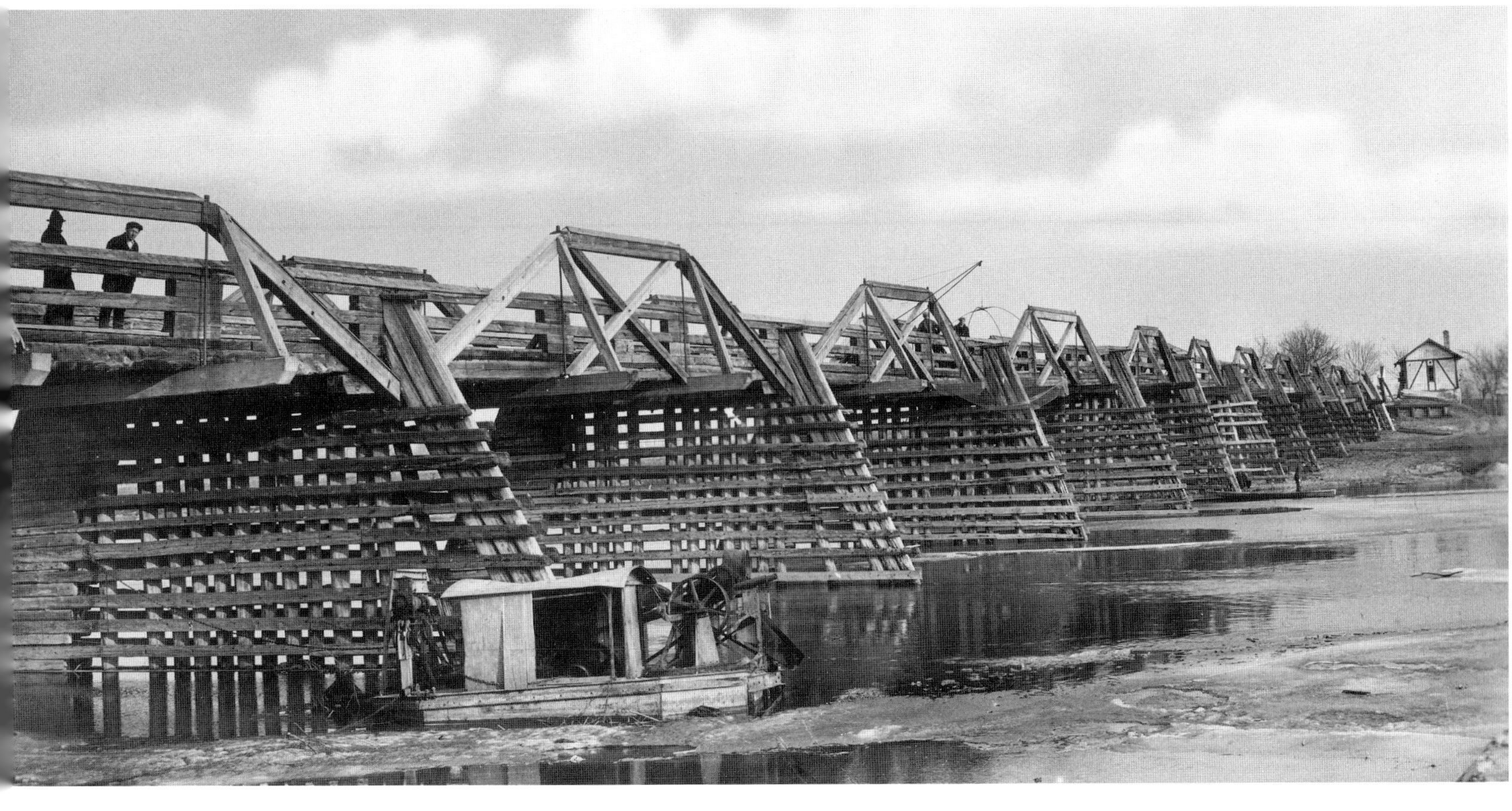

WALDVIERTLER FLÜSSE

Die Thaya bei Hardegg.
Blick gegen die Brücke und das Schloss.
Um 1912.

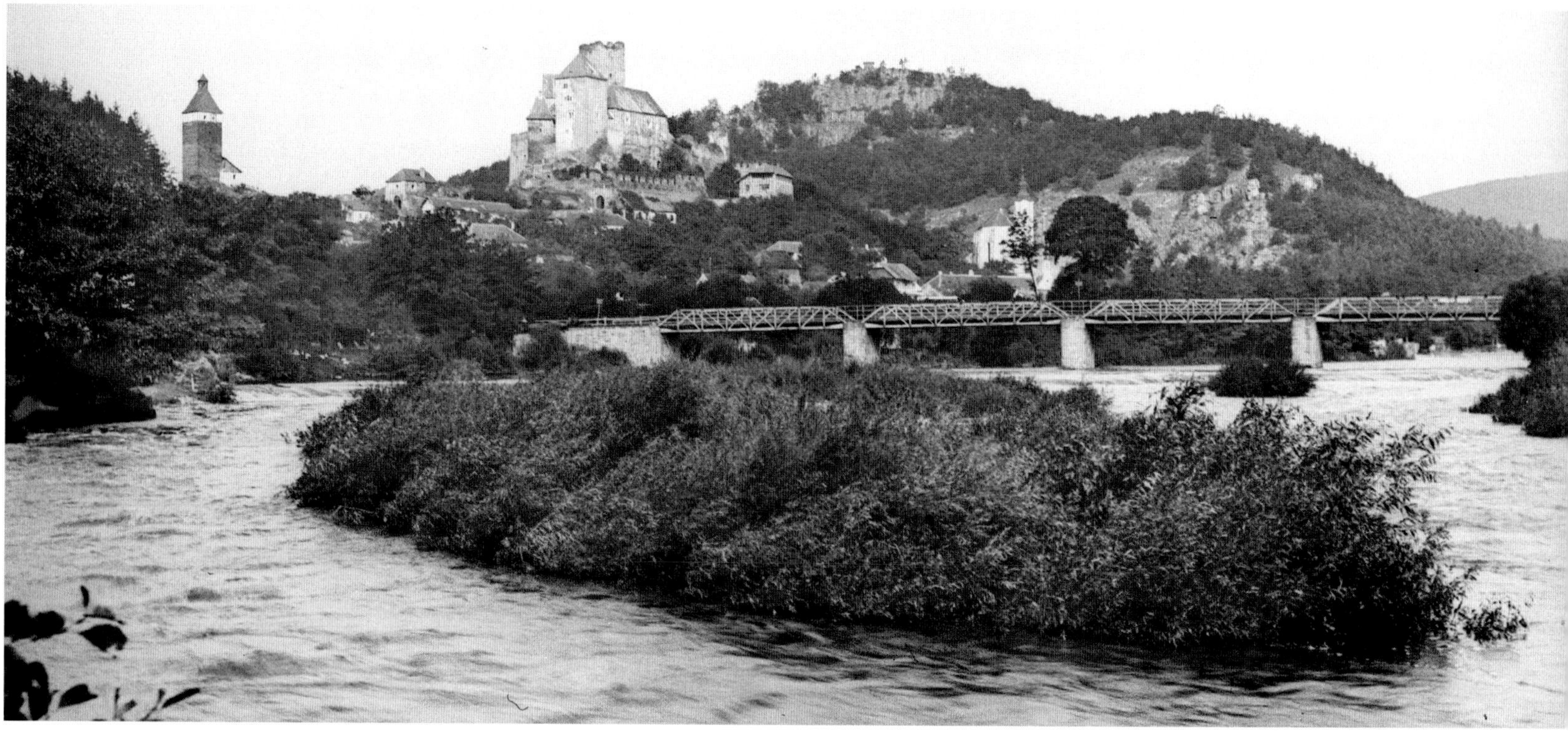

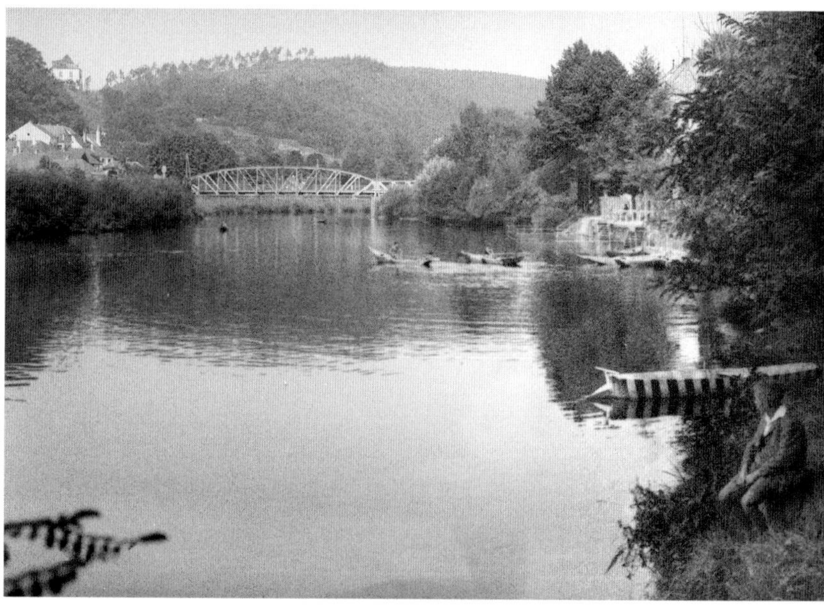

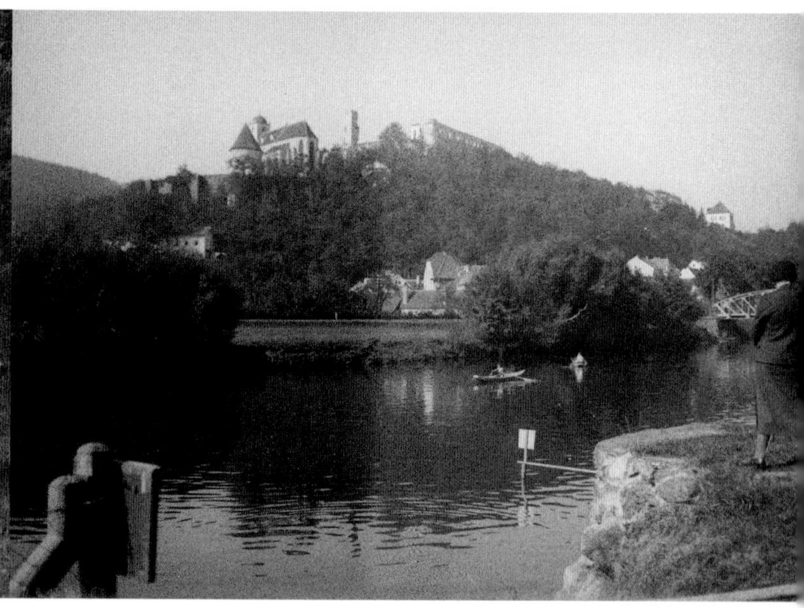

Gars am Kamp.
Partie beim Strandbad mit Blick gegen die Brücke nach Thunau.
Um 1925.

Partie am Kamp mit Blick vom Strandbad Gars auf Pfarrkirche und Ruine Thunau (von SO).
Um 1930.

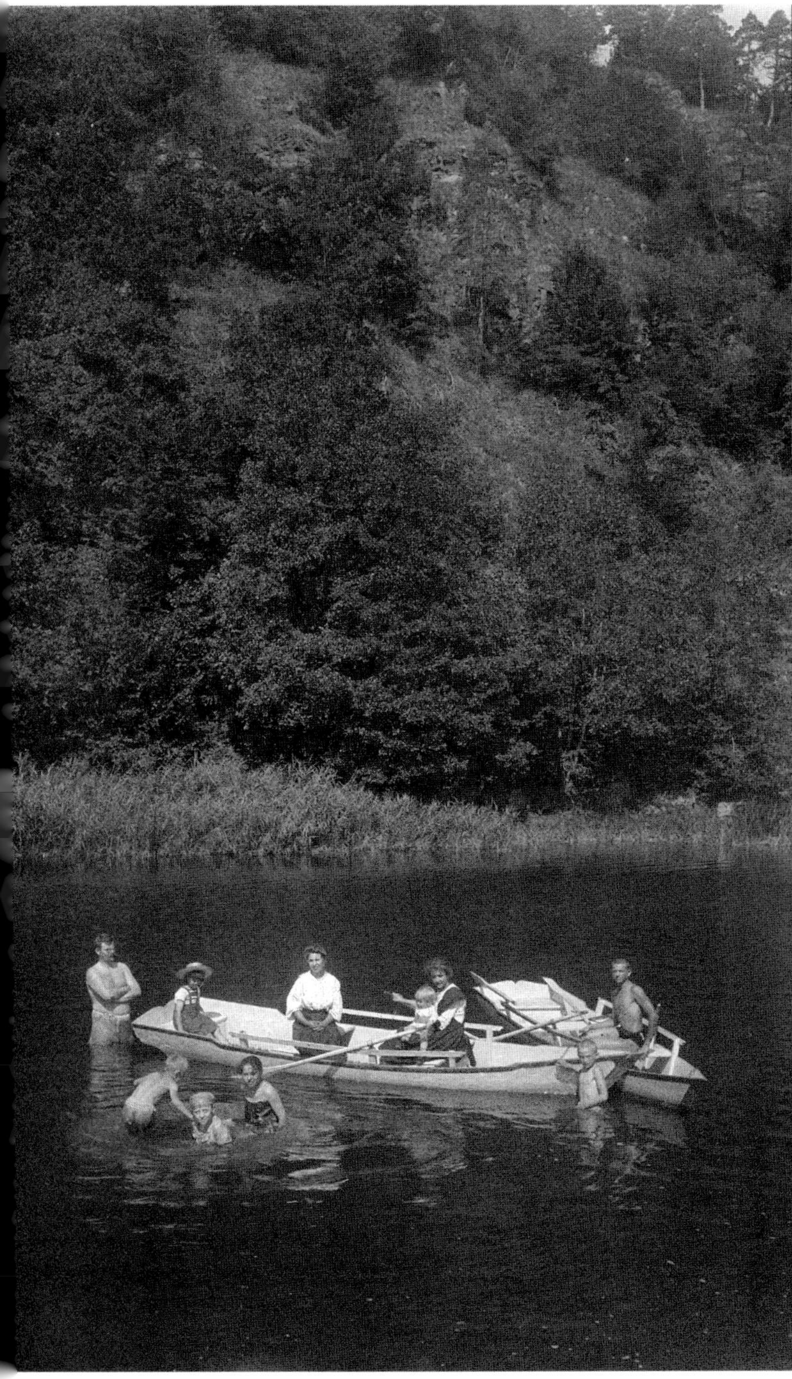

Die Thaya bei Drosendorf als Bad und Bootshafen. Um 1900.

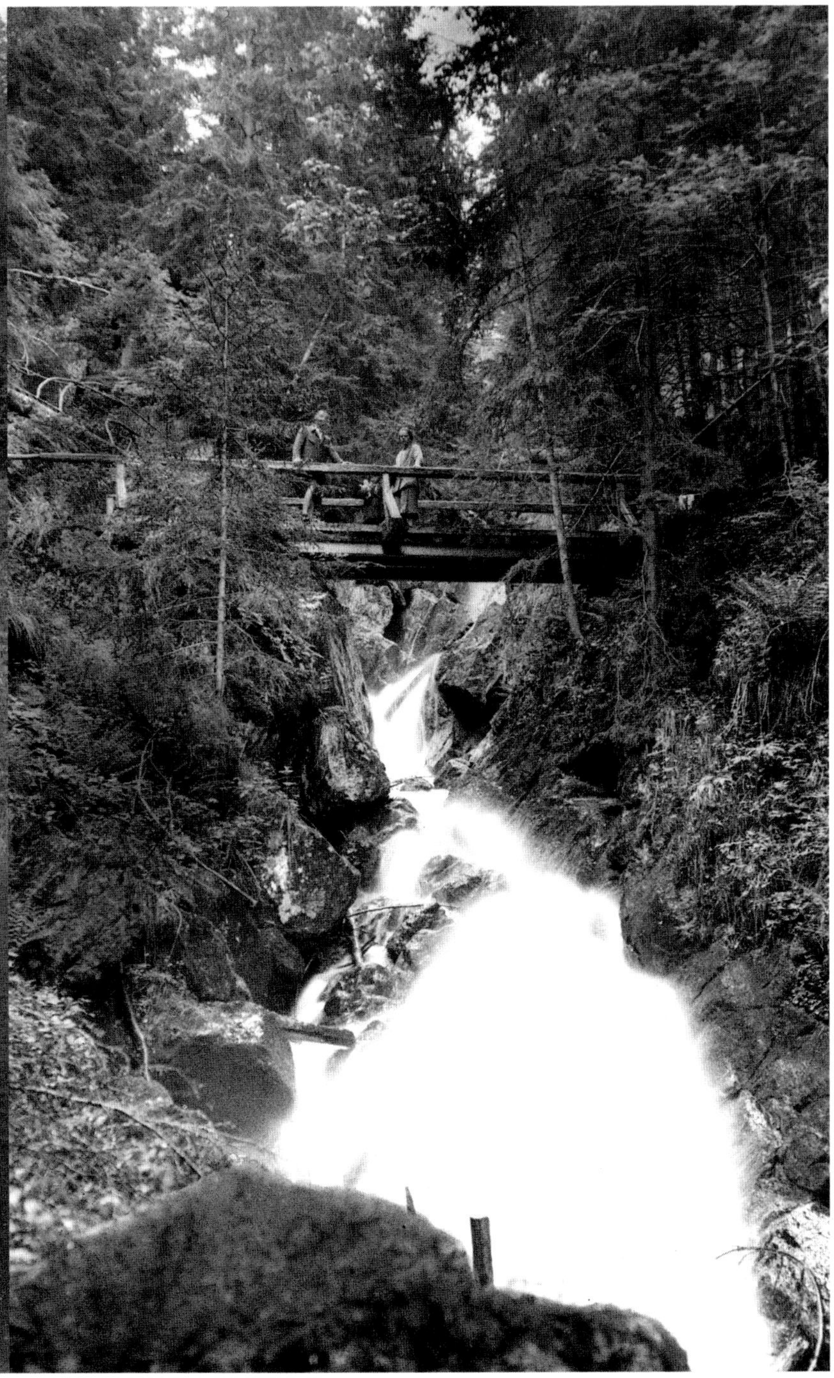

Die Isper bei Pisching. Holzbrücke über die Klamm. Um 1927.

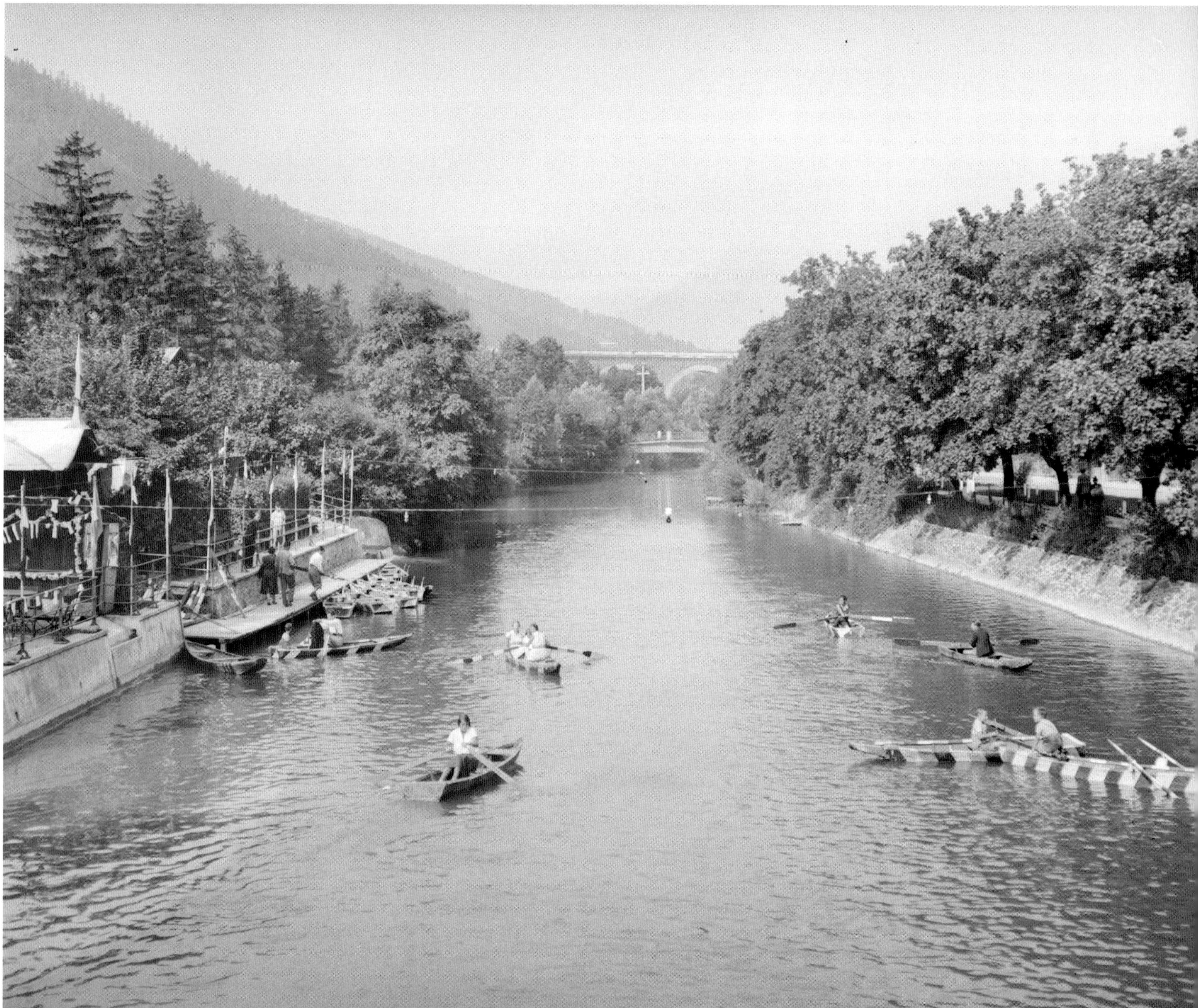

DIE SCHWARZA IN PAYERBACH
Uferpartie mit Gasthausterrasse
und Bootsverleih.
1932.

AN DER PIESTING
Uferpartie mit Gehöft in Unterpiesting.
Um 1920.

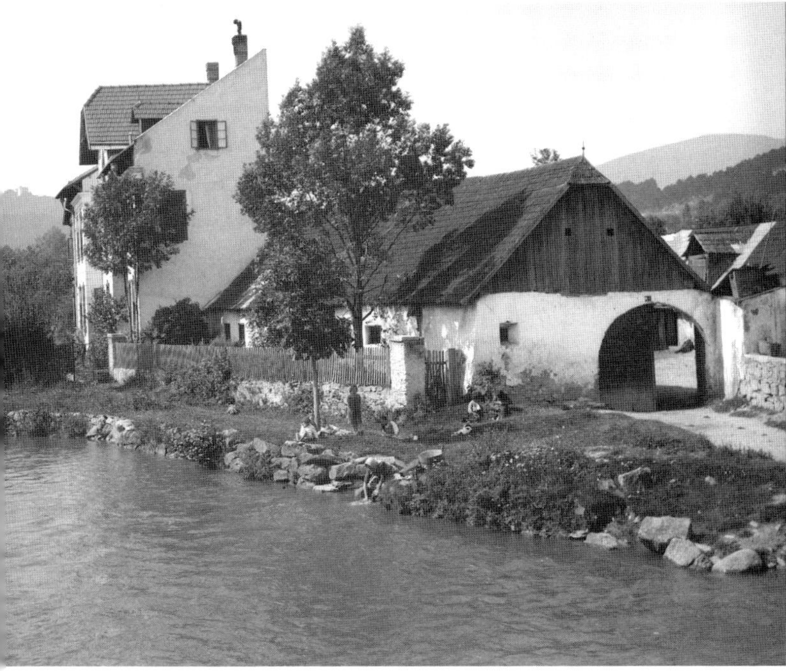

AN DER LEITHA
Motiv aus Bruck.
Juli 1907.

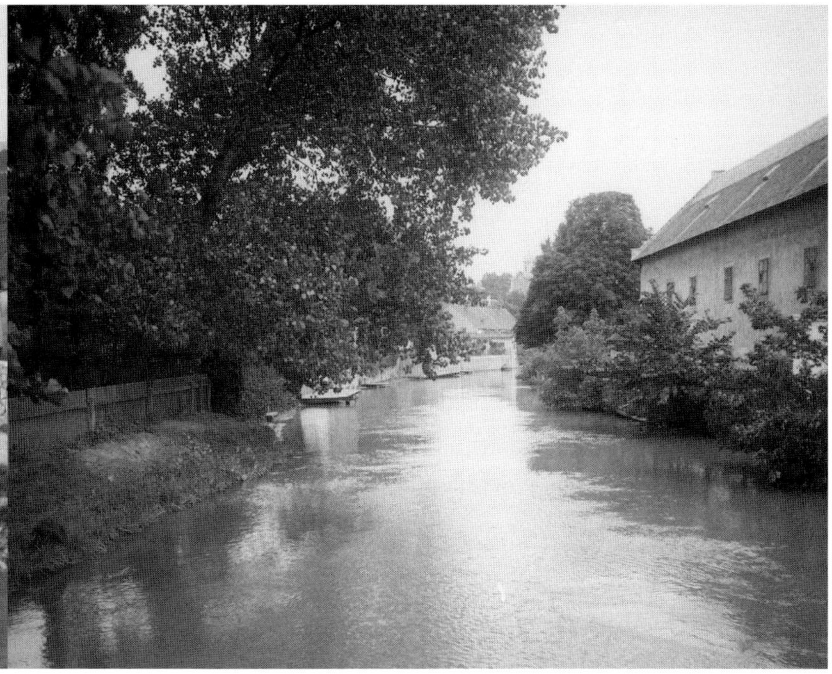

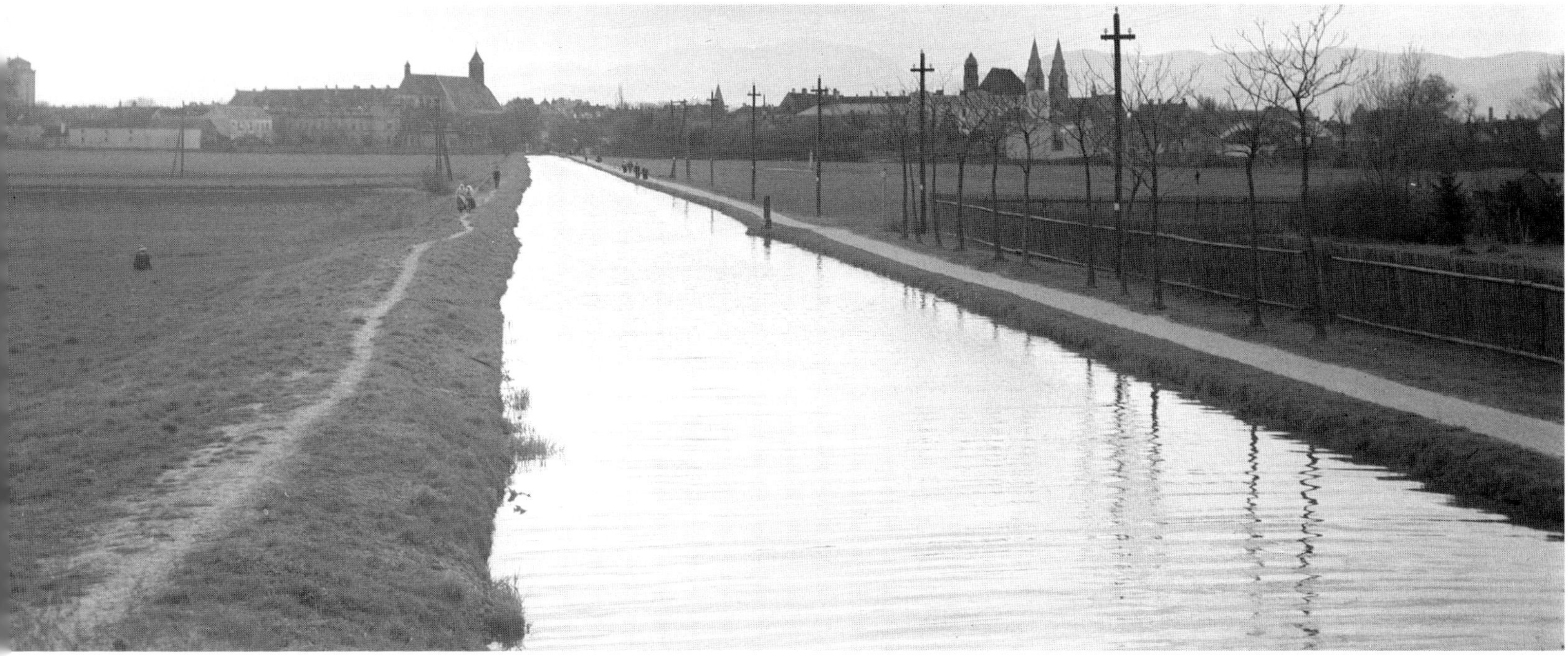

AM WIENER NEUSTÄDTER KANAL
Blick gegen die Stadt (von NNO).
Um 1911.

ERLAUFSEE

Ruderboot mit 7 Personen auf dem See. Blick gegen das Hotel Herrenhaus mit dem Bootshaus. Um 1925.

Unten:
Nordwestende vom Stausee. Blick von der Station Erlaufklause auf die Staumauer und gegen den Ötscher. Um 1938.

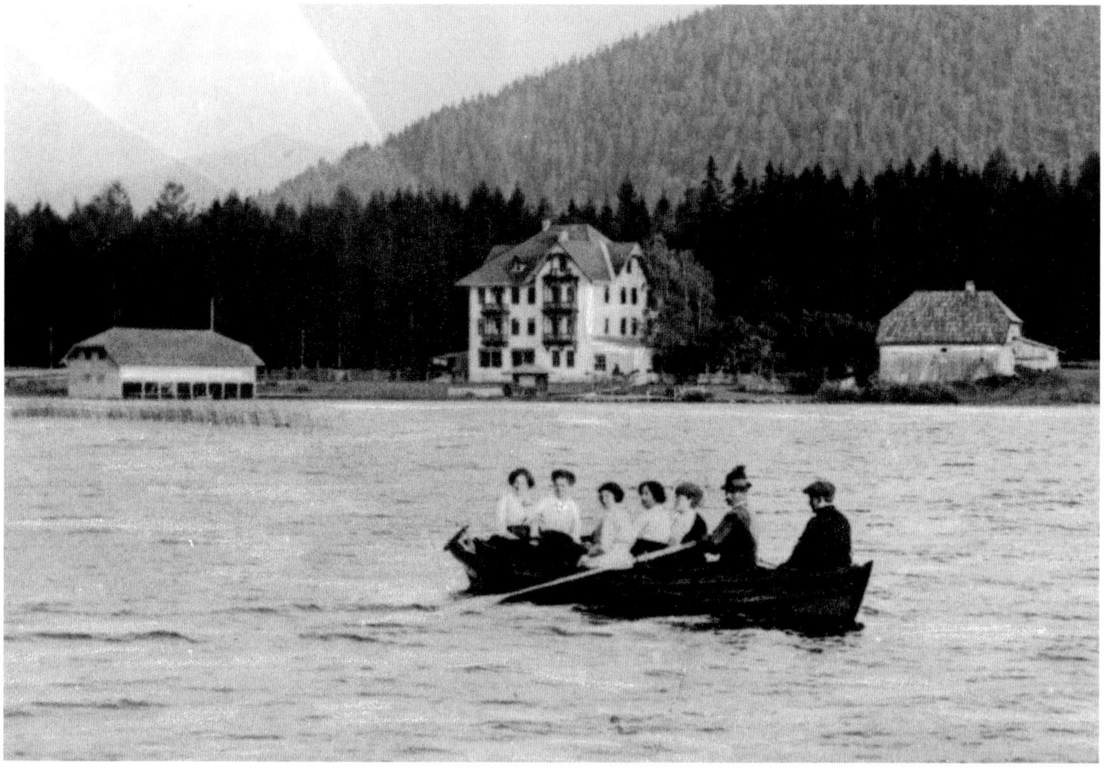

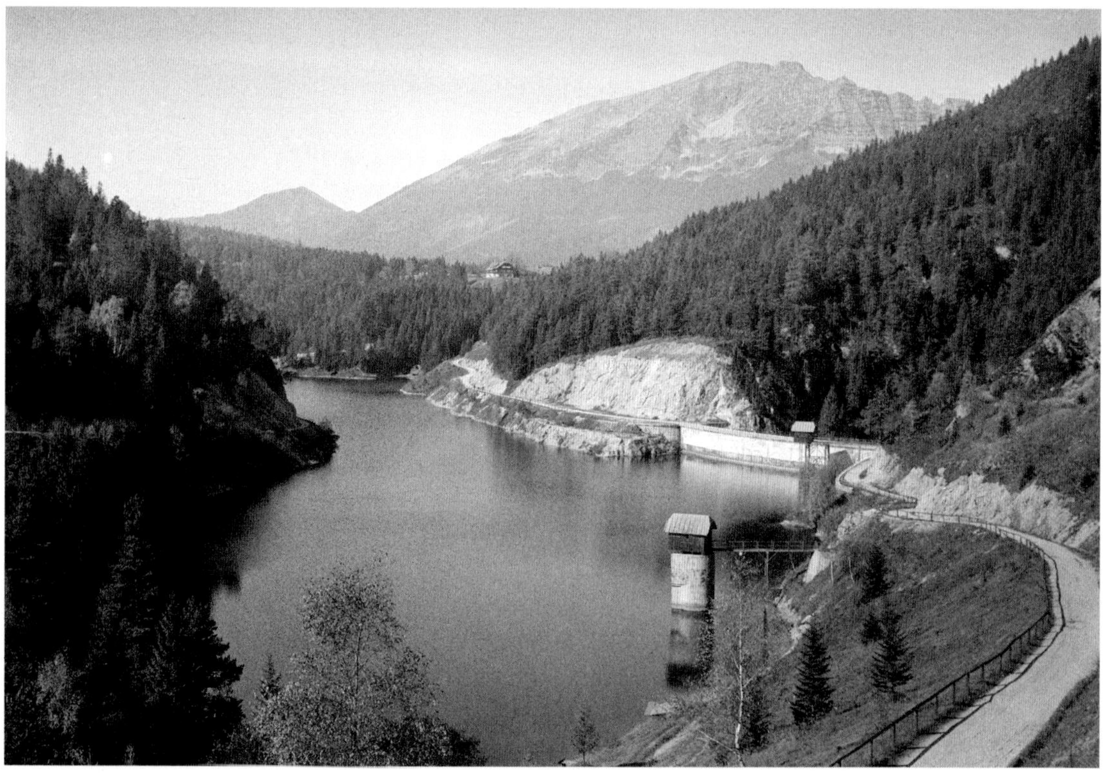

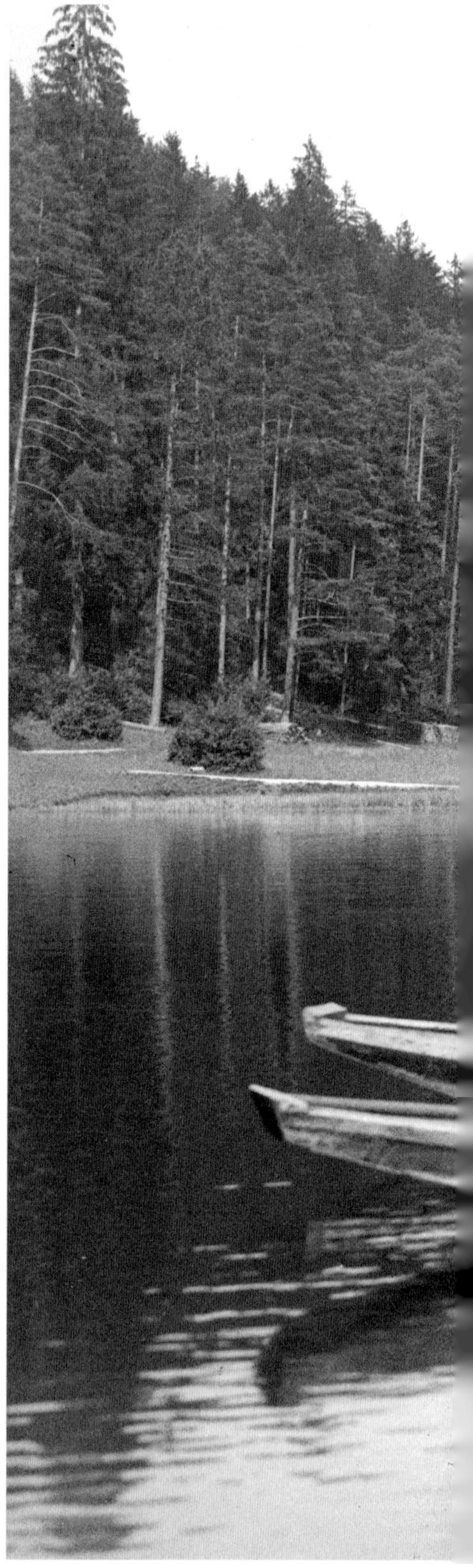

HINTERBERGTEICH
bei Hohenberg im Traisental.
„Wikingerboote" am Ufer.
Karl Möhsl. Juli 1928.

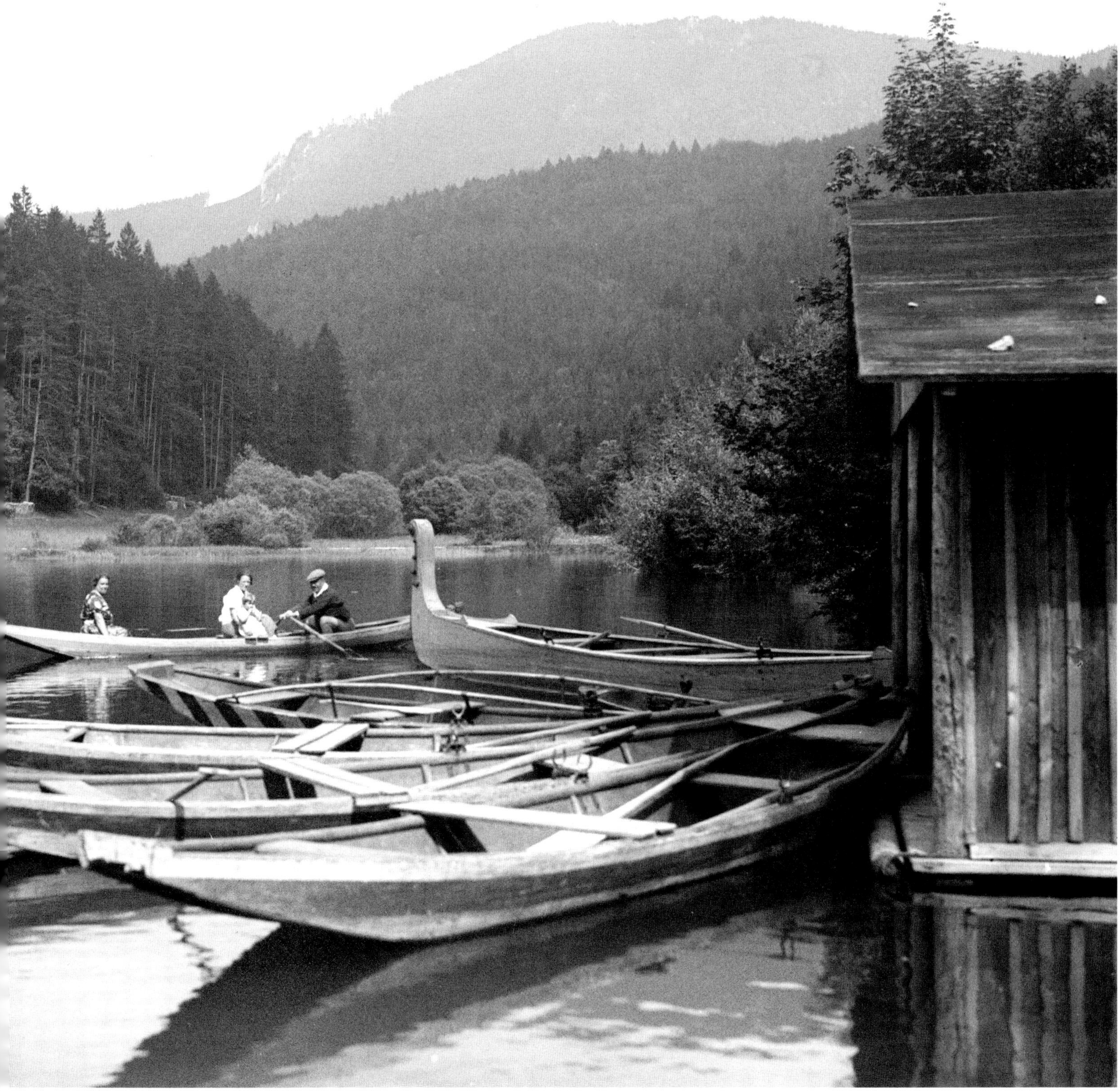

LUNZER SEE

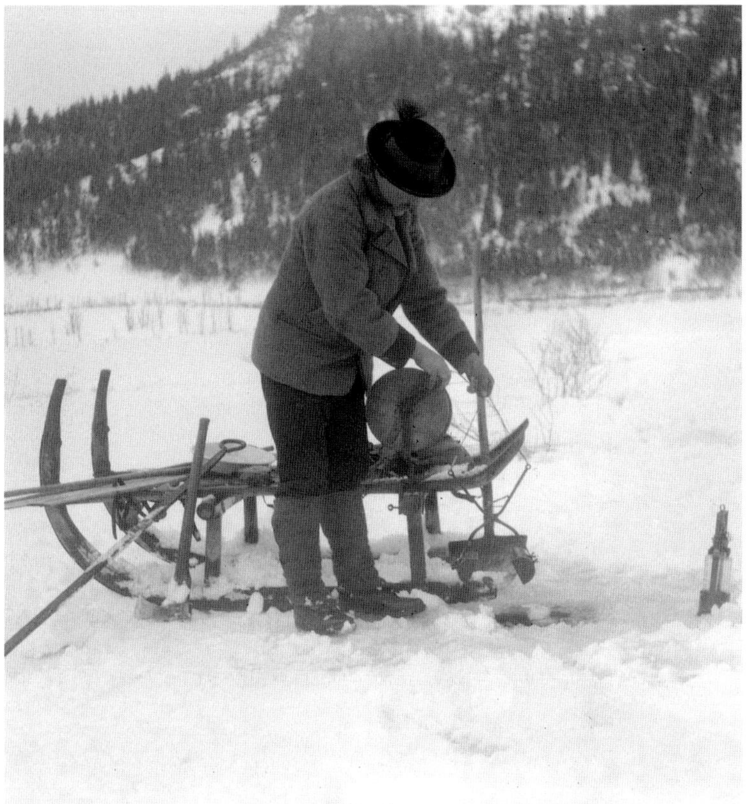

Biologische Station. Winterarbeiten am Untersee mit Schlammgreifer, Schöpf-flasche und Eisenstange. Januar 1910.

Couleur-Studenten bei einer Bootsfahrt. Um 1938.

Blick vom Ausfluss des Sees gegen den Scheiblingstein. Um 1927.

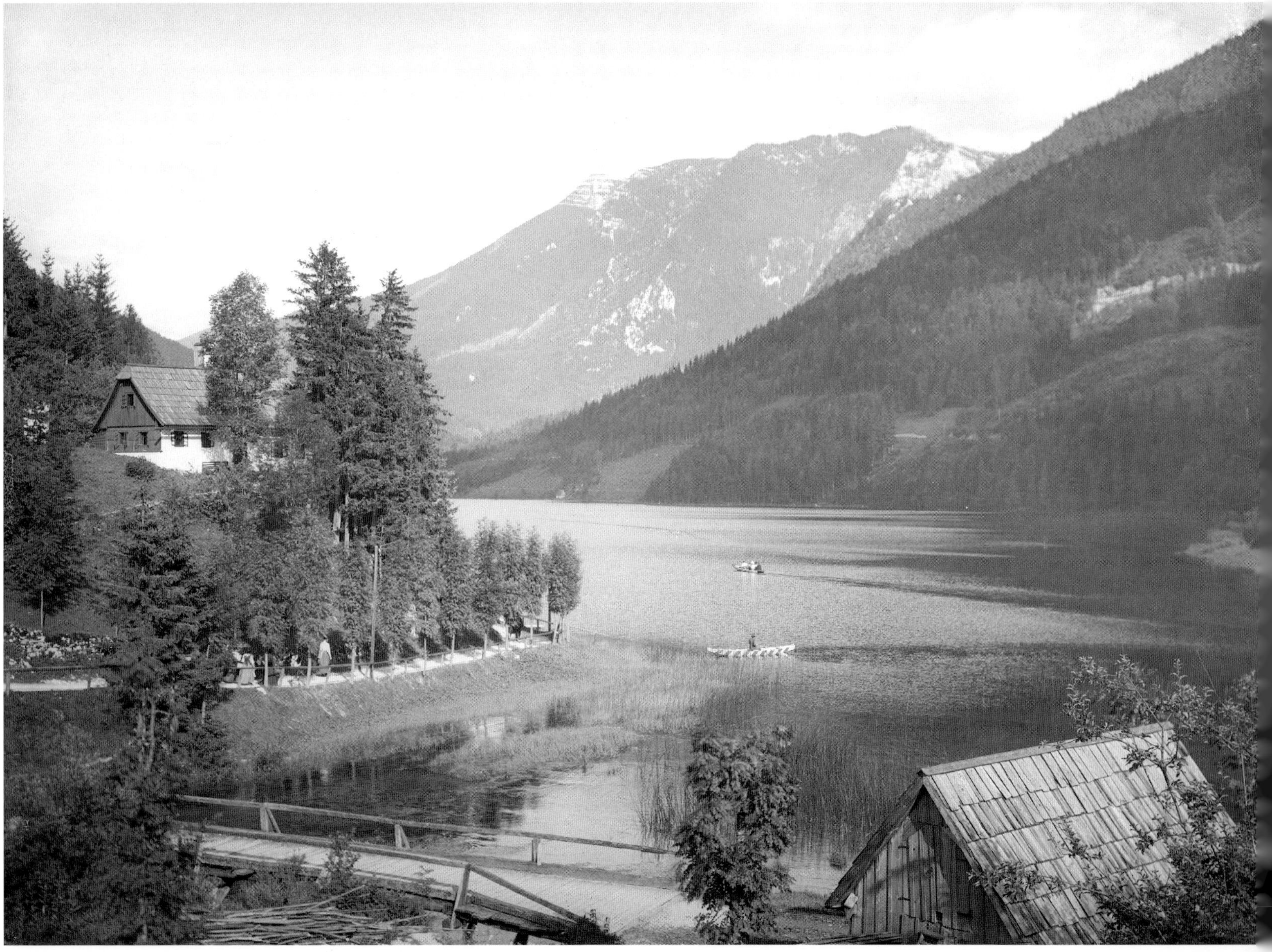

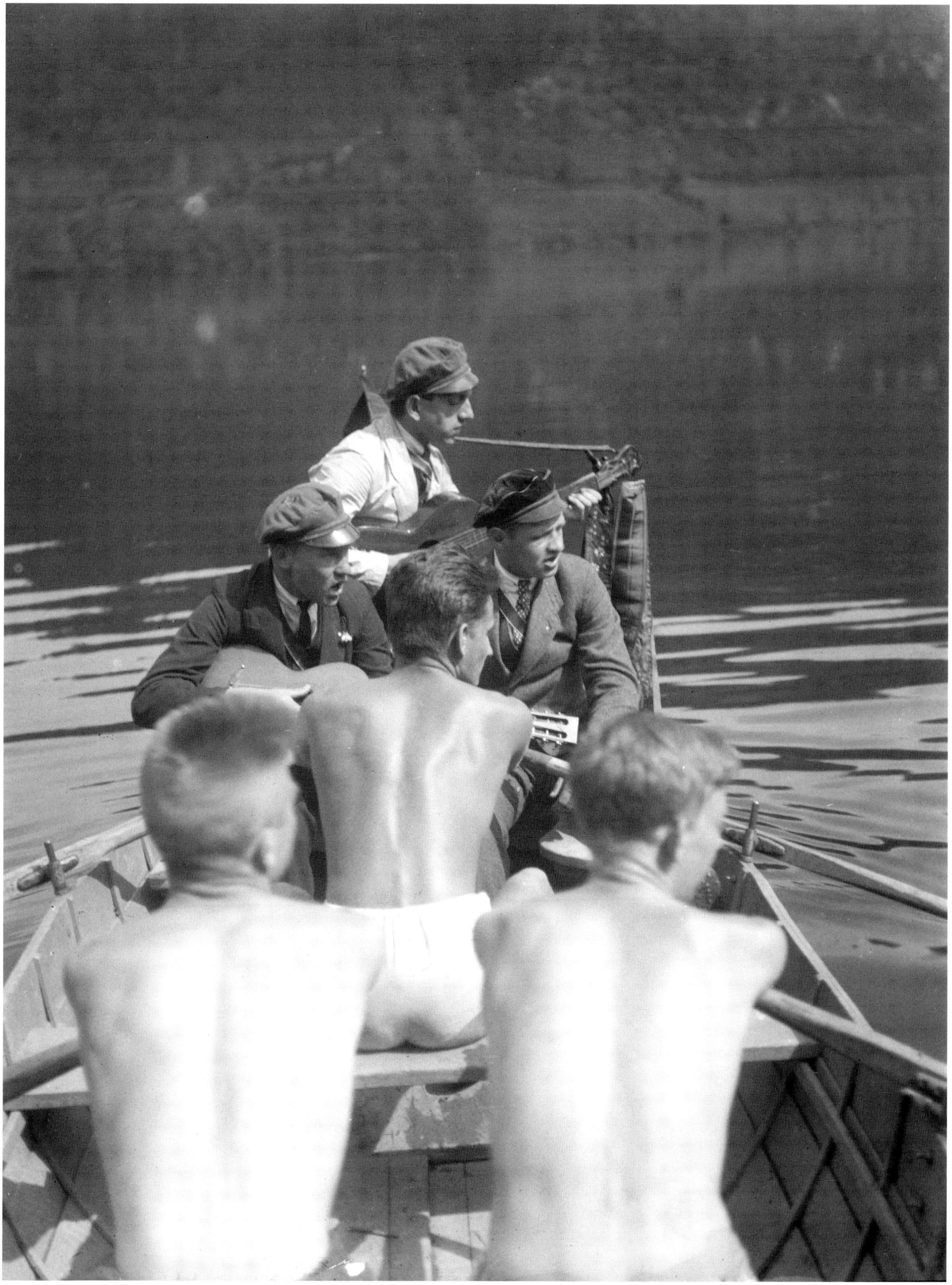

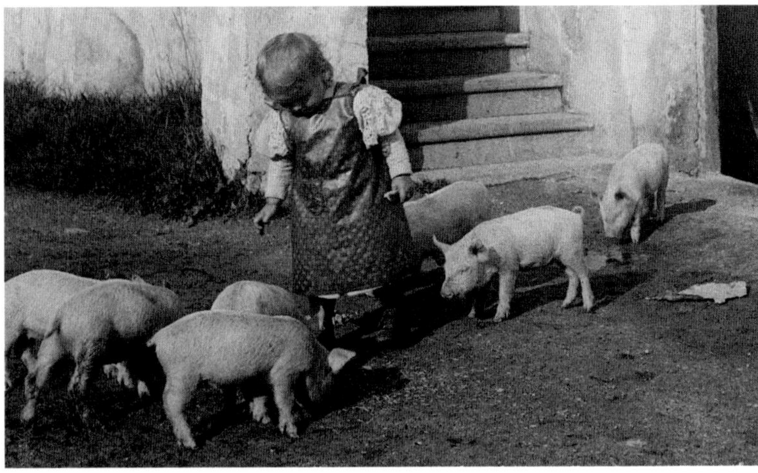
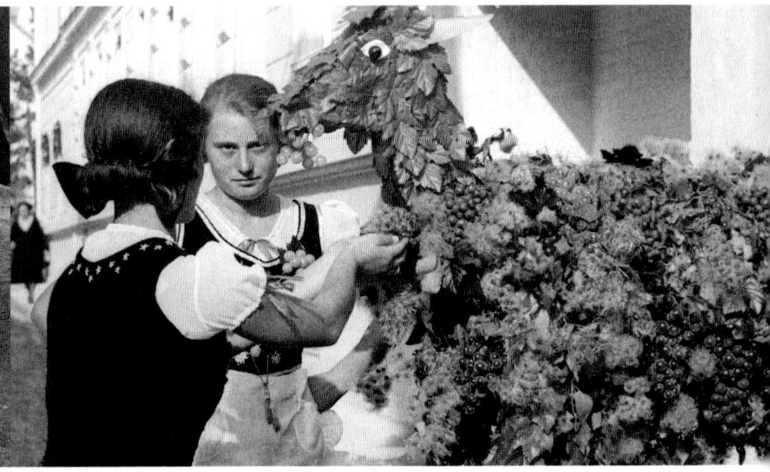

KAPITEL 4

DAS LEBEN AUF DEM LAND

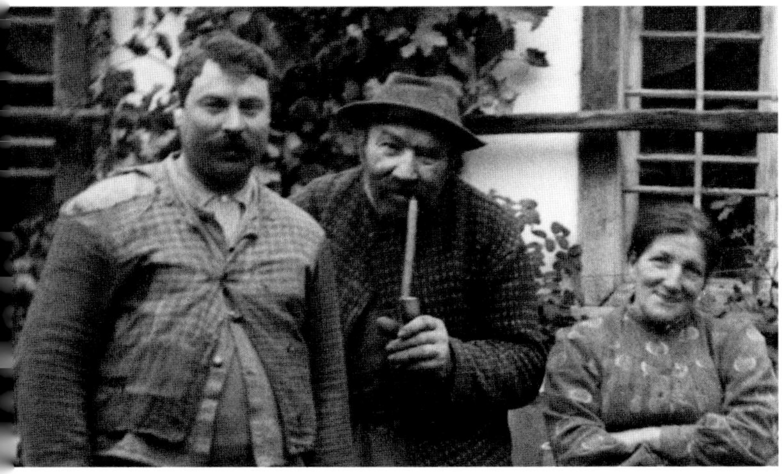

Ferkelmarkt Großgerungs – Bei Artstetten – Im Waldviertel/Getreideernte/Bauernhäuser – Wachauer Tore – Bräuche im Weinland – Im Weinviertel – Rund um Wien/Orth/Fischamend/Gumpoldskirchen/Albern/Laab/Bisamberg – Brand und Hochwasser – Triestingtaler Bergbauern – Züchter am Semmering und Wechsel – Jäger in der Erlaufklause – Landwirtschaft/Marillenernte/Zuckerrüben/Weinlese – Im Mostviertel/Königstetten/Rabenstein/Goganz/Purgstall/Haag – Hochzeitsbräuche

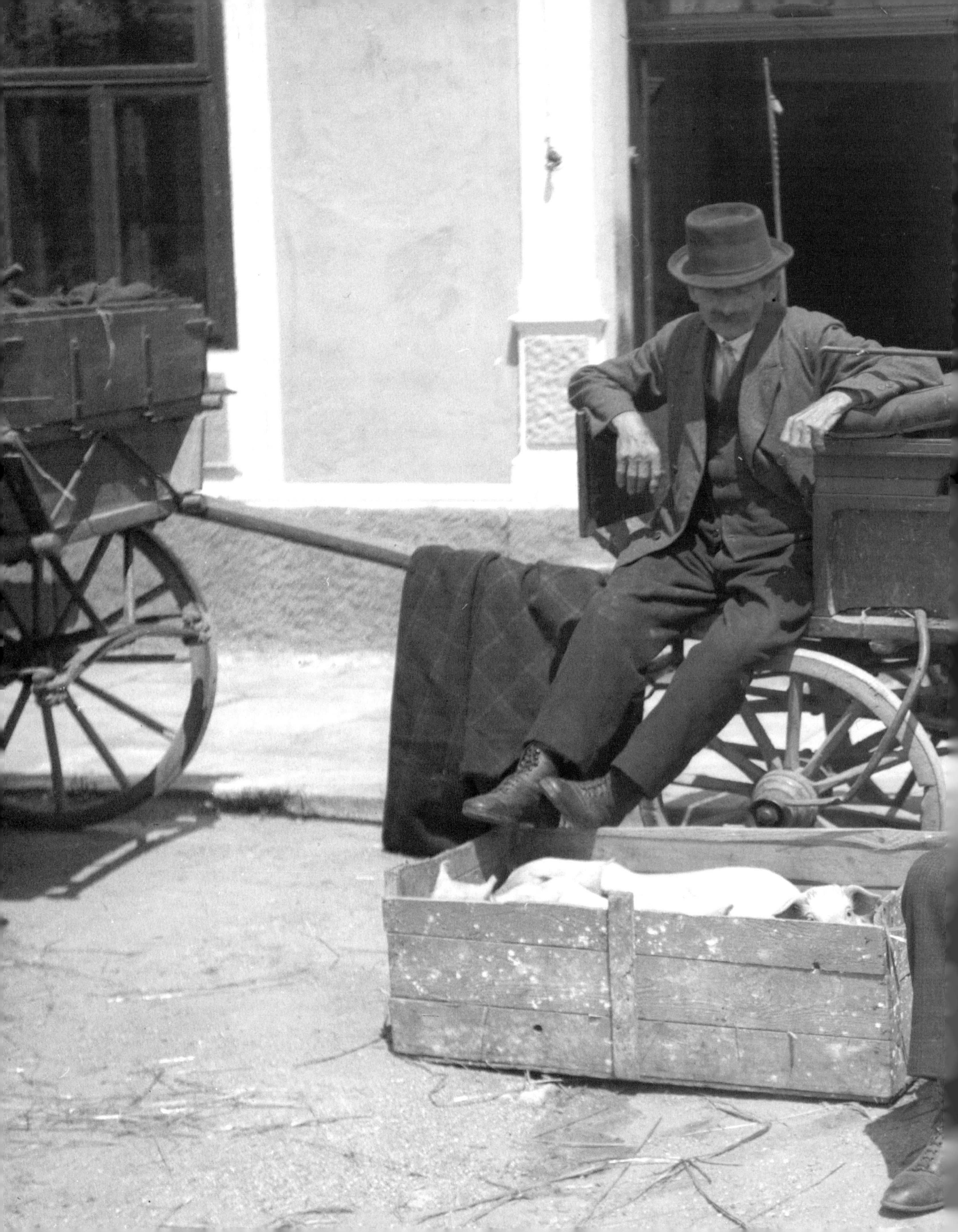

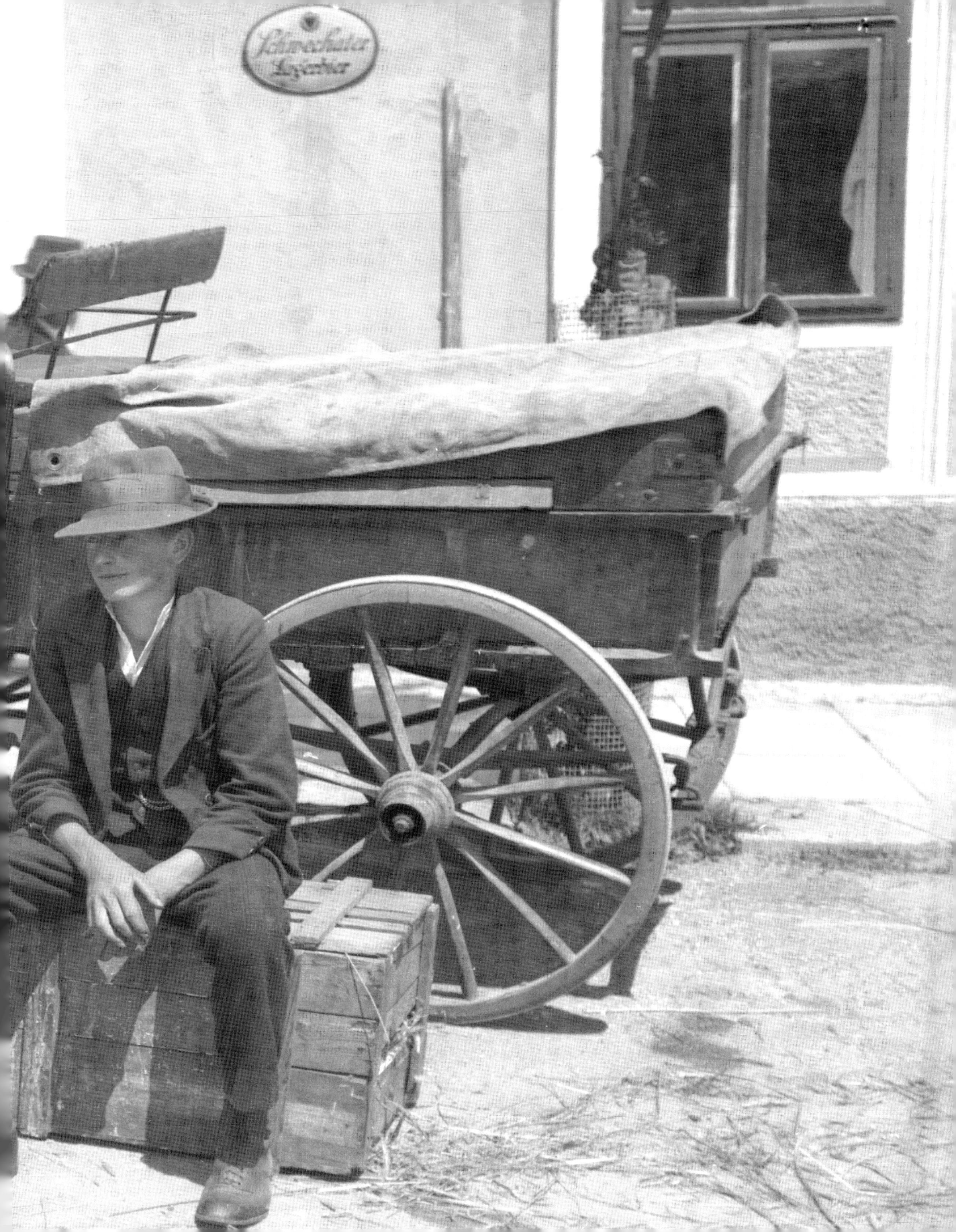
Schwechater
Lagerbier

Vorderseite:
GROSSGERUNGS
Ferkelmarkt. Händler mit Kisten
und Wagen vorm Gasthaus.
1931.

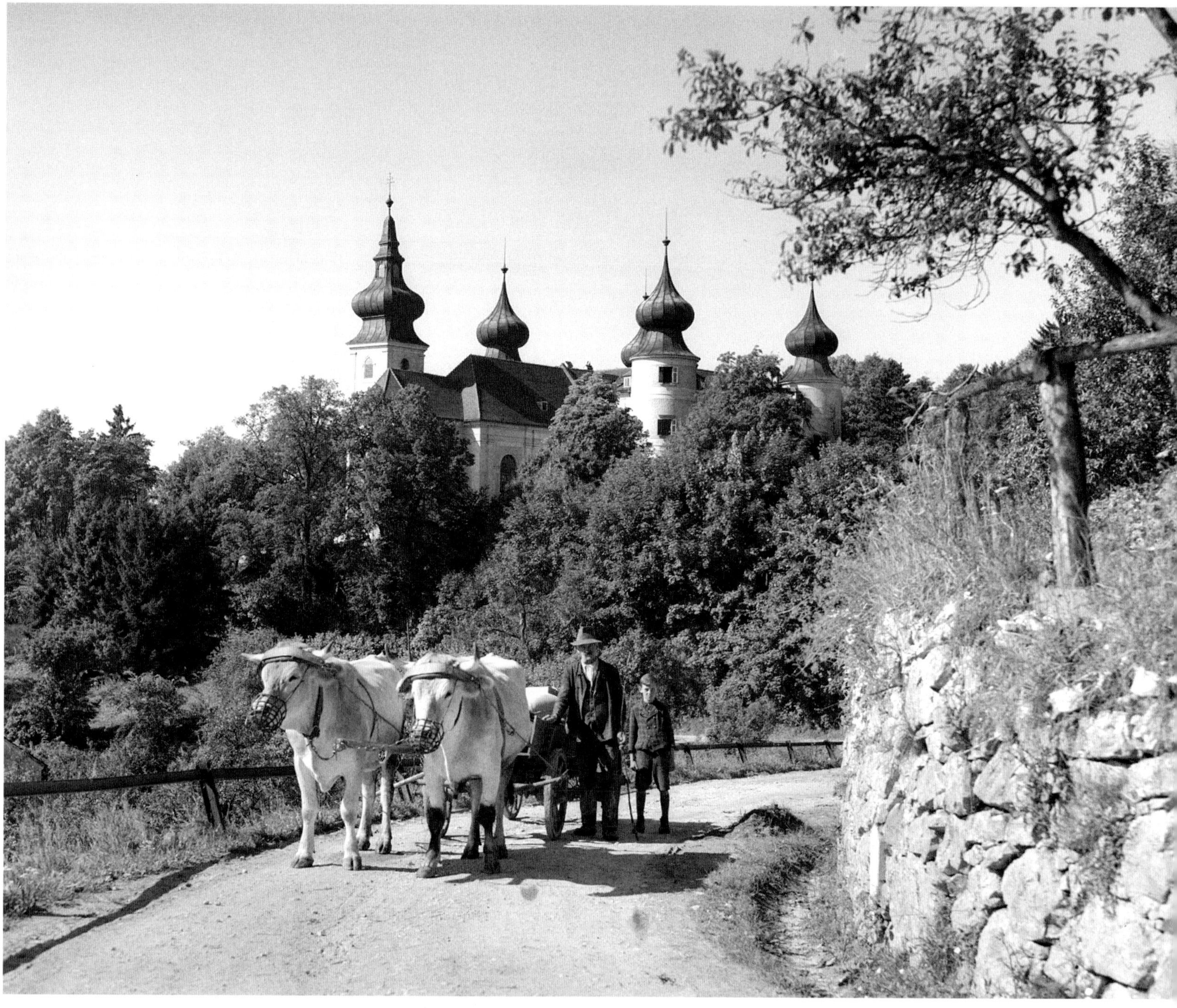

ARTSTETTEN
Ochsengespann auf der Landstraße
vor dem Schloss.
Um 1958.

GETREIDEERNTE IM WALDVIERTEL

Einführen mit Pferdewägen und einem Traktor der Landwirtschaftsschule Edelhof bei Zwettl.
Um 1925.

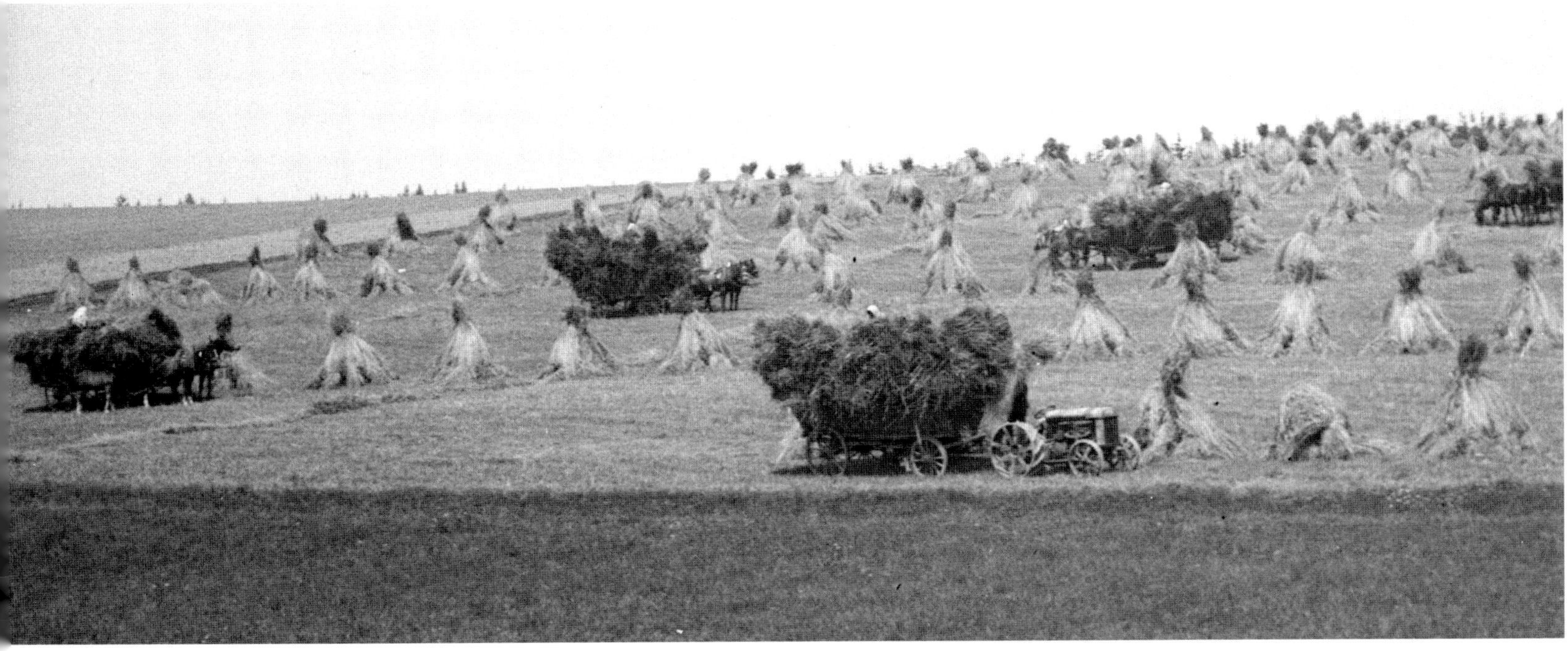

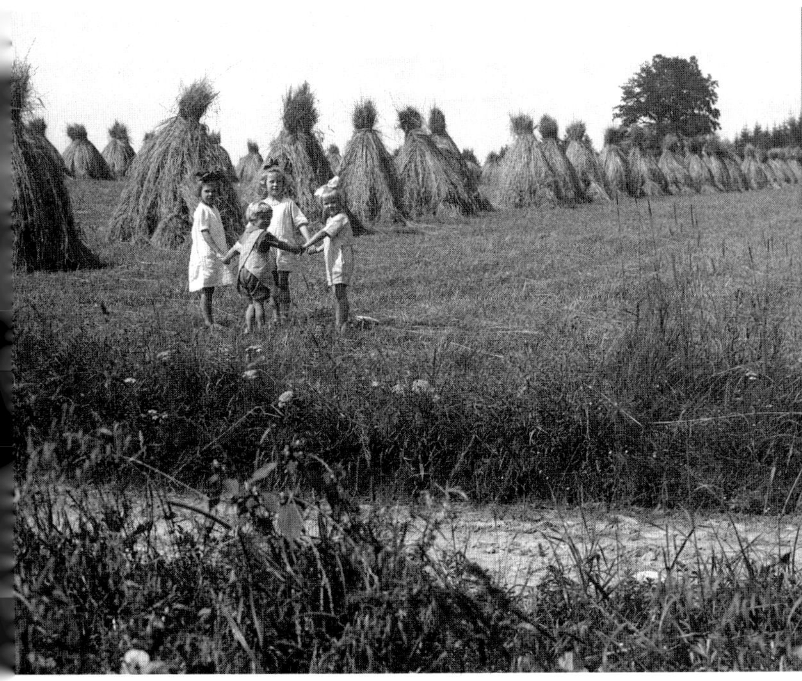

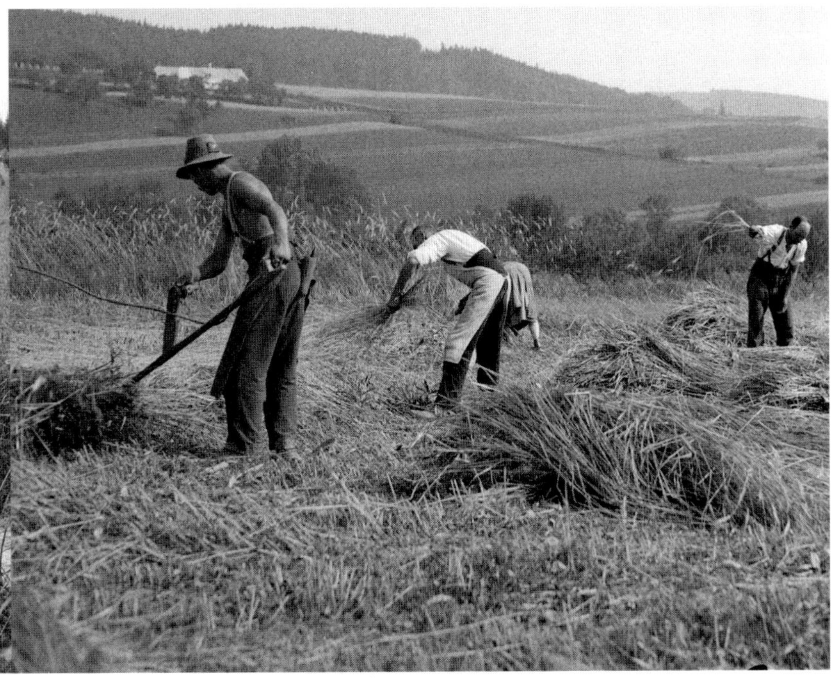

Kornmandeln zum Nachreifen auf dem Feld, Kinder beim Reigen.
Um 1925.

Mahd mit der Sense.
Bei Persenbeug.
Um 1935.

WALDVIERTLER BAUERNHÄUSER

Langschlag.
Vierkanthof beim Bahnhof.
1931.

Unten:
Pfaffenreith.
Kinder in der Wohnküche.
Um 1912.

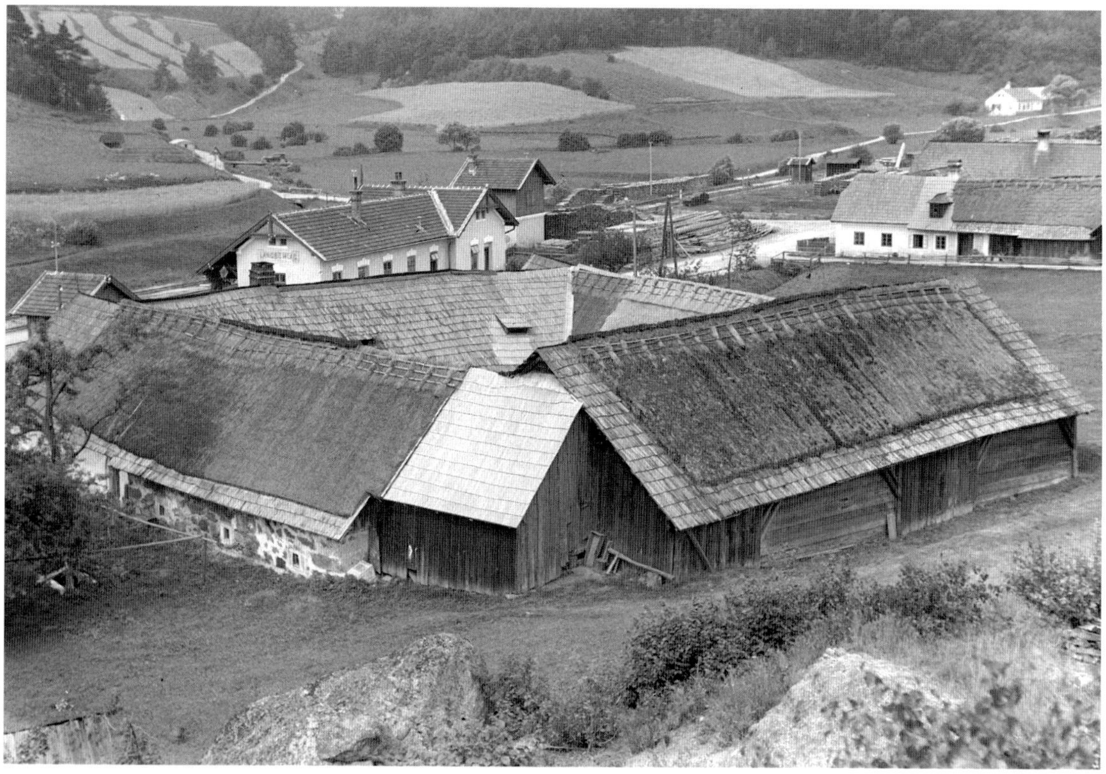

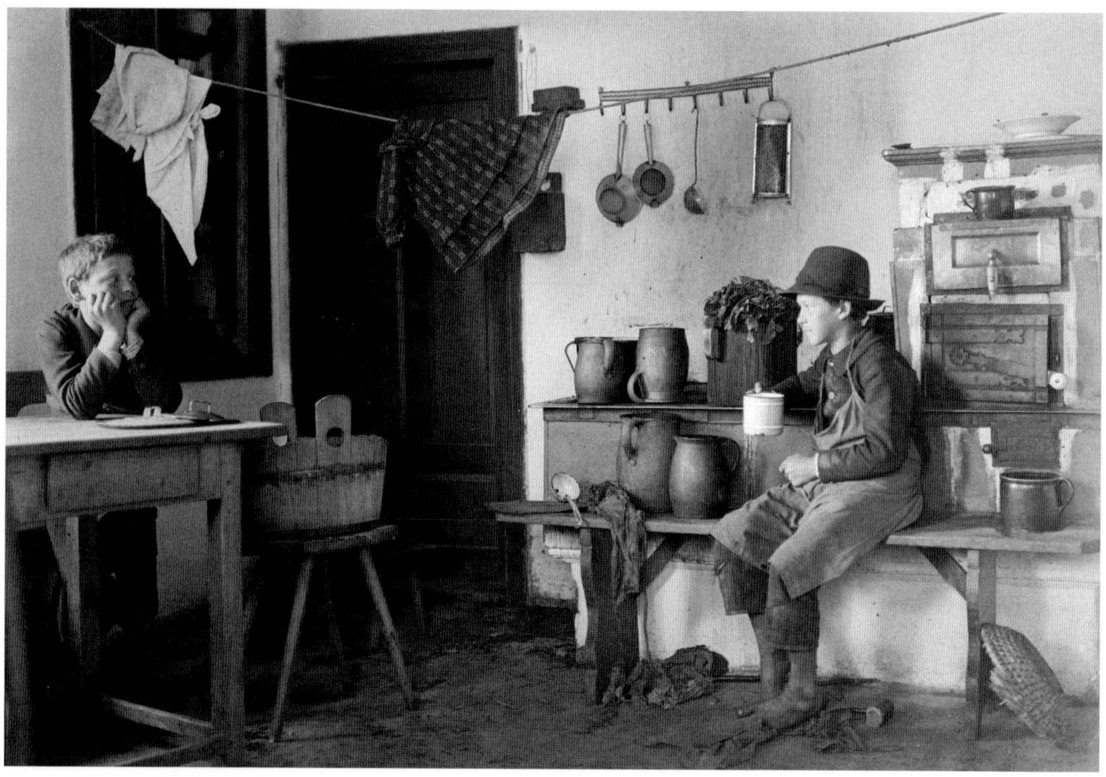

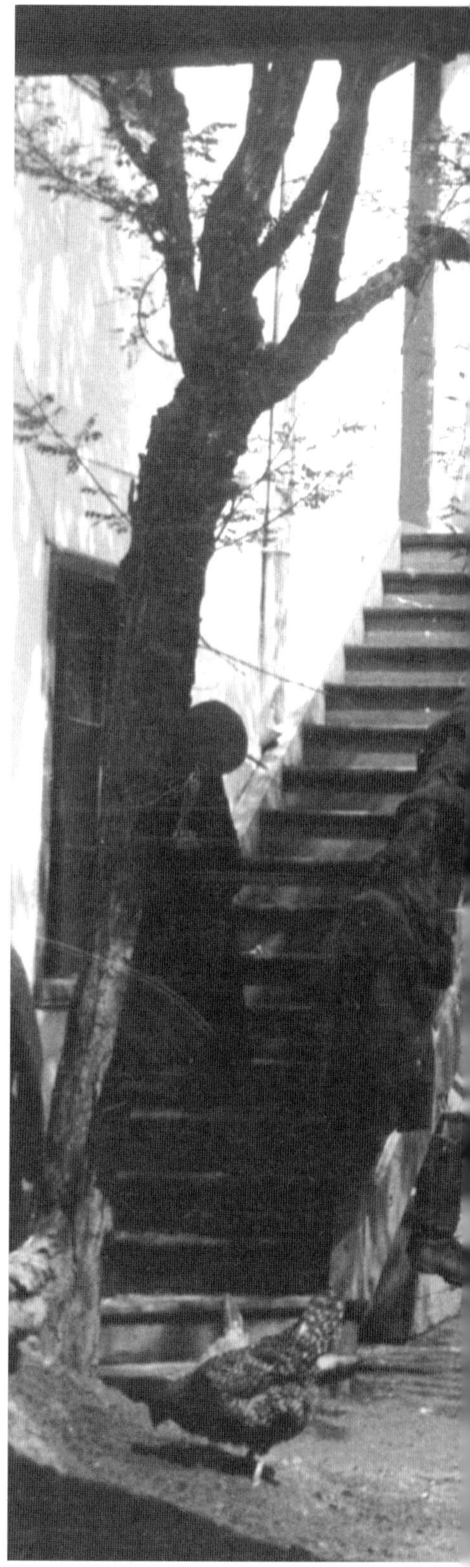

Allentsteig.
Landwirtschaftlicher Innenhof
des Wirtshauses.
Um 1900.

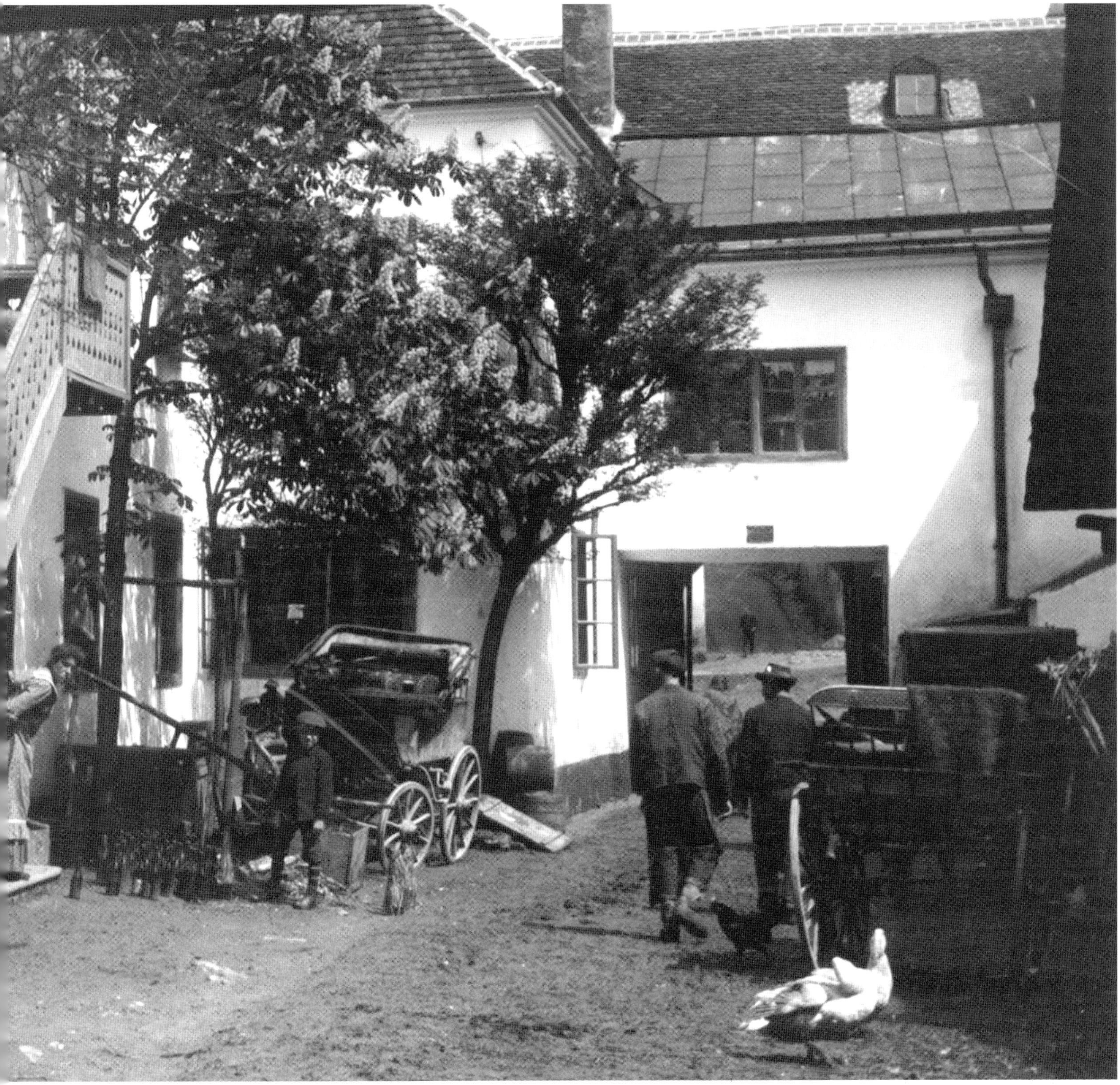

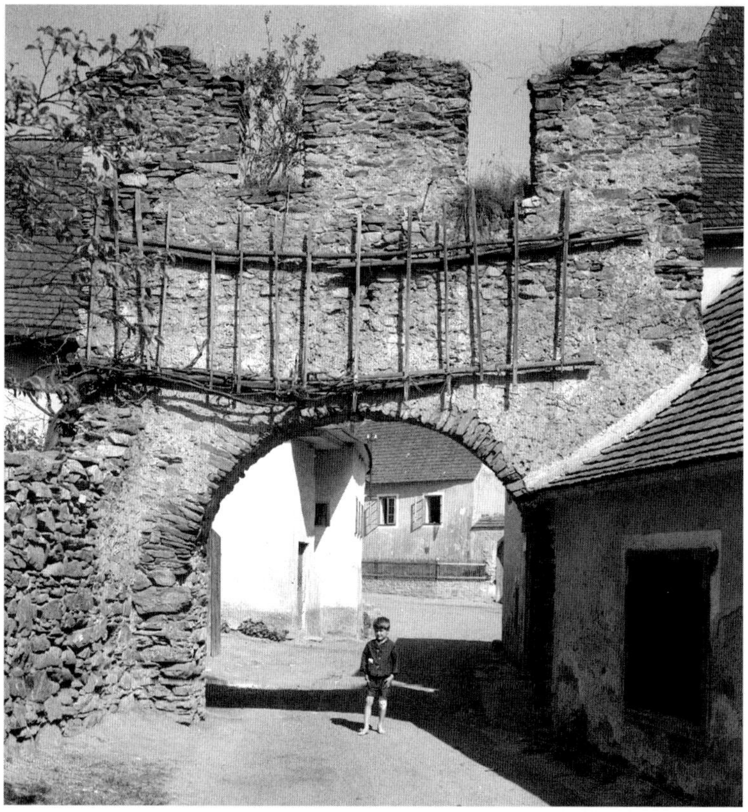

IM WALDVIERTEL

Rehberg im Bezirk Krems.
Torbogen der Ruine mit
drei Zinnen.
Um 1950.

Heidenreichstein.
Jahrmarkt in den Straßen.
Übersicht gegen das Schloss.
Um 1910.

Allentsteig.
Kinder nach Unterrichts-
schluss vor der Volksschule.
Um 1900.

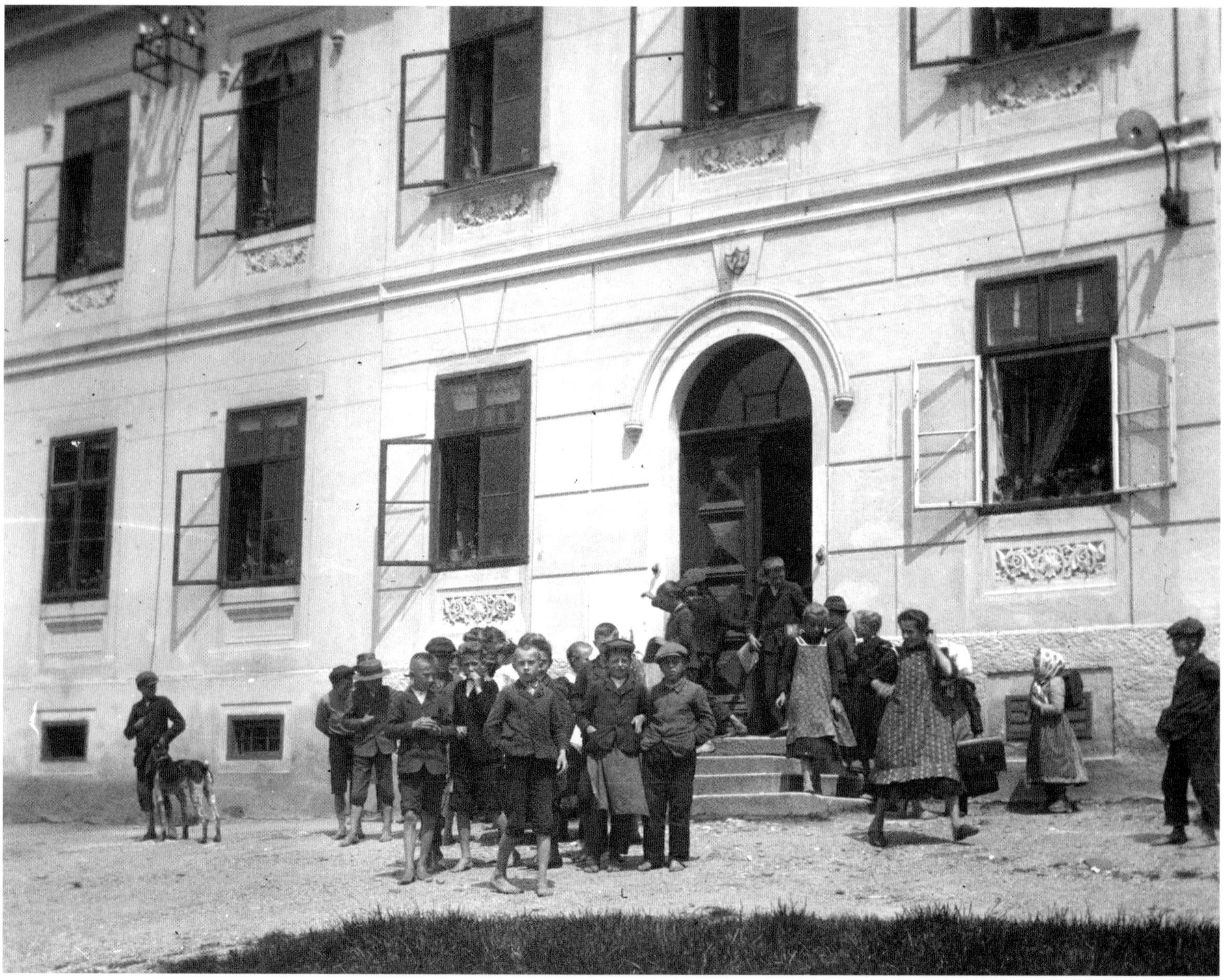

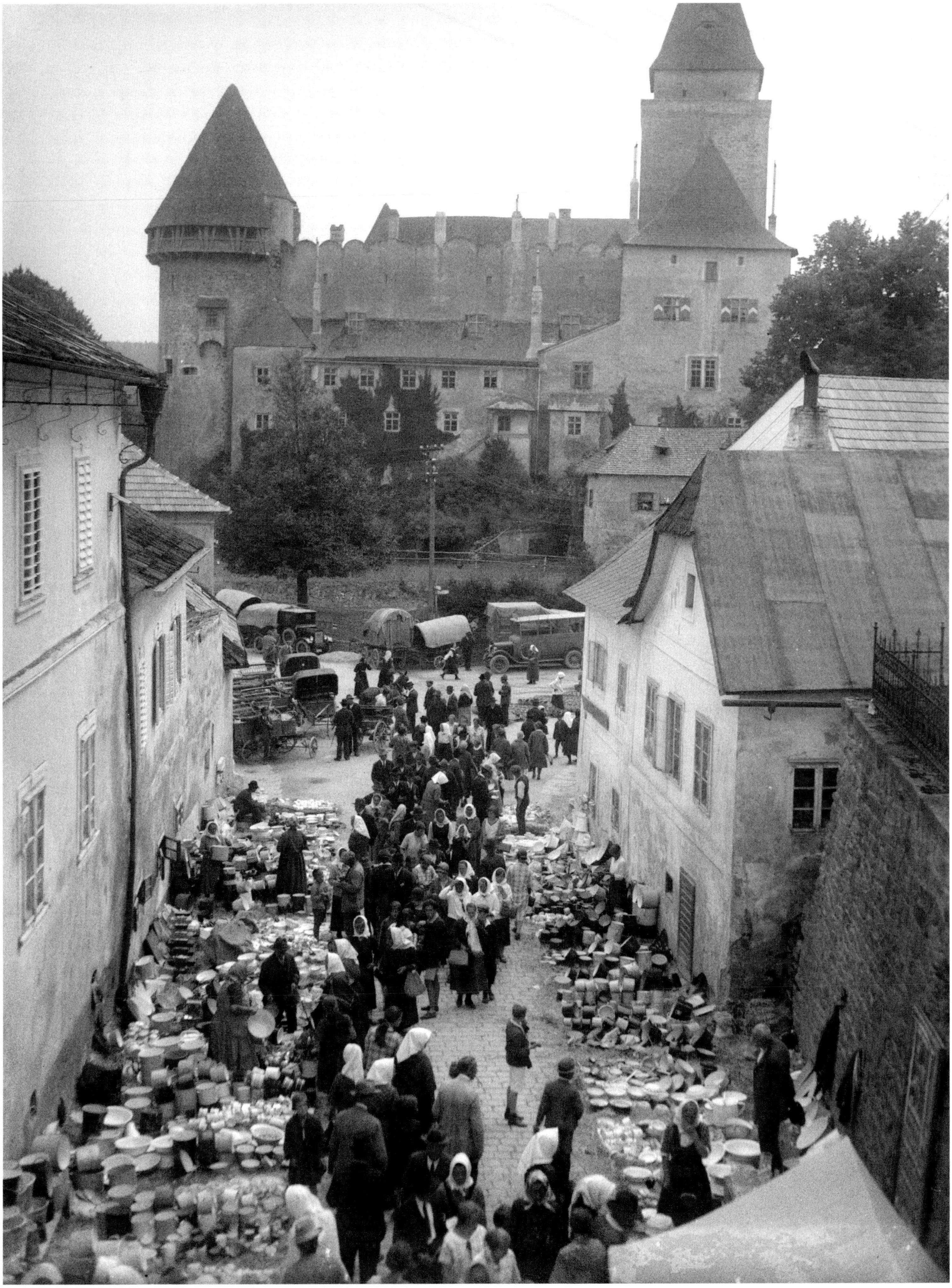

WACHAUER TORE

Joching bei Weißenkirchen.
St.-Pöltner-Hof mit Torbögen
und Gewölben im Innenhof.
Um 1910.

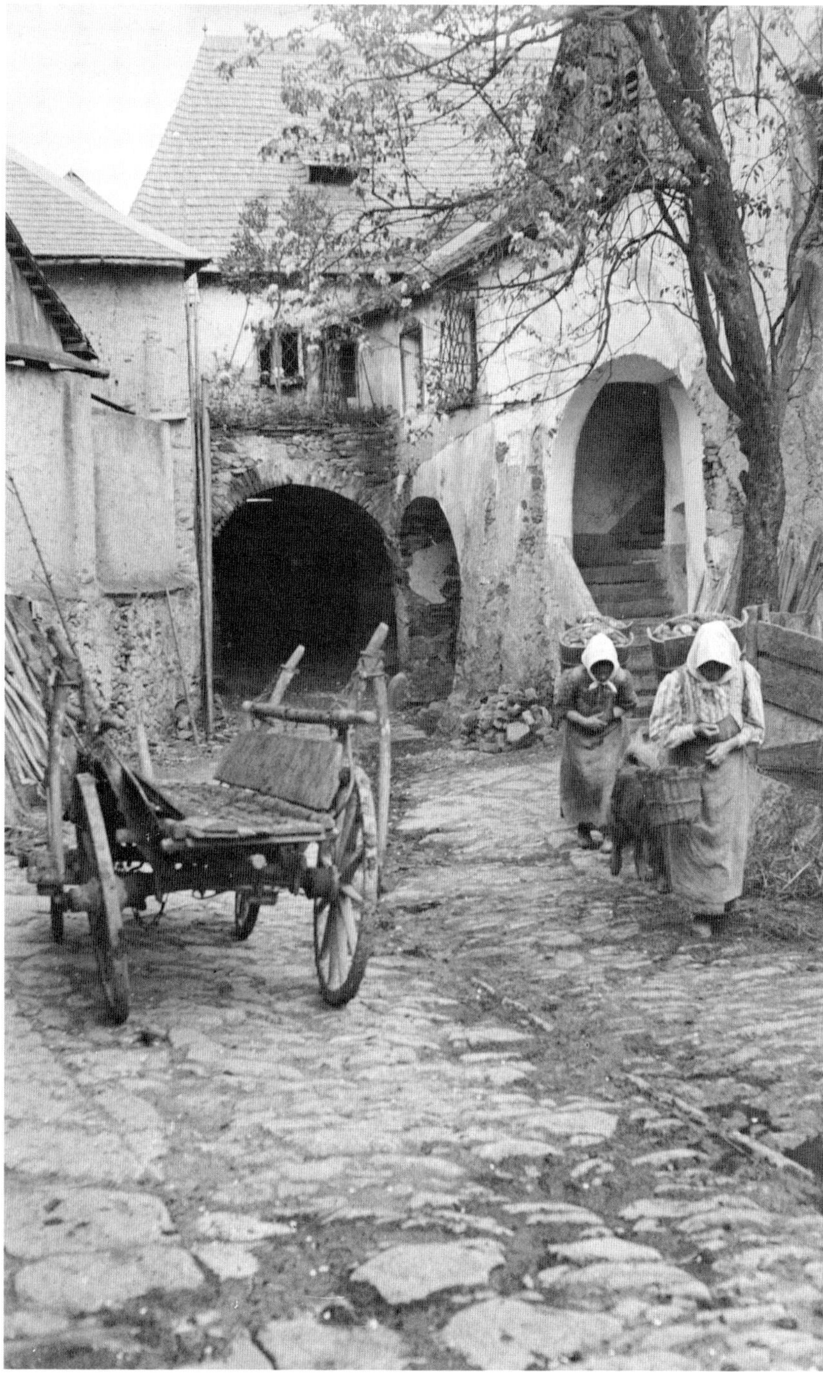

Dürnstein.
Beladener LKW bei der Durchfahrt durchs Kremser Tor.
Um 1950.

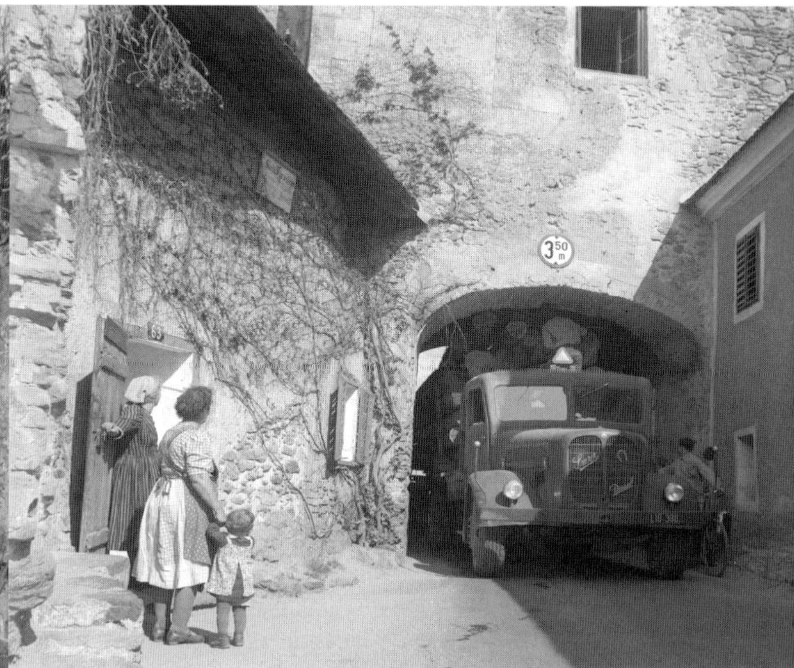

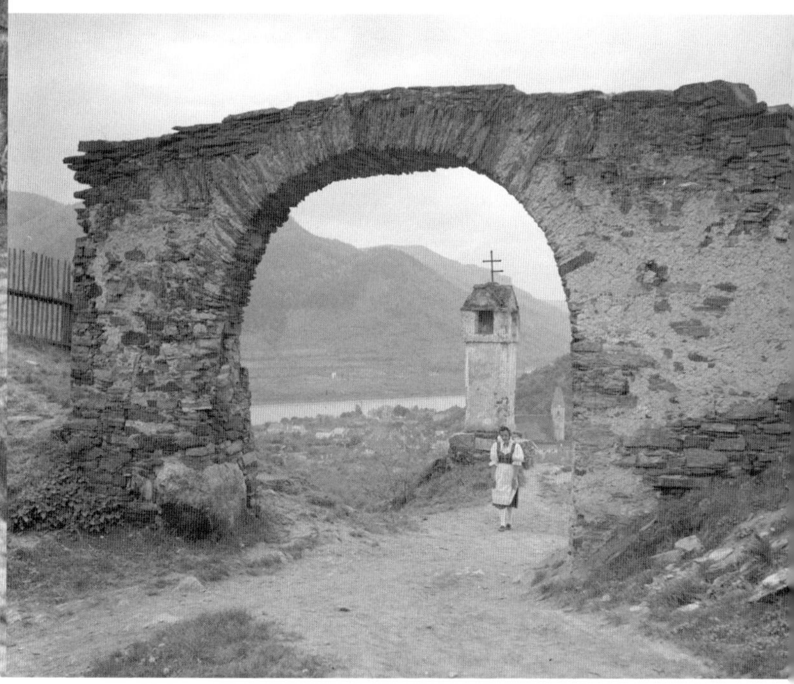

Spitz an der Donau.
Rotes Tor.
Um 1938.

BRÄUCHE IM WEINLAND

Schwallenbach.
Kinder bauen die Sonnwendhexe.
Um 1933.

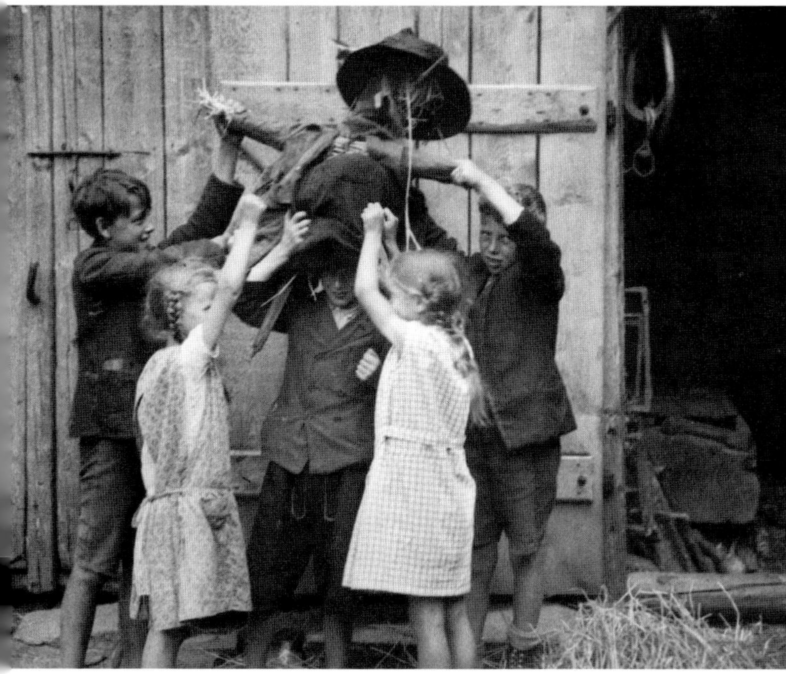

Langenlois.
Prozession mit Winzerstangen.
Um 1930.

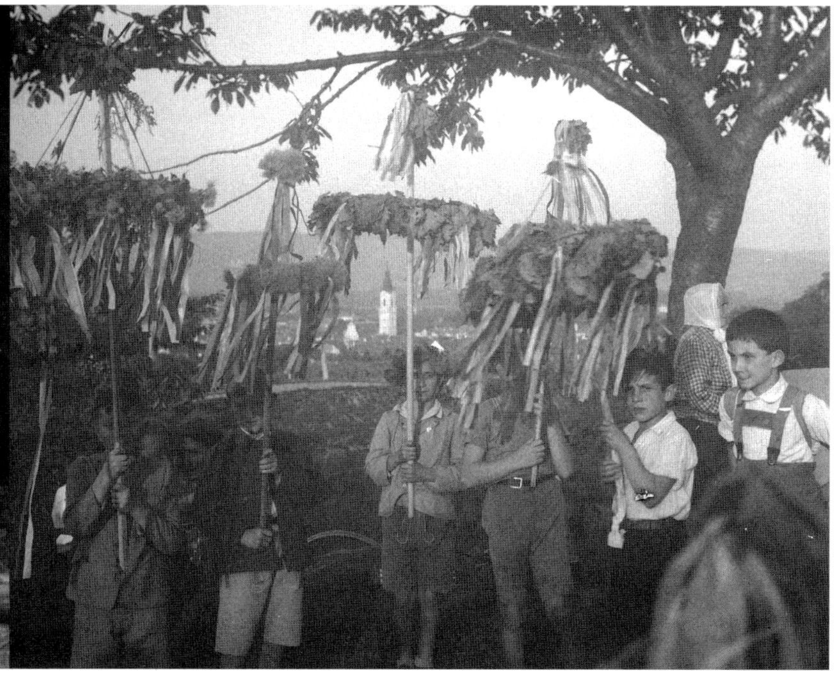

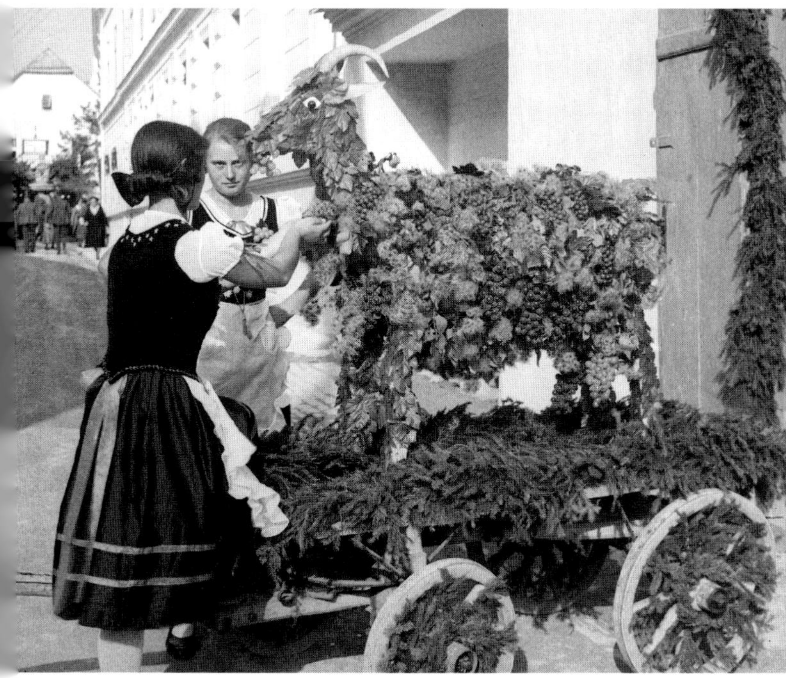

„Weinbergoaß"
für ein Wachauer Winzerfest.
Um 1950.

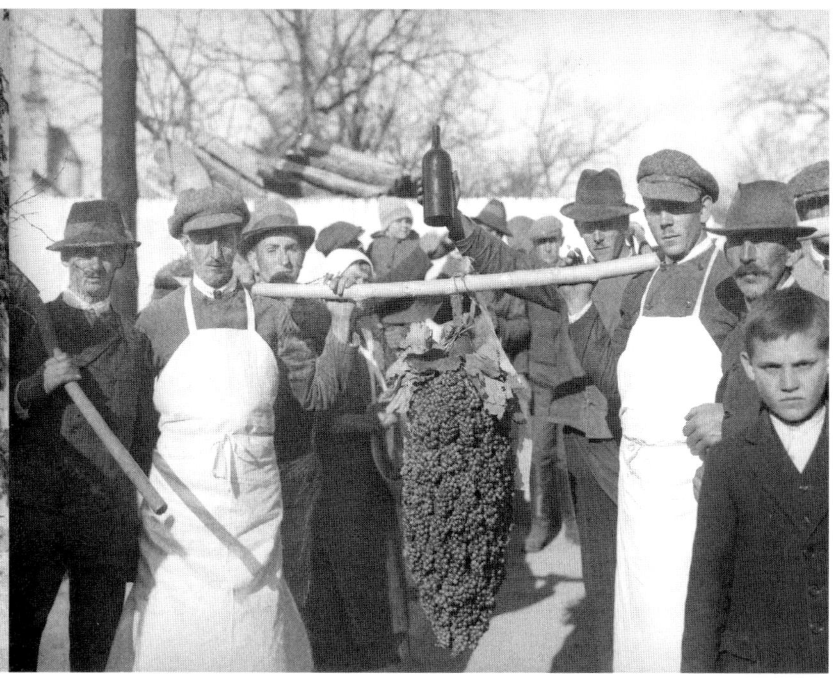

Poysdorf im Weinviertel.
Träger beim Umzug am
Weinlesefest.
1928.

IM WEINVIERTEL

Obersdorf.
Weinhauerhaus mit ausgestecktem Buschen.
Um 1925.

Unten:
Herrnbaumgarten.
Weinfuhrwerk (Wagen zum Fasstransport).
Um 1940.

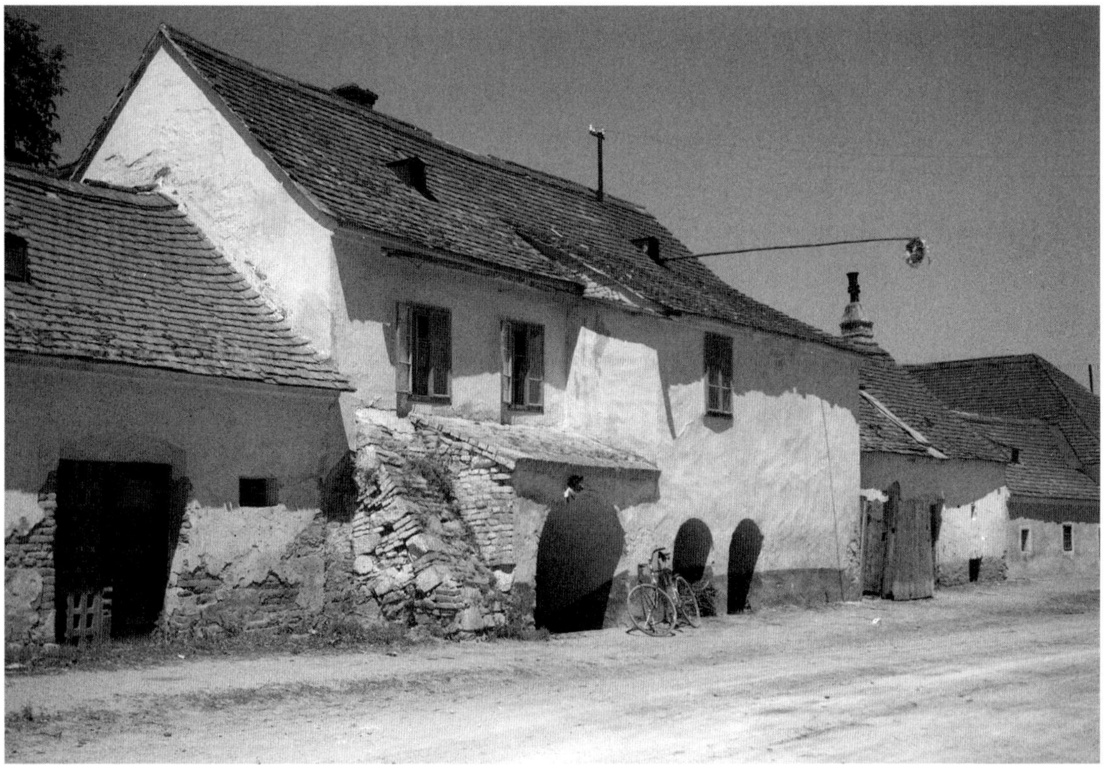

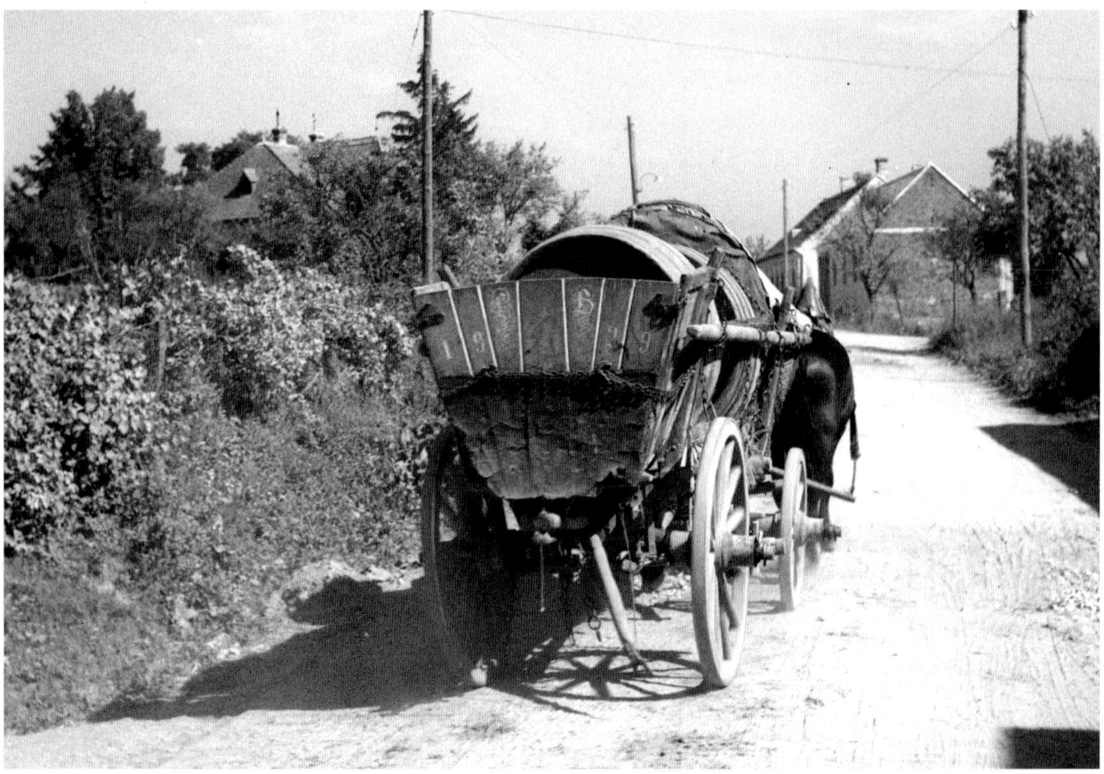

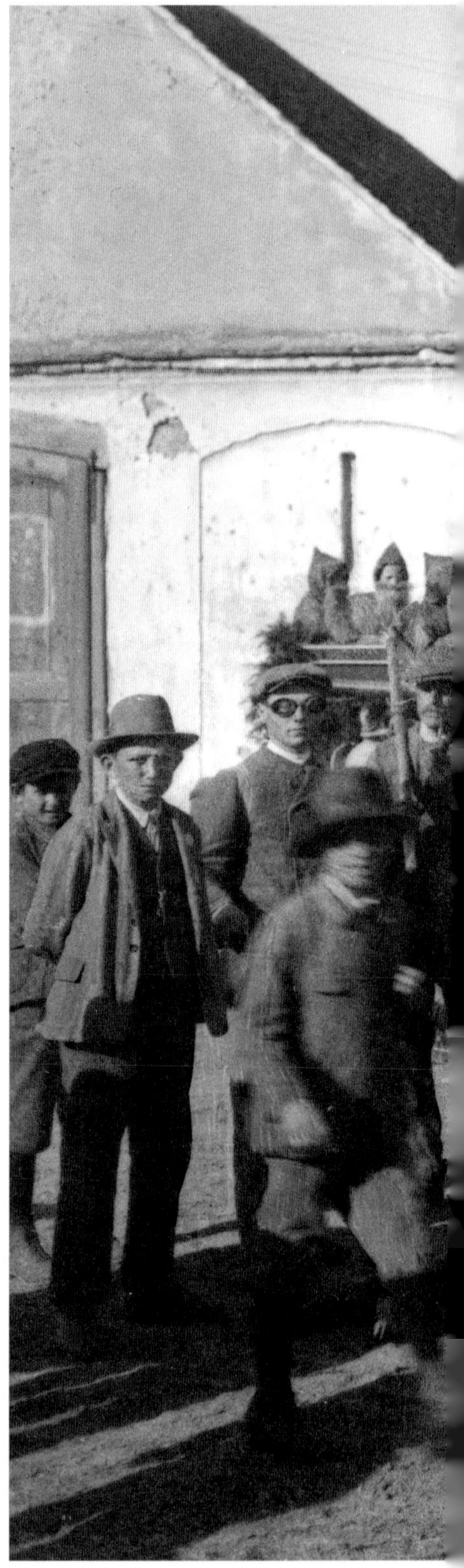

Poysdorf.
Hauergruppe am Weinlesefest.
1928.

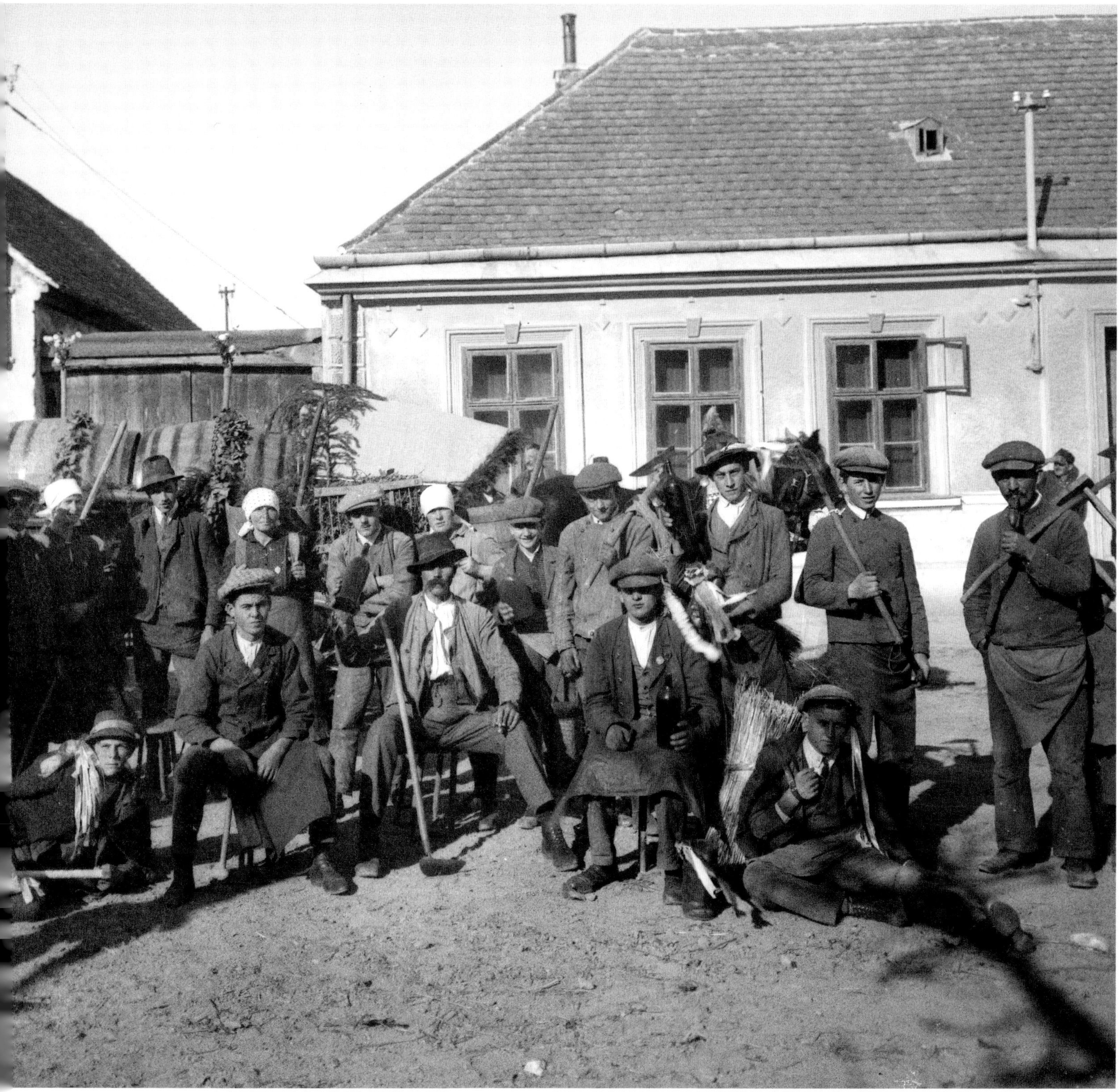

IM WEINVIERTEL

Niederkreuzstetten.
Straßenbild gegen die Kirche.
Lichtdruckfilm um 1900.

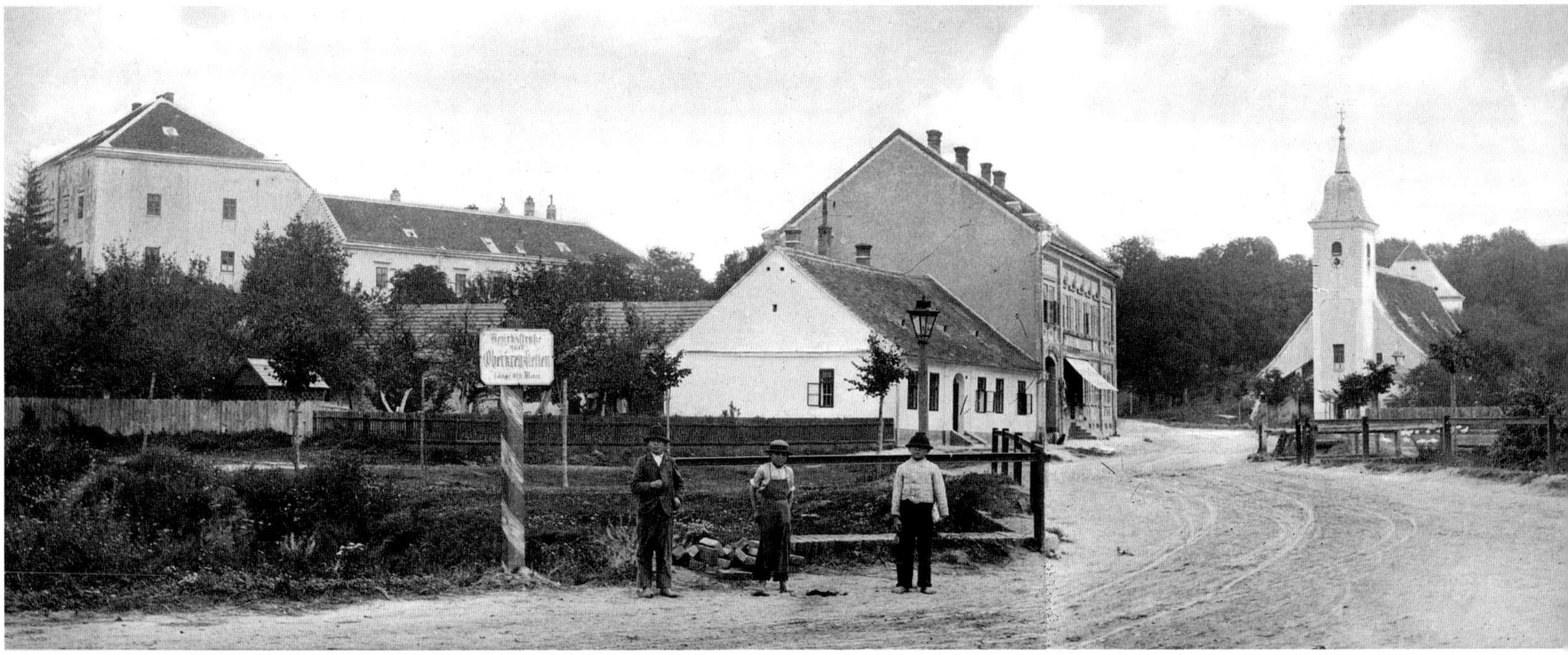

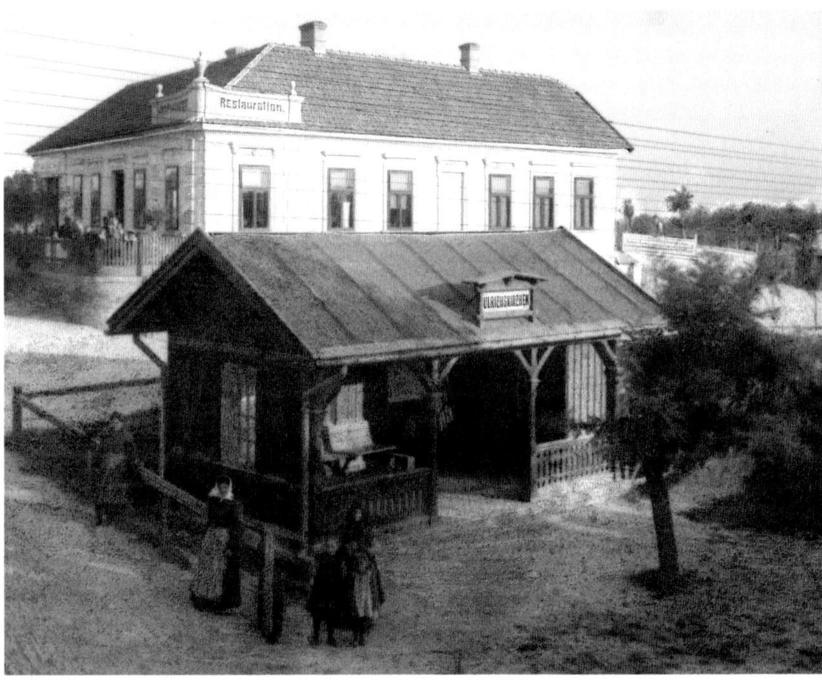

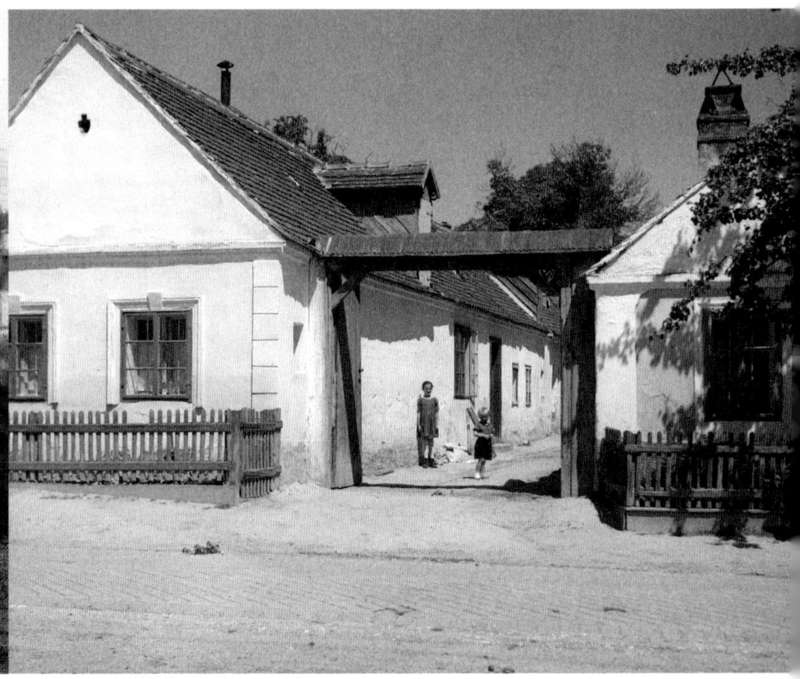

Ulrichskirchen.
Bahnhofsgebäude gegen die
Restauration „Hohe Schule".
Lichtdruckfilm um 1900.

Bockfließ.
Einblick in einen
Marchfelder Streckhof.
Um 1925.

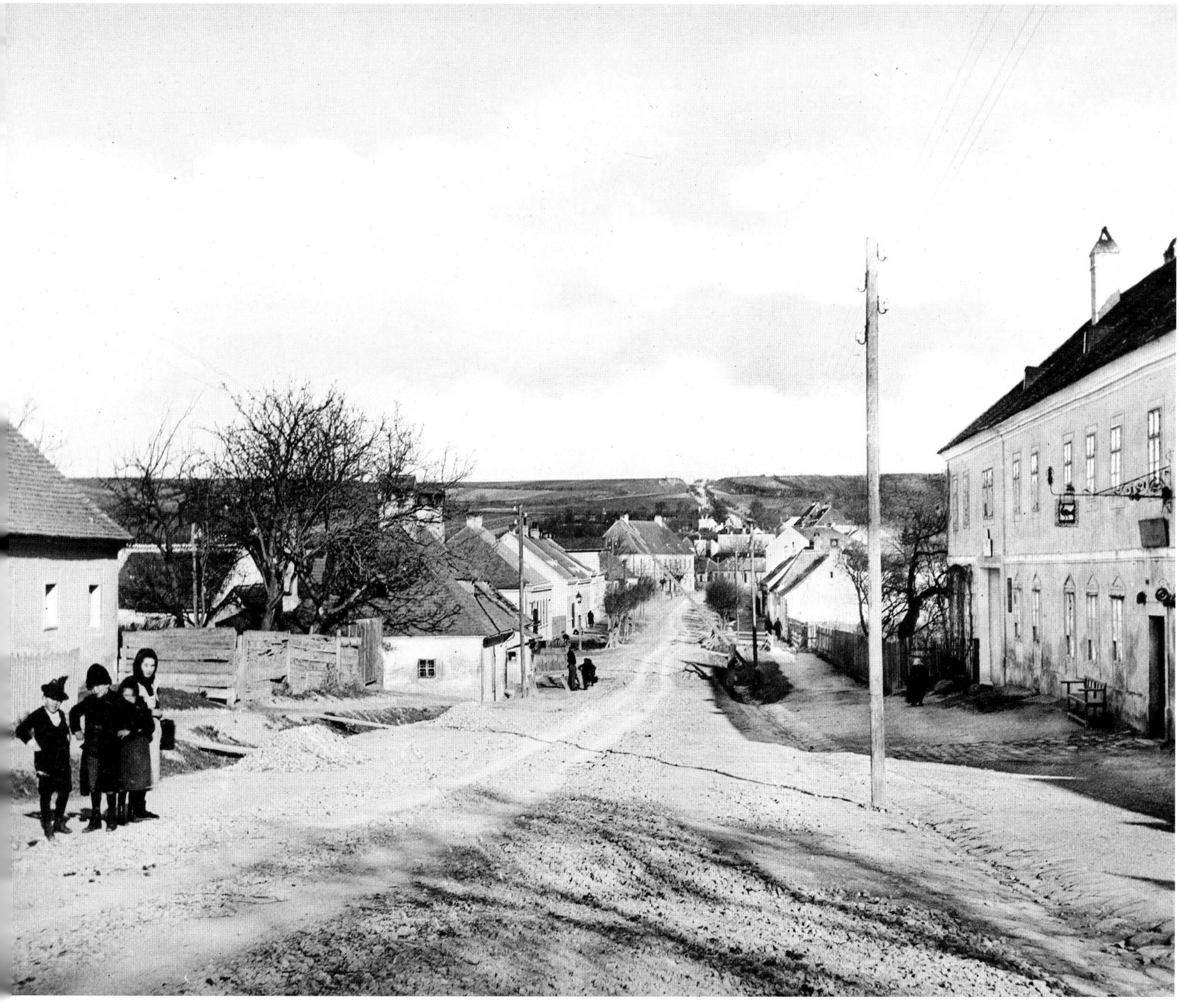

Wolkersdorf.
Durchblick an der Wiener Straße
(heute Brünner Straße) gegen Norden.
Lichtdruckfilm um 1900.

GUMPOLDSKIRCHEN
Schrannenplatz mit Rathausarkaden und Prangersäule.
Um 1905.

ORTH AN DER DONAU
Blick gegen die Türme des Schlosses.
Um 1910.

FISCHAMEND
Marktturm mit Durchfahrt in der Wiener Straße.
Um 1937.

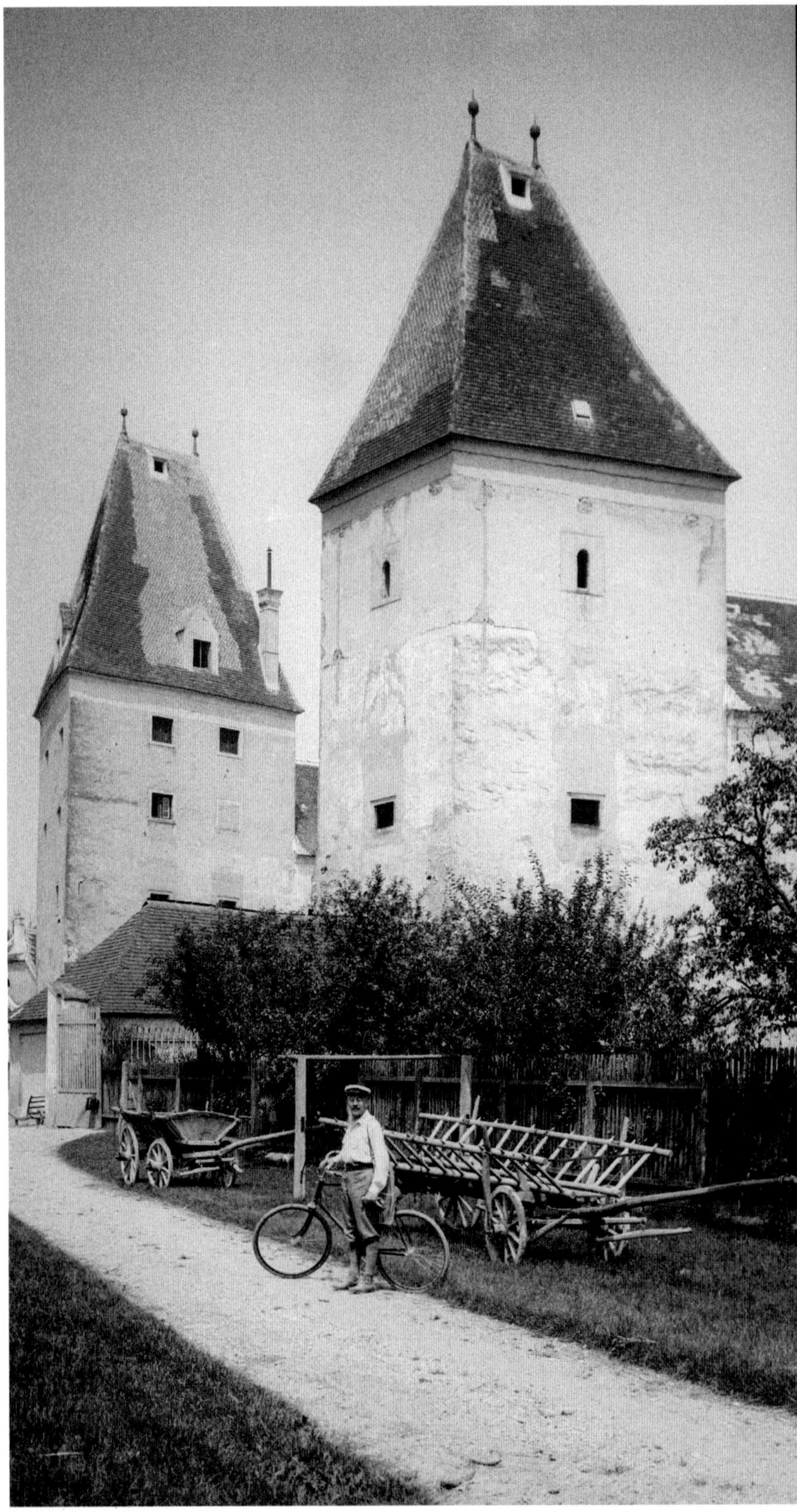

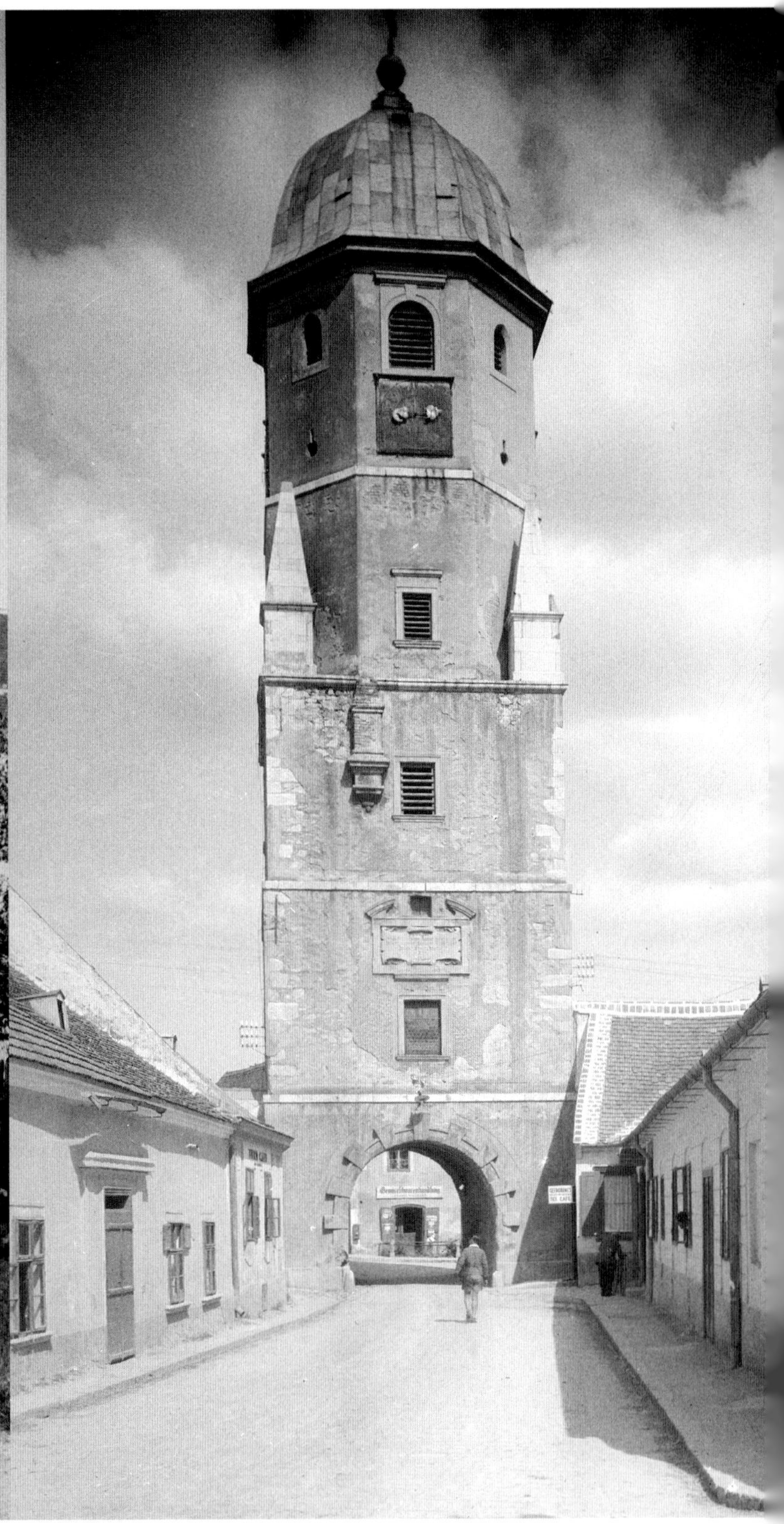

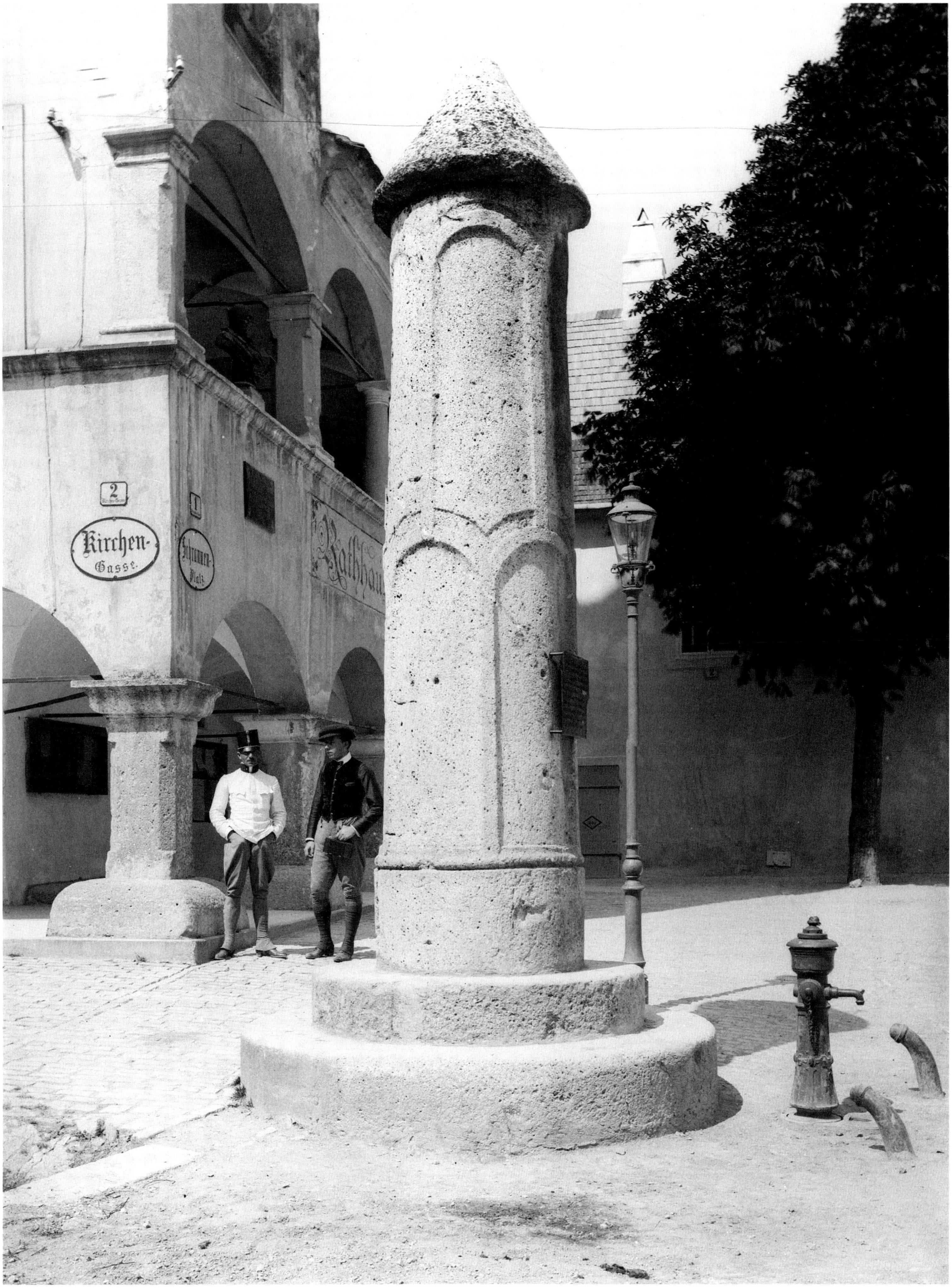
2
Kirchen-
Gasse.
1
Schrannen-
Platz

RUND UM WIEN

Albern.
Wanderzirkus und
Varieté-Theater zu Gast.
Um 1912.

Unten:
Laab im Walde.
Alter Posthof mit Wagenpark.
Um 1910.

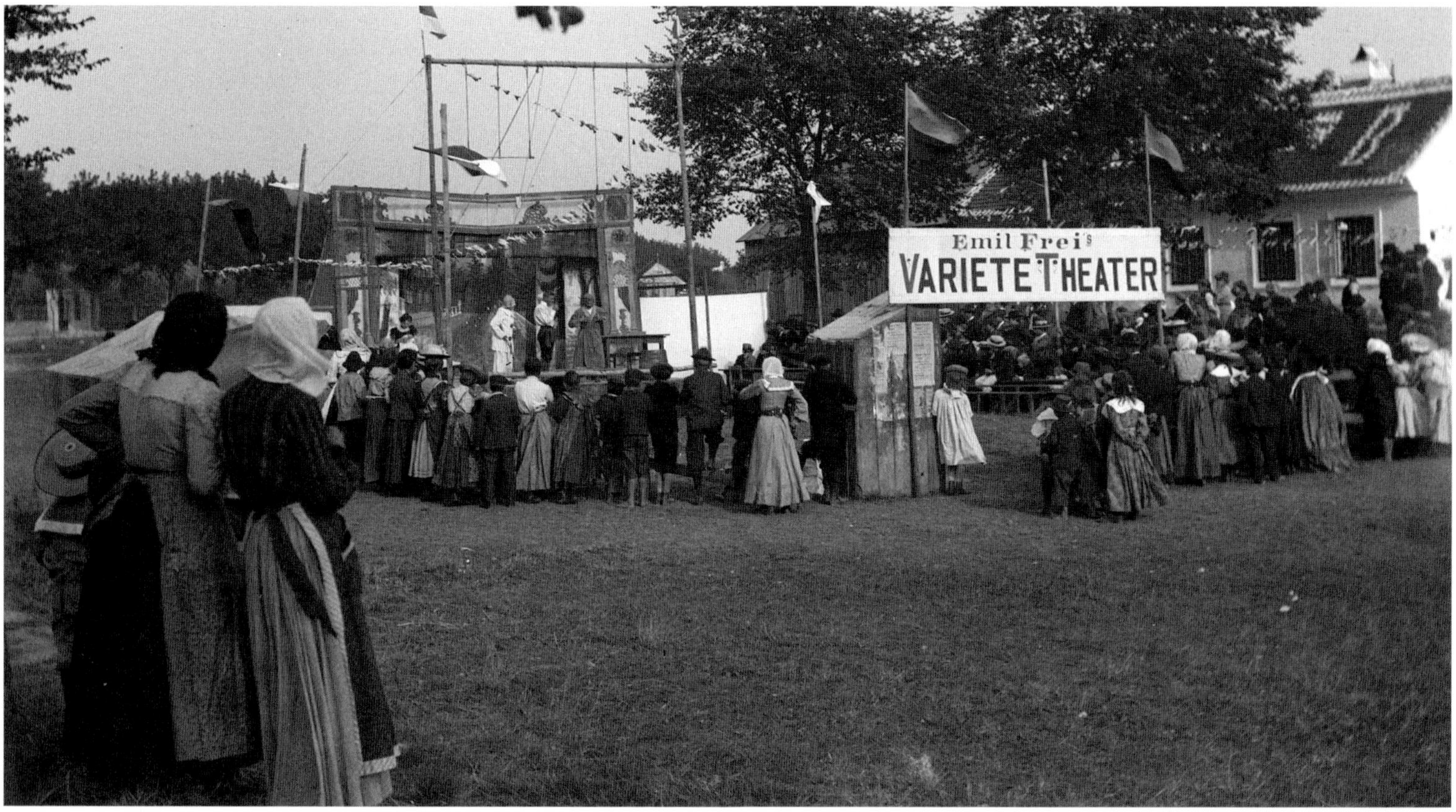

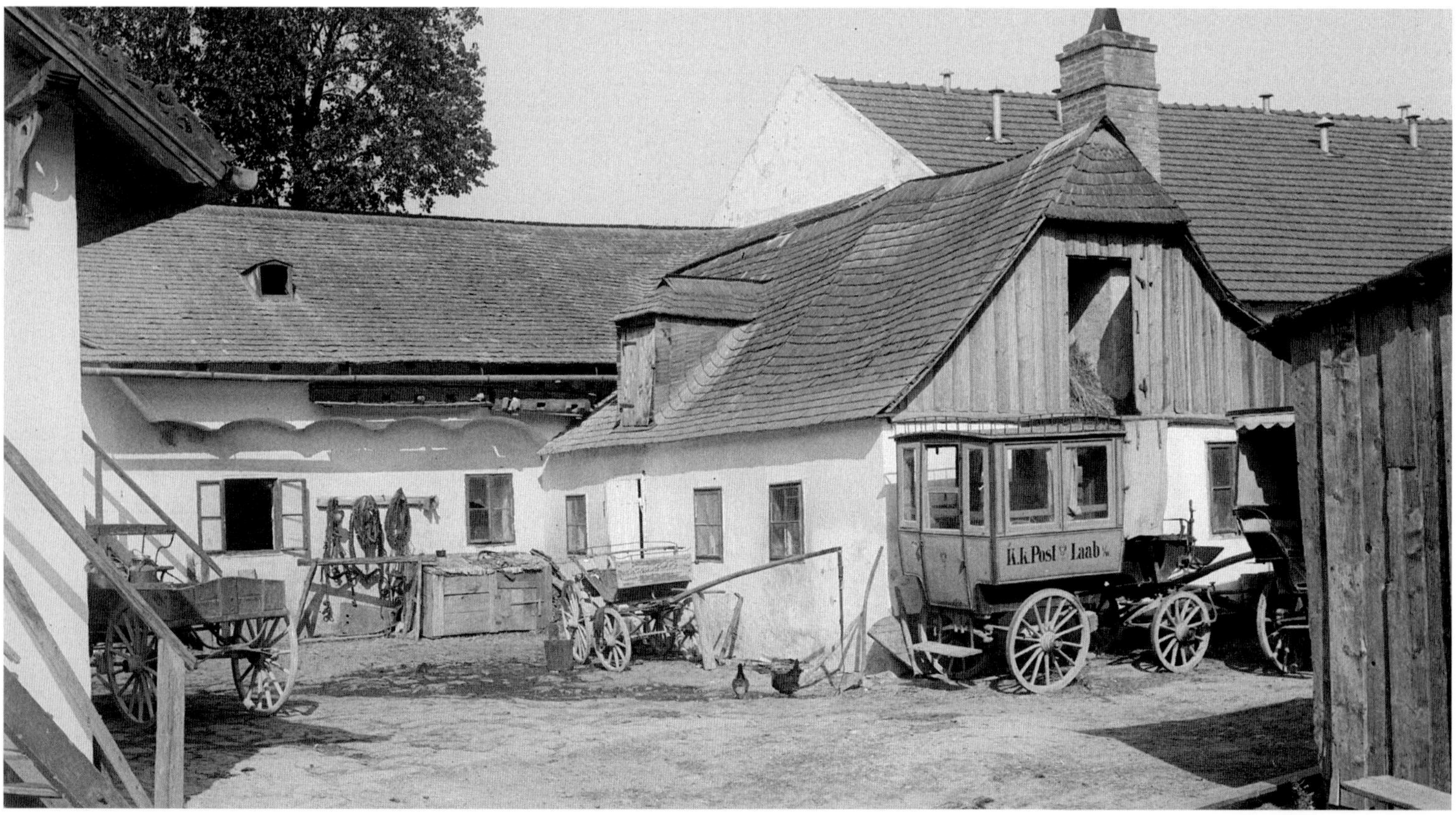

Bisamberg.
Gastwirtschaft über der Donau
mit Ausflüglern.
Um 1938.

Unten:
Maria Enzersdorf.
Blick durch die Hauptstraße.
Um 1930.

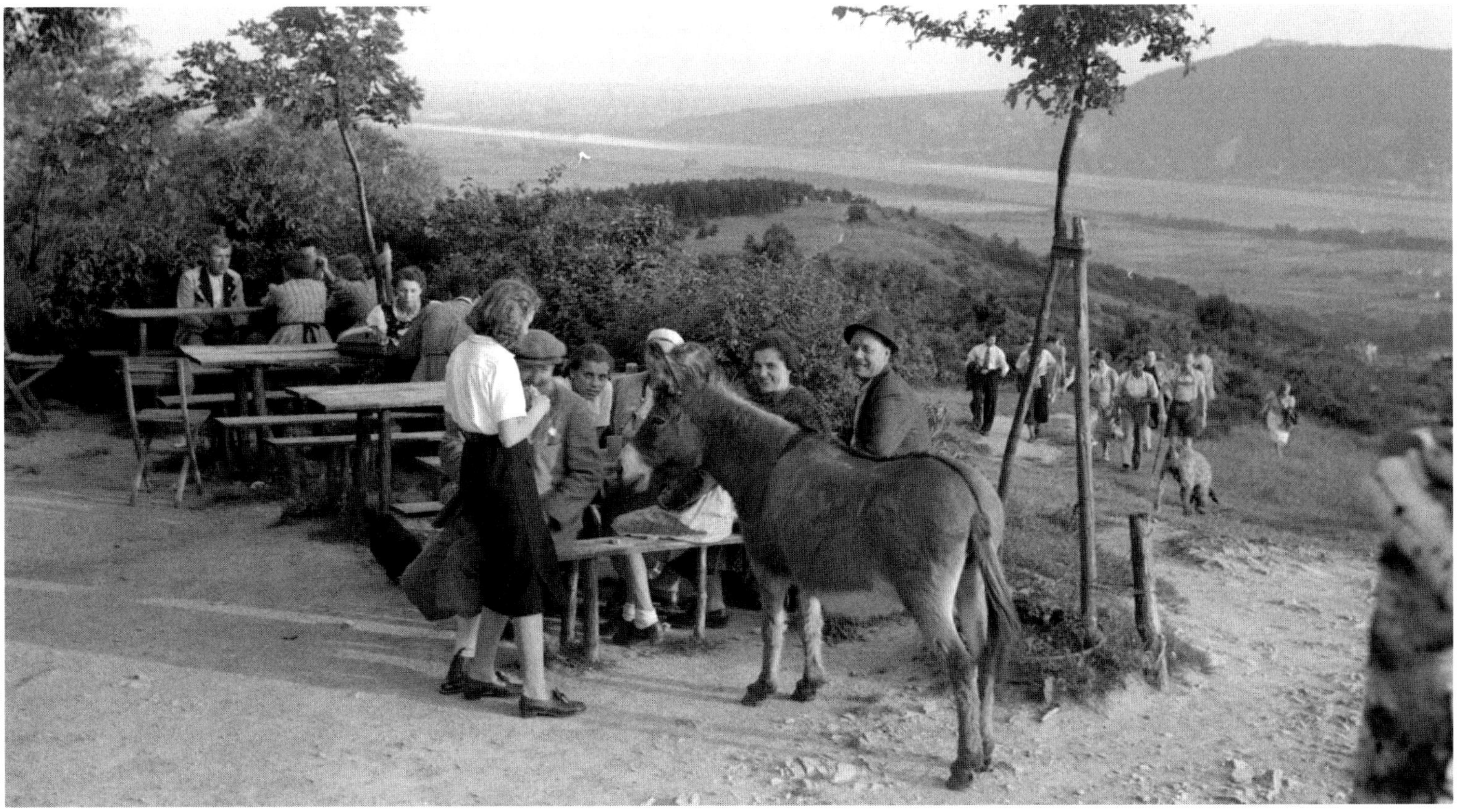

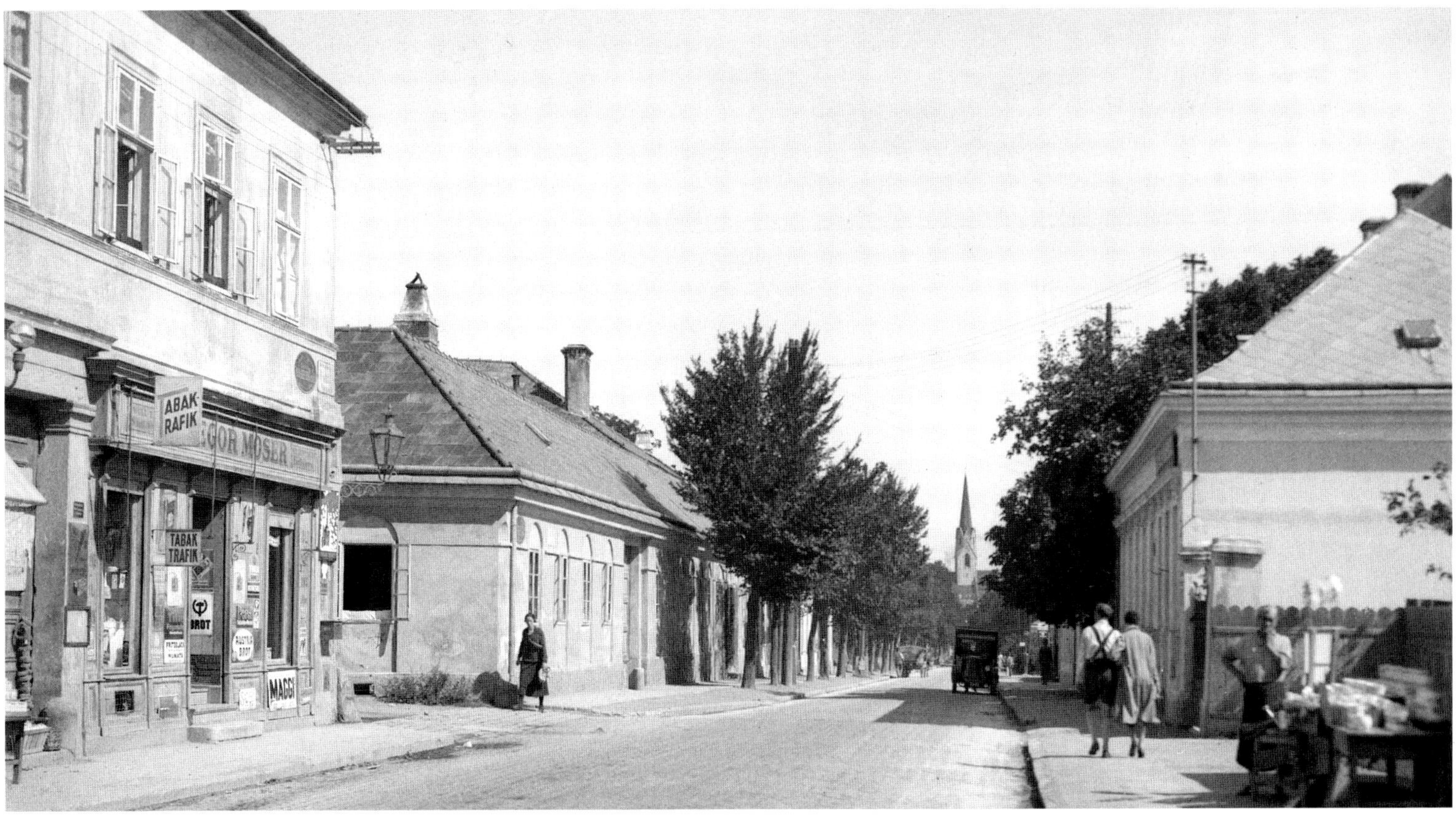

KATASTROPHEN

Mitterndorf an der Fischa.
Bergung der Habseligkeiten
nach einem Hausbrand.
Um 1925.

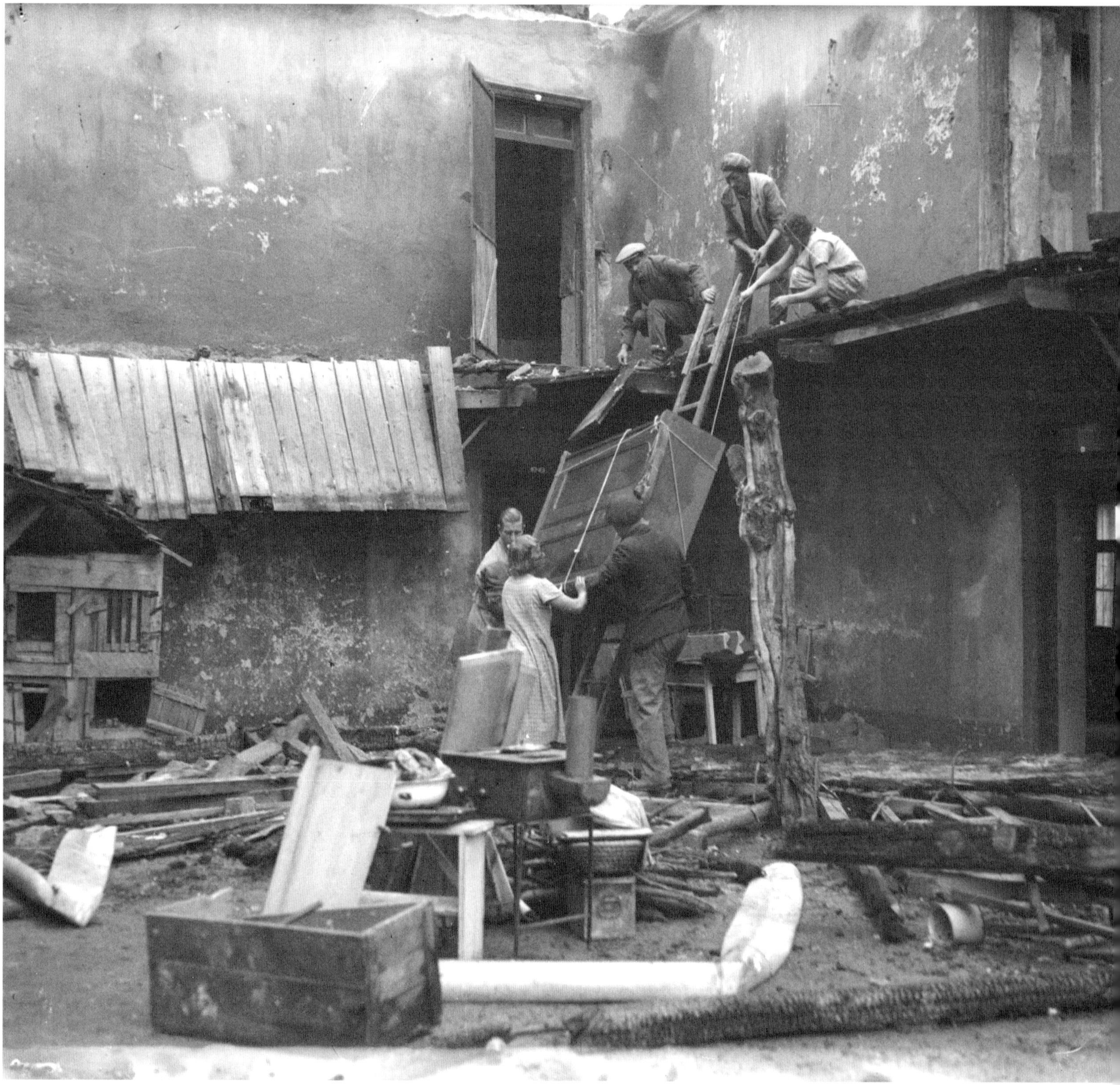

Klausen bei Mödling.
Unterbrochene elektrische
Bahn nach dem Hochwasser.
April 1900.

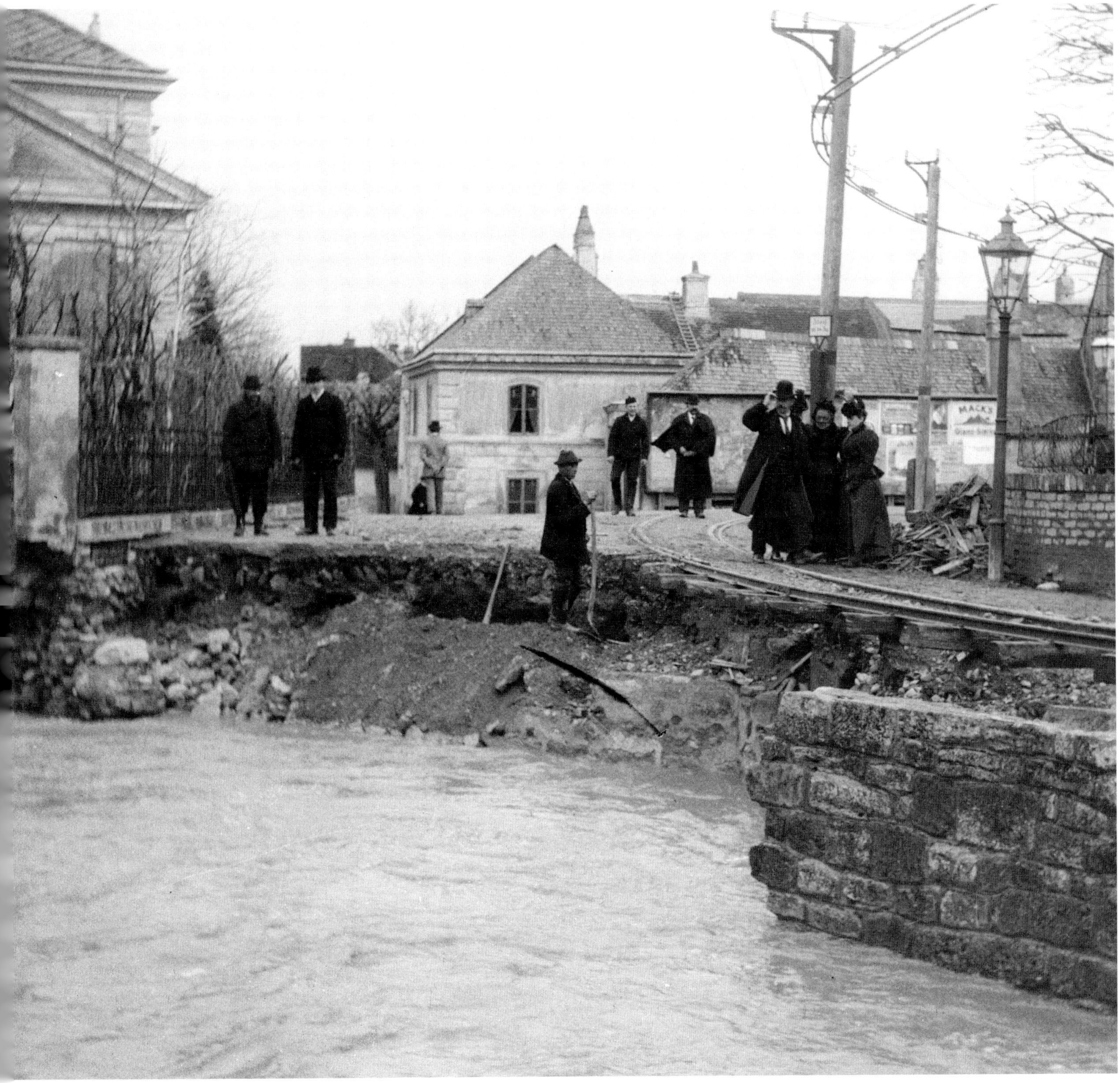

TRIESTINGTALER BERGBAUERN
Eberbach bei Weißenbach. 1910.

Michael Hacker mit Familie
und Knechten.

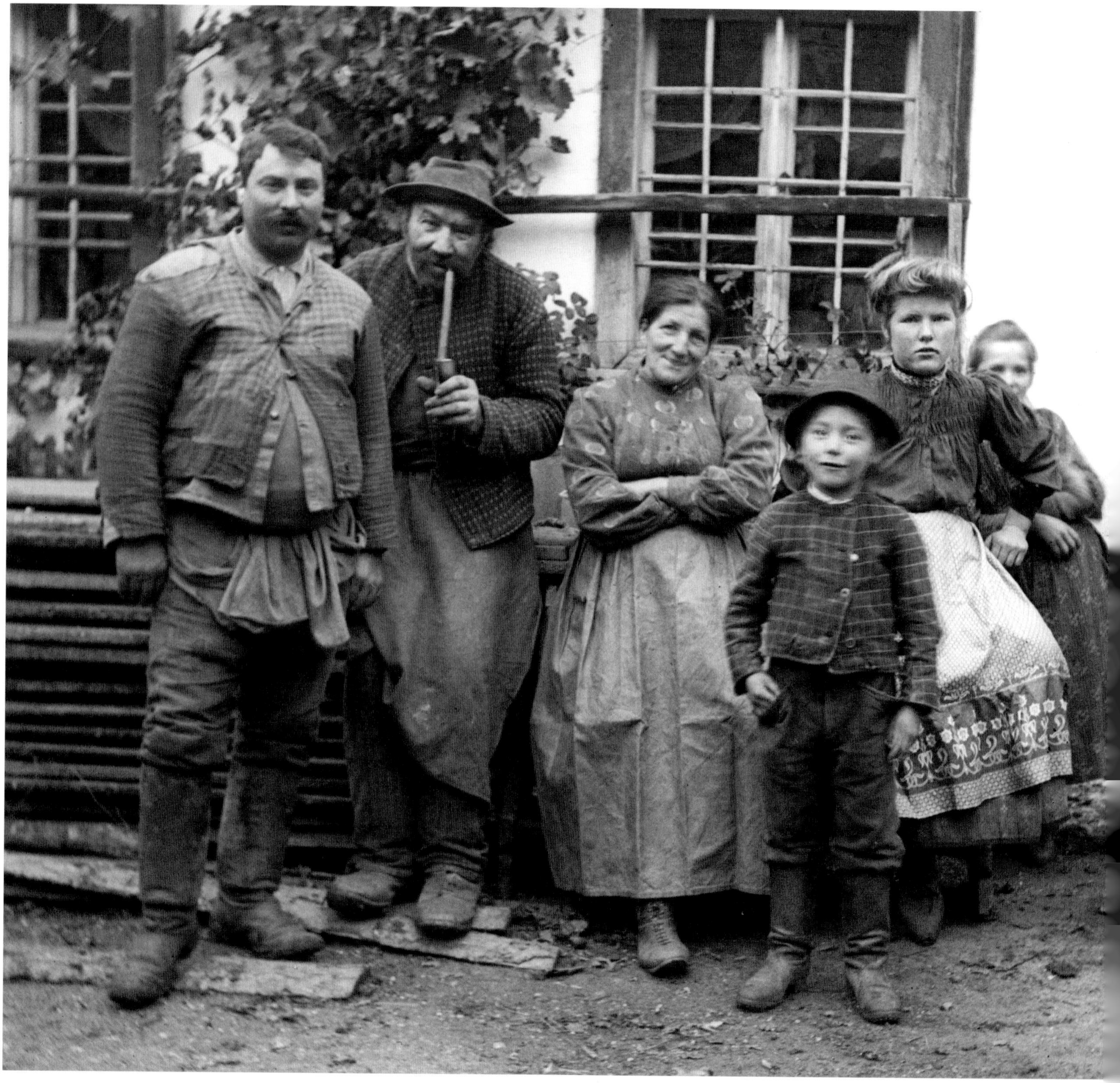

Michael Hacker in seinem Hof.

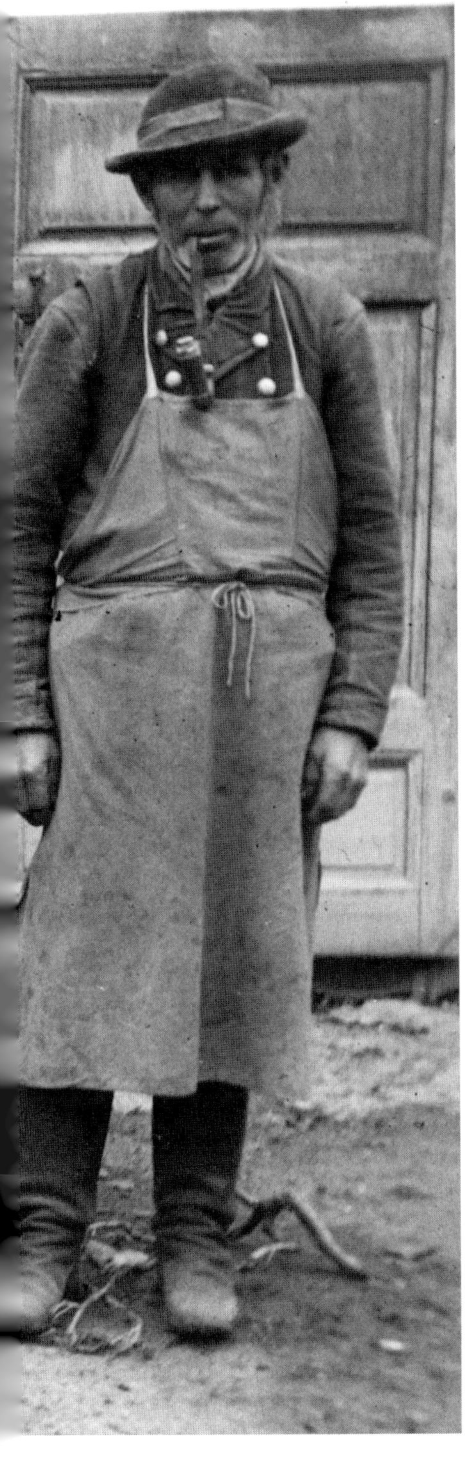

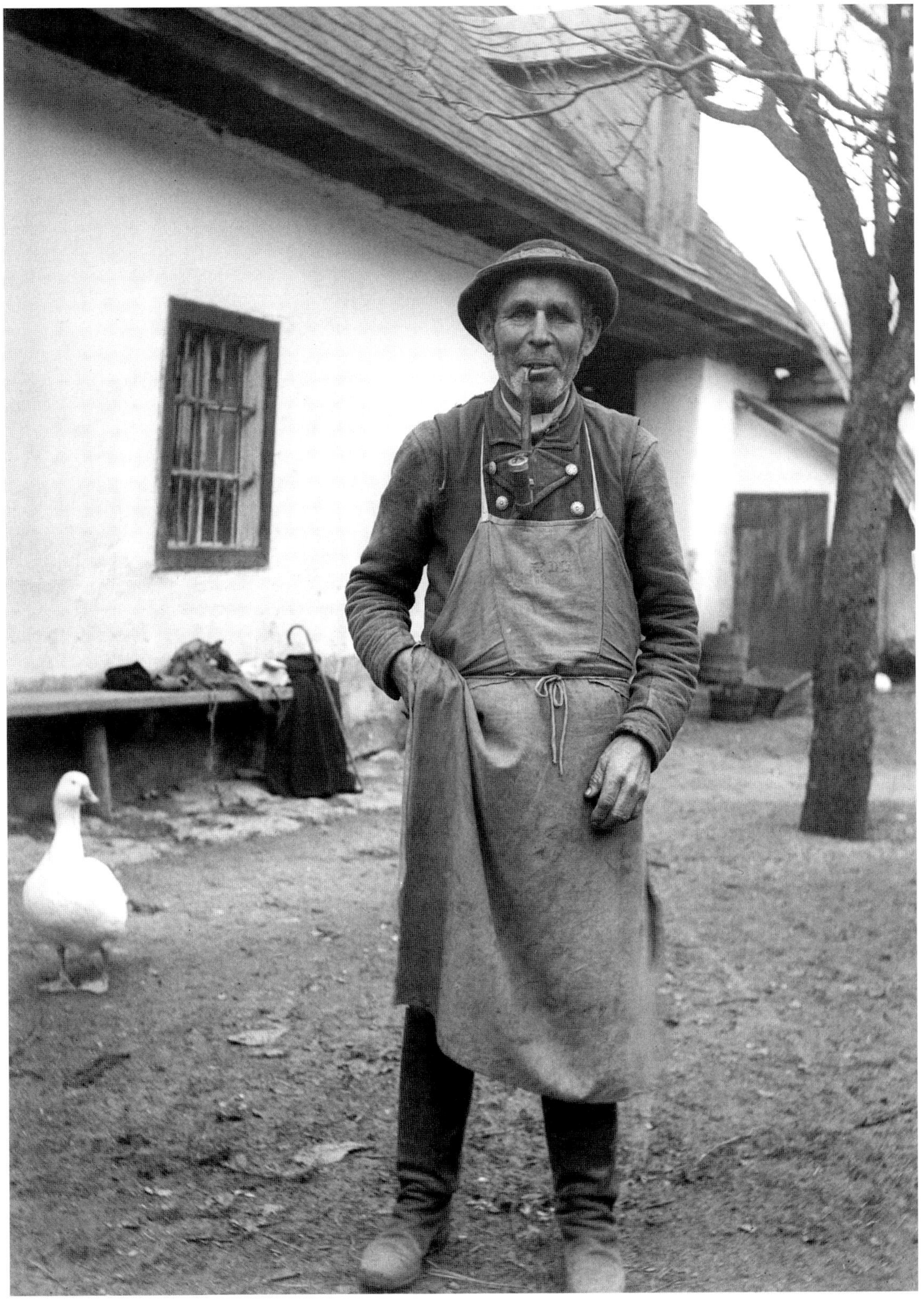

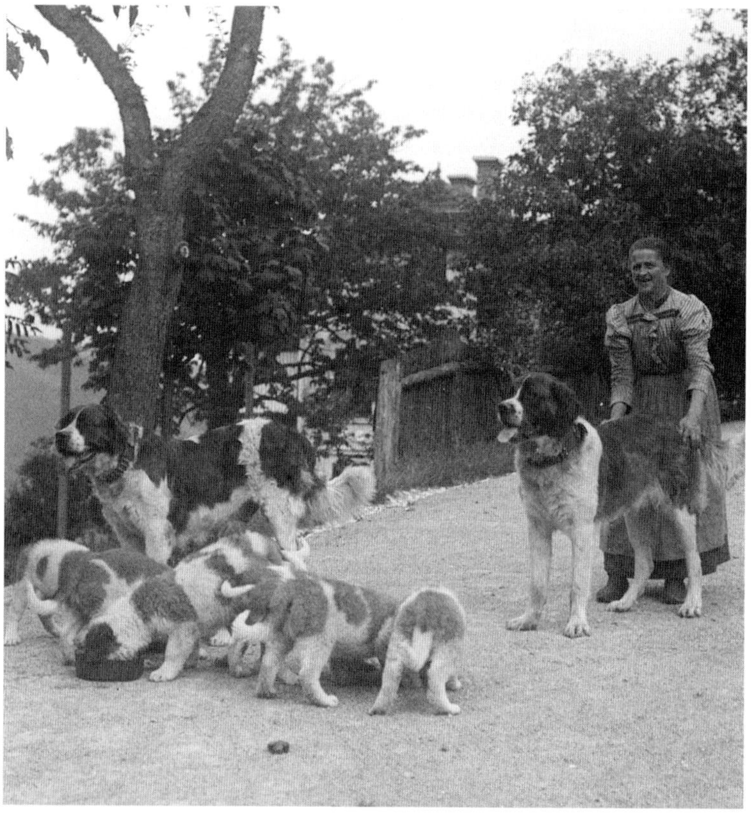

KÜB AM SEMMERING
Erfolgreiche
Bernhardinerzucht.
Um 1910.

ERLAUFKLAUSE
Haltestelle der Mariazeller
Bahn. Jäger warten auf die
Heimfahrt.
Um 1925.

BEI ASPANG AM WECHSEL
Ferkel im Hof des Gasthauses
„Zur Steinplatte".
Um 1900.

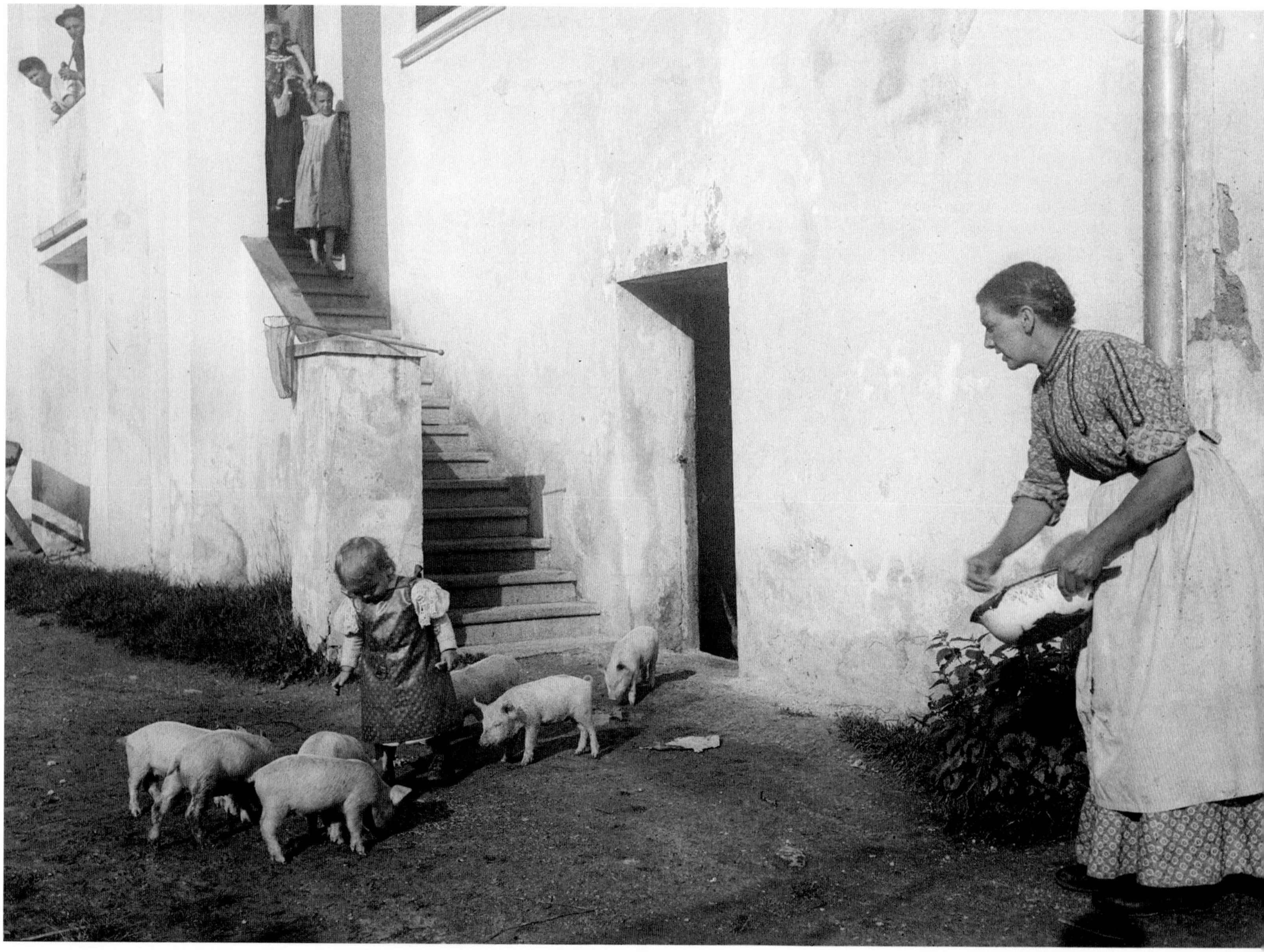

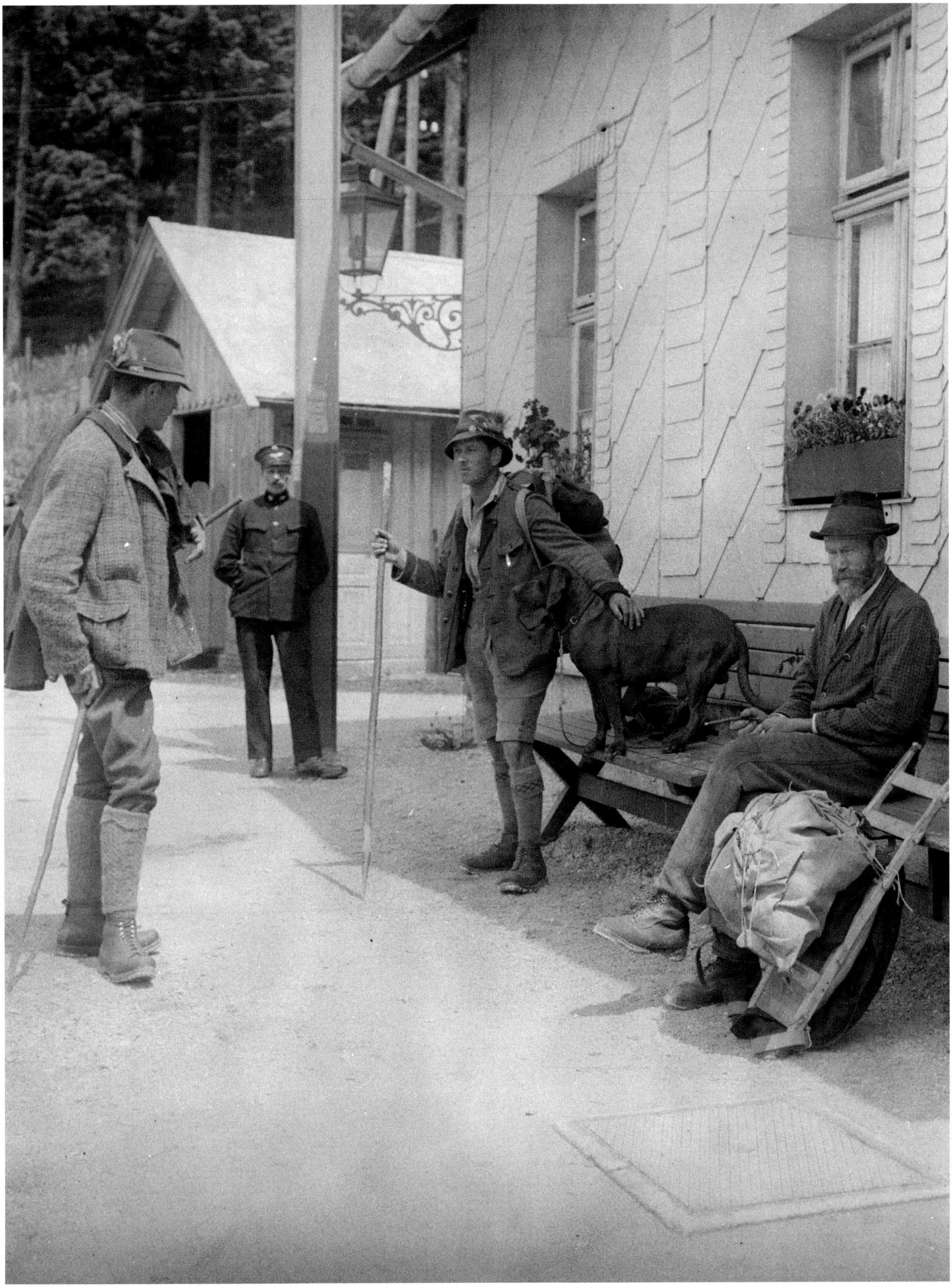

LANDWIRTSCHAFT

Wachauer Marillenernte
bei Spitz an der Donau.
1929.

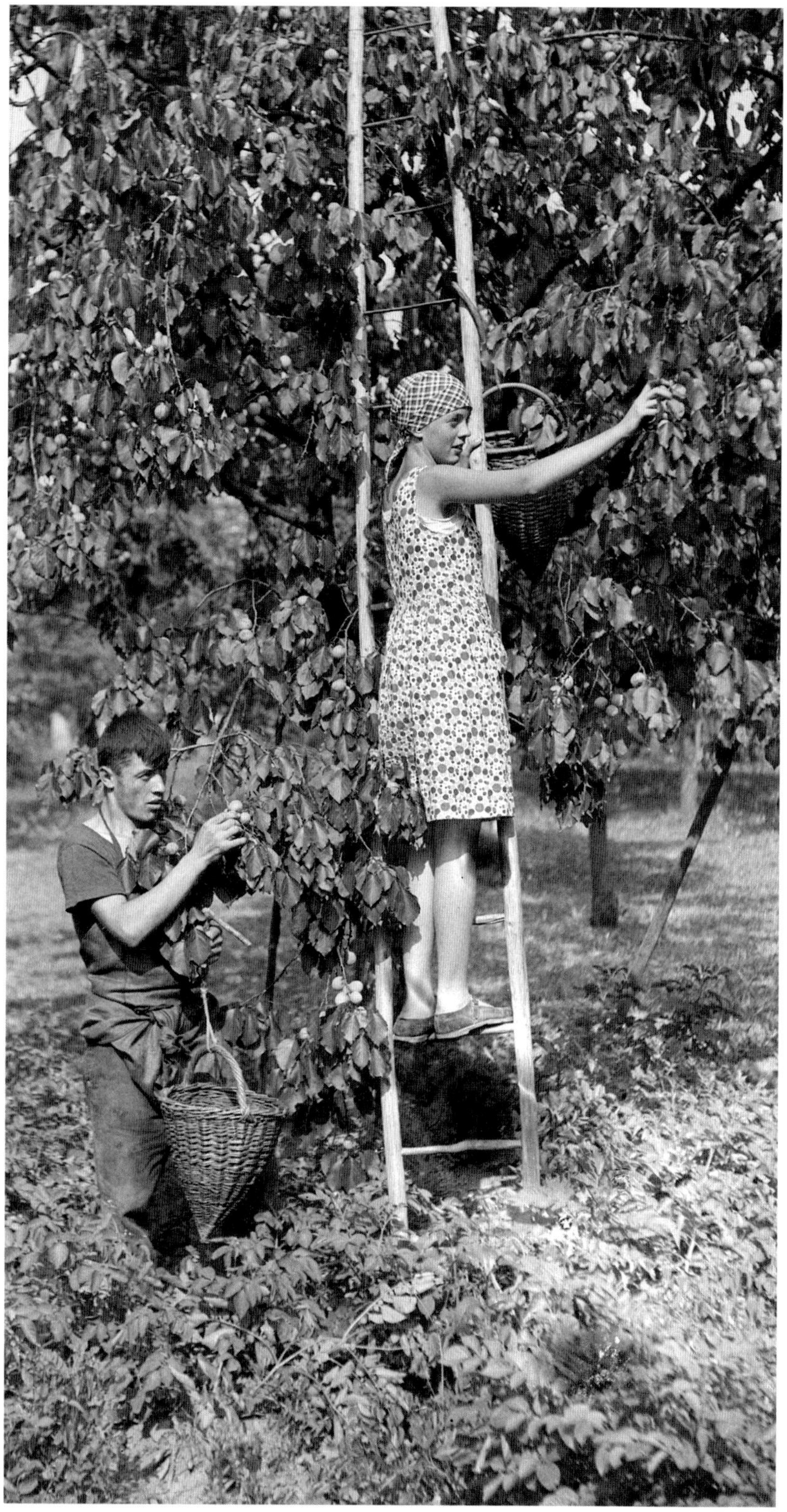

Tullnerfeld.
Bäuerin beim Butterrühren
mit Fasskurbel.
Um 1930.

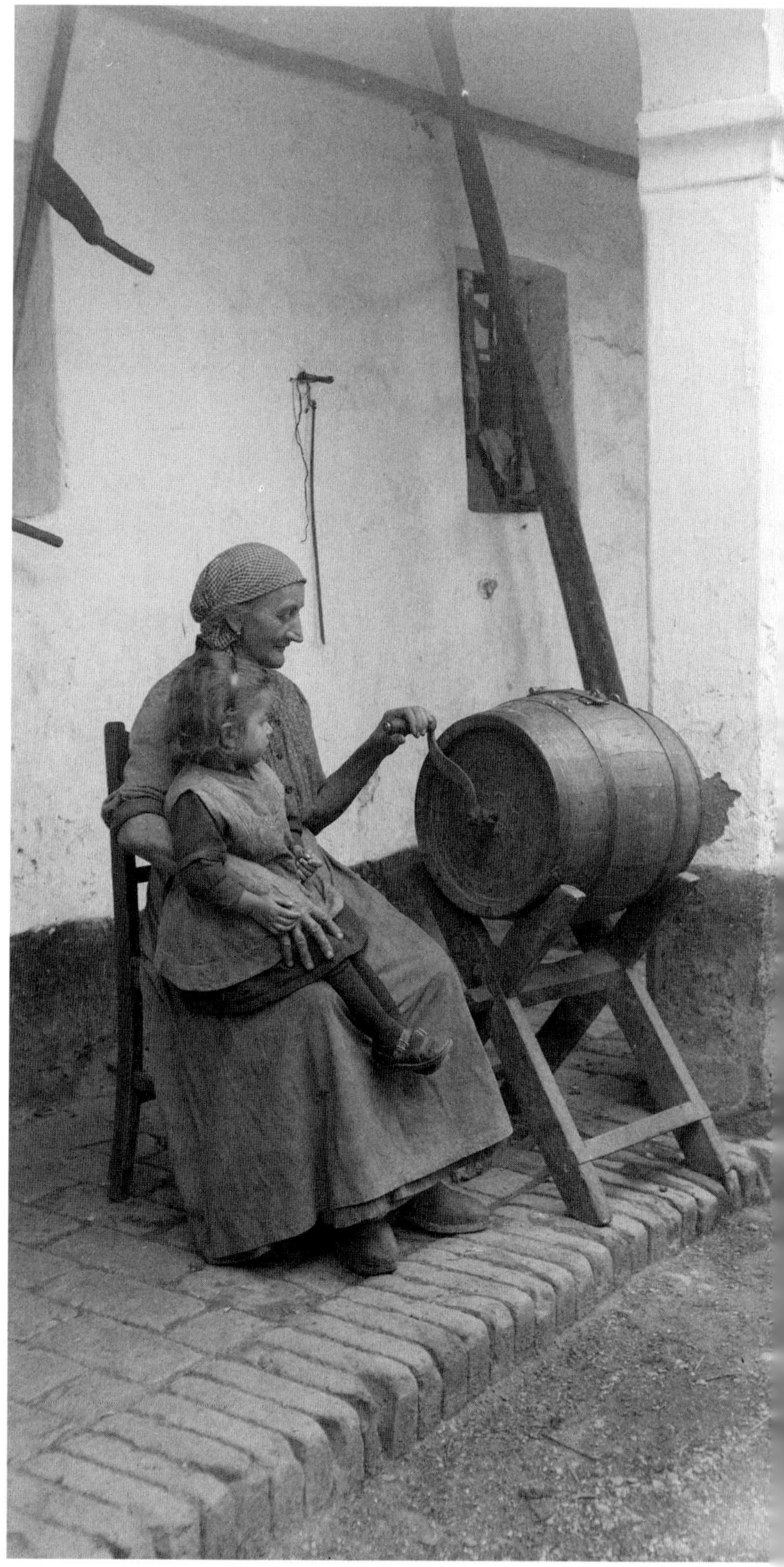

Tullnerfeld.
Einbringen der Zuckerrüben-
ernte mit Ochsengespann.
Um 1935.

Unten:
Bad Vöslau. Weinlese.
Volle Butten.
Um 1932.

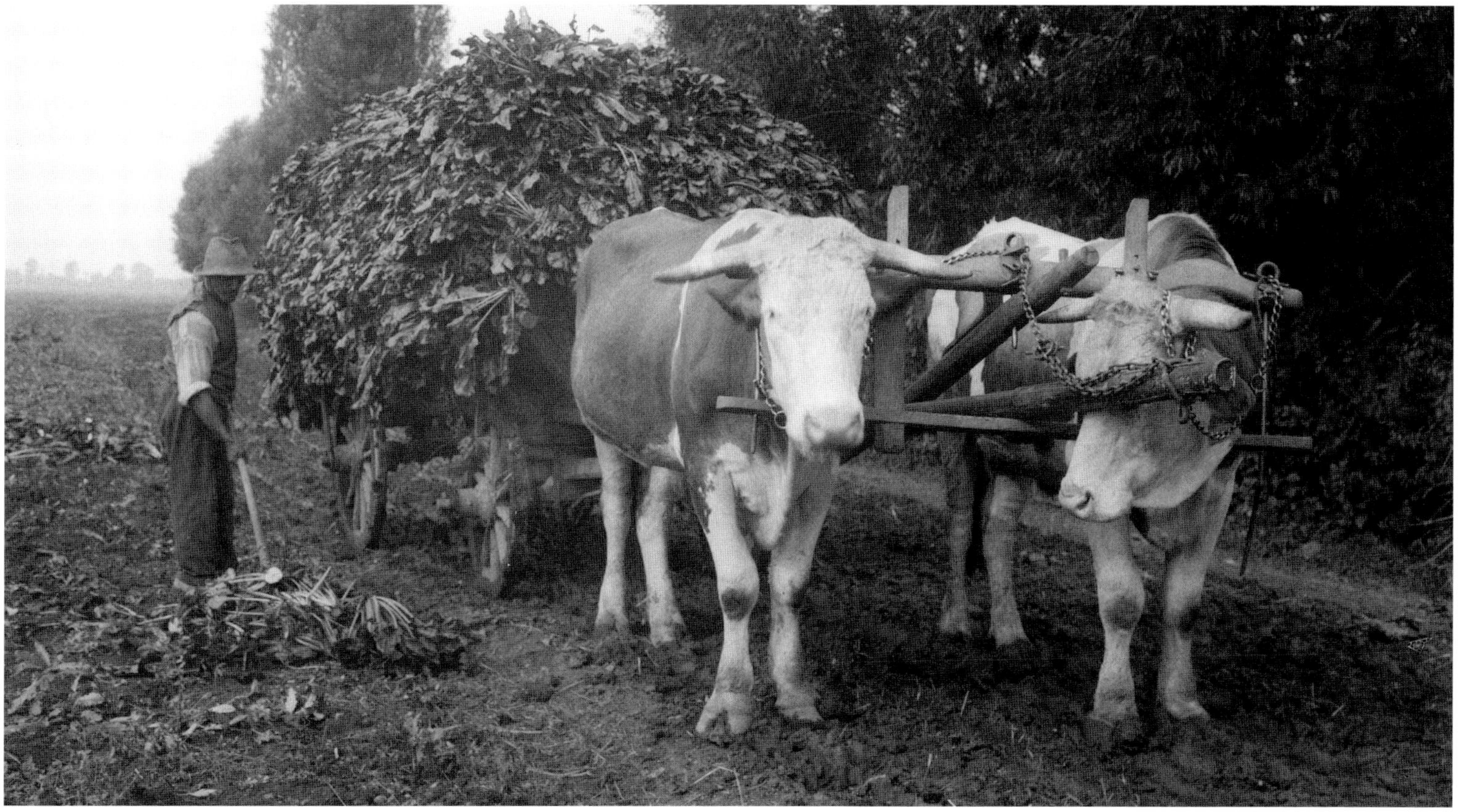

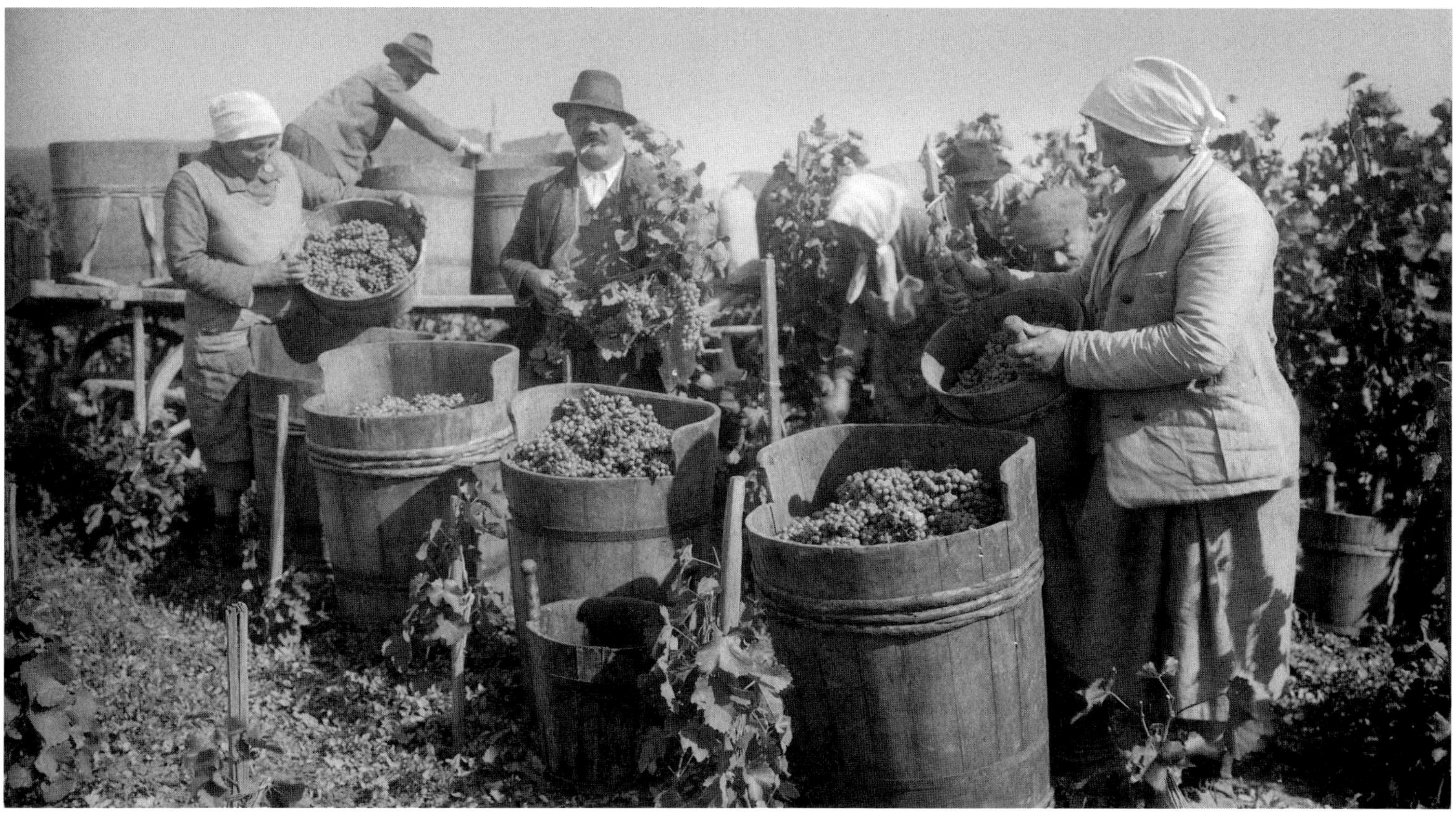

IM MOSTVIERTEL

Königstetten.
Straßenbild mit fünf Damen.
Karl Möhsl, Oktober 1912.

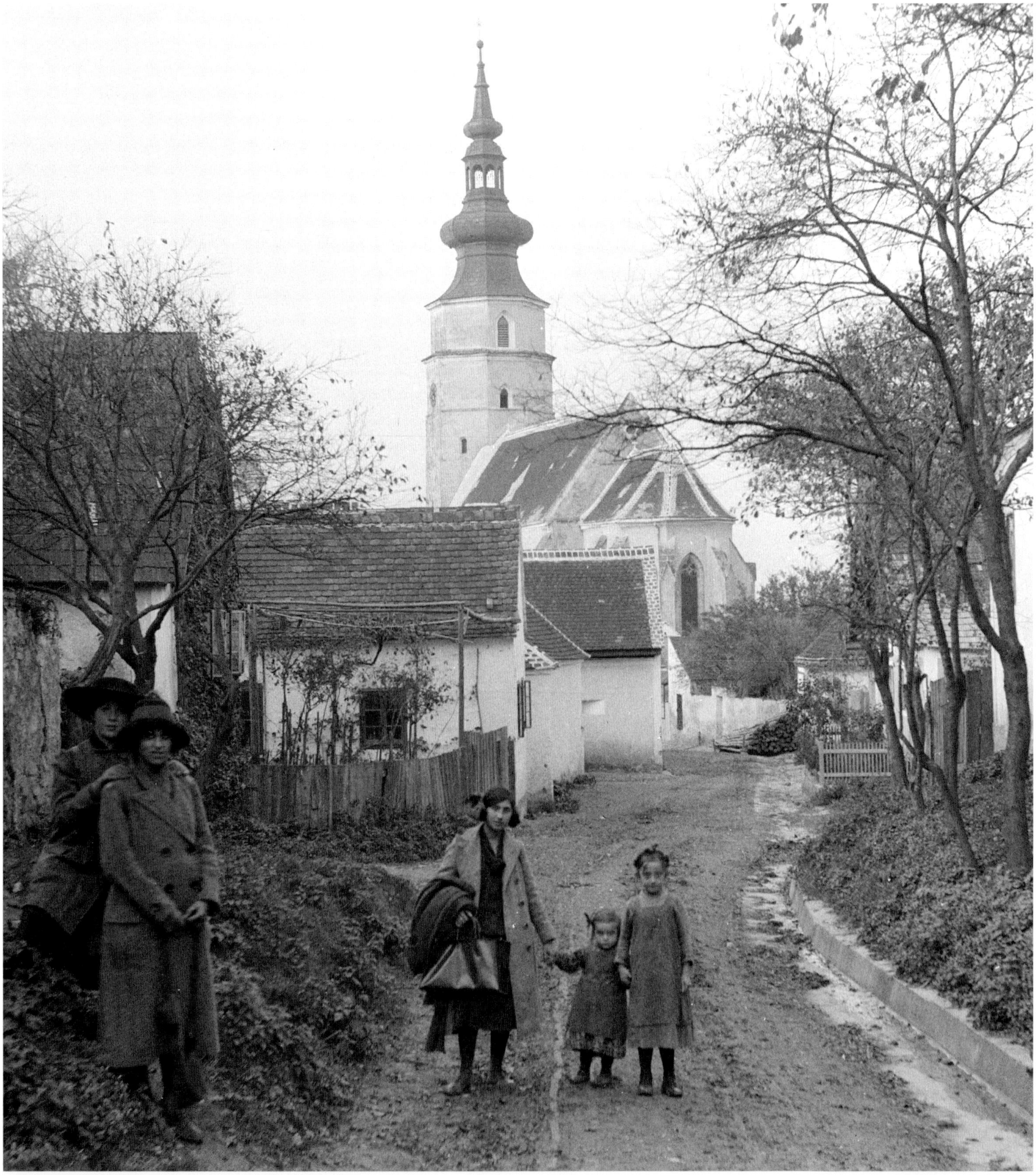

Rossatz.
Schloss. Einblick in den Hof
gegen die Nordseite.
Um 1918.

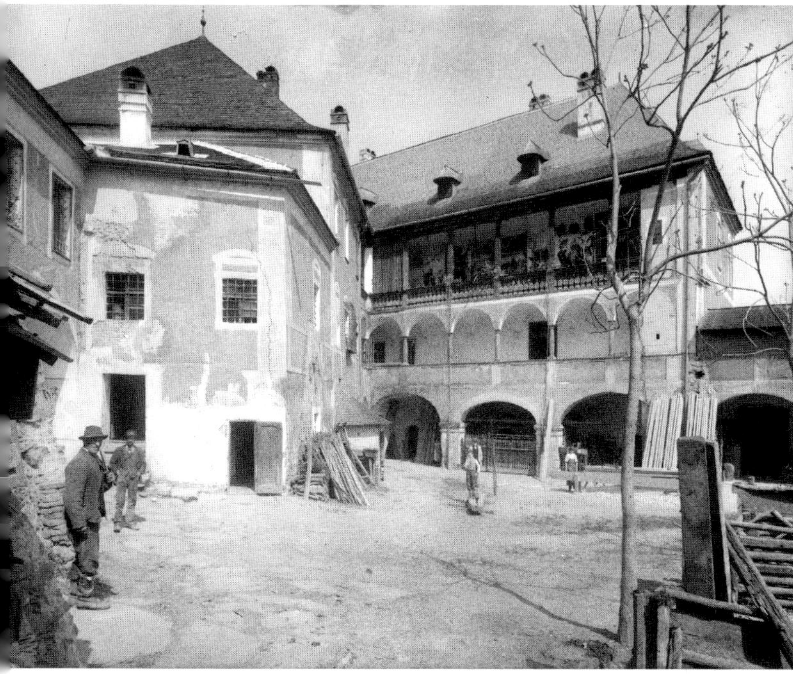

Goganz bei Gresten.
Bauernhof am Hang.
Um 1912.

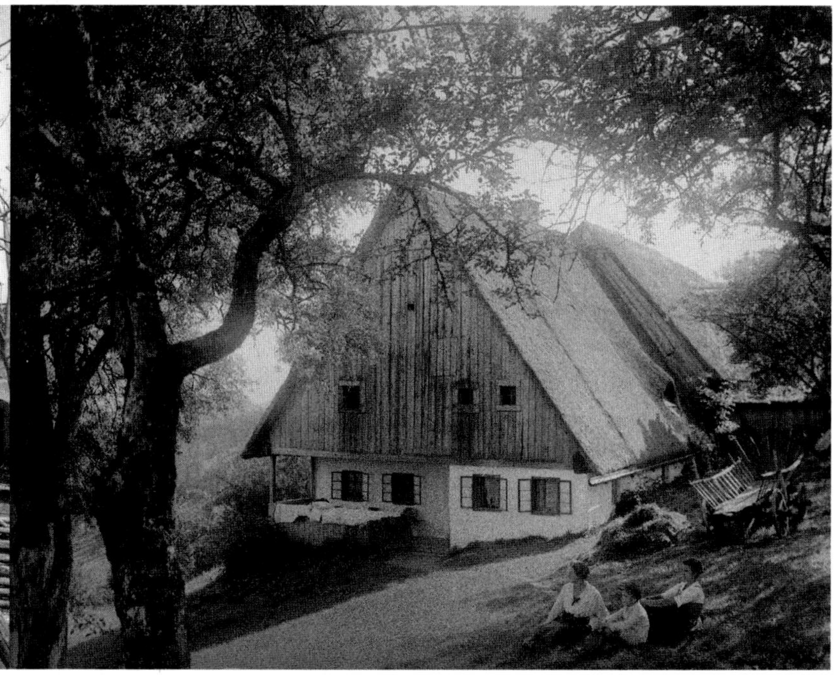

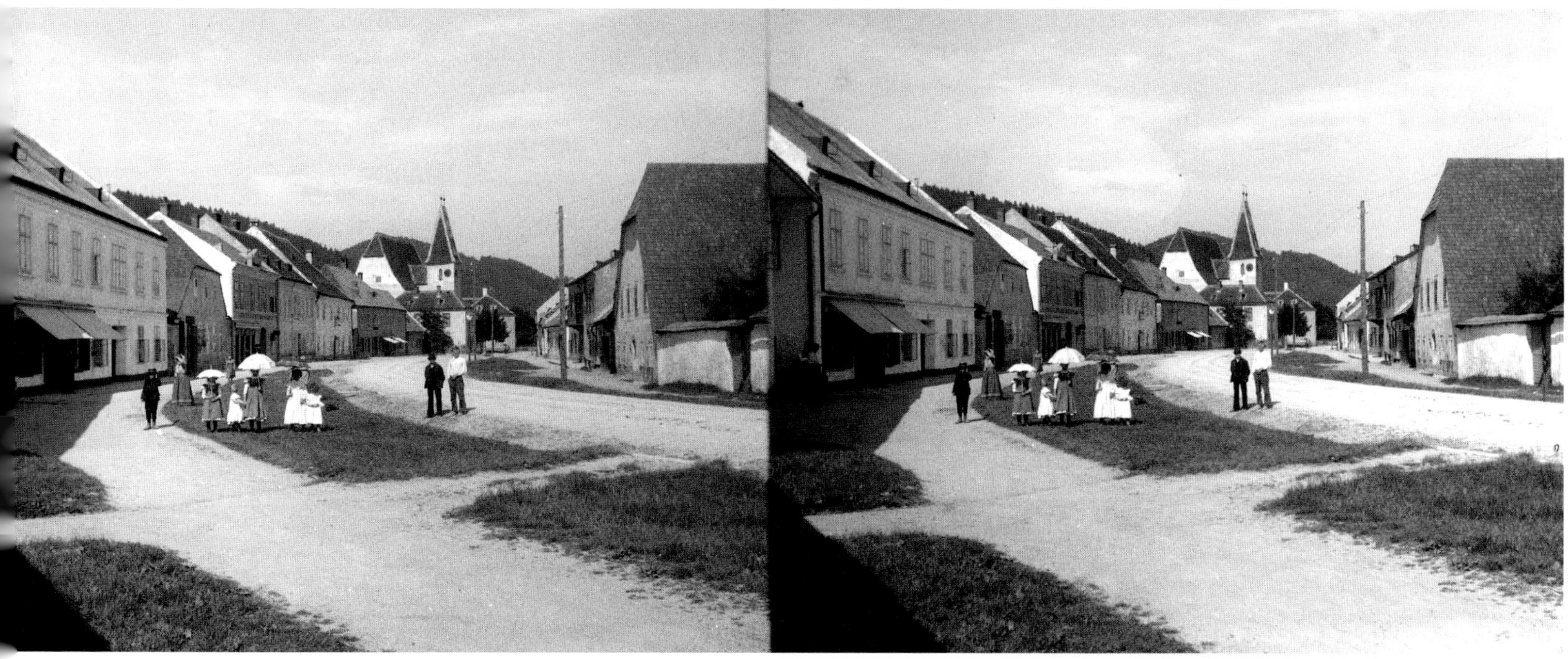

Rabenstein an der Pielach.
Spaziergänger auf der
Hauptstraße.
Stereoaufnahme Karl Möhsl,
Juni 1901.

PURGSTALL
Ansicht von
der Erlaufbrücke
gegen die
Pfarrkirche.
Juli 1932.

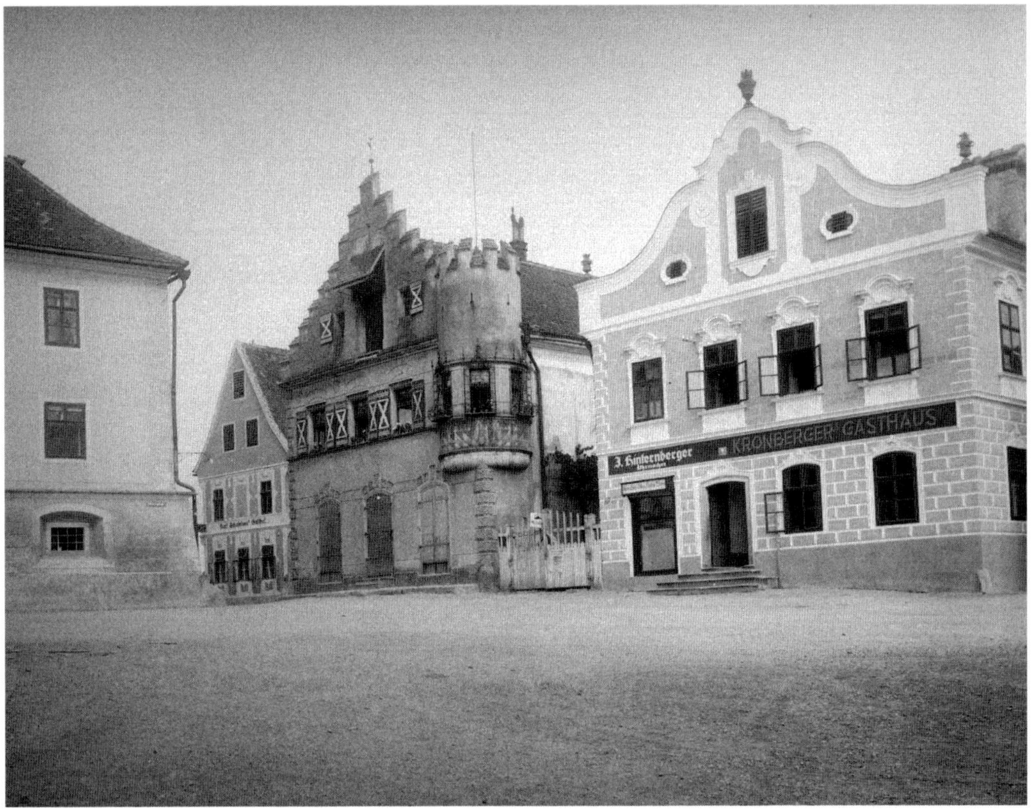

HAAG
vor der Erhebung
zur Stadt.

Hauptplatz.
Blick über den Platz
auf die Häuser 11–9.
Um 1925.

Ansicht (von NW)
über die Geleise
der Westbahn.
Um 1910.

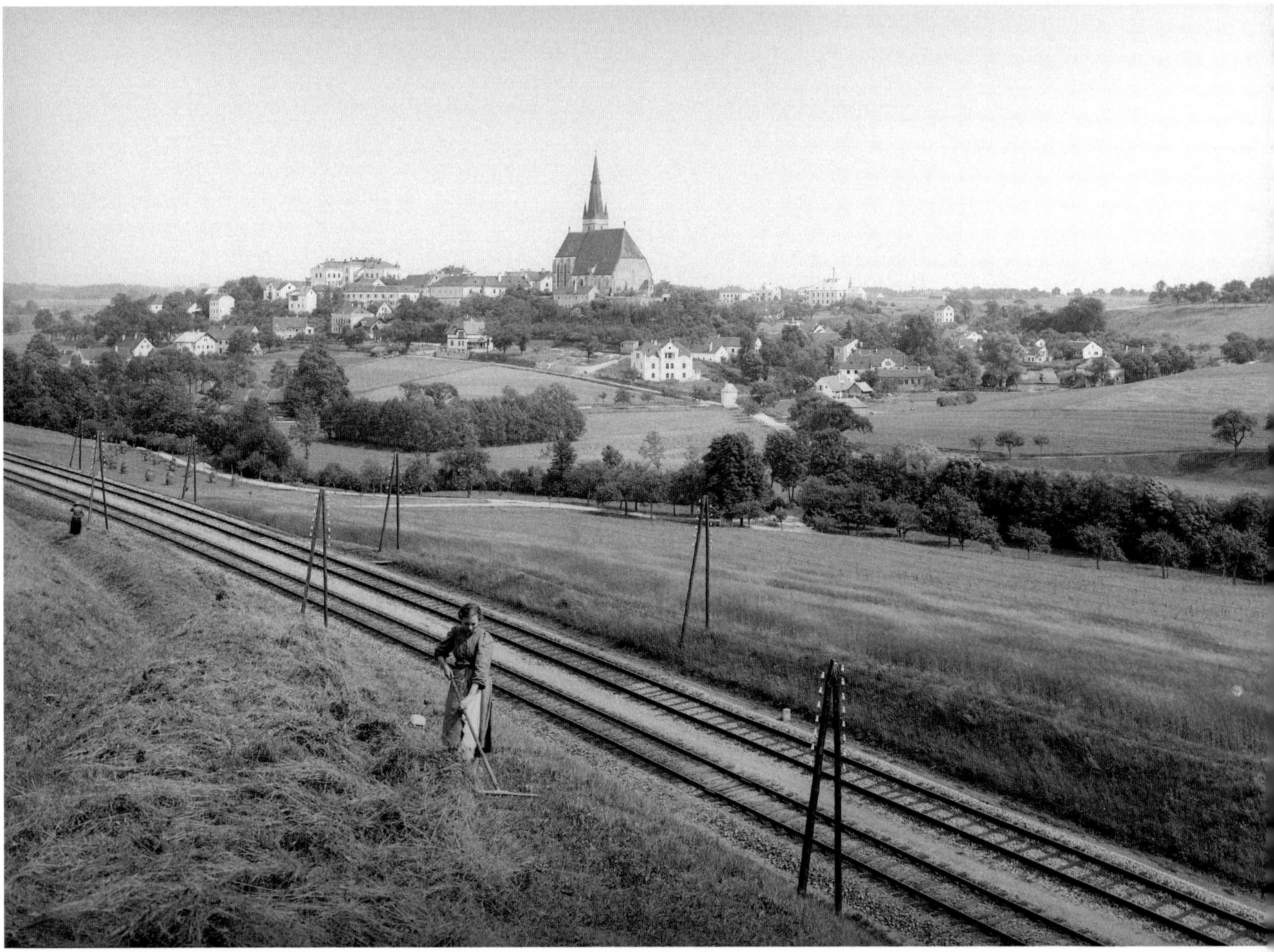

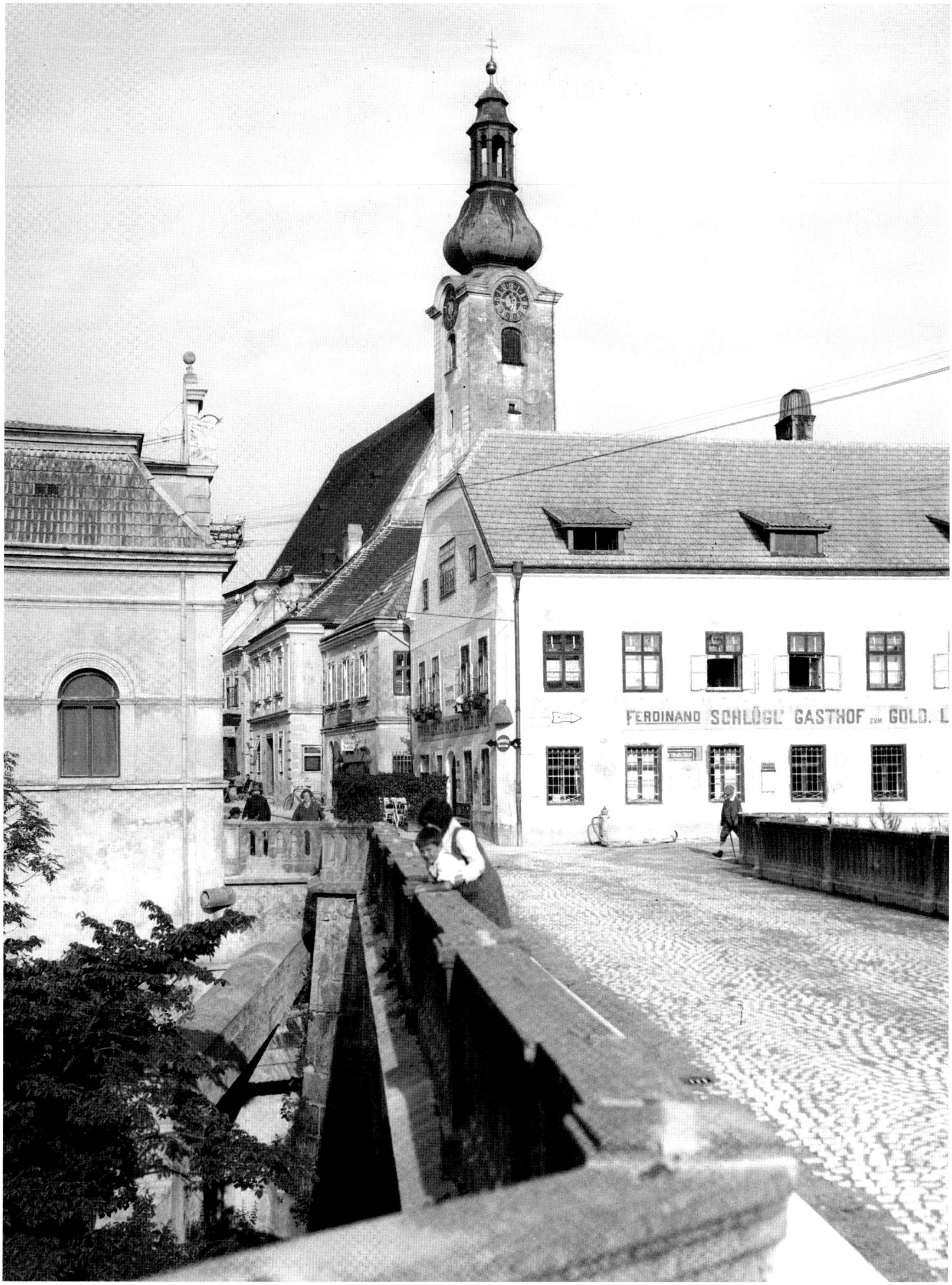
FERDINAND SCHLÖGL' GASTHOF ZUM GOLD. L

IN DER BUCKLIGEN WELT

Schloss Seebenstein.
Gesellschaft im Torbogen.
1895.

Bahnhof Aspang am Wechsel.
Reisende bei den Zügen der
Aspangbahn.
Um 1905.

Sankt Corona am Wechsel.
Reisegruppe vor der
Wallfahrtskirche.
1927.

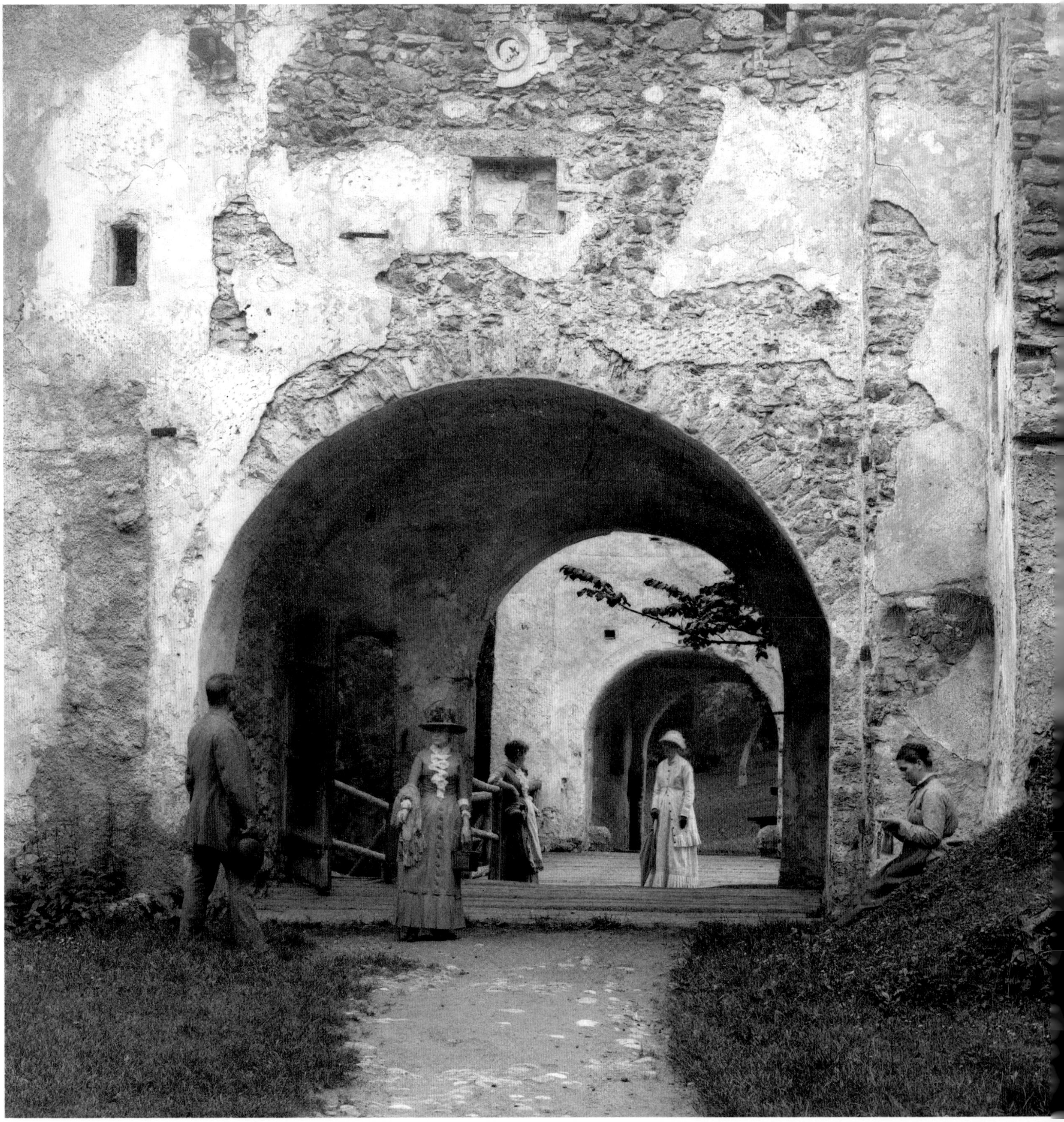

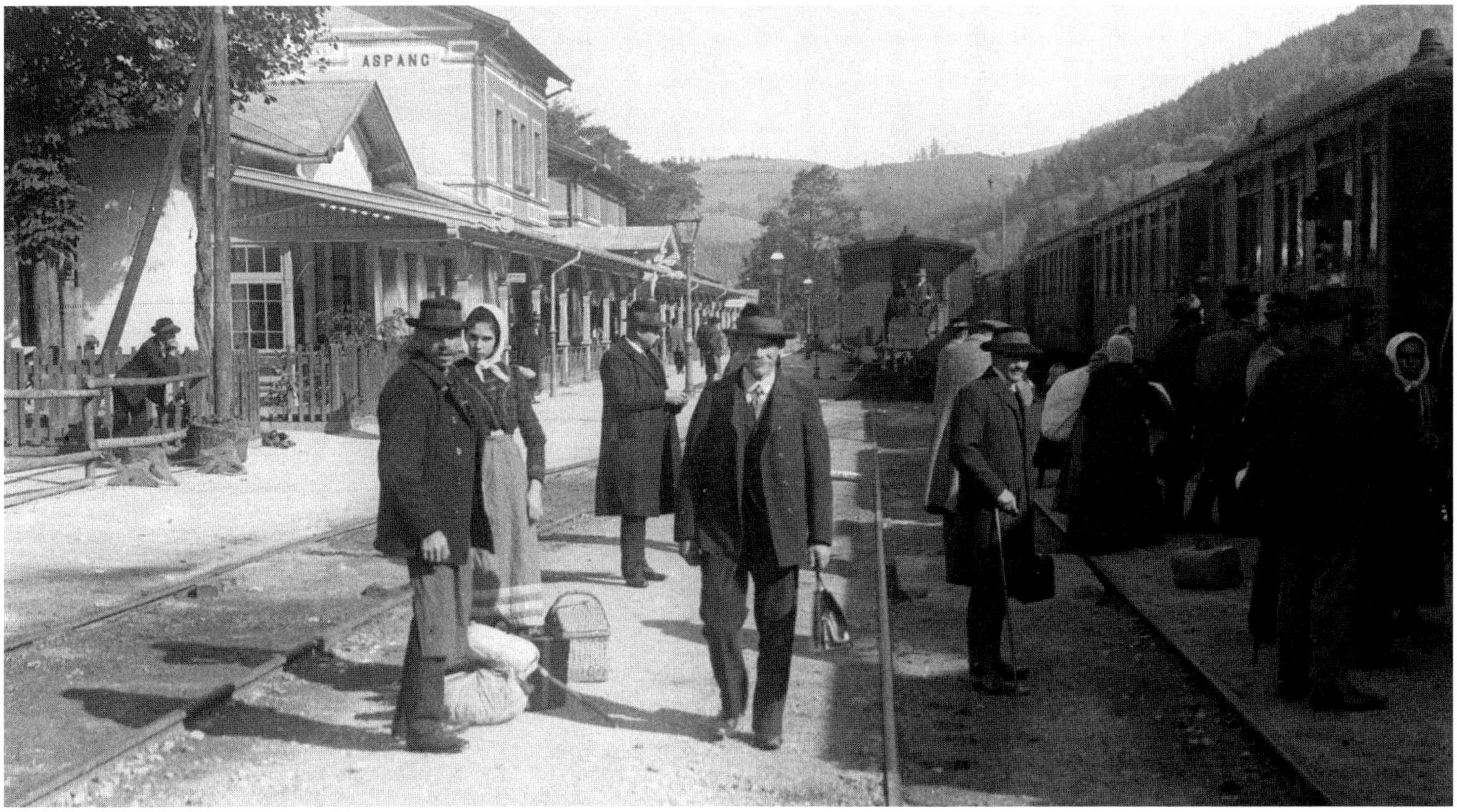
ASPANG

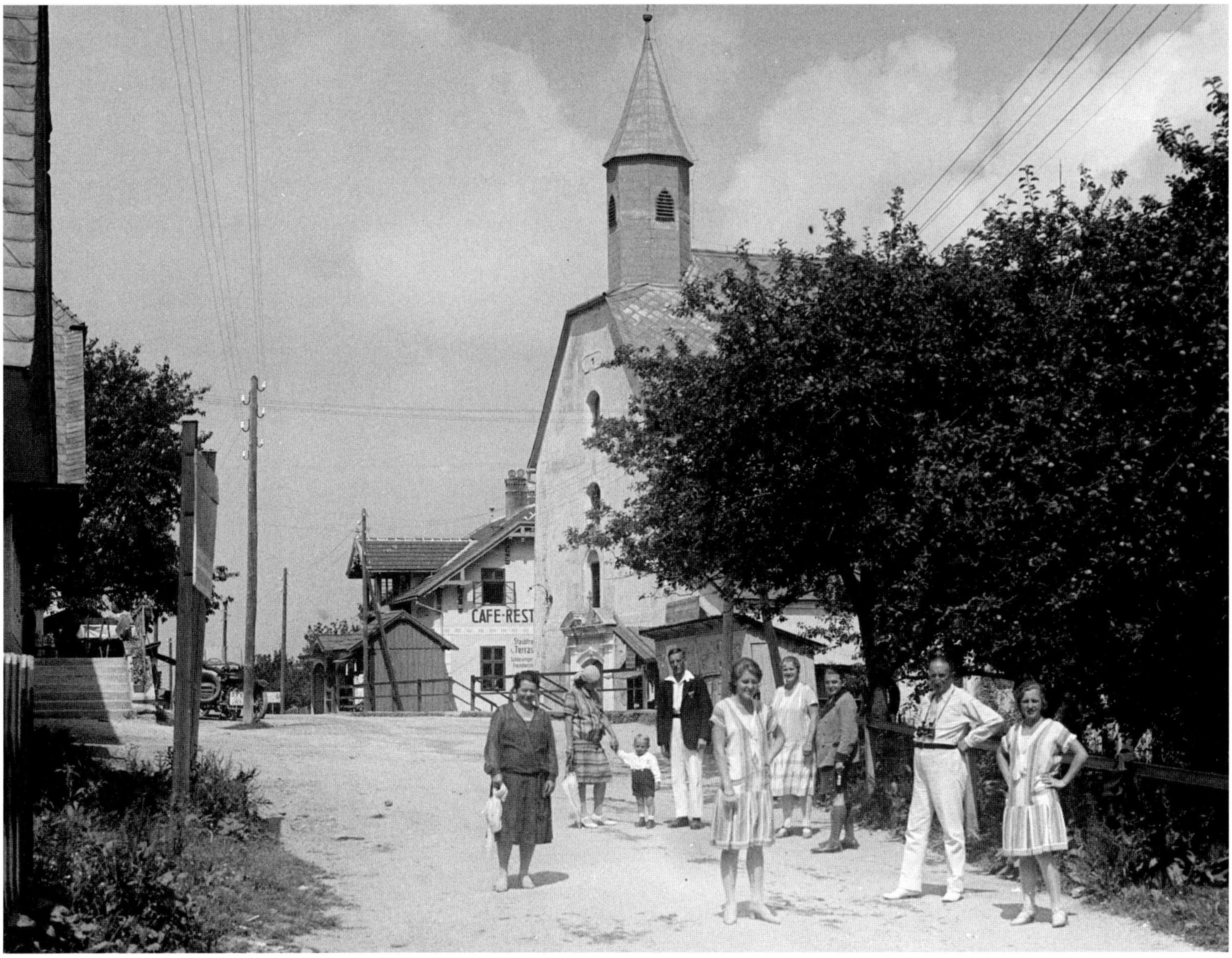
CAFE-REST

HOCHZEITSBRÄUCHE

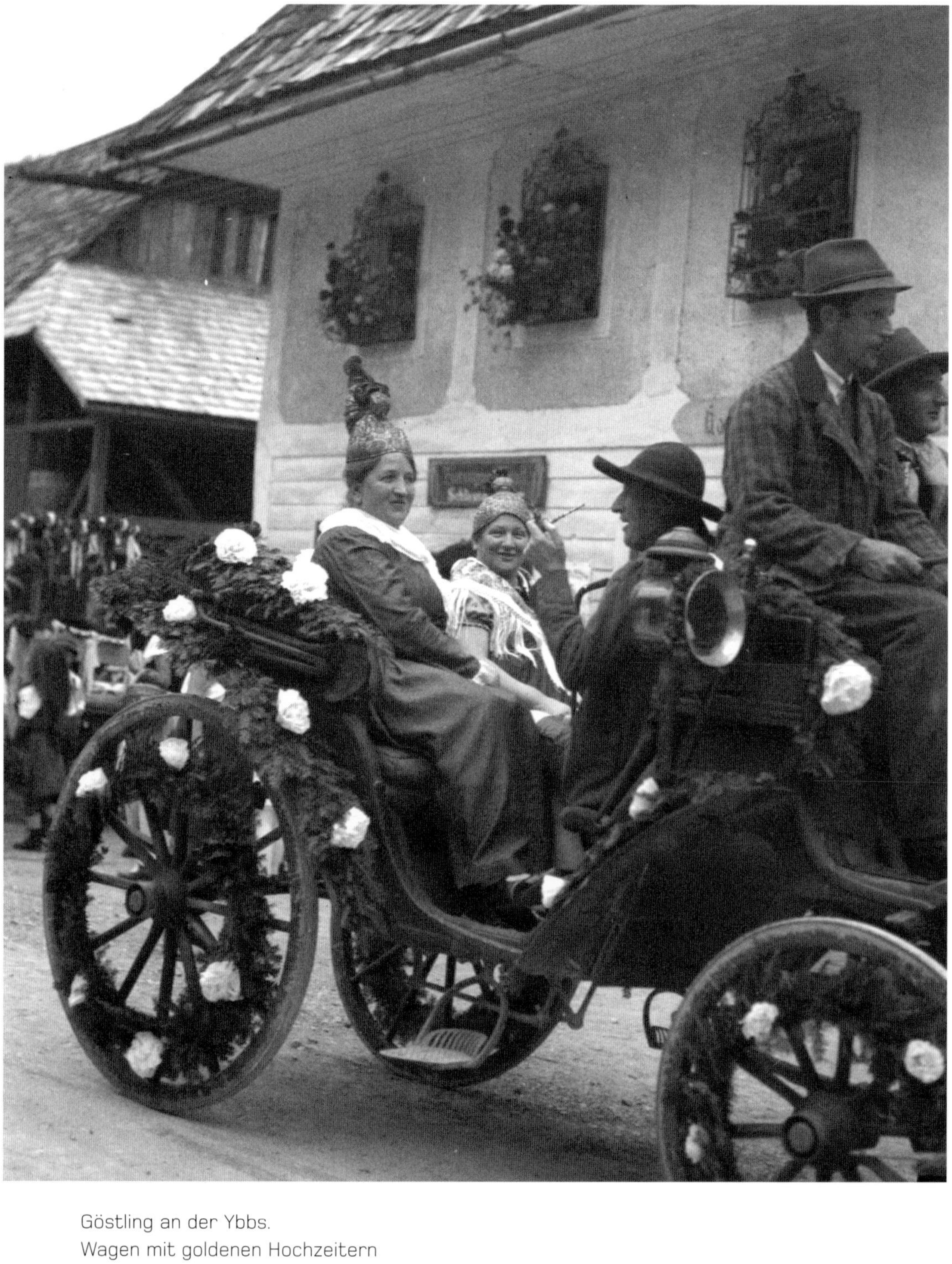

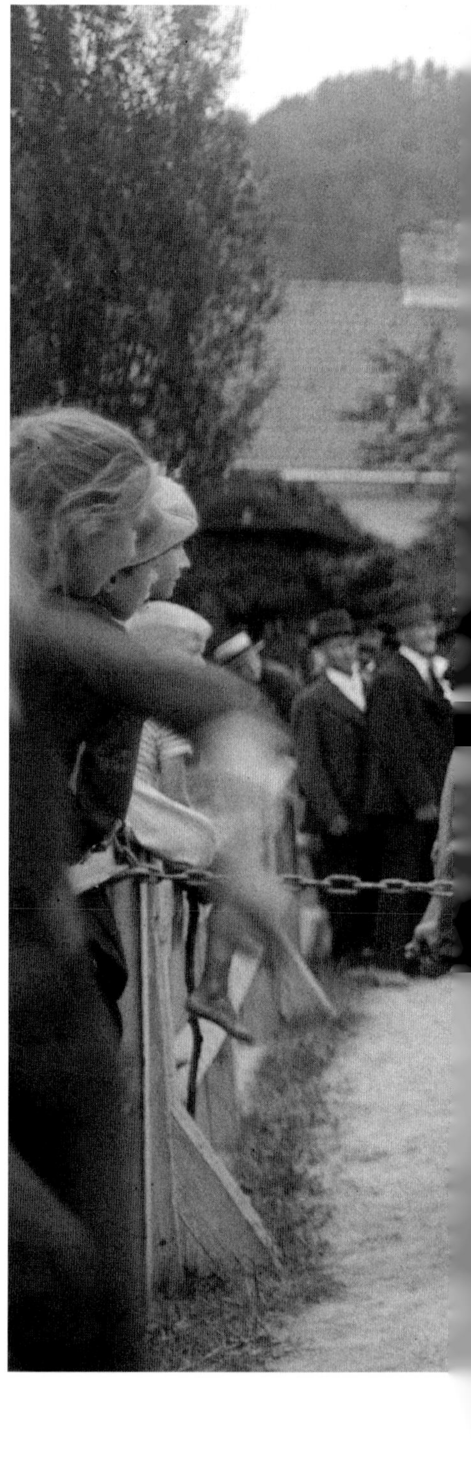

Göstling an der Ybbs.
Wagen mit goldenen Hochzeitern
am Trachtenfest.
Um 1935.

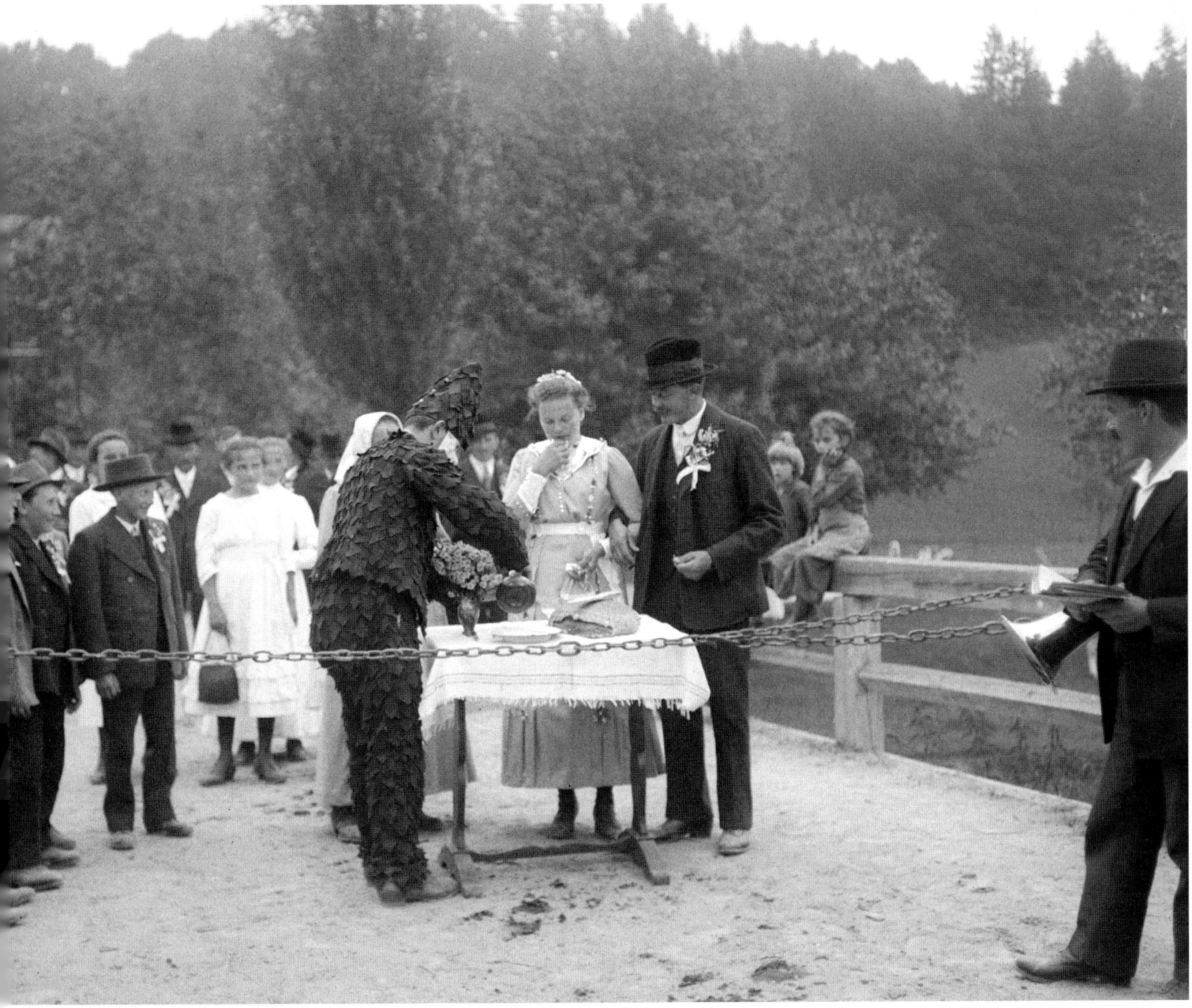

Schönau im Gebirge.
Dem Brautpaar wird mit Kette
der Weg abgesperrt.
Um 1905.

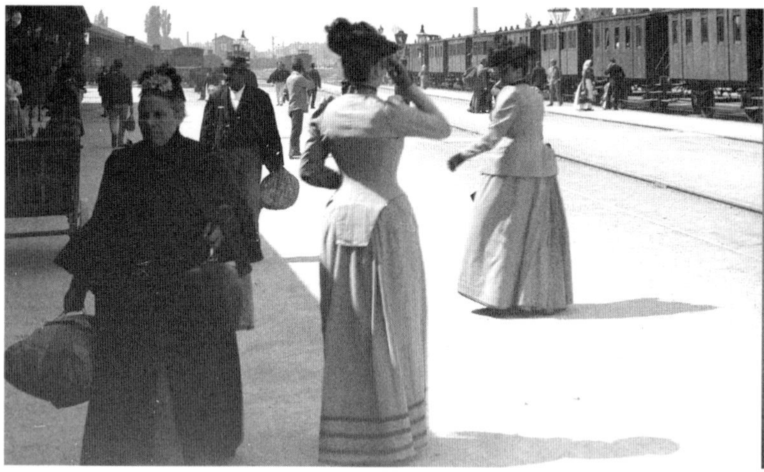

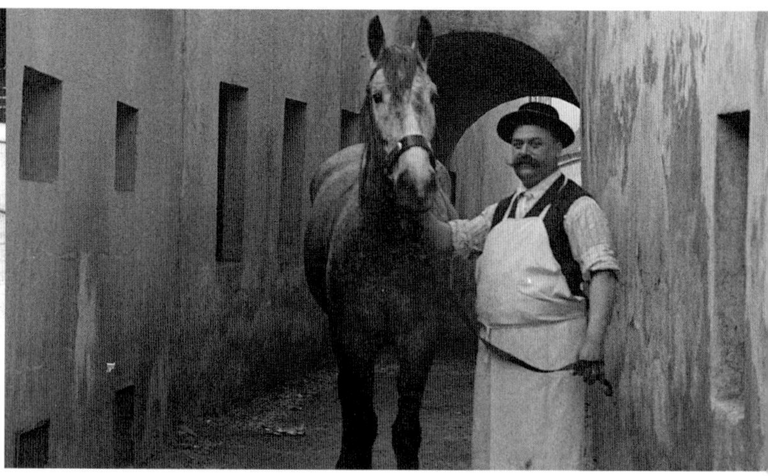

KAPITEL 5

DAS LEBEN IN DER STADT

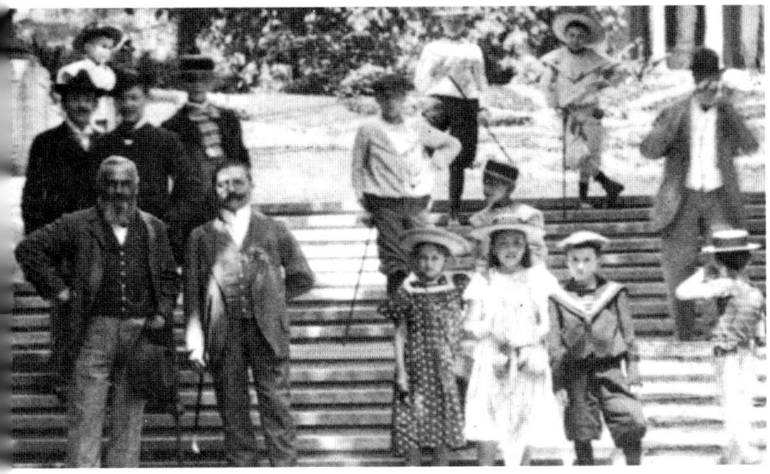

Wiener Neustadt – Neunkirchen – Gloggnitz – Baden bei Wien – Mödling – Perchtoldsdorf – Hainburg – Bruck an der Leitha – Klosterneuburg – Korneuburg – Stockerau – Hollabrunn – Mistelbach – Retz – Eggenburg – Zwettl – Horn – Waidhofen an der Thaya – Waidhofen an der Ybbs – Tulln – Krems/Stein/Spitz – Wilhelmsburg – Lilienfeld – St. Pölten

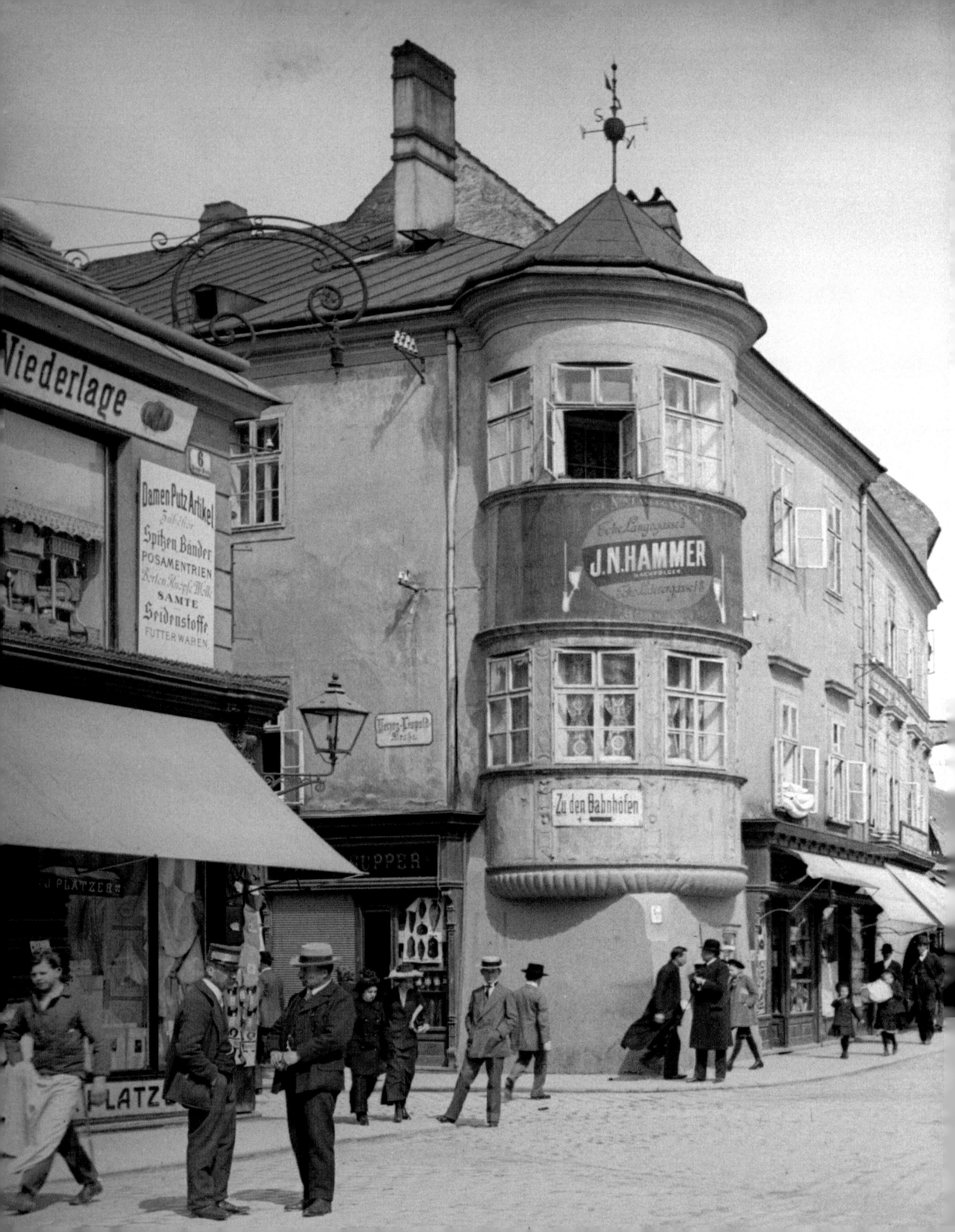
Niederlage
Damen Putz Artikel
Spitzen Bänder
POSAMENTRIEN
SAMTE
Seidenstoffe
FUTTER WAREN
J.N.HAMMER
Zu den Bahnhöfen
J. PLATZER

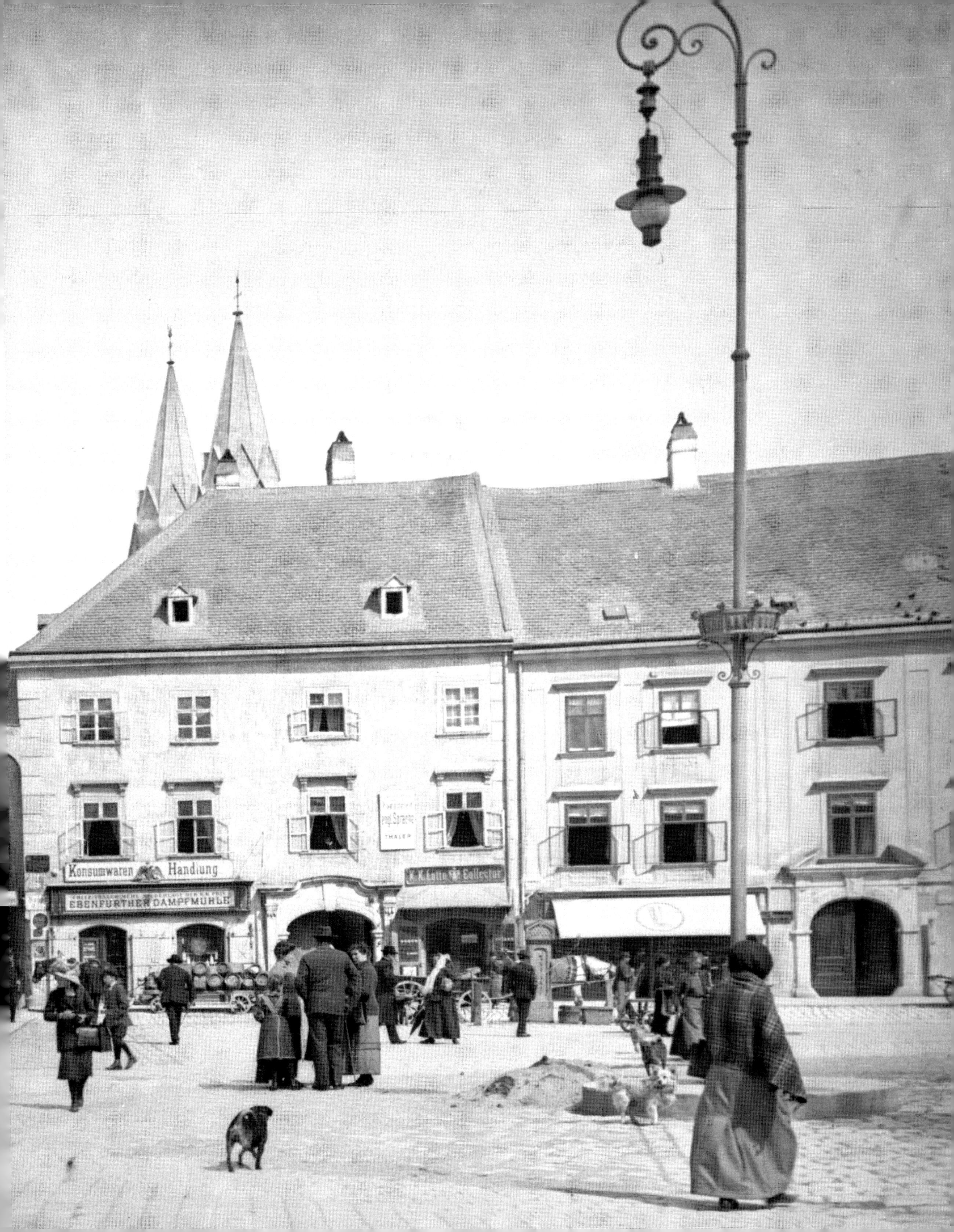
Konsumwaren Handlung
EBENFURTHER DAMPFMÜHLE
engl. Sprache
THALER
K. K. Lotto Collectur

WIENER NEUSTADT

Vorderseite:
Blick über den belebten Hauptplatz in Richtung Pfarrplatz, links Einmündung der Herzog-Leopold-Straße.
Um 1912.

Pfarrgasse.
Blick (von W) auf die Türme des Doms (Stadtpfarrkirche Mariä Himmelfahrt).
1924.

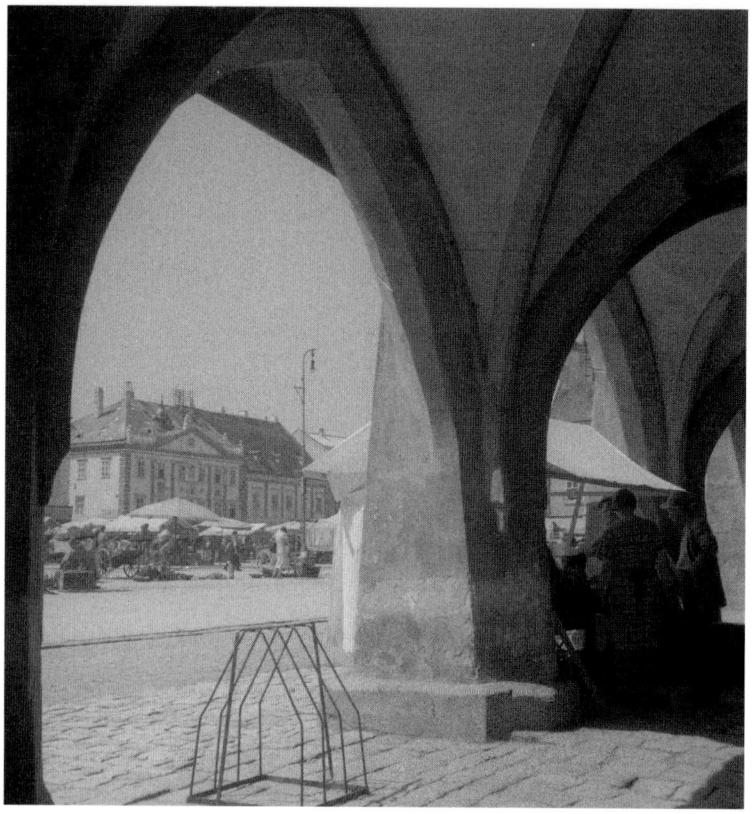

Hauptplatz zur Marktzeit.
Blick aus den Lauben gegen das Rathaus.
Um 1935.

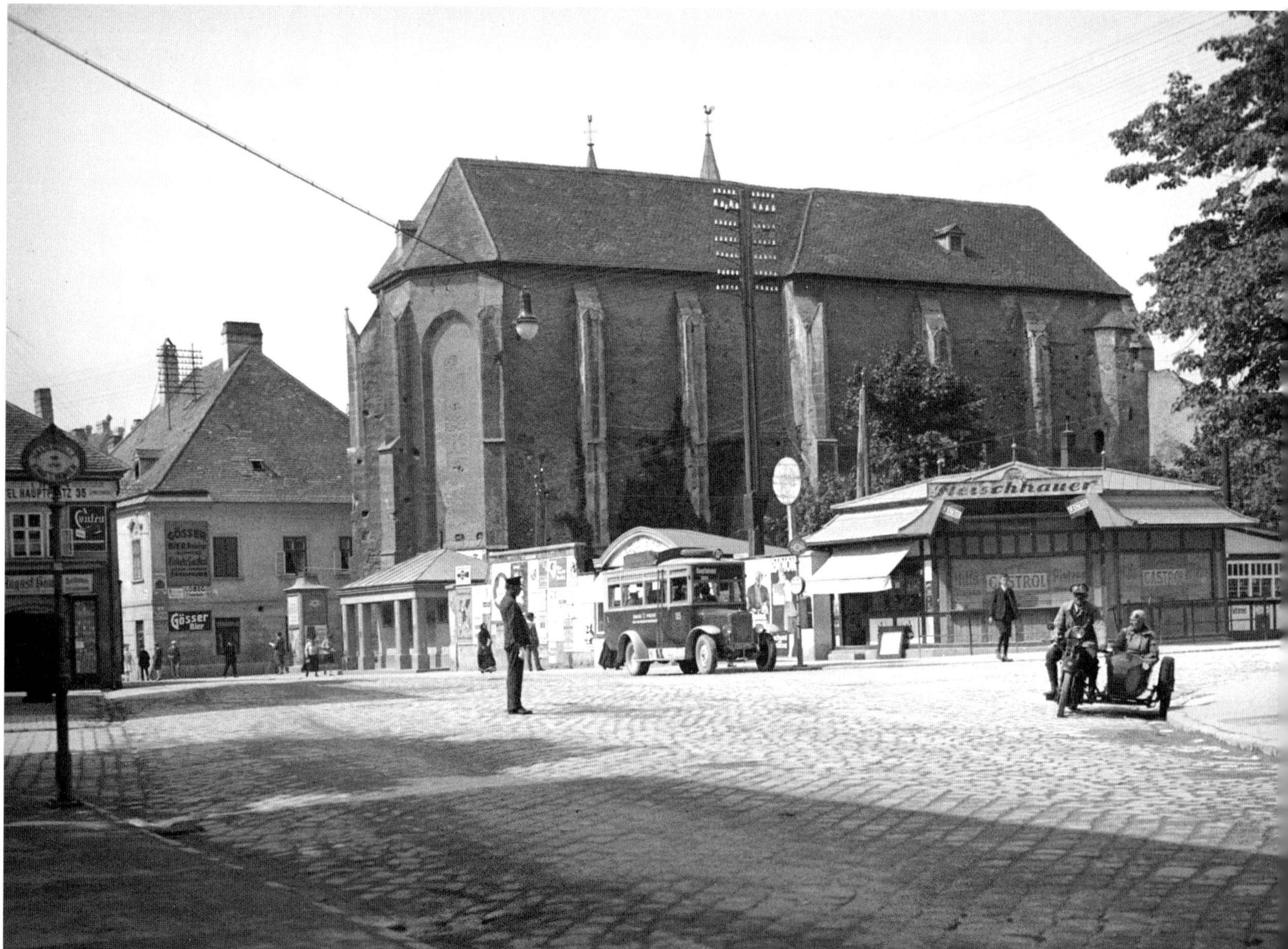

Johannes-von-Nepomuk-Platz vor der ehemaligen Kirche Sankt Peter in der Sperr.
Um 1925.

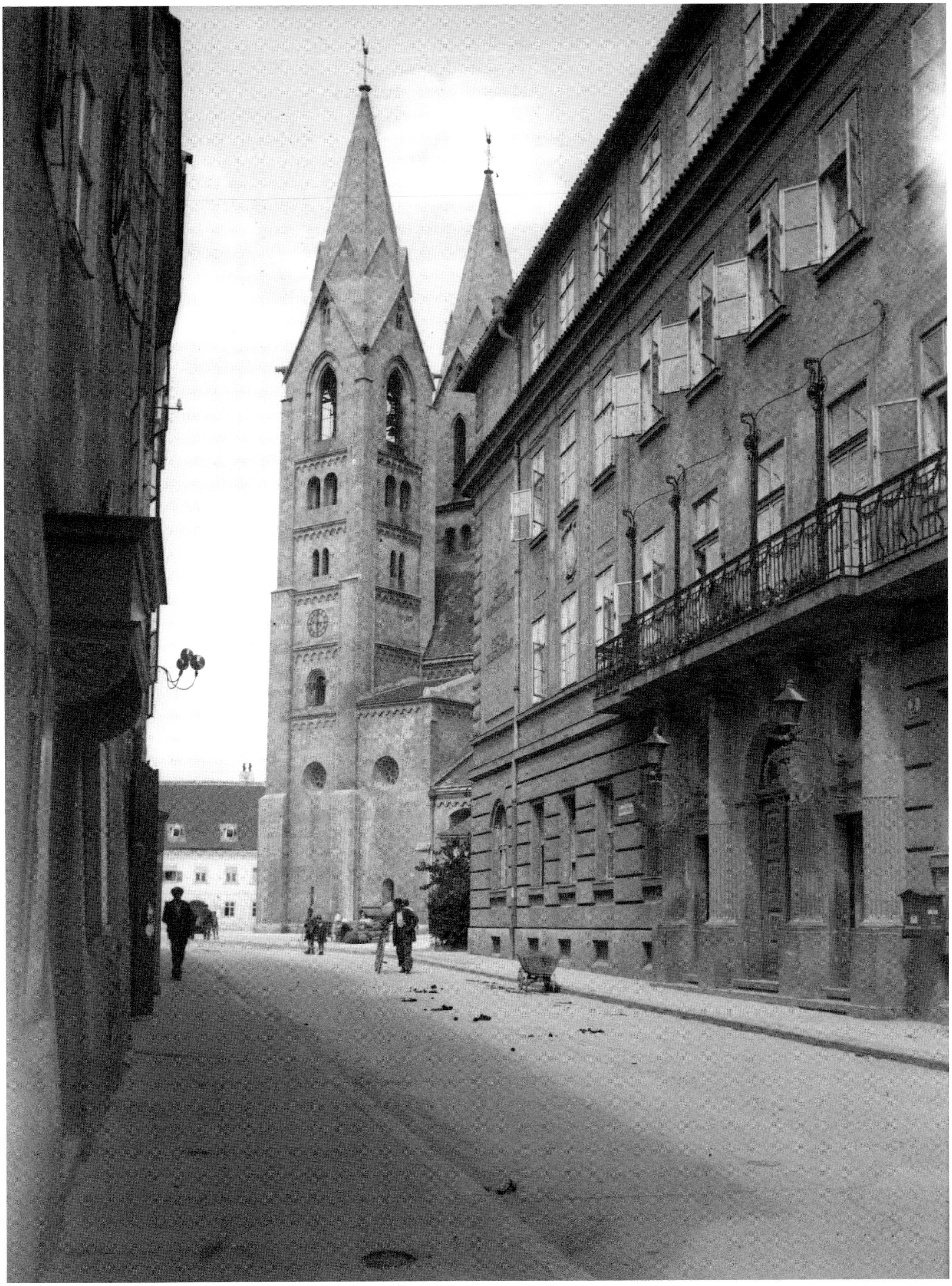

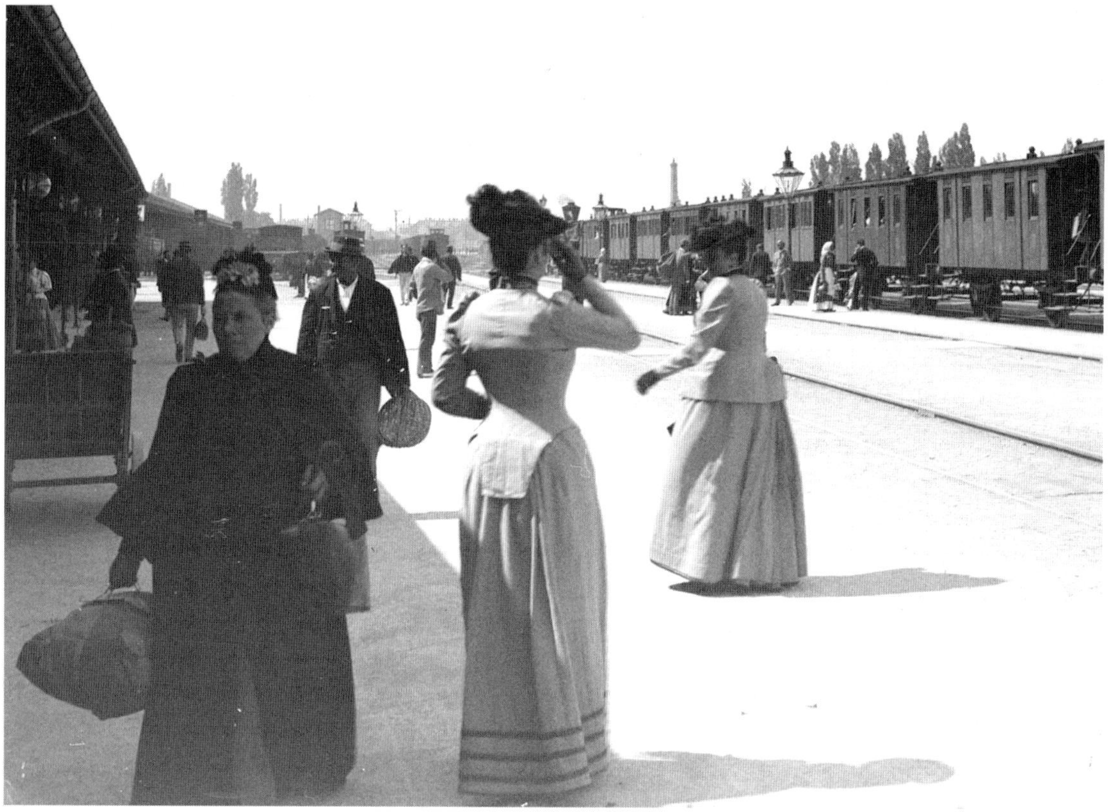

Am Bahnhof. Passagiere auf den Bahnsteigen. Um 1910.

Vor der Artilleriekaserne in der Fischauergasse. Um 1908.

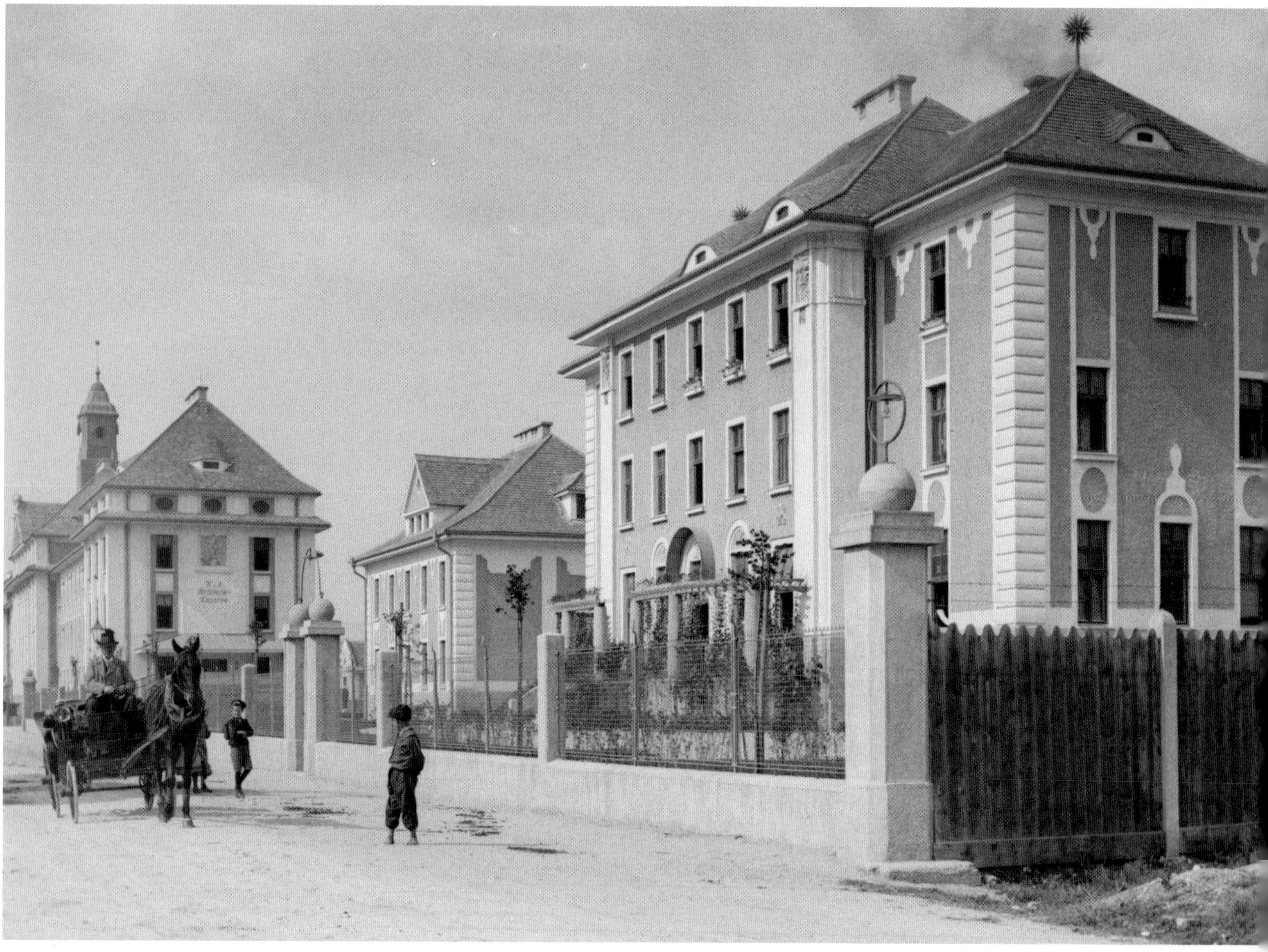

Synagoge am Allerheiligen-
platz. Frontalansicht.
(1938 zerstört.)
Um 1930.

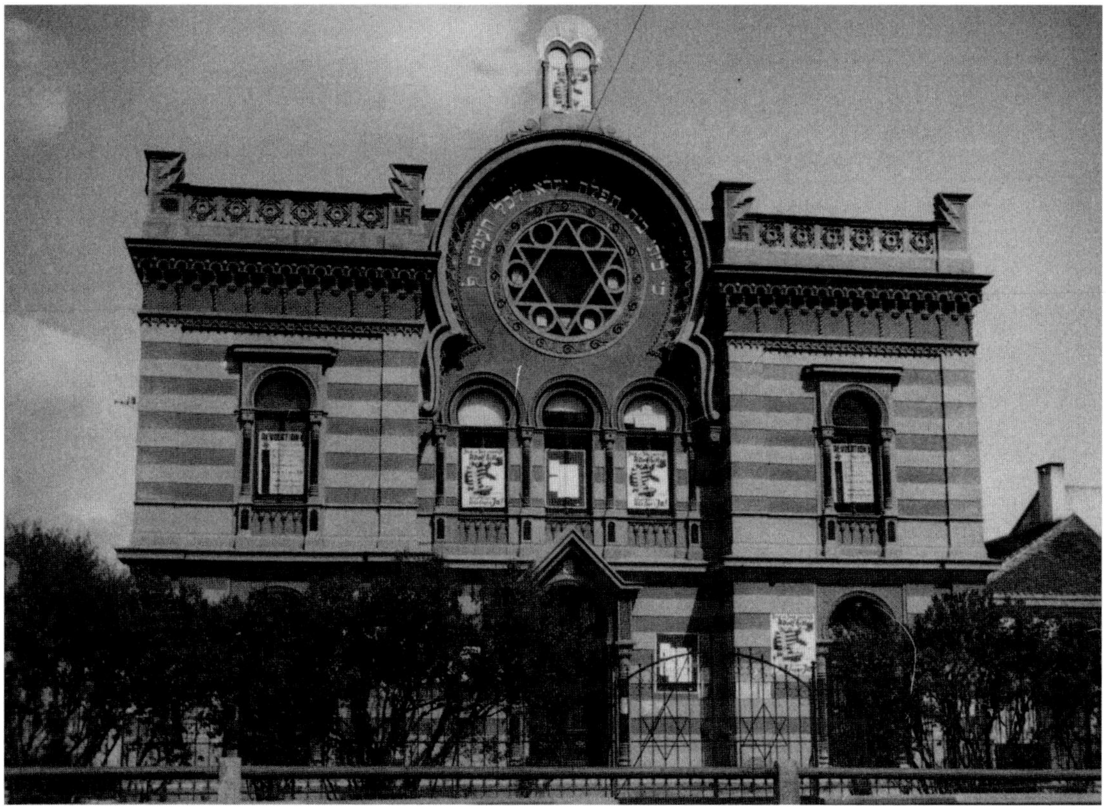

Wiener Neustädter Kanal.
Partie beim Bahngelände.
Um 1900.

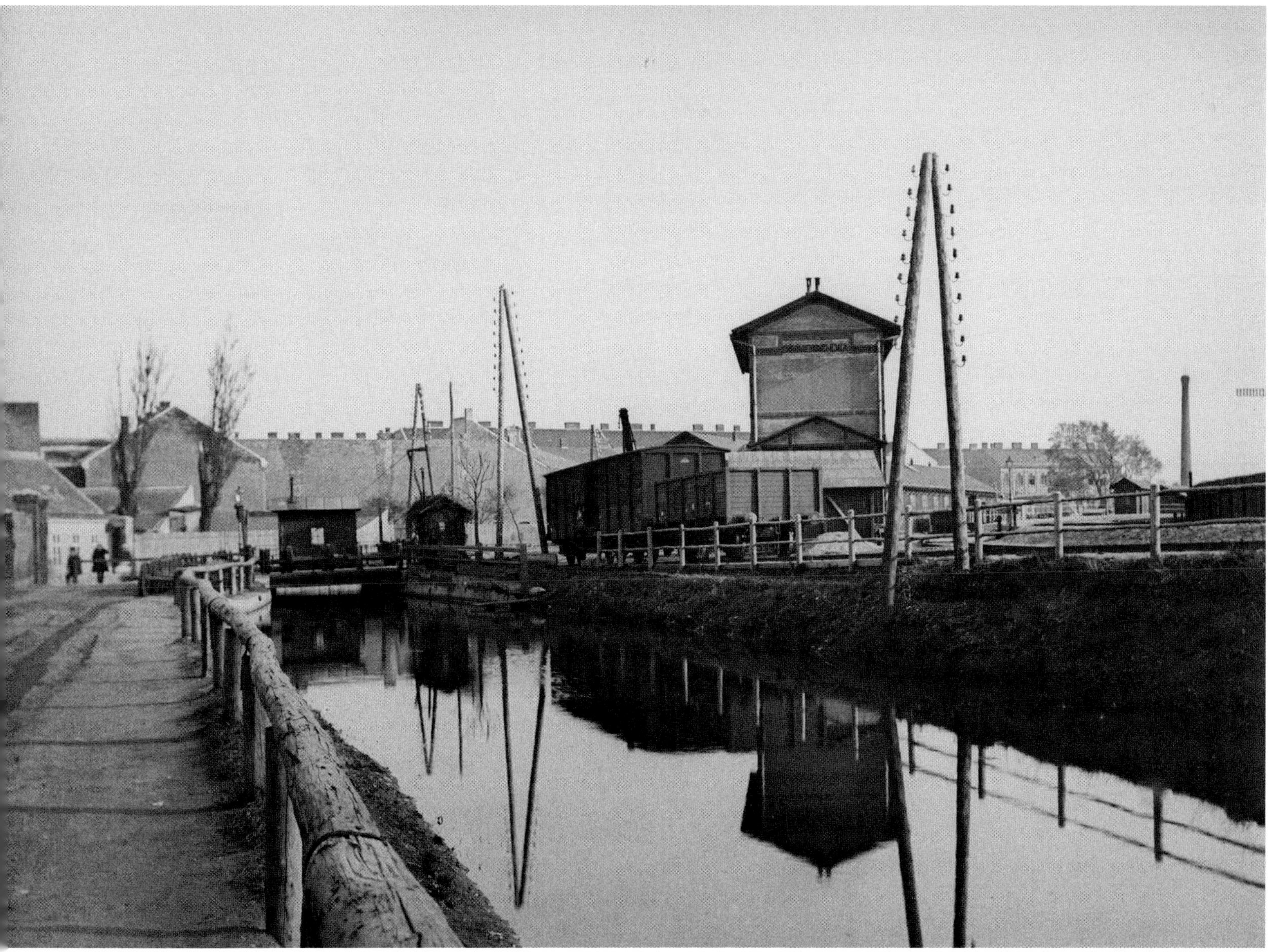

NEUNKIRCHEN

Hauptplatz.
Übersicht von erhöhtem Standort
gegen die Pfarrkirche.
Um 1905.

Unten:
Längsdurchblick von erhöhtem Standort
(von NW) mit Pestsäule und Rathaus.
1932.

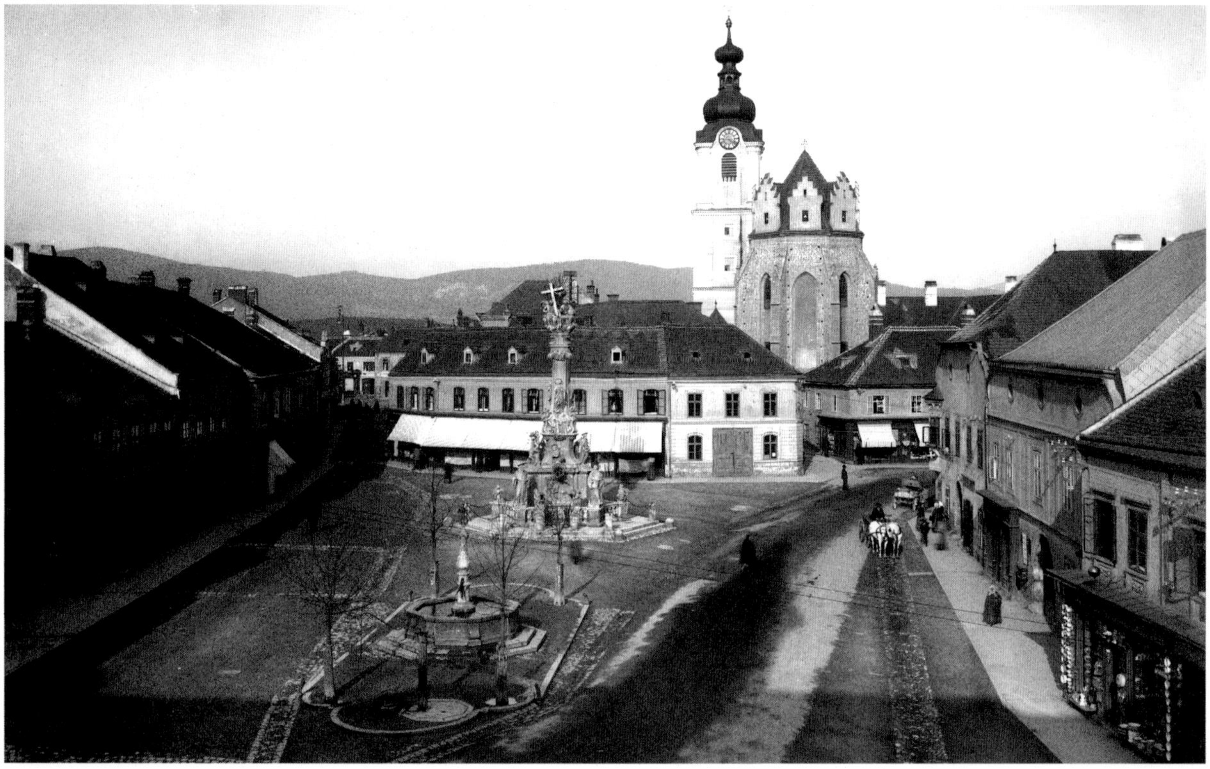

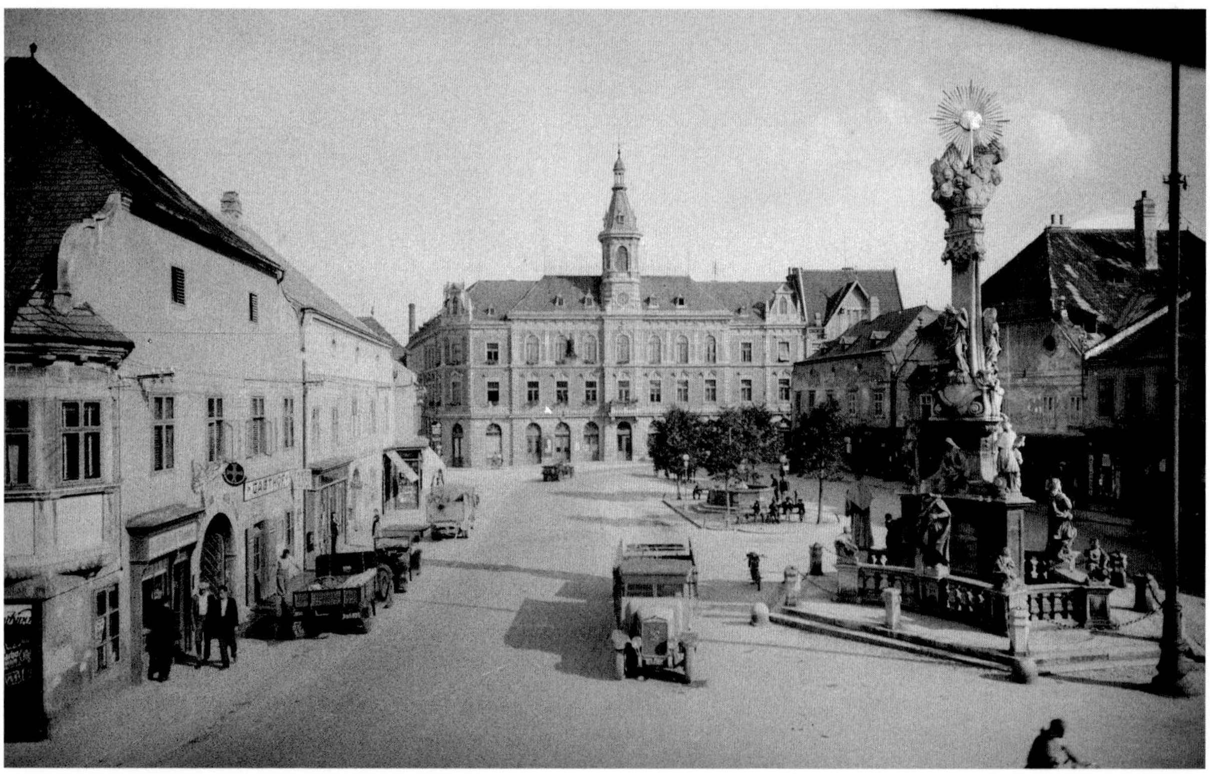

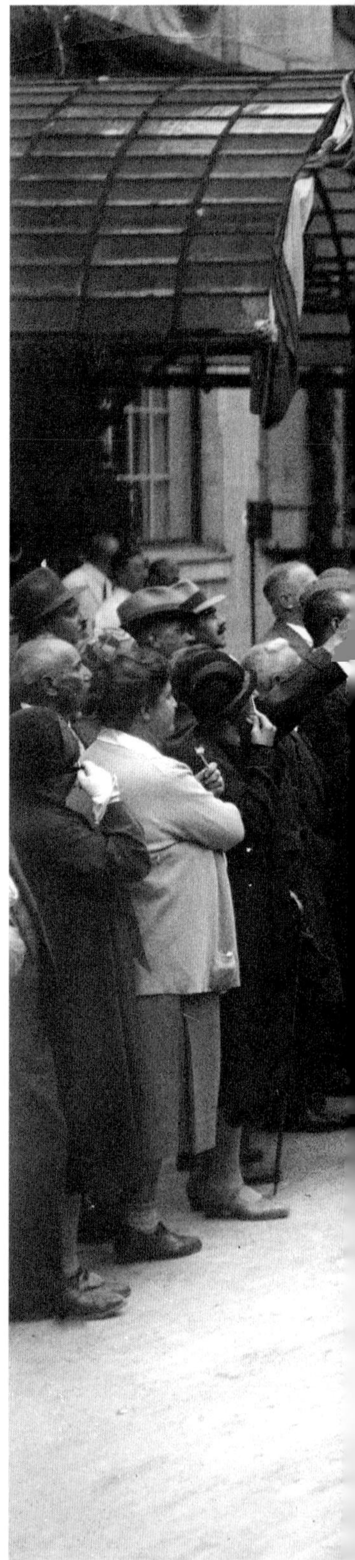

GLOGGNITZ
Festzug zum 75-jährigen Jubiläum der Eröffnung der Semmeringbahn. 1929.

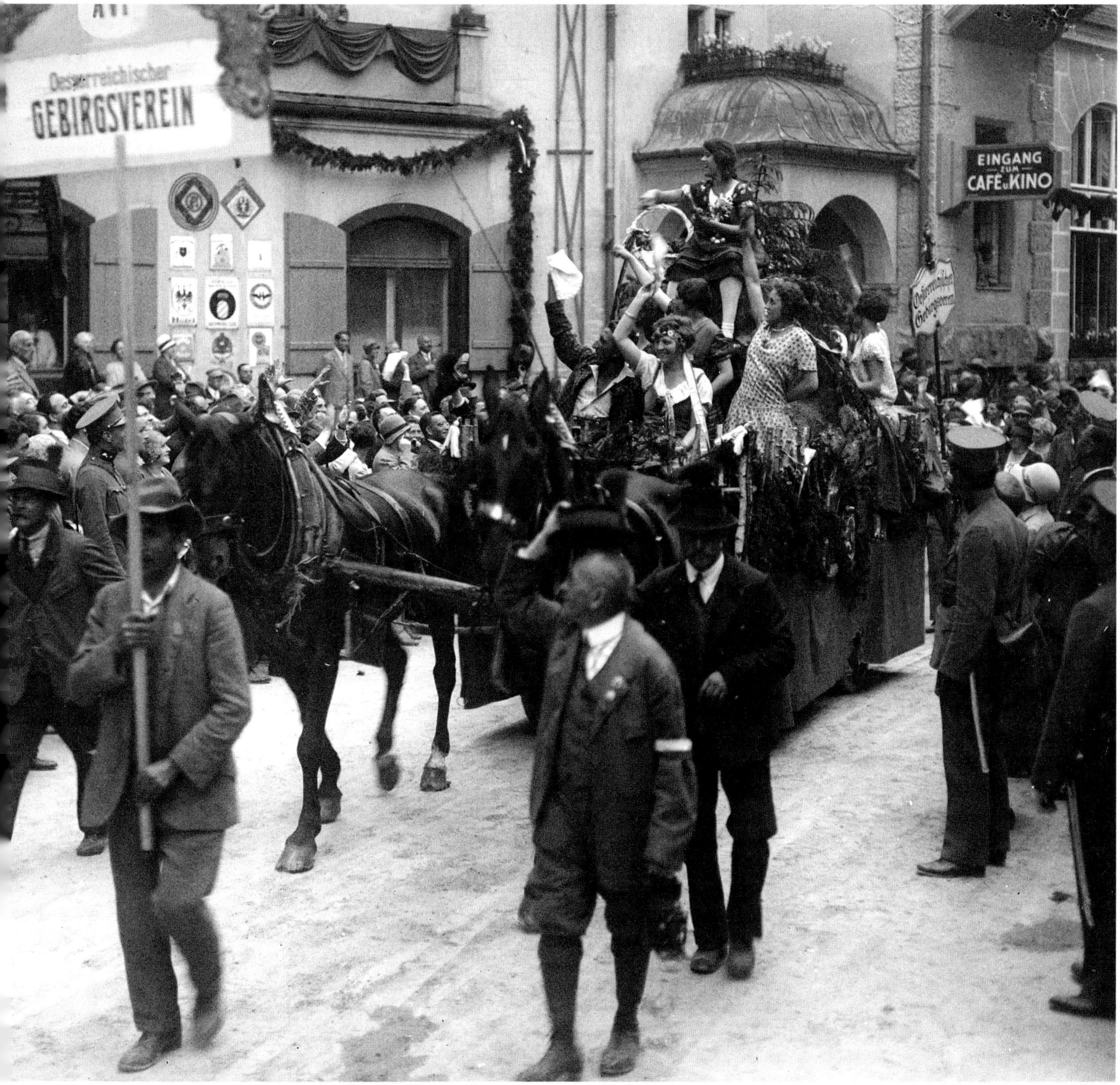

BADEN

Kurhaus. Gesamtansicht von
erhöhtem Standort.
Um 1930.

Unten:
Kurpark.
Gesellschaft am Stiegenaufgang
gegen den Äskulaptempel.
Lichtdruckfilm um 1900.

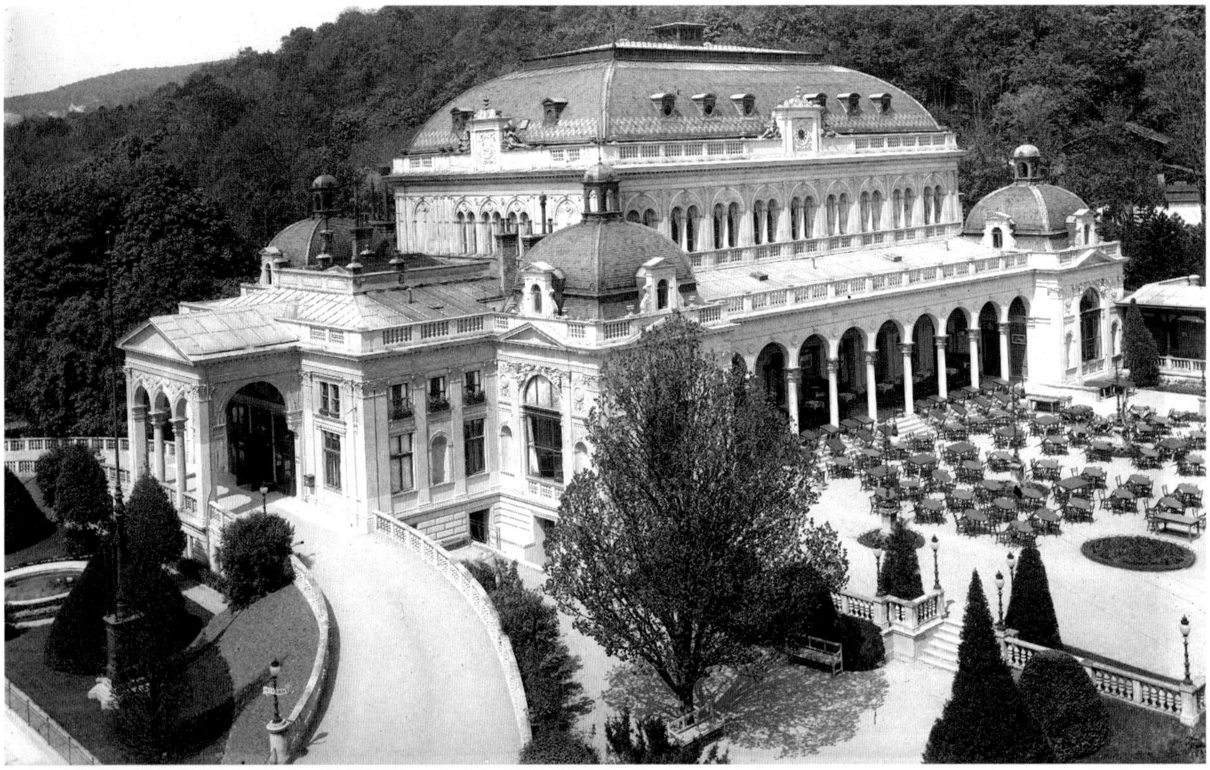

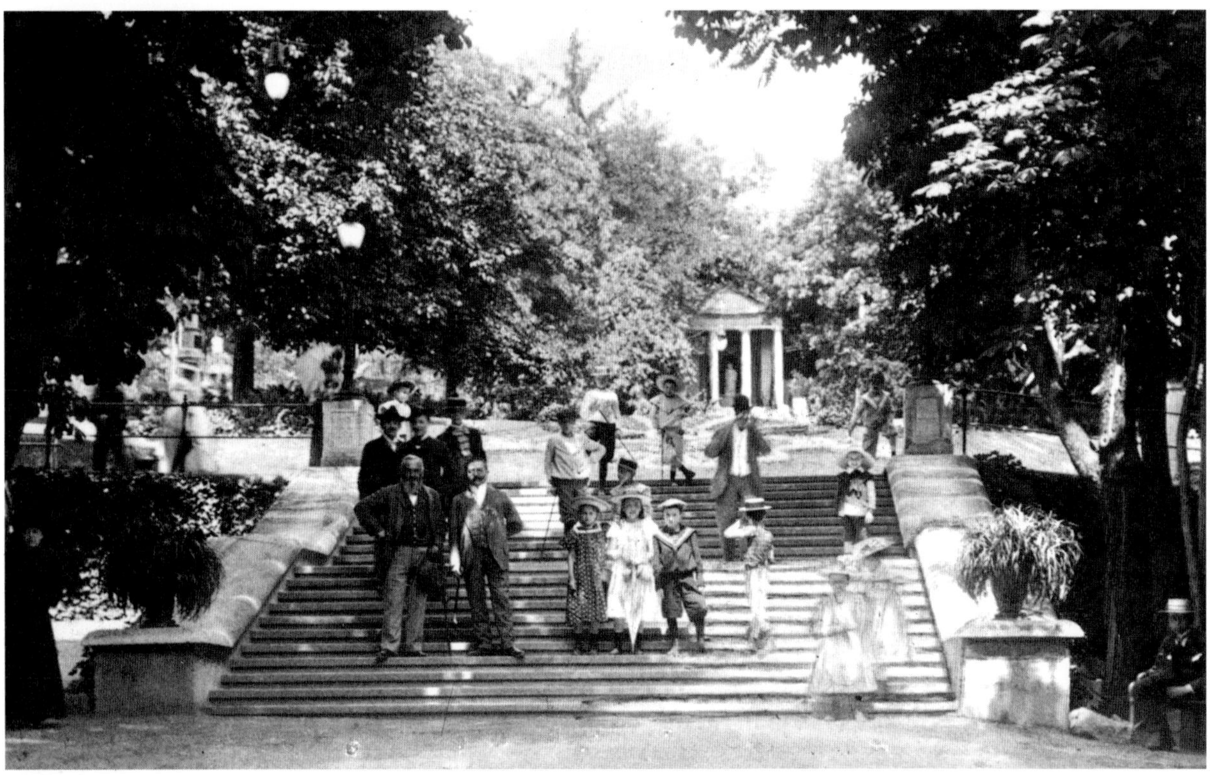

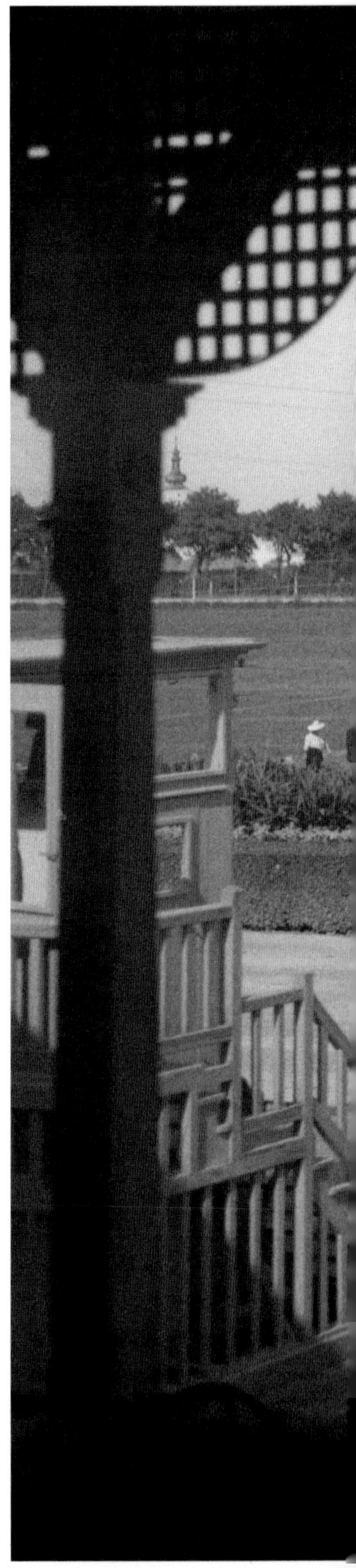

Trabrennplatz.
Blick aus der Tribüne auf die Parade
der Pferde vor dem Rennen.
Um 1950.

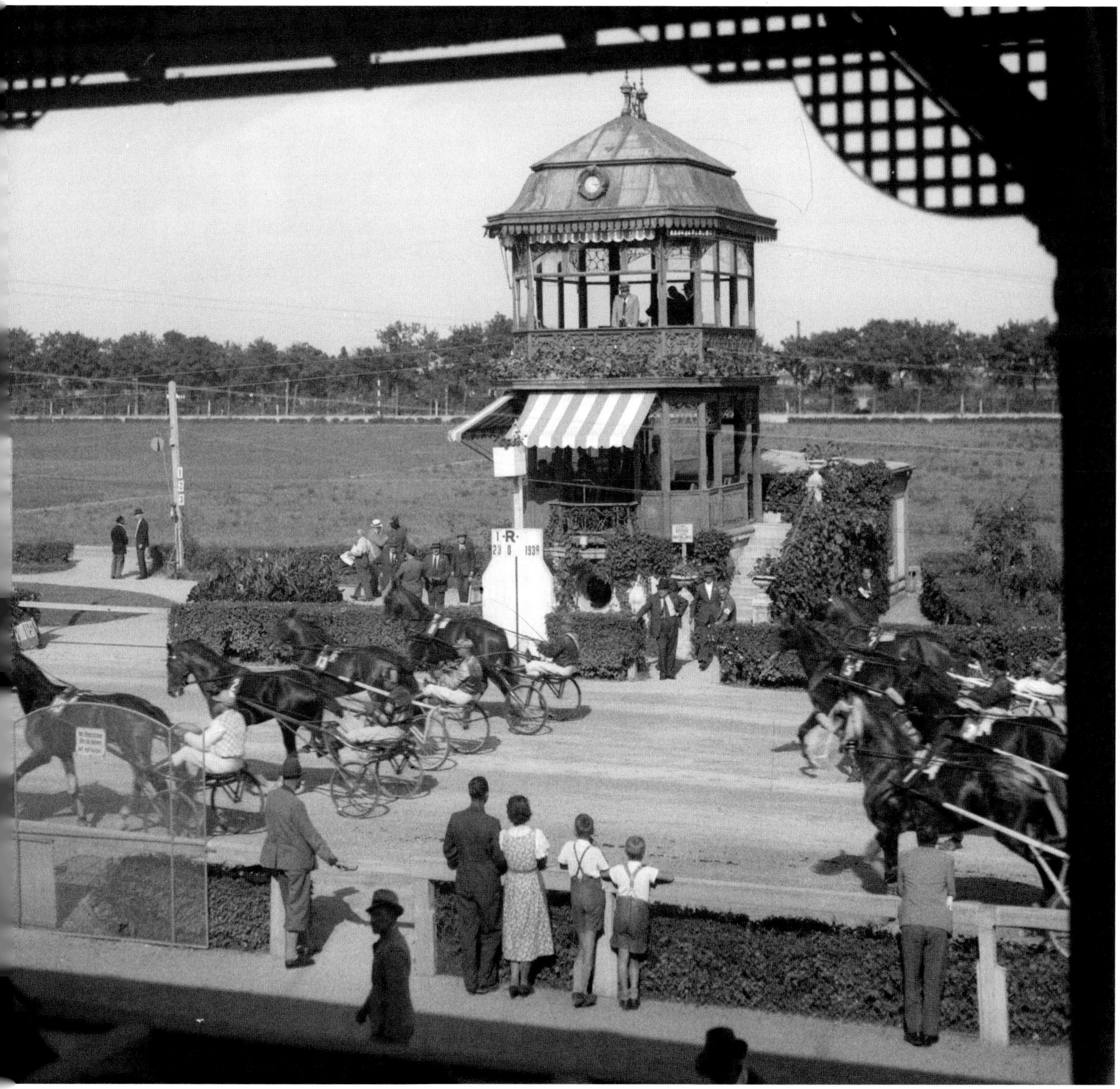

BADEN

Dreifaltigkeitssäule und Rathausplatz.
Stockwerksaufnahme.
Um 1935.

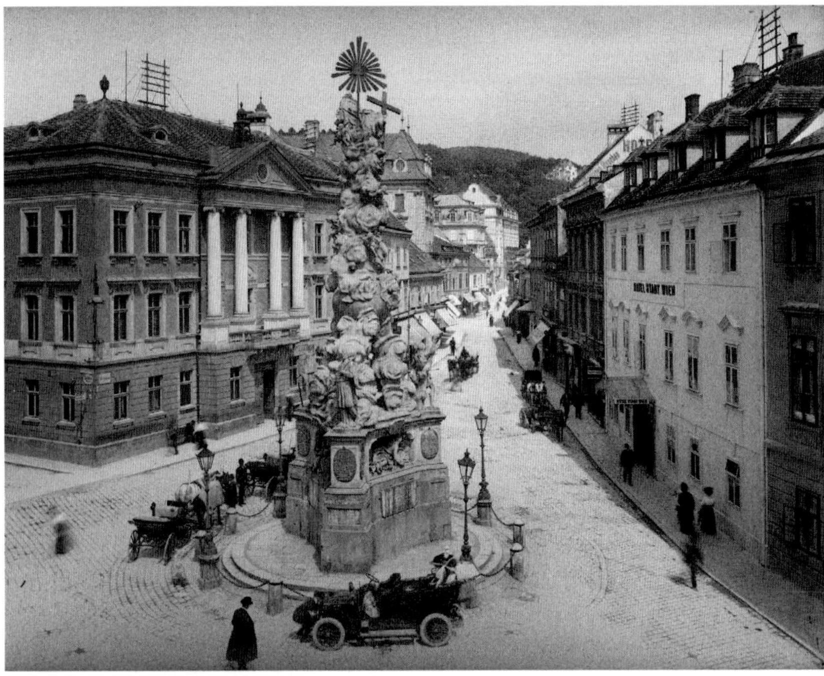

Josefsplatz mit Badner Bahn.
Übersicht von SO.
Um 1937.

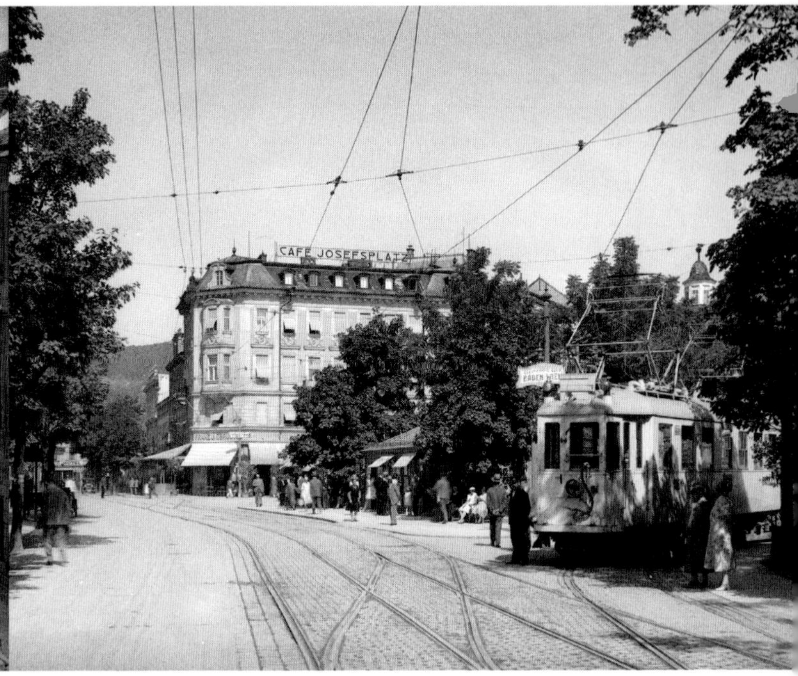

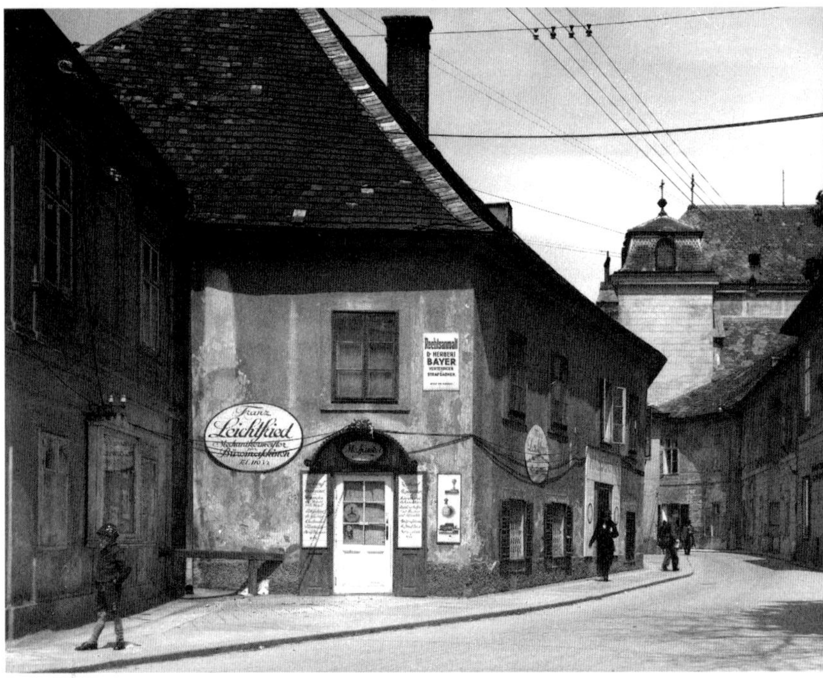

Frauengasse.
Durchblick in Richtung Hauptplatz.
Um 1950.

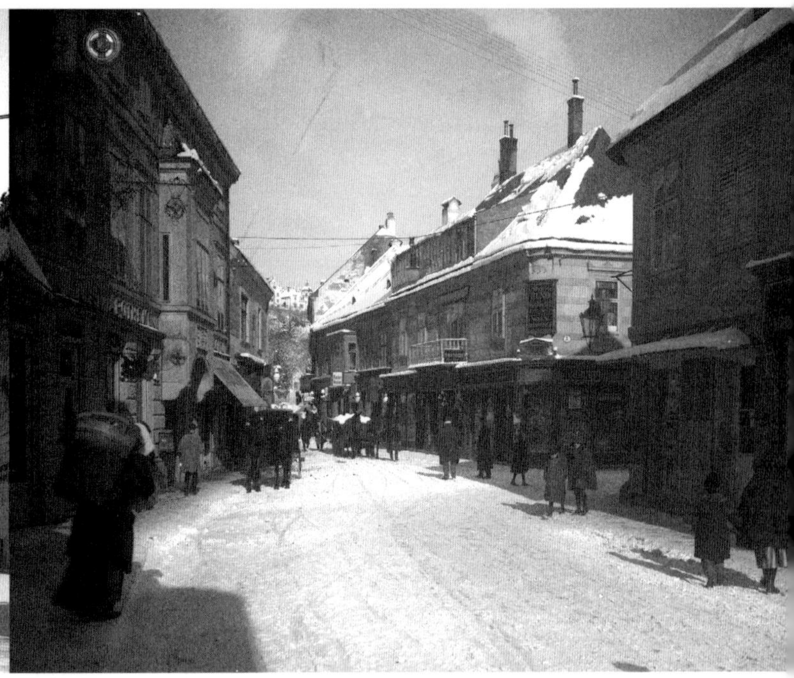

Theresienstraße.
Durchblick gegen den Franzensring.
Um 1910.

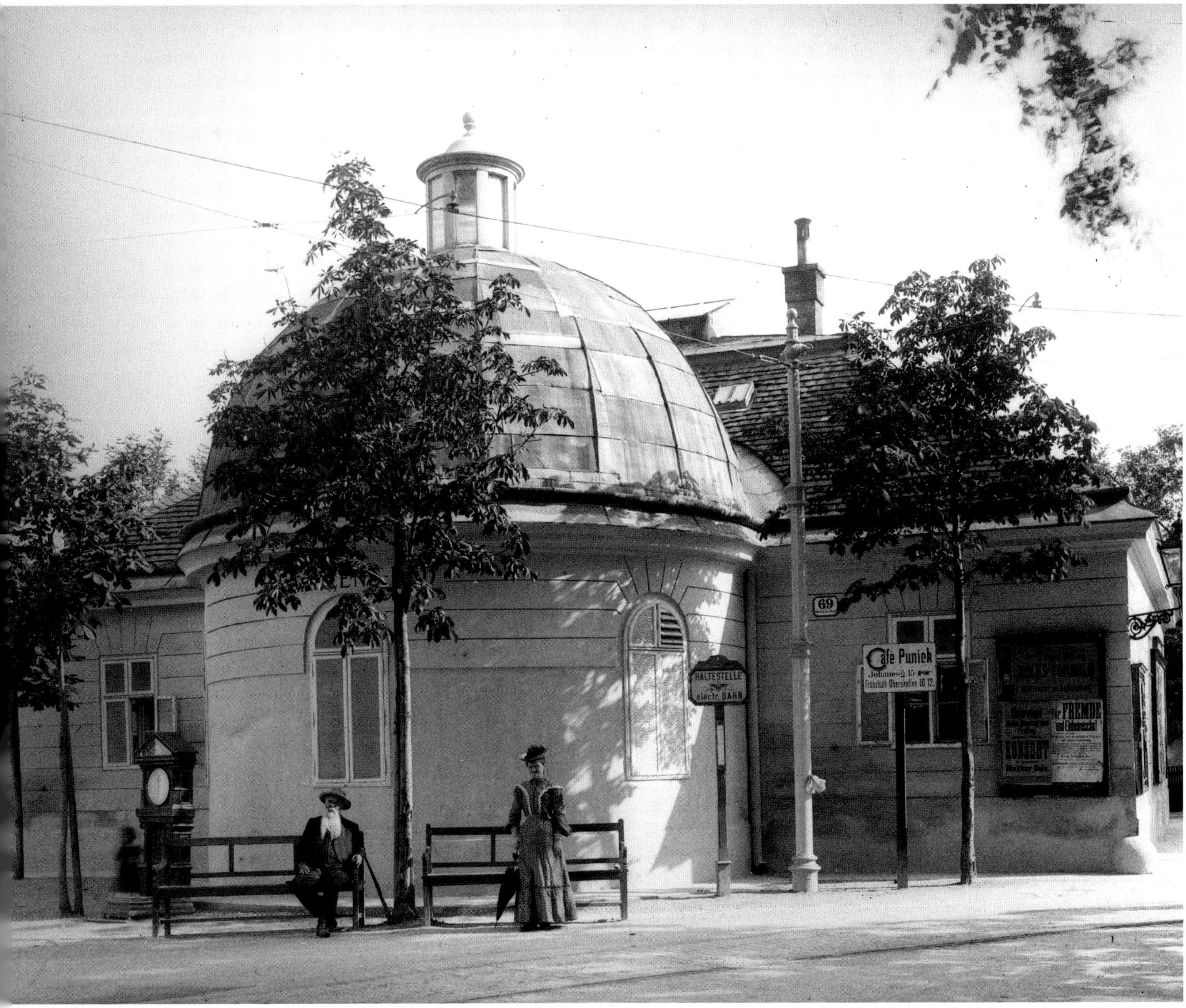

Franzensbad.
Kuppelfassade mit Haltestelle
der elektrischen Bahn.
1902.

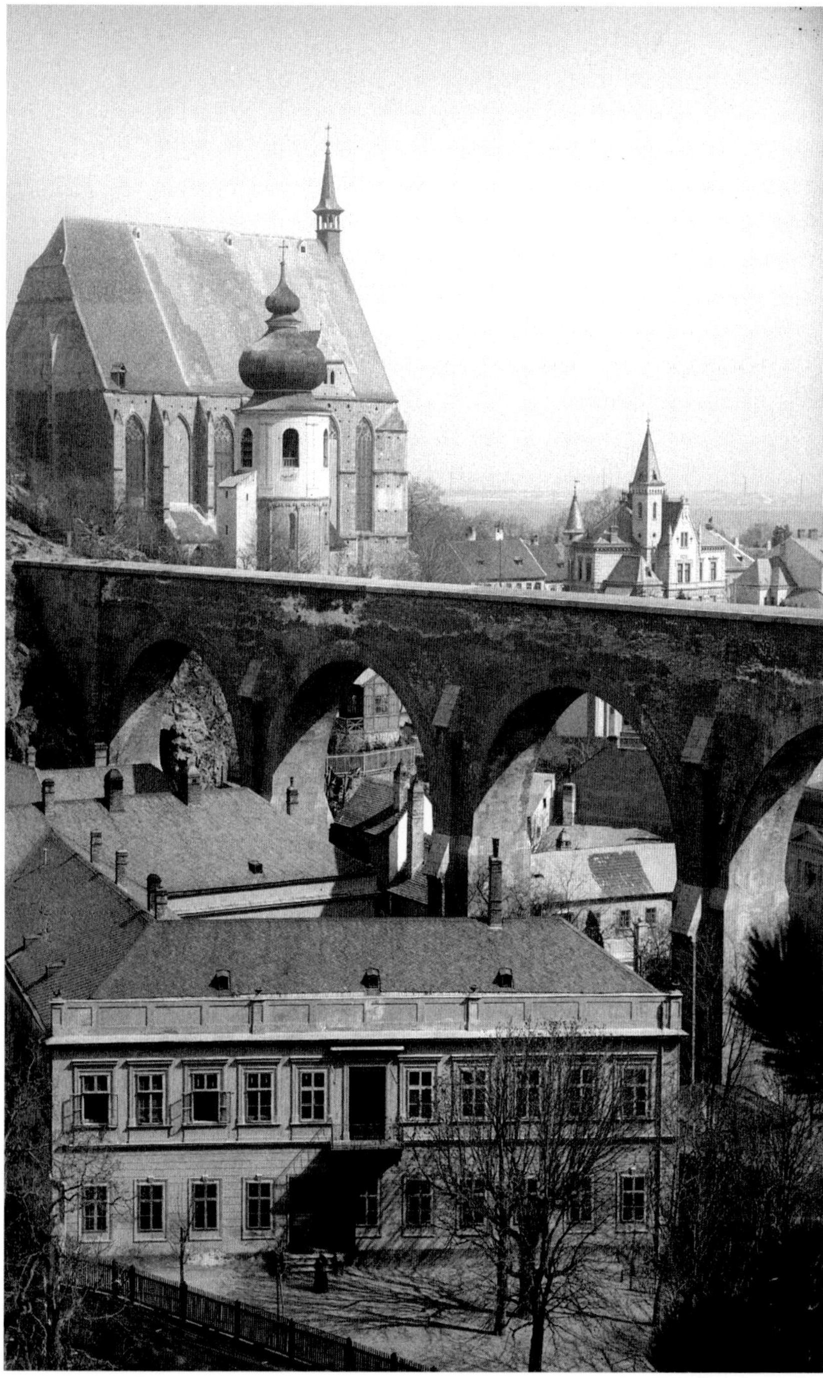

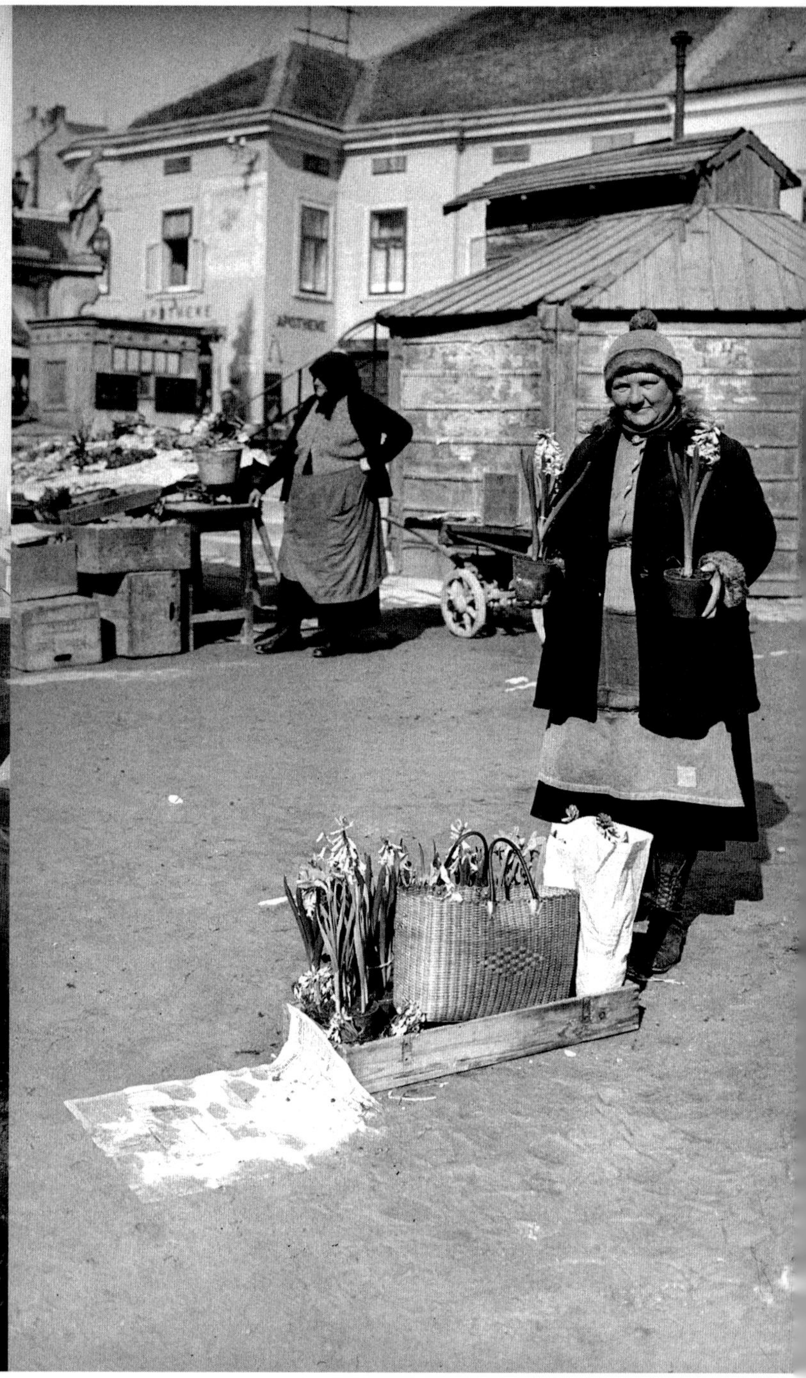

MÖDLING

Übersicht mit Aquädukt
und Pfarrkirche (von SW).
Um 1910.

Hauptplatz zur Marktzeit.
Um 1930.

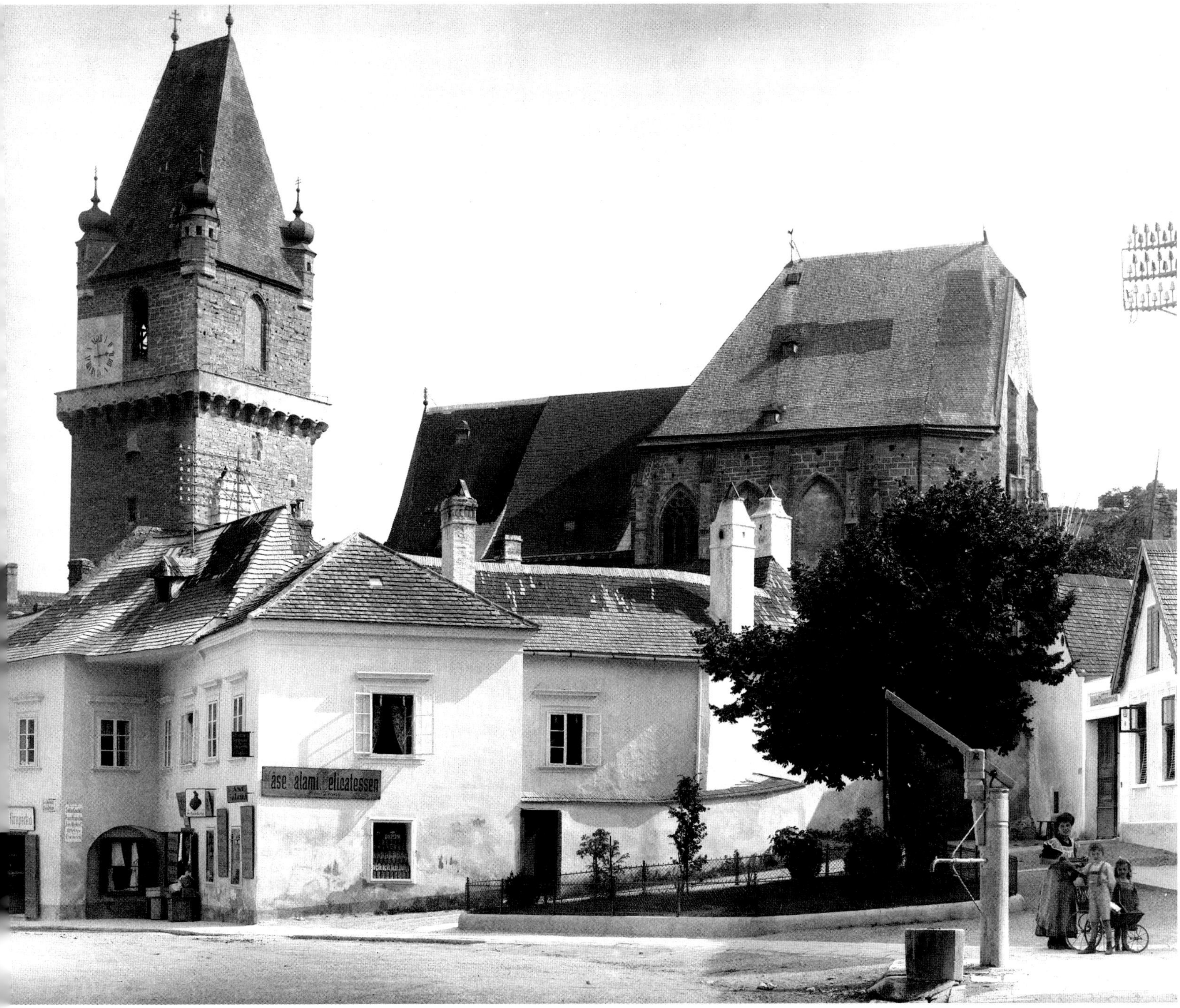

PERCHTOLDSDORF
Haus beim Markttor in der Hochstraße mit Pfarrkirche und Wehrturm.
August Stauda. Um 1910.

HAINBURG AN DER DONAU
Blick über den Landungsplatz
mit Spaziergängern gegen den
Turm der Stadtmauer.
Juli 1907.

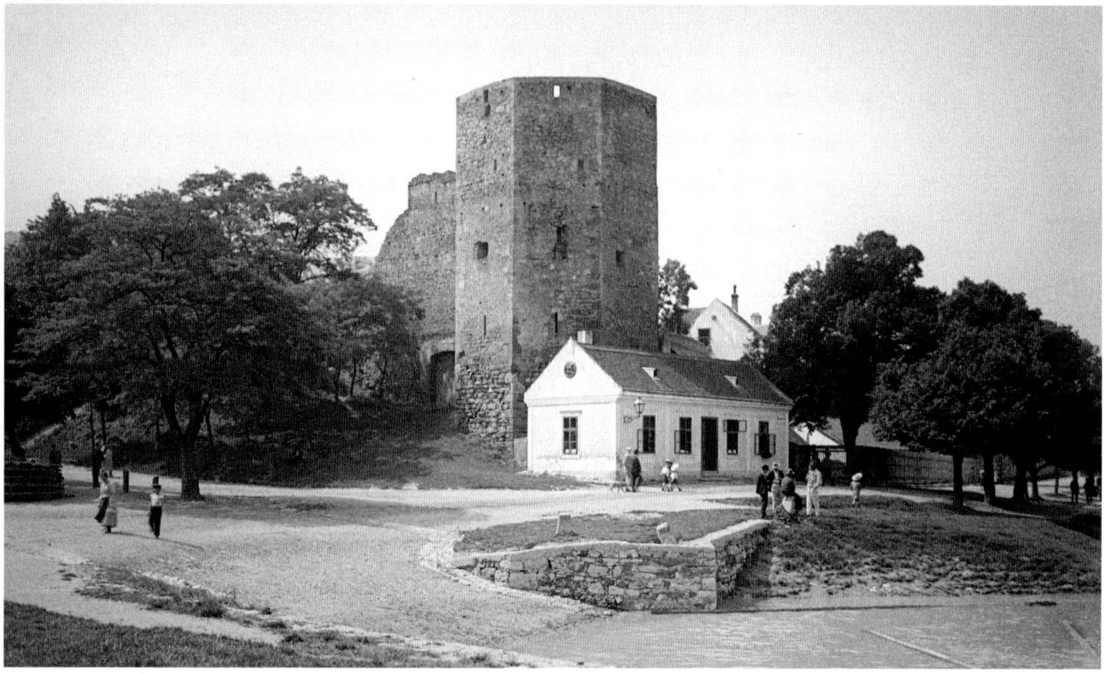

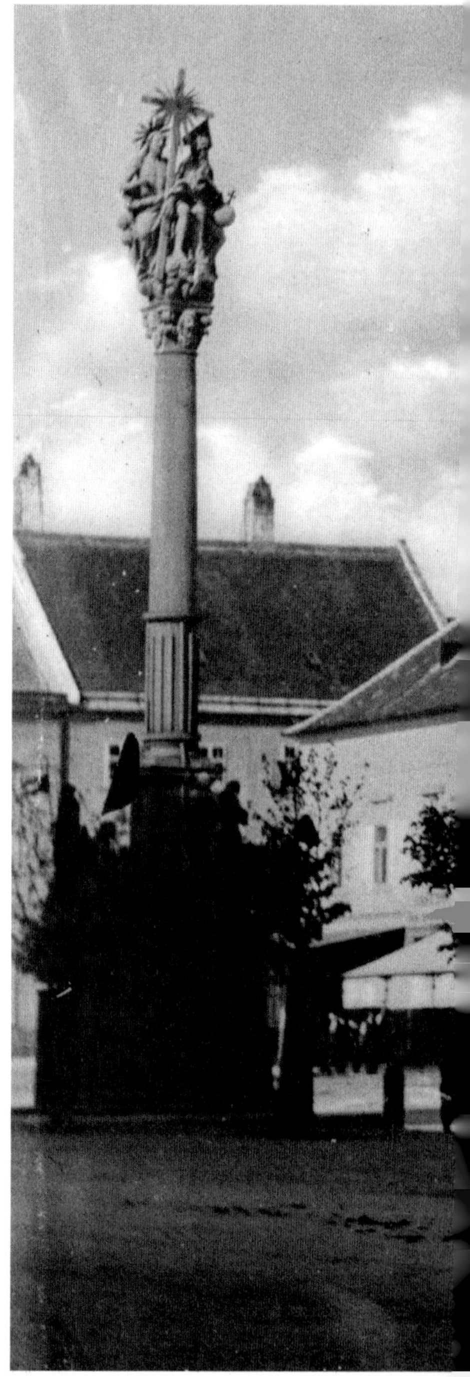

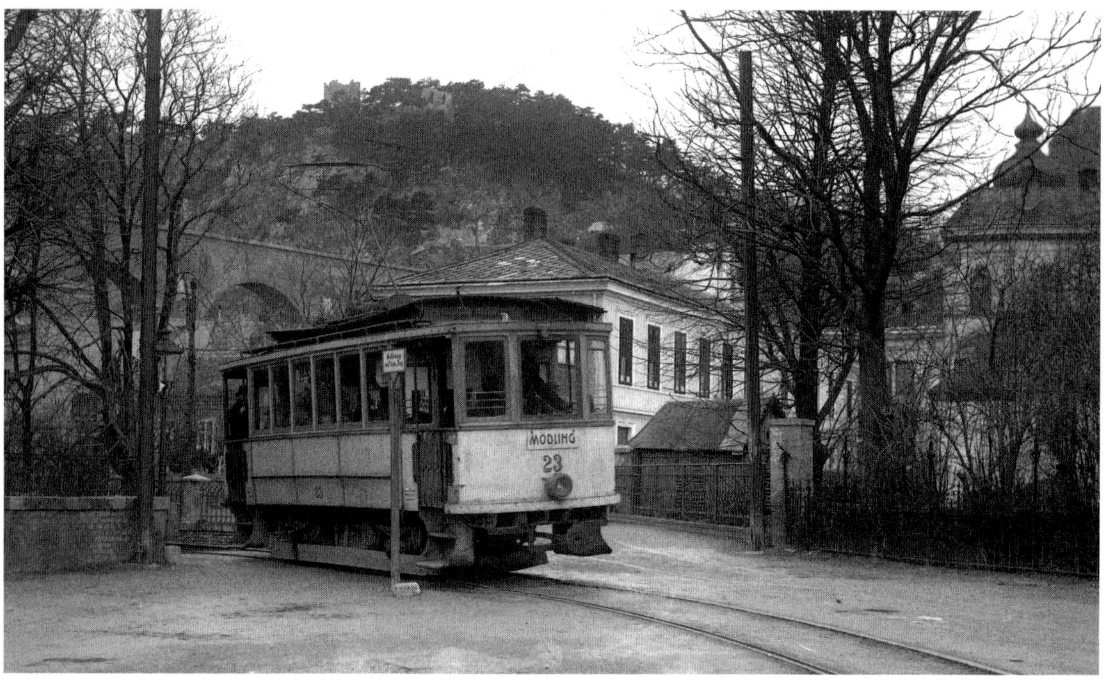

MÖDLING
Straßenbahn aus Richtung
Aquädukt kommend.
Um 1930.

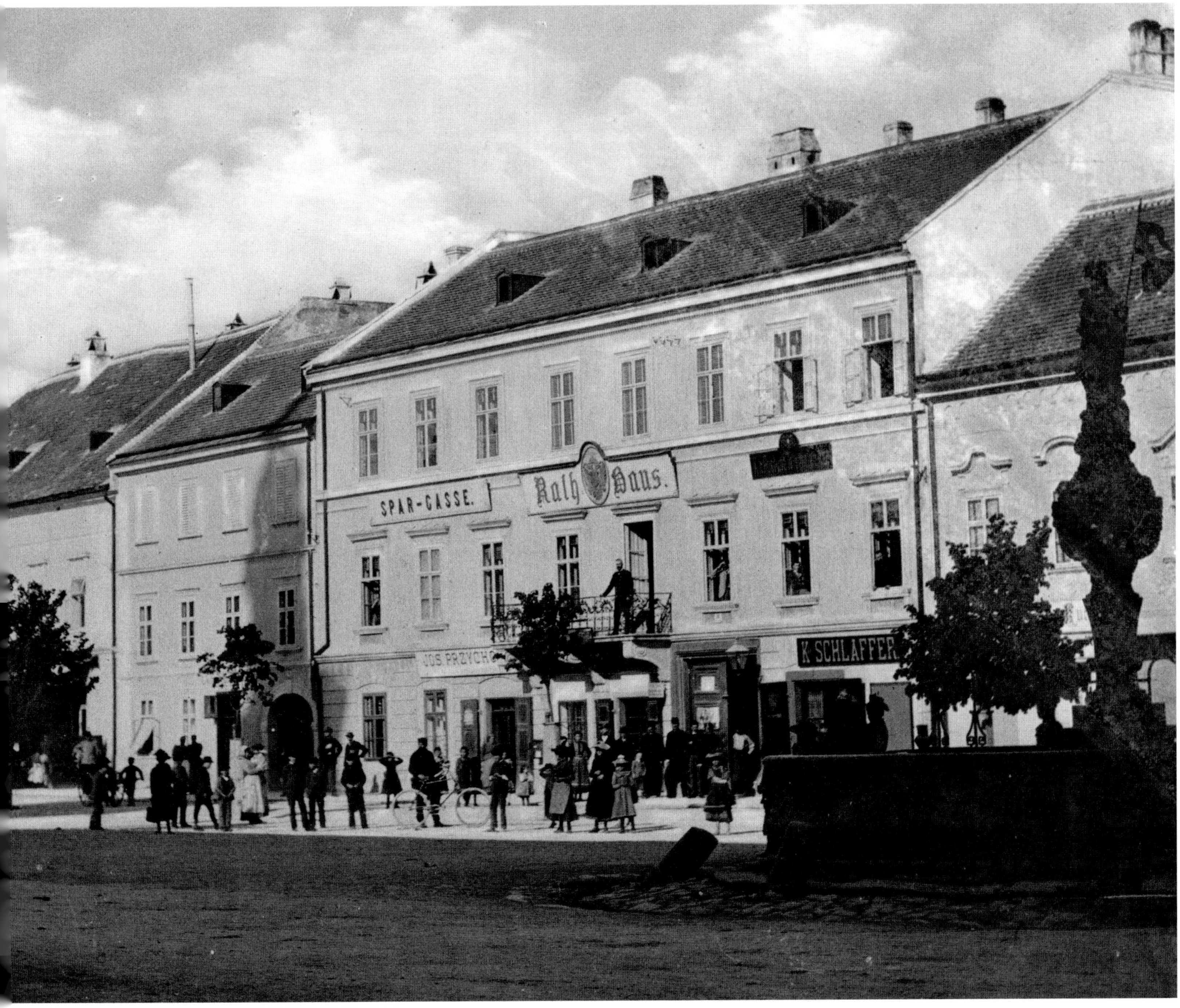

BRUCK AN DER LEITHA
Hauptplatz gegen das Rathaus während eines offiziellen Empfangs.
Um 1900.

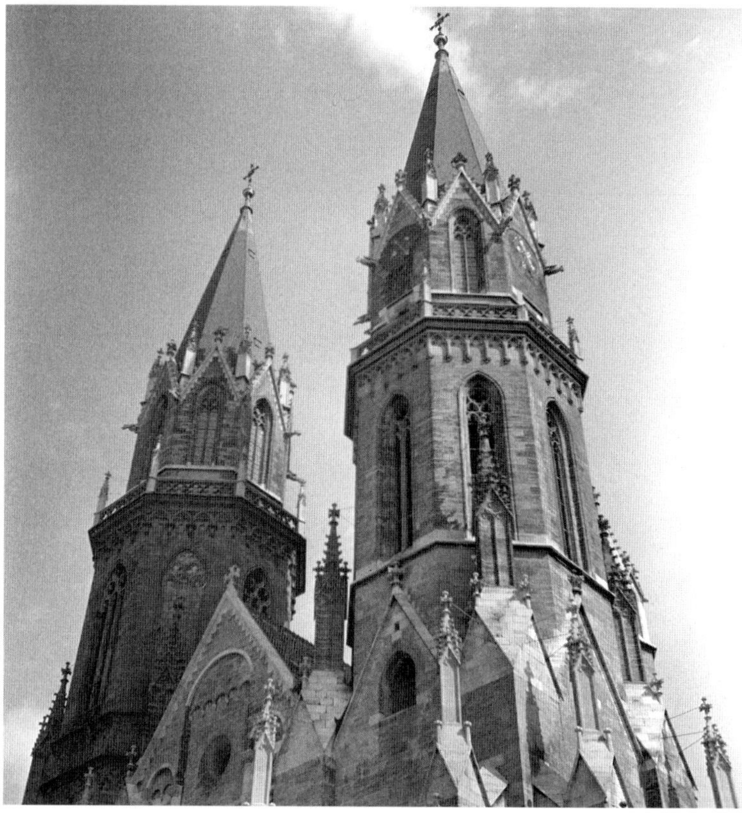

KLOSTERNEUBURG

Türme der Stiftskirche
im Aufblick.
Um 1938.

Kreutzergasse mit Weinhauerhäusern im Durchblick gegen die Türme der Stiftskirche.
Um 1900.

Rathausplatz im Überblick.
Passantenversammlung
um die Immakulata-Säule.
Lichtdruckfilm um 1900.

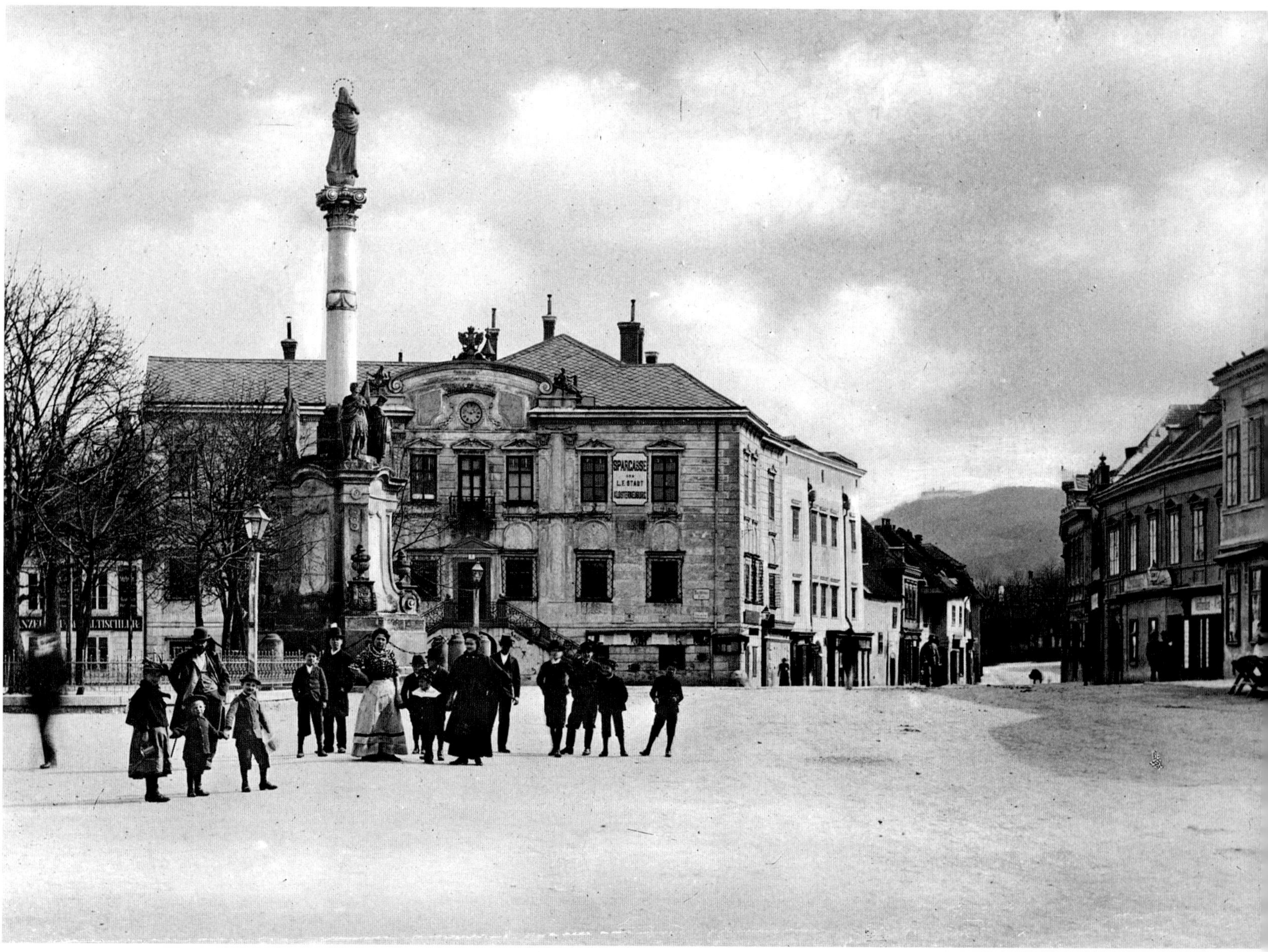

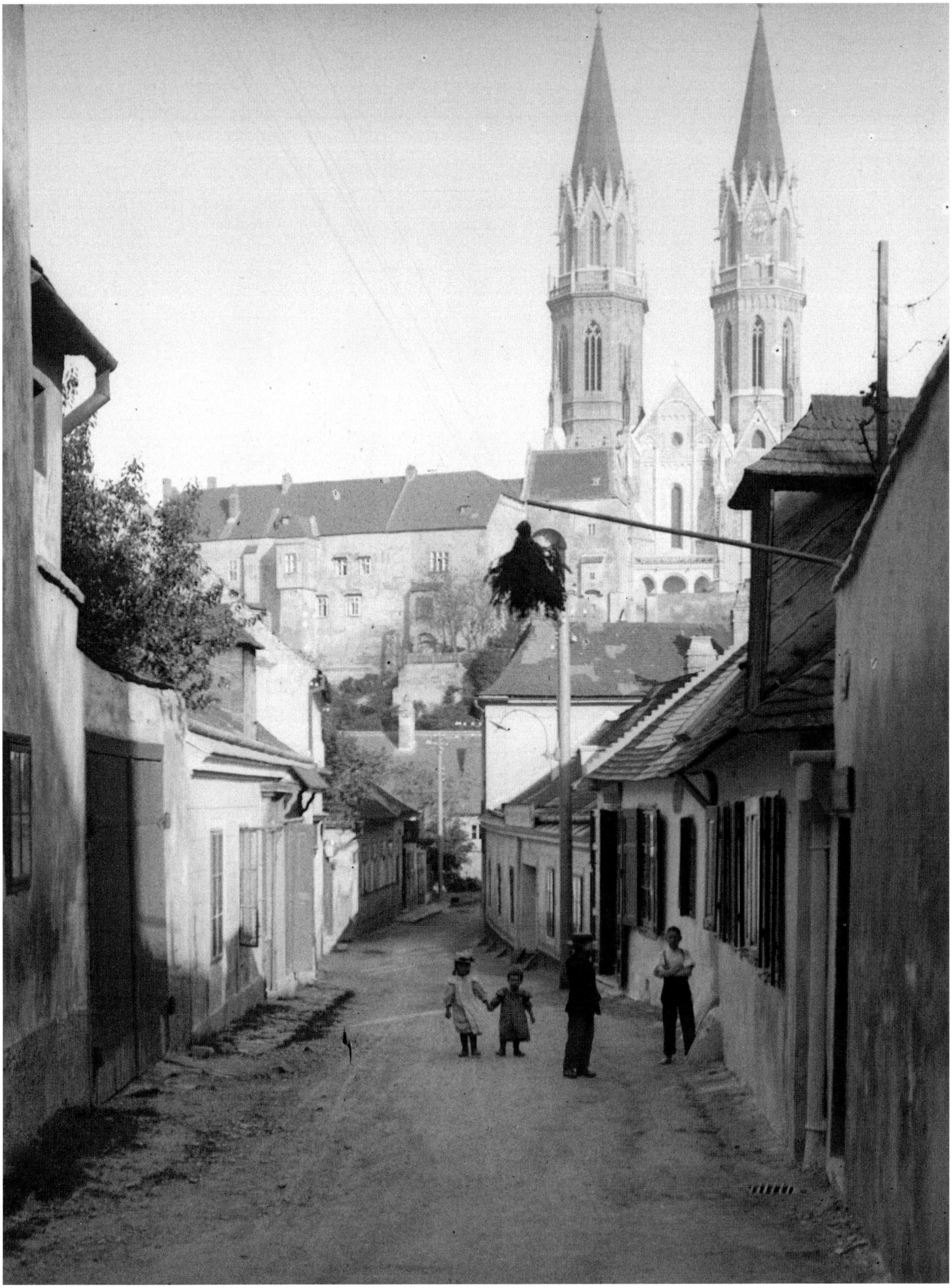

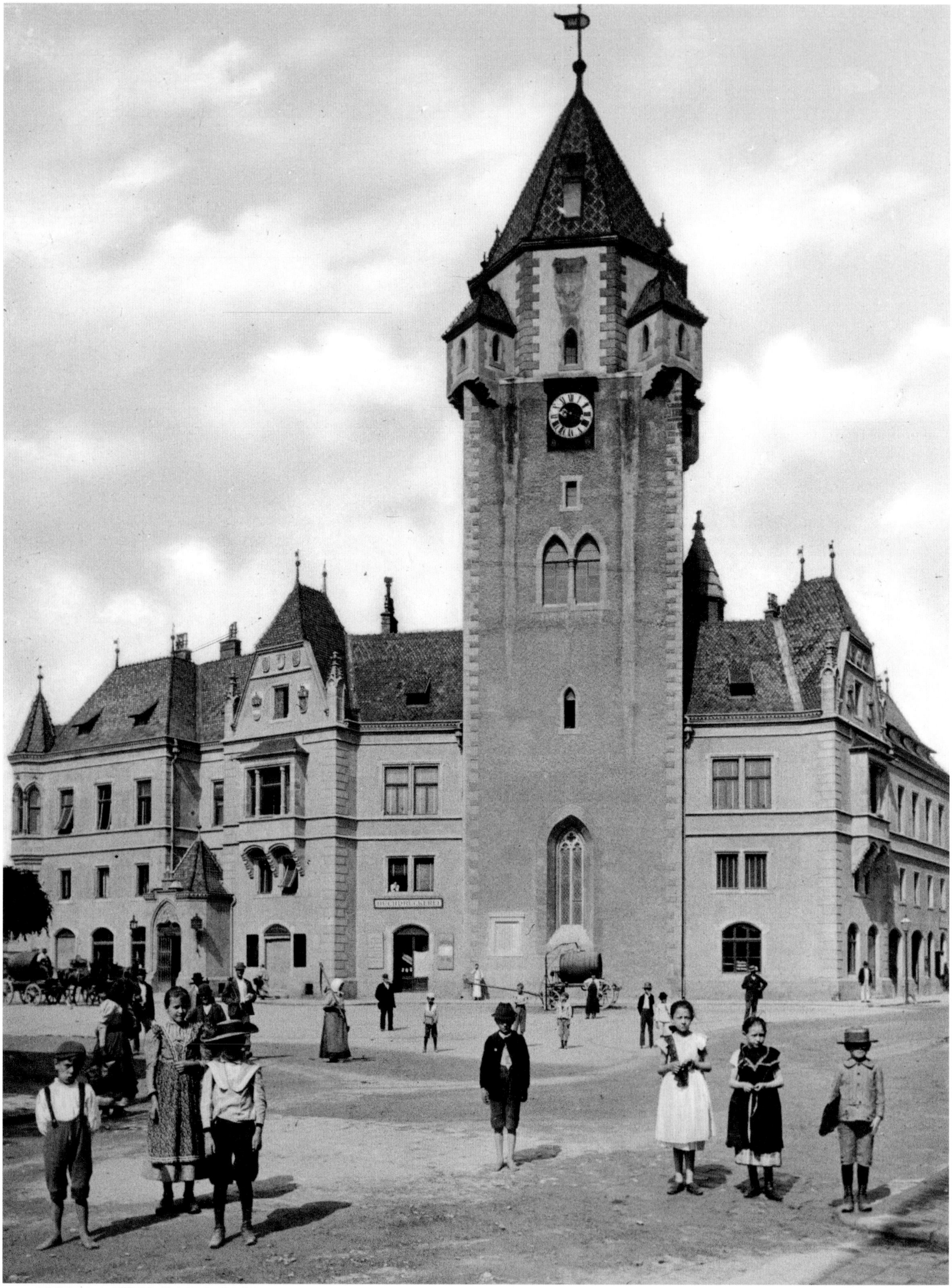

KORNEUBURG
Stadtturm und Rathaus
auf dem Hauptplatz.
Kinder posieren
für den Fotografen.
Um 1900.

KLOSTERNEUBURG
Kindergruppe im Fischertor.
Mai 1924.

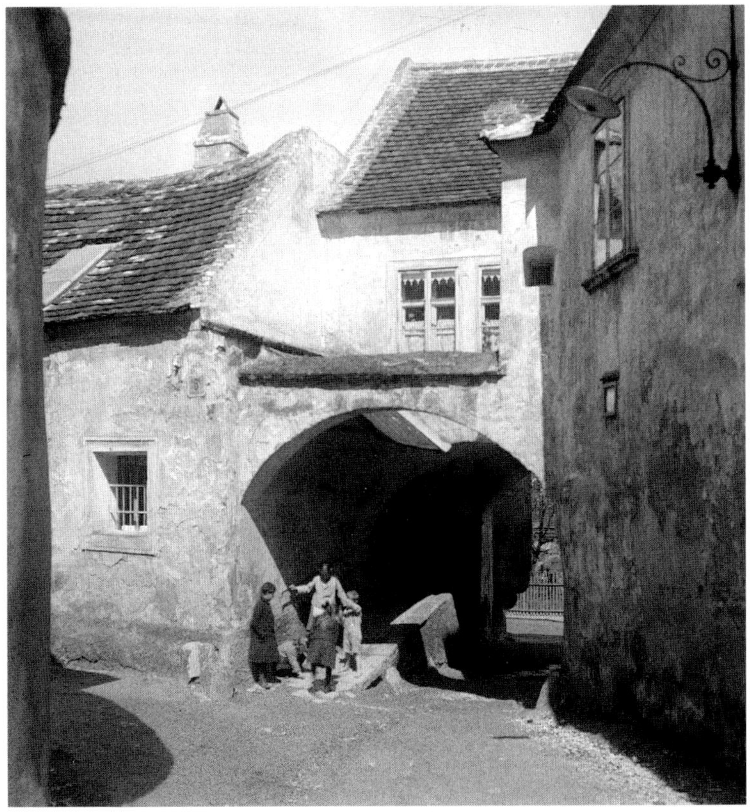

KORNEUBURG
Hauptplatz mit Dreifaltig-
keitssäule, eingerüstetem
Rathaus und Stadtturm
im Hintergrund.
Karl Möhsl. 1895.

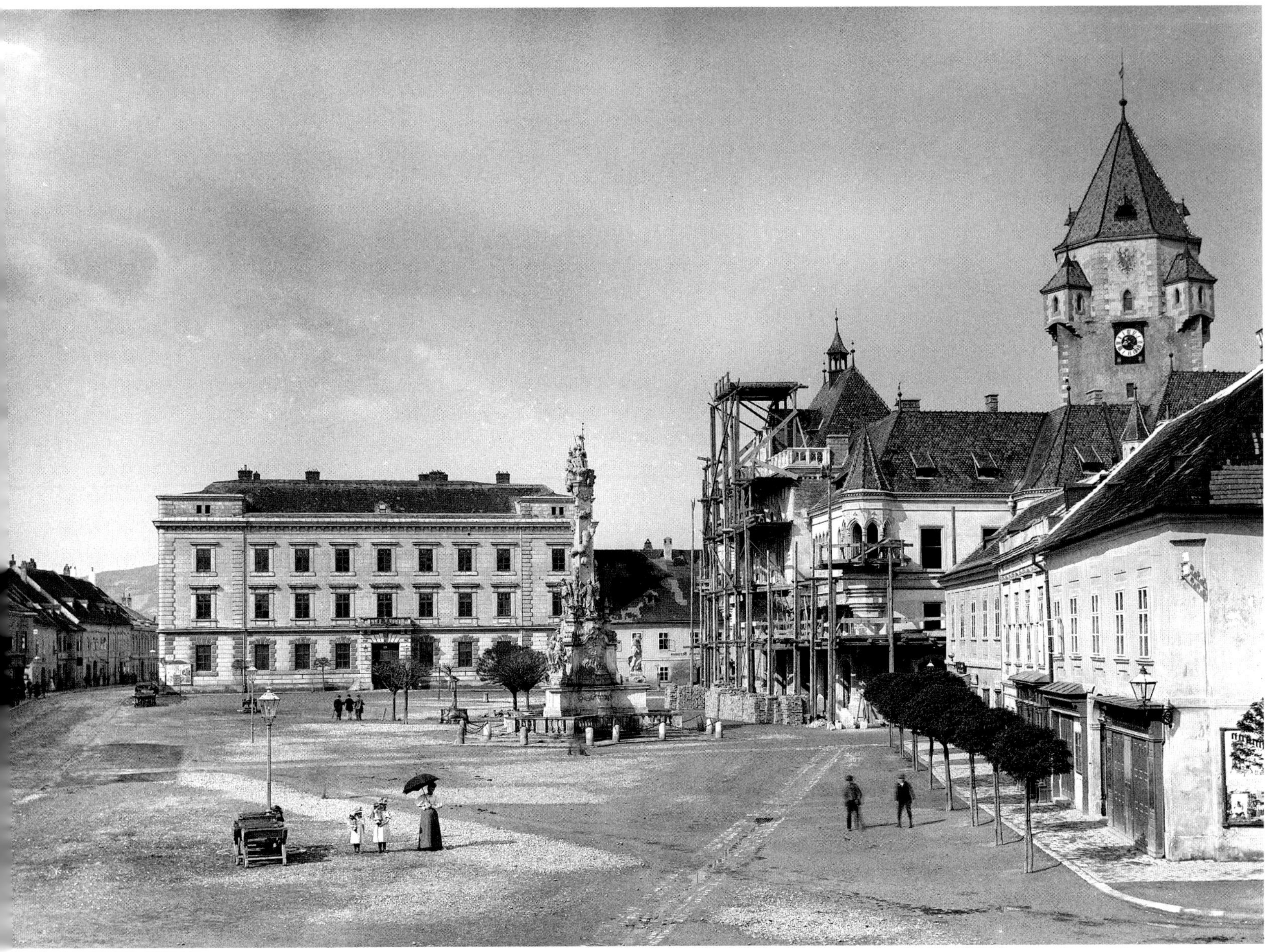

KLEINSTÄDTE IM WEINVIERTEL

Hollabrunn.
Blick über den Hauptplatz
gegen die Pfarrkirche.
1931.

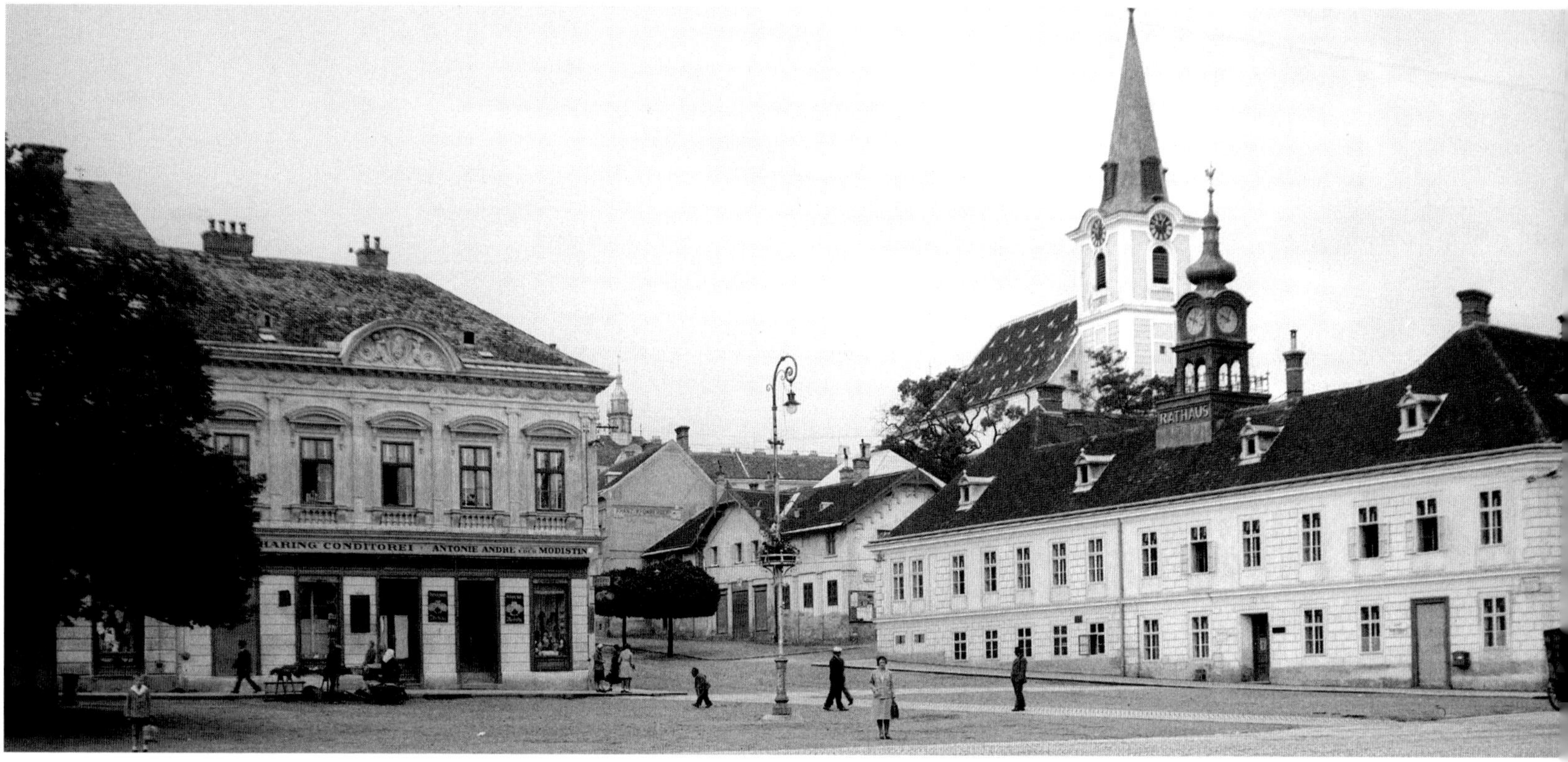

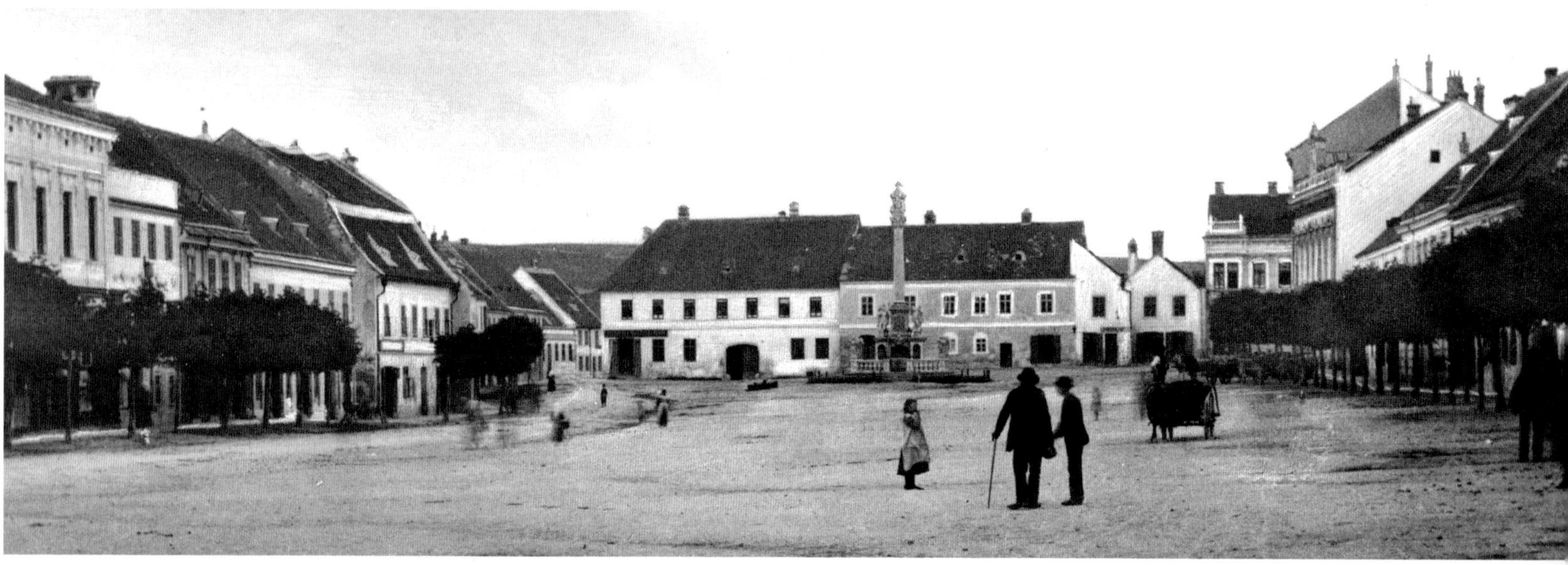

Mistelbach.
Blick über den ungepflasterten
Hauptplatz gegen das Rathaus.
Lichtdruckfilm um 1900.

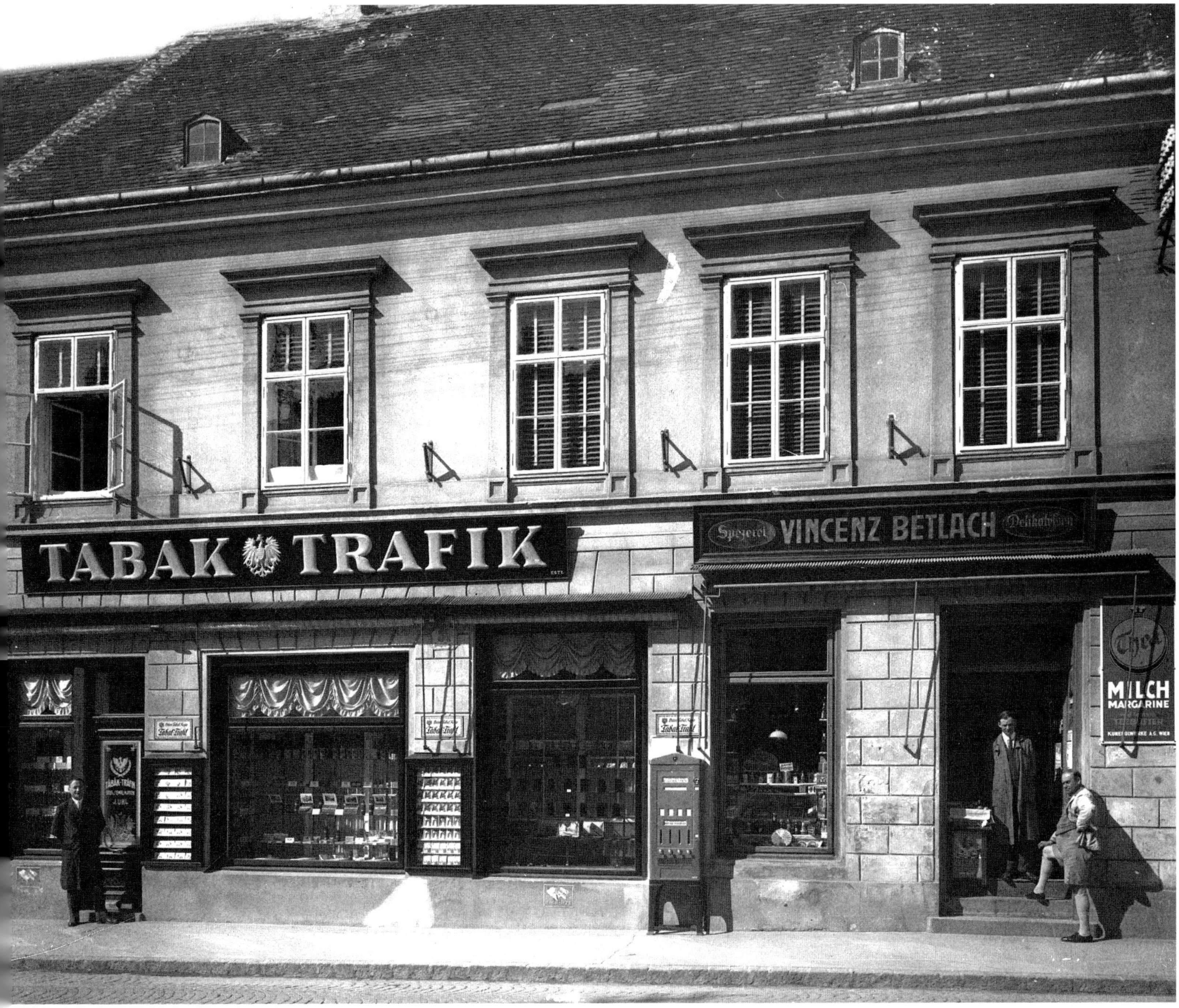

Stockerau.
Geschäftsfassade der Tabak-
Trafik in der Hauptstraße.
Um 1937.

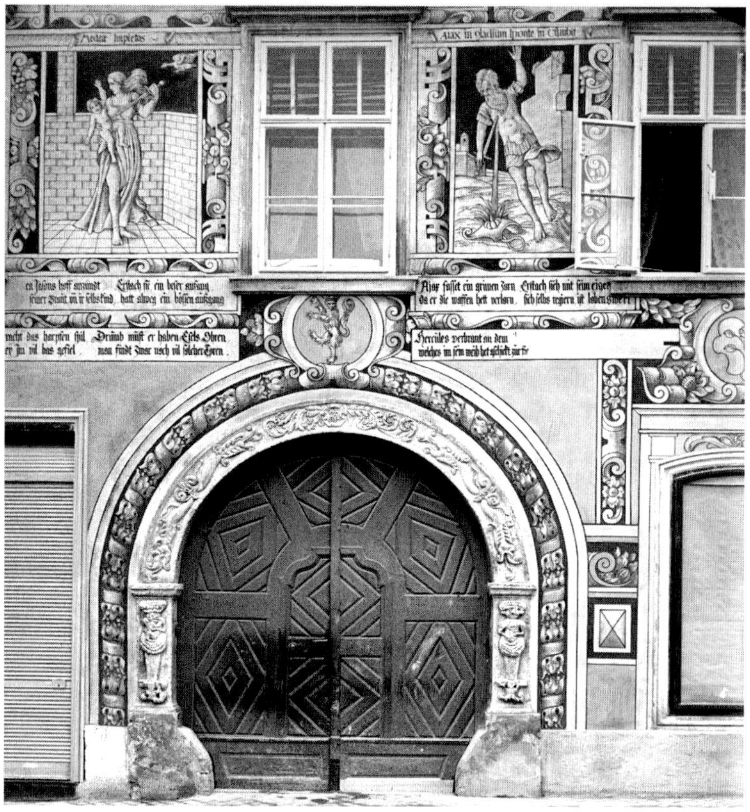

RETZ

Sgraffitohaus (erbaut 1576)
am Hauptplatz.
Portal mit Fassadendetails.
Um 1925.

Verderberhaus. Ansicht
über den Hauptplatz.
Um 1925.

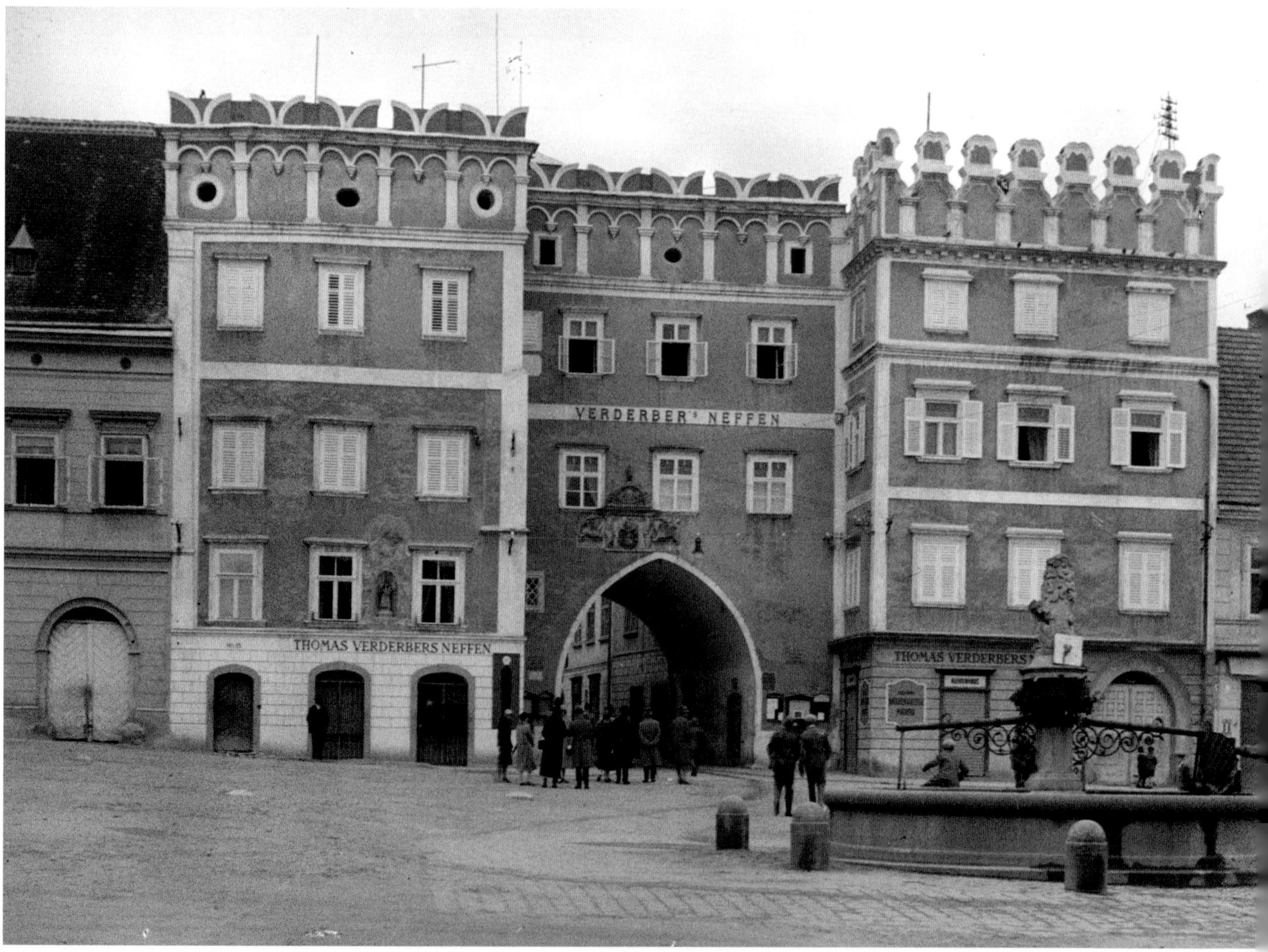

Portal am Eingang in das Karlstal mit Spaziergängerin. Karl Möhsl. 1896.

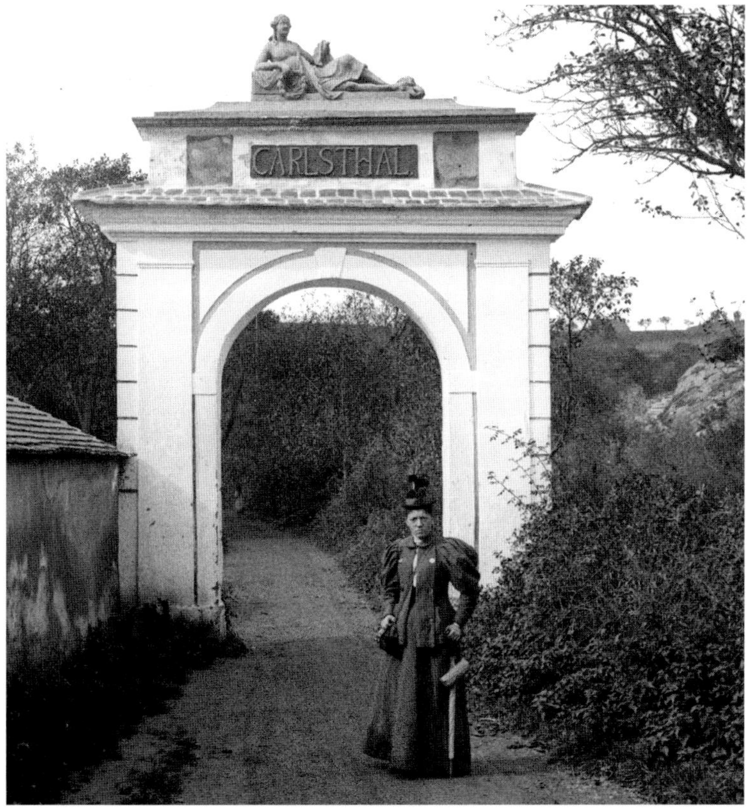

Hauptplatz gegen Mariensäule und Pfarrkirche. Verkaufstisch und Fuhrwerk an einem Wochentag. 1931.

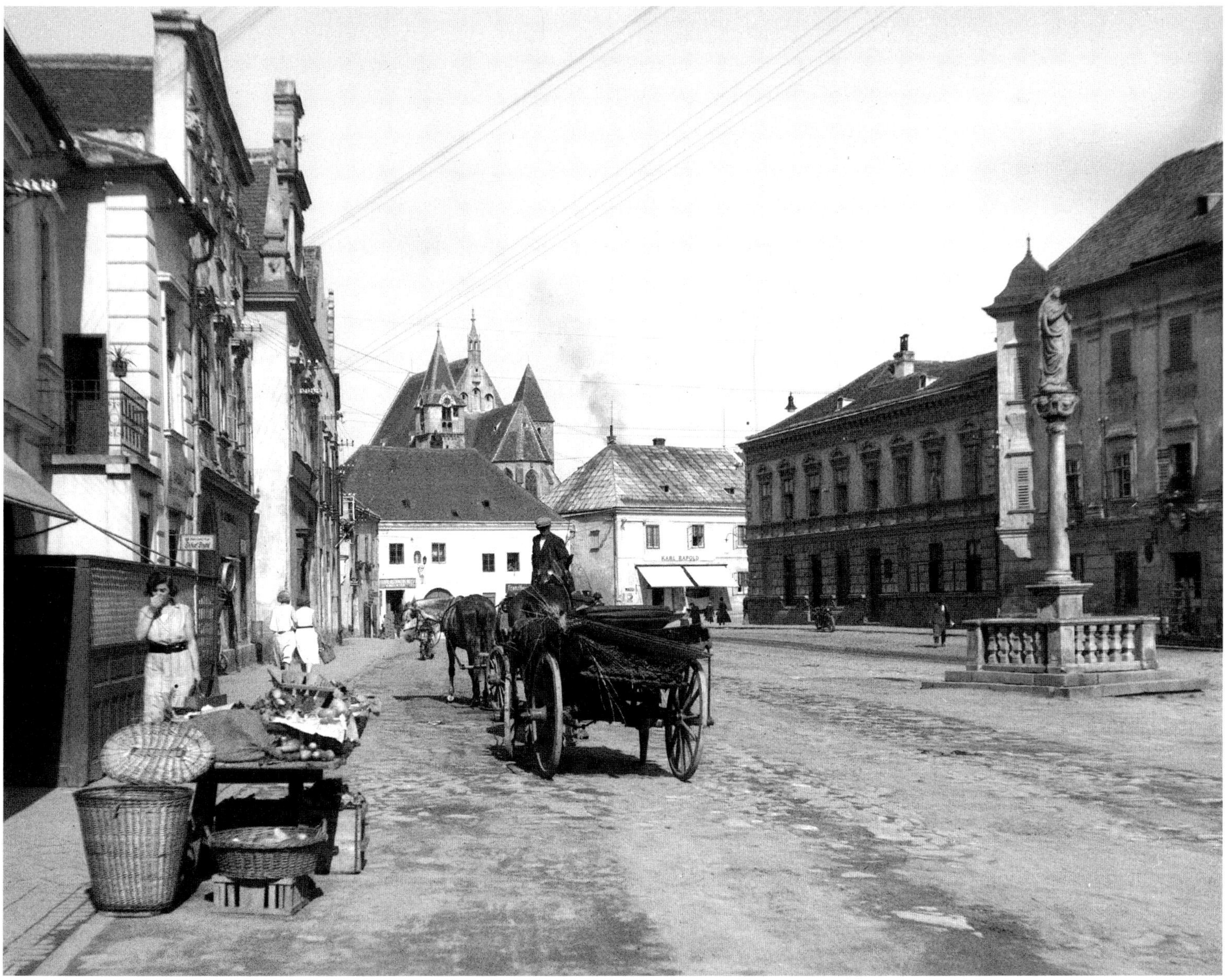

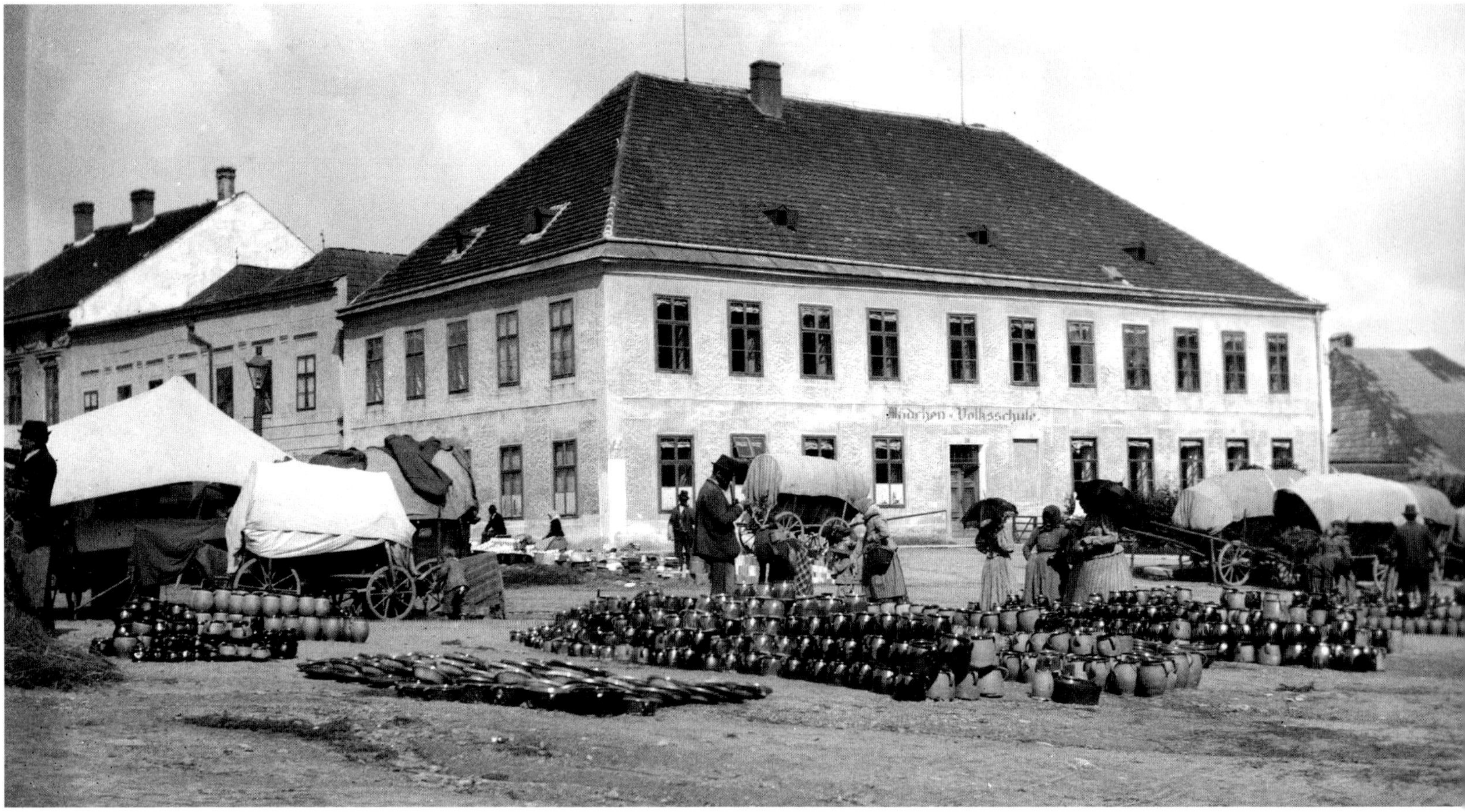
Mädchen-Volksschule

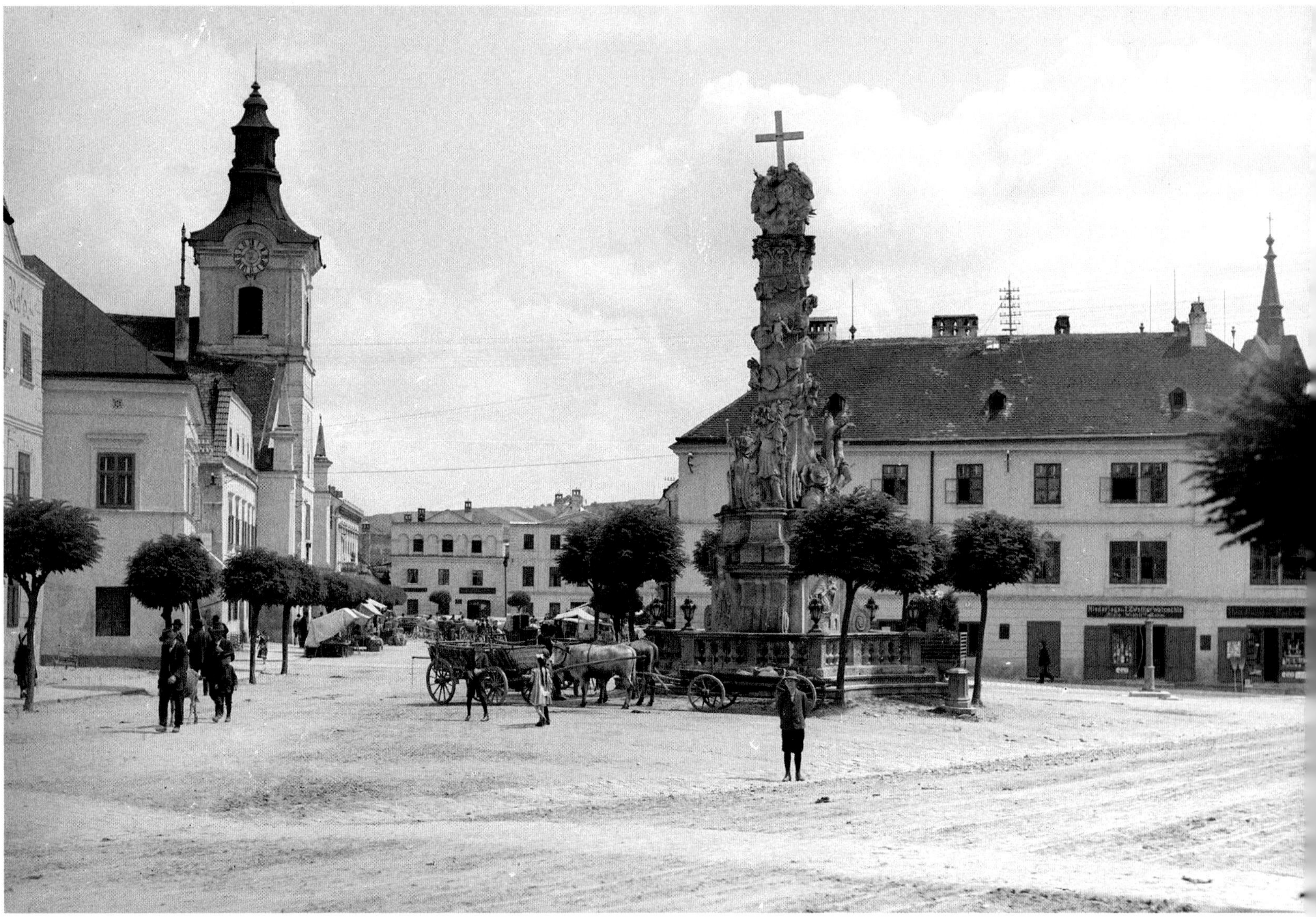

Links:
Jahrmarkt in Gmünd.
Töpfereihändler
vor der Volksschule.
Um 1910.

Rechts:
Waidhofen an der Thaya.
Durchblick zum Rathaus
und zur Pfarrkirche
(von O).
1931.

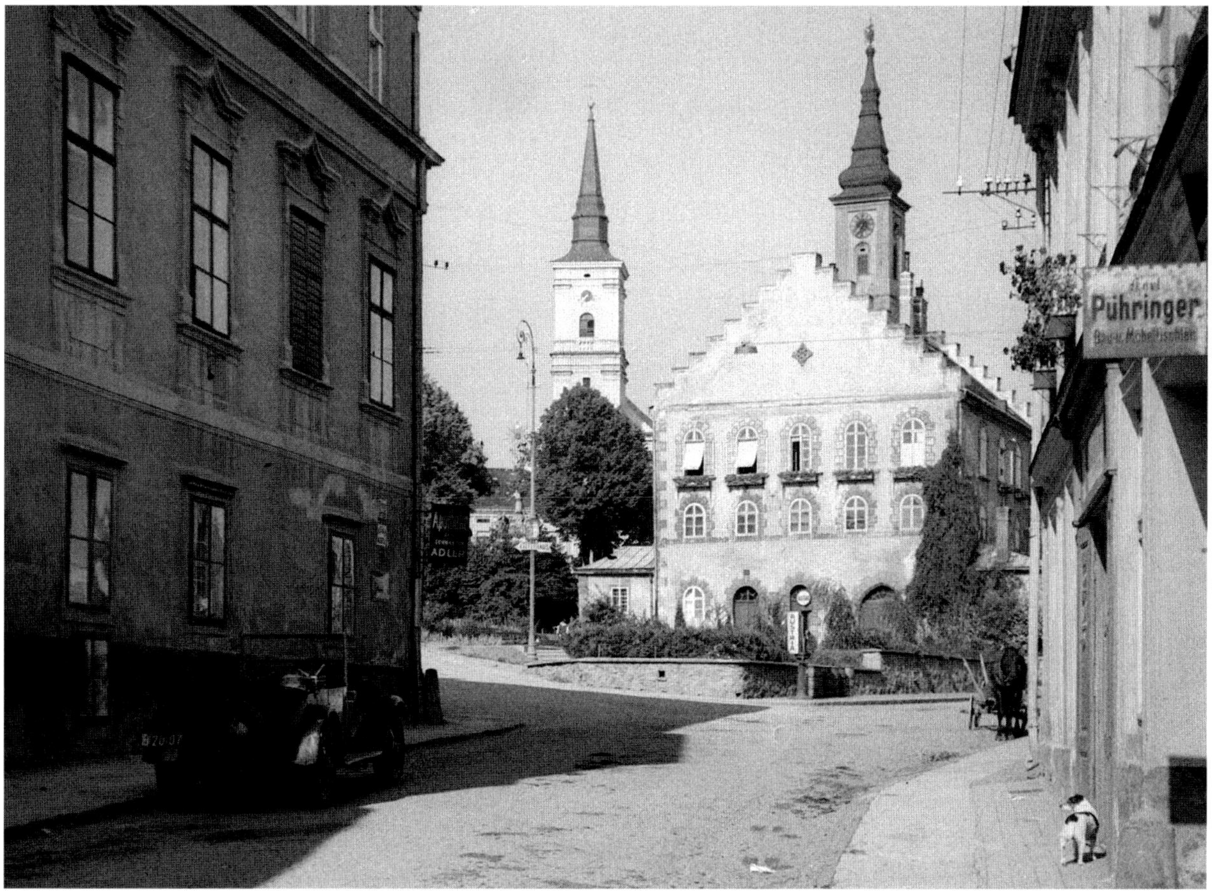

Links:
Zwettl.
Hauptplatz mit
Pestsäule.
Karl Möhsl. Juli 1913.

Rechts:
Horn.
Straßenbild mit Floriani-
brunnen und Georgs-
kirche im Hintergrund.
Um 1910.

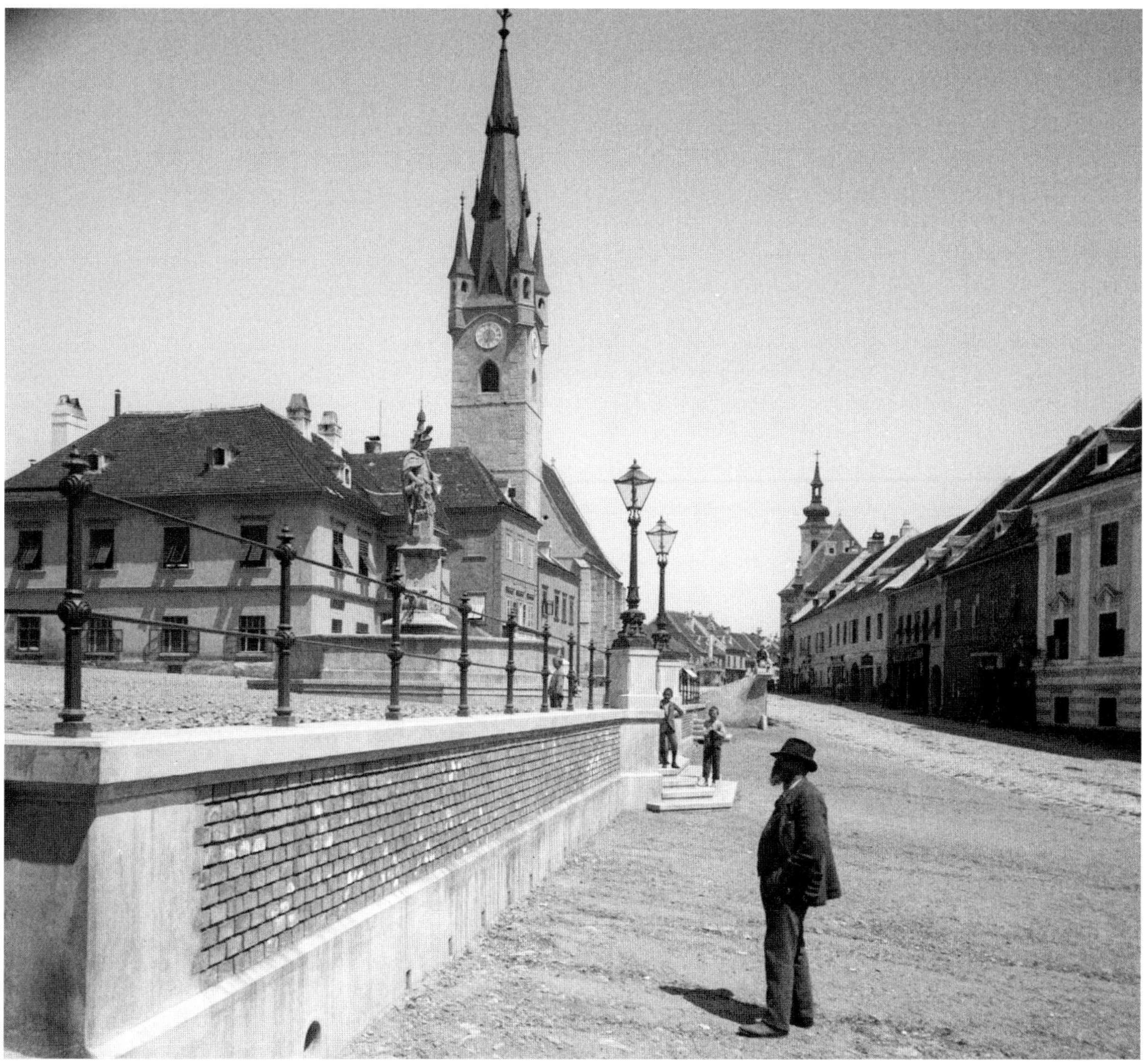

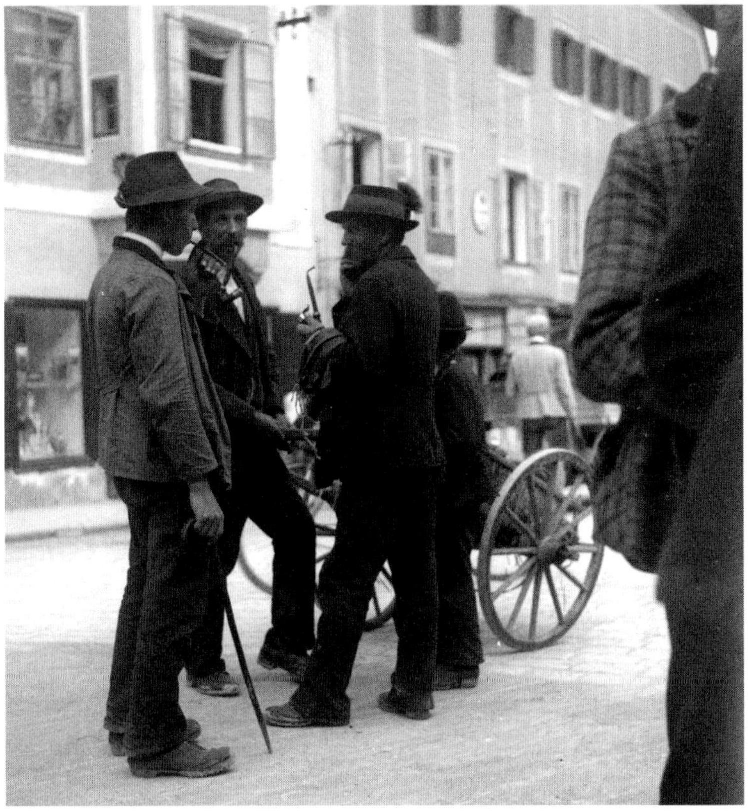

WAIDHOFEN
AN DER YBBS

Bauern am Wochenmarkt.
Um 1920.

Ybbsturm mit Tor. Blick
aus der Ybbsitzer Straße.
Um 1920.

Gässchen mit Blick auf
die Zeller Hochbrücke.
Um 1937.

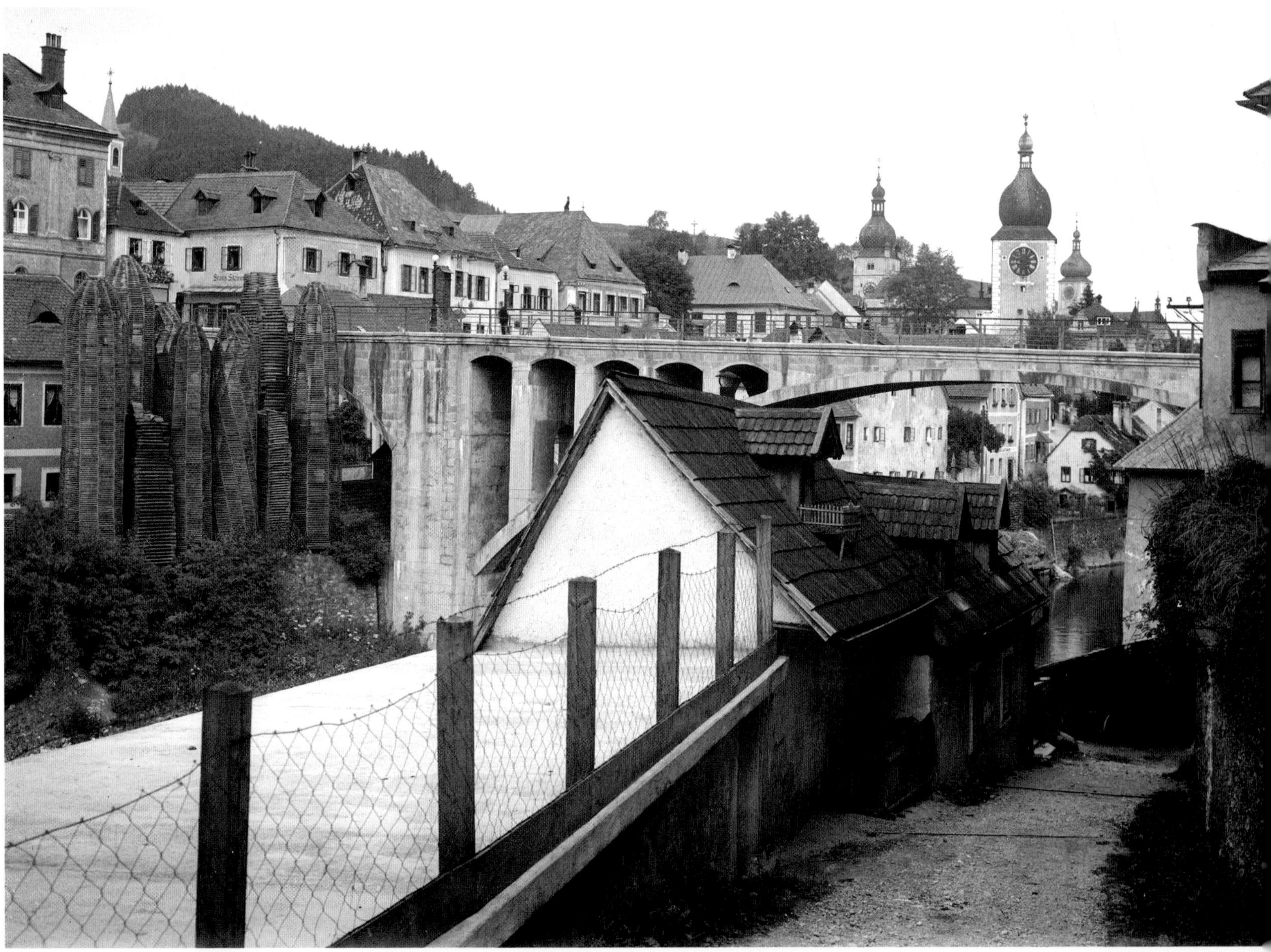

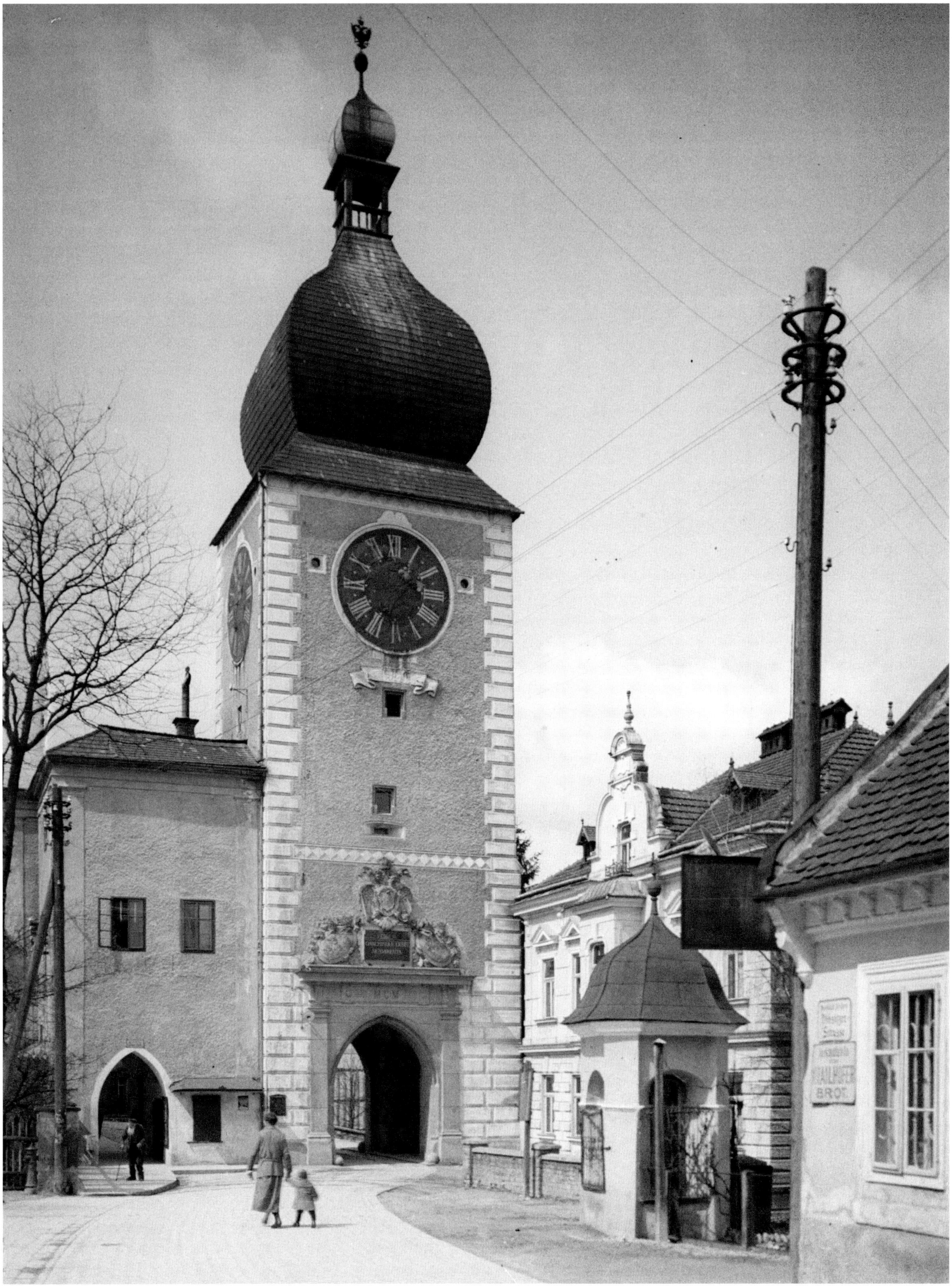
BROT

TULLN

Blutgasse mit Pferdefleischhauer.
Durchblick in Richtung Kirchengasse
mit unterwölbtem Verbindungsgang.
Um 1910.

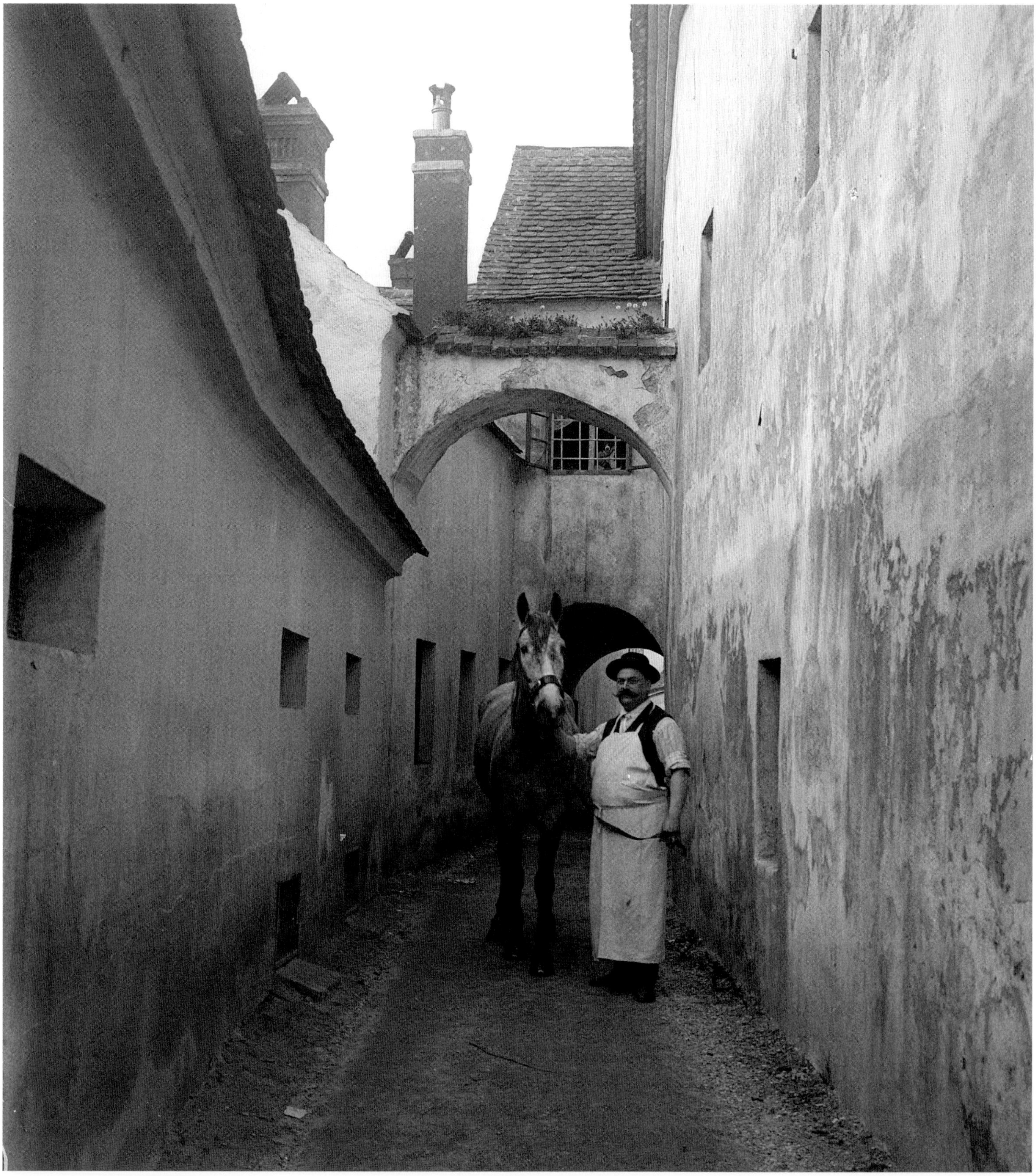

Hauptplatz. Blick über Rundzinneneck des Babenbergerhofs gegen die Bezirkshauptmannschaft. 1930.

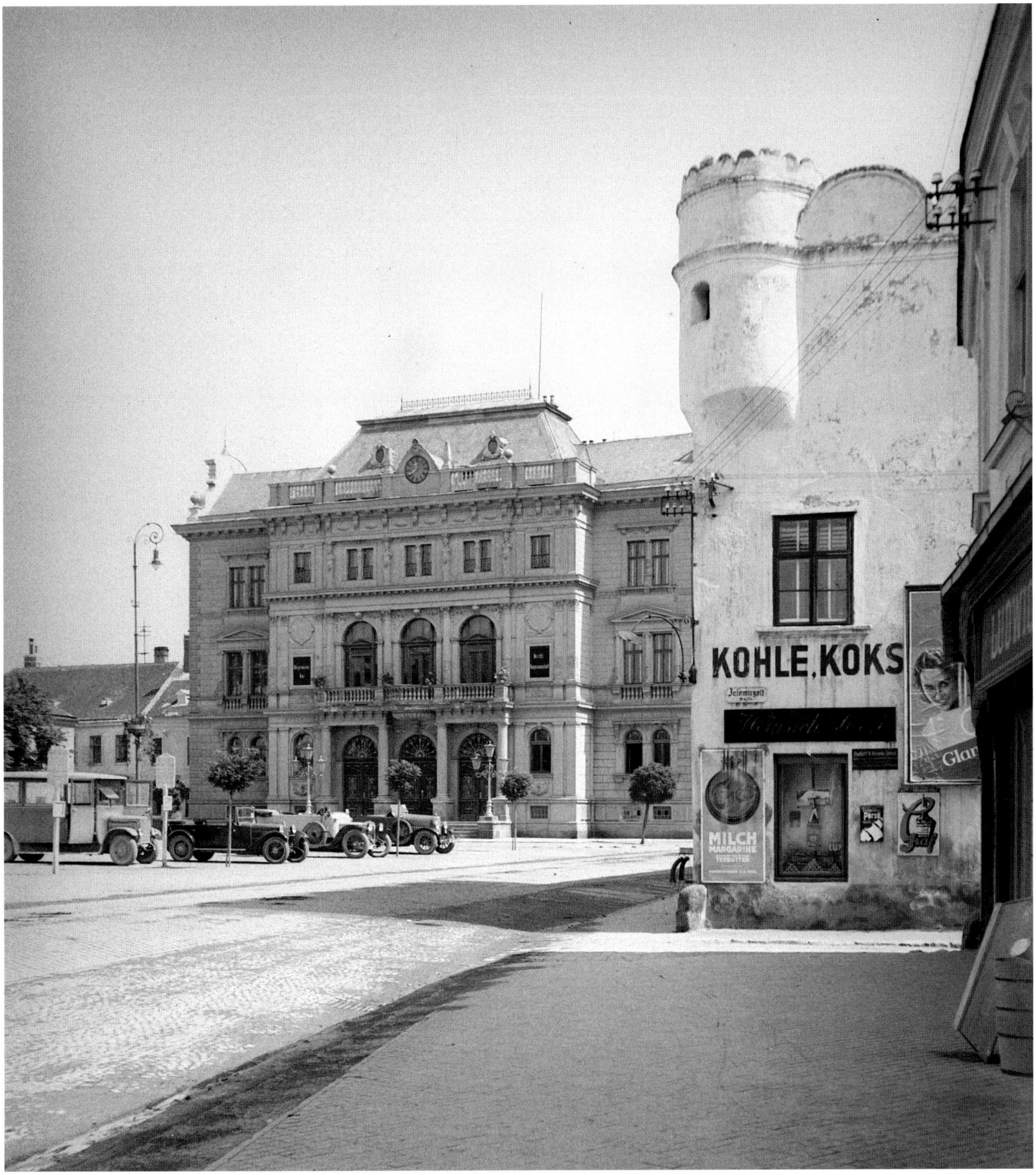

KREMS AN DER DONAU

Pferdemarkt vor der Pionierkaserne.
Karl Möhsl. 1896.

Unten:
Täglicher Markt. Zeltstandeln und „Schubkarrensitze".
Um 1937.

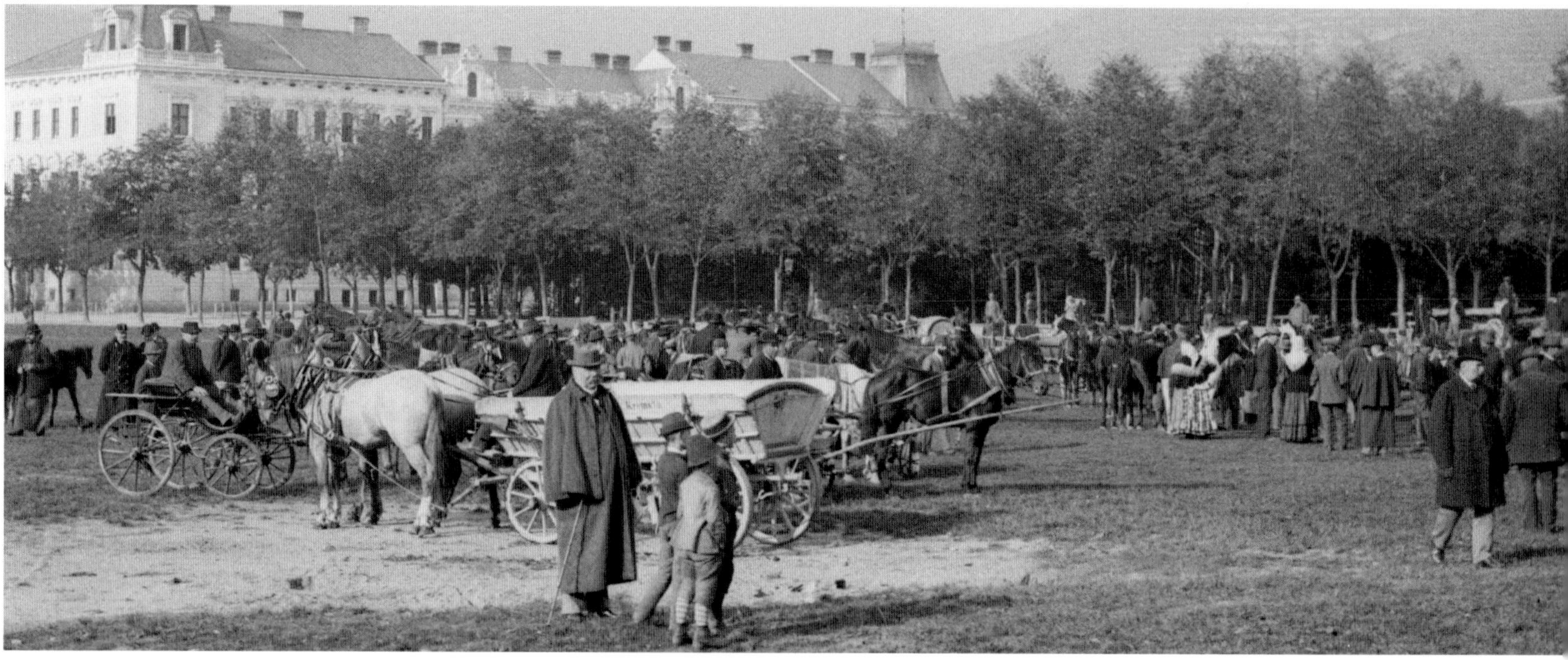

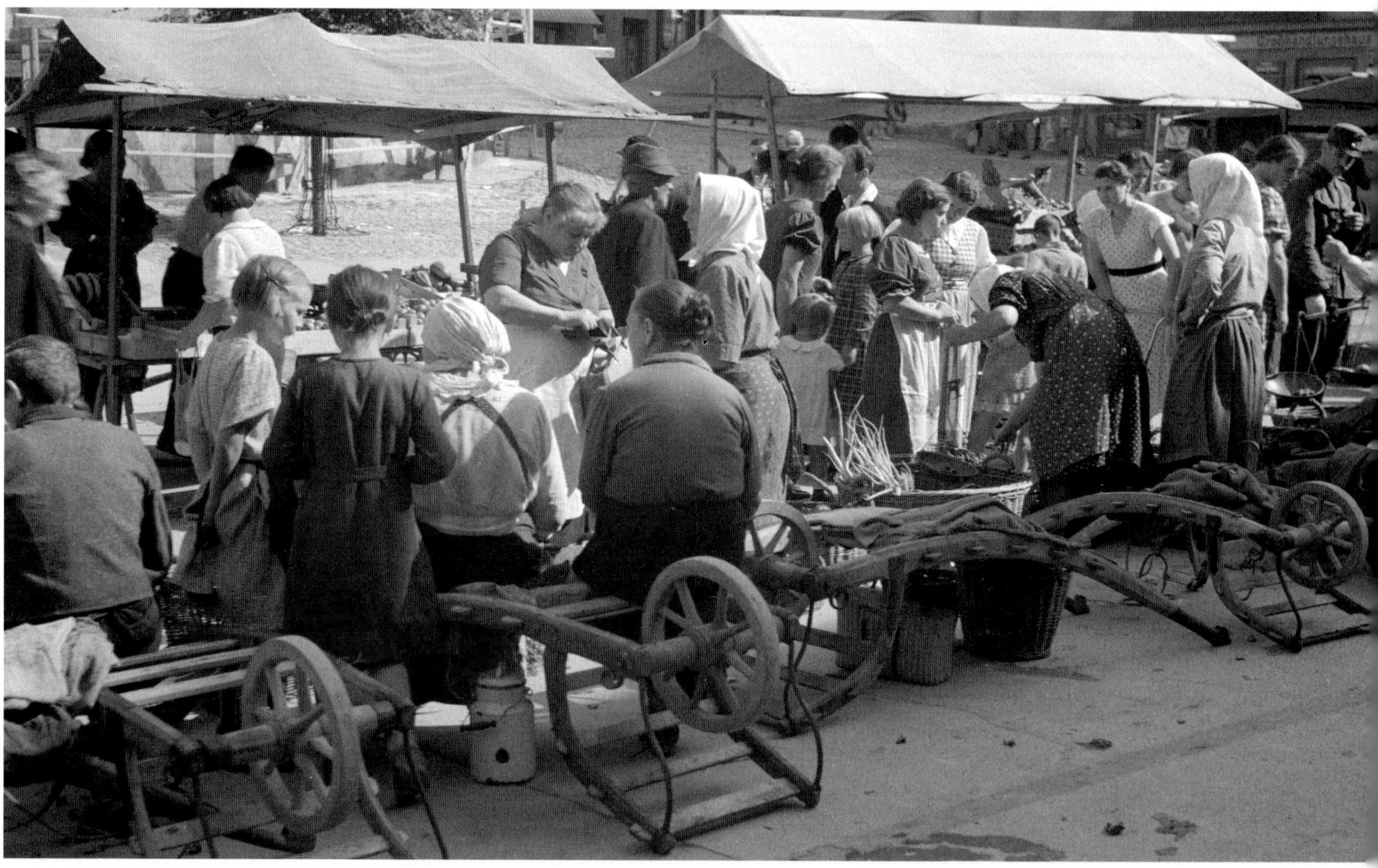

Gendarmerieabteilung beim Einsteigen in den Bereitschaftswagen vor dem Brauhof. Um 1934.

Unten:
Unter der Eisenbahnbrücke (Stahlfachwerk). Natureislaufplatz auf zugefrorenem Donauarm. Um 1910.

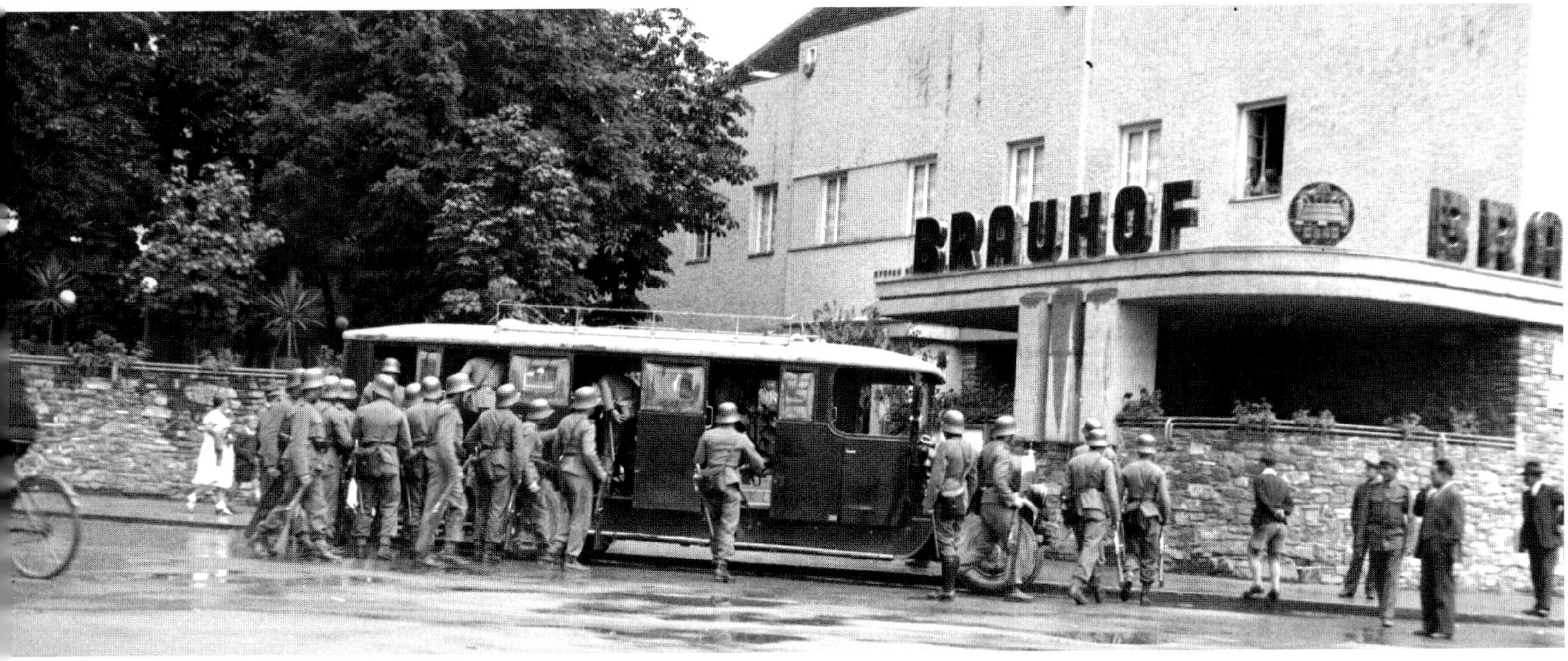

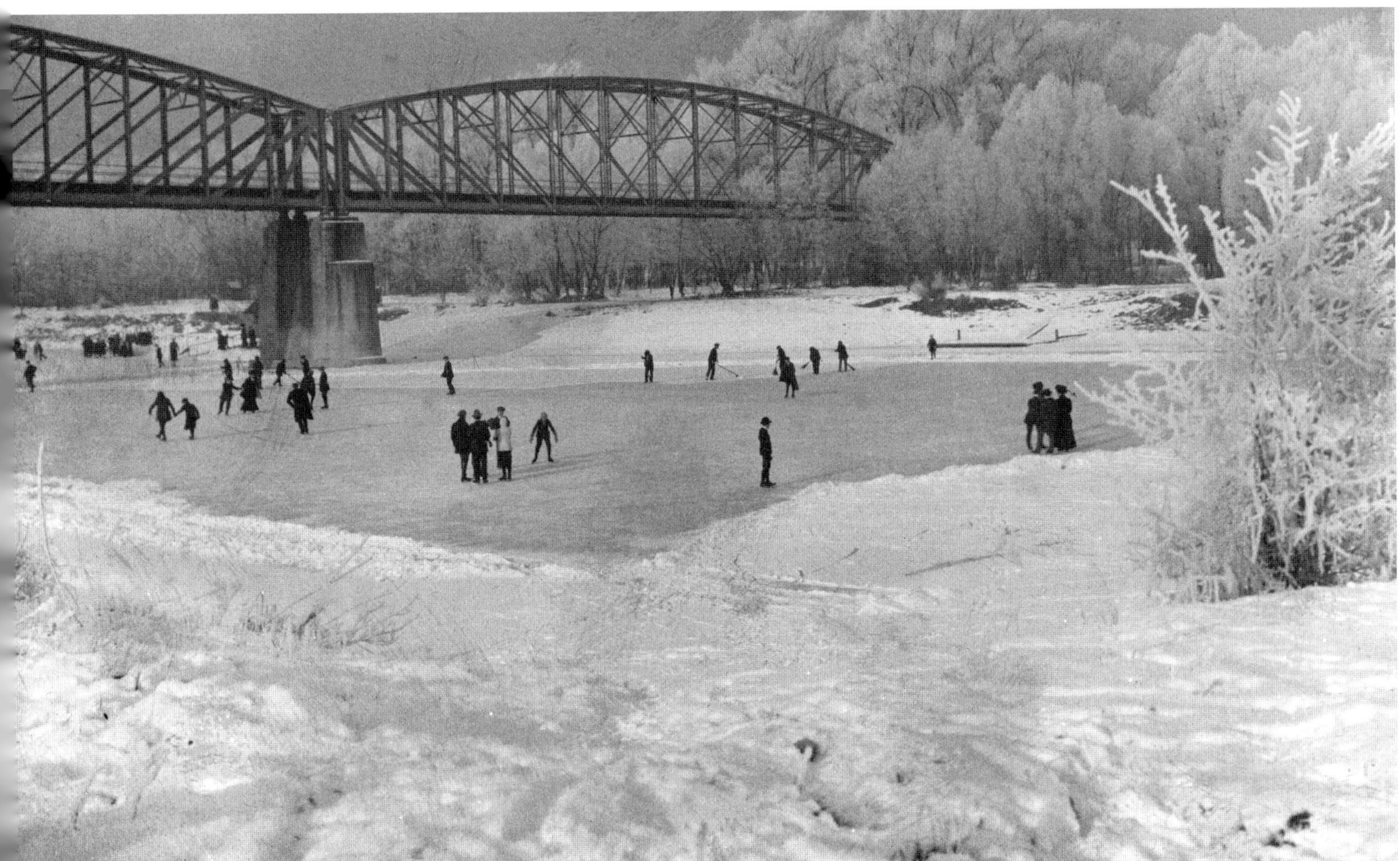

Gegenüberliegende Seite:

Oben links: Steiner Tor. Außenansicht. Um 1910.
Oben rechts. Obere Landstraße gegen das Steiner Tor (von O). Um 1905.
Unten links: Steiner Tor. Außenansicht über den Südtirolerplatz mit sowjetischem Denkmal. 1950.
Unten rechts: Unter der Filialkirche (hl. Matthias) im Weiler Förthof. Um 1910.

KREMS UND STEIN AN DER DONAU

Hochwasser in der Straße
zum Steiner Tor.
Um 1910.

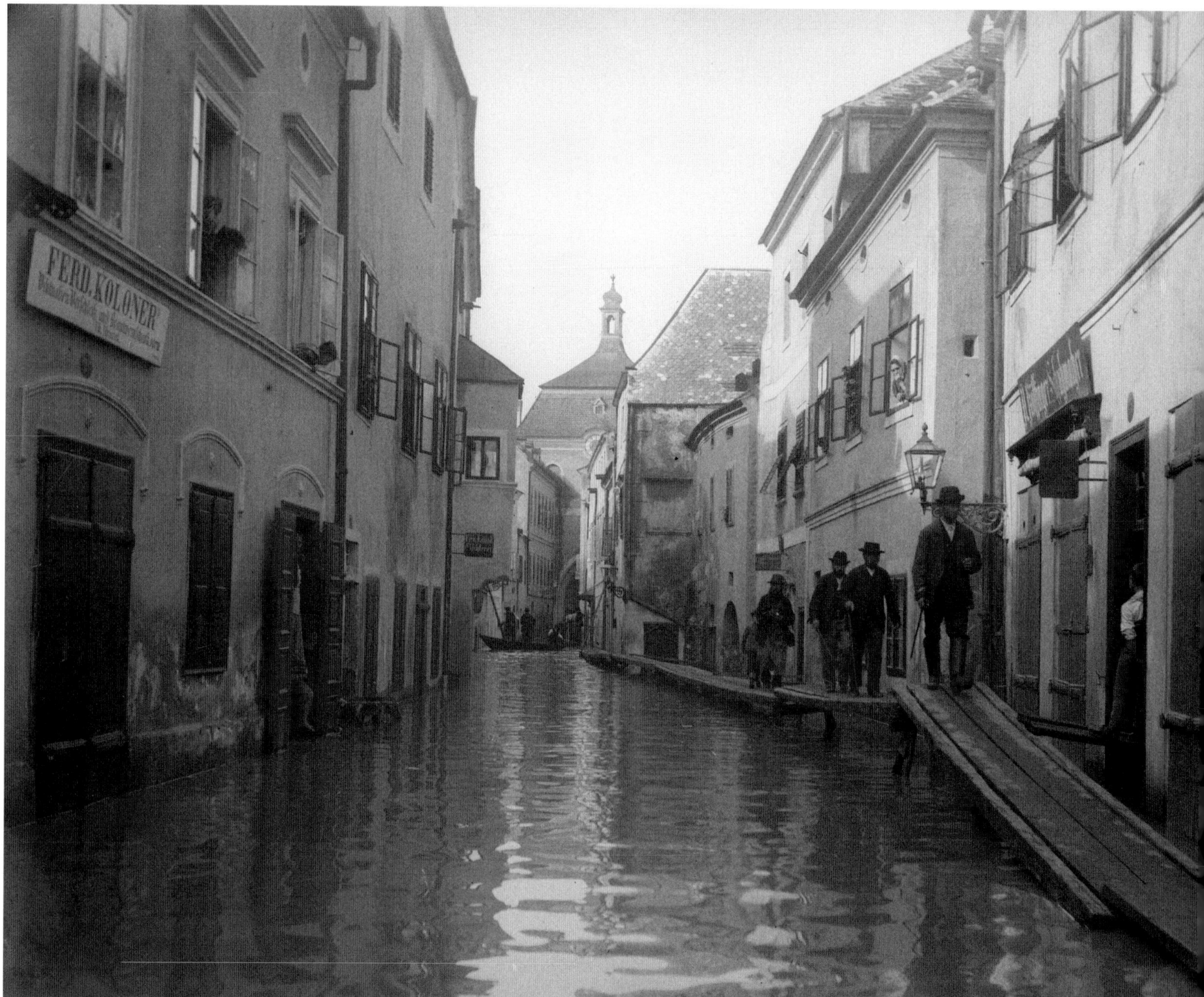

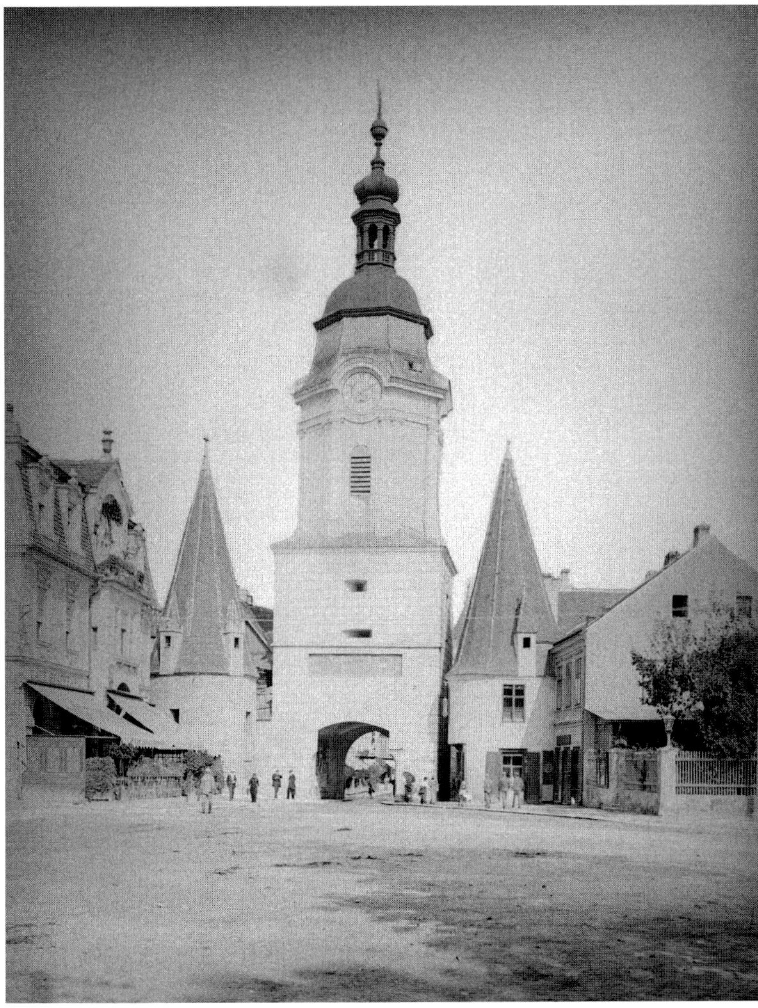

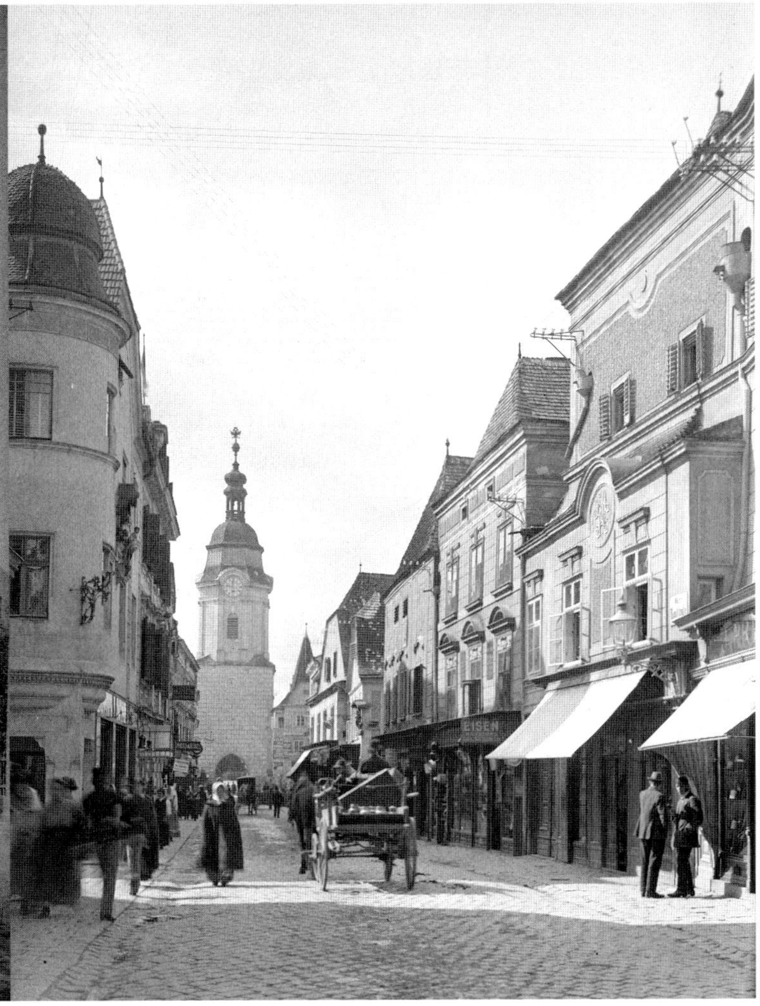
EISEN

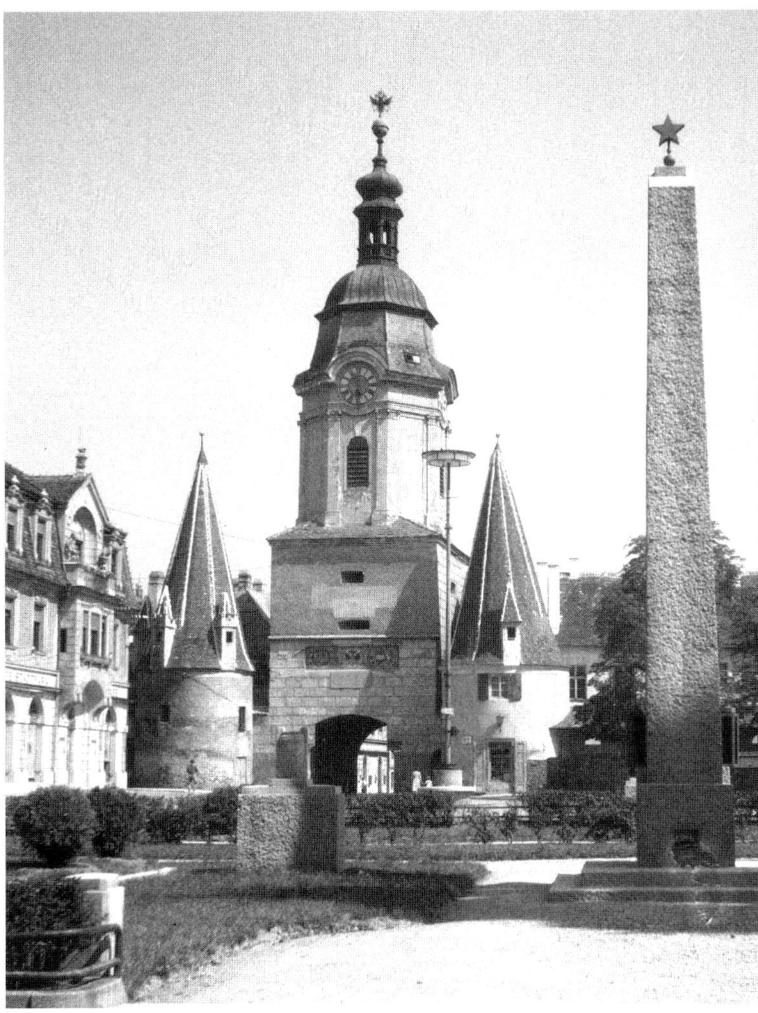

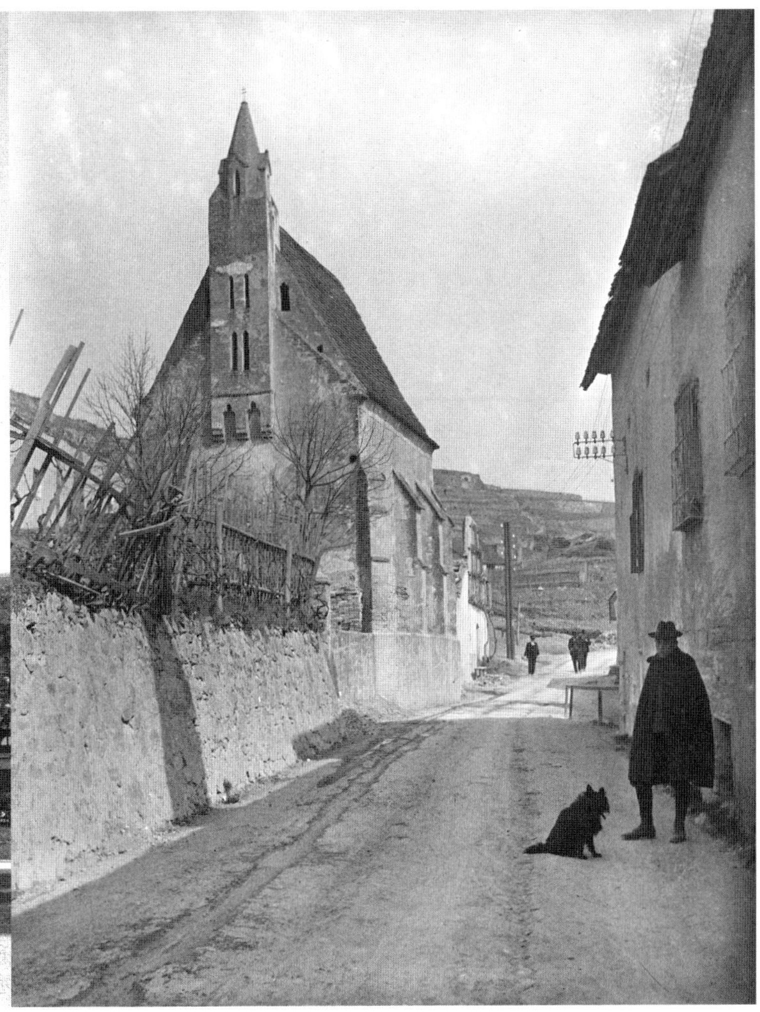

SPITZ AN DER DONAU
Jahrmarkt auf dem Hauptplatz
vor dem Gasthof
„zur großen Kastanie".
Um 1937.

Unten:
WILHELMSBURG
Straßenbild in der
Oberen Hauptstraße.
Um 1912.

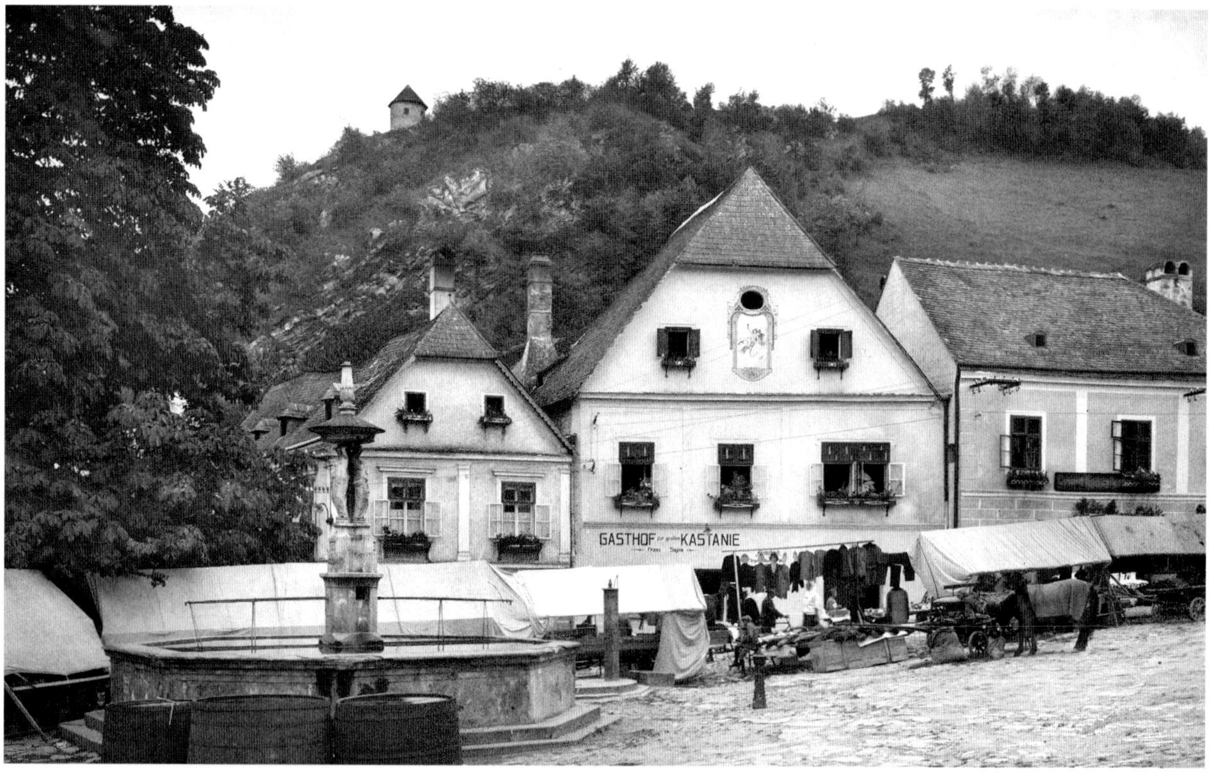

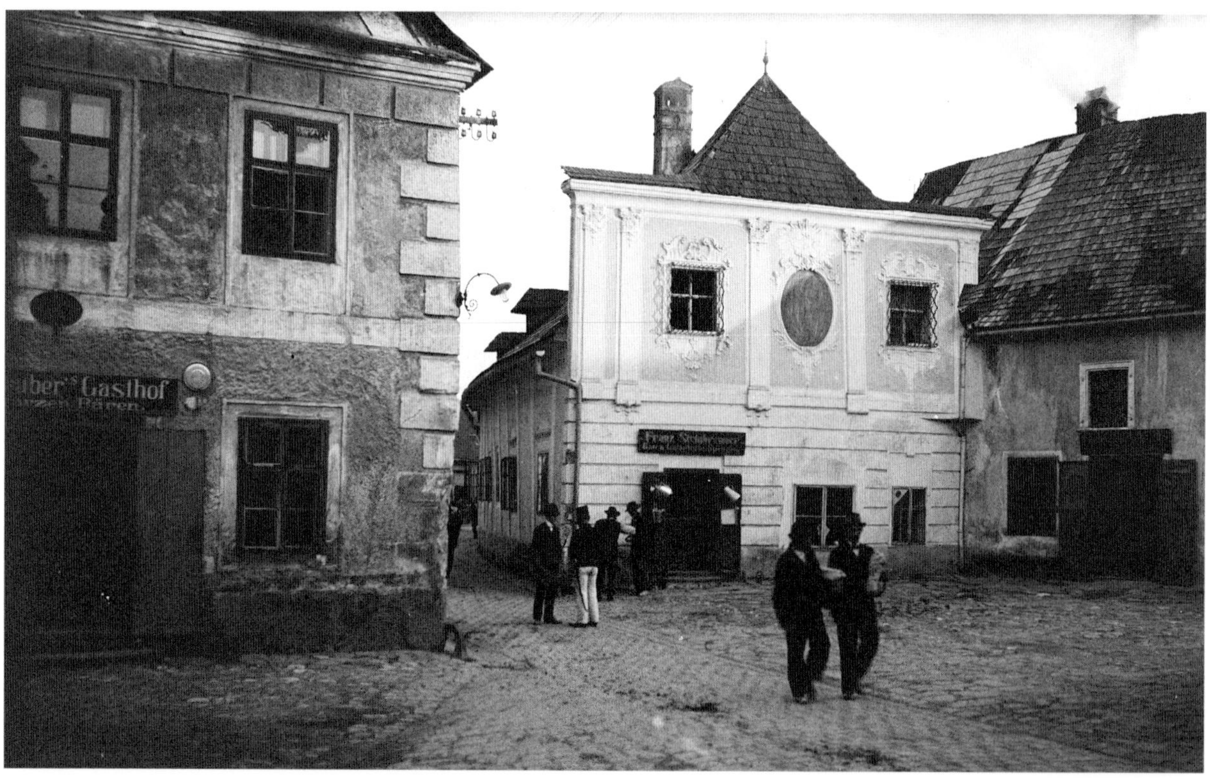

LILIENFELD
Stift (von W). Blick von
erhöhtem Standort
über die Zufahrtsstraße.
Karl Möhsl. 1893.

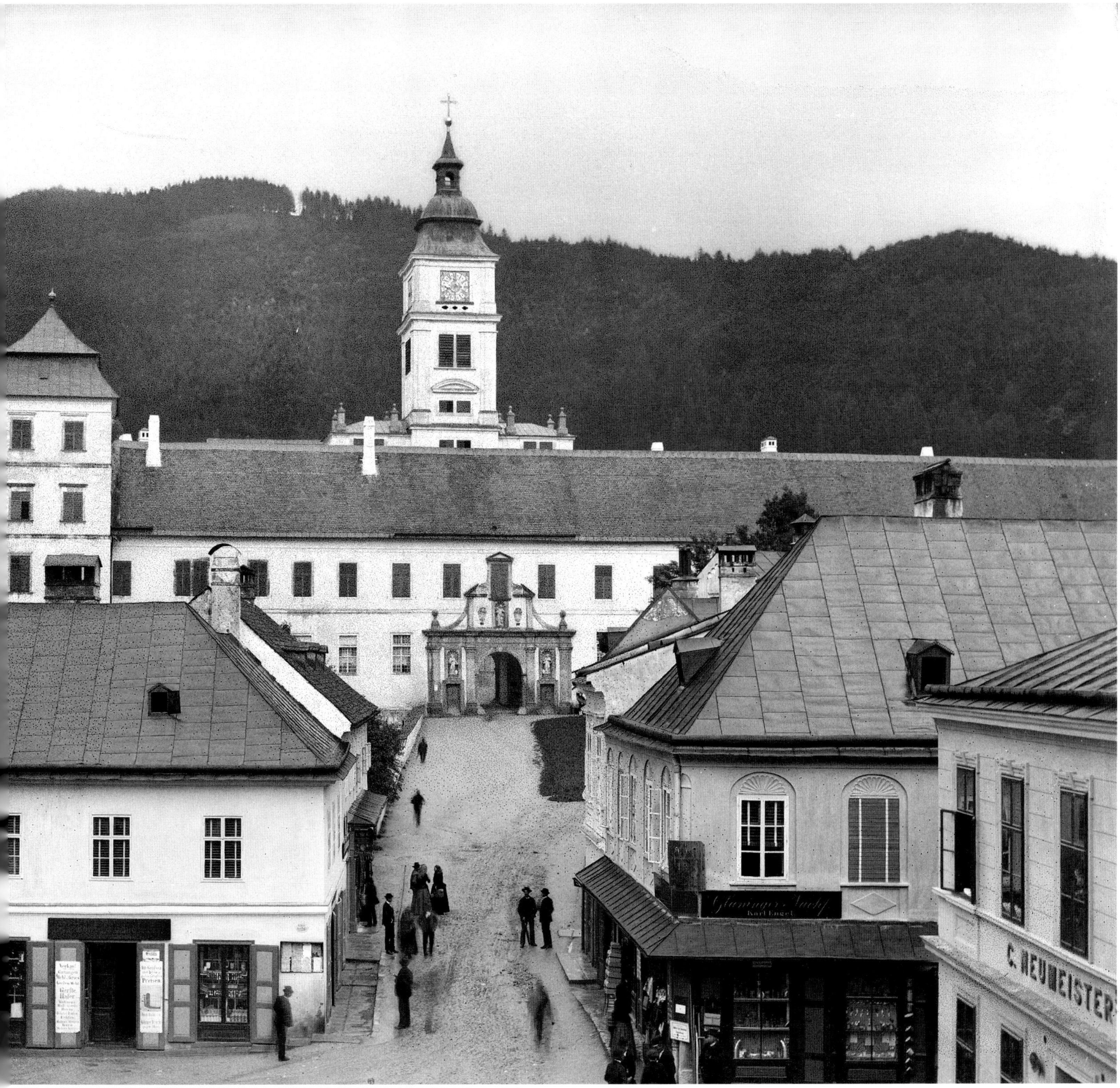

ST. PÖLTEN

Blick über die Dächer
gegen den Dom.
Um 1910.

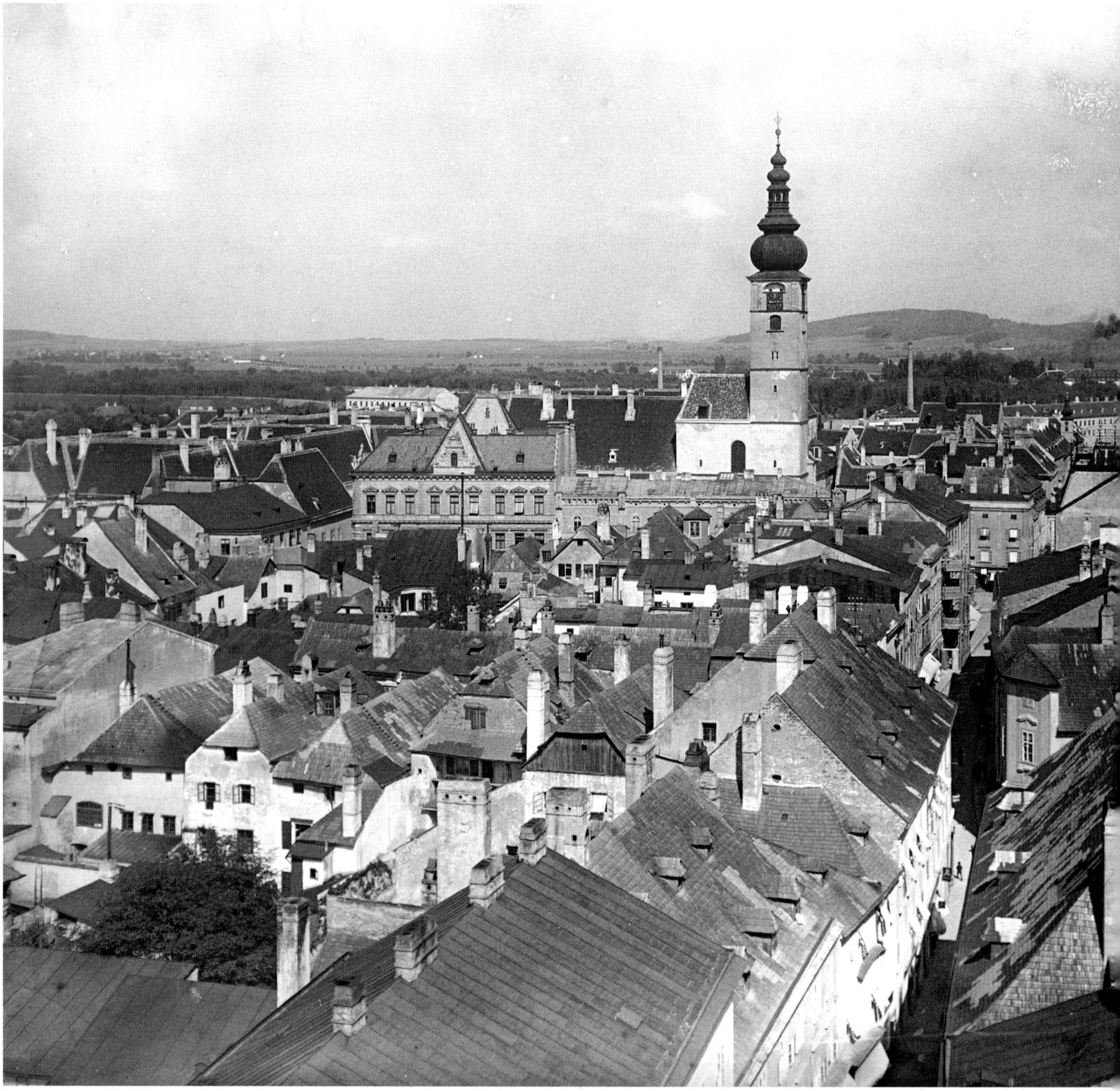

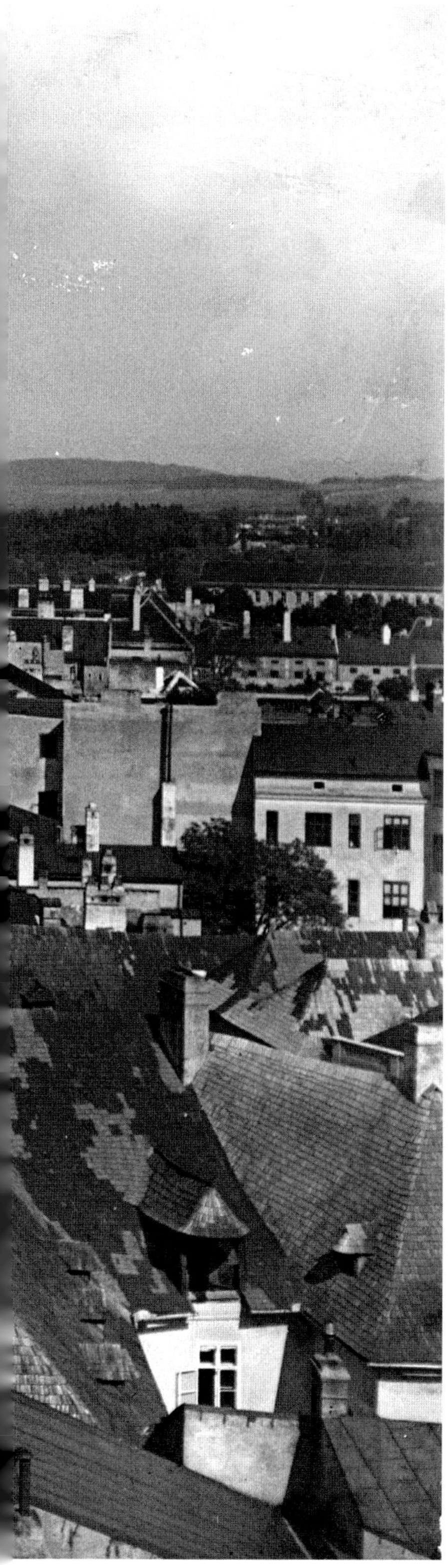

Bahnhof. Vorderfront
schräg von rechts
von erhöhtem Standort.
Um 1925.

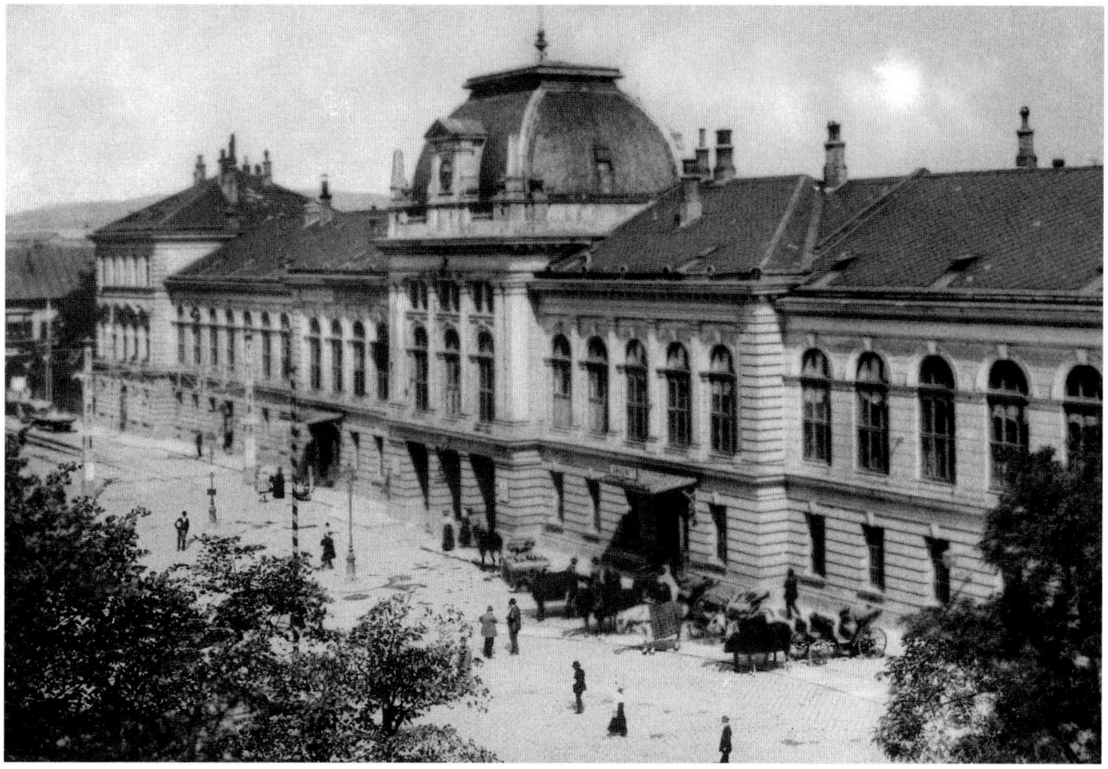

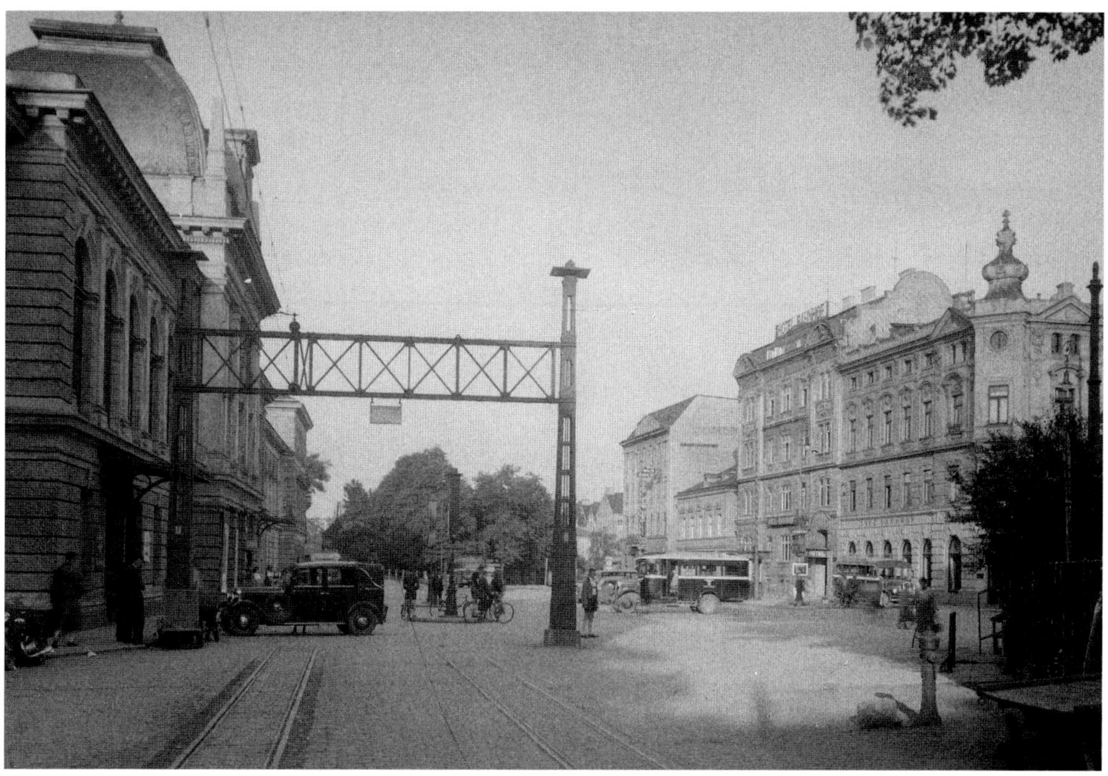

Unten:
Bahnhofplatz im Überblick
(von W).
Um 1937.

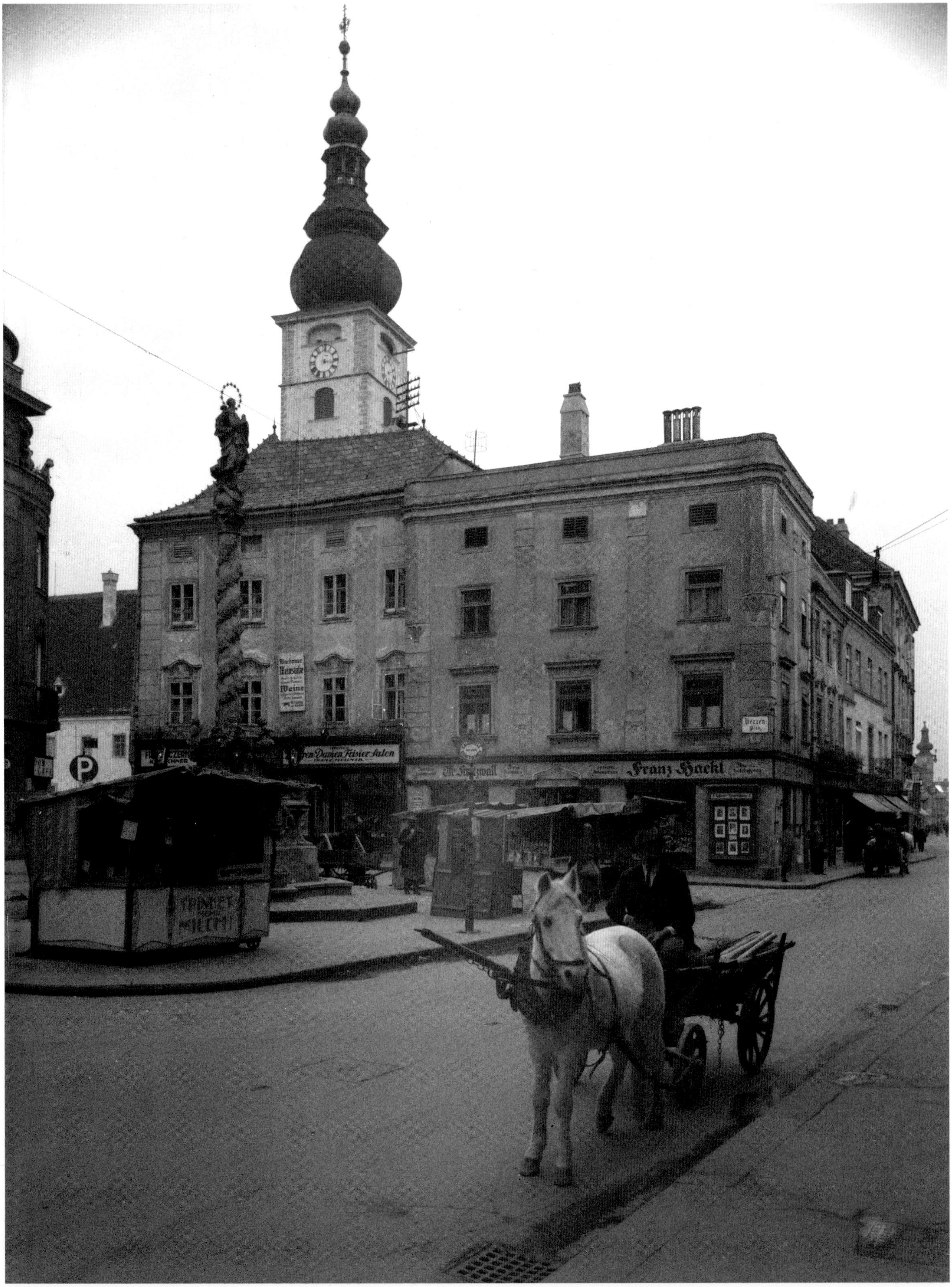
Franz Hackl
Damen Frisier Salon
Weine
P

Herrenplatz um die Mariensäule.
Blick (von SW) gegen den Dom.
Um 1937.

Kremser Landstraße mit
Passanten. Einblick vom Nordteil
des Bahnhofsplatzes.
Um 1912.

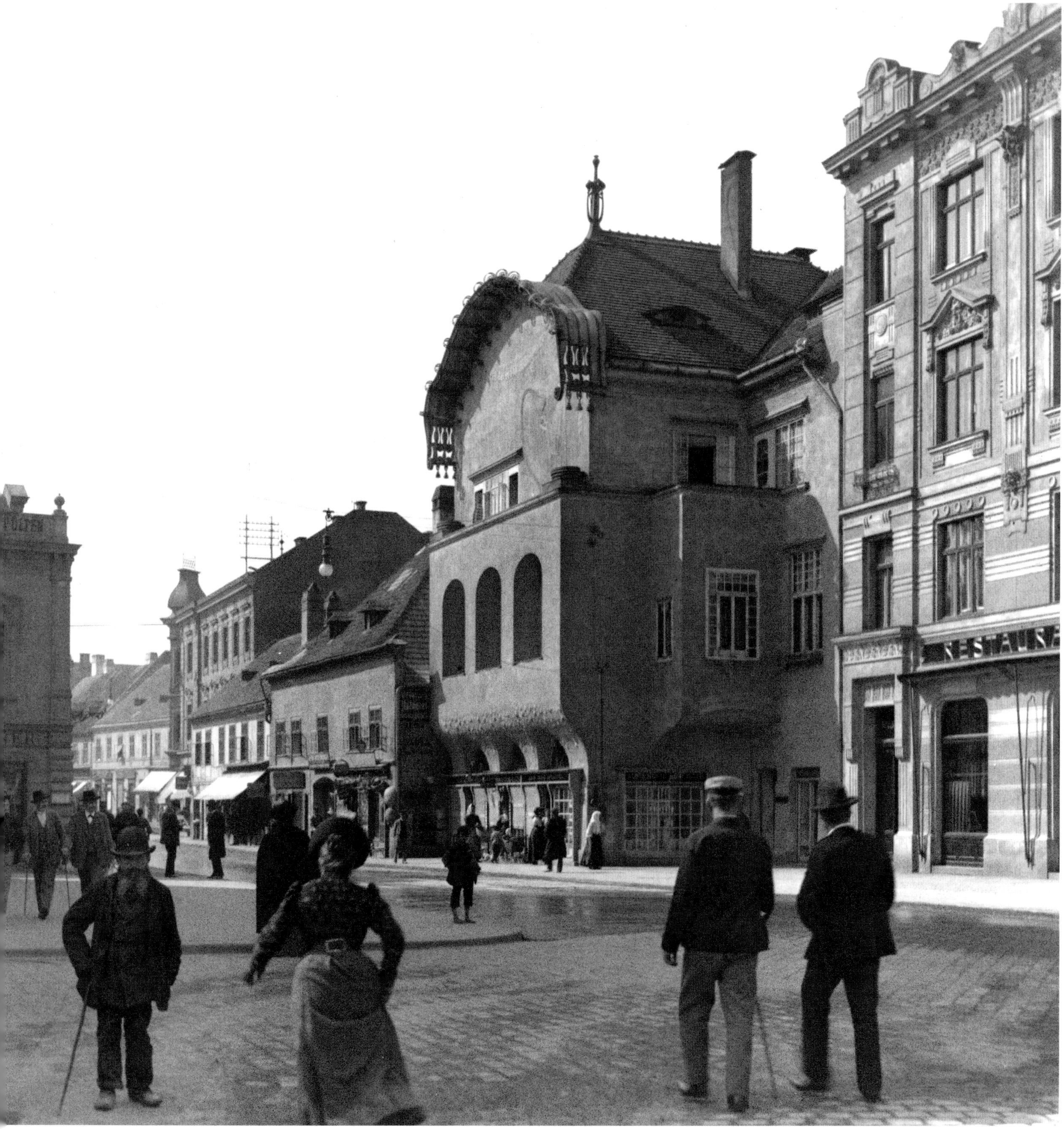

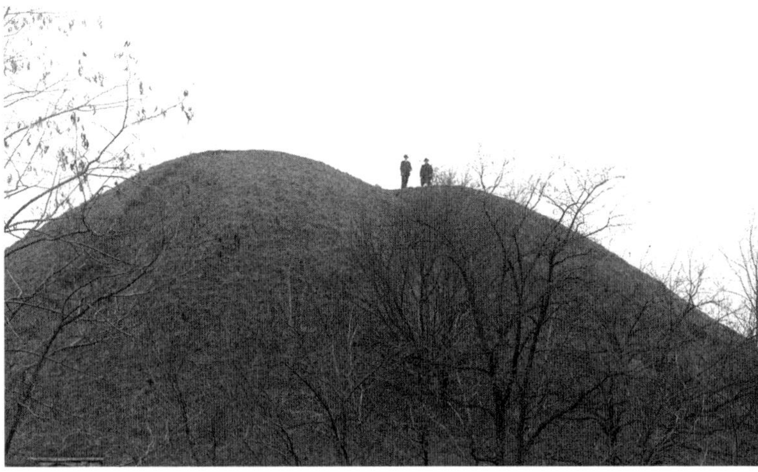

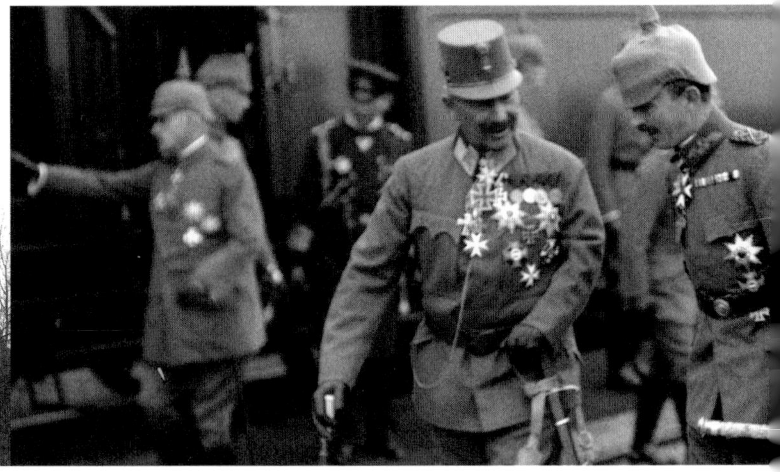

KAPITEL 6 DER ATEM DER GESCHICHTE

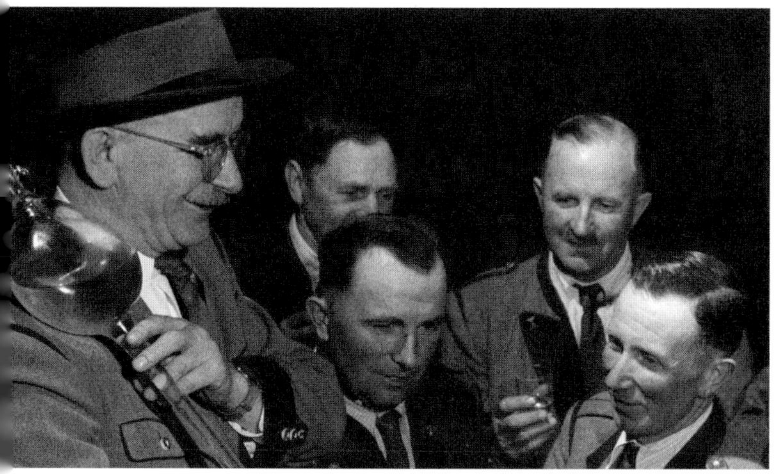

„Schwedenbelagerung" in Krems – Tumulus bei Deutsch-Altenburg – Venus von Willendorf – Carnuntum – Nibelungenstadt Pöchlarn – Hl. Leopold – Georgskapelle Wiener Neustadt – Erinnerungen an die Napoleonischen Kriege – Krupp'sche Werke Berndorf – Die Habsburger in Payerbach und Laxenburg – Traiskirchen 1918 – K. u. k. Flüchtlingsfürsorge 1914/1915 – In der Ersten Republik – Döllersheim – Melk 1939 – Am Eisernen Vorhang – Sowjetische Verwaltung – Hainfeld 1948 – Landesväter

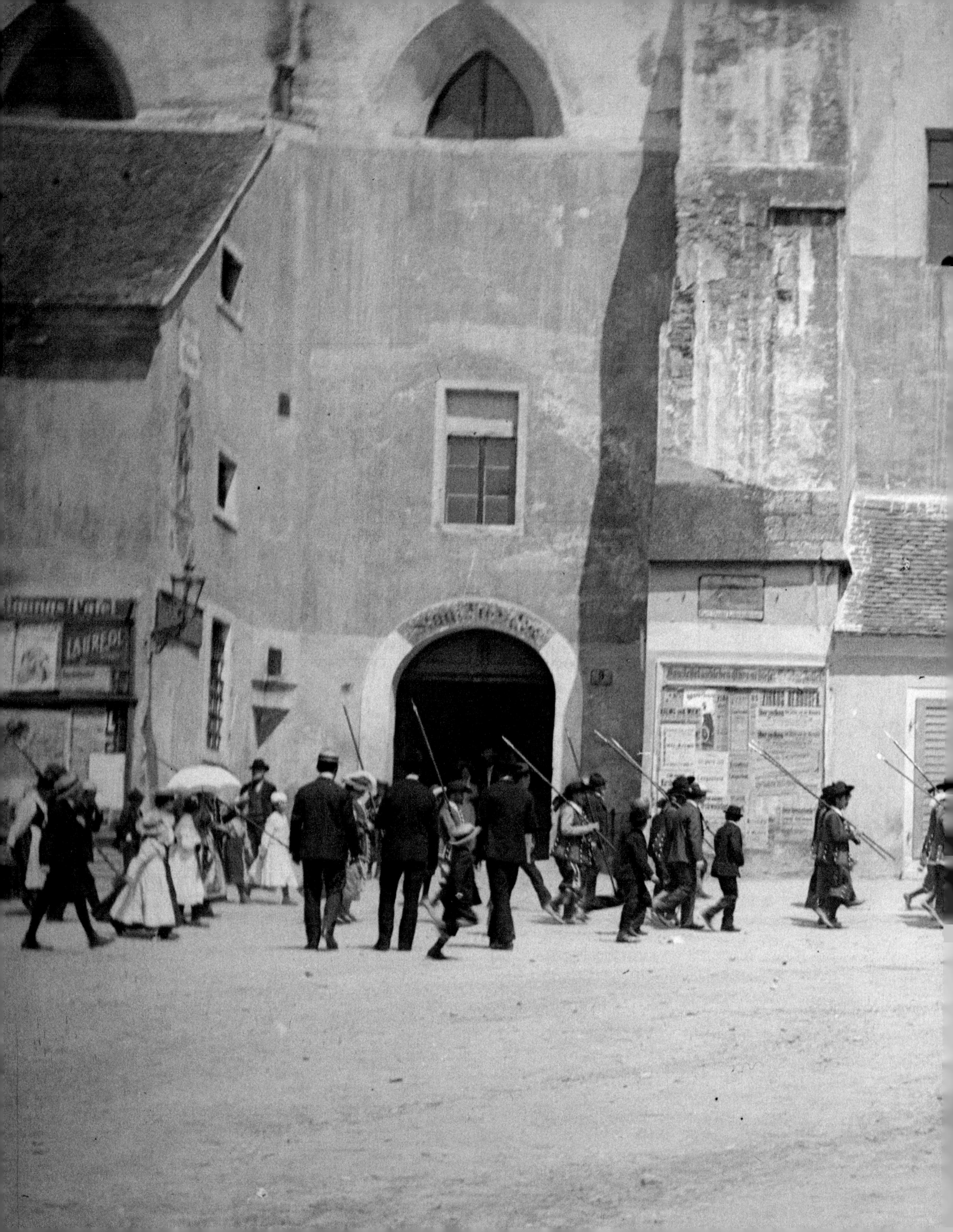

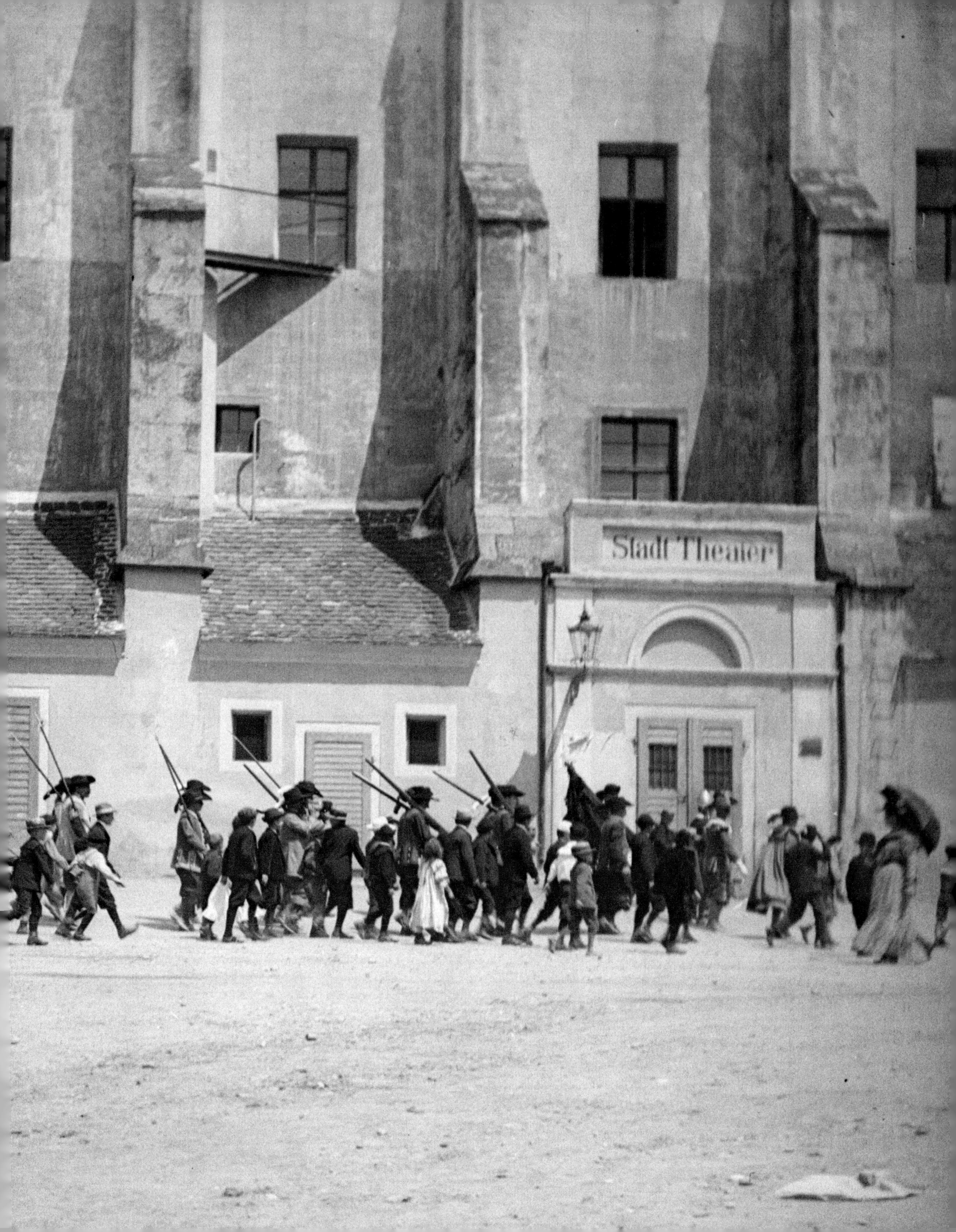
Stadt Theater

Vorderseite: KREMS
Altdeutsches Fest mit nachgestellter „Schwedenbelagerung aus dem 30-jährigen Krieg". Umzug auf dem Theaterplatz vor der Dominikanerkirche. 1906.

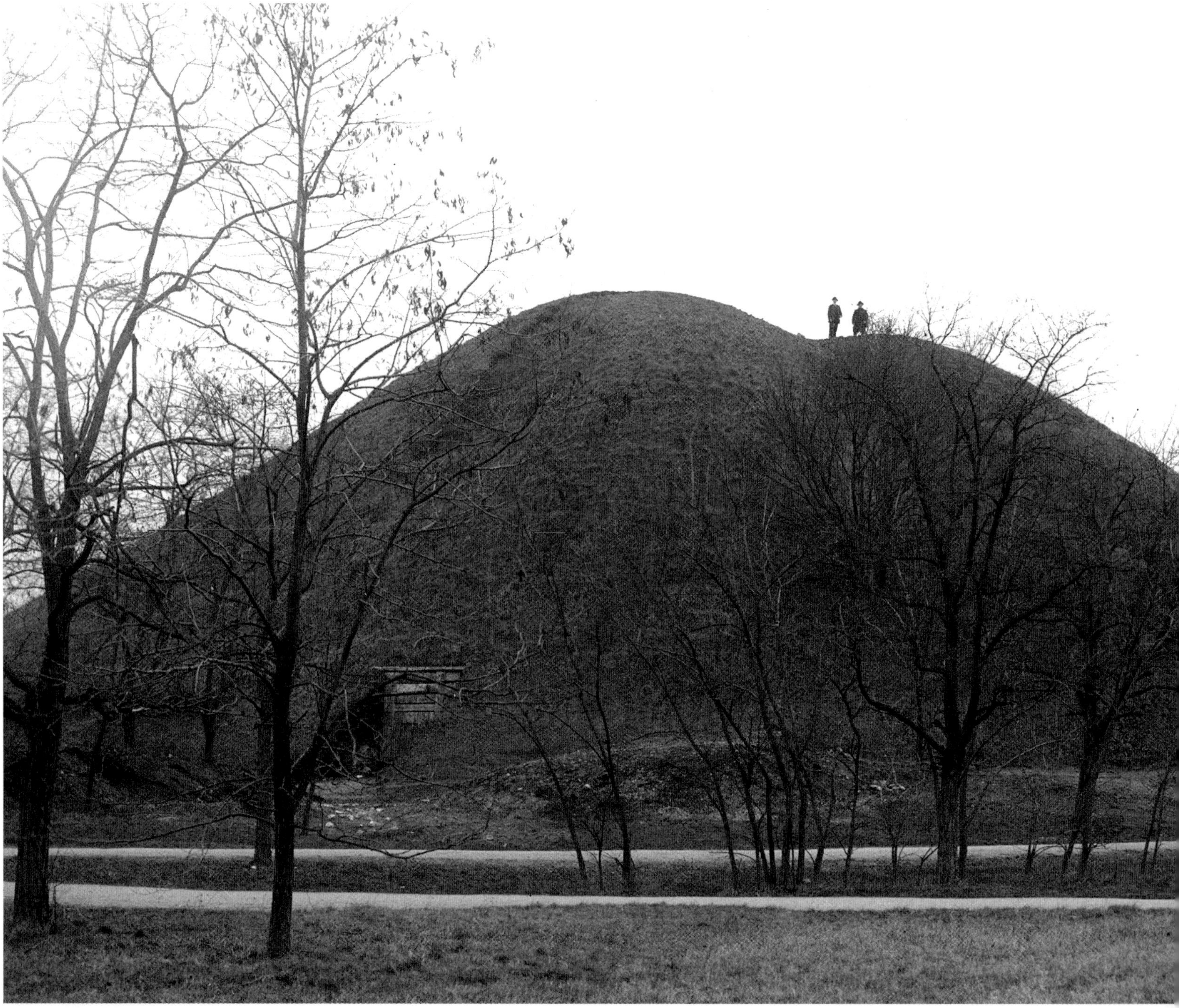

TUMULUS
Urgeschichtliches Hügelgrab bei Deutsch-Altenburg.
Karl Möhsl. 1913.

Venus von Willendorf. Rücken- und Vorderansicht. 1908.

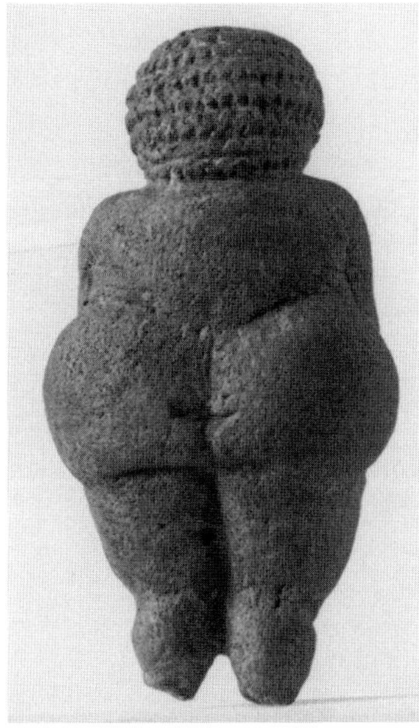

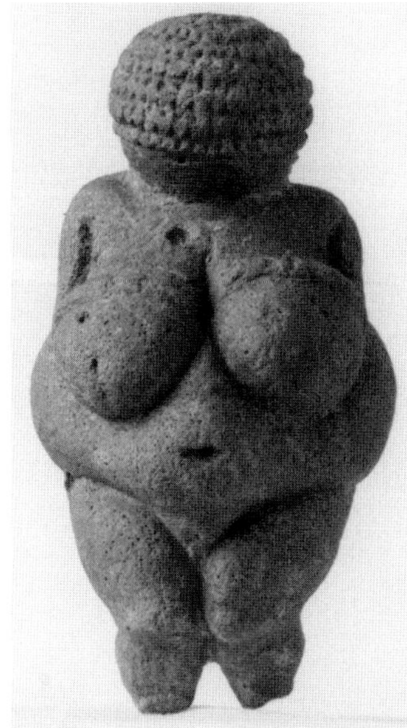

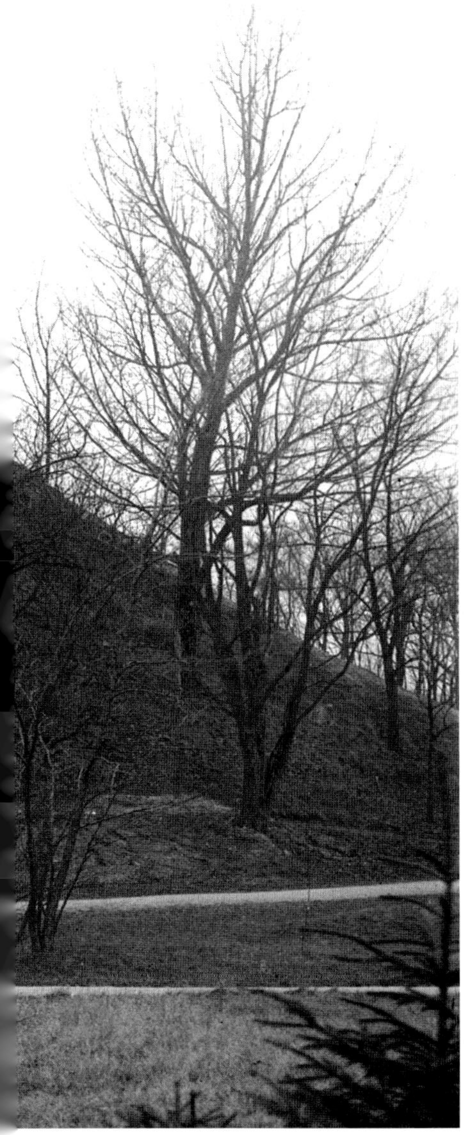

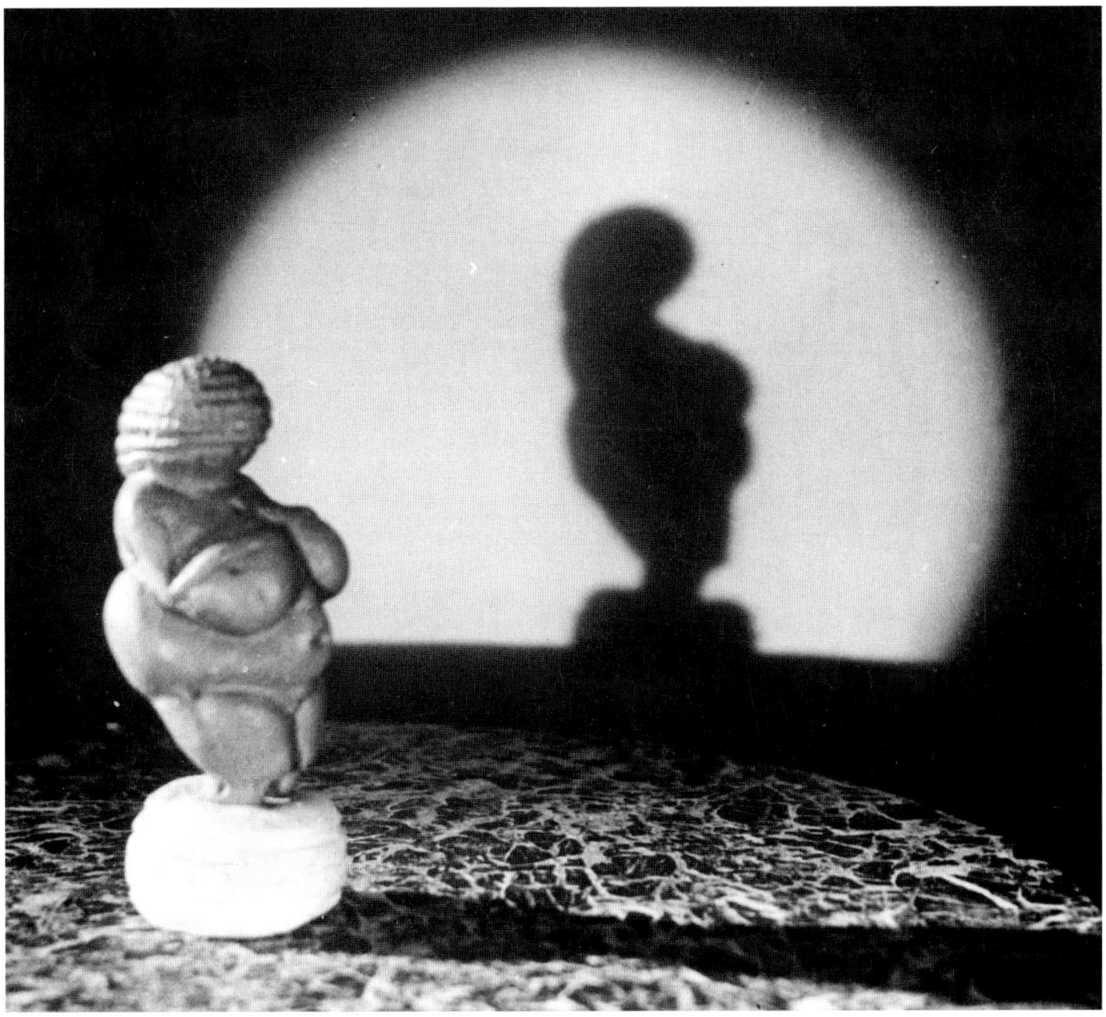

VENUS VON WILLENDORF
Kultfigur aus der Wachau (25.000 v. Chr. entstanden, 1908 von Archäologen ausgegraben). Aufnahme mit Schattenwirkung. Wien-Film. Um 1950.

CARNUNTUM
Erstes Amphitheater

Studenten bei der Rast im Osttor.
Karl Möhsl. 1913.

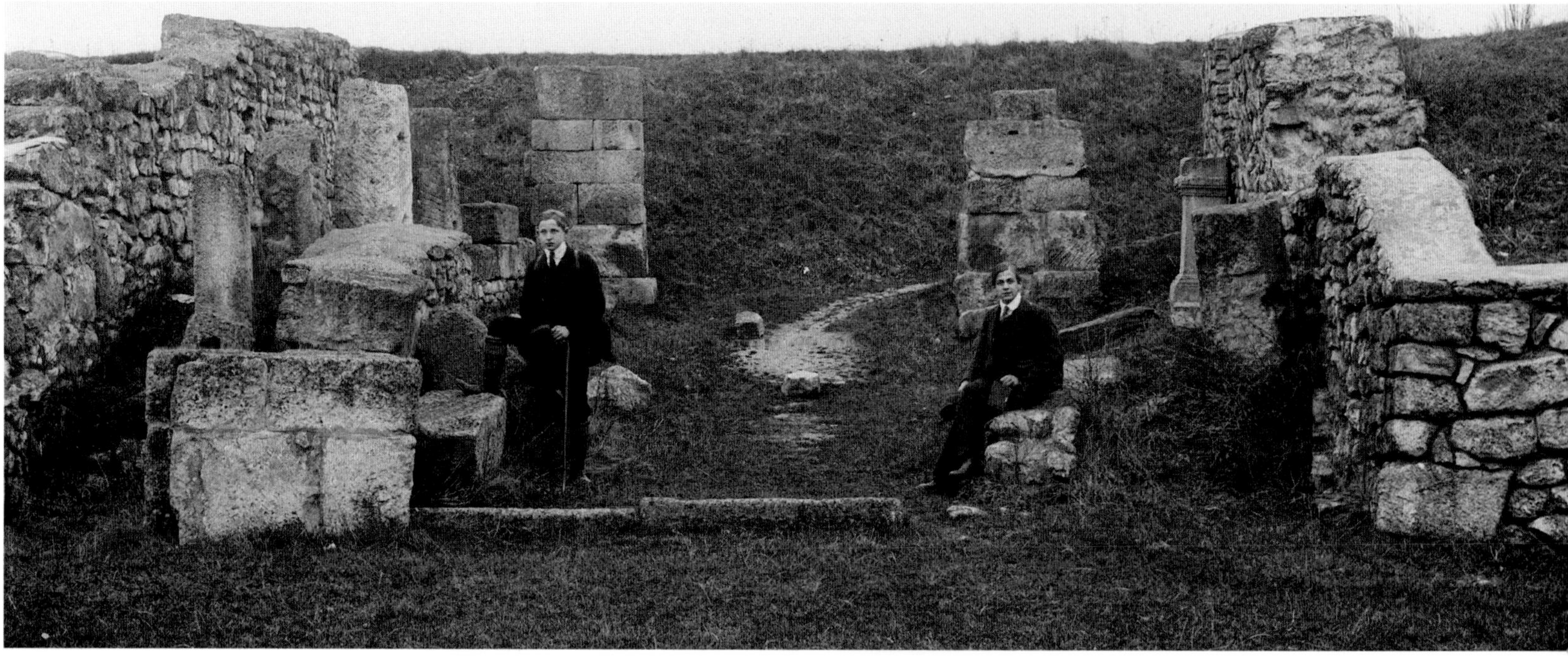

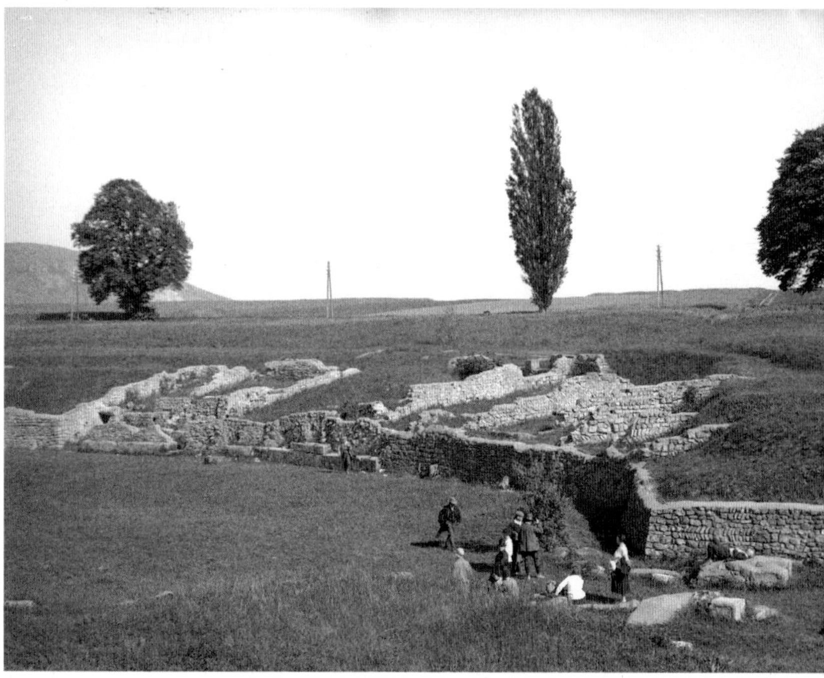

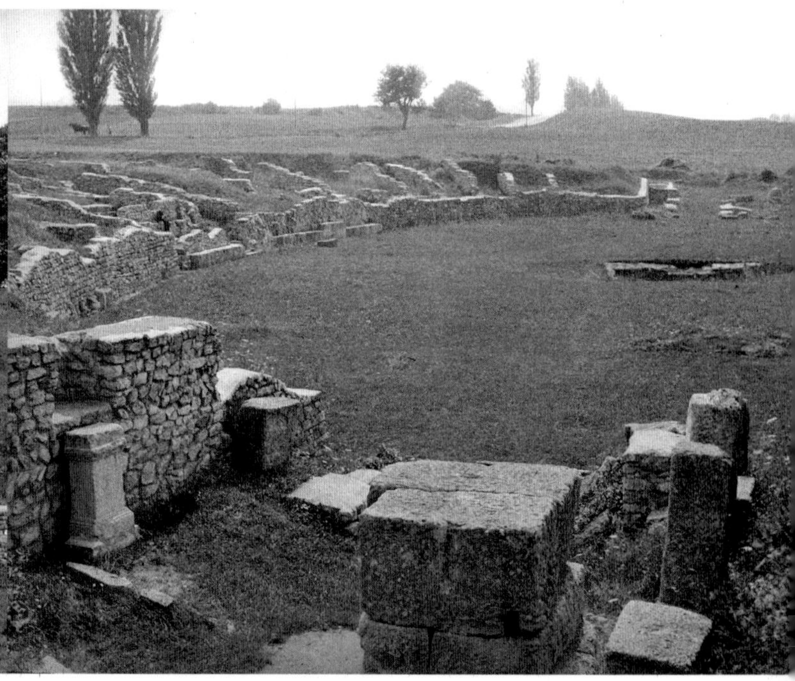

Teilansicht mit Besuchern.
Um 1925.

Durchblick.
1913.

CARNUNTUM
Heidentor (von rechts mit Mauerrest). Lateinunterricht in der ehemaligen Hauptstadt der römischen Provinz Pannonien. 1958.

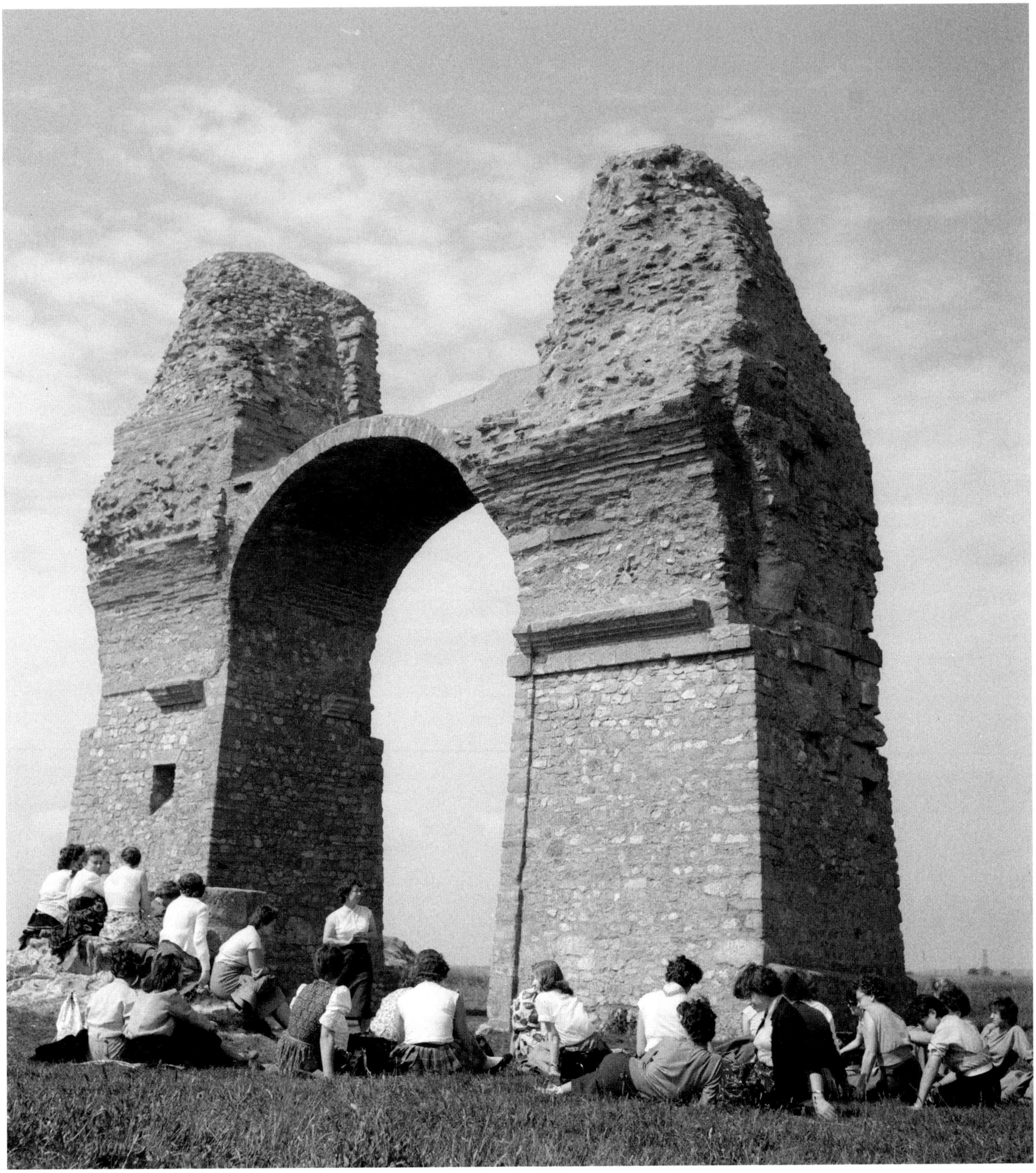

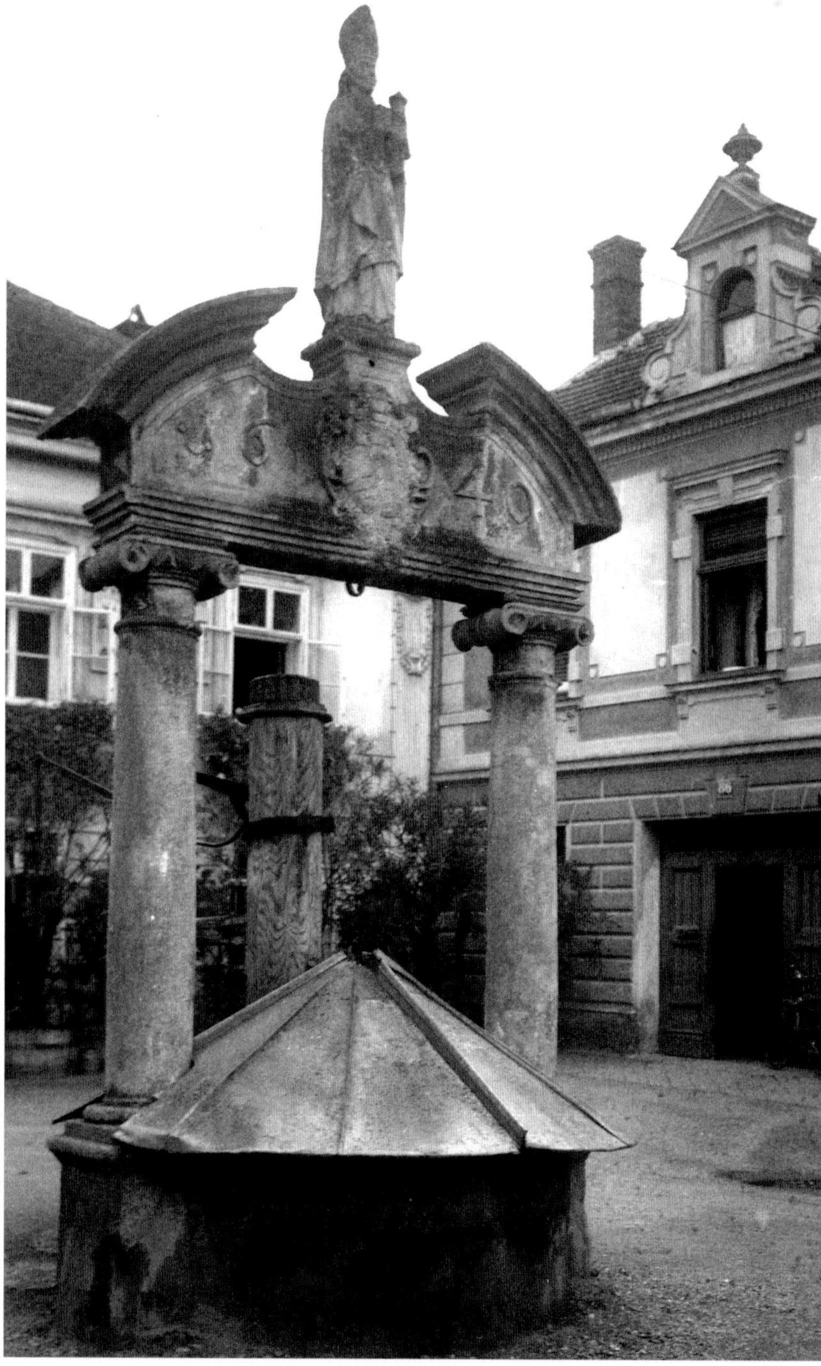

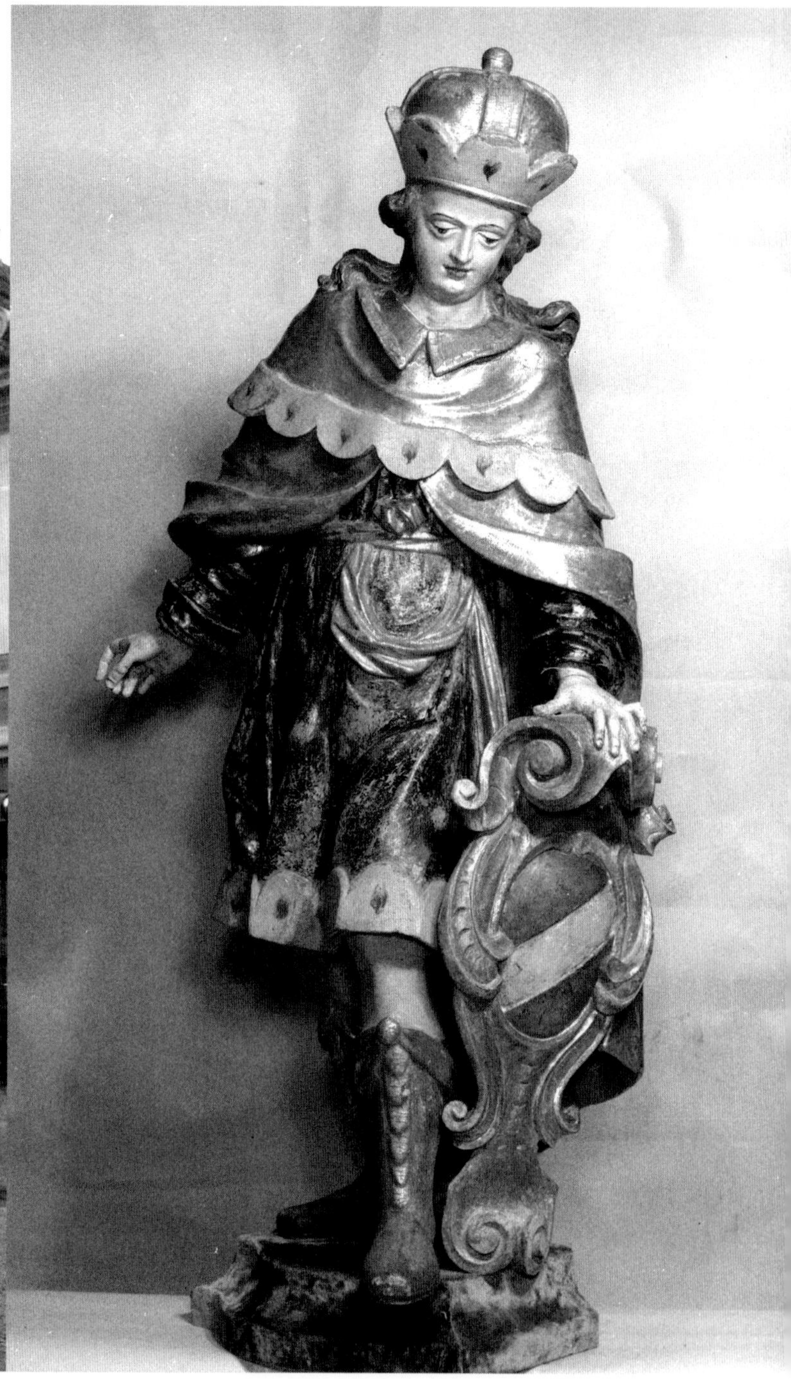

NIBELUNGENSTADT PÖCHLARN
Wolfgangbrunnen (bezeichnet 1640)
auf dem Thörringplatz.
Um 1940.

LANDESPATRON VON NIEDERÖSTERREICH
Markgraf Leopold III., der Heilige.
Barocke Holzskulptur des Babenbergers
mit Herzoghut und Bindenschildwappen.
1959.

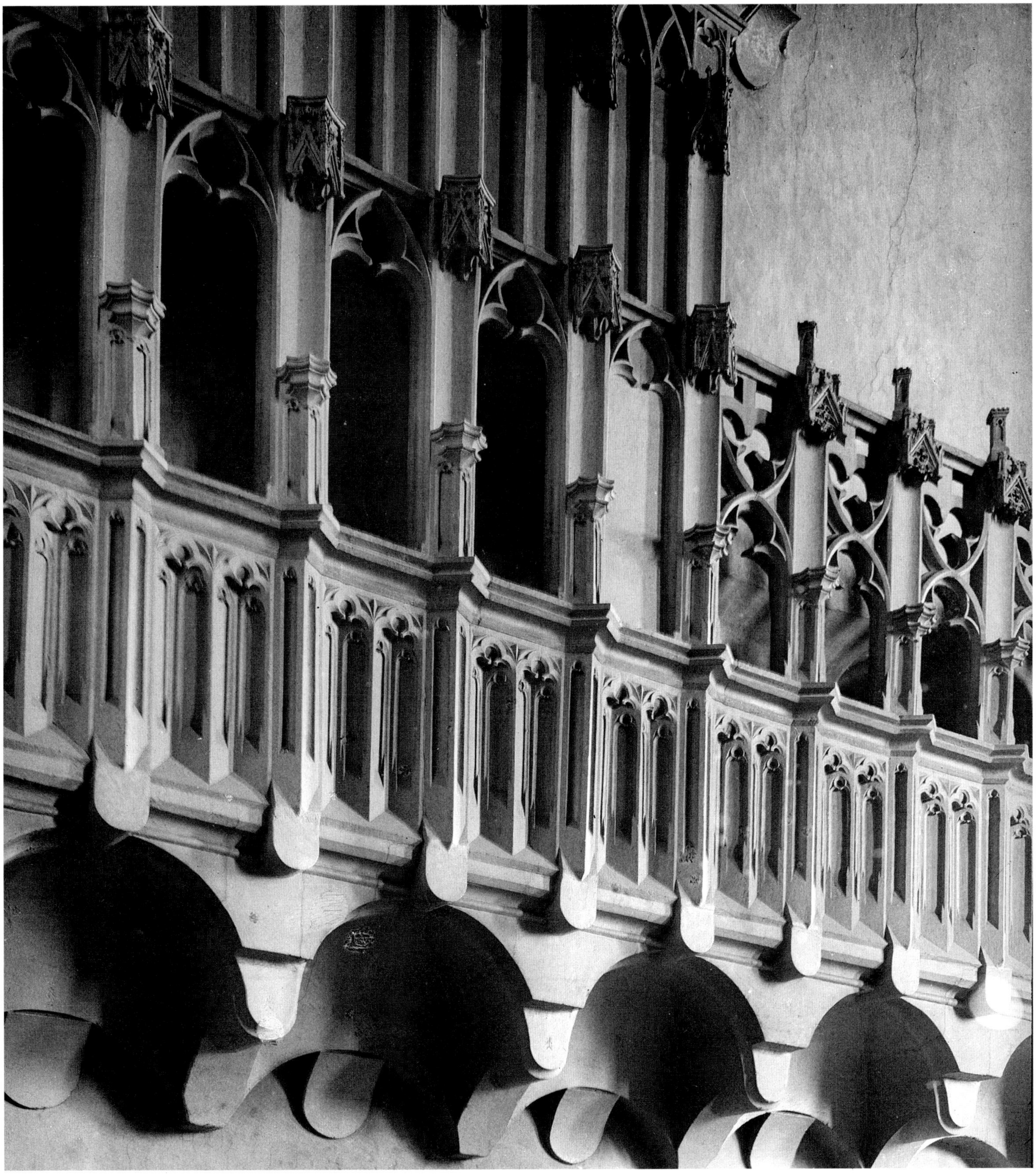

GOTISCHE KAISEREMPORE (1460)
in der Georgskapelle der ehemaligen
Burg in Wiener Neustadt.
Raum mit Grabmal Maximilians I.
Um 1895.

Gegenüberliegende Seite:
ERINNERUNGEN AN DIE NAPOLEONISCHEN KRIEGE

Oben: „Franzosenturm" (Friedrich Schachner 1905) in Oberloiben zum Sieg der Österreicher über die Franzosen 1805. Um 1950.

Unten links: Denkmal für die Gefallenen des Jahres 1805 an der Straße von Hollabrunn nach Schöngrabern. Karl Möhsl. Oktober 1912.

Unten rechts: Heldendenkmal (Franz Seifert, 1909) in der Sachsenklemme in Deutsch-Wagram zur Schlacht von 1809. Aufnahme 1910.

„SCHWEDENBELAGERUNG"
im 30-jährigen Krieg.
Umzug in historischen Kostümen durch die Steiner Landstraße beim altdeutschen Fest in Krems. 1906.

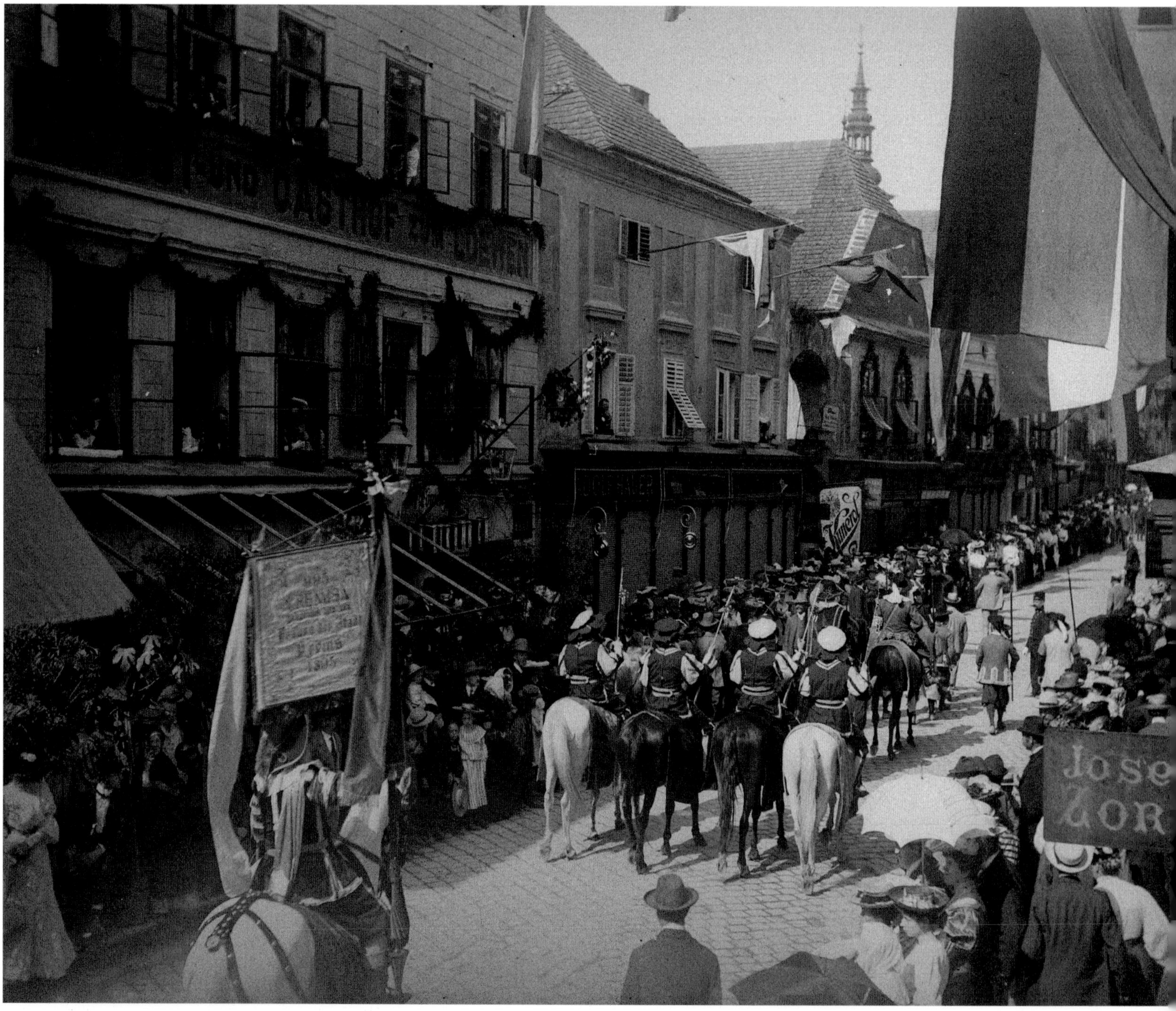

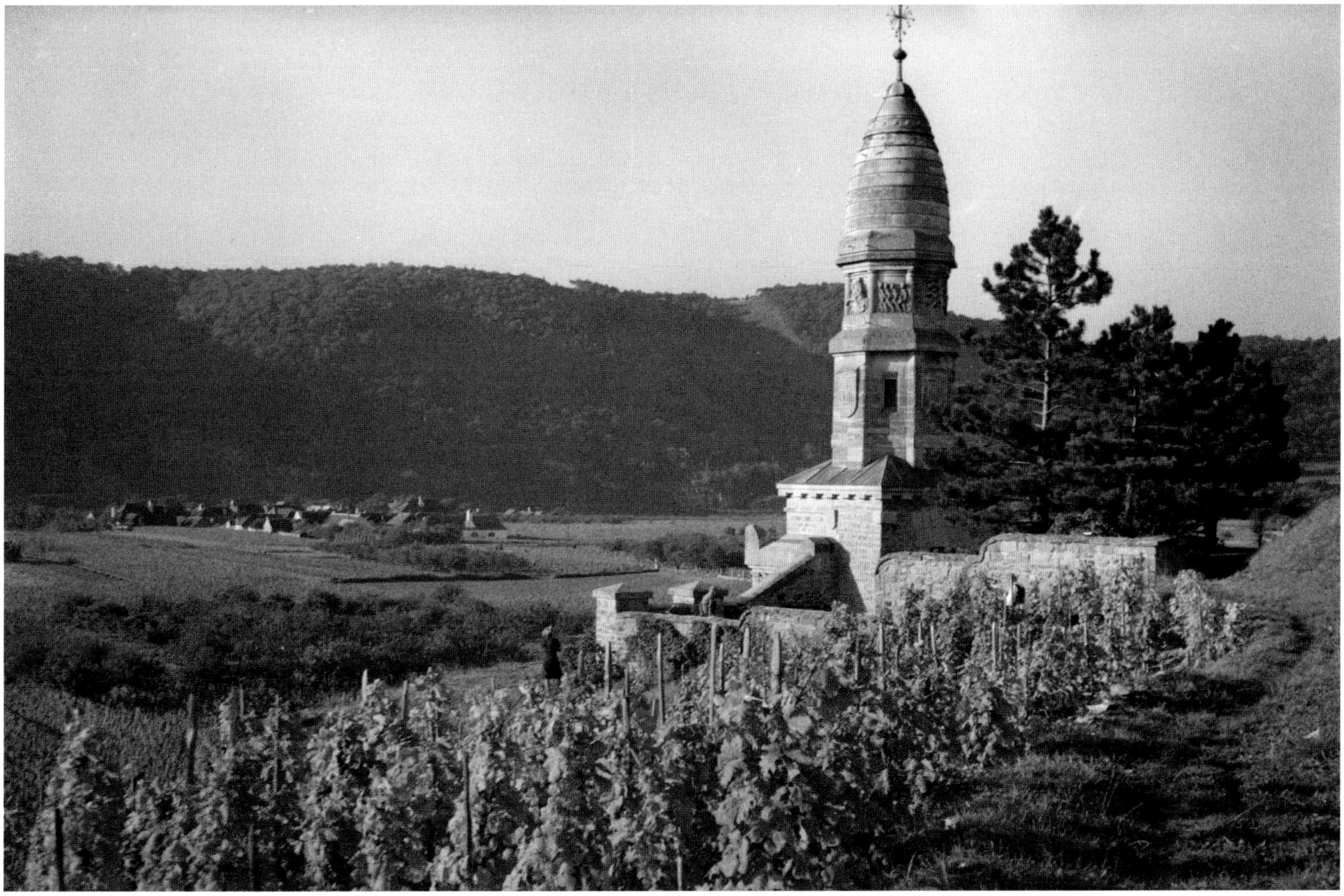

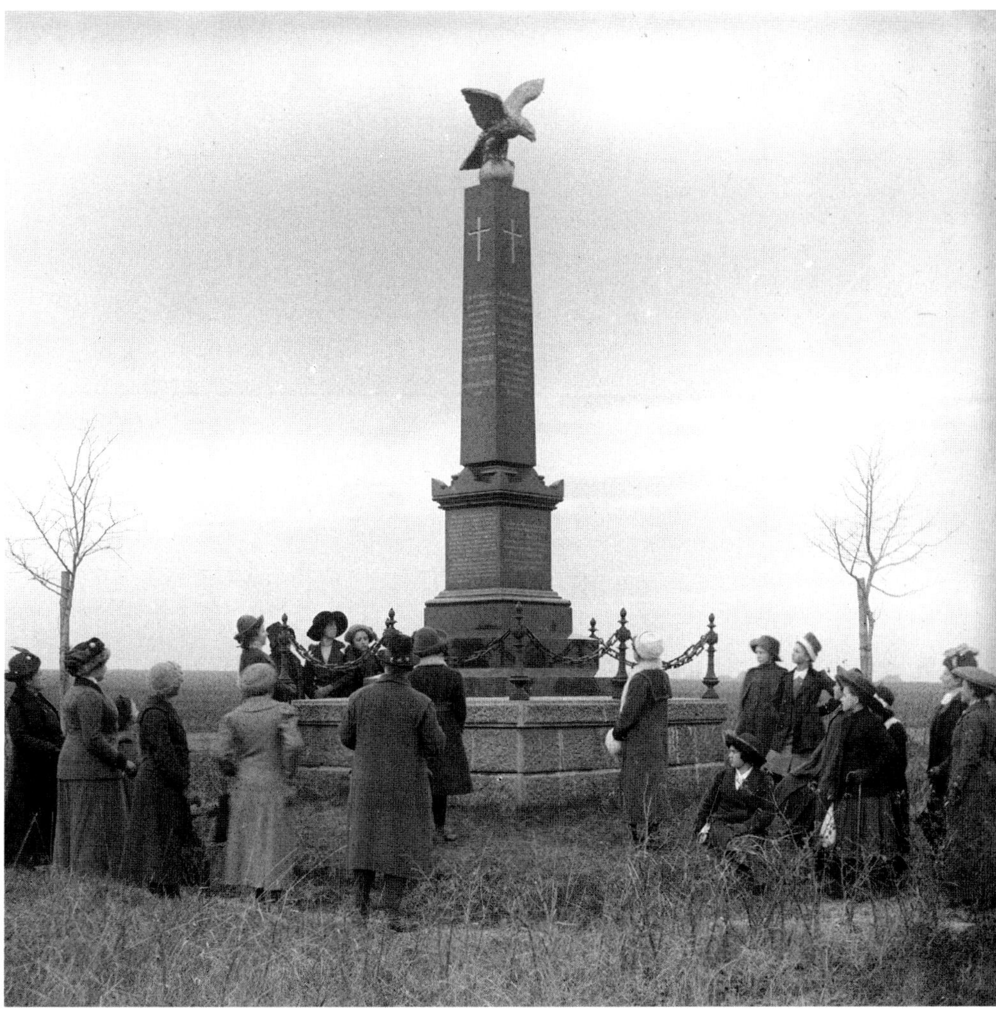

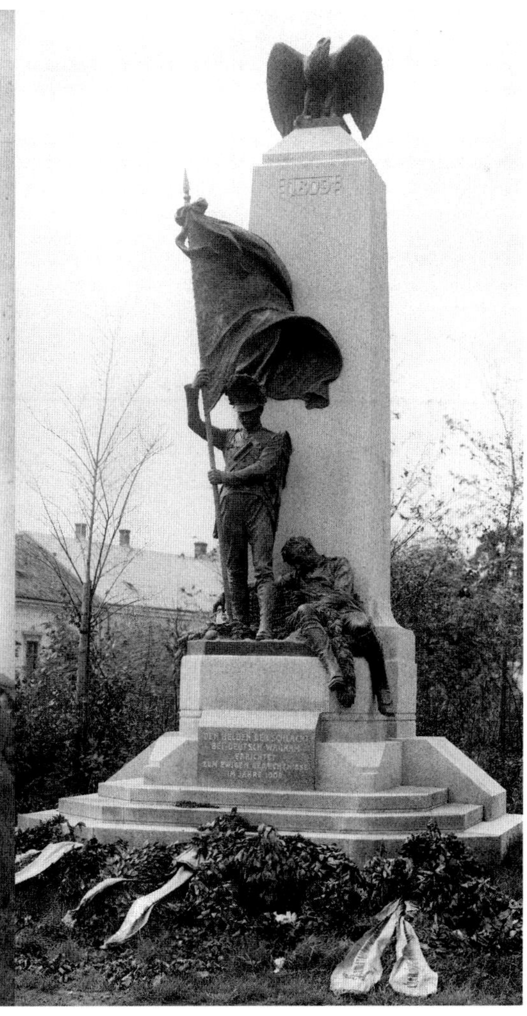

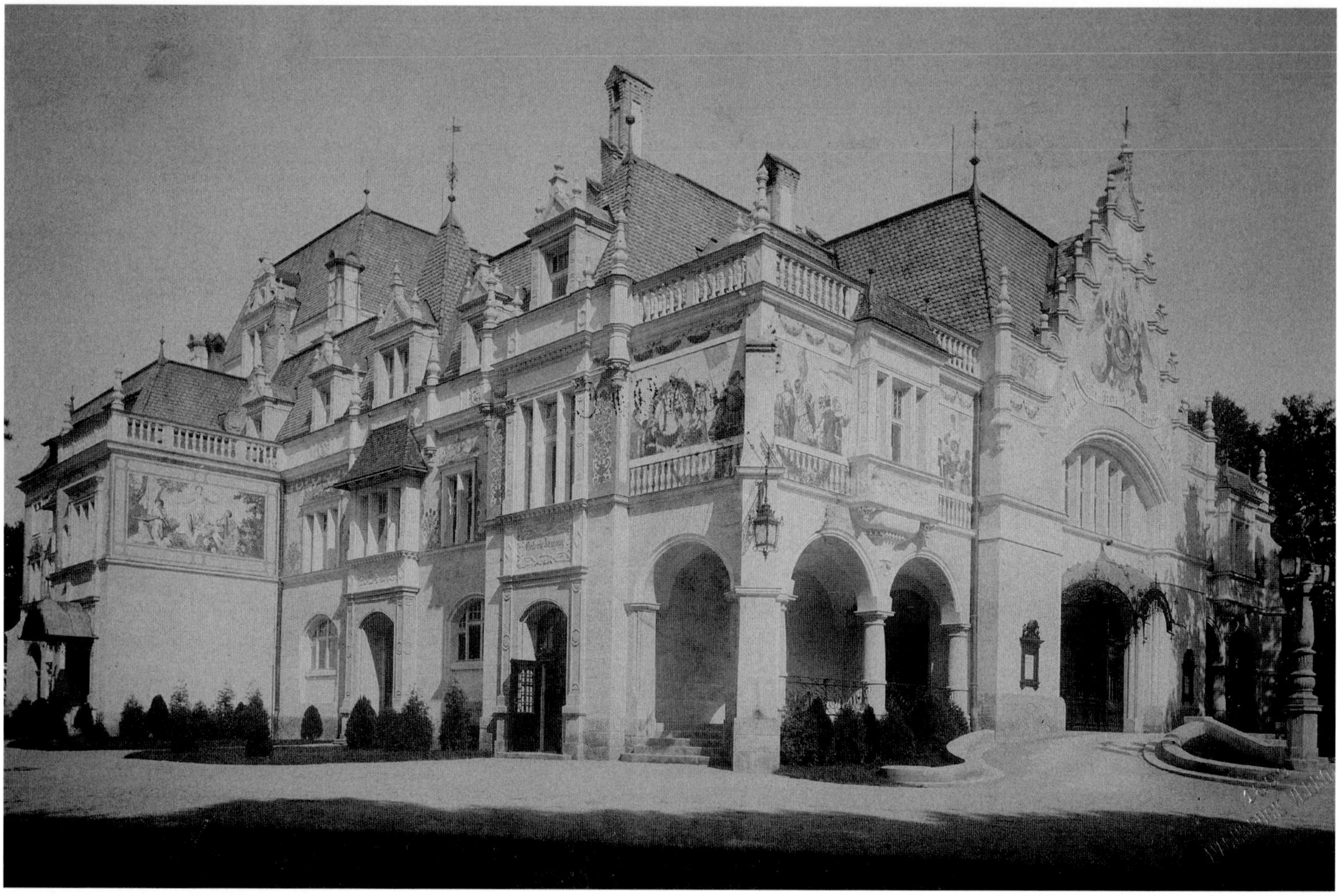

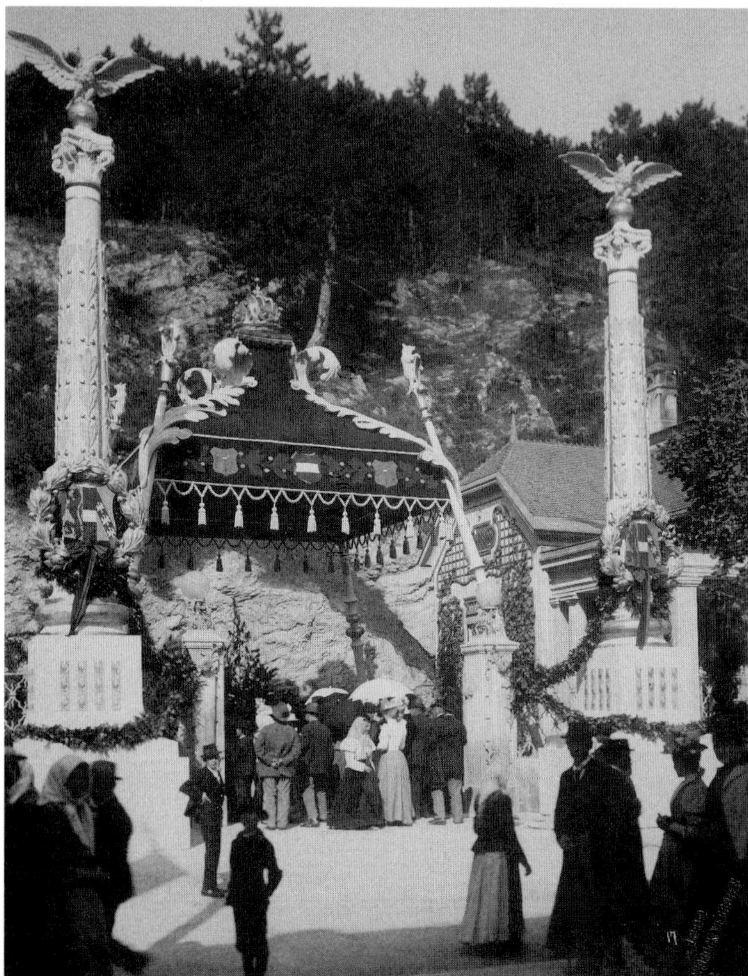

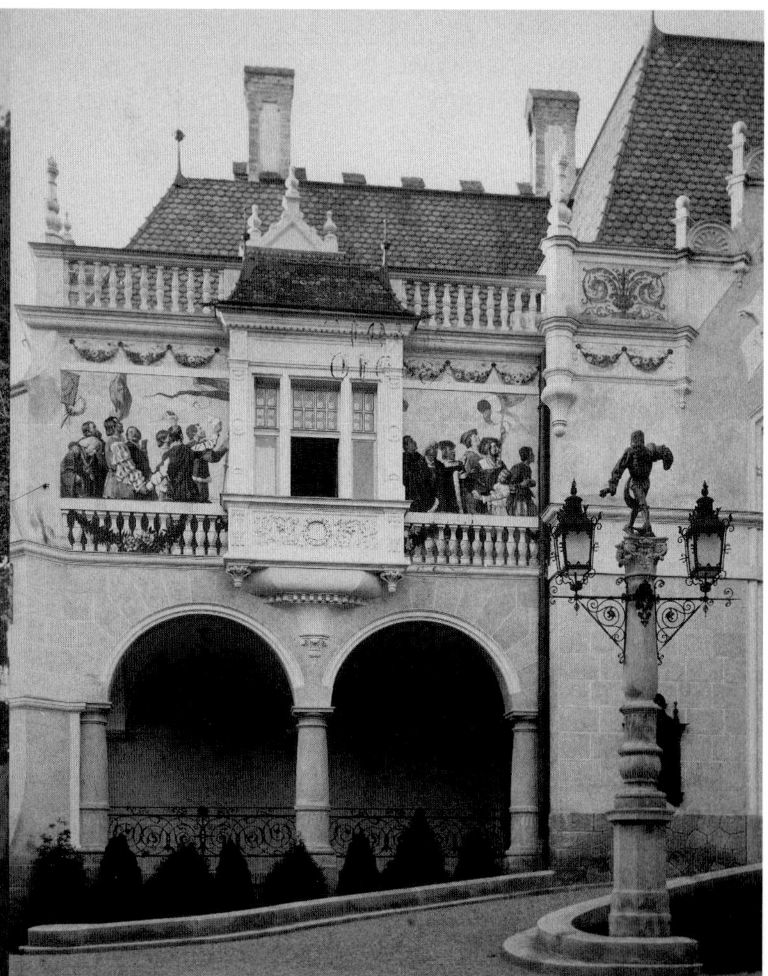

BERNDORF
Eröffnung des Arbeitertheaters der Krupp'schen Metallwerke am 27. September 1899.
Atelier Lechner, Wien.

Gegenüberliegende Seite:
Oben: Front und linke Längsseite.
Unten links: Festdekoration. Baldachin und Pylonen für den Besuch Kaiser Franz Josephs I.
Unten rechts: Hauptfront mit linkem Eckrisalit.

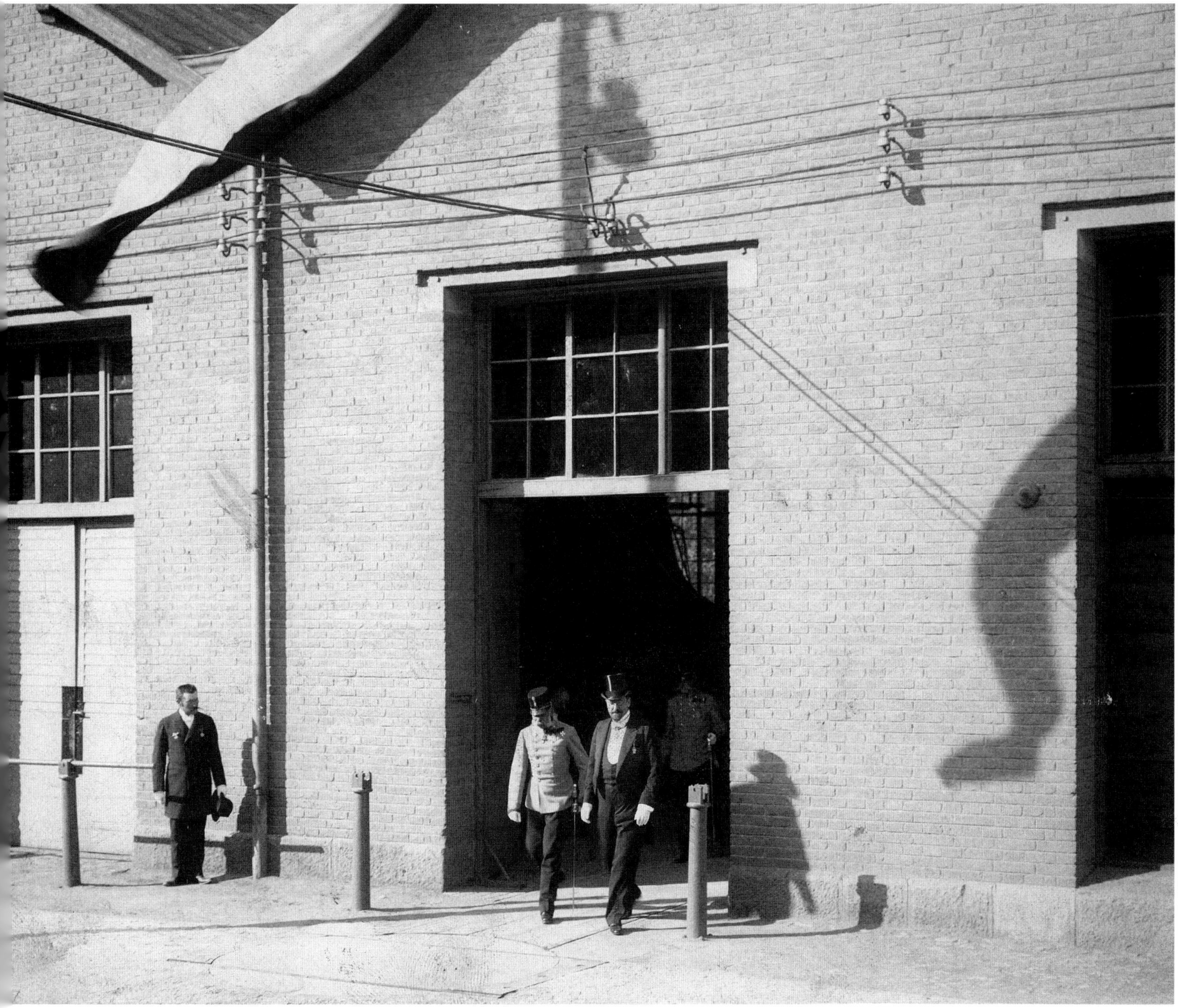

Kaiser Franz Joseph I. und Arthur Krupp vor einer Werkshalle beim Besichtigungsrundgang.

DIE HABSBURGER IN PAYERBACH

Thronfolger Erzherzog Franz Ferdinand mit seiner Gattin Sophie. Auf dem Bahnhof nach Anreise zur Taufe des Erzherzogs Otto auf Schloss Wartholz. Heinrich Schumann. Dezember 1912.

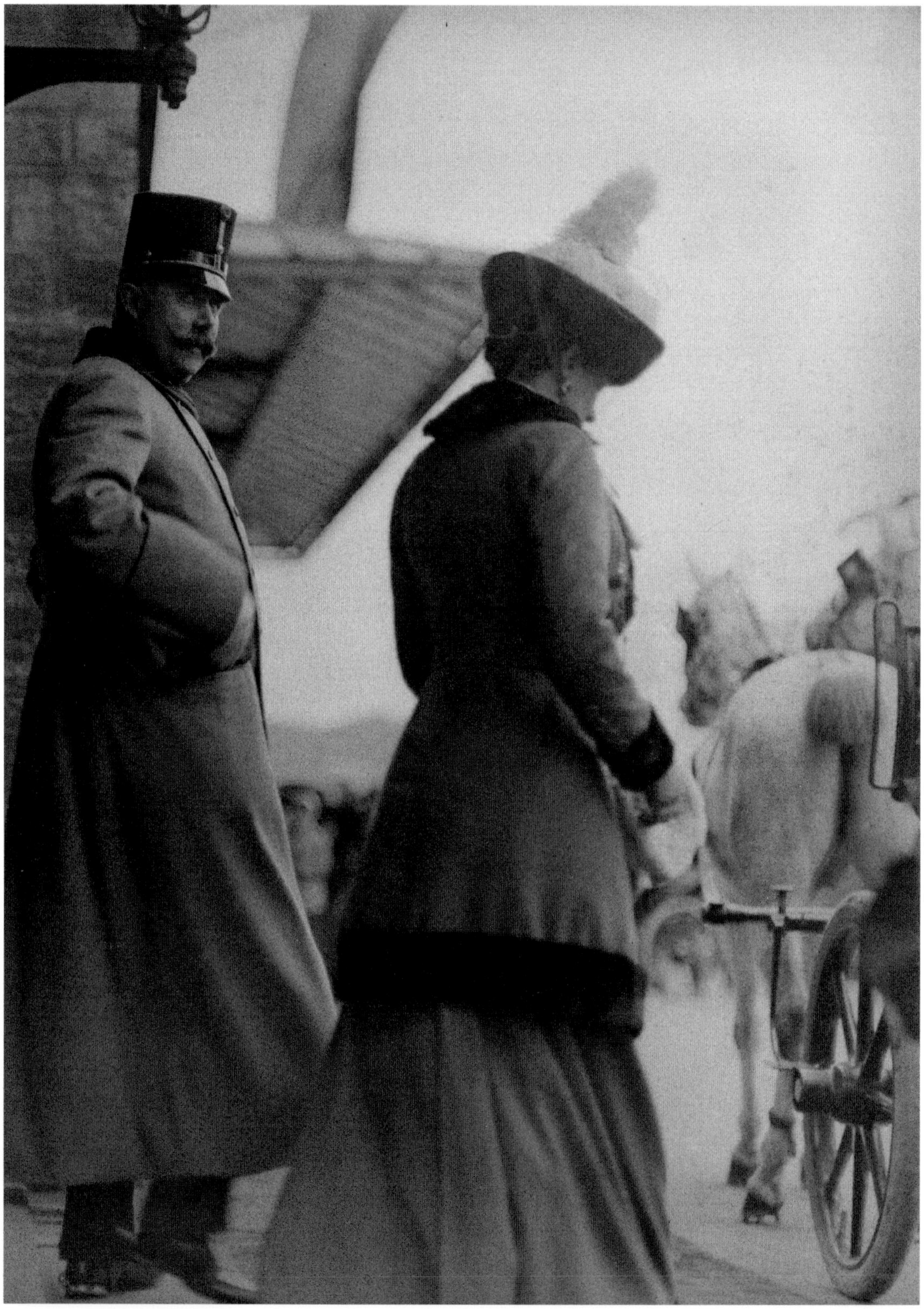

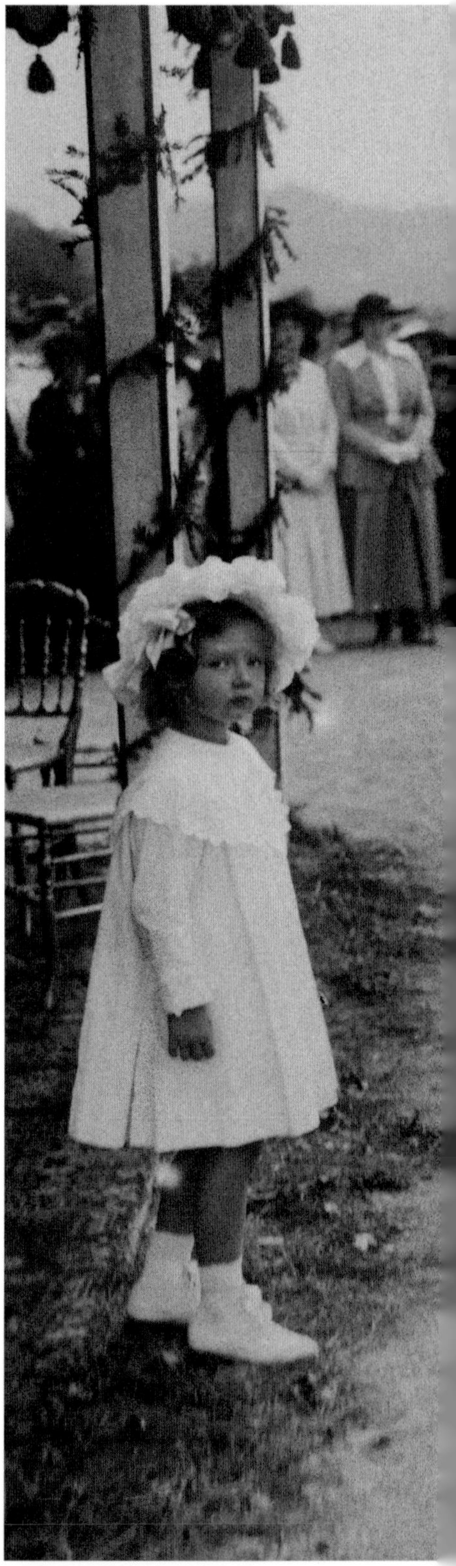

Kaiser Karl I., Kaiserin Zita und die Kinder Otto und Adelheid kommen zur Feldmesse des Gebirgsartillerie-Regiments Nr. 2. Ein Offizier begrüßt die Kaiserin. Heinrich Schumann. August 1918.

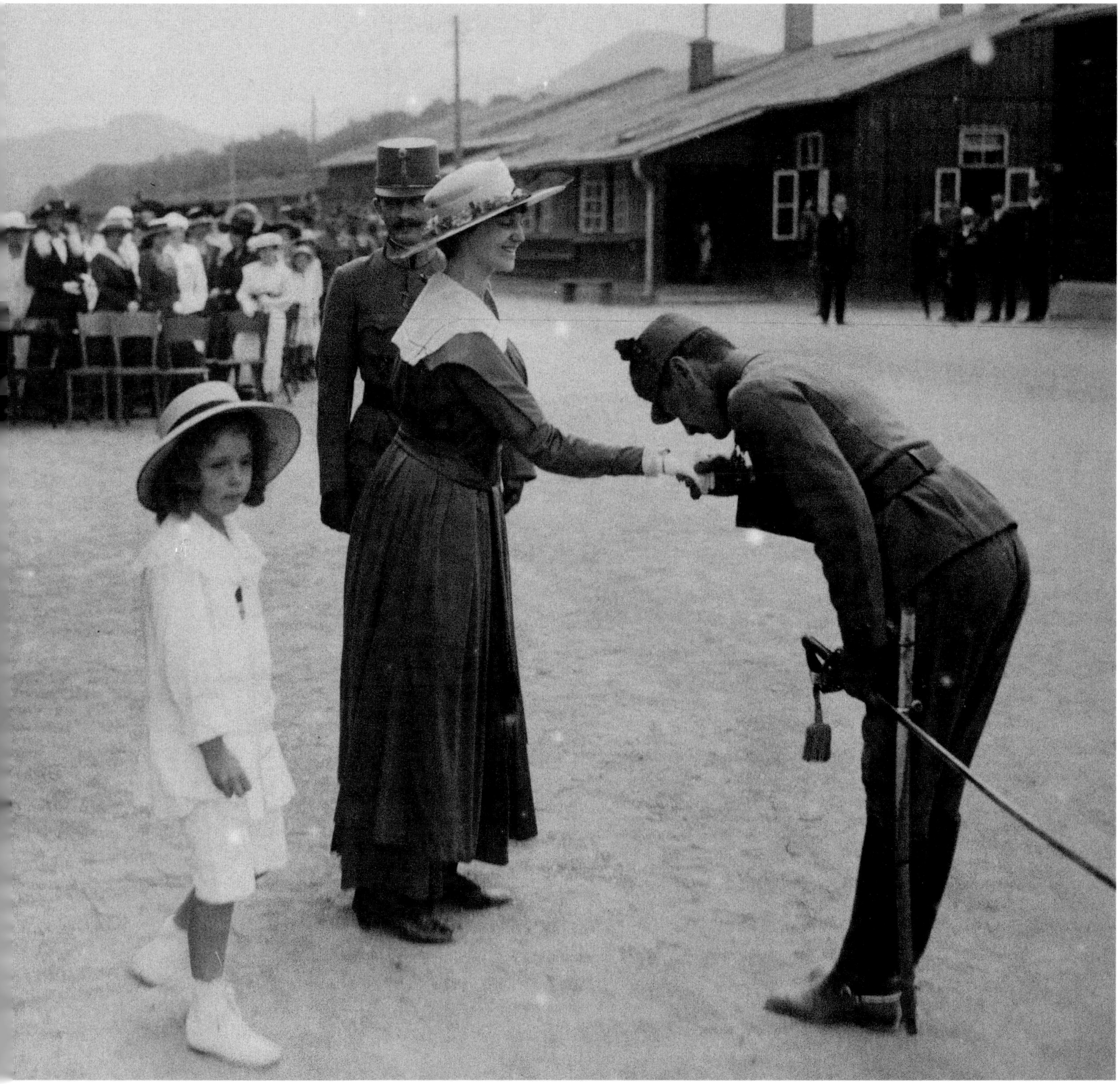

LAXENBURG

Besuch des deutschen Kaiserpaares.
Kaiser Wilhelm II. und Kaiser Karl I.
verlassen den Bahnhof.
6. Juli 1917.

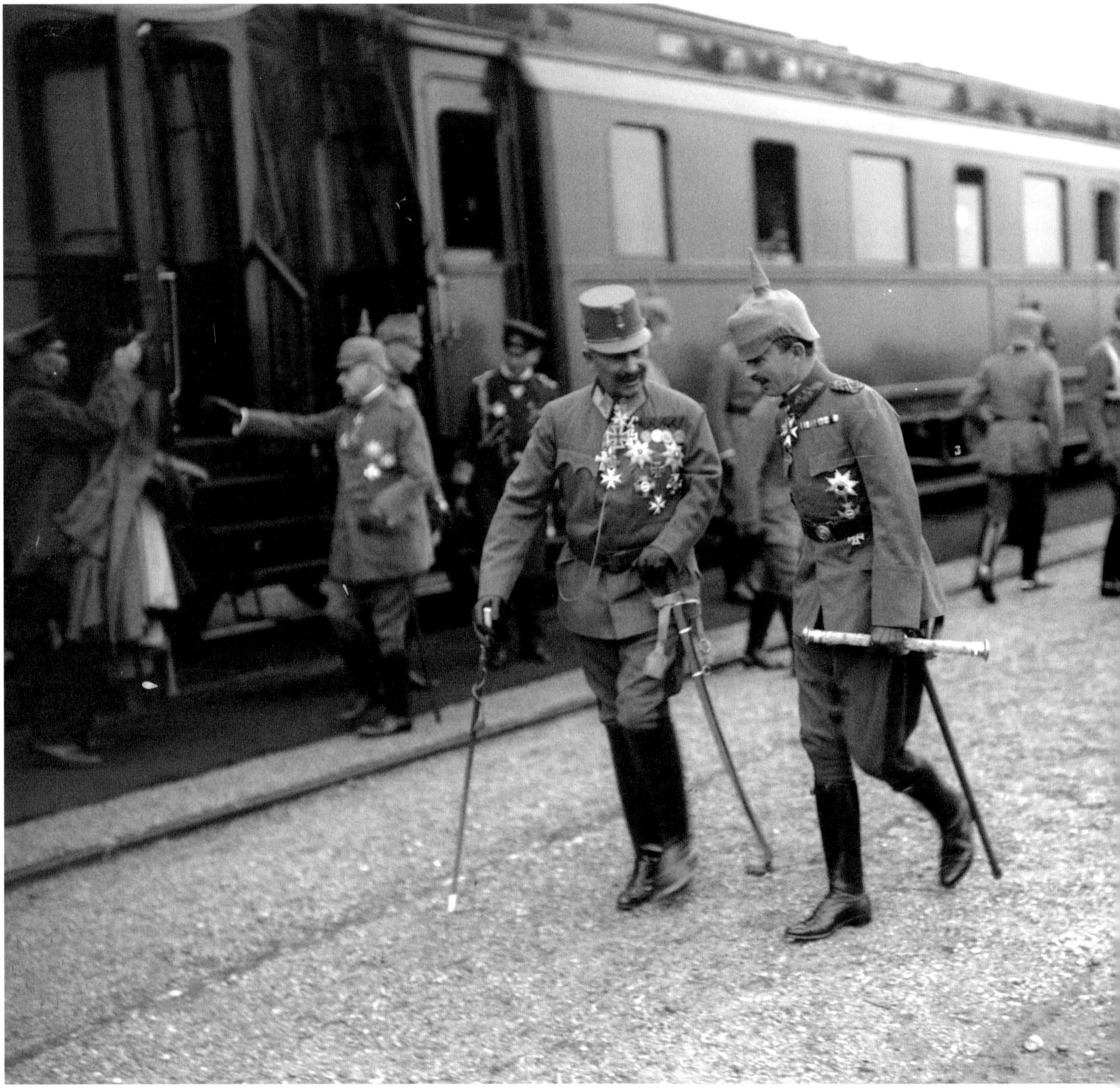

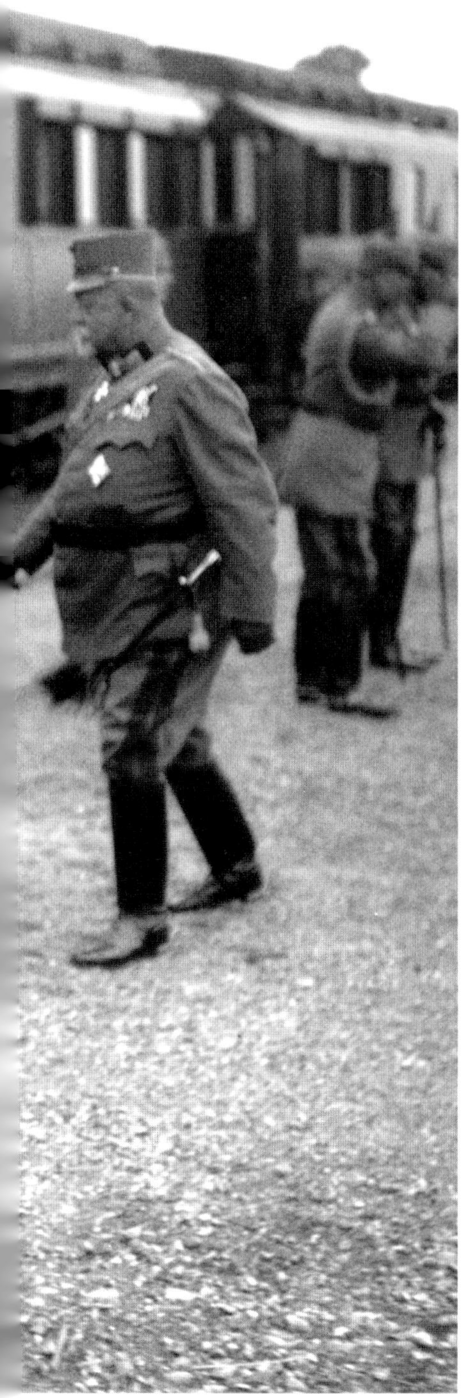

Besuch des deutschen Kaiserpaares Wilhelm II. und Auguste Viktoria. Der Tee im Schlosspark. 6. Juli 1917.

Unten: Vorstellung der Offiziere anlässlich der Überreichung des Militärverdienstkreuzes I. Klasse an Kaiser Karl I. durch Erzherzog Josef (†1962) im Schlosspark vor Mannschaftsdeputationen der Ostarmee. Heinrich Schumann. 24. Juni 1917.

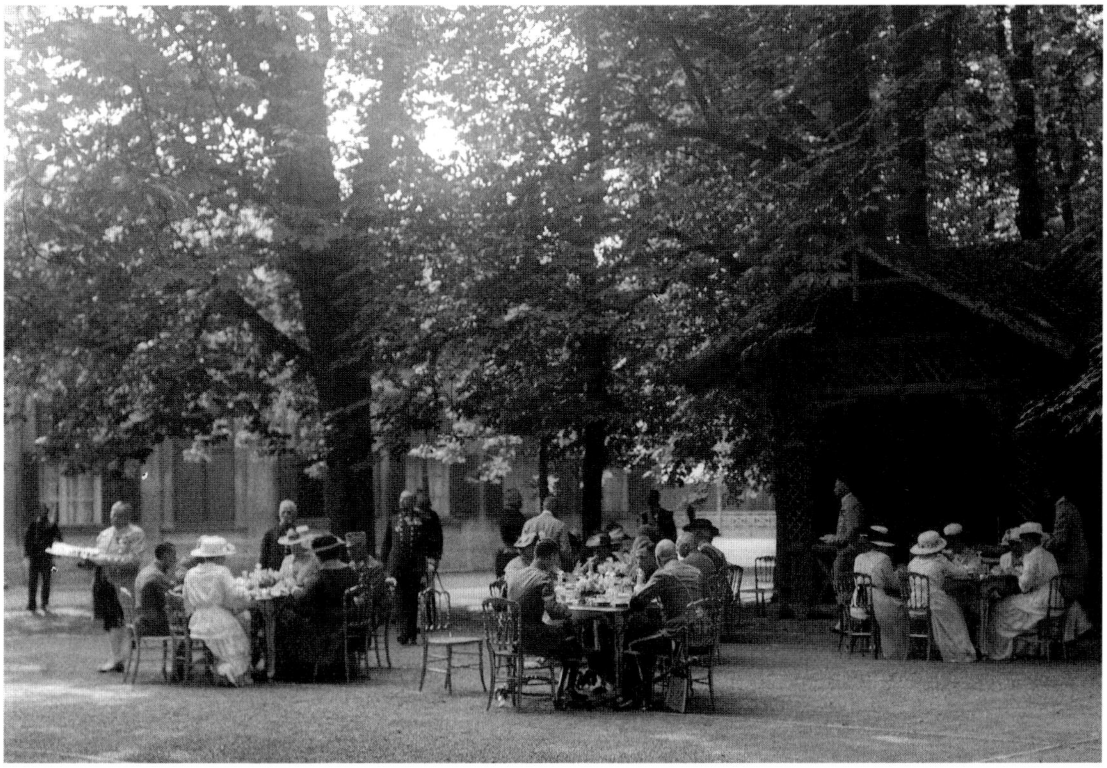

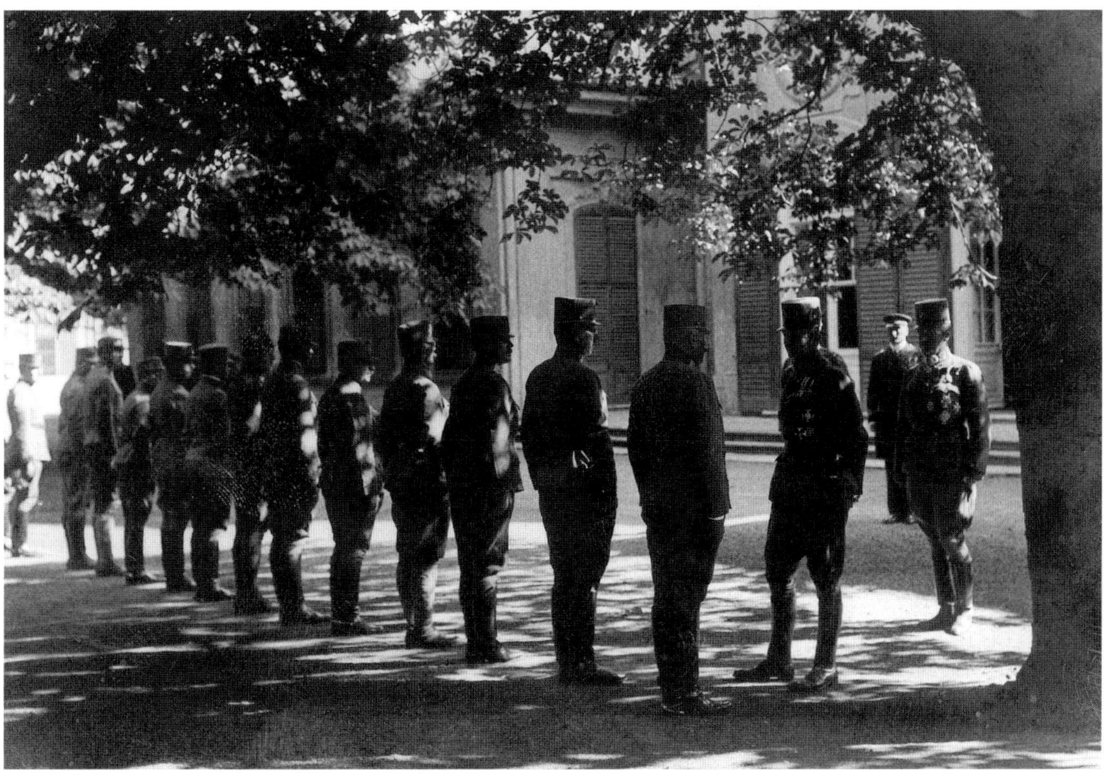

ERSTER WELTKRIEG
Barackenlager des k. u. k. Innenministeriums.

Gmünd.
Übersicht bei vollem Belag.
August 1915.

Gegenüberliegende Seite:
TRAISKIRCHEN
Staatserziehungsanstalt für Kadetten.

Oben: Turnstunde in Uniform vor dem Mannschafts-Wohngebäude.
1918.
Unten: Turnstunde eines jüngeren Jahrgangs im Freien. Barrenturnen.
1918.

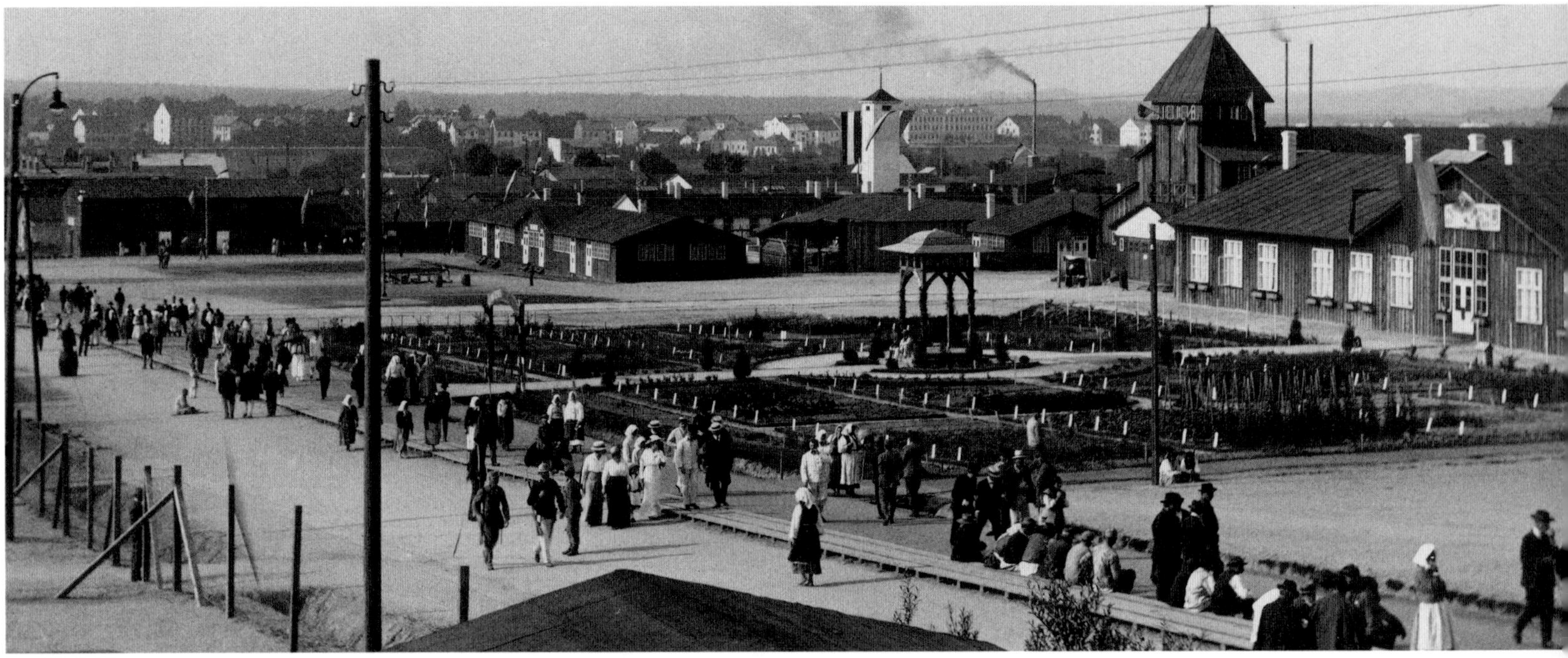

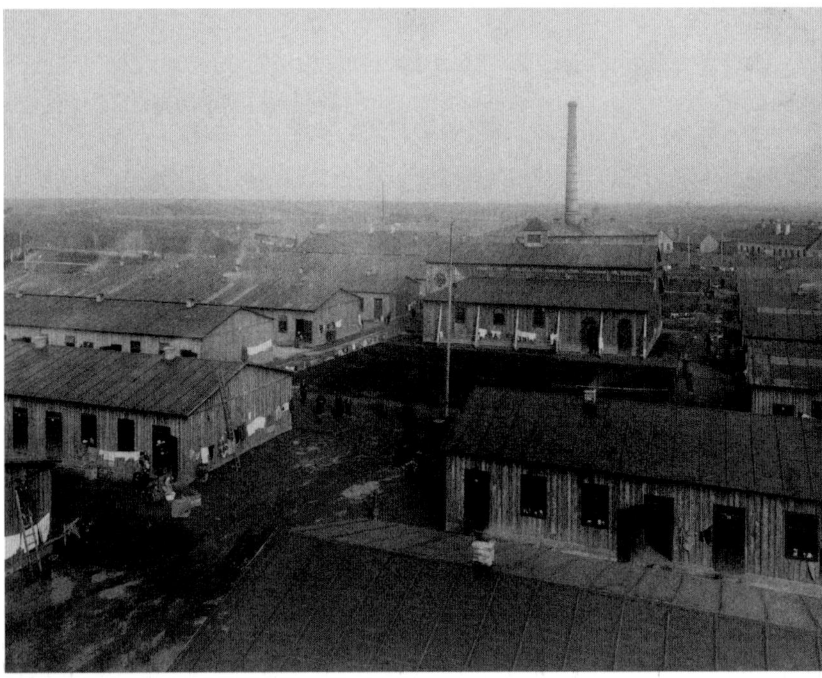

Bruck an der Leitha.
Übersicht von erhöhtem Standort.
1914/15.

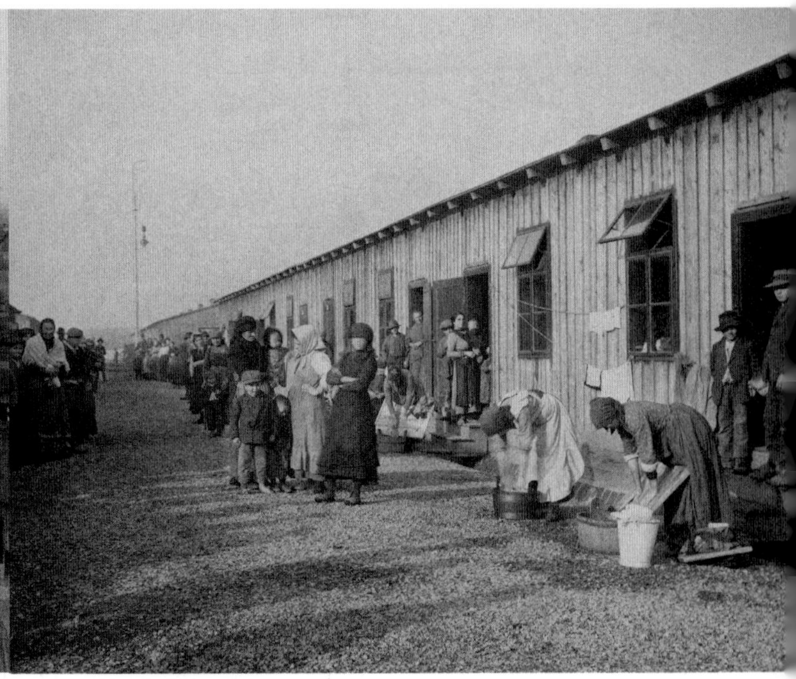

Bruck an der Leitha.
Waschstraße.
1914/15.

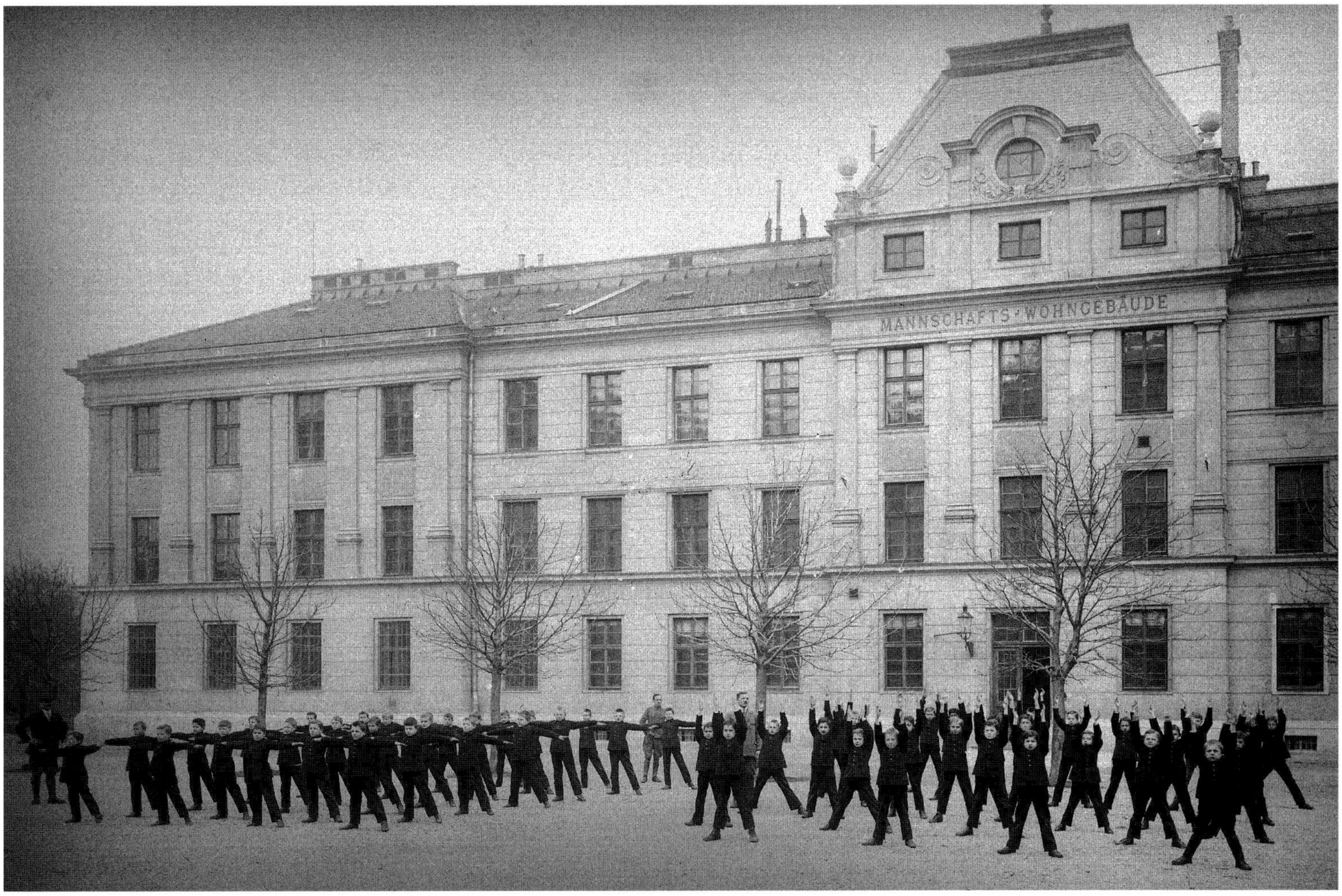
MANNSCHAFTS-WOHNGEBÄUDE

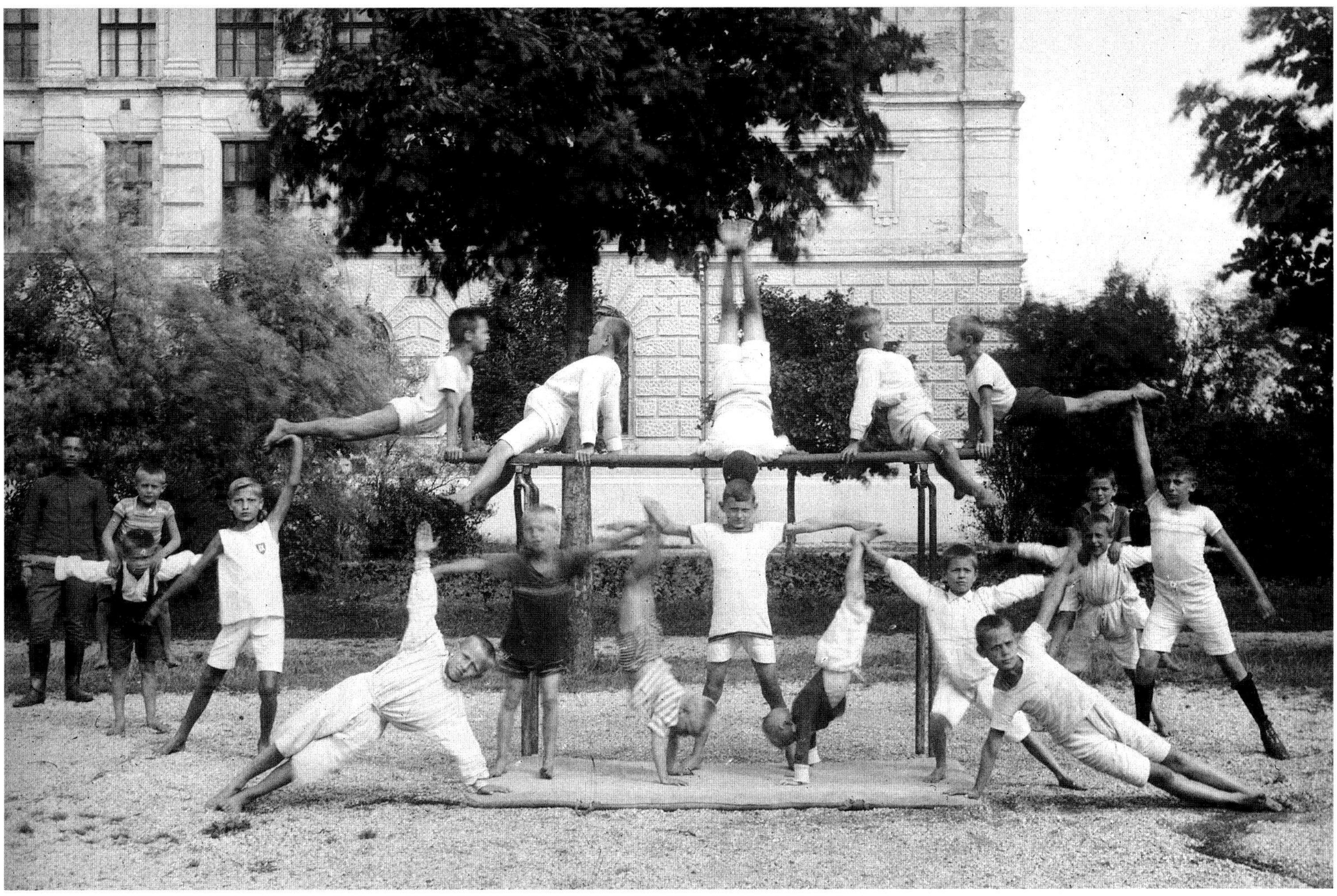

IN DER ERSTEN REPUBLIK

Julius Deutsch, Obmann des Republikanischen Schutzbunds, bei einer Gedenktafelenthüllung vor dem Heim der Kinderfreunde in Mödling (Mauergittergasse). Mai 1926.

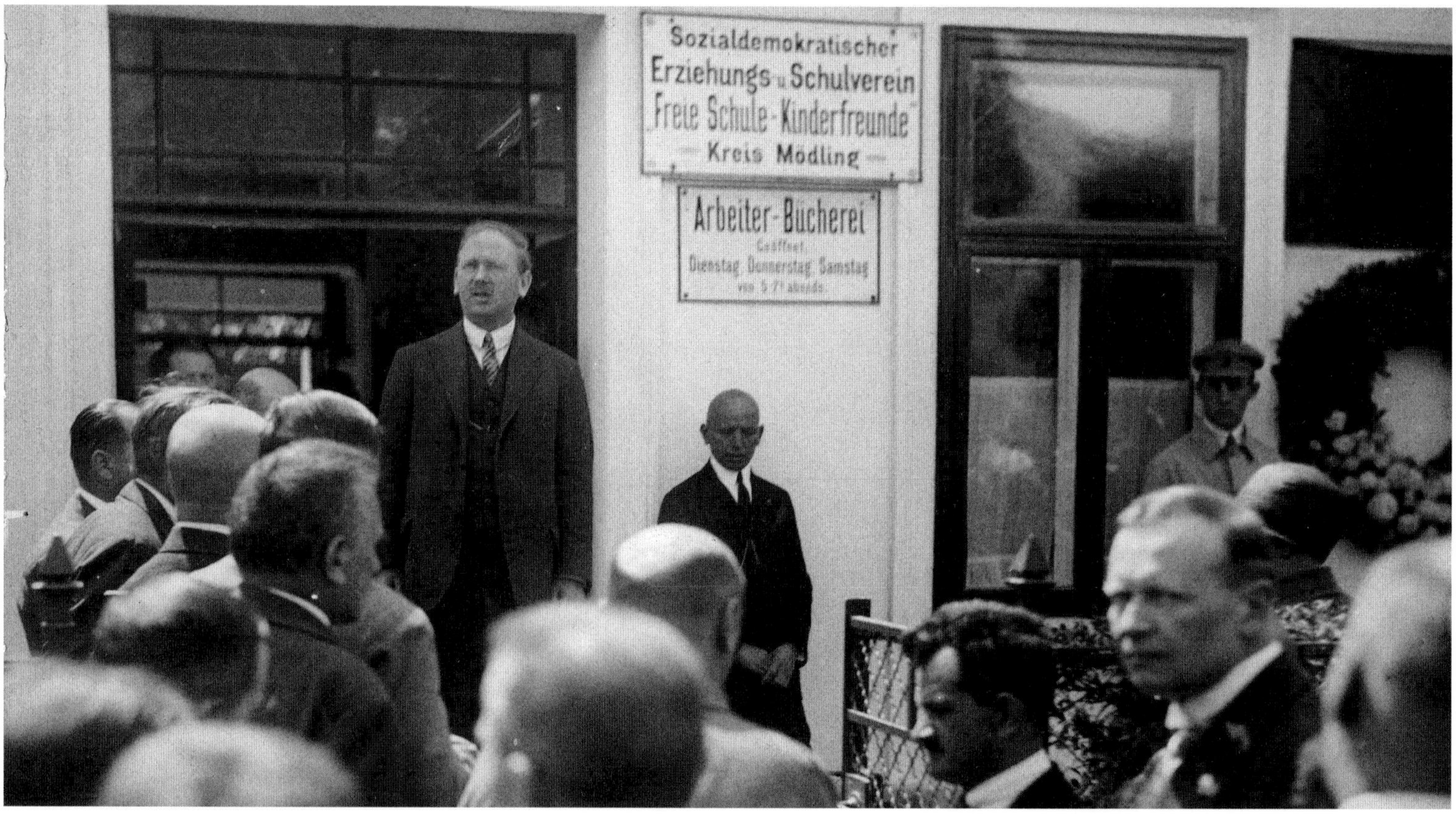

Unten:
Manöver des Bundesheeres bei Scheibbs. Verteidigungsminister Carl Vaugoin defiliert für ein Kamerateam. August 1928.

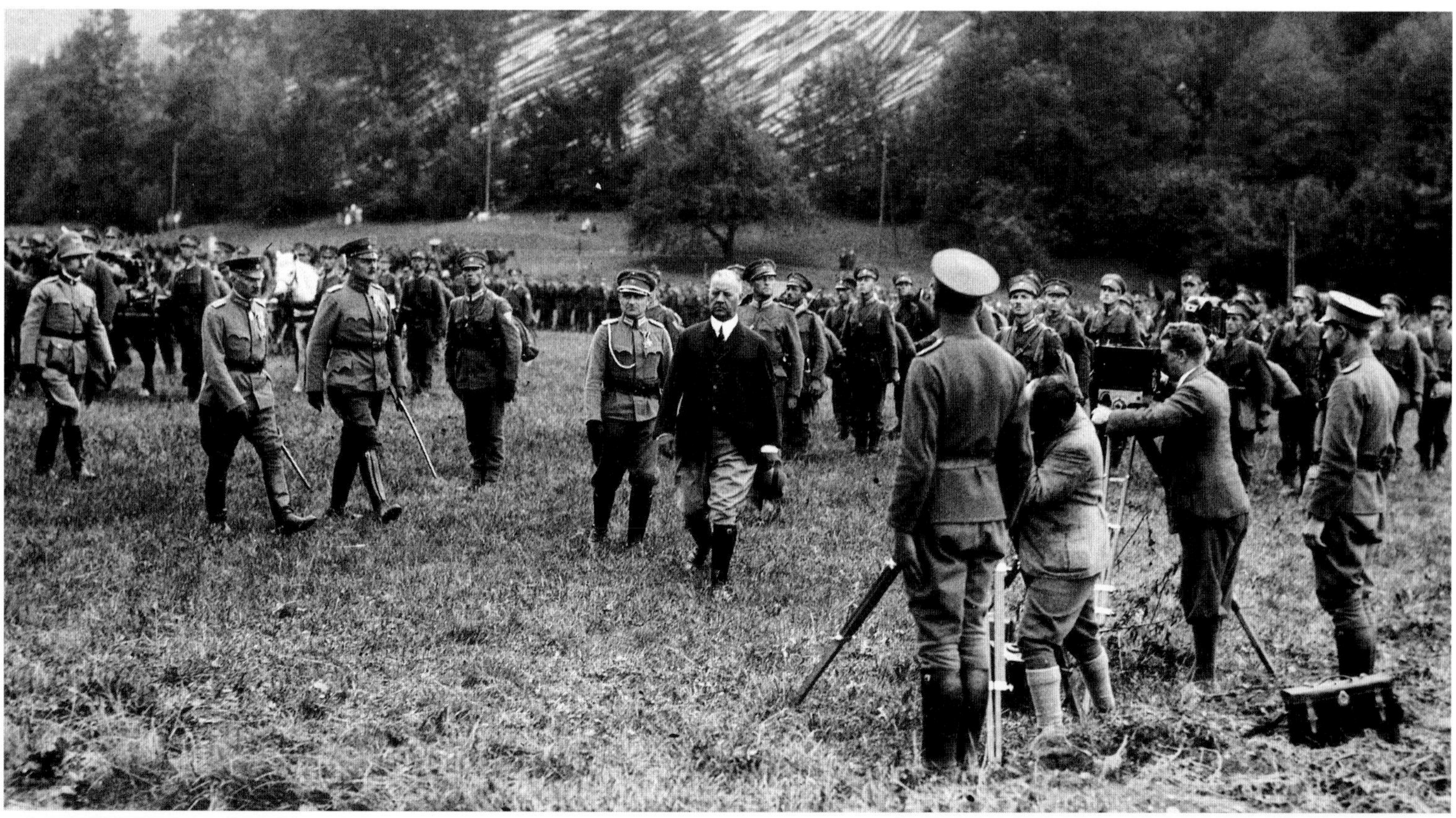

„Heimwehrtag" in Wiener Neustadt am 7. Oktober 1928.
Stellungen des Bundesheeres auf dem Hauptplatz, um eine Barriere zwischen den Aufmärschen der Heimwehr und des Republikanischen Schutzbundes zu bilden.

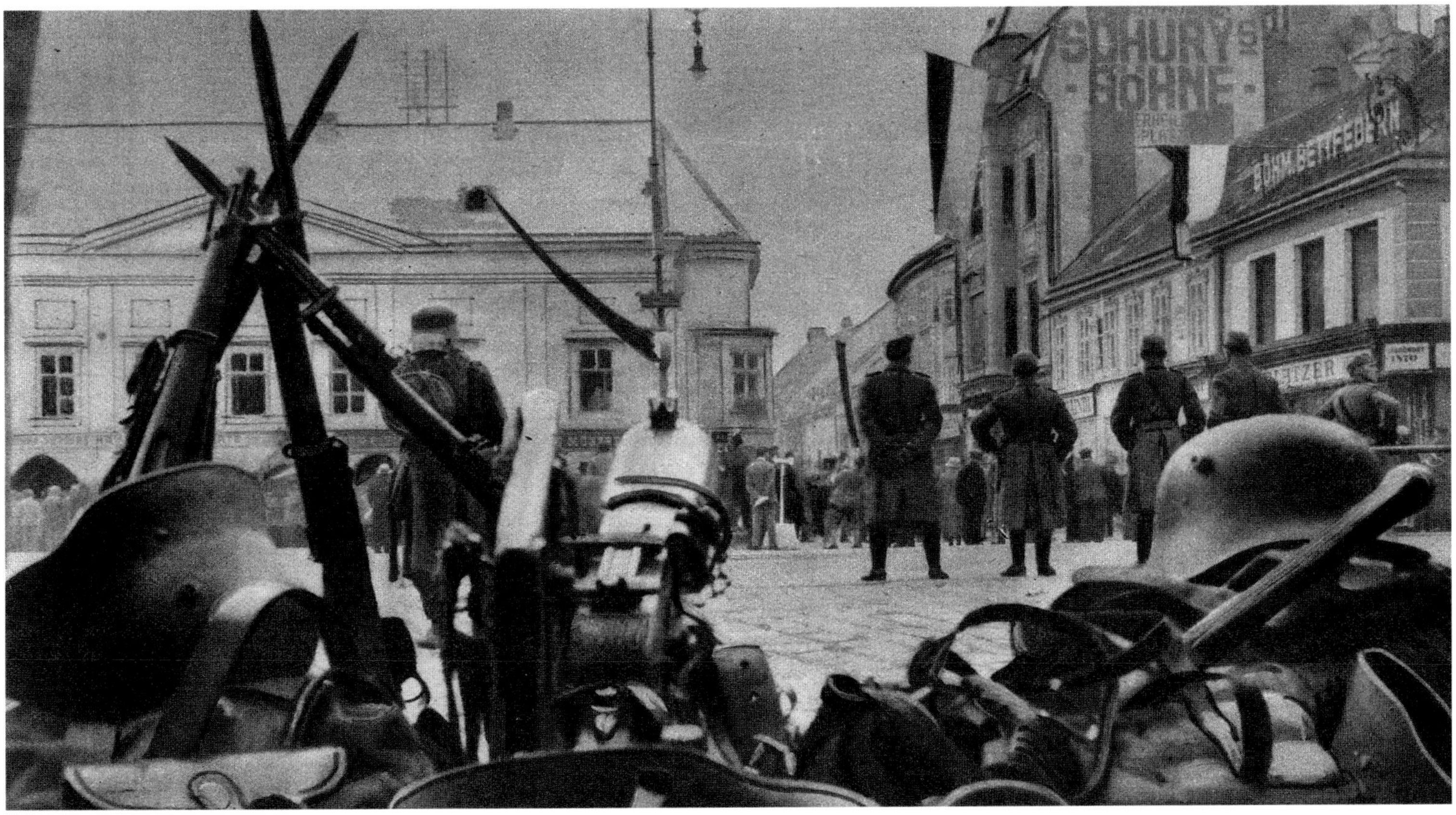

Unten:
Letzte Sitzung des Landtags vor seiner Auflösung im Niederösterreichischen Landhaus in der Wiener Herrengasse.
31. Oktober 1934.

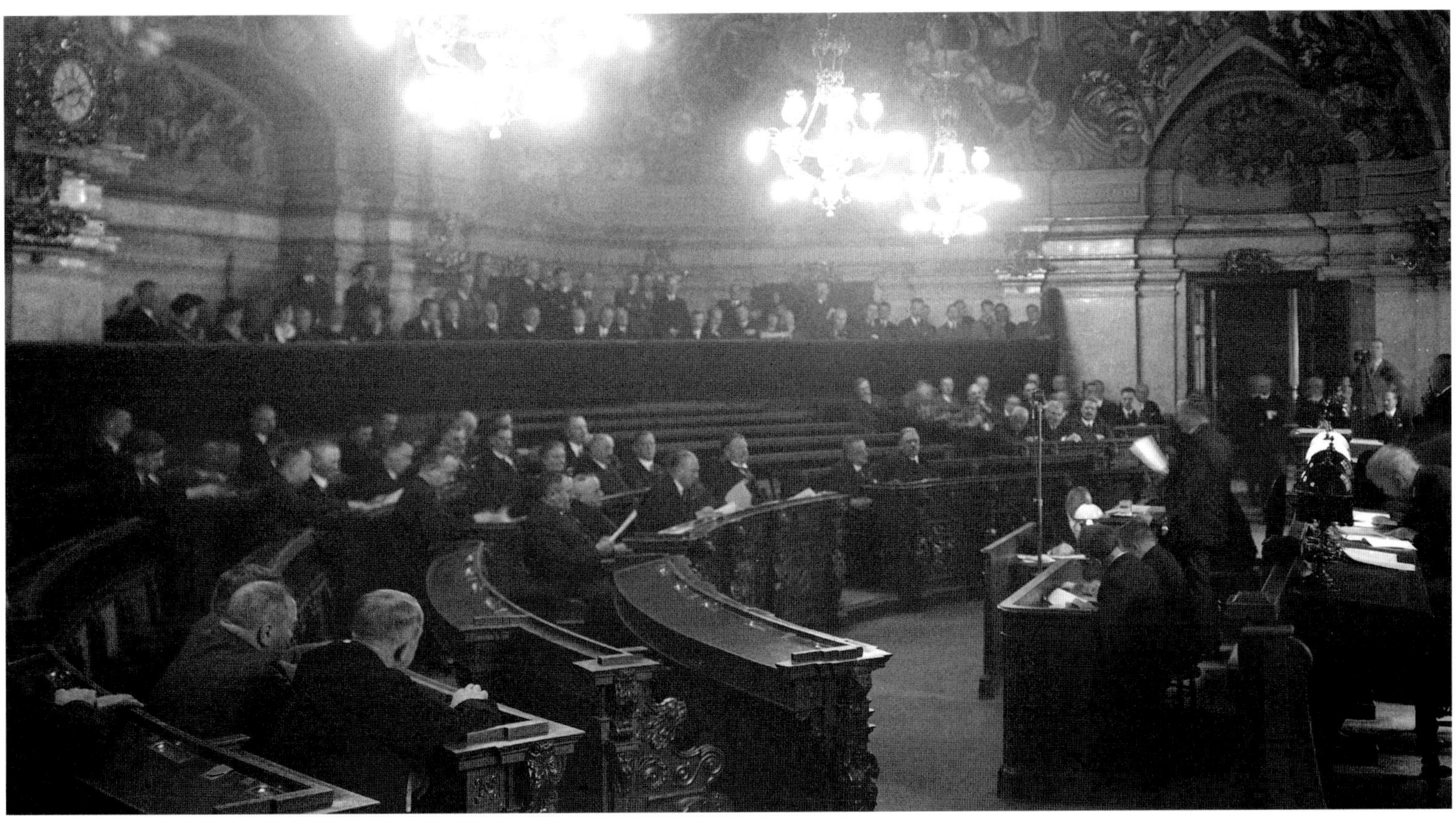

DÖLLERSHEIM
Vor und nach der Errichtung des Waldviertler Truppenübungsplatzes im Zweiten Weltkrieg.

Spital und Pfarrkirche 1909.

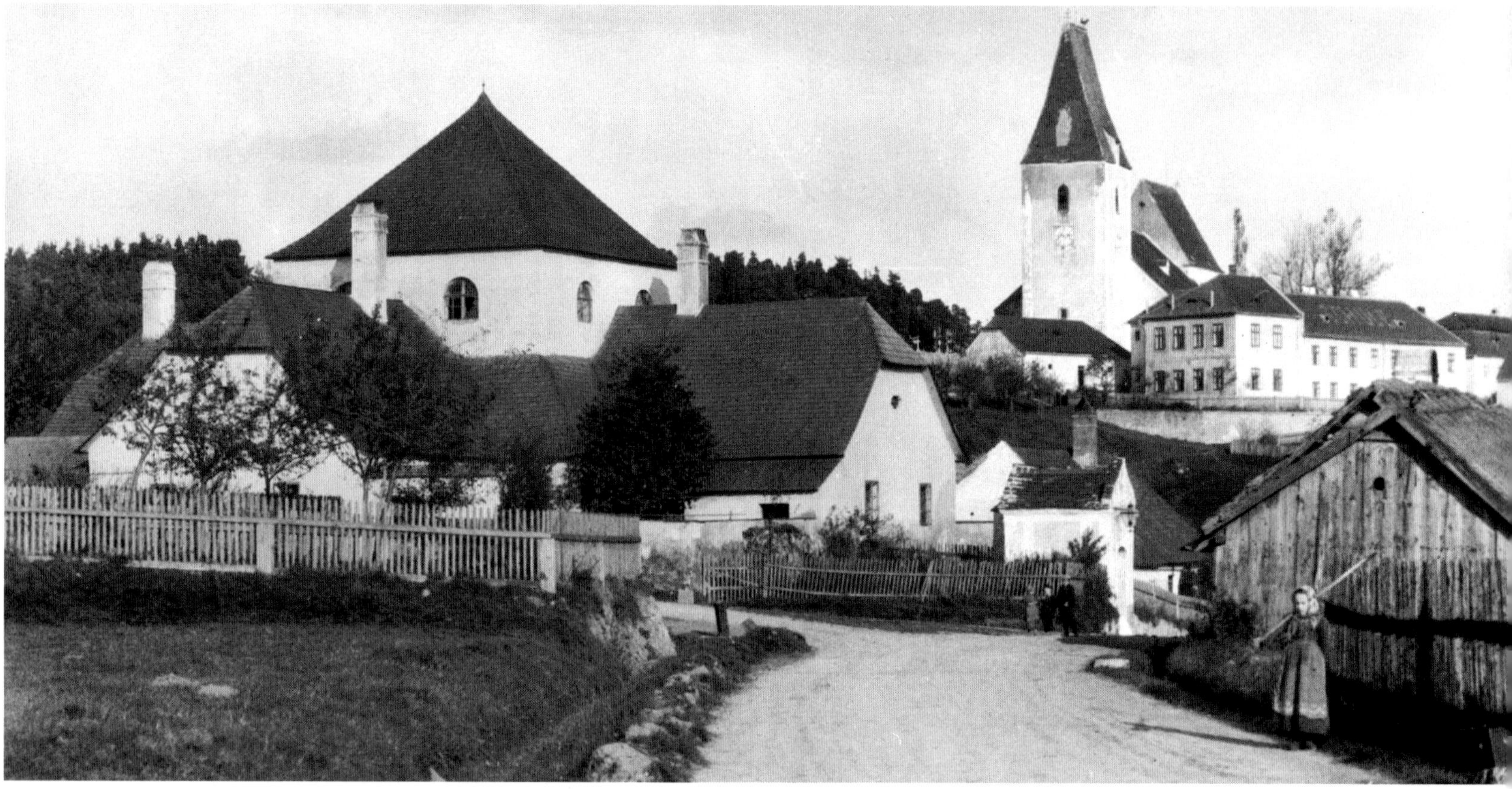

Unten:
Spital und Pfarrkirche 1958.

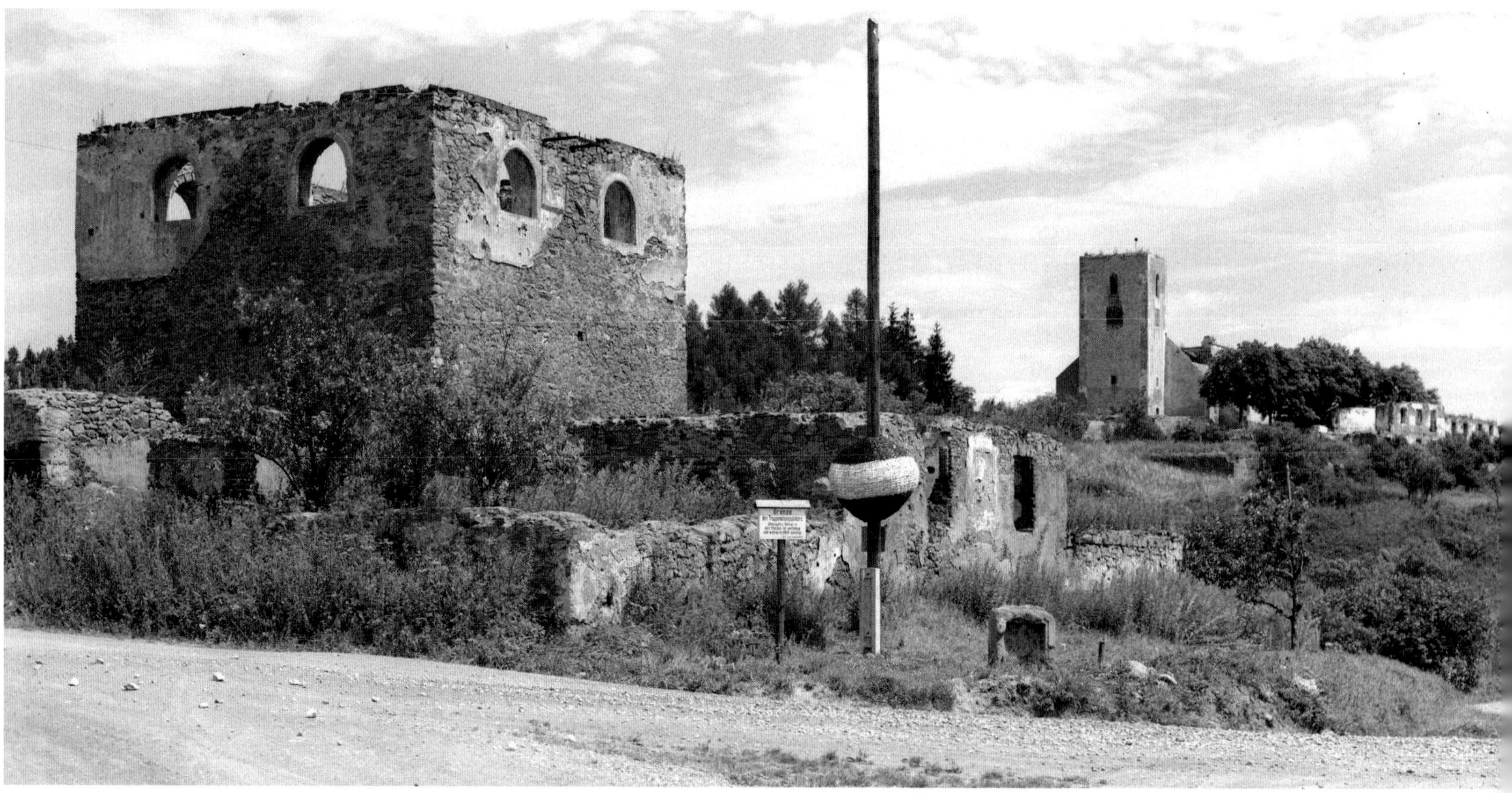

MELK
Straßenbild mit Blick zum Stift
während der Durchfahrt
einer Abteilung der Deutschen
Wehrmacht.
1939.

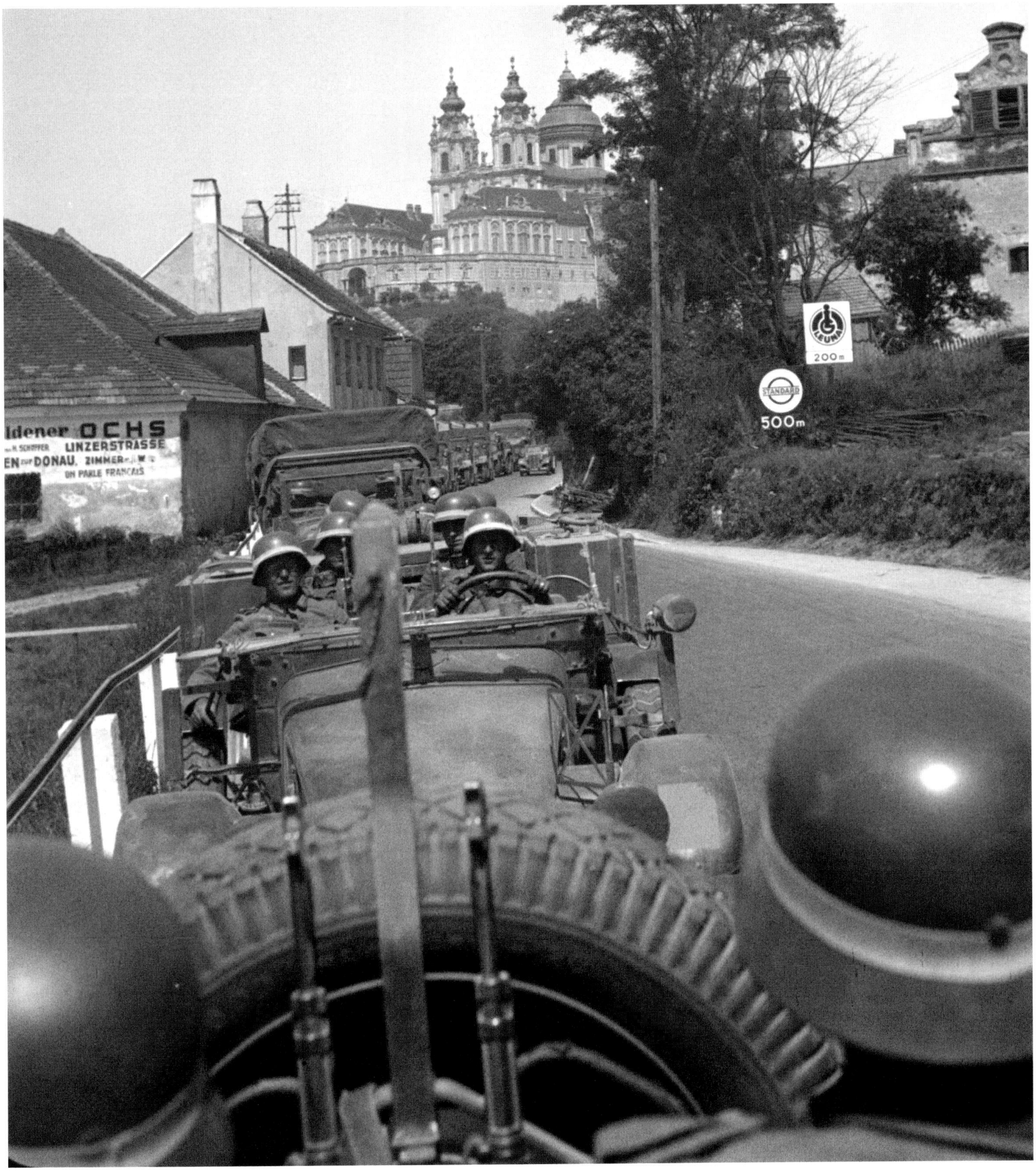

AM EISERNEN VORHANG

Gmünd.
Grenze zur ČSSR zwischen den Wohnhäusern.
Dezember 1953.

Unten:
Niemandsland auf der ehemaligen Bundesstraße von Laa a. d. Thaya nach Hevlín. Tschechischer Grenzpolizist zwischen den Sperren.
Mai 1952.

Gegenüberliegende Seite:
Gmünd.
Tschechischer Grenzposten mit besetztem Wachtturm.
Dezember 1953.

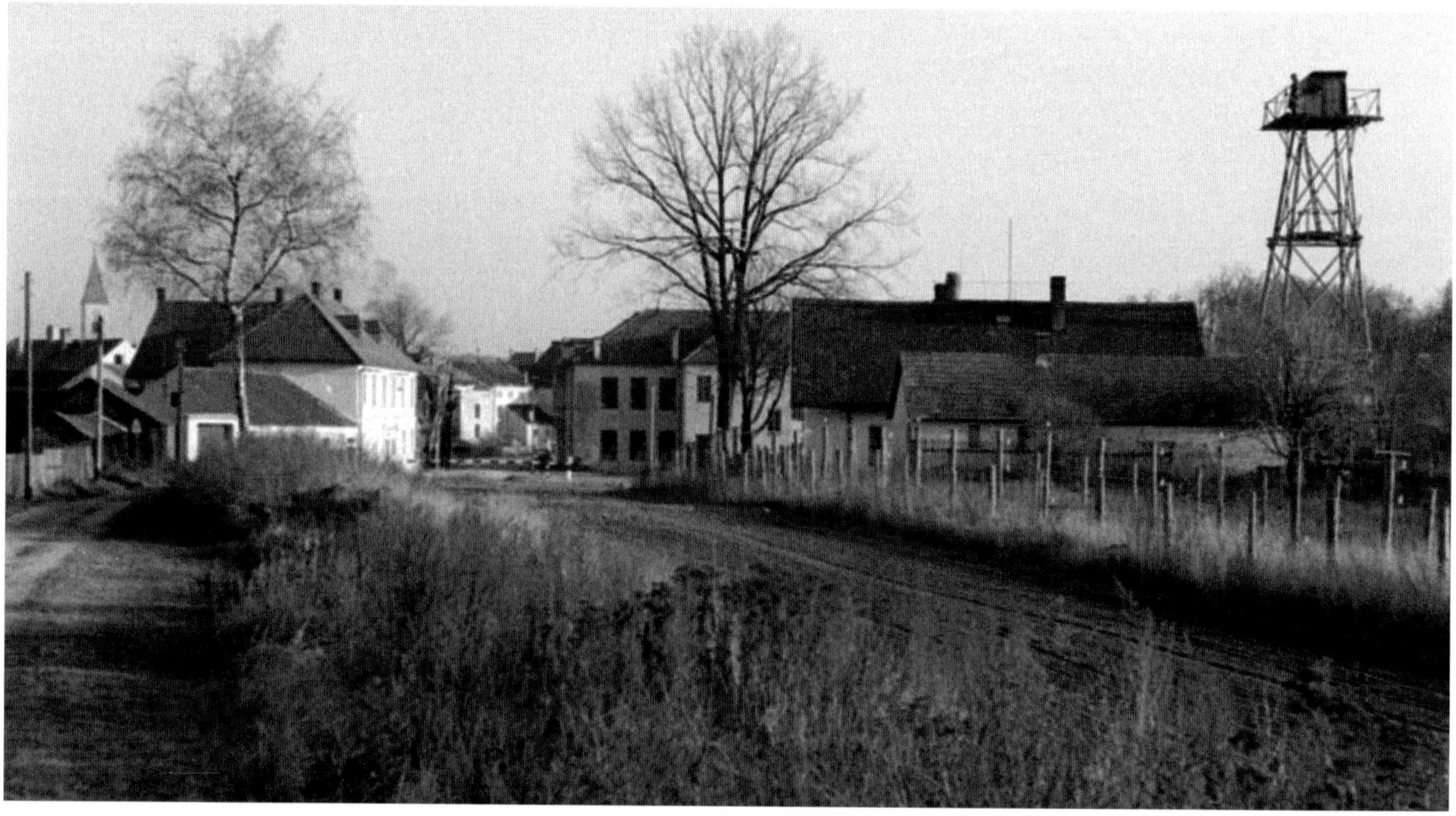

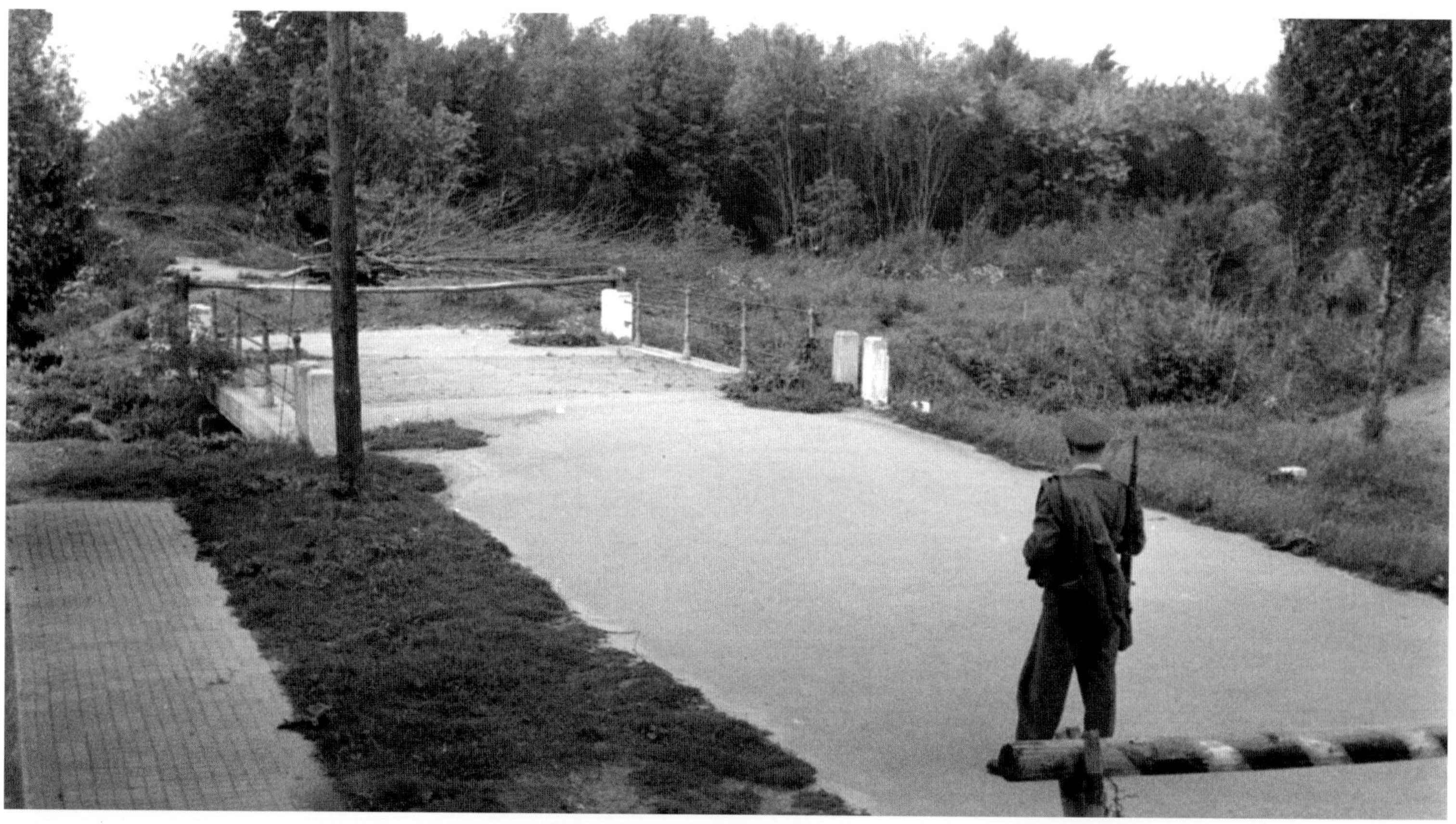

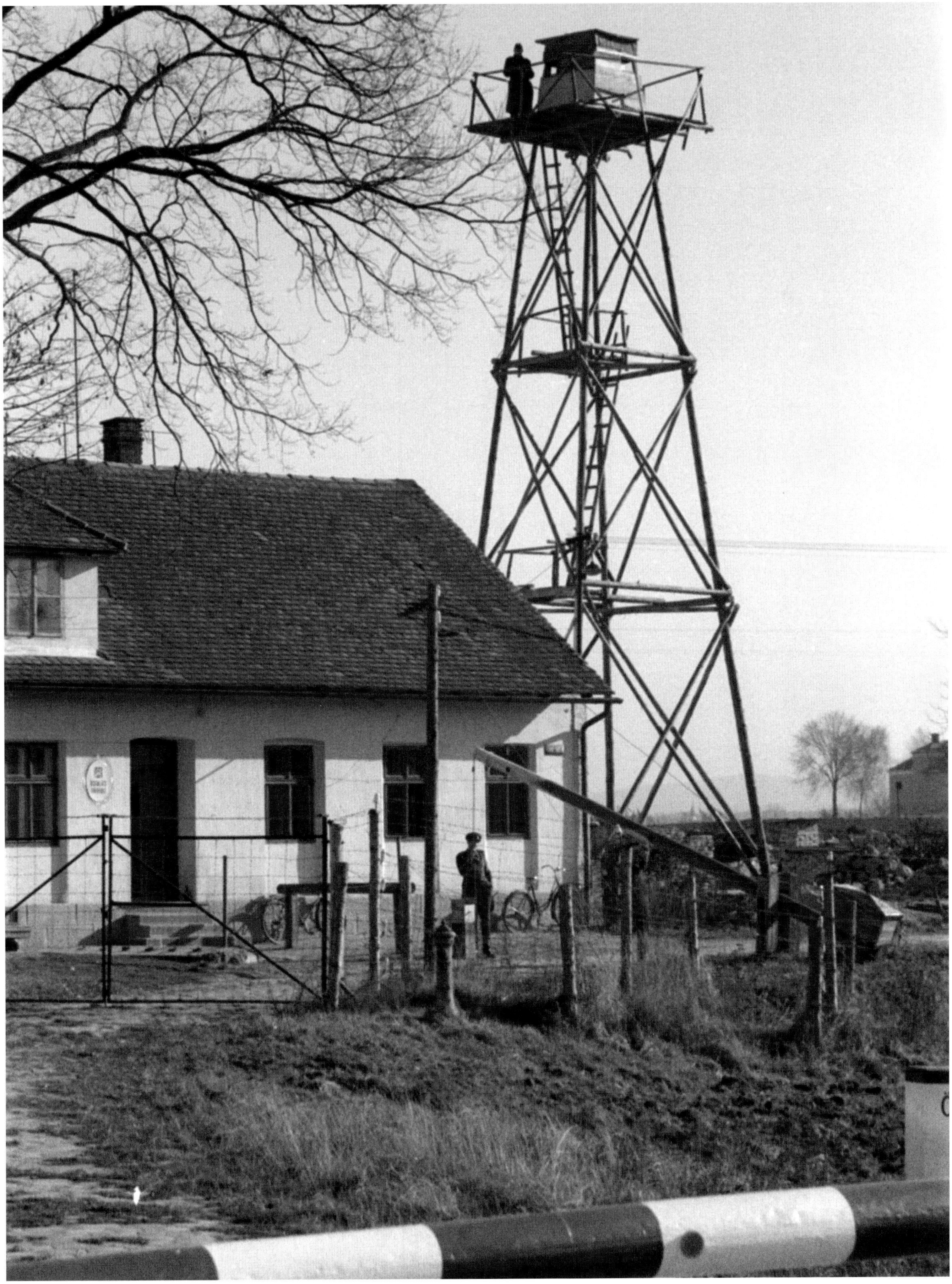

NIEDERÖSTERREICH UND DIE SOWJETISCHE VERWALTUNG

Demarkationslinie an der Enns.
Kontrolle auf der sowjetischen Zonenseite. 1946.

Vor dem Abzug der Roten Armee.
Geparkter Mannschafts-LKW in Krems.
August 1955.

Unten:
Erdölfeld Neusiedl an der Zaya.
Transparent vor dem Gebäude der Betriebsleitung.
September 1955.

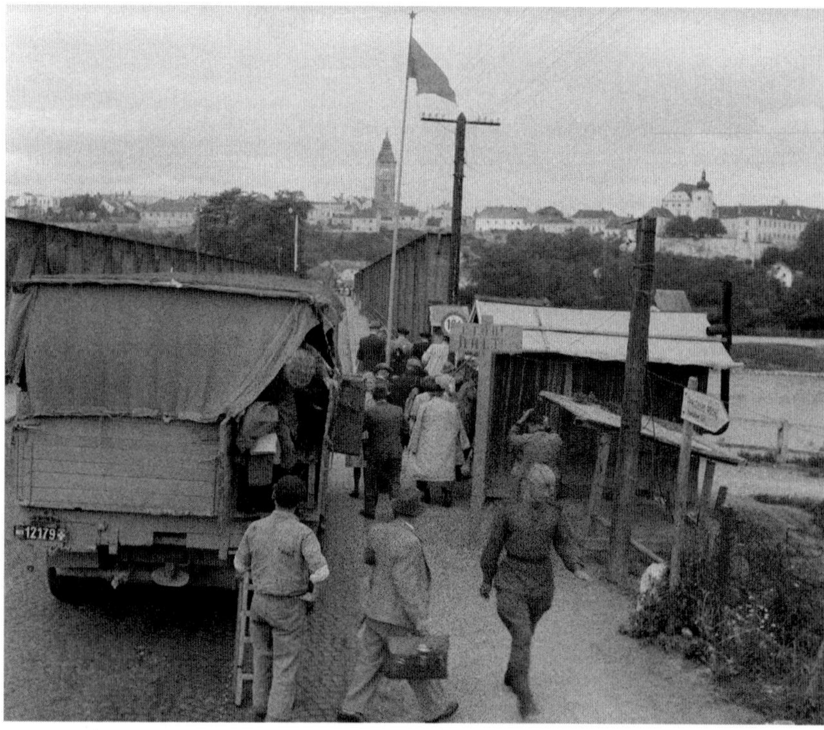

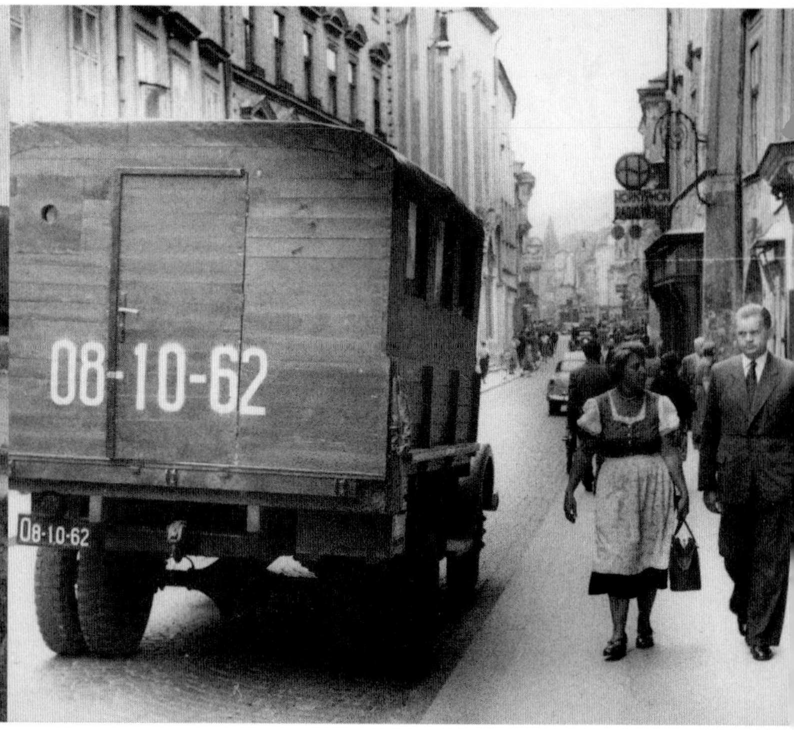

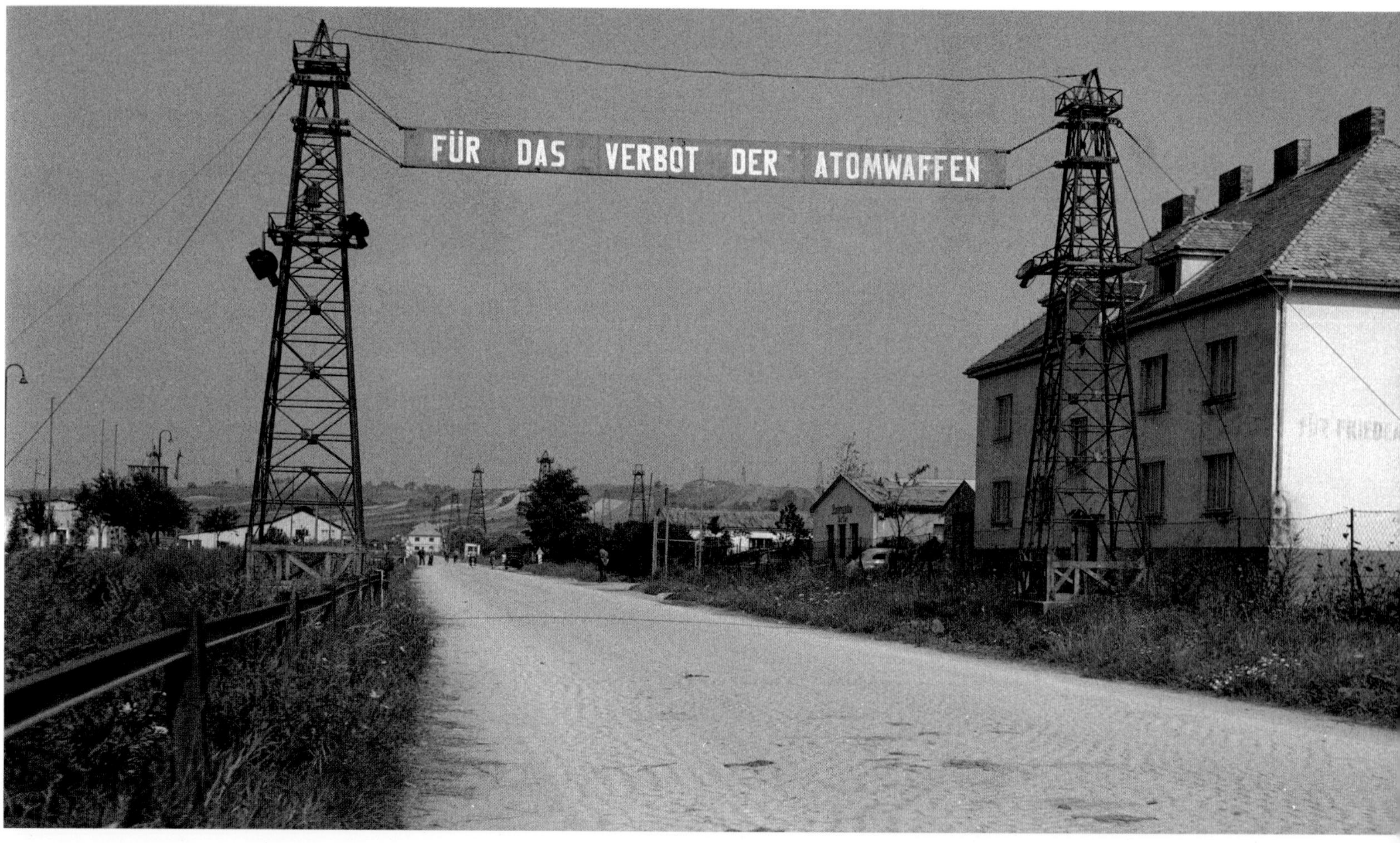

HAINFELD im Bezirk Lilienfeld

Kundgebung der Sozialdemokratischen Partei Österreichs 60 Jahre nach ihrer Gründung (1888) in der Ruine des einstigen Versammlungshauses.
Juni 1948.

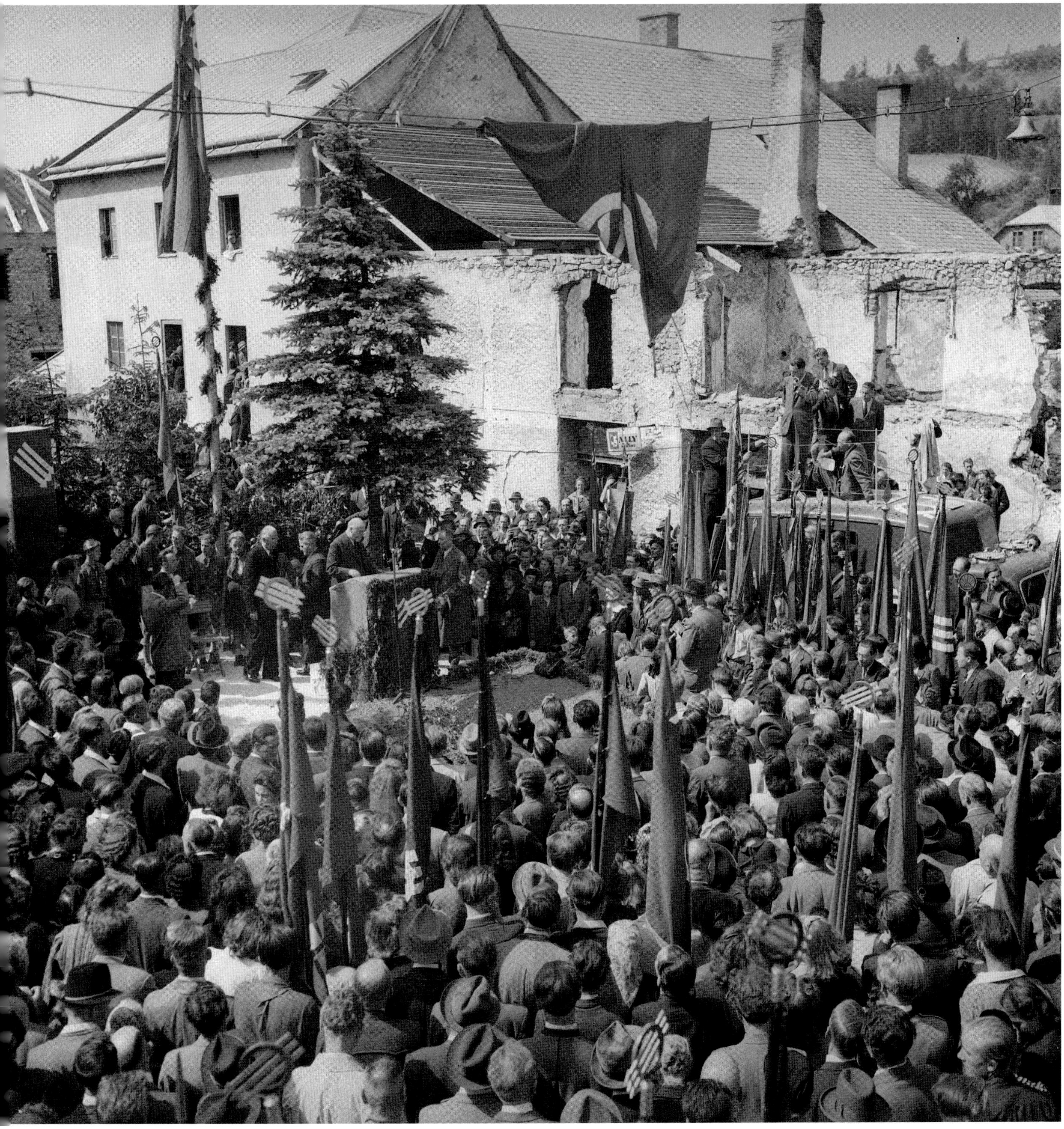

LANDESVÄTER

Leopold Figl zu Besuch in seinem Heimatort
Rust im Tullnerfeld.
Der Bundeskanzler schenkt im Keller seines
Bruders den Gästen reinen Wein ein.
April 1952.

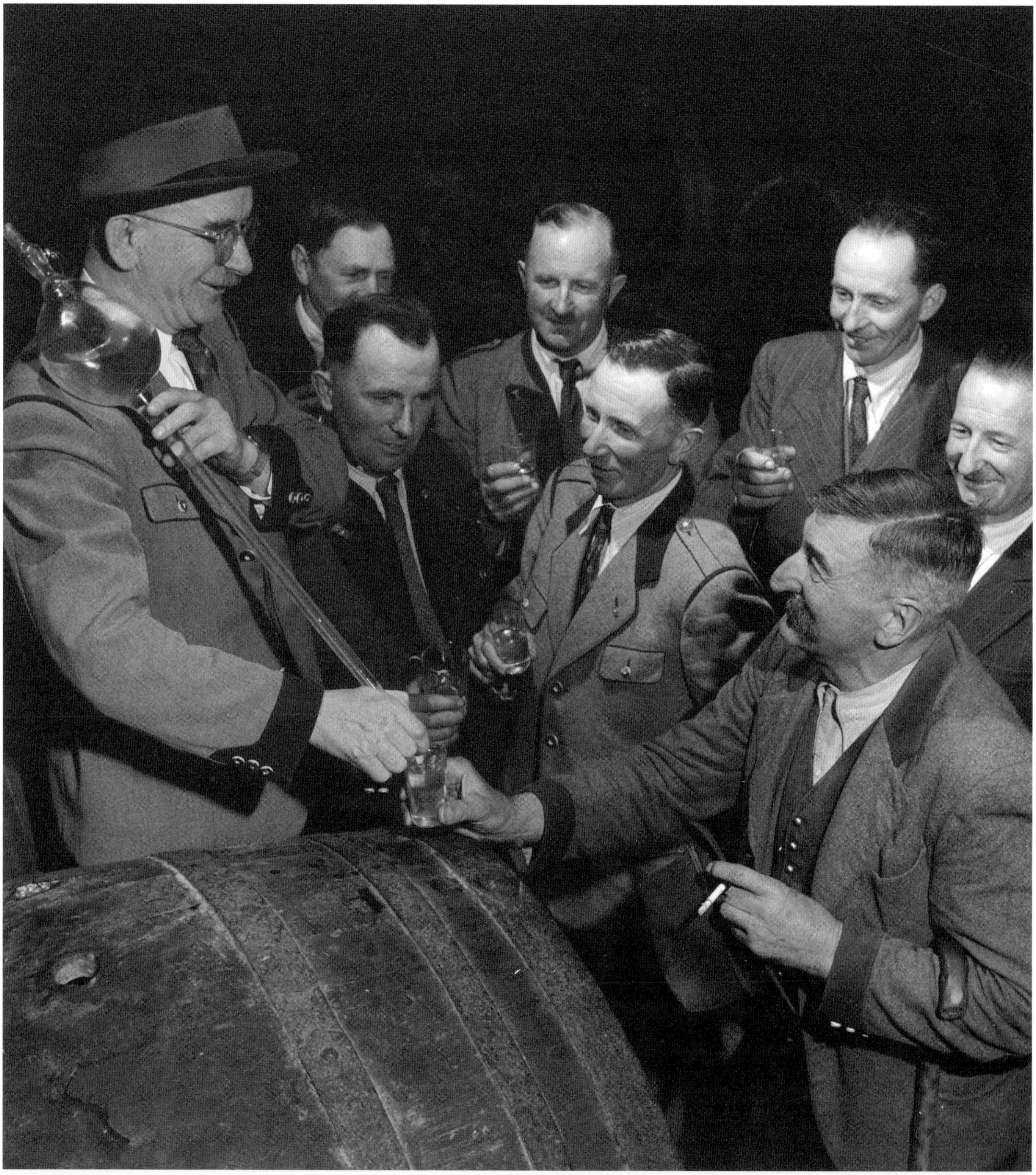

Landeshauptmann Johann Steinböck
bei der Porträtsitzung für seine
Büste im Atelier des Bildhauers
August Bodenstein.
Um 1958.

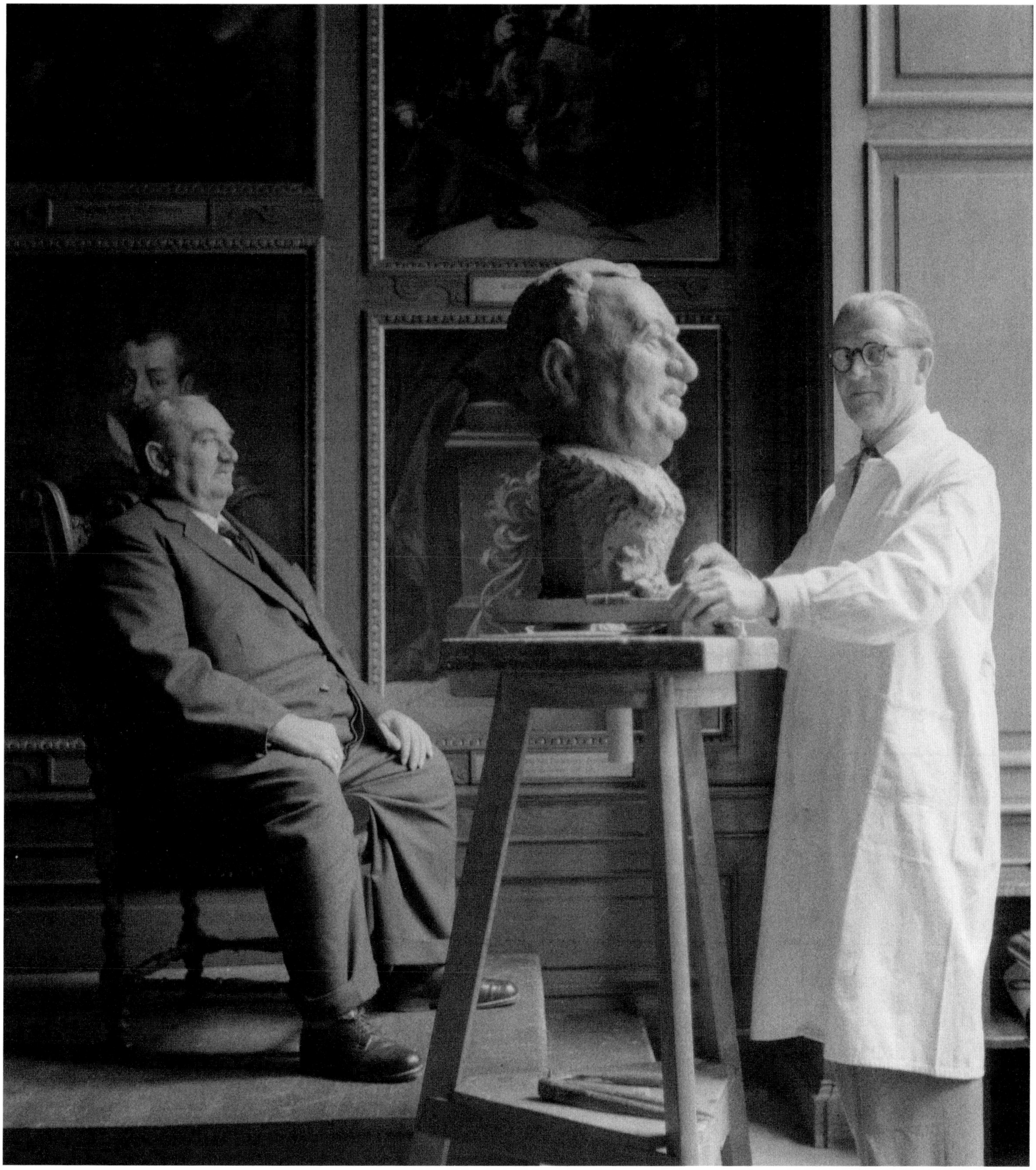

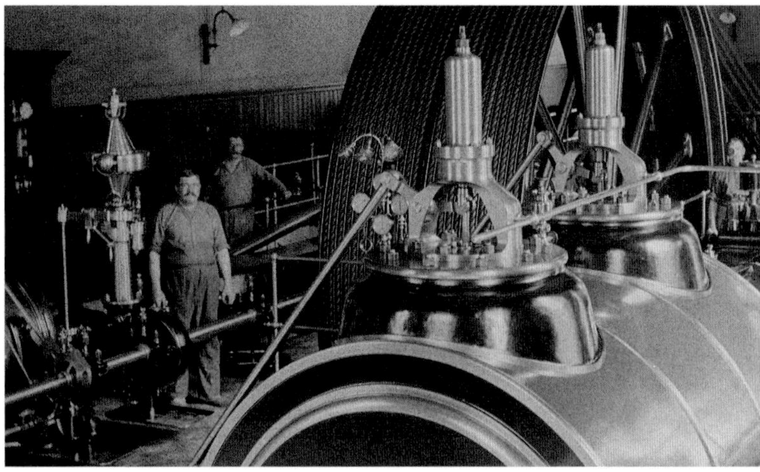
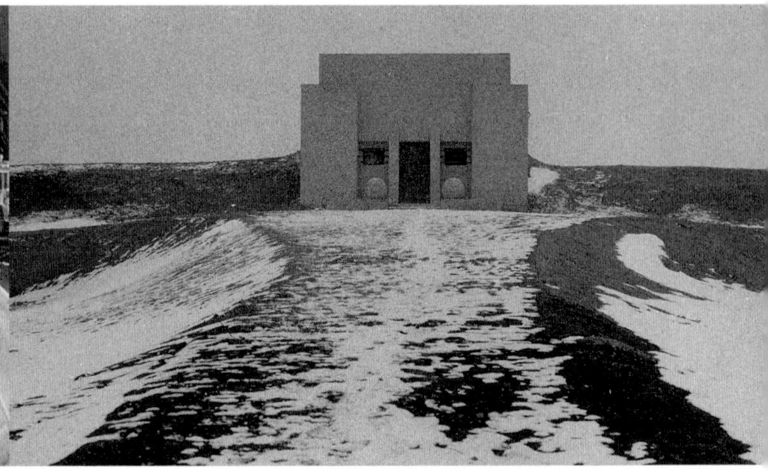

KAPITEL 7

MODERNE ZEITEN

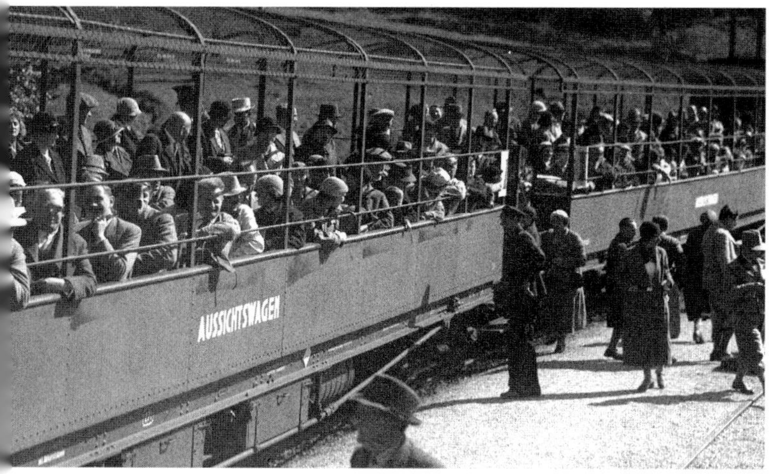

Bahnhöfe – Semmeringbahn – Westbahn – Kraftwerke/Wallsee/Opponitz/Ybbs-Persenbeug/Wienerbruck – Fabriksgebäude und Industrieanlagen – Wasserversorgung – Fesselballons und erster Linienflug – Sender Jauerling und Bisamberg – Linienbusse im Höllental und im Waldviertel – Motorisierung – Meilenstein am Semmering

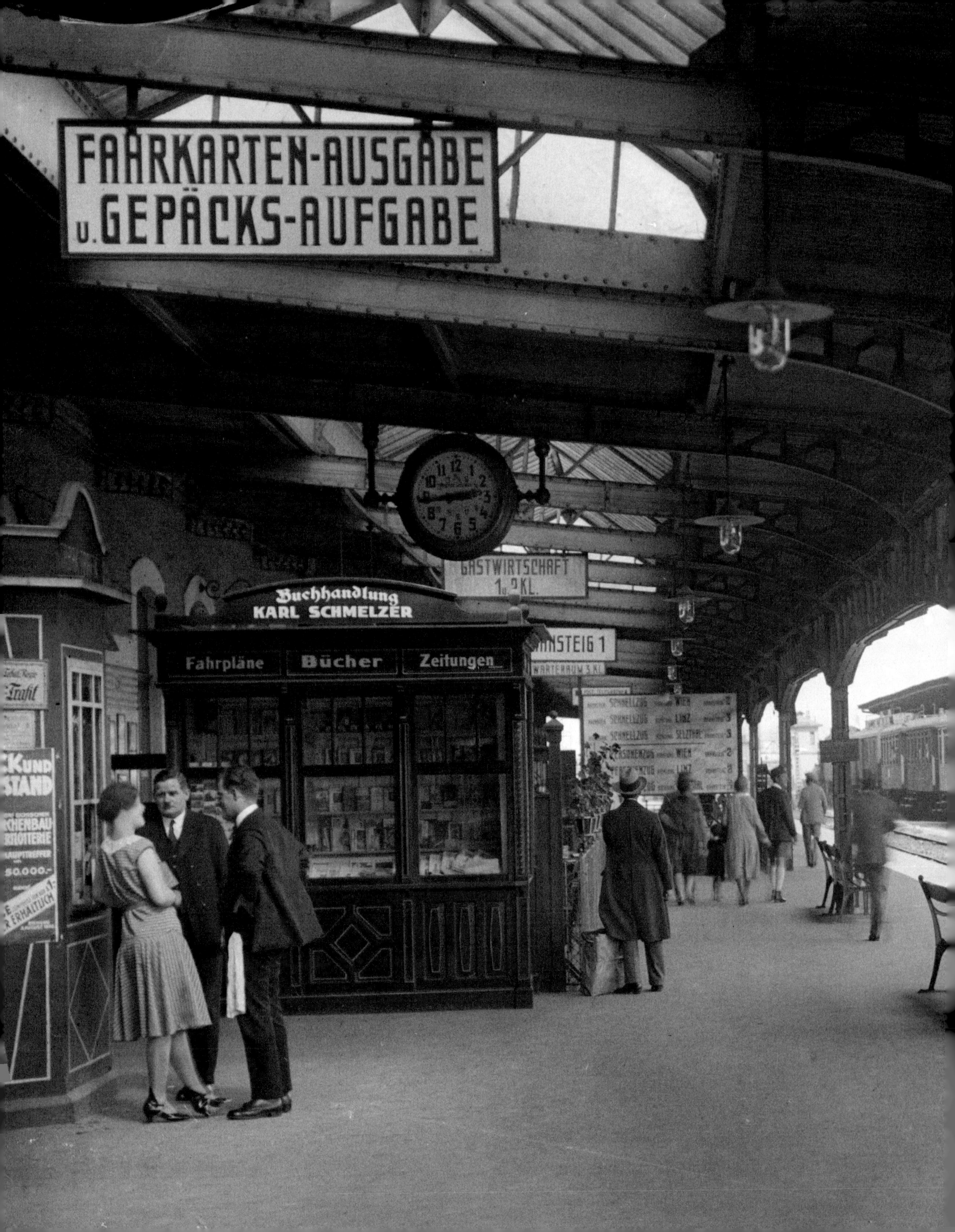
FAHRKARTEN-AUSGABE
u. GEPÄCKS-AUFGABE
GASTWIRTSCHAFT
1. u. 2. KL.
Buchhandlung
KARL SCHMELZER
Fahrpläne
Bücher
Zeitungen
WARTERAUM 3. KL.

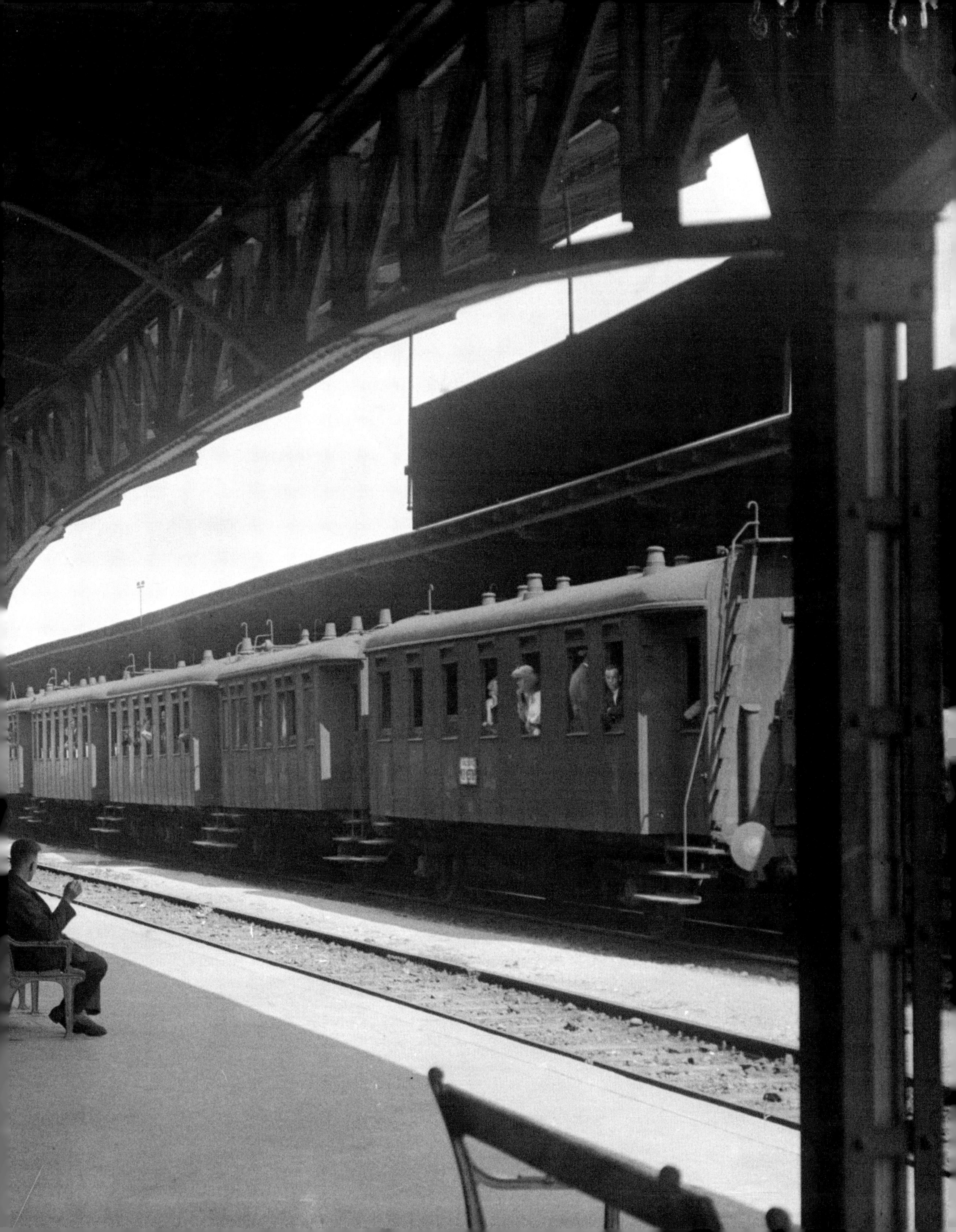

BAHNHÖFE

Vorderseite: Amstetten.
Belebter Bahnsteig
am Nachmittag.
Um 1938.

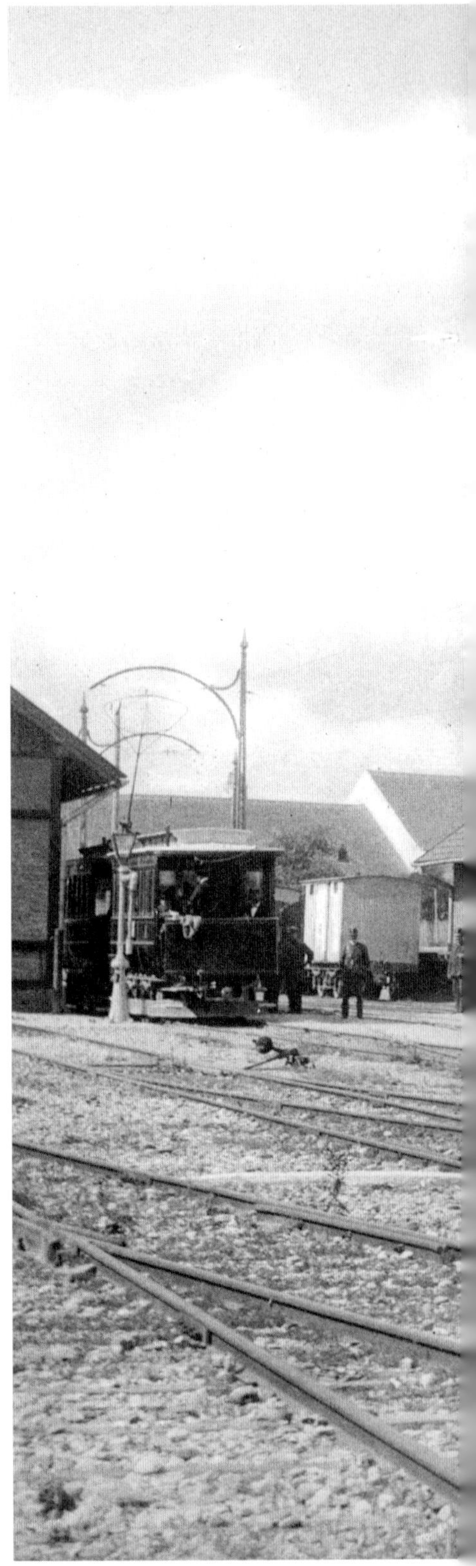

Aspang am Wechsel.
Bahnsteig am Tag der Eröffnung
der Wechselbahn.
12. Oktober 1910.

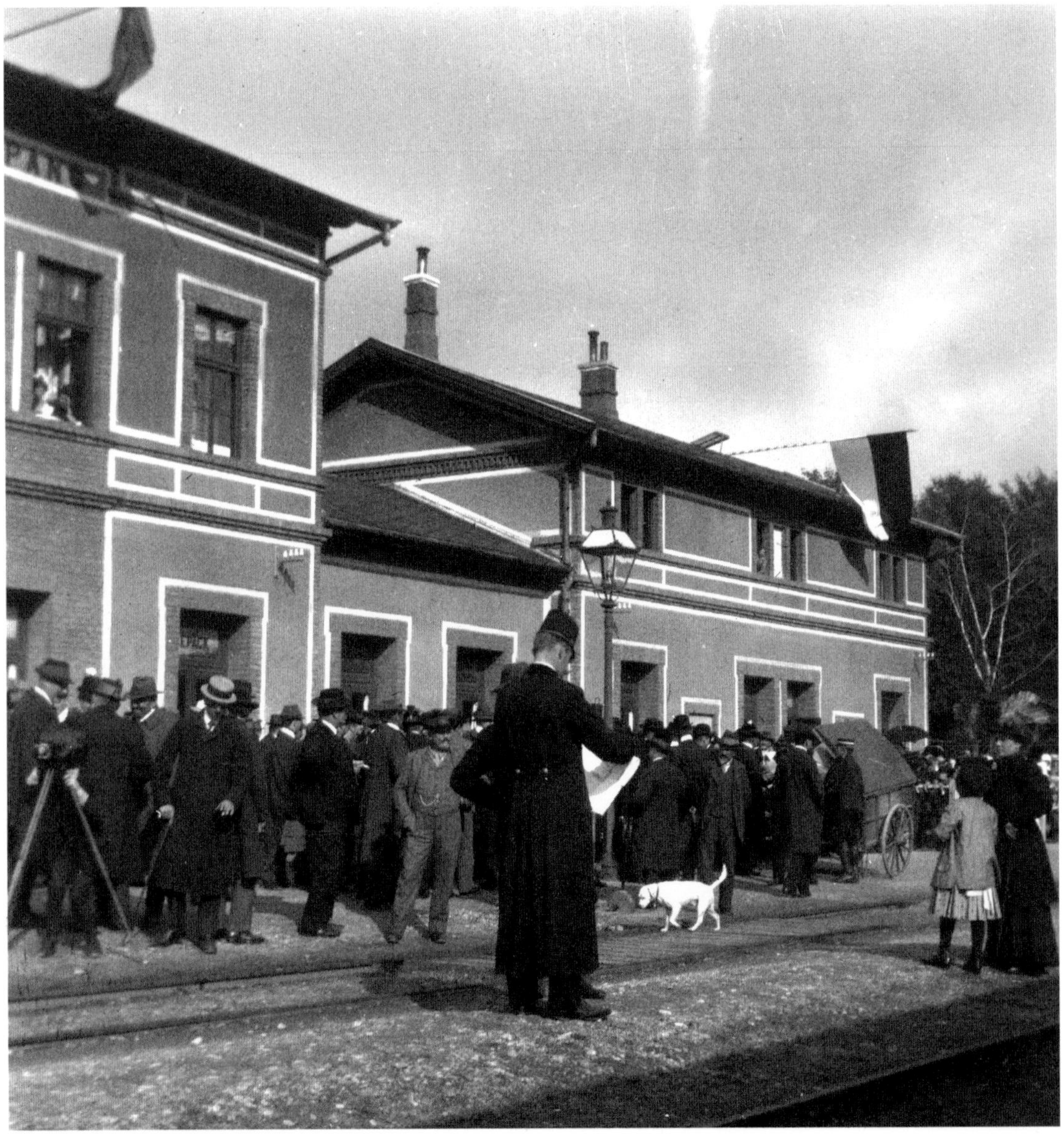

Guntramsdorf.
Zug der Dampftramway nach Wien vor dem Stationsgebäude.
Lichtdruckfilm um 1900.

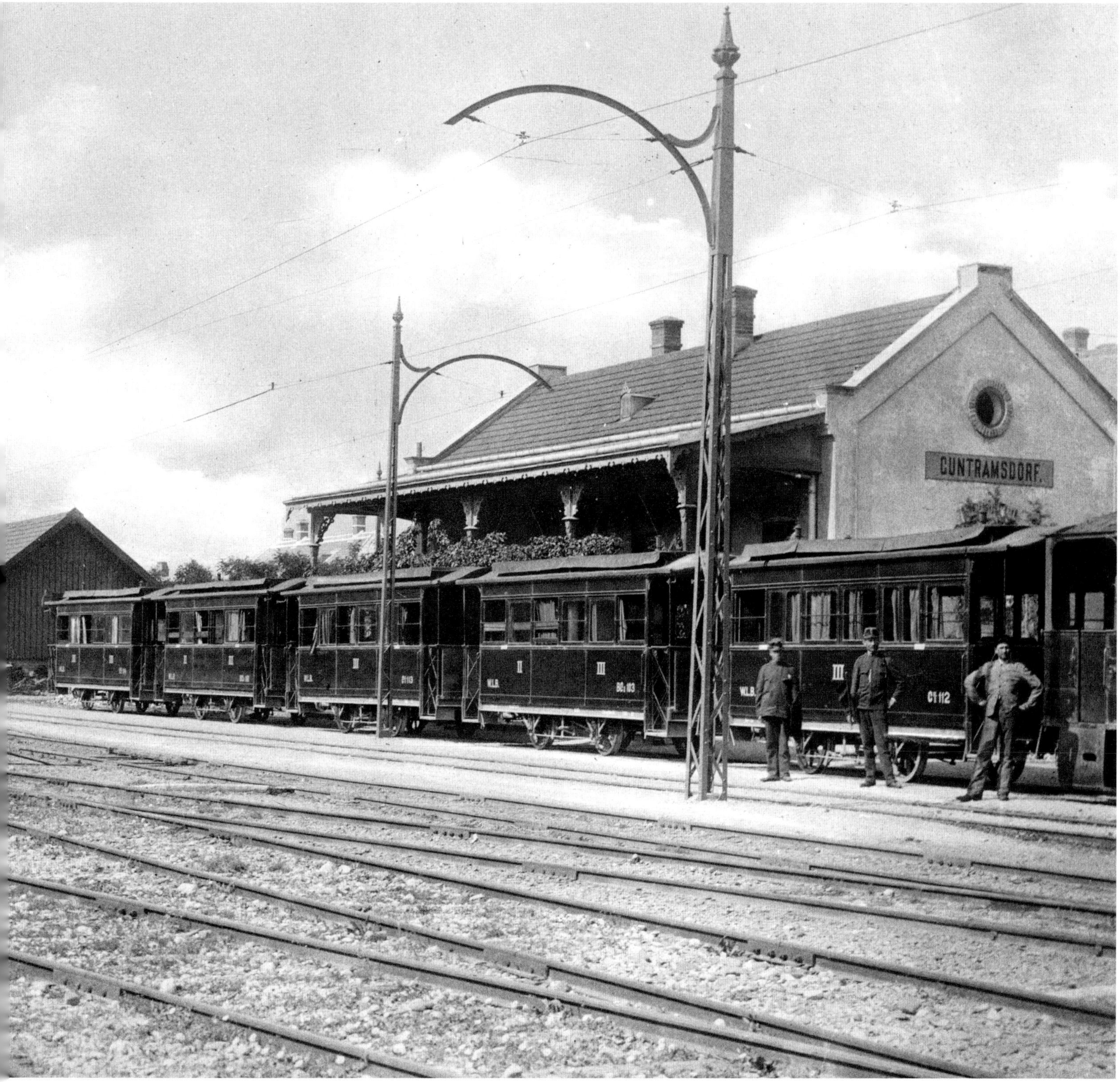

SEMMERINGBAHN

Offener Aussichtswagen der ÖBB.
Ansicht vom Bahnsteig bei der
Bergauffahrt.
Um 1934.

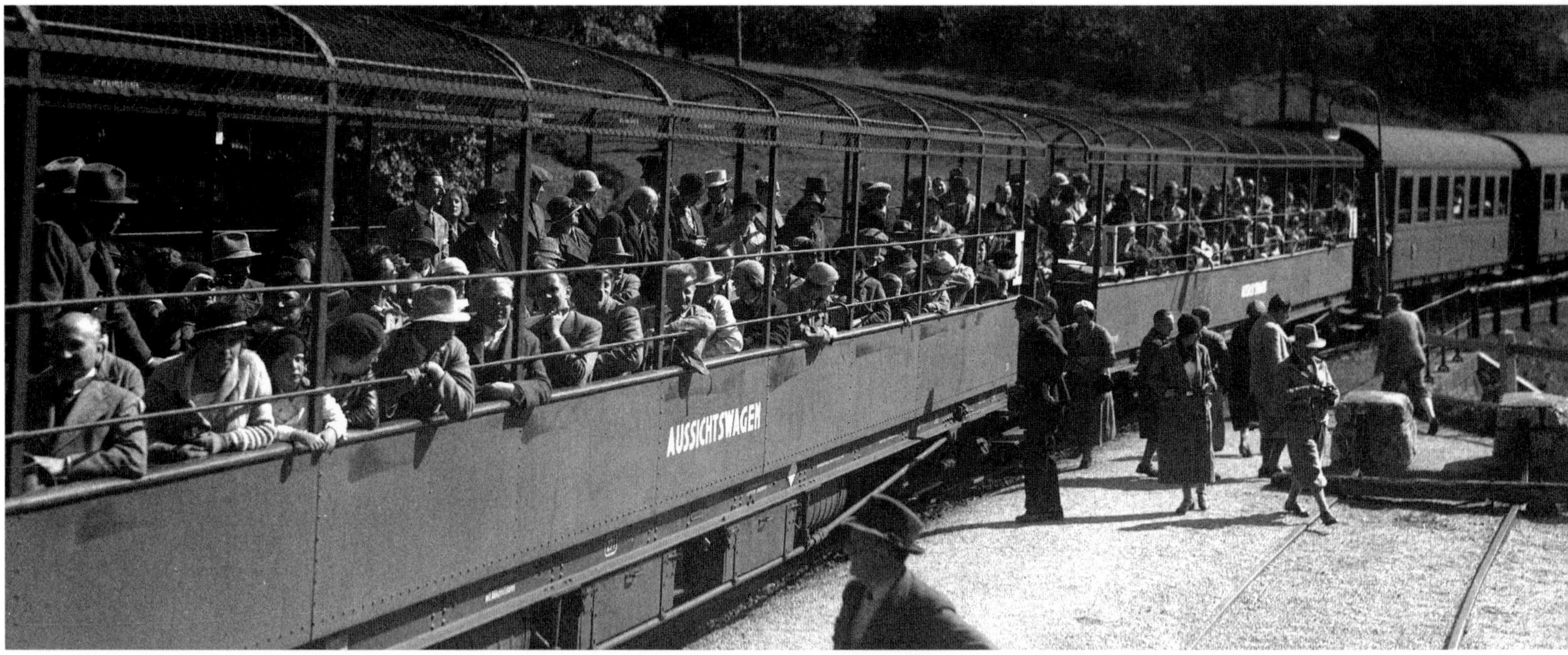

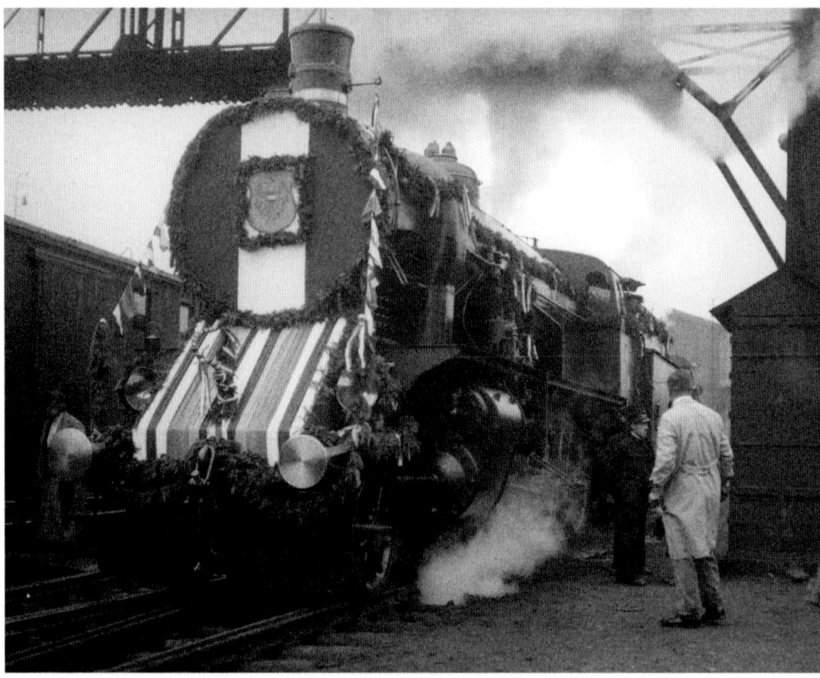

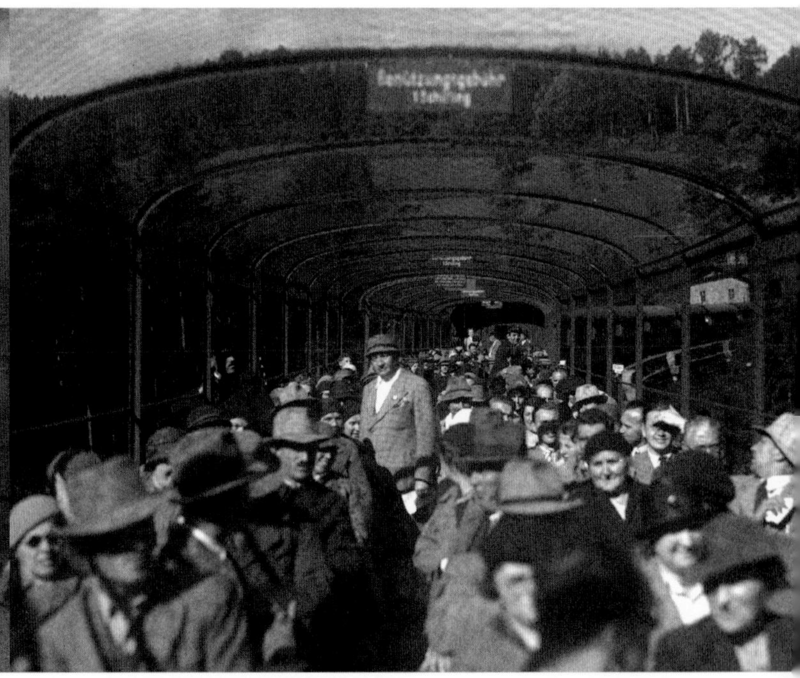

Geschmückte Lokomotive am
Bahnhof Gloggnitz zum 75-jährigen
Jubiläum der Streckeneröffnung.
1929.

Offener Aussichtswagen
der ÖBB. Innenansicht
bei voller Besetzung.
Um 1934.

WESTBAHN

Werbetafeln der ÖBB bei Melk.
Jänner 1956.

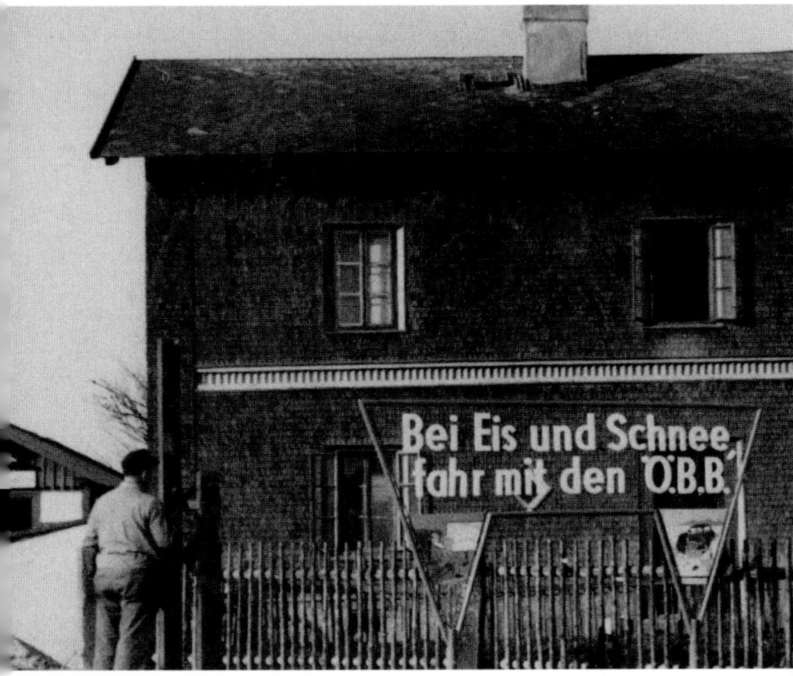

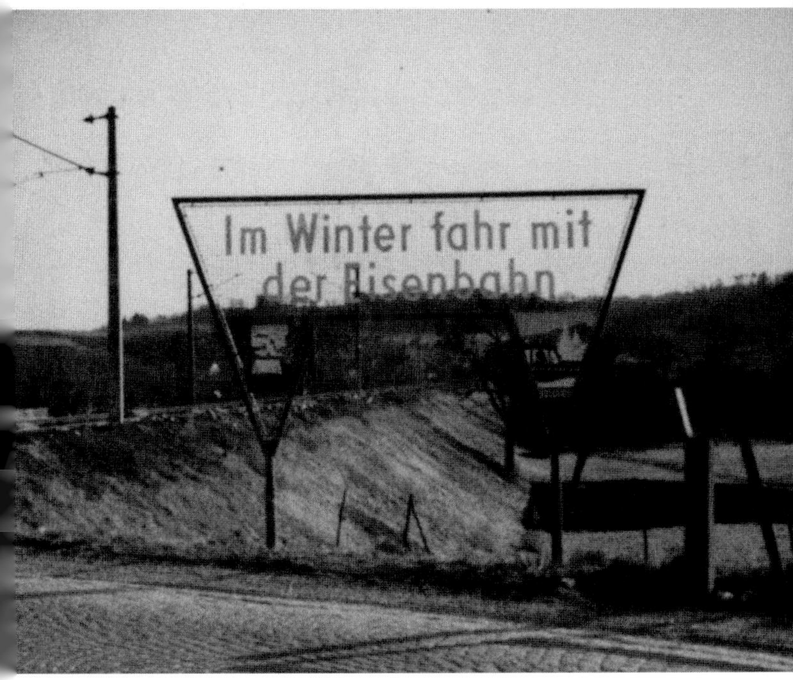

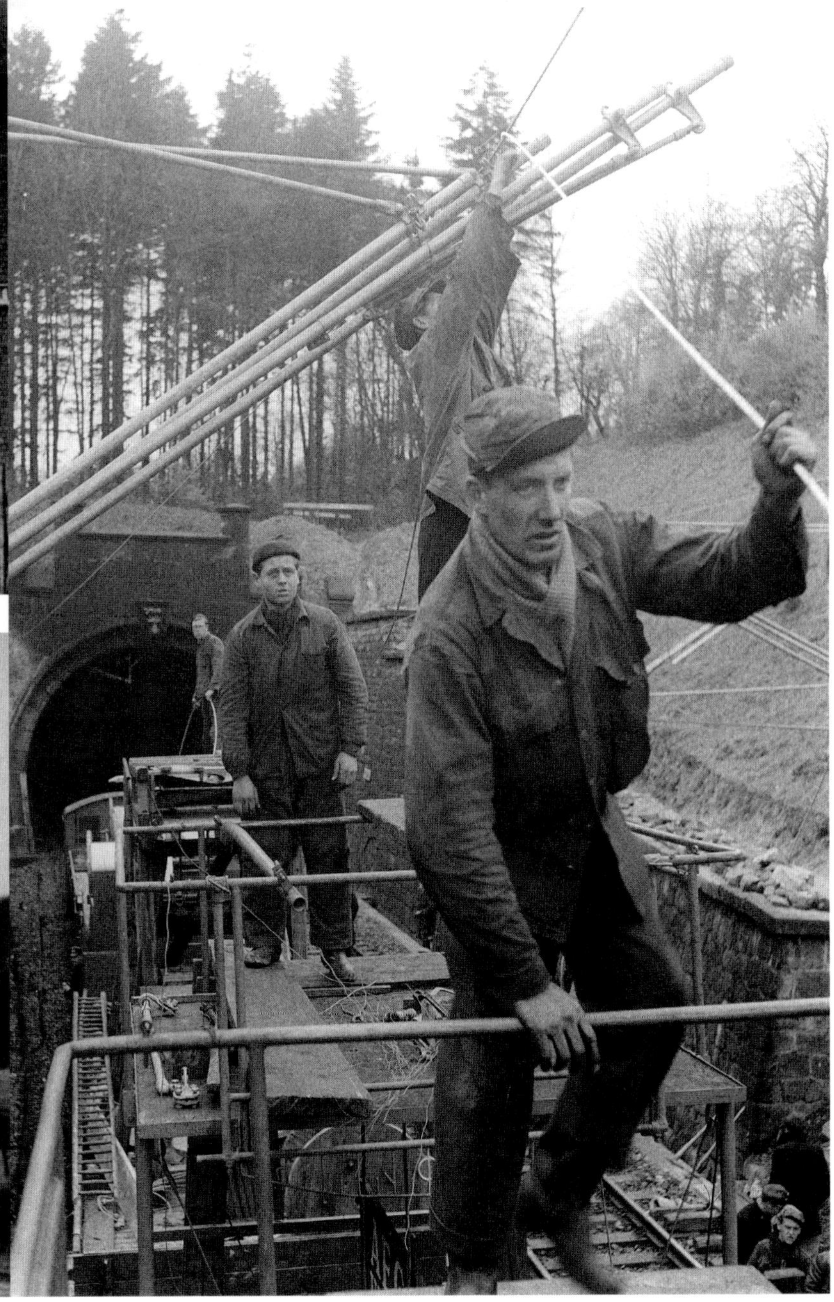

Elektrifizierung der Strecke Wien–Amstetten.
Seilzug im Tunnel bei Rekawinkel
mit Monteuren auf Turmwagen.
November 1952.

KRAFTWERKE

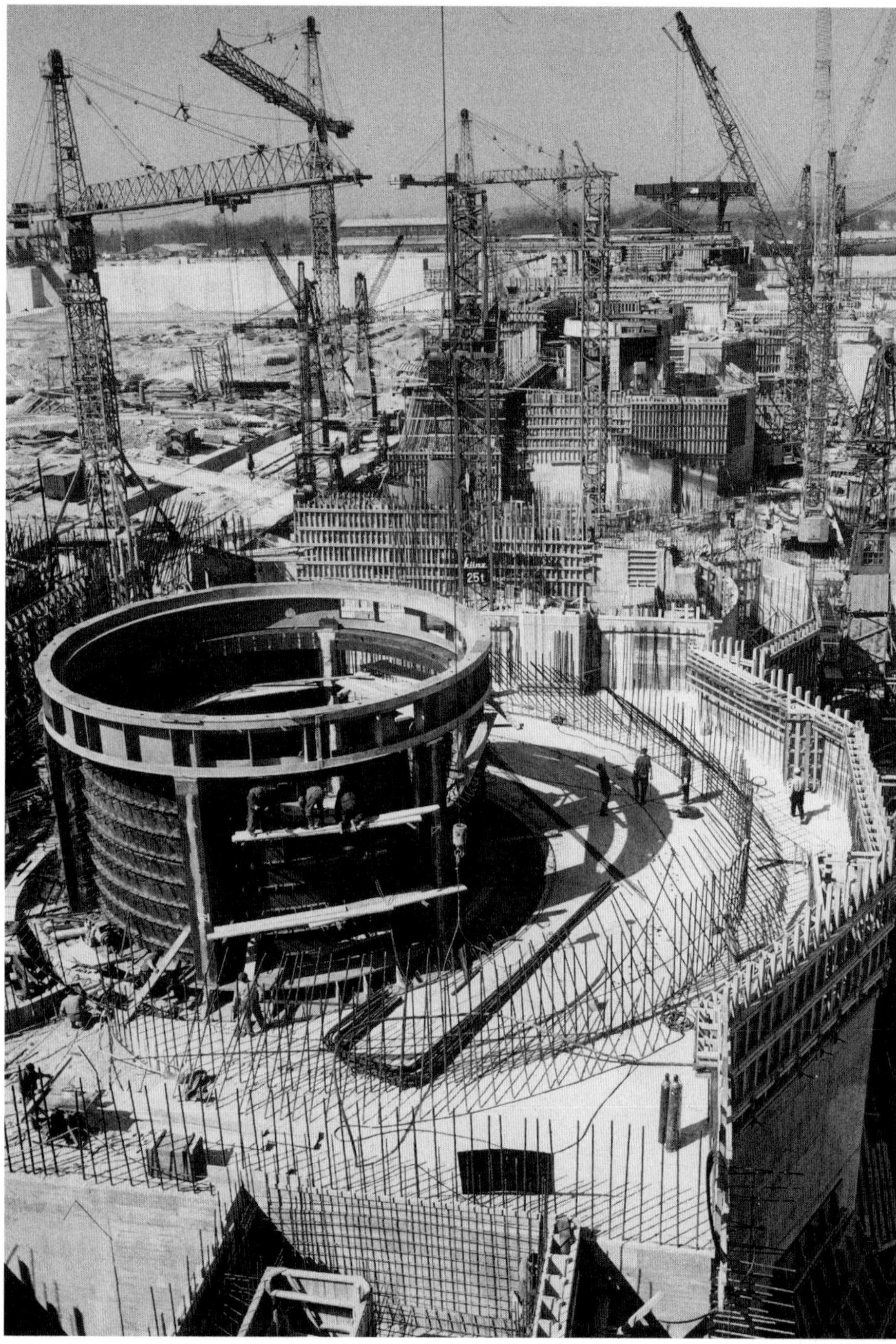

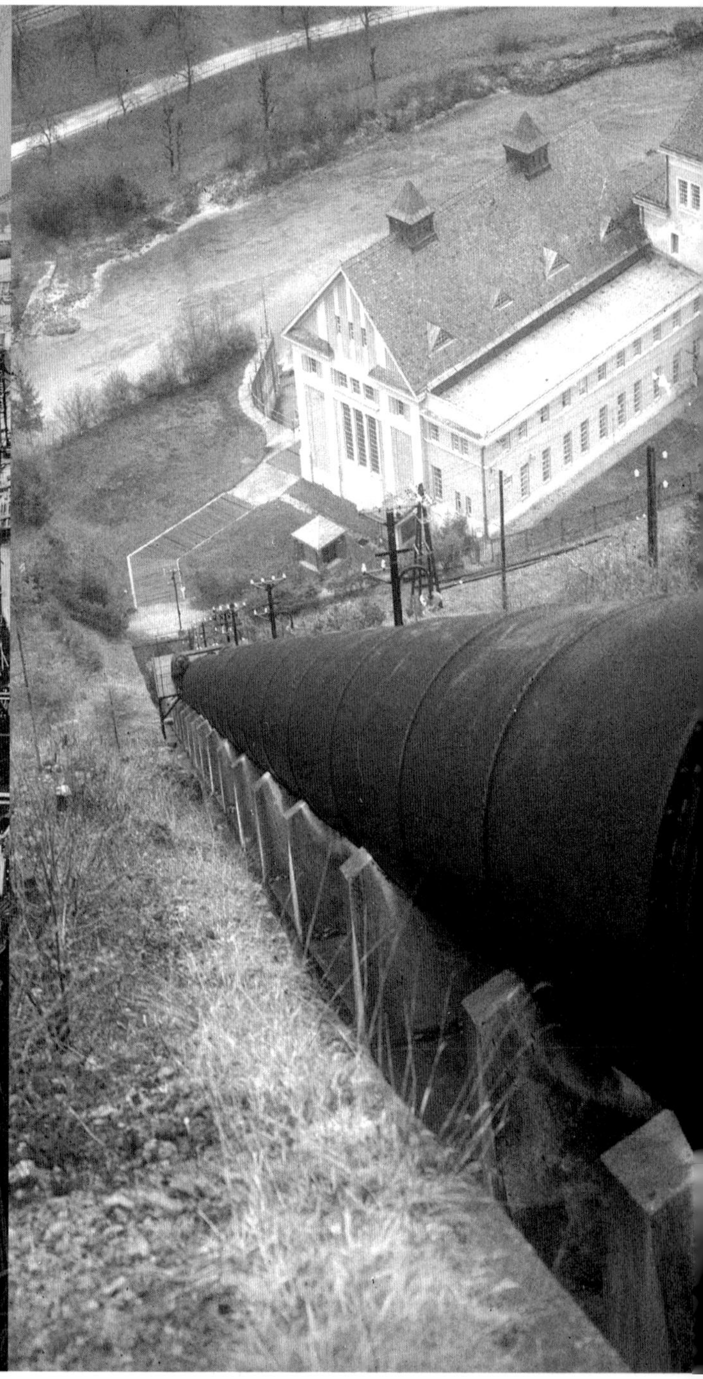

Laufkraftwerk Wallsee-
Mitterkirchen an der Donau.
Im Bau befindliche Anlage
im Überblick.
April 1967.

Opponitz.
Wasserkraftwerk der Wiener Stadtwerke. Blick auf die Druckrohrleitung und die Werkanlagen im Tal.
Um 1935.

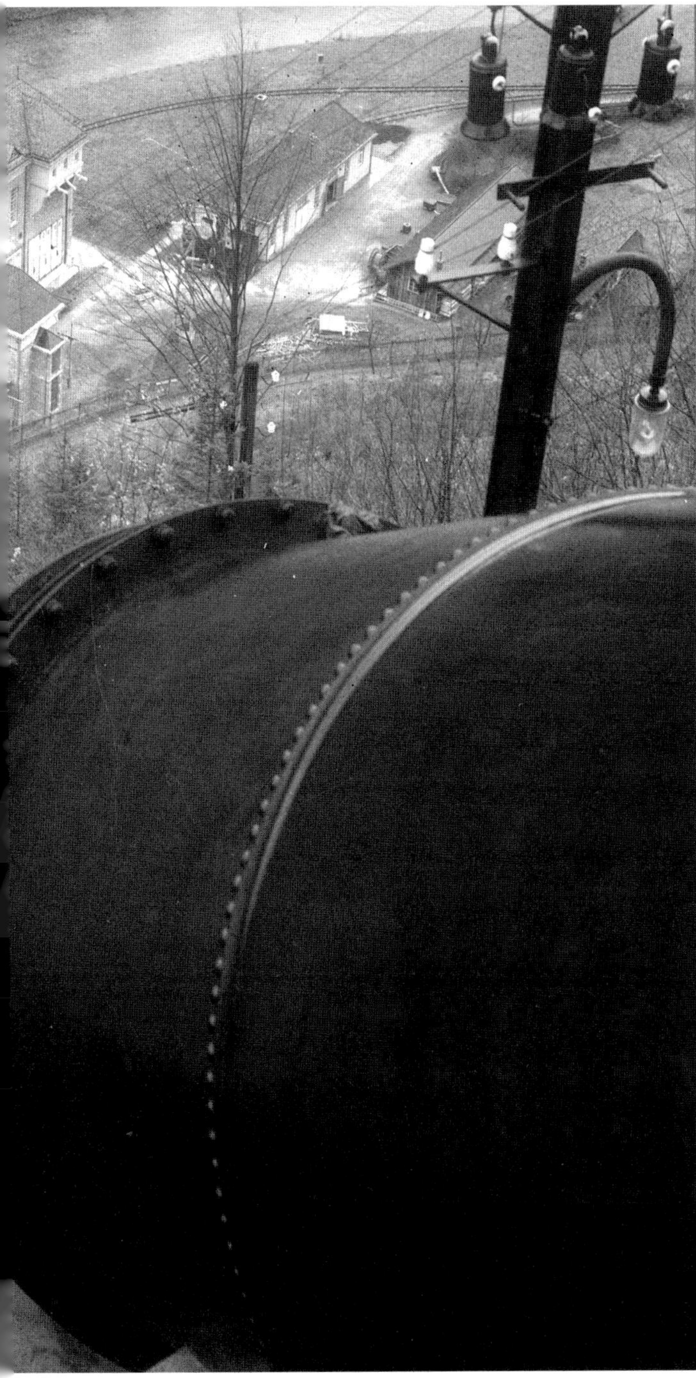

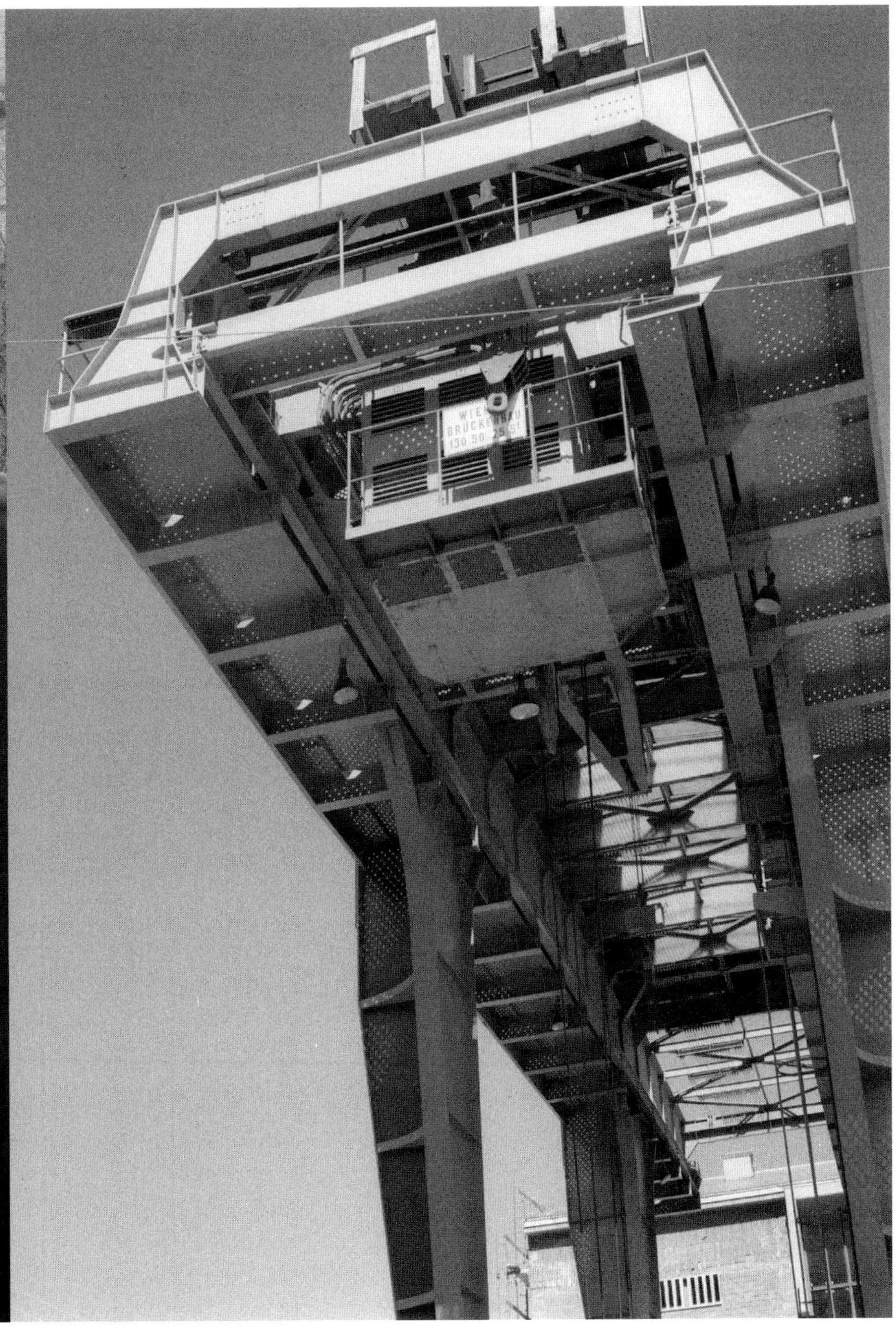

Ybbs-Persenbeug.
Laufkraftwerk an der Donau.
Maschinenhauskran im Aufblick.
1957.

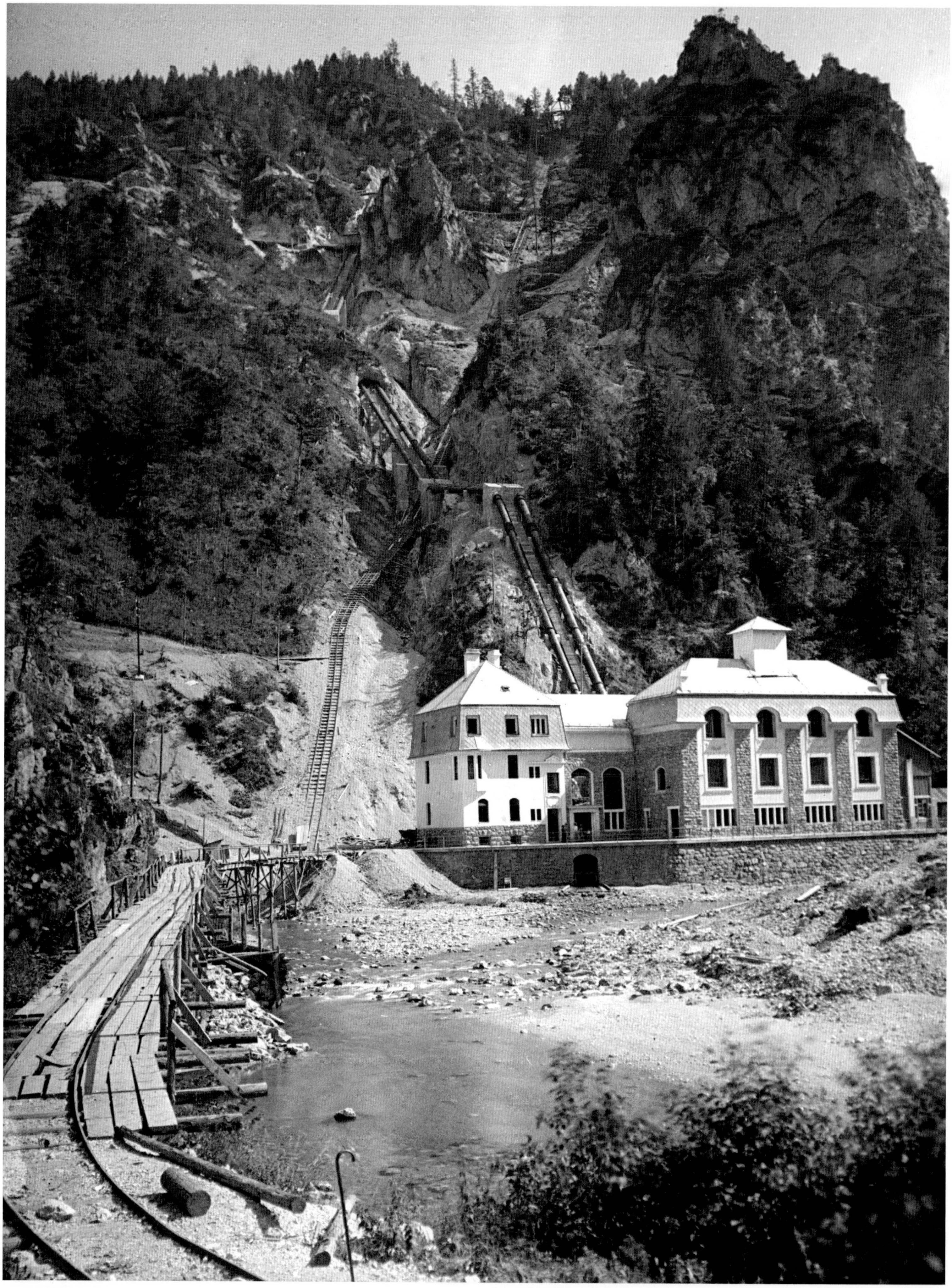

SPEICHERKRAFTWERK WIENERBRUCK
in den Ötschergräben.
(Seit 1908 in Betrieb,
auch zur Stromversorgung
der Mariazellerbahn.)
Um 1924.

PAPIERFABRIKEN

Klein-Neusiedl
an der Schwechat.
Werkshalle mit Dampfturbine.
Um 1920.

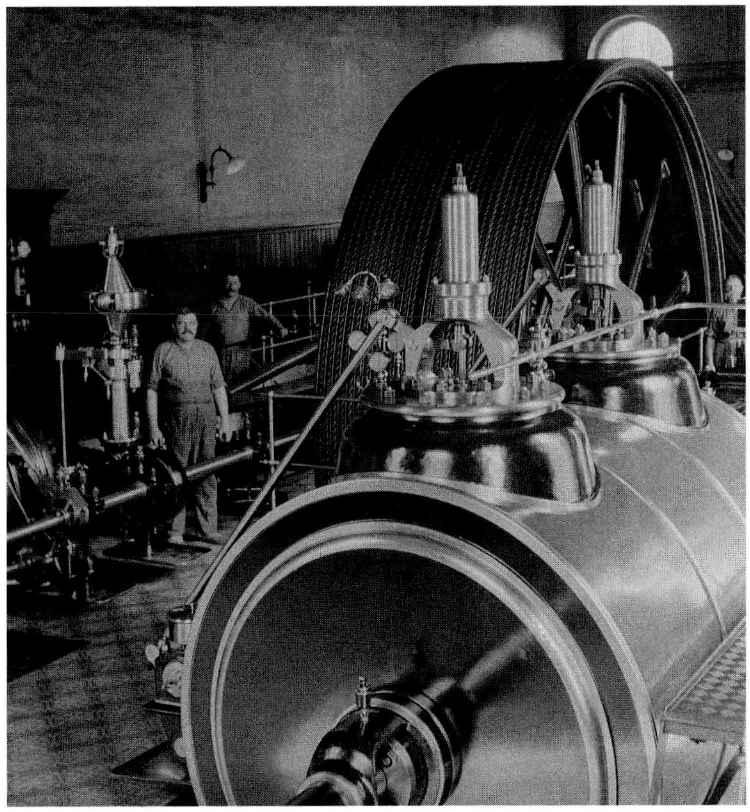

Kematen.
Ansicht der Gebäude von der
Brücke über die Ybbs.
Um 1930.

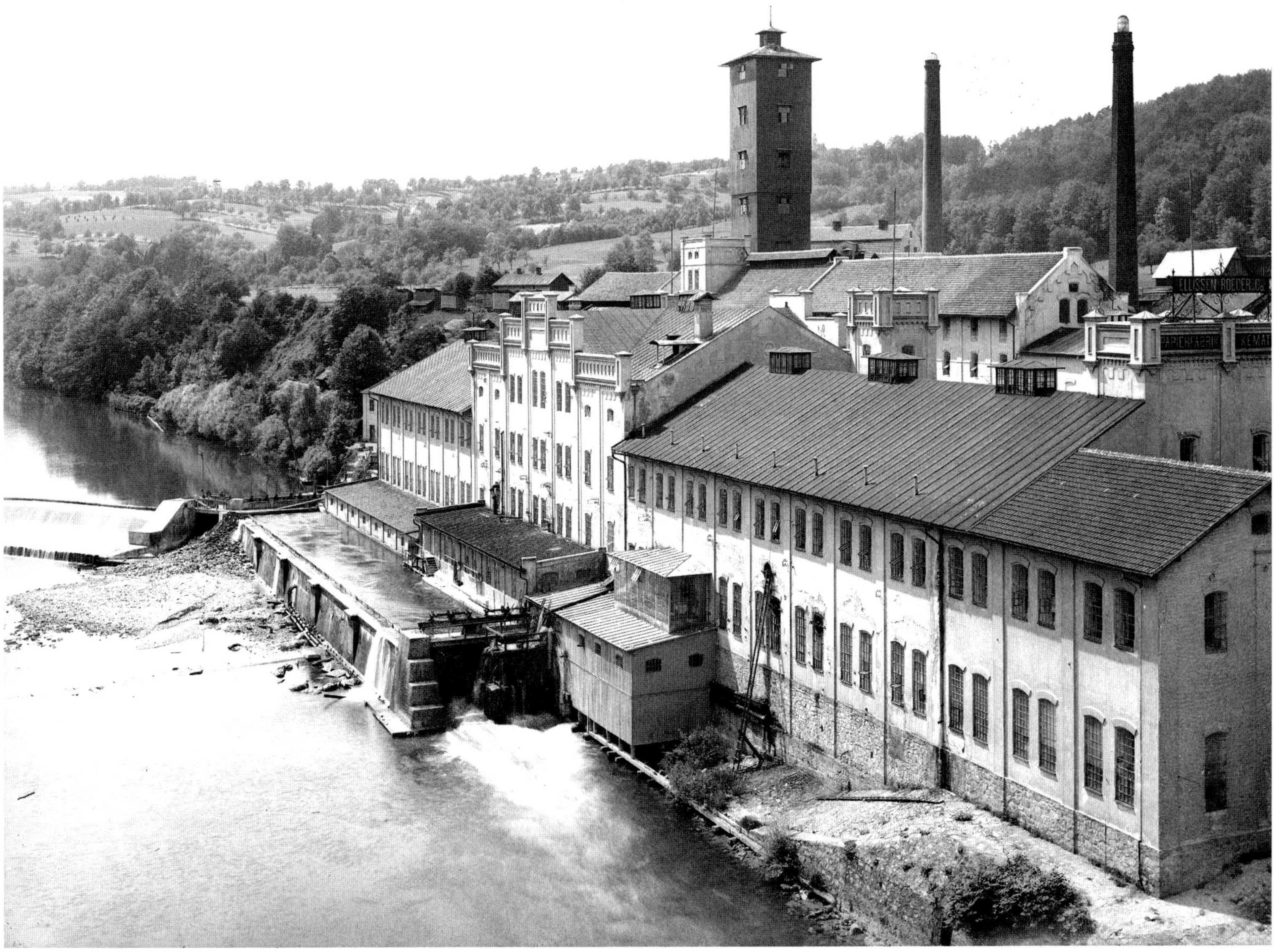

FABRIKSGEBÄUDE

Hohenau.
Blick durchs Werkstor der Zukkerfabrik.
Um 1930.

Tulln.
Zuckerfabrik in Frontalansicht.
Um 1938.

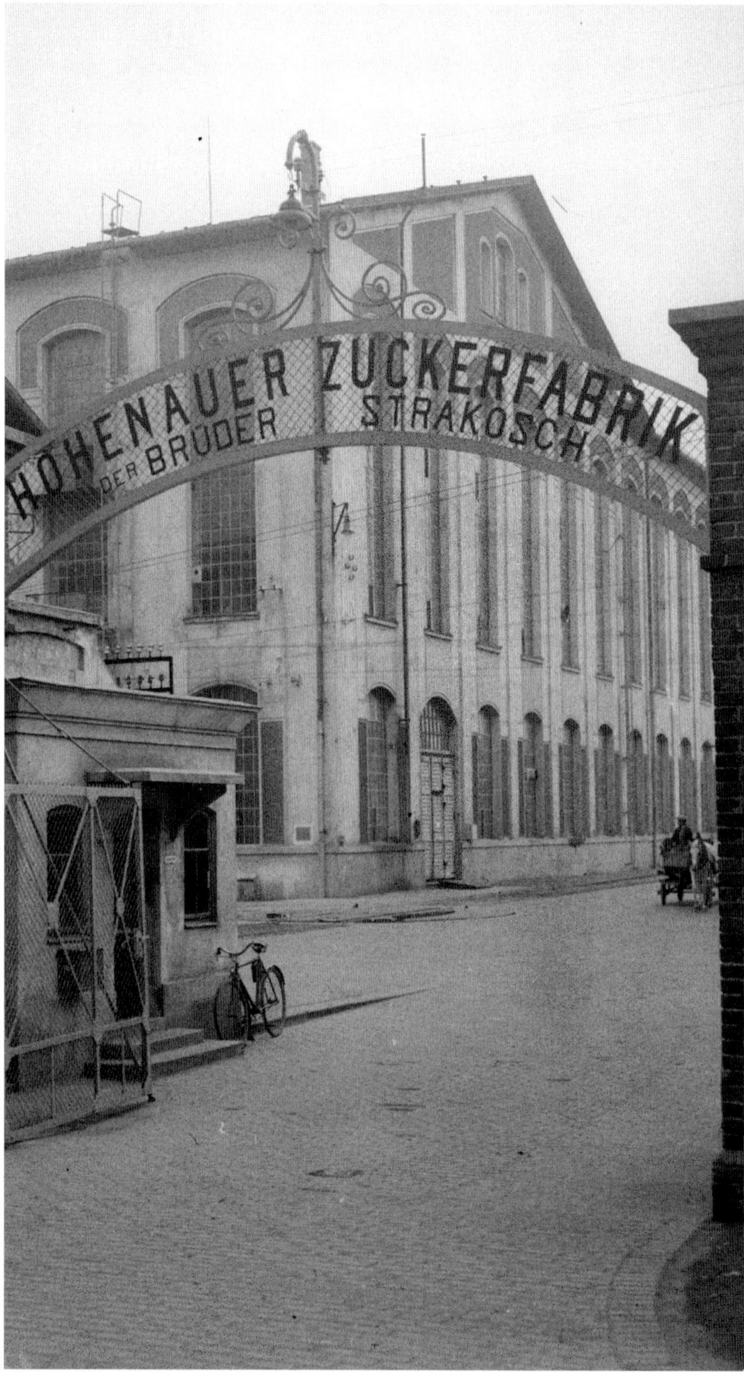

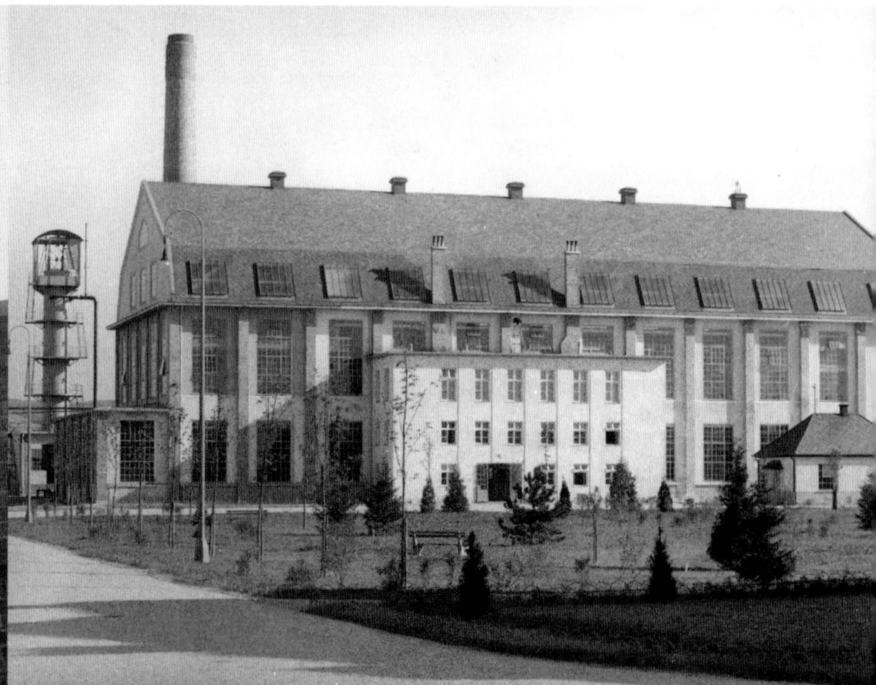

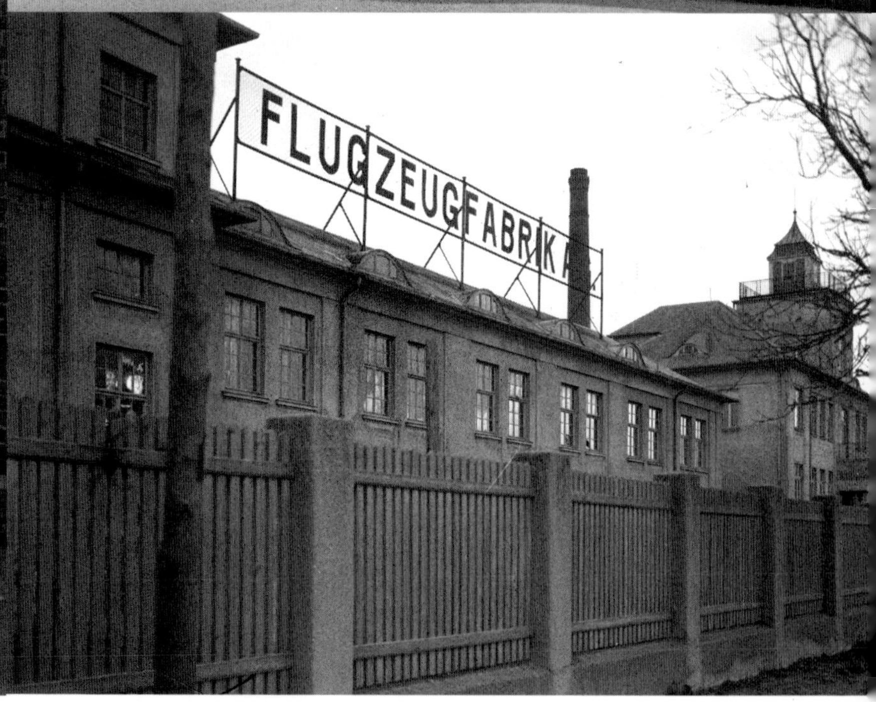

Wiener Neustadt. Flugzeugfabrik.
Schrägansicht der Fassade.
Um 1930.

INDUSTRIEANLAGEN

Krupp'sche Metallwerke Berndorf.
Gesamtübersicht mit Fabrik
und Arbeitersiedlung (von W).
Um 1910.

Erdölfeld Zistersdorf.
Die ersten Bohranlagen mit
Dampfantrieb.
Um 1938.

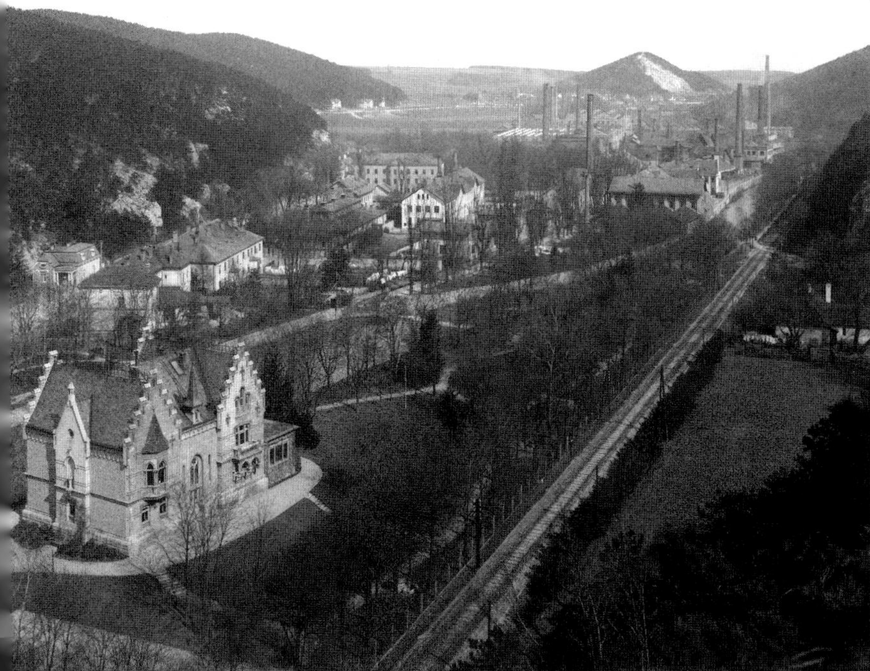

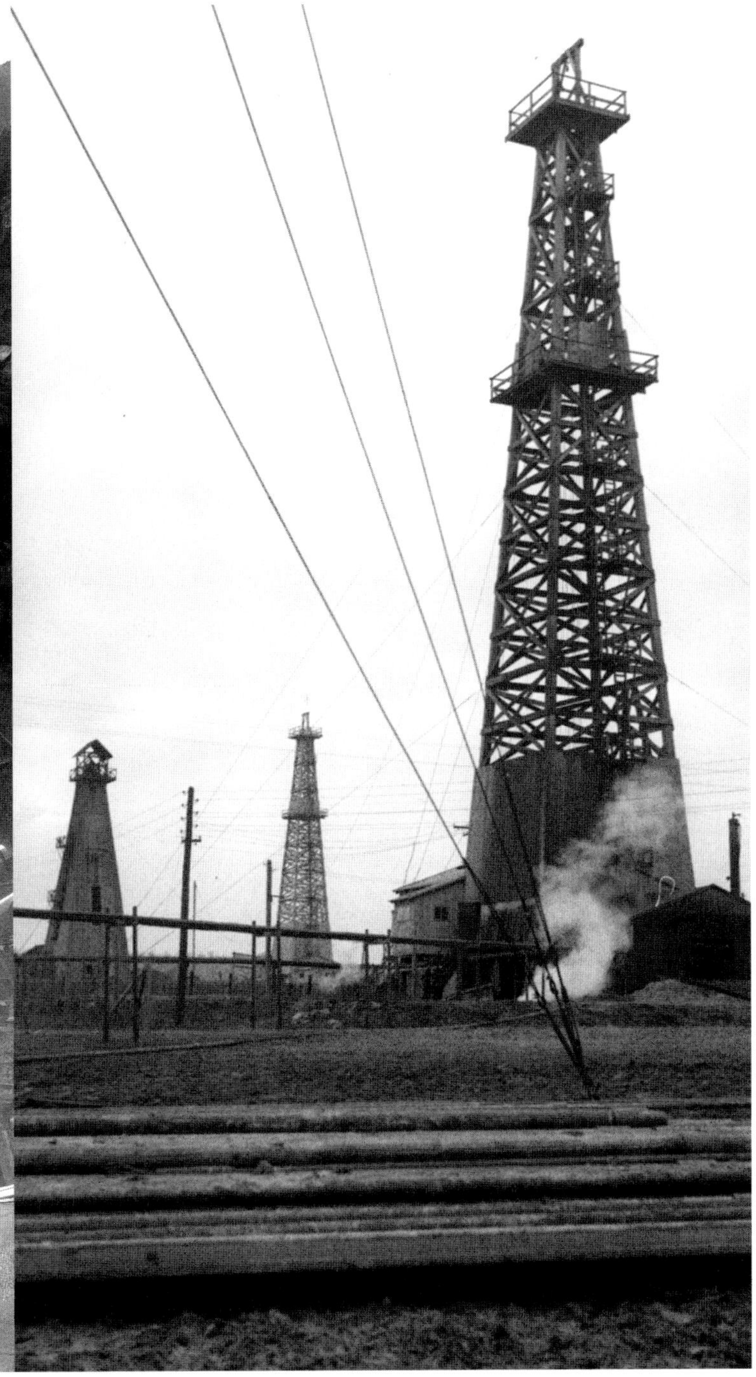

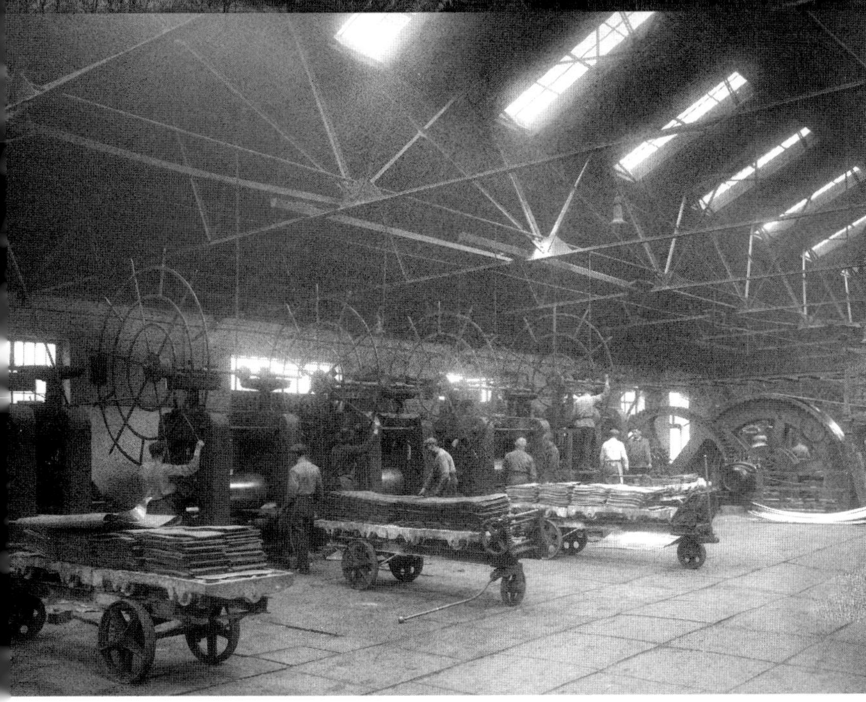

Enzesfelder Metallwerke AG.
Durchblick durch die Halle
des Walzwerks.
Um 1914.

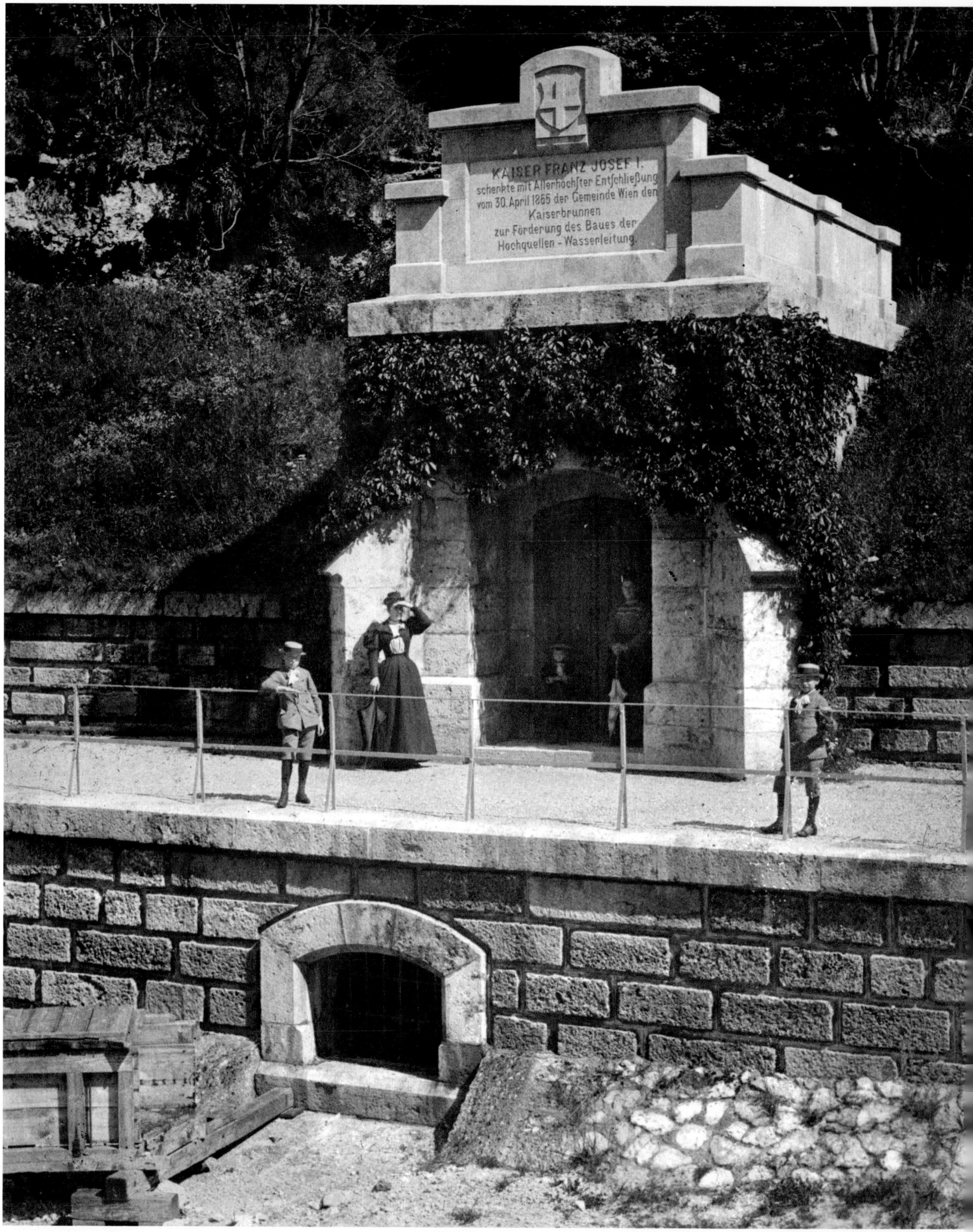
KAISER FRANZ JOSEF I.
schenkte mit Allerhöchster Entschließung
vom 30. April 1865 der Gemeinde Wien den
Kaiserbrunnen
zur Förderung des Baues der
Hochquellen - Wasserleitung.

Wasserschloss Kaiserbrunn der 1. Wiener Hochquellenleitung als Ausflugsziel. Lichtdruckfilm um 1900.

Wasserreservoir am Eichkogel bei Mödling. Hermann Kosel. März 1932.

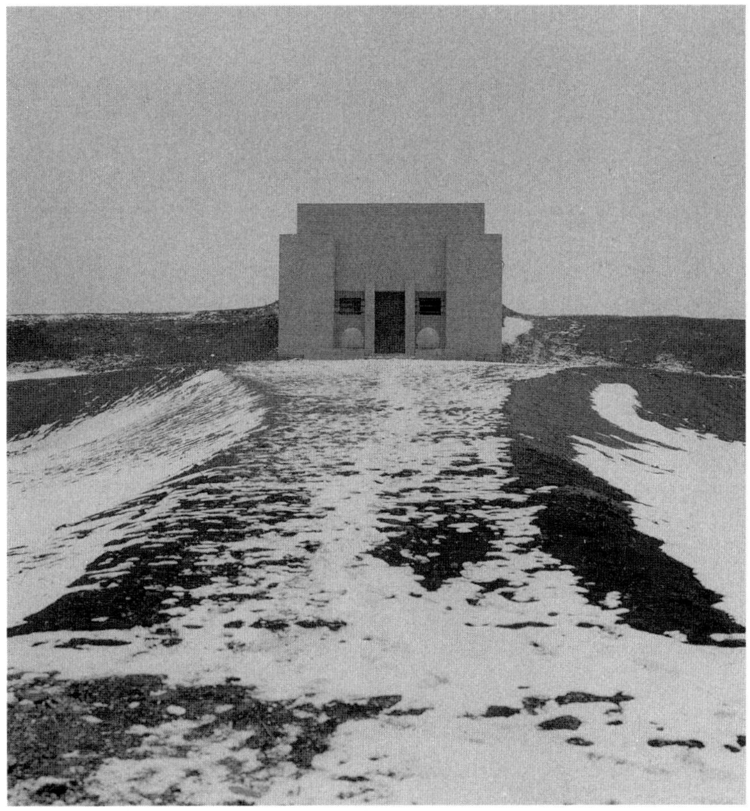

Wasserschloss Kaiserbrunn. Übersicht von erhöhtem Standort. Karl Möhsl. 1891.

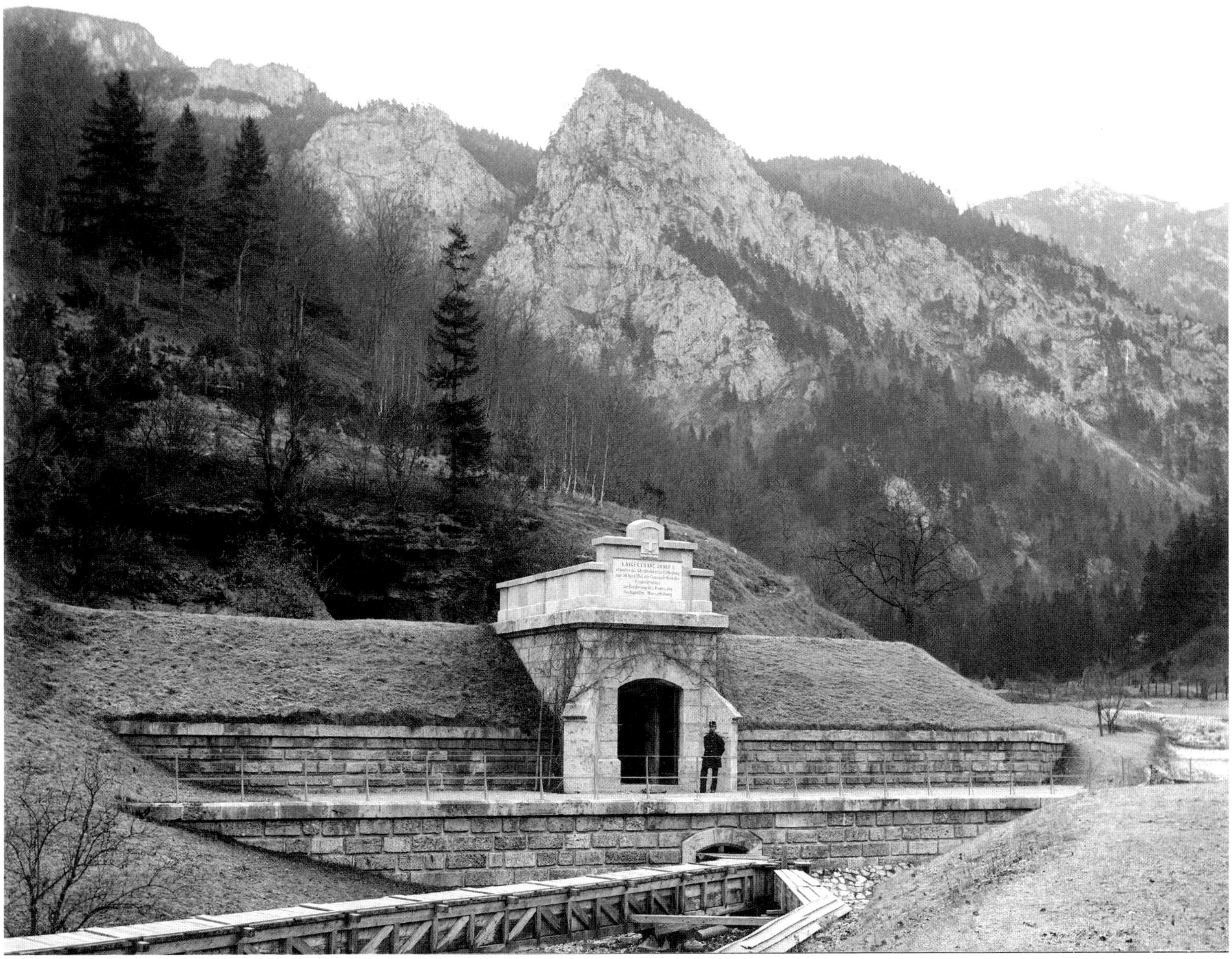

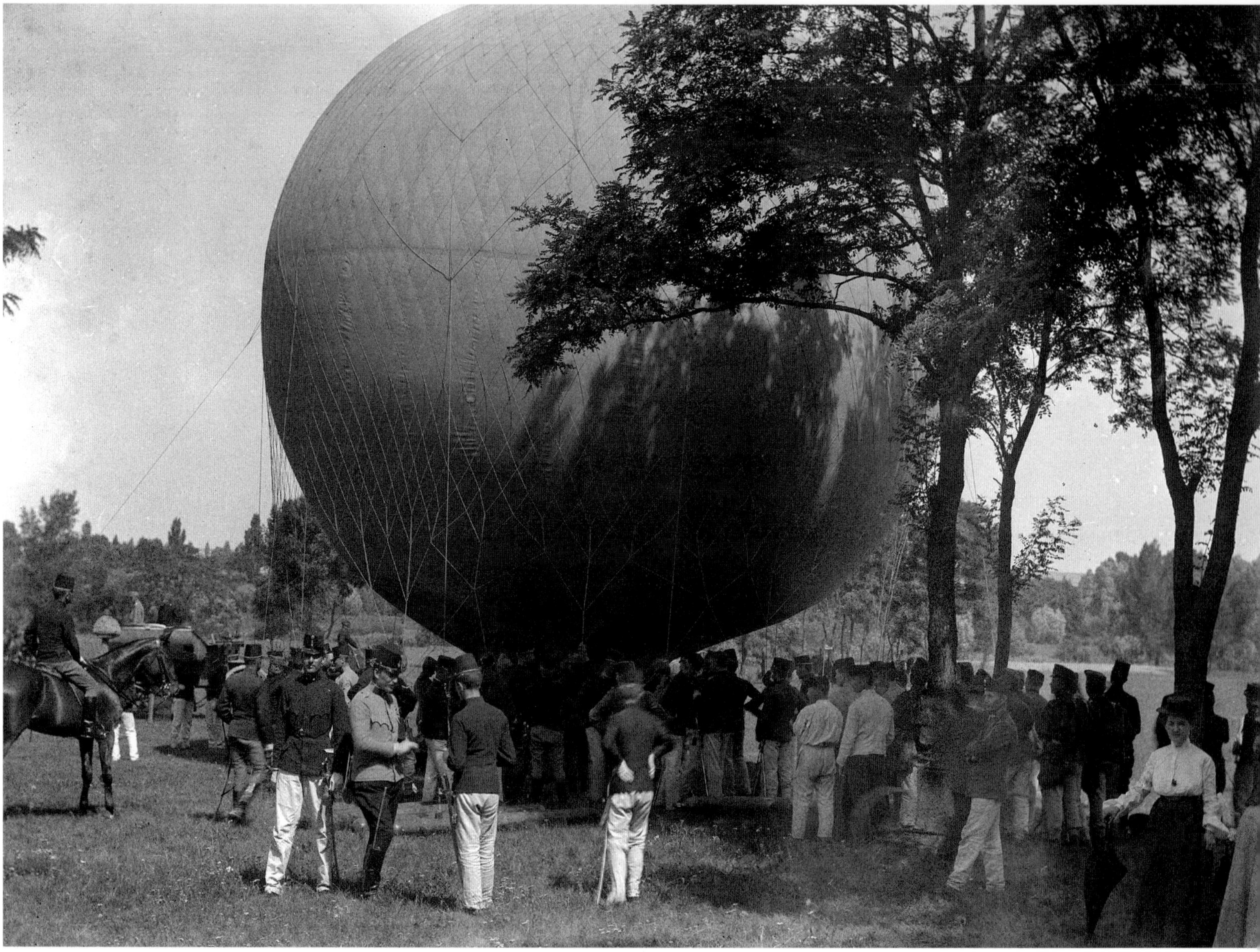

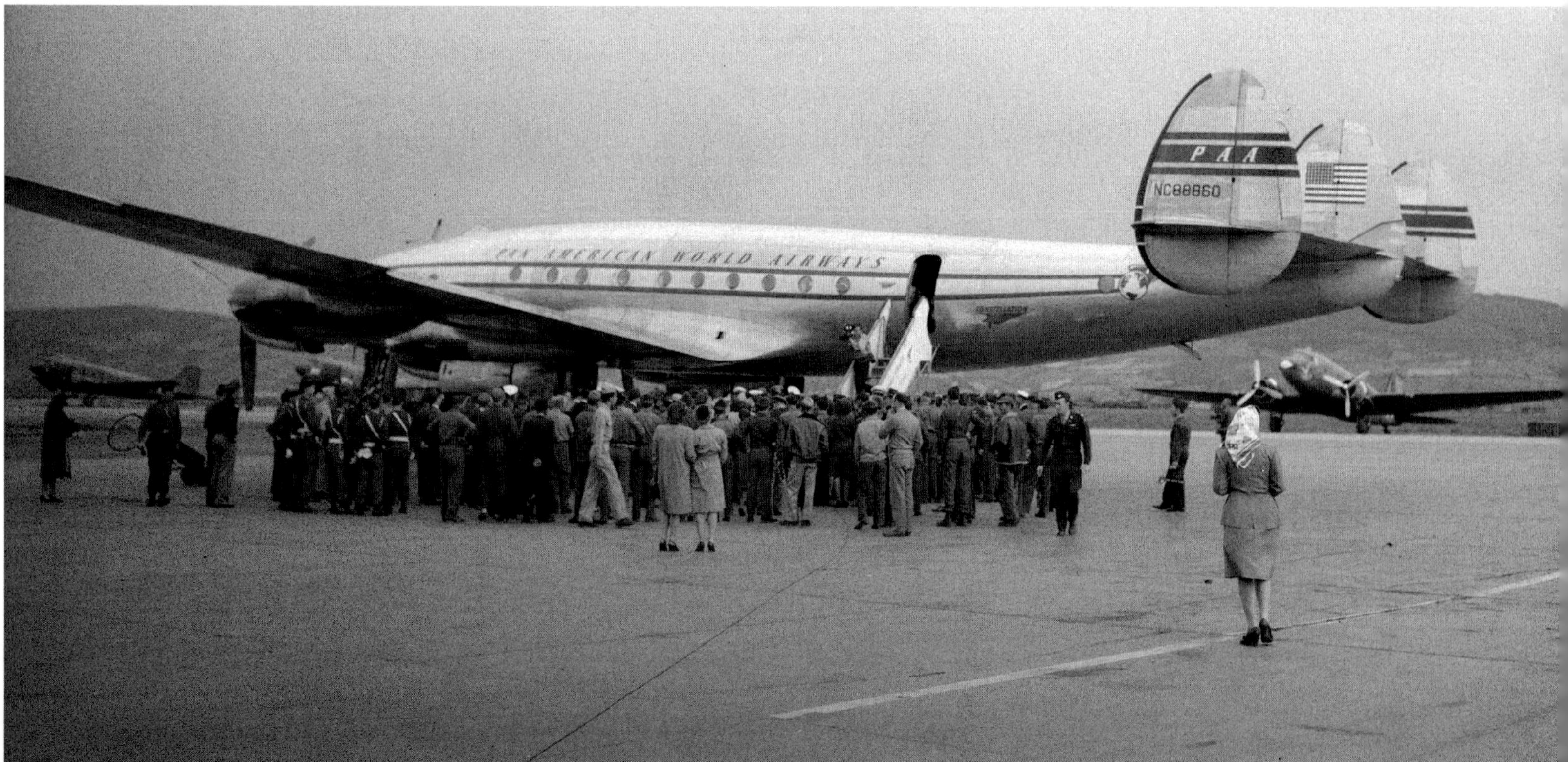
PAA
NC88860
PAN AMERICAN WORLD AIRWAYS

Gegenüberliegende Seite:

LUFTHOHEIT DURCH FESSELBALLONS?
Präsentation für Offiziere und Zivilisten im k.u.k. Militärlager Bruck an der Leitha. 1903.

FLUGFELD TULLN-LANGENLEBARN
Eröffnung der Flugverbindung New York–Wien. Viermotoriger Clipper Type Lockheed Constellation nach der Landung. Juli 1946.

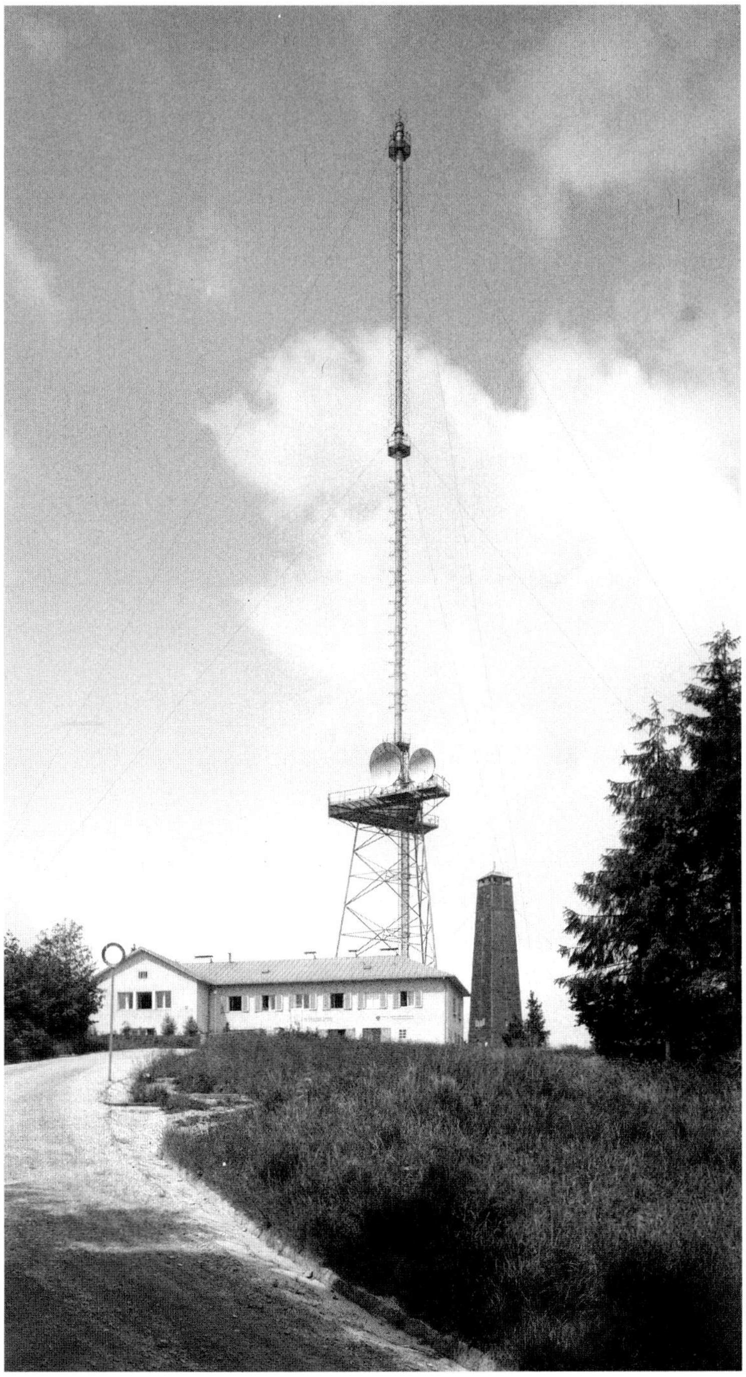

SENDER JAUERLING
Anlage mit 141 m hohem Mast während der Aufrüstung zum Fernsehsender.
1960.

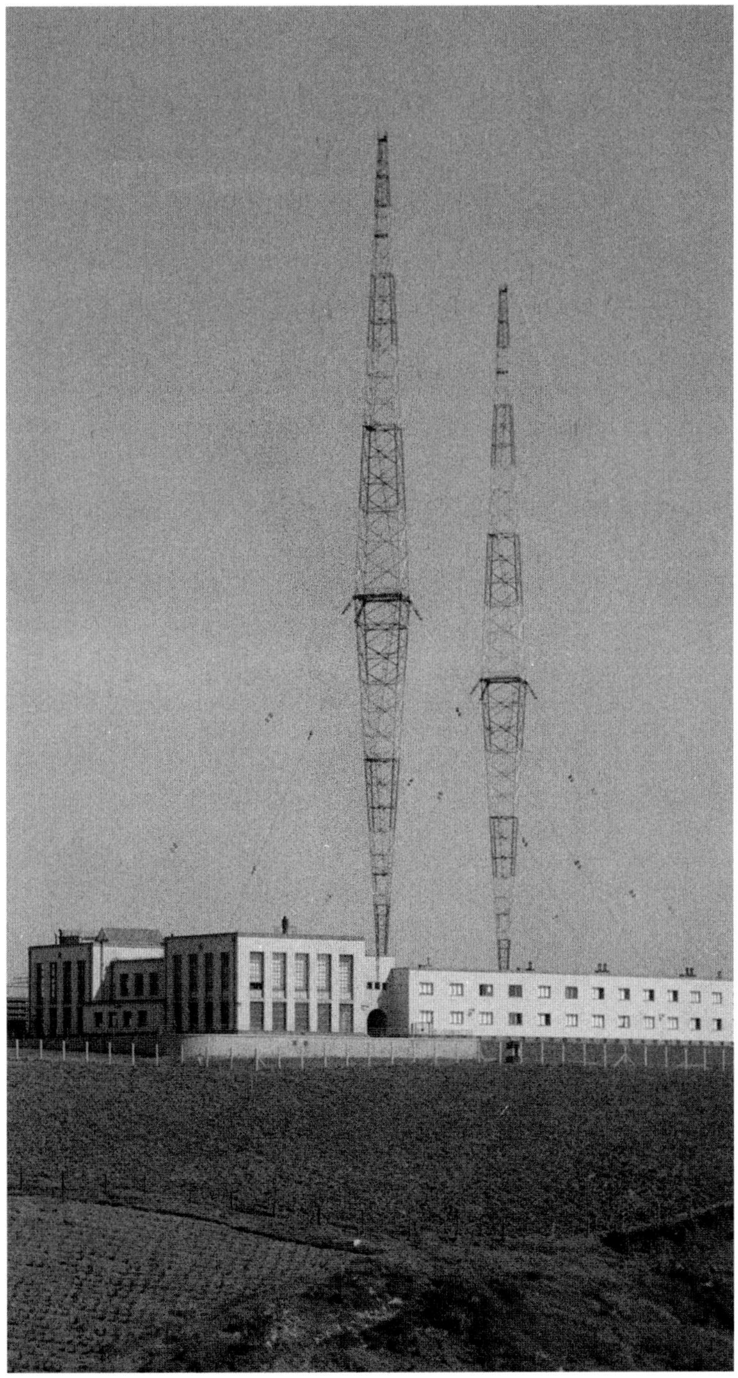

GROSSSENDER BISAMBERG
(100 kW Leistung) im Jahr der Betriebsaufnahme mit Sende- und Reflektormast.
Sommer 1933.

Gegenüberliegende Seite:

Herrenfahrer im offenen PKW unterwegs entlang eines Stausees. Blick gegen den Ötscher (von SO). Um 1930.

Staatlicher Linienbus der Verbindung Zwettl–Großgerungs bei der Durchfahrt in Rappottenstein. 1932.

VERKEHRSAUFKOMMEN

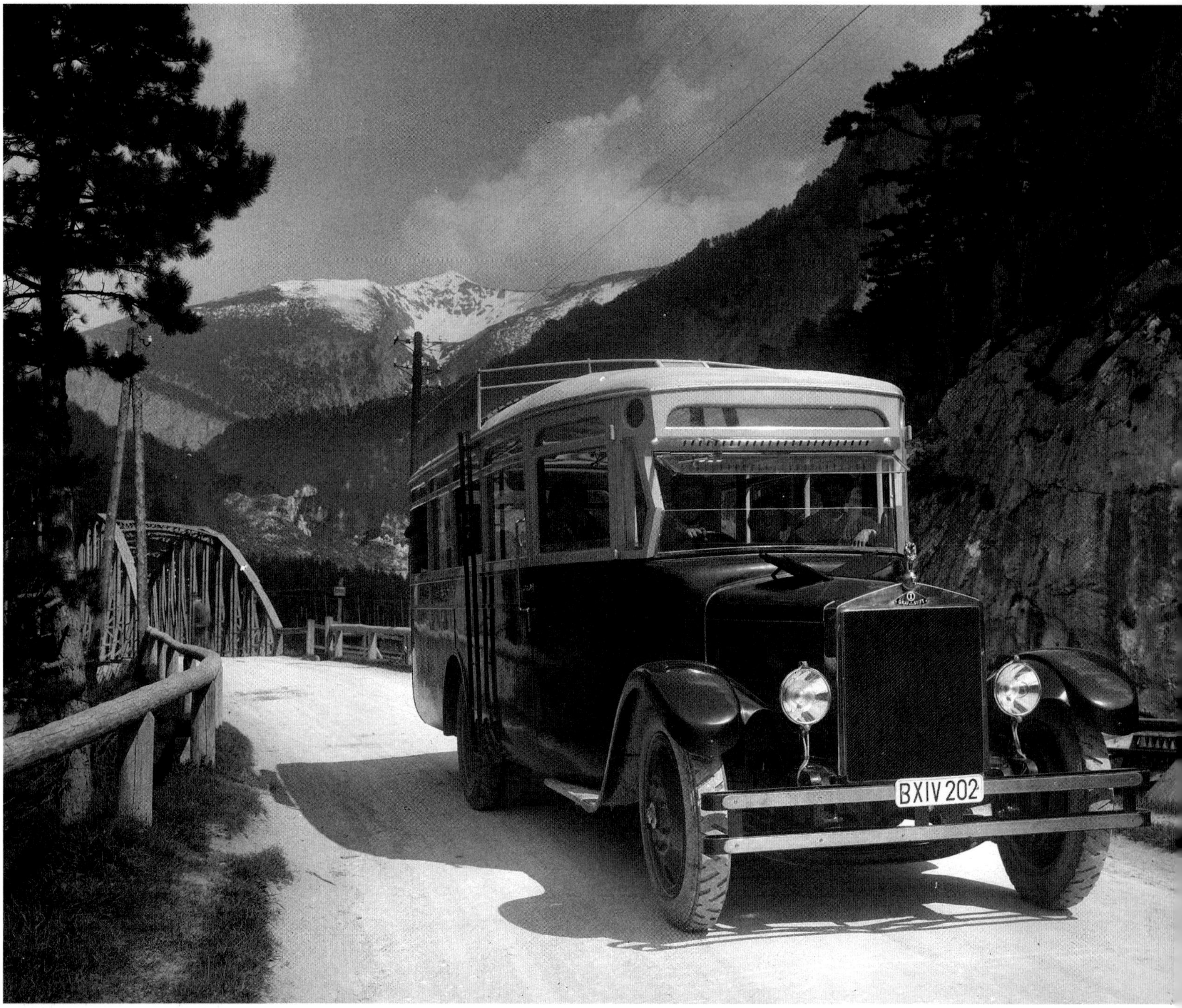

Autobus der Firma Gräf & Stift auf der Windbrücke bei Hirschwang im Höllental. Um 1930.

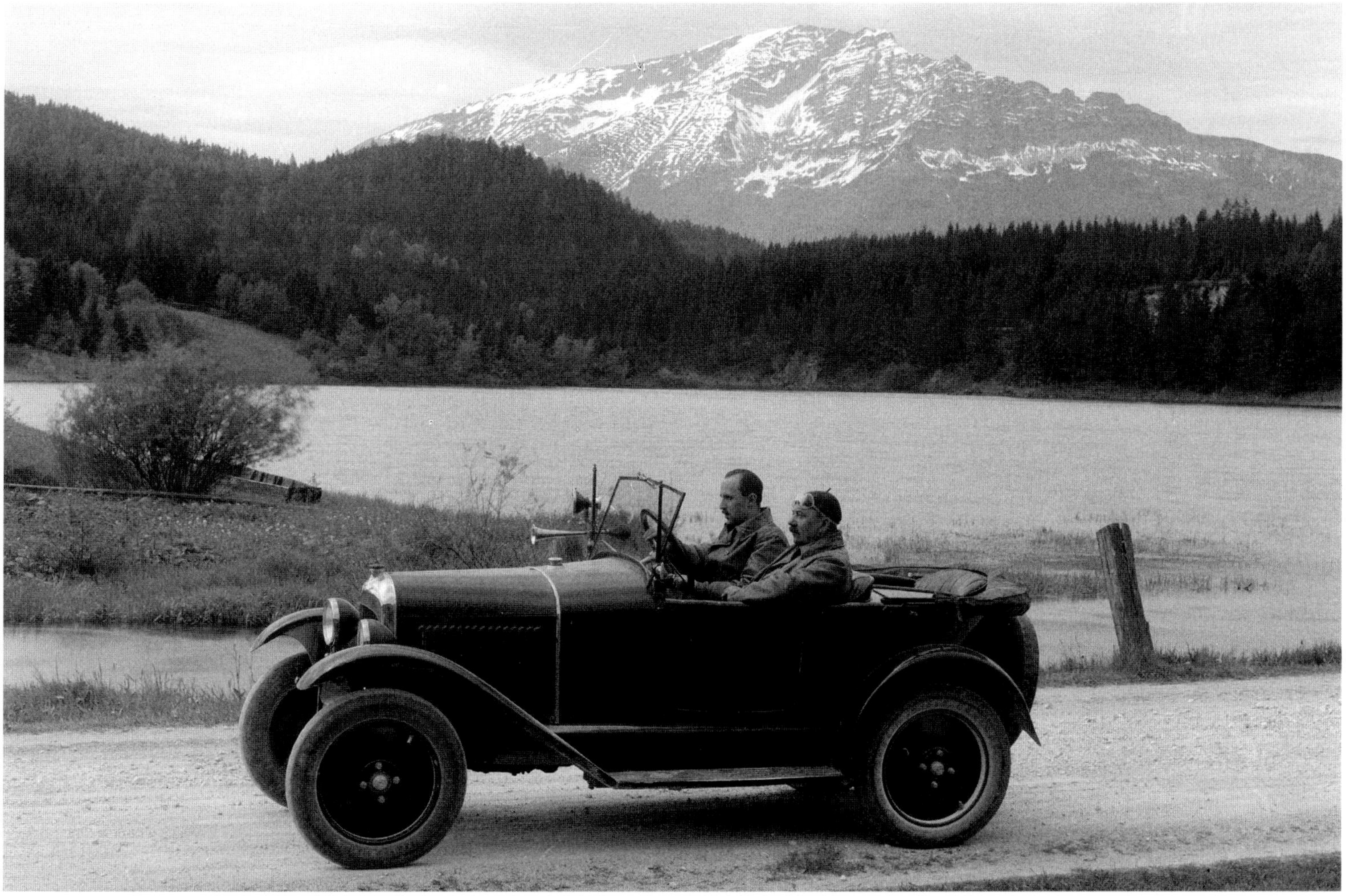

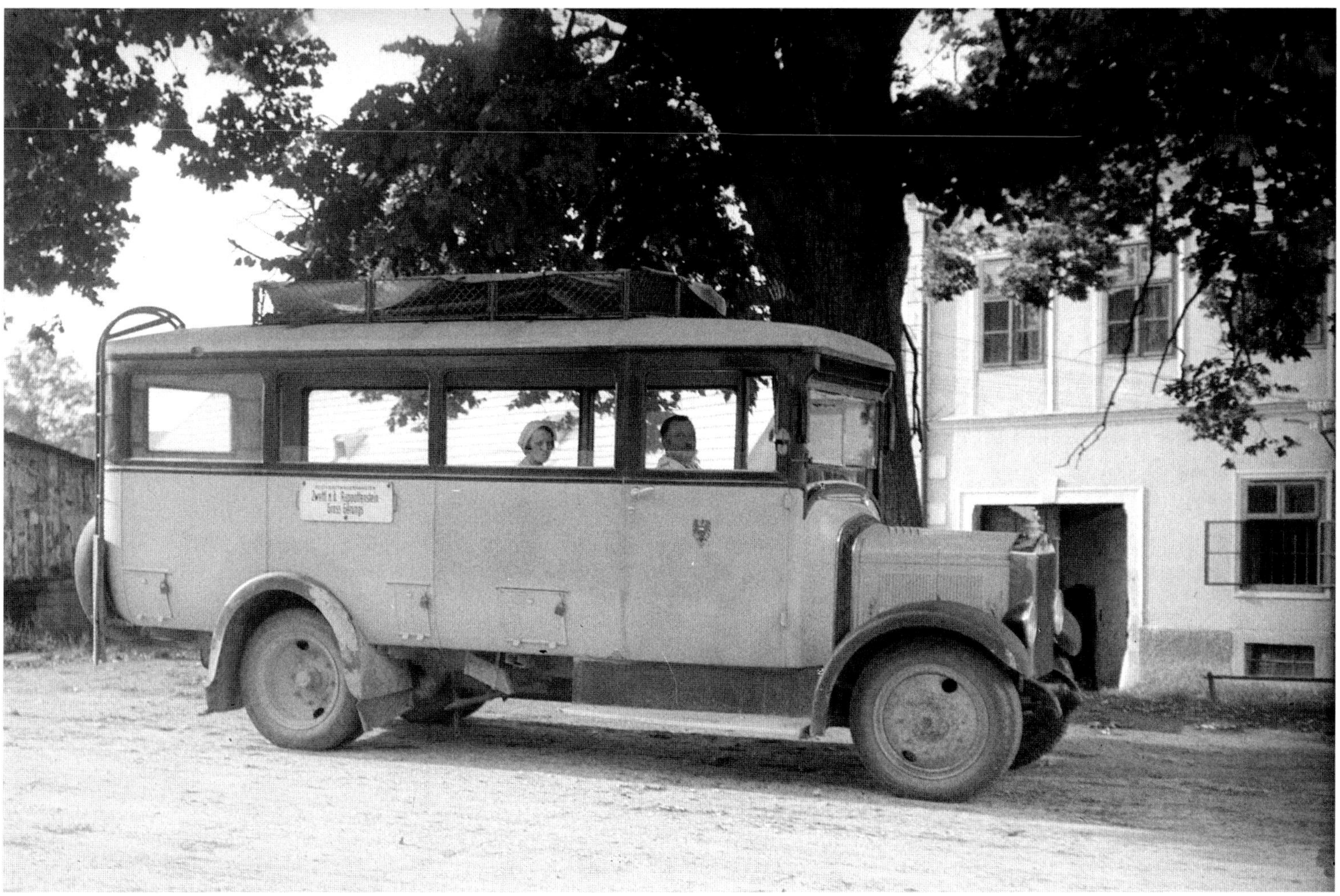

MOTORISIERTE AUSFLÜGLER
Parkplatz der Gastwirtschaft und Jausenstation „Am Hals" bei Pernitz. Außenansicht. Um 1950.

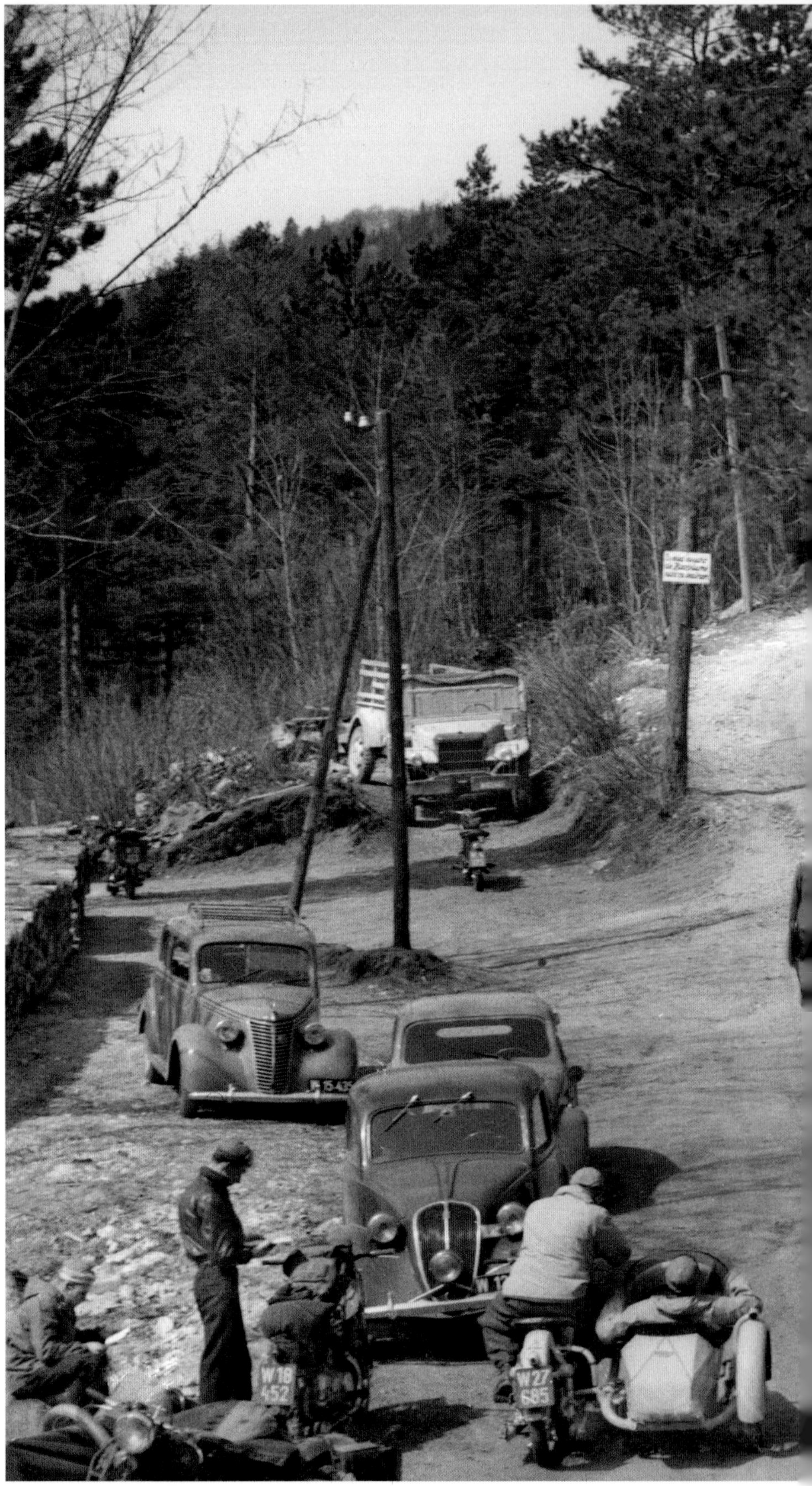

MEILENSTEIN
1841 errichtet, an der Grenze zwischen Niederösterreich und Steiermark am Semmering. September 1955.

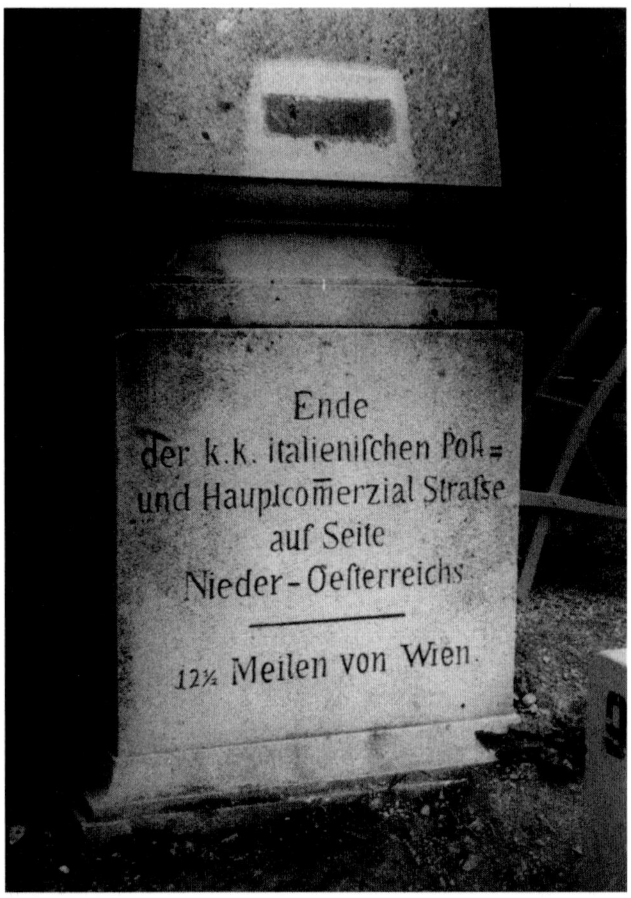

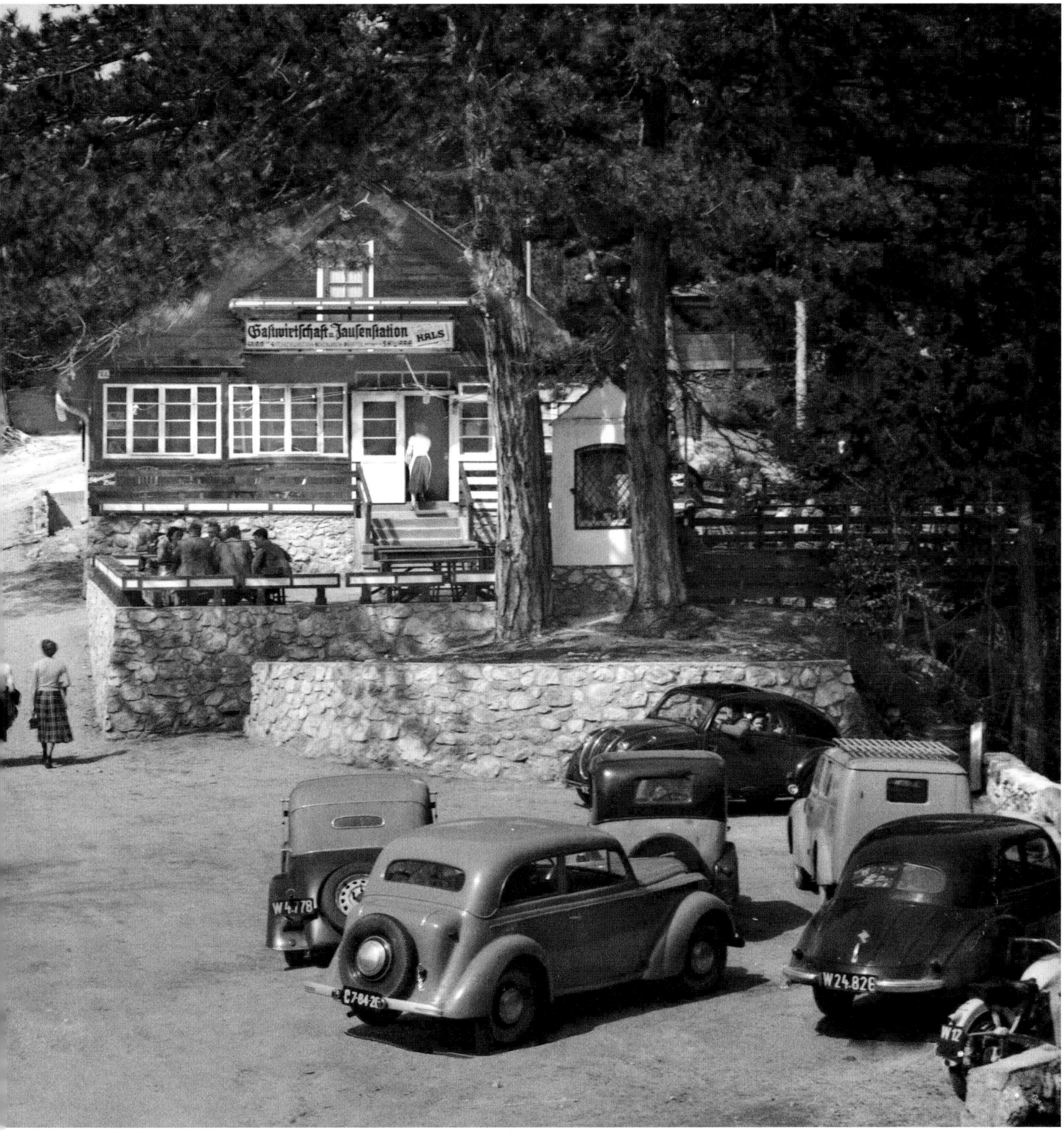
Gastwirtschaft u. Jausenstation
KALS
W 24.826

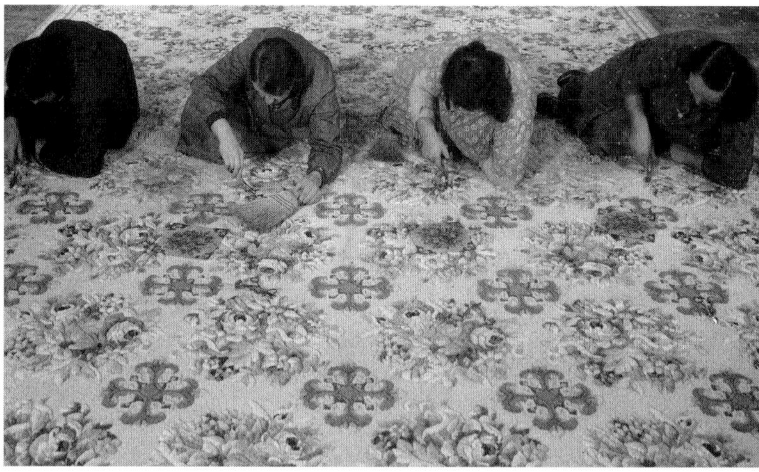
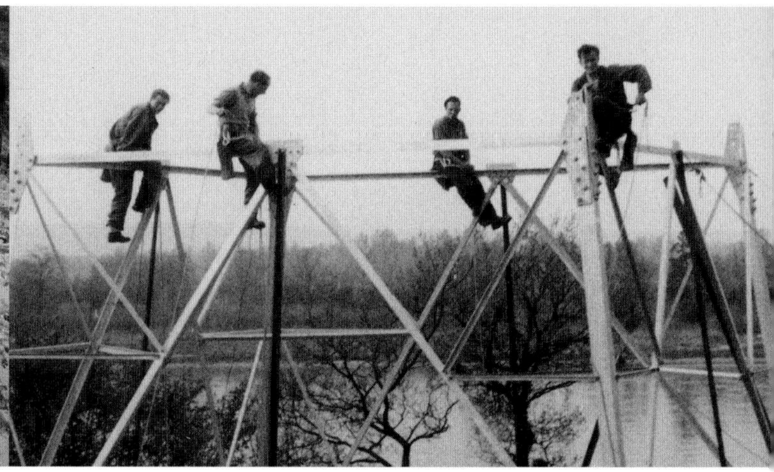

KAPITEL 8 BEI DER ARBEIT

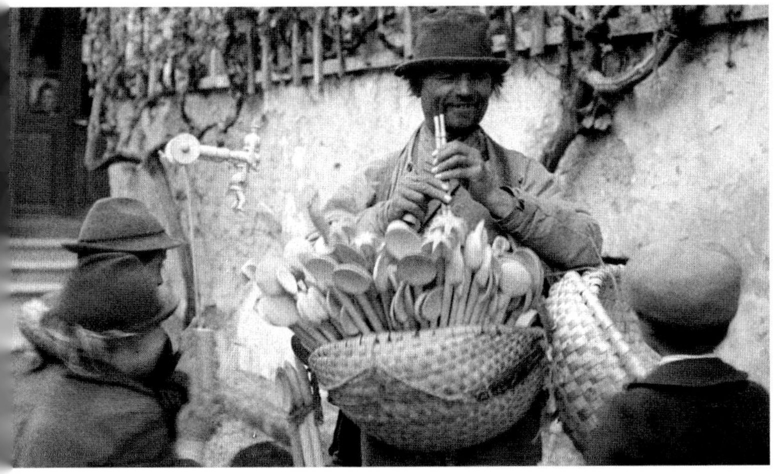

Holzschwemme Klausenleopoldsdorf – Imkerschule Neuhaus – Förster/Obstbauer/Torfstecher/Stollenbauer – Förderanlagen – Monteure/Flussregulierung/Kohlenbergwerk – Heimweber – Spinnerei/Weberei/Teppichknüpfer – Kleinhändler – Rindenschneider – Schmiede – Glasbläser – Kontrollore – Nachtwächter – Freiwillige Feuerwehr Gugging

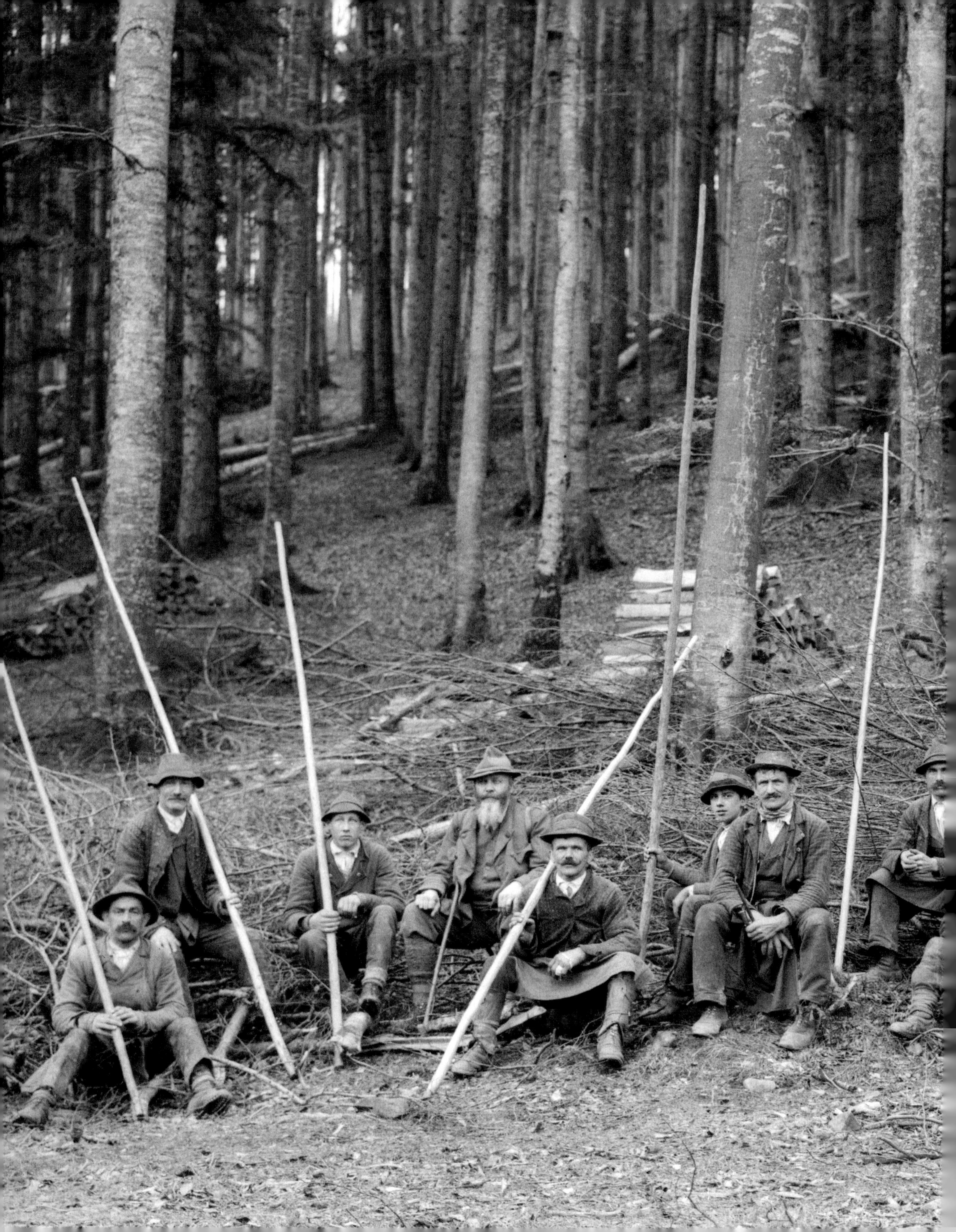

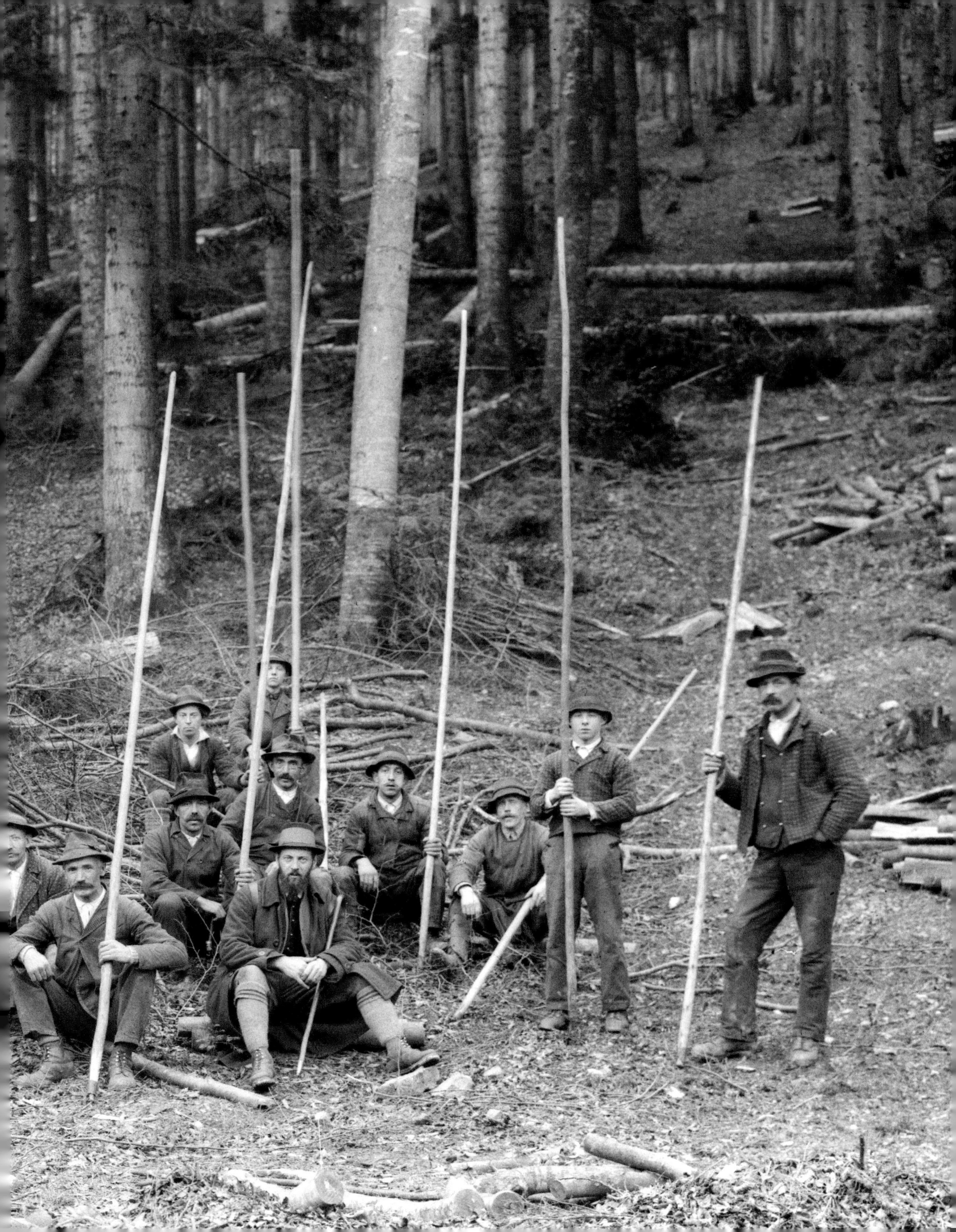

Vorderseite:
HOLZSCHWEMME KLAUSENLEOPOLDSDORF
Gruppenbild der Waldarbeiter mit ihren
Schwemmstangen.
Um 1910.

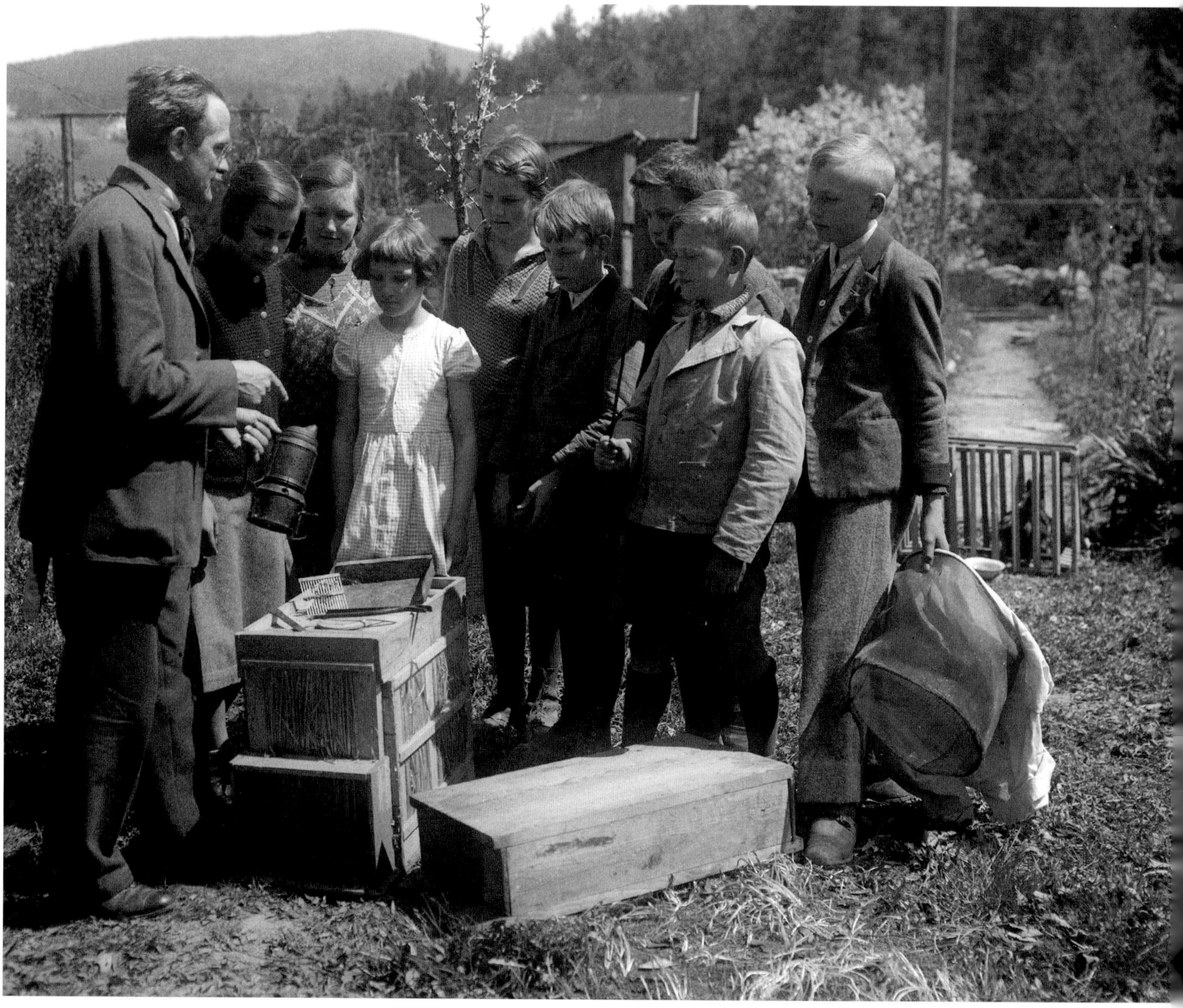

IMKERSCHULE
Neuhaus im Triestingtal.
1936.
Der Leiter bei der Führung
einer Schulklasse.

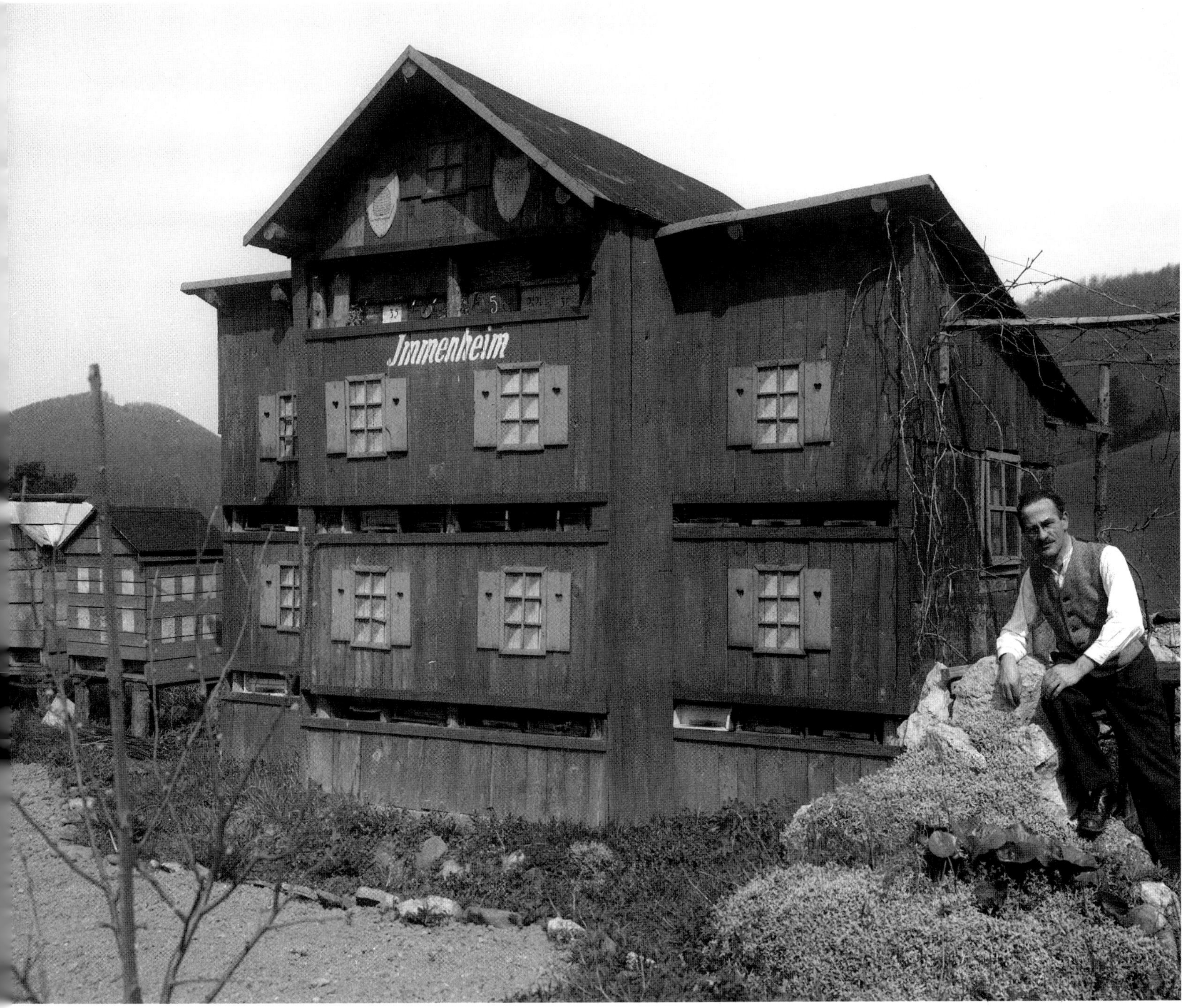

Der Leiter vor den Bienenhäusern „Immenheim".

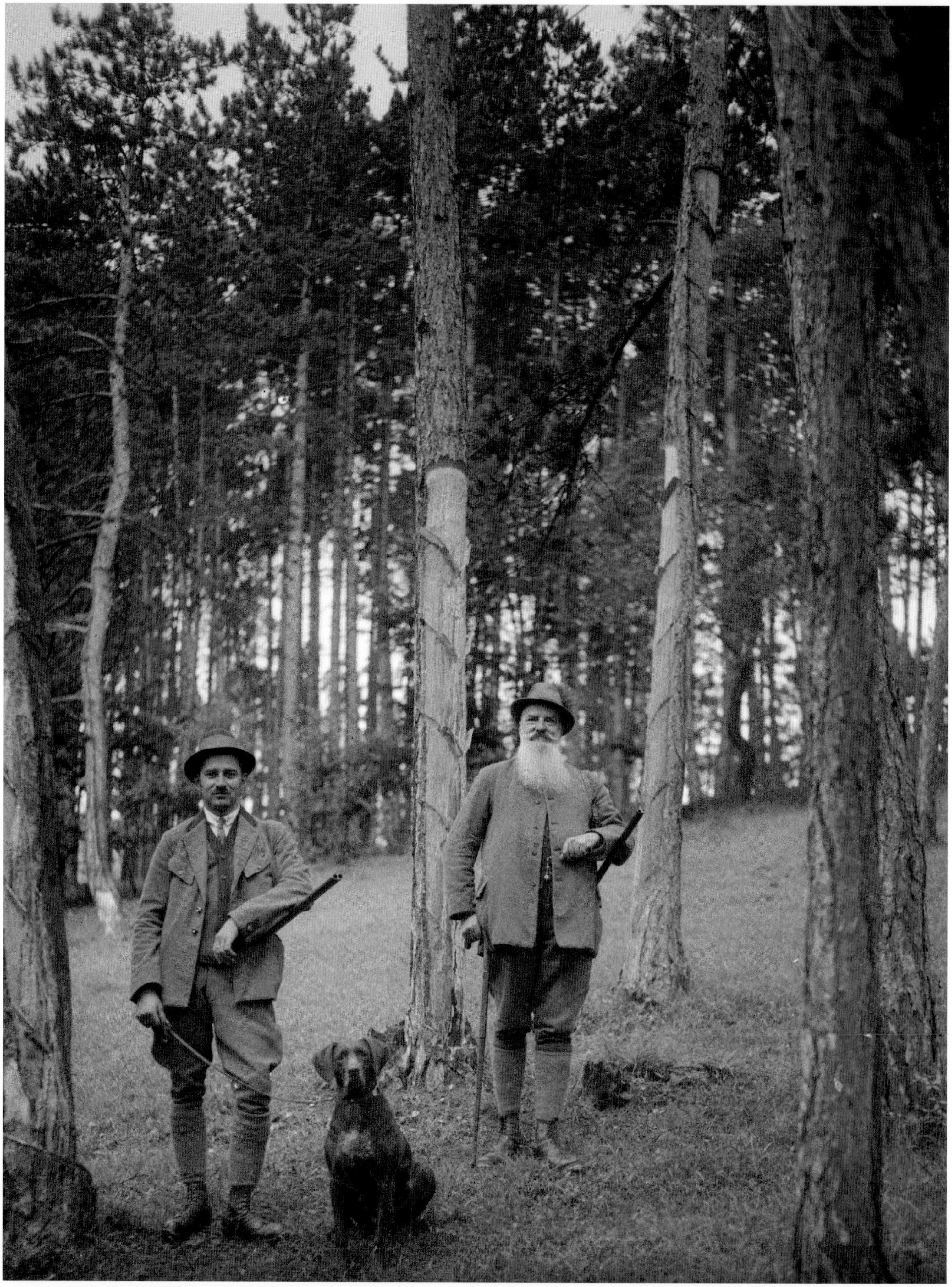

FÖRSTER
im Wienerwald.
Um 1910.

OBSTBAUER
mit selbstgebauter Presse.
Füllenberg bei Heiligenkreuz.
Um 1933.

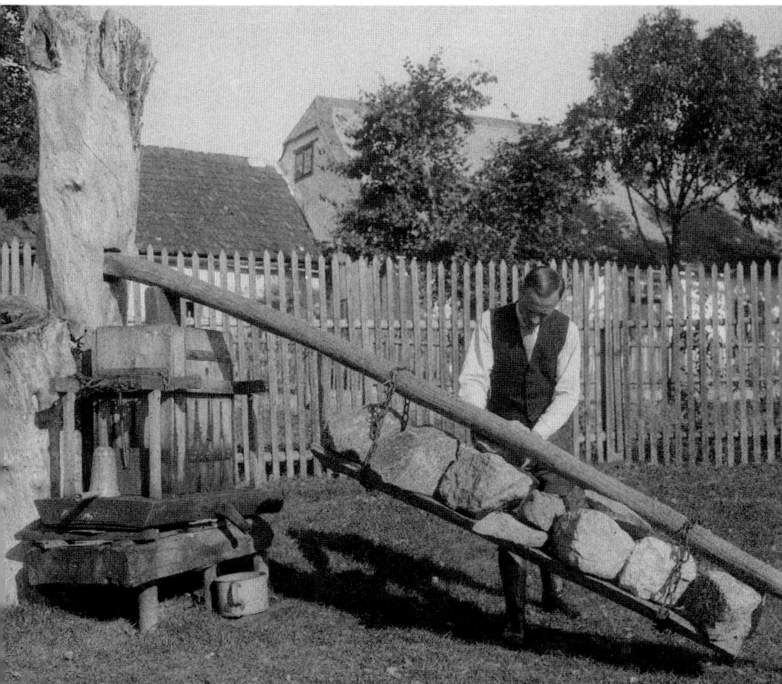

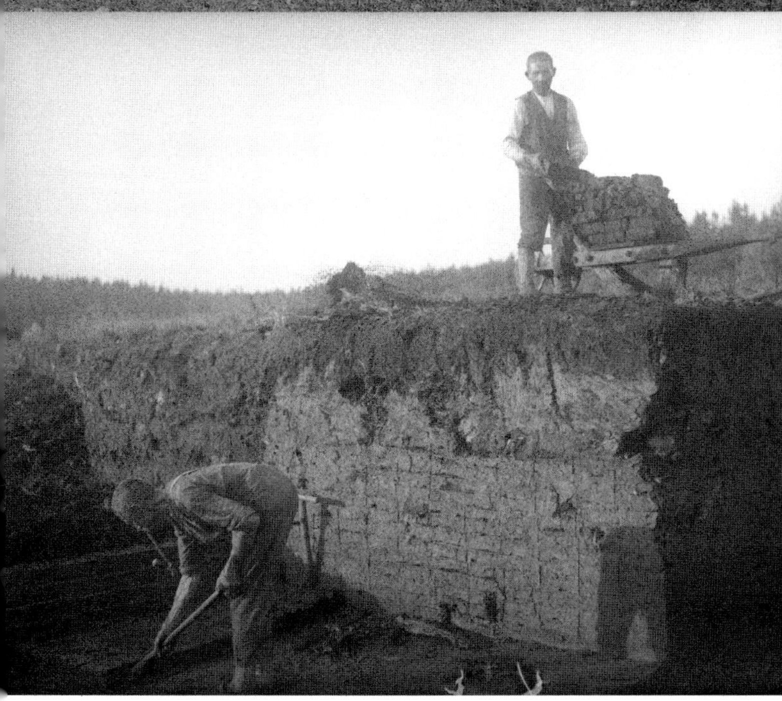

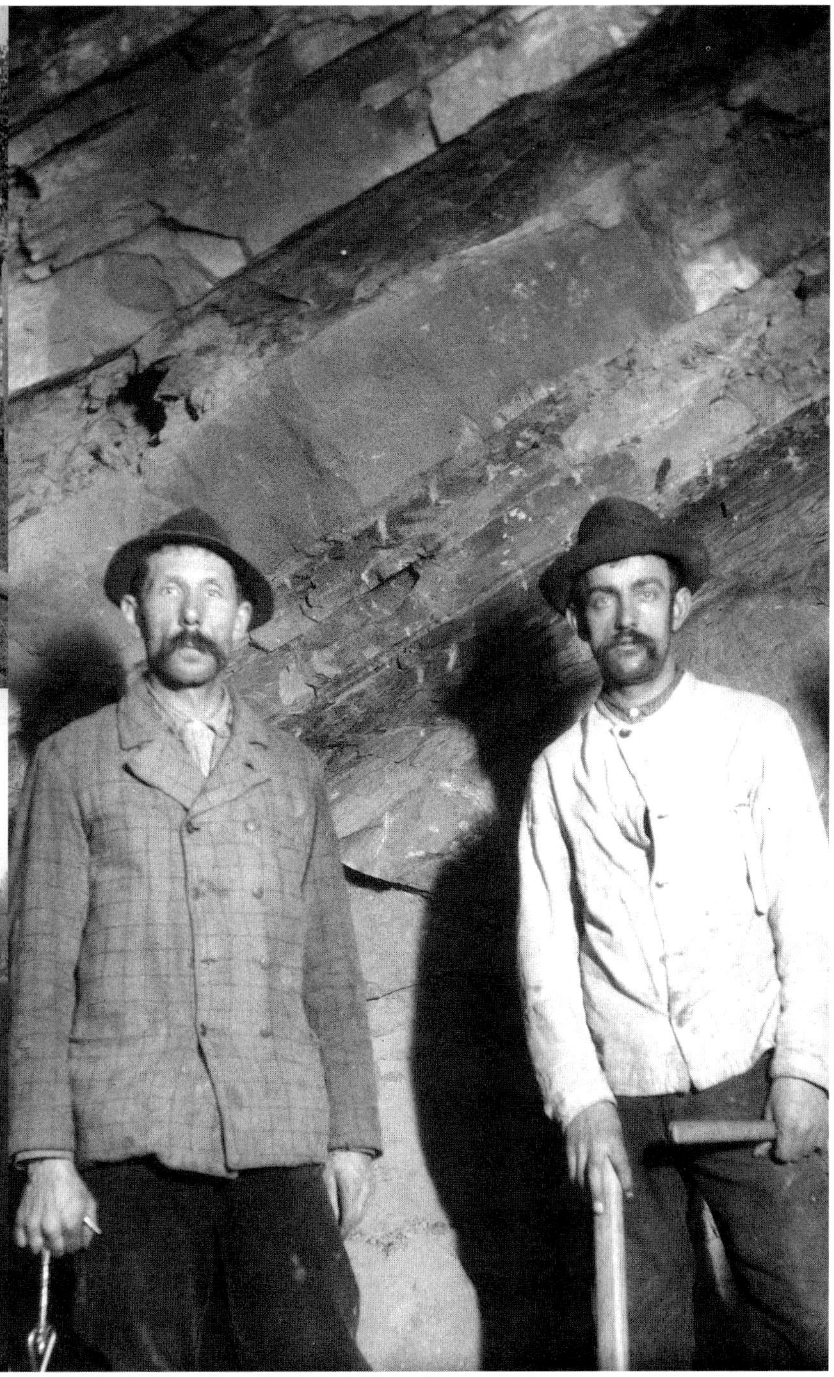

TORFSTECHER
bei Amaliendorf im Waldviertel.
Um 1910.

SCHACHTGRÄBER
beim Bau des Sonnleitenstollens
für die 2. Wiener Hochquellenleitung.
Februar 1906.

FÖRDERANLAGEN

Kalkofen im Piestingtal.
Um 1920.

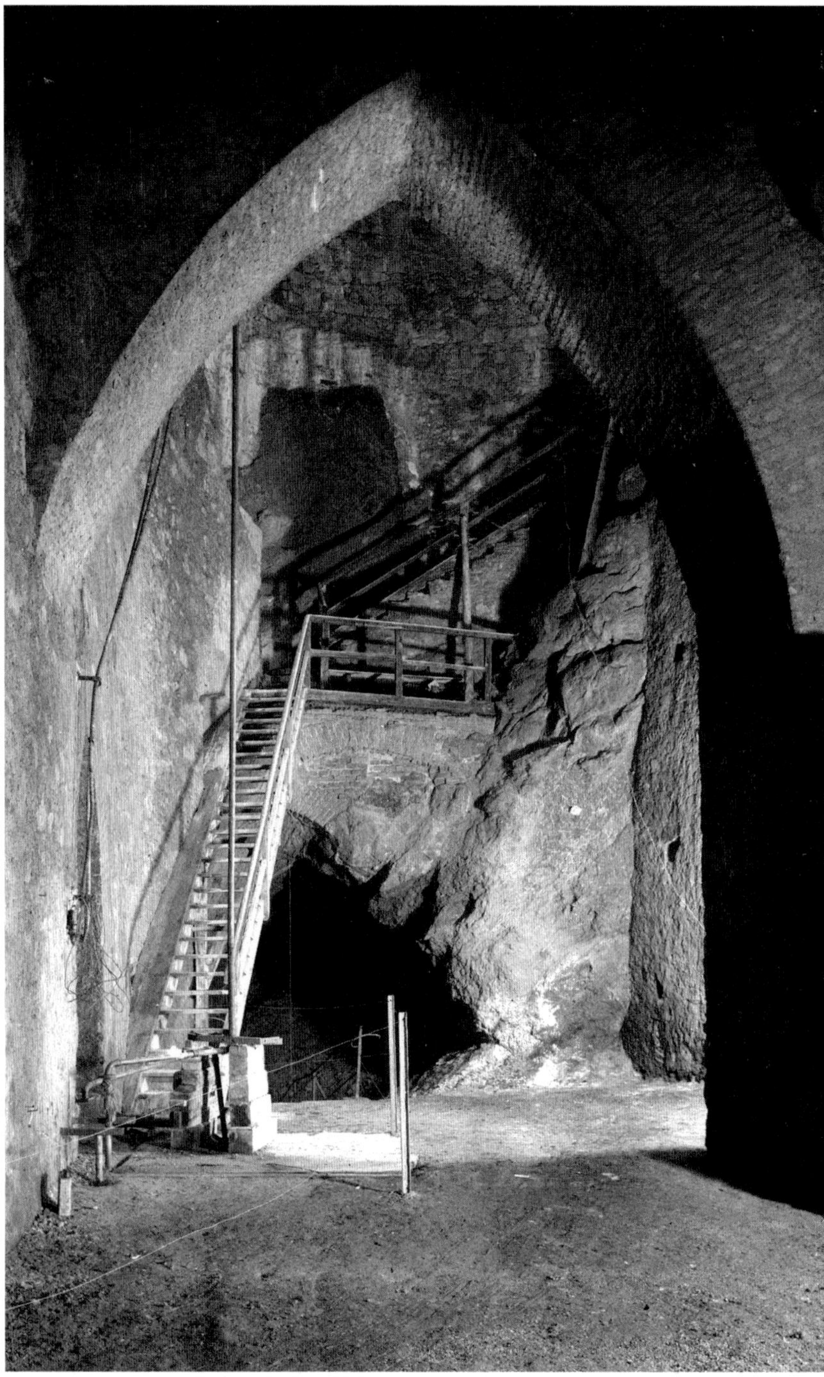

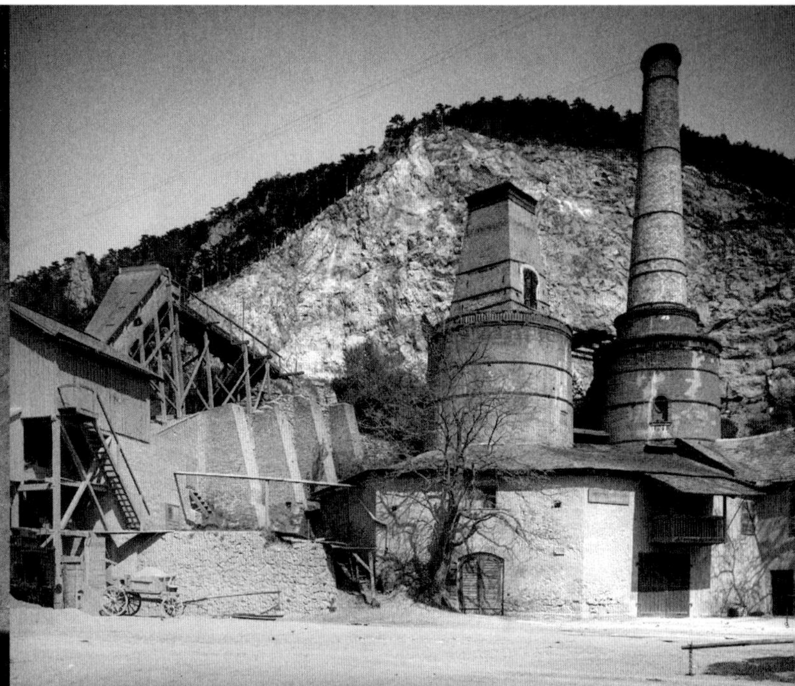

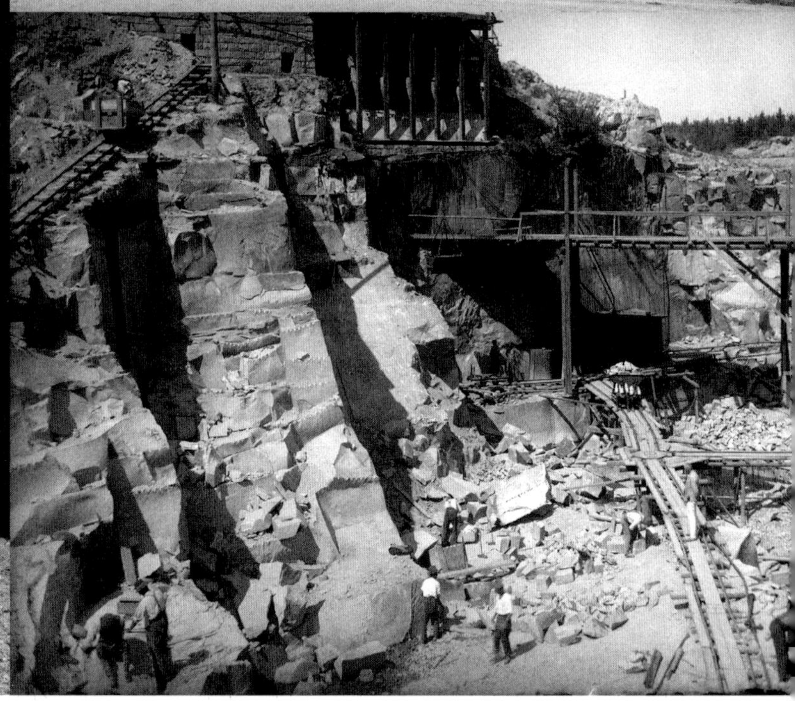

Seegrotte Hinterbrühl.
Treppe vor aufgelassenem Stollen.
1937.

Granitsteinbruch bei Schrems
im Waldviertel.
Um 1910.

Zementwerk Tasshof im Triestingtal.
Um 1914.

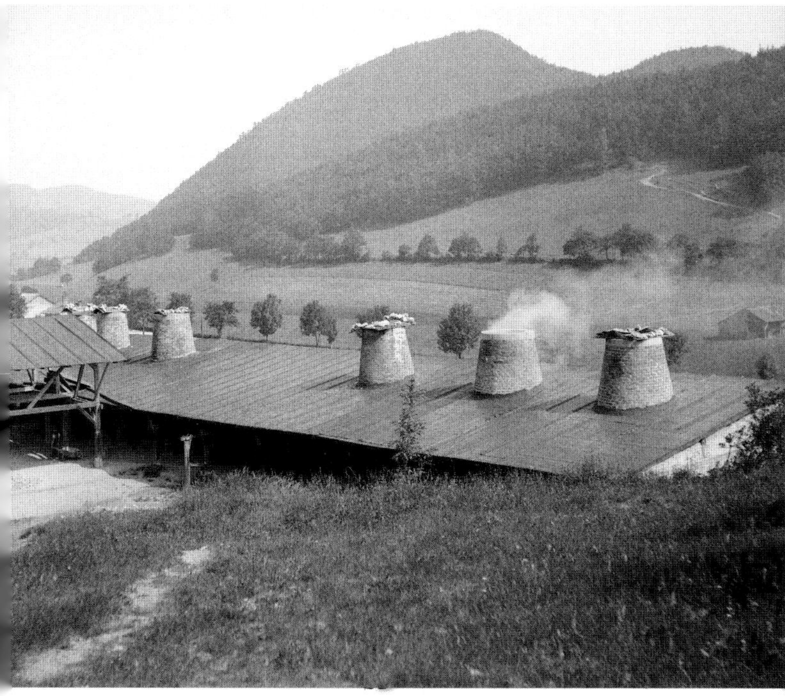

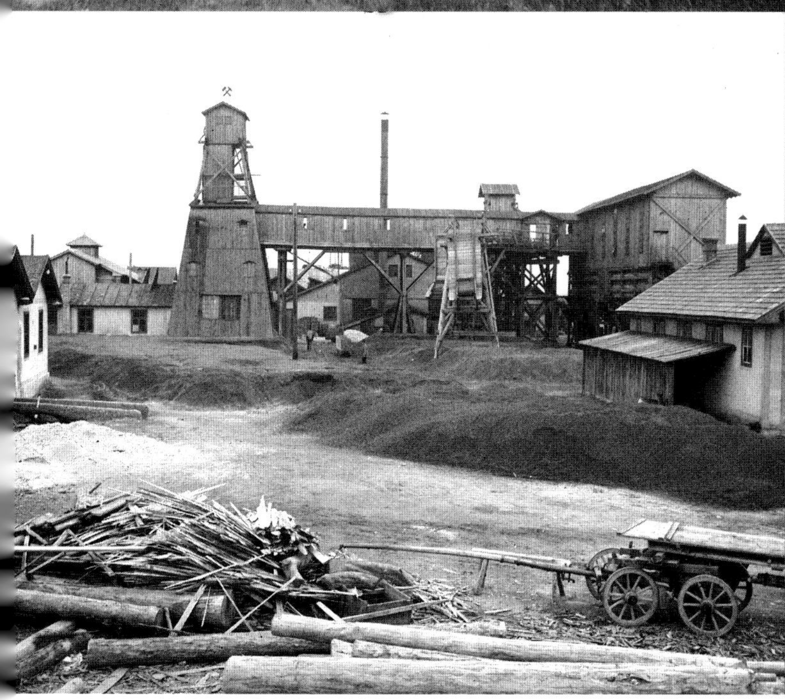

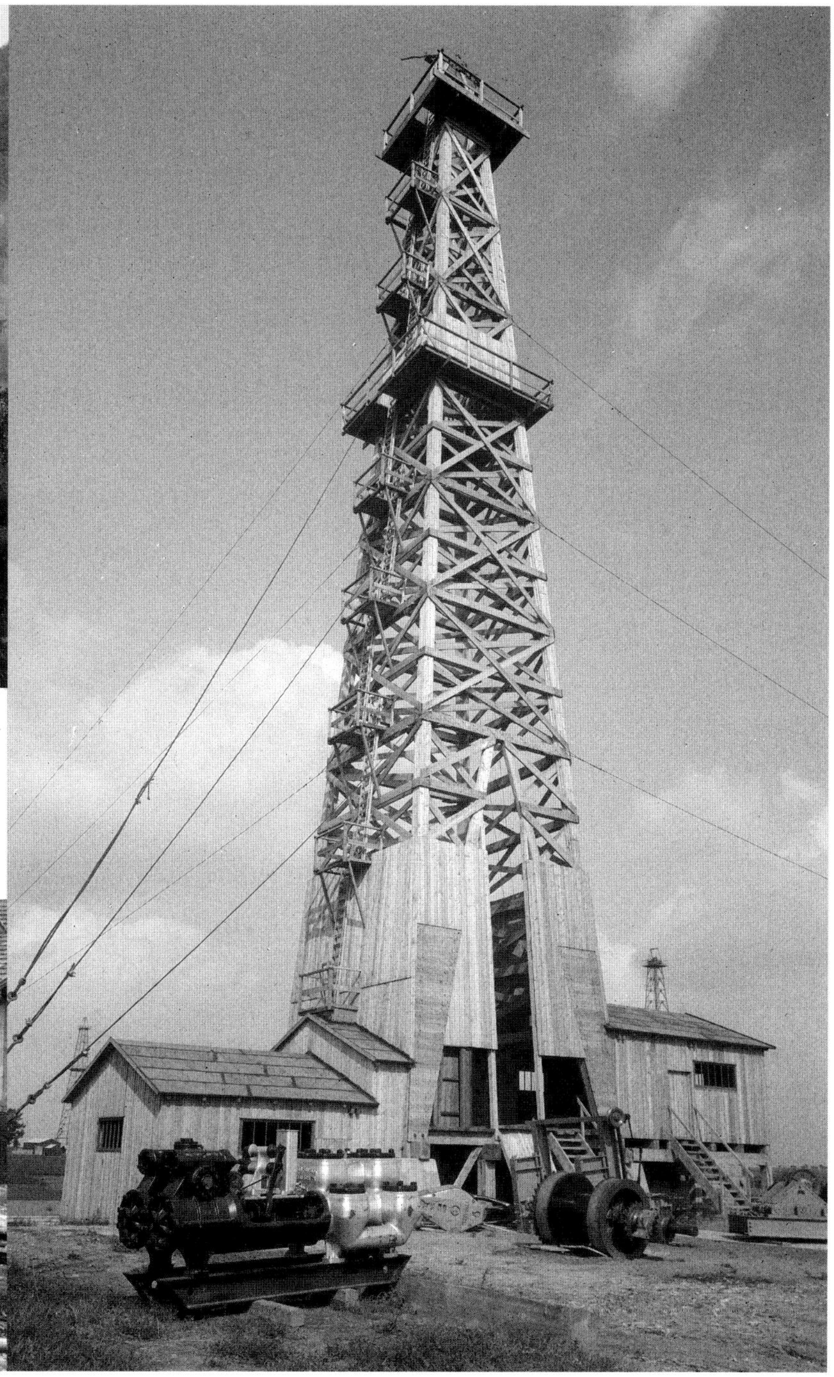

Schachtanlage des Braunkohlenwerks Statzendorf.
Um 1910.

Zistersdorf.
Ölförderturm aus Holz mit Dampf-Spülpumpe.
Um 1936.

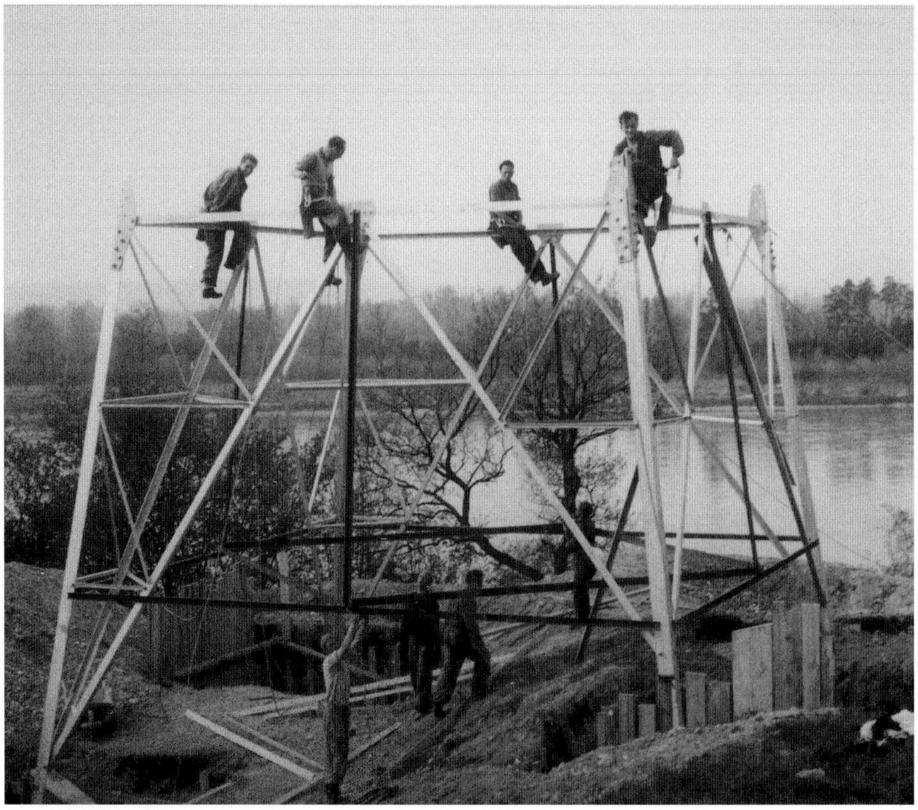

BEI HOLLENBURG
Bau der 110-kV-Freileitung Ottenstein–Pottenbrunn. Monteure beim Aufstellen des Abspannmastes über die Donau. Mai 1956.

WEISSENKIRCHEN
Regulierung des Flussbetts der Perschling. Um 1910.

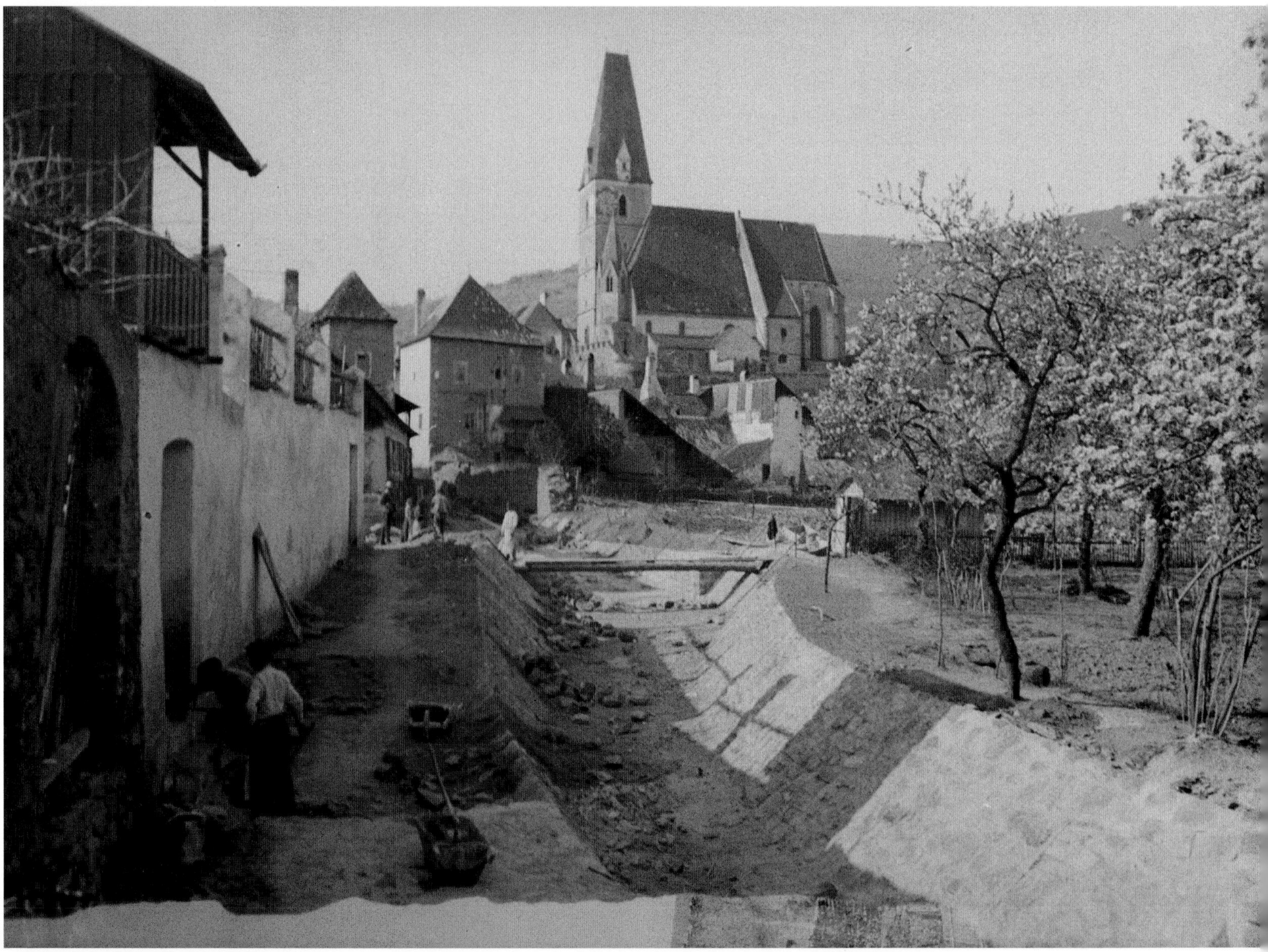

HART bei Gloggnitz.
Braunkohlenbergwerk mit
Turm und Schlot.
Um 1910.

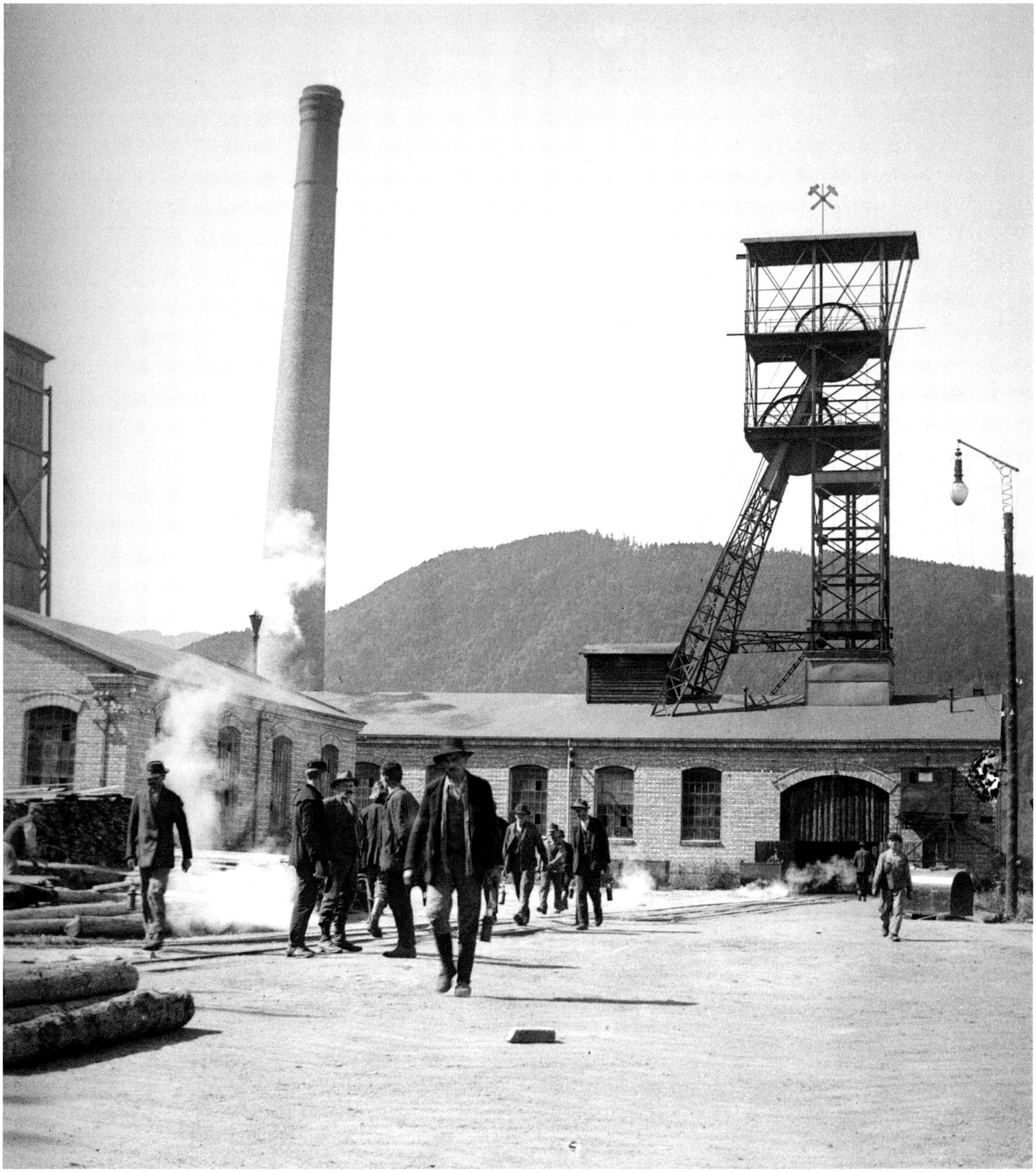

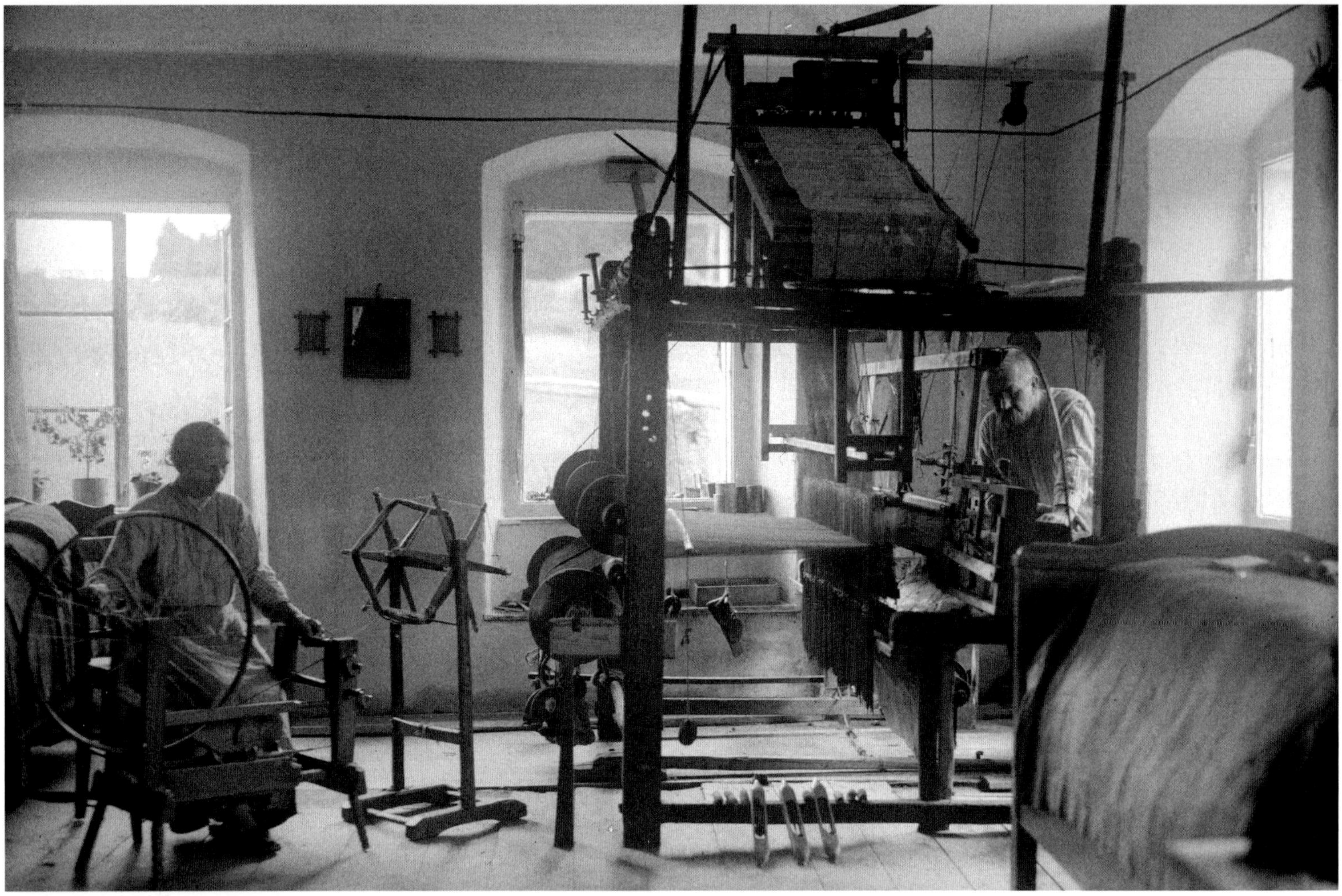

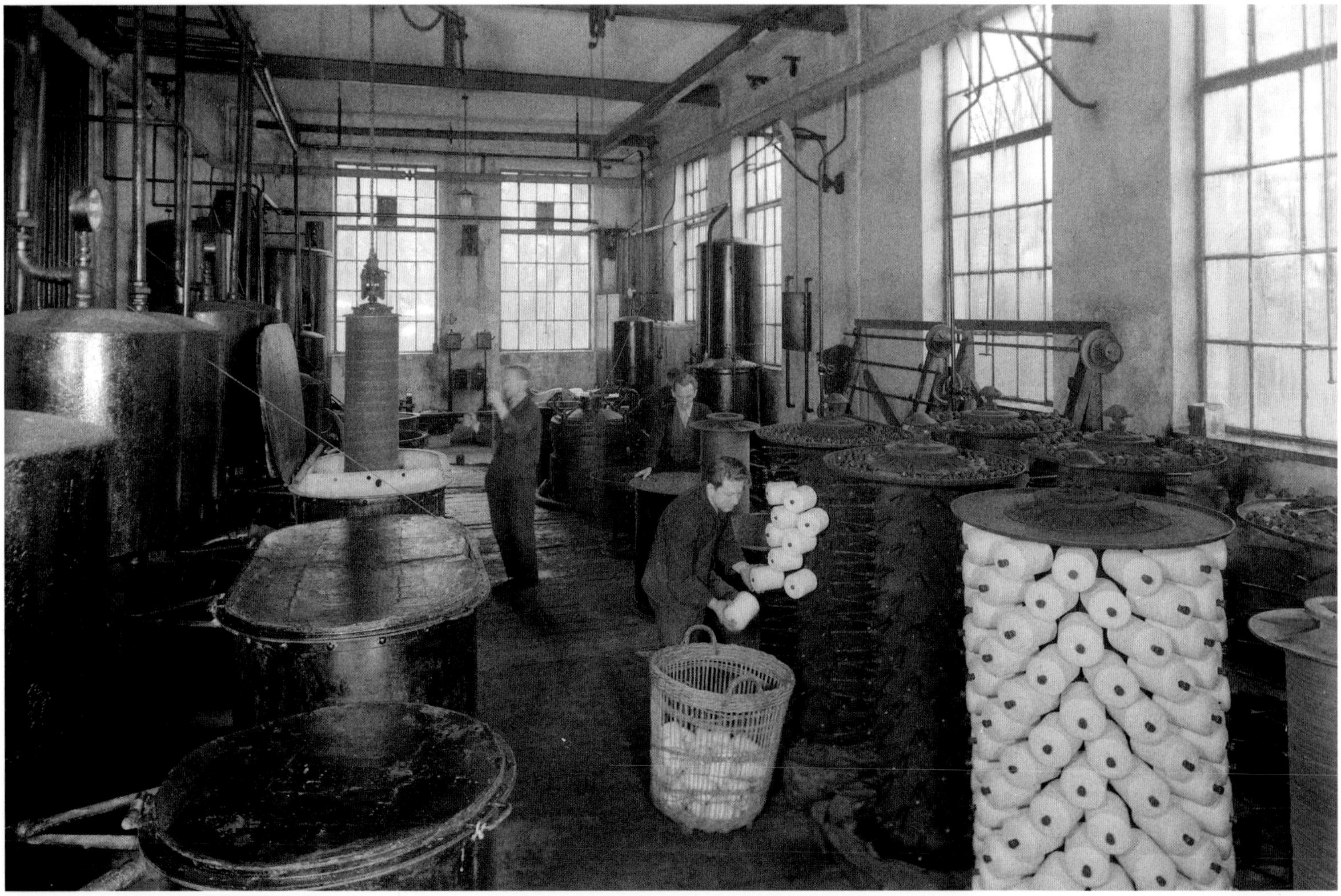

Waldviertler Hausweberei
mit mechanischem Webstuhl.
bei Groß-Siegharts.
Um 1910.

Pottendorfer Spinnerei
& Felixdorfer Weberei AG.
X-Spulen, Kettbäume,
Färbereiapparaturen.
1937.

Teppichfabrik
Philipp Haas & Söhne,
Ebergassing.
Frauen am Webbalken.
1937.

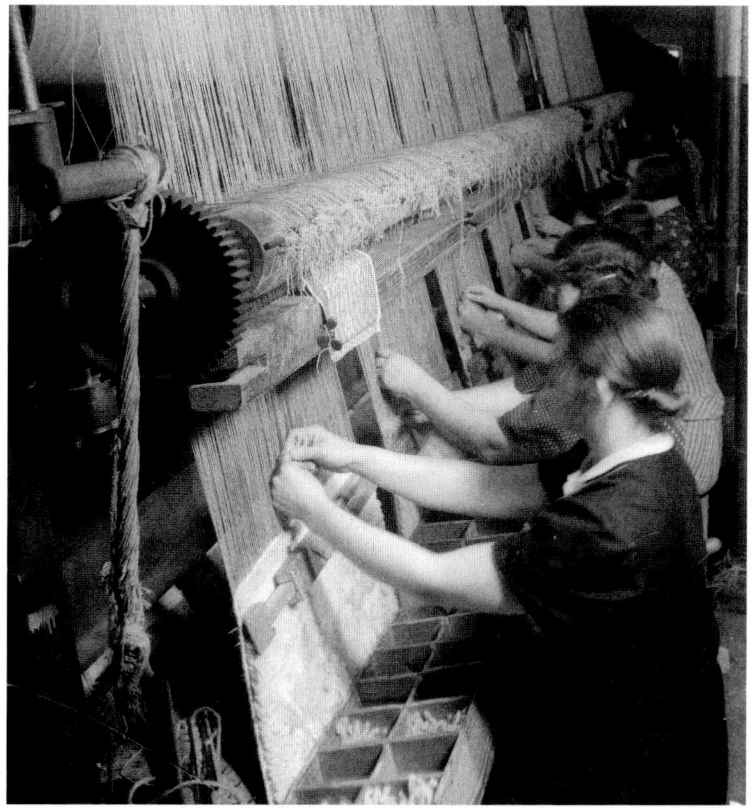

Teppichfabrik
Philipp Haas & Söhne,
Ebergassing.
Knüpferinnen bei der
Kontrolle.
1937.

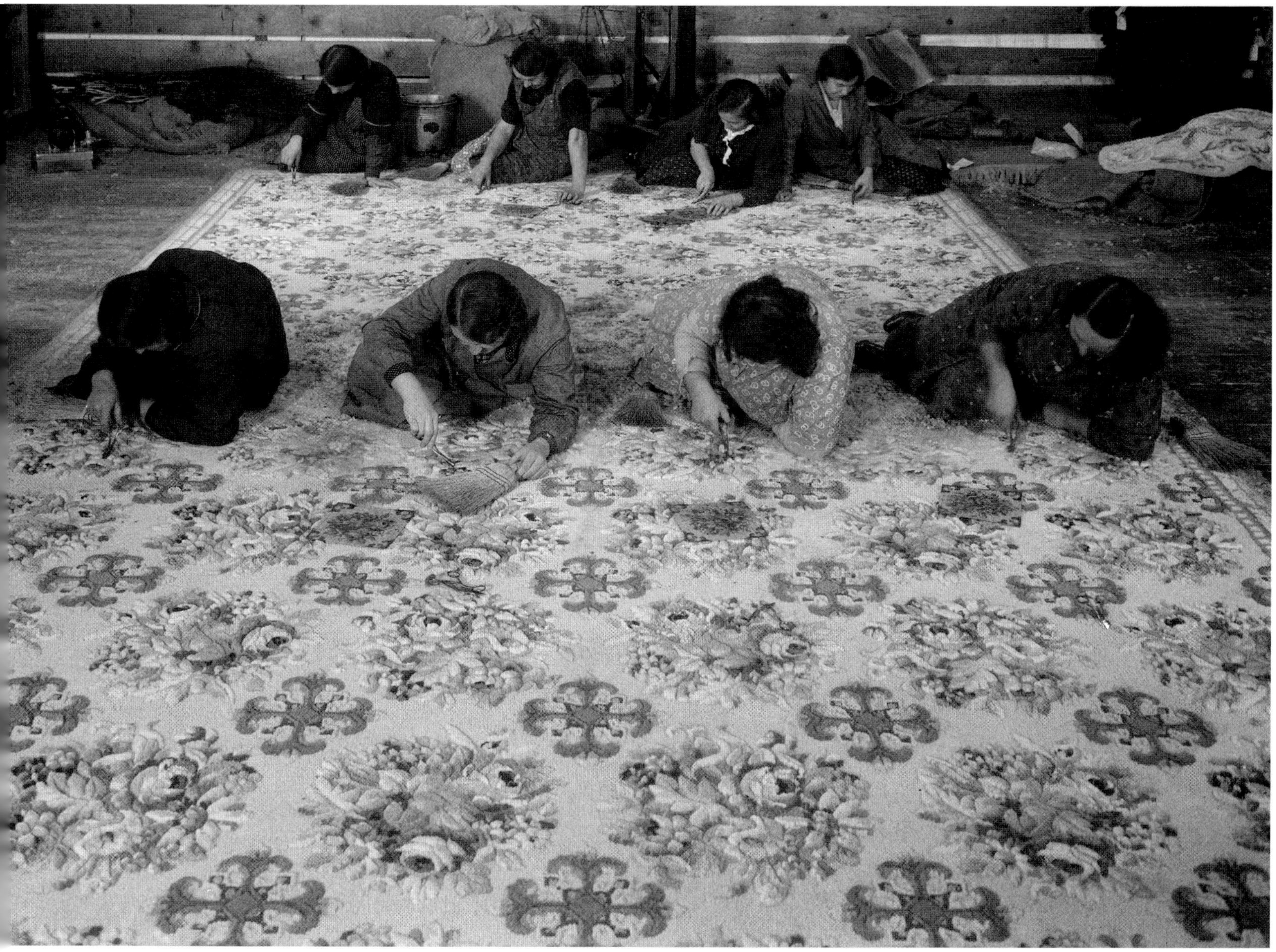

KLEINHÄNDLER

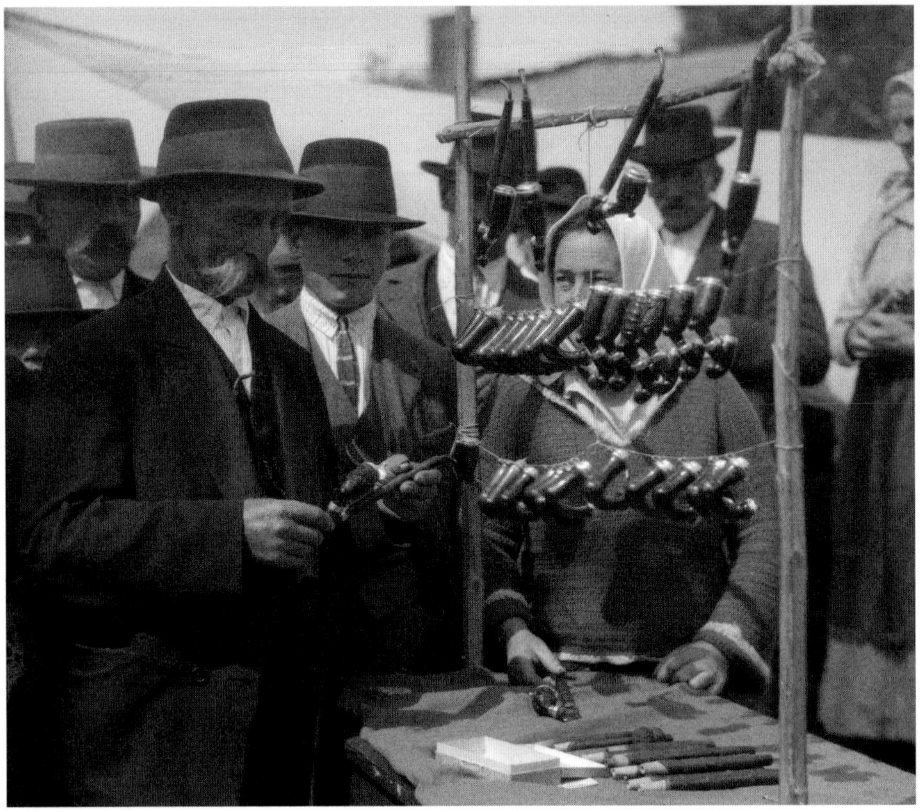

Pfeifenkramer auf dem Jahrmarkt in Hochneukirchen in der Buckligen Welt. Um 1905.

Töpfer und Gerber auf dem Jahrmarkt in Hochneukirchen in der Buckligen Welt. Um 1905.

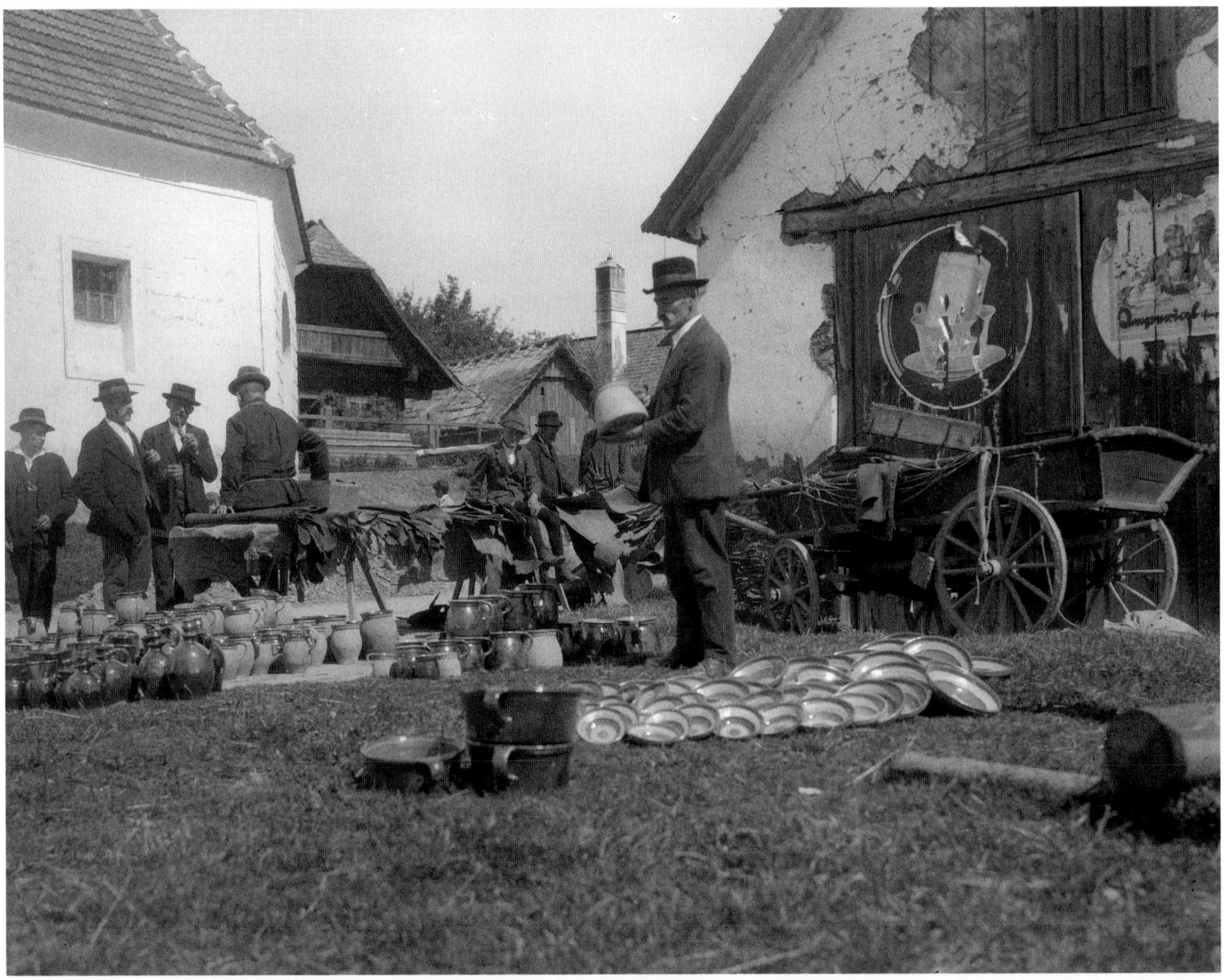

Slowakischer Hausierer
mit Körben und Kochlöffeln
in der Wachau.
Um 1910.

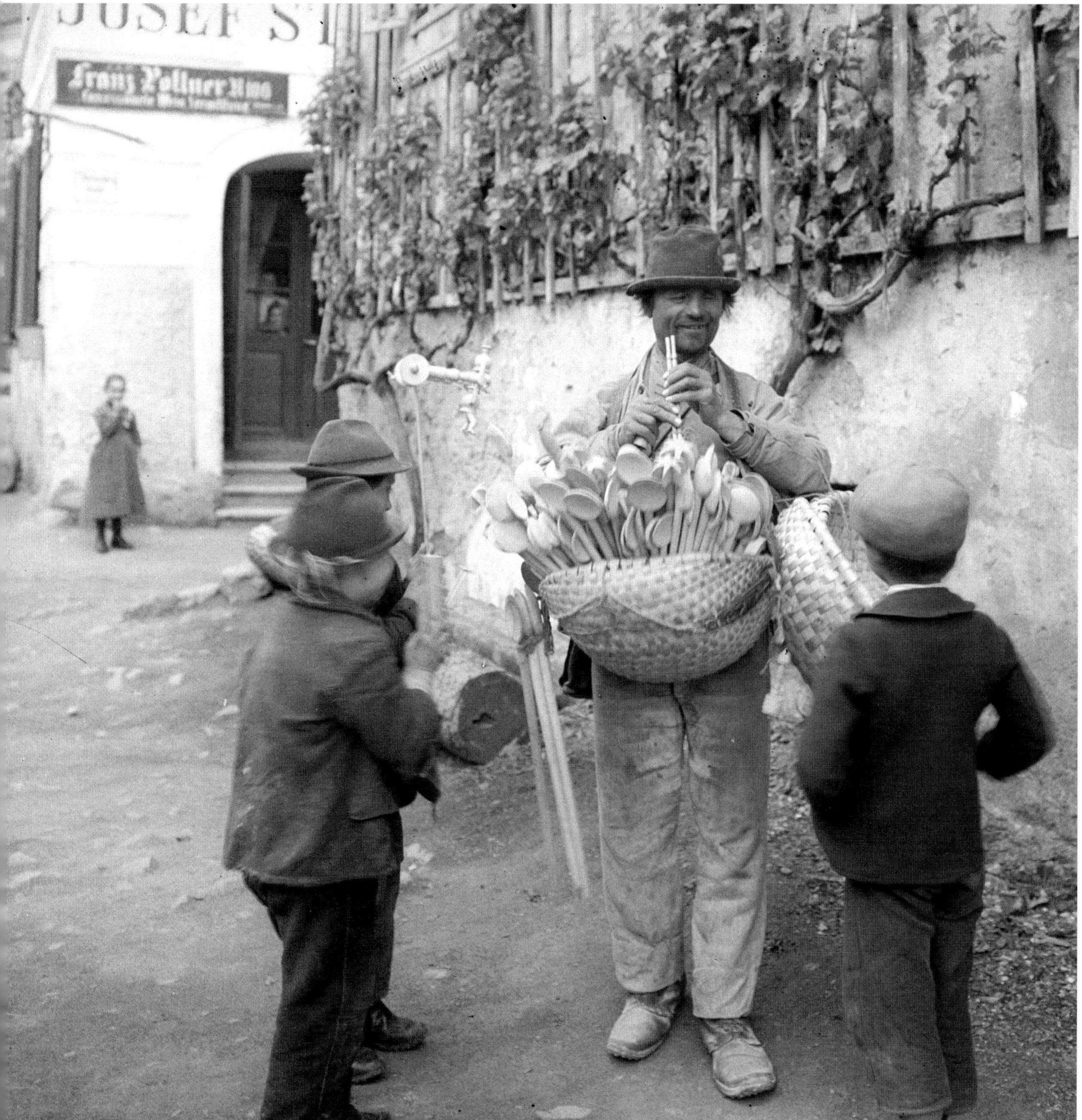

ALTES HANDWERK

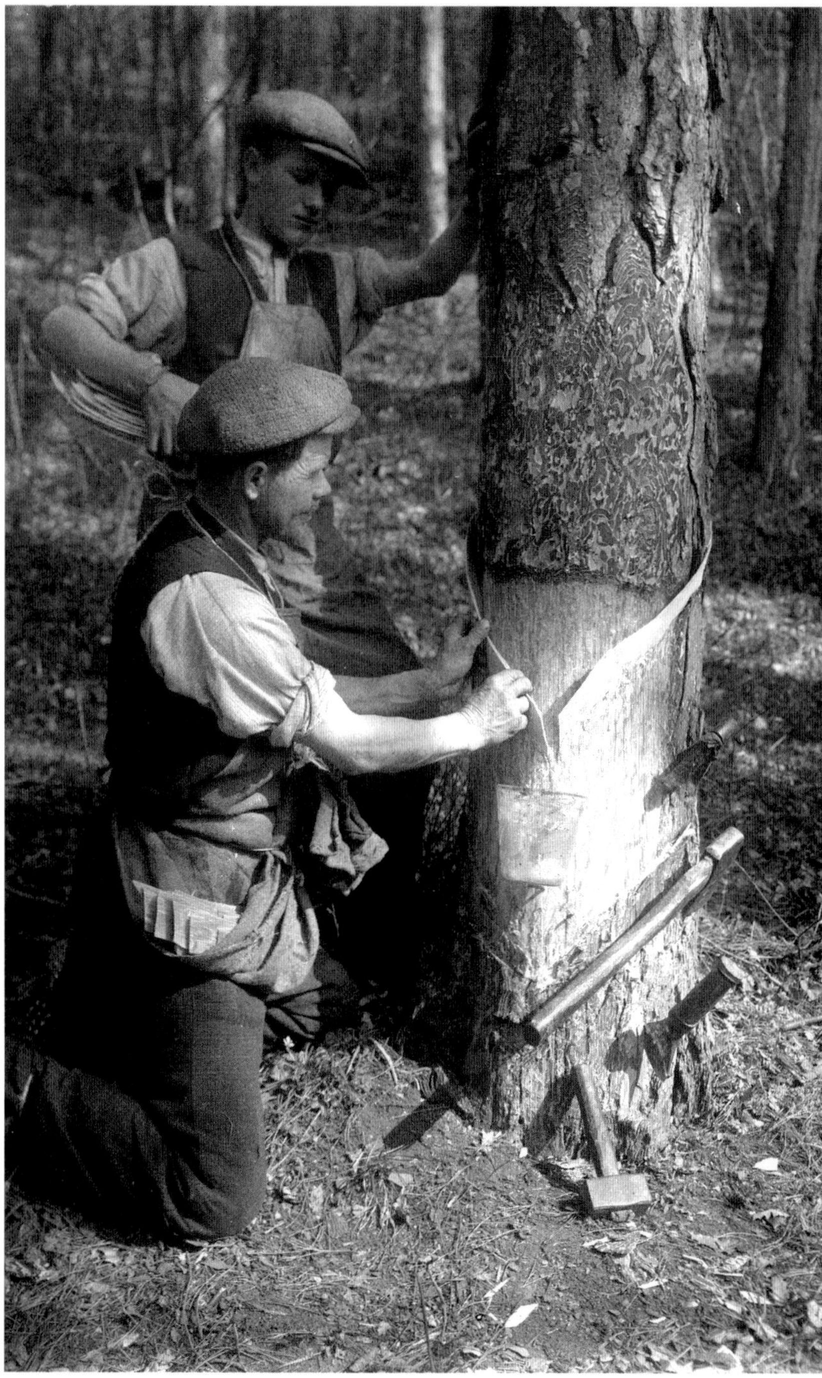

Rindenschneider im Piestinger Wald zapfen Föhrenharz zur Pechgewinnung.
Um 1938.

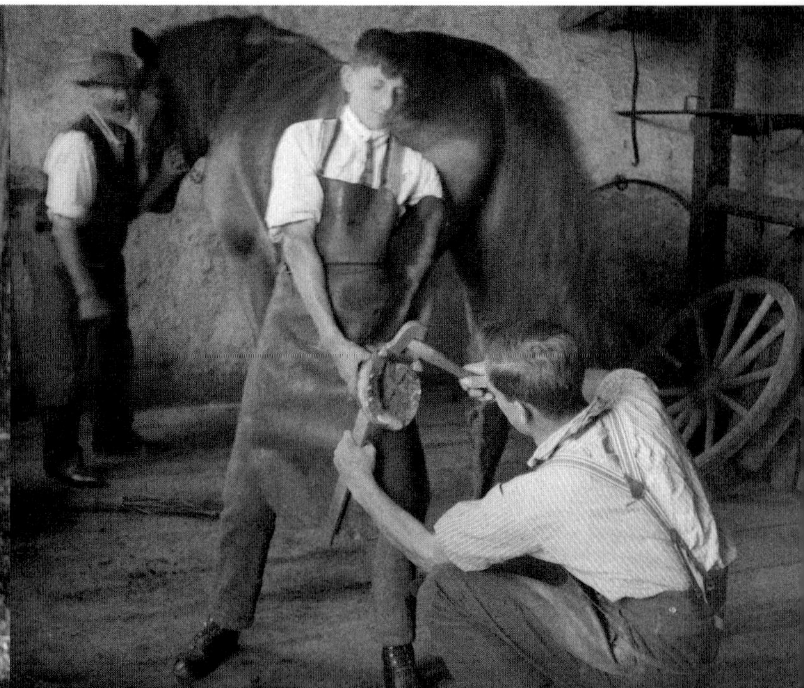

Schmied im Tullnerfeld beim Beschlagen eines Pferdes.
Um 1930.

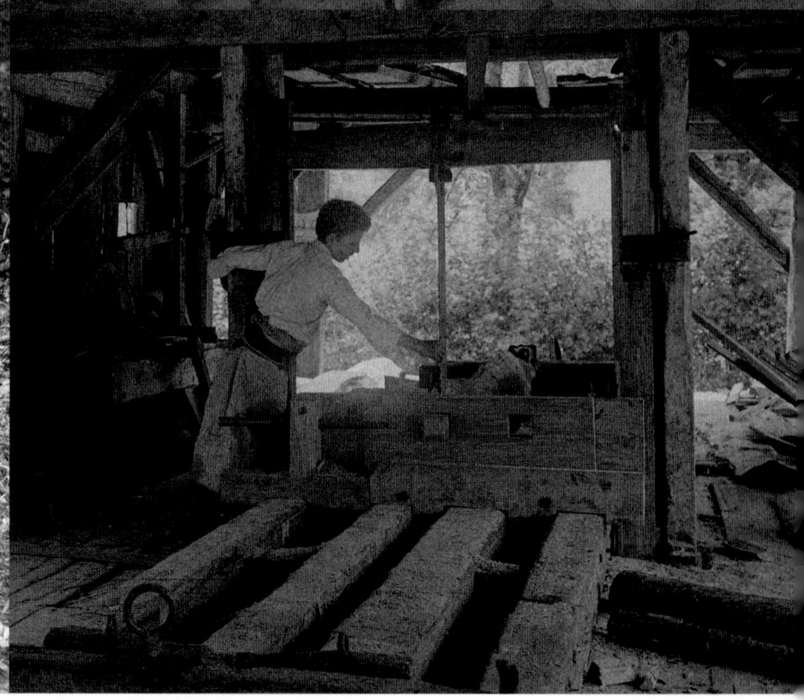

Sägemühle im Gatter. Saubichl bei Möltern in der Buckligen Welt.
Um 1905.

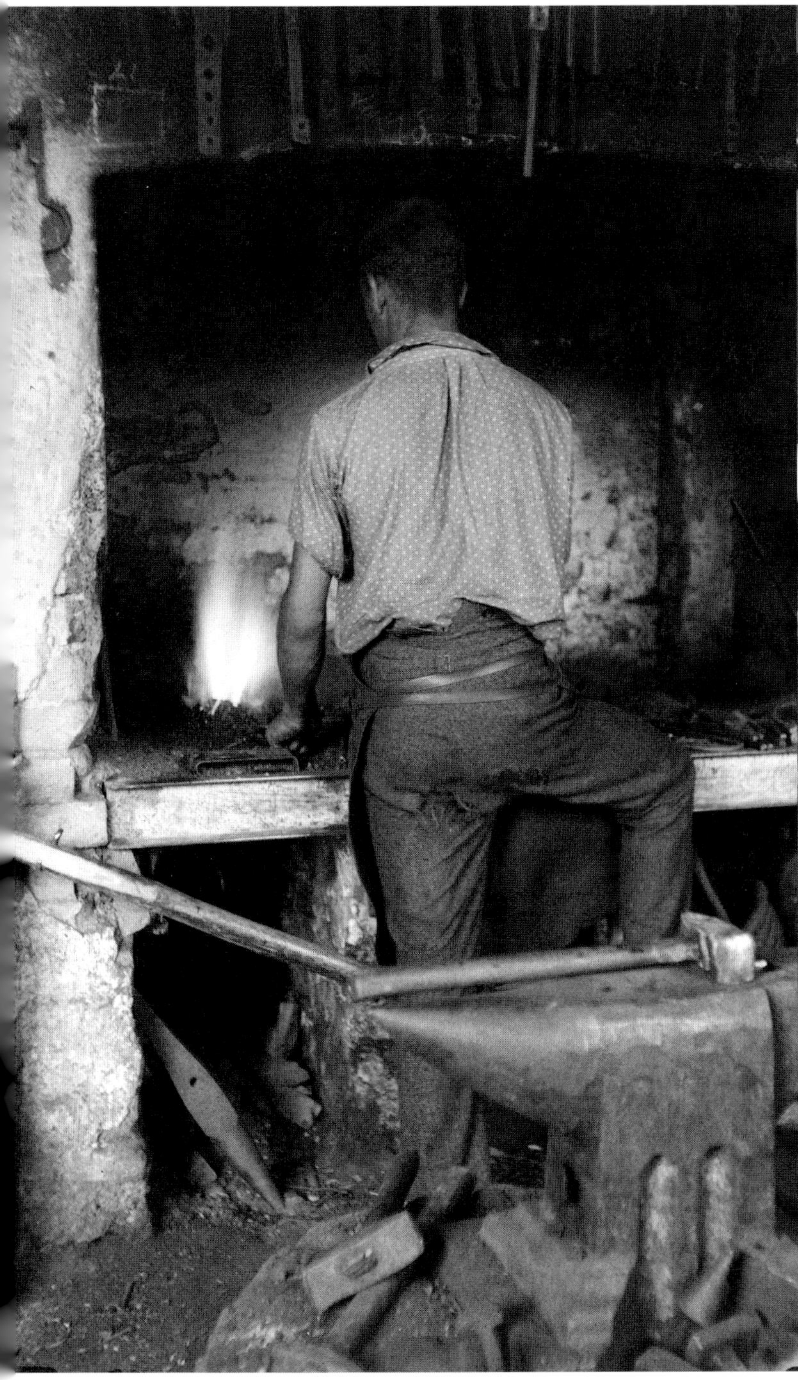

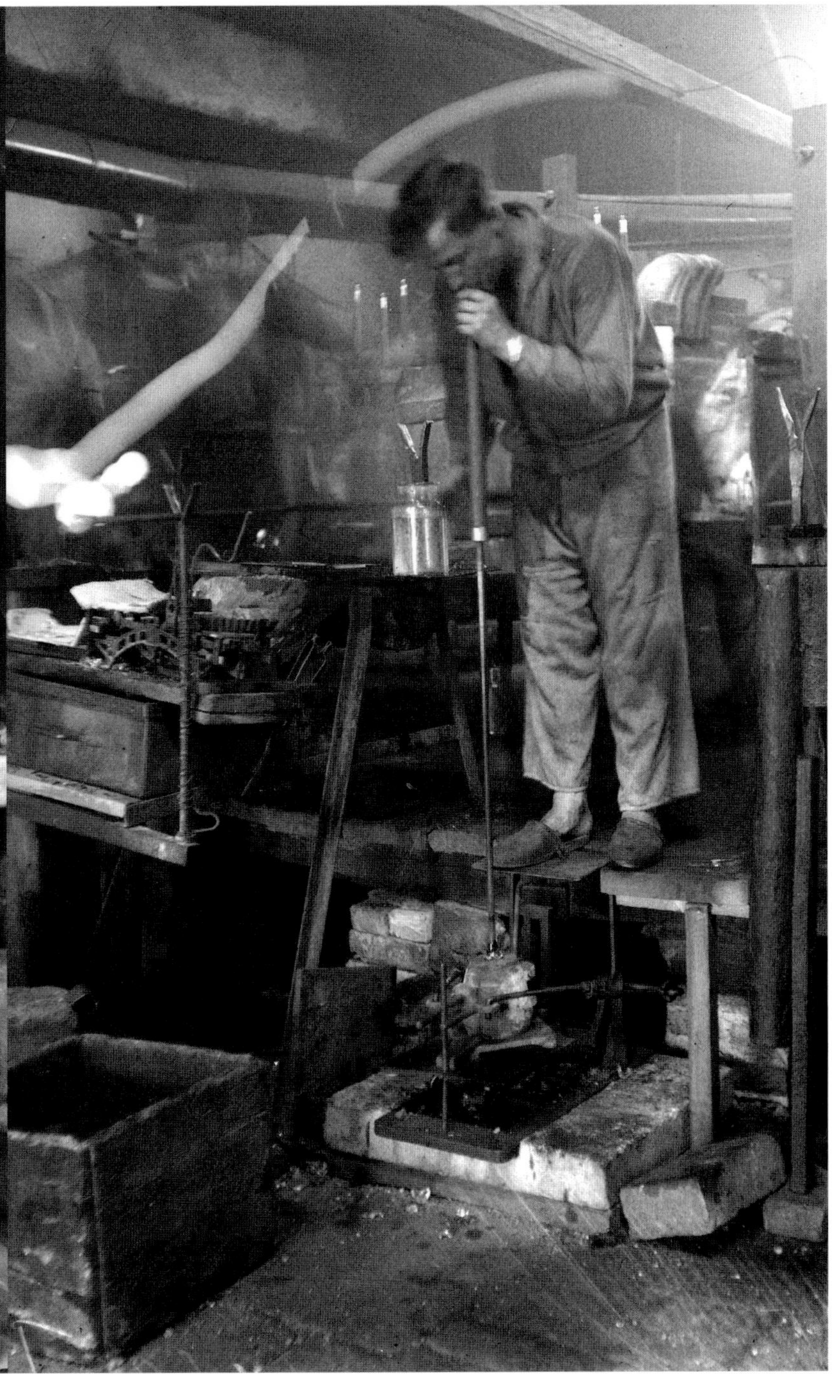

Tullnerfeld.
Schmied an der Esse.
Um 1930.

Glashütte Altnagelberg.
Bläser an der Form.
1931.

KONTROLLORE
UND KASSIERER

Straßenzollamt Gmünd an der Grenze zu Böhmen. Um 1910.

Unten:
Besucherführer am beflaggten Eingang zur Seegrotte Hinterbrühl. Um 1937.

Wiener Neustadt. Schrankenwärter der „Wiener Maut" in Wiener Neustadt. Um 1925.

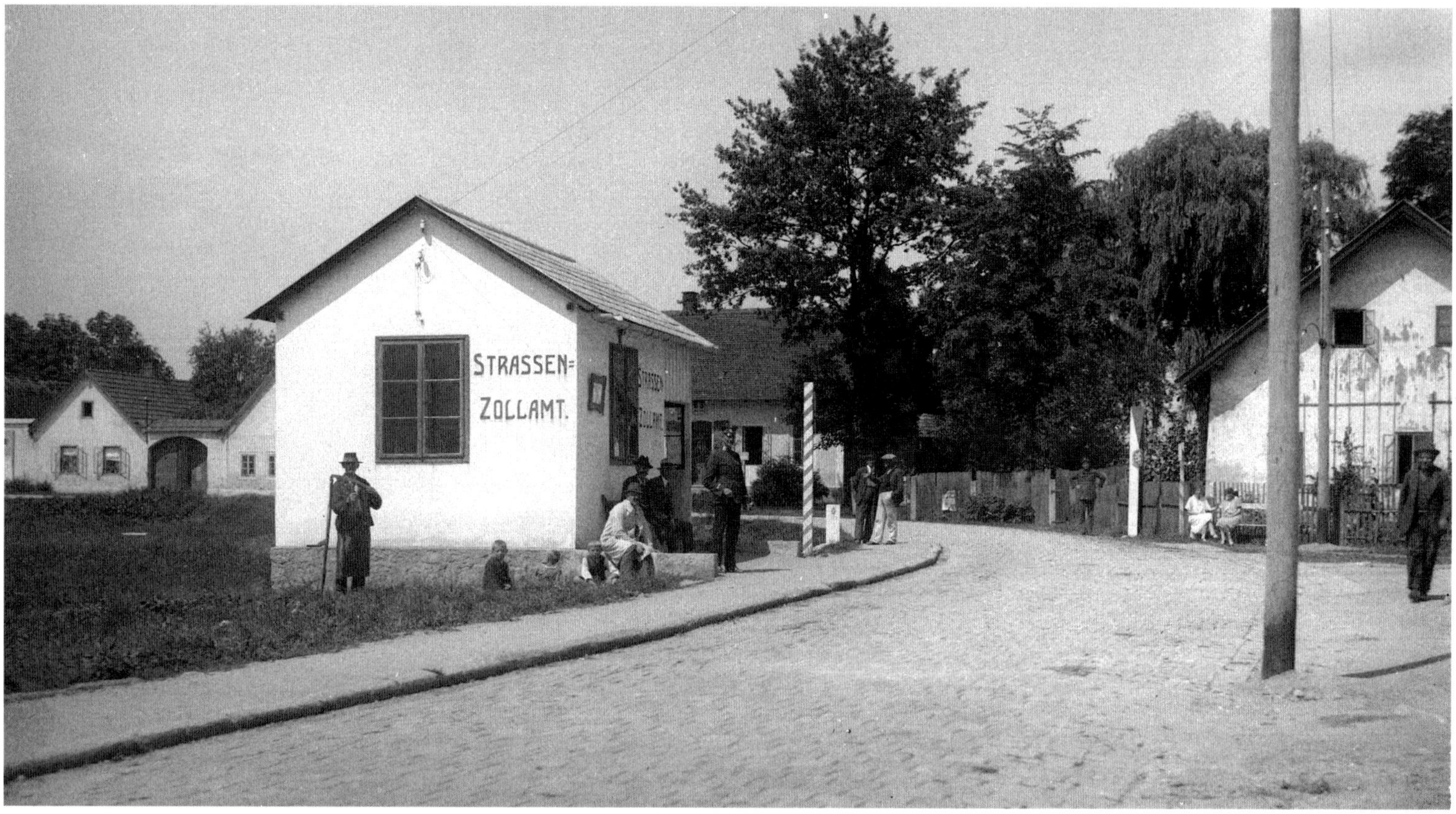

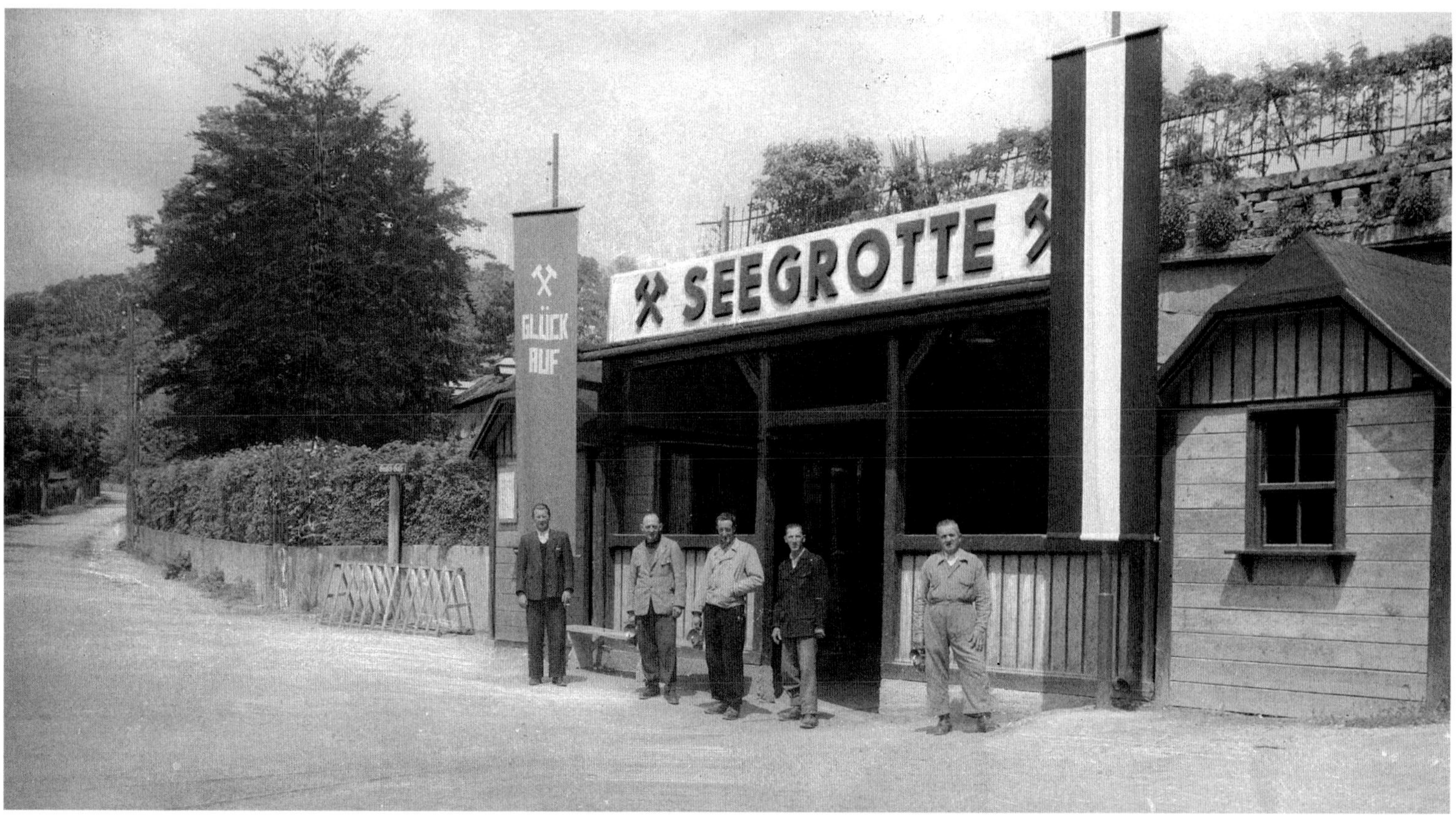

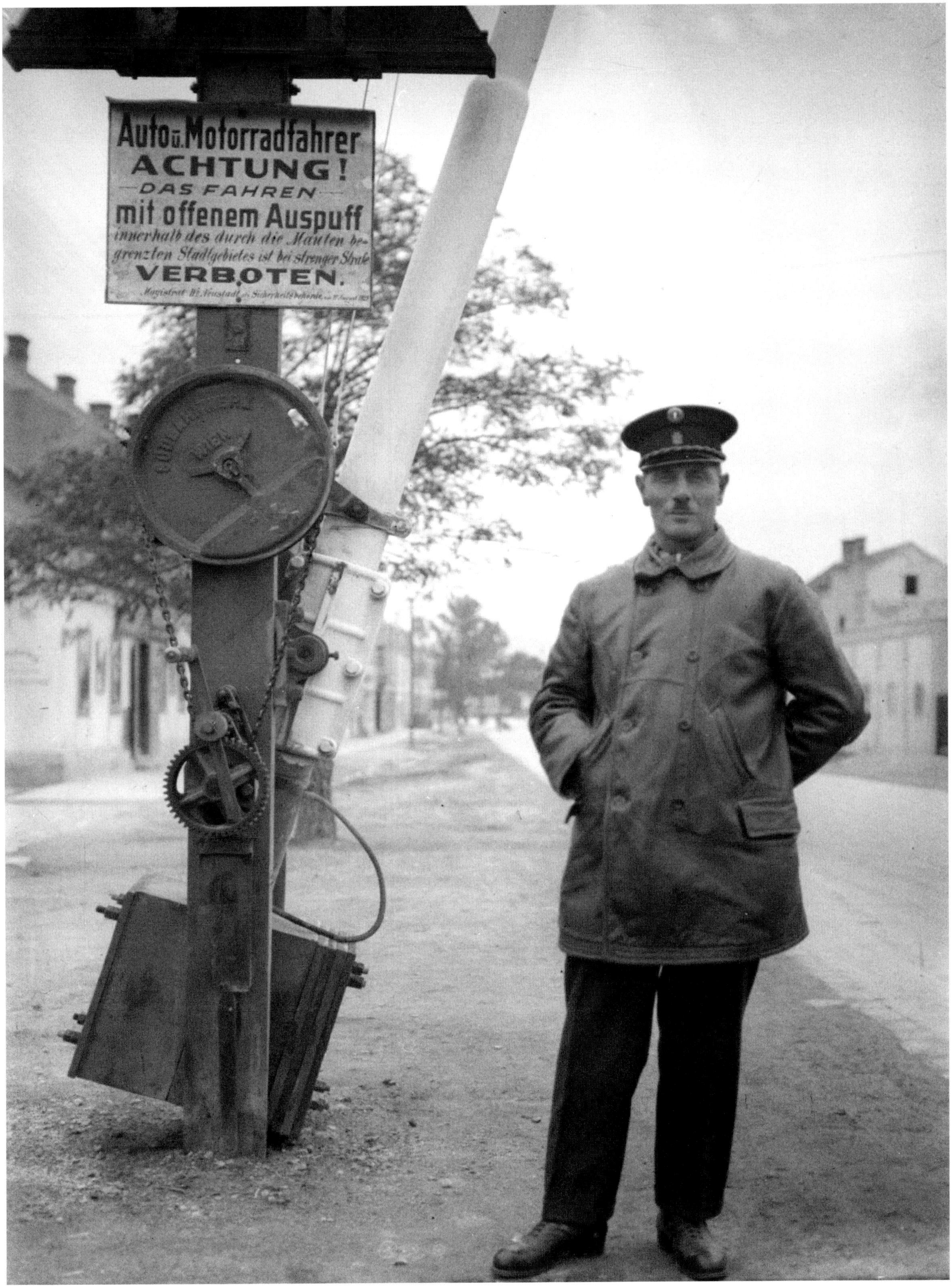
Auto u. Motorradfahrer
ACHTUNG!
DAS FAHREN
mit offenem Auspuff
innerhalb des durch die Mauten begrenzten Stadtgebietes ist bei strenger Strafe
VERBOTEN.

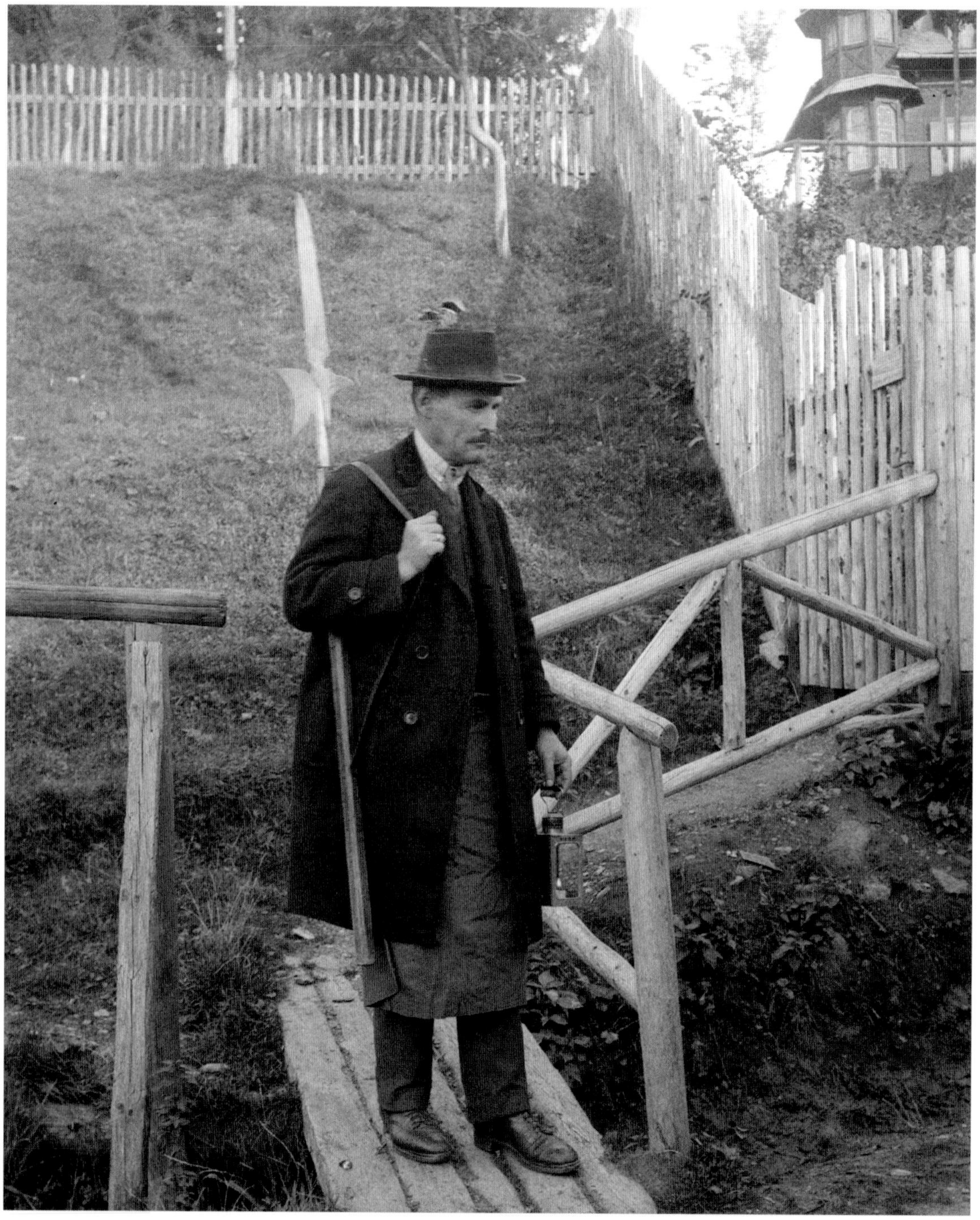

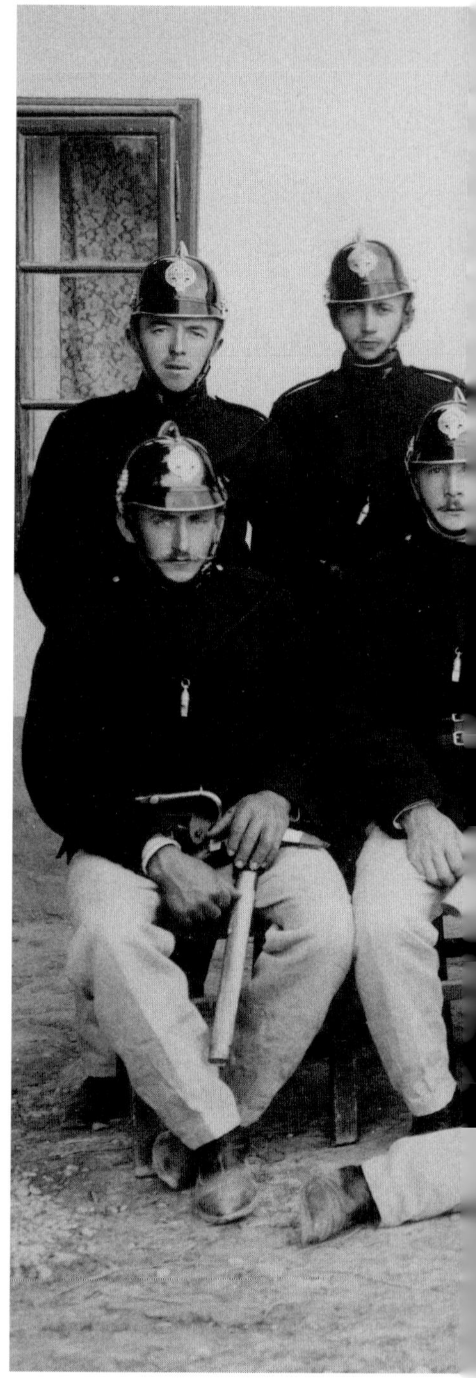

NACHTWÄCHTER
IN MÖNICHKIRCHEN
beginnt seinen Rundgang.
Um 1924.

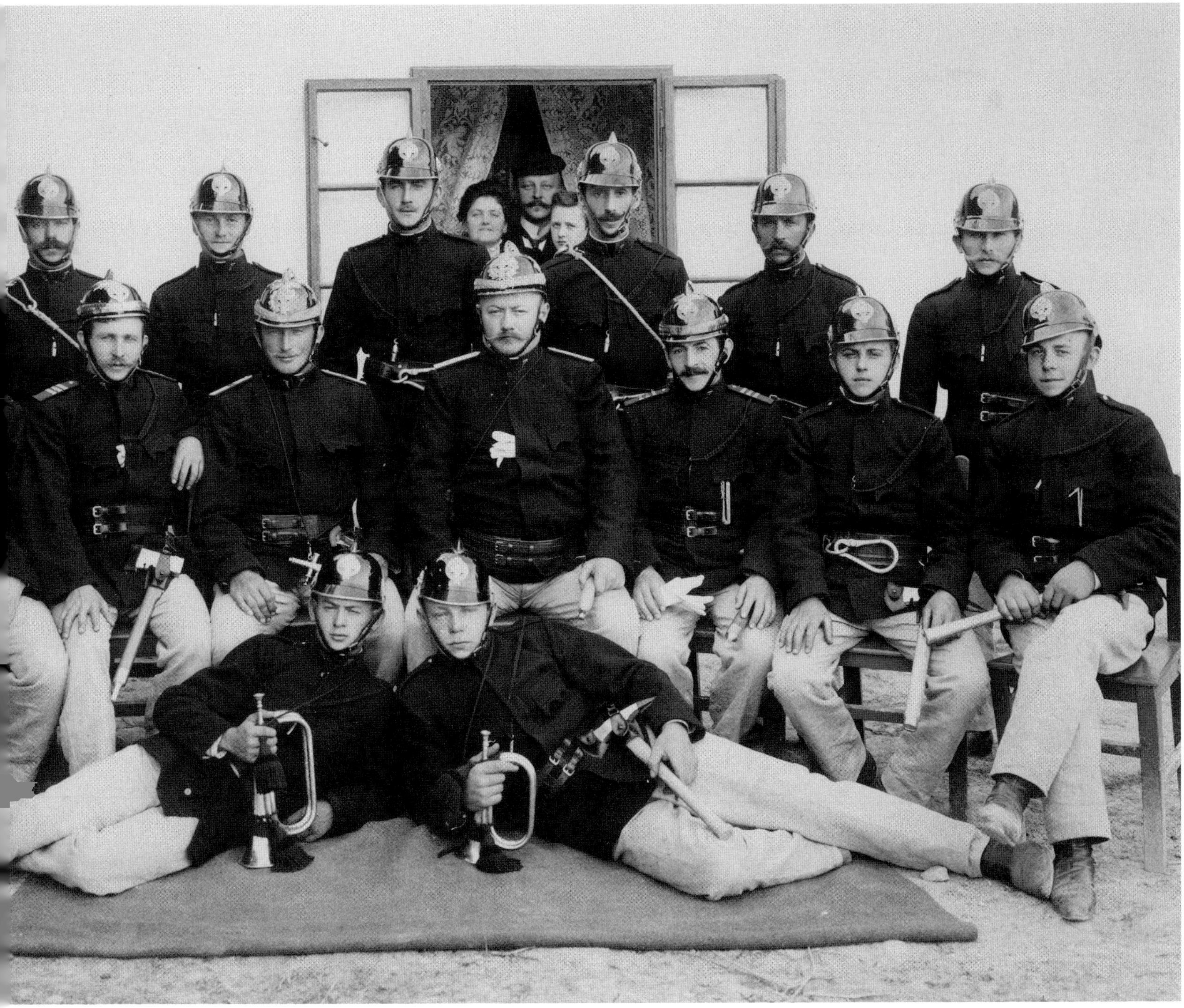

FREIWILLIGE FEUERWEHR GUGGING
Gruppenbild in voller Mannschaftsstärke in der Festtagsuniform.
Um 1900.

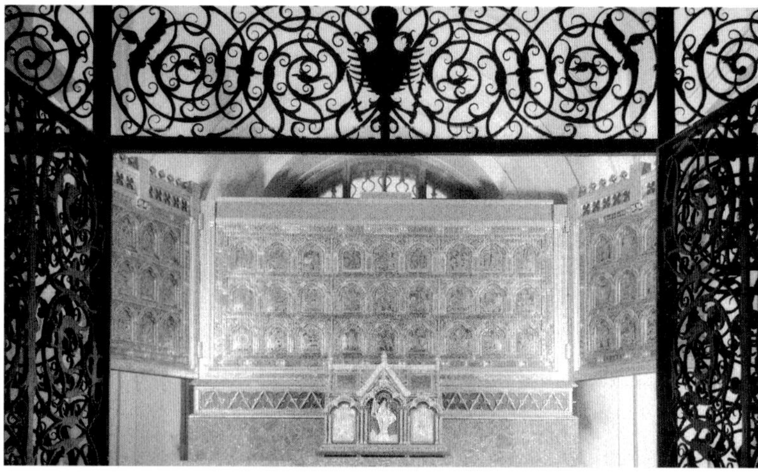

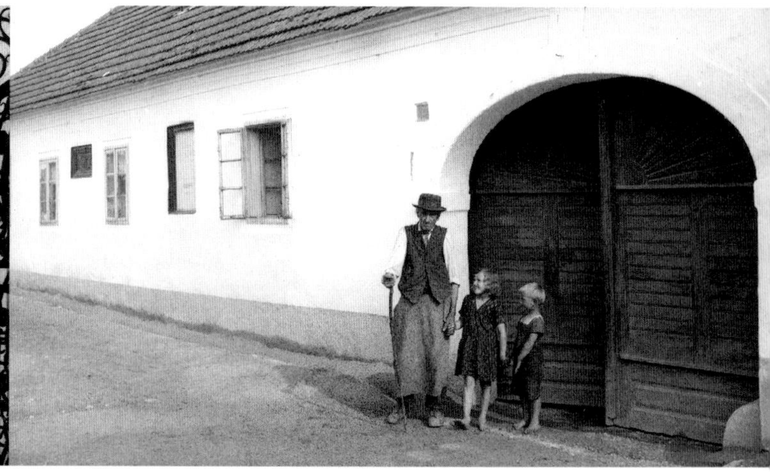

KAPITEL 9

WELTBERÜHMT IN NIEDERÖSTERREICH

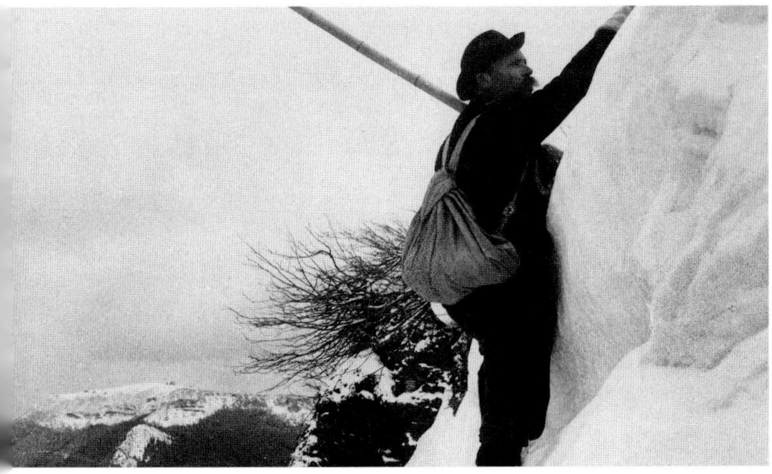

Prominenz auf Sommerfrische – Hellerau-Laxenburg – Sanatorium Purkersdorf – Arnold Schönberg im Ersten Weltkrieg – Denkmäler/Carl v. Ghega/Ferdinand Raimund/Josef Schöffel – Matthias Zdarsky – Josef Höbarth – Motorradfahrer Haller und Hollaus – Flugpioniere/Etrich/Kress/Illner – Der Heldenberg – Verduner Altar – Paul Troger in Altenburg – Beethovenhaus Mödling/Haydns Geburtshaus/Höldrichsmühle – Heiligenkreuz und Mayerling

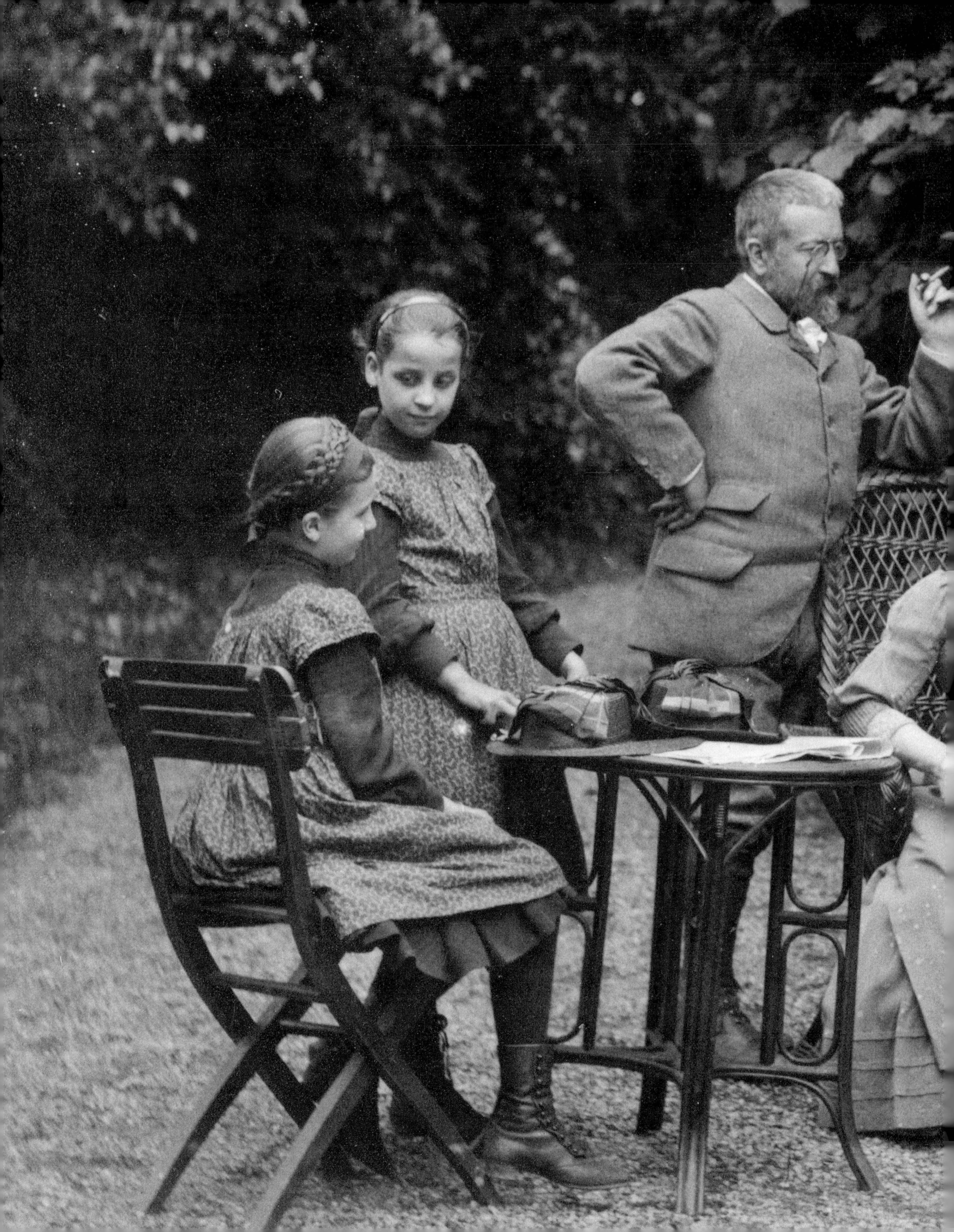

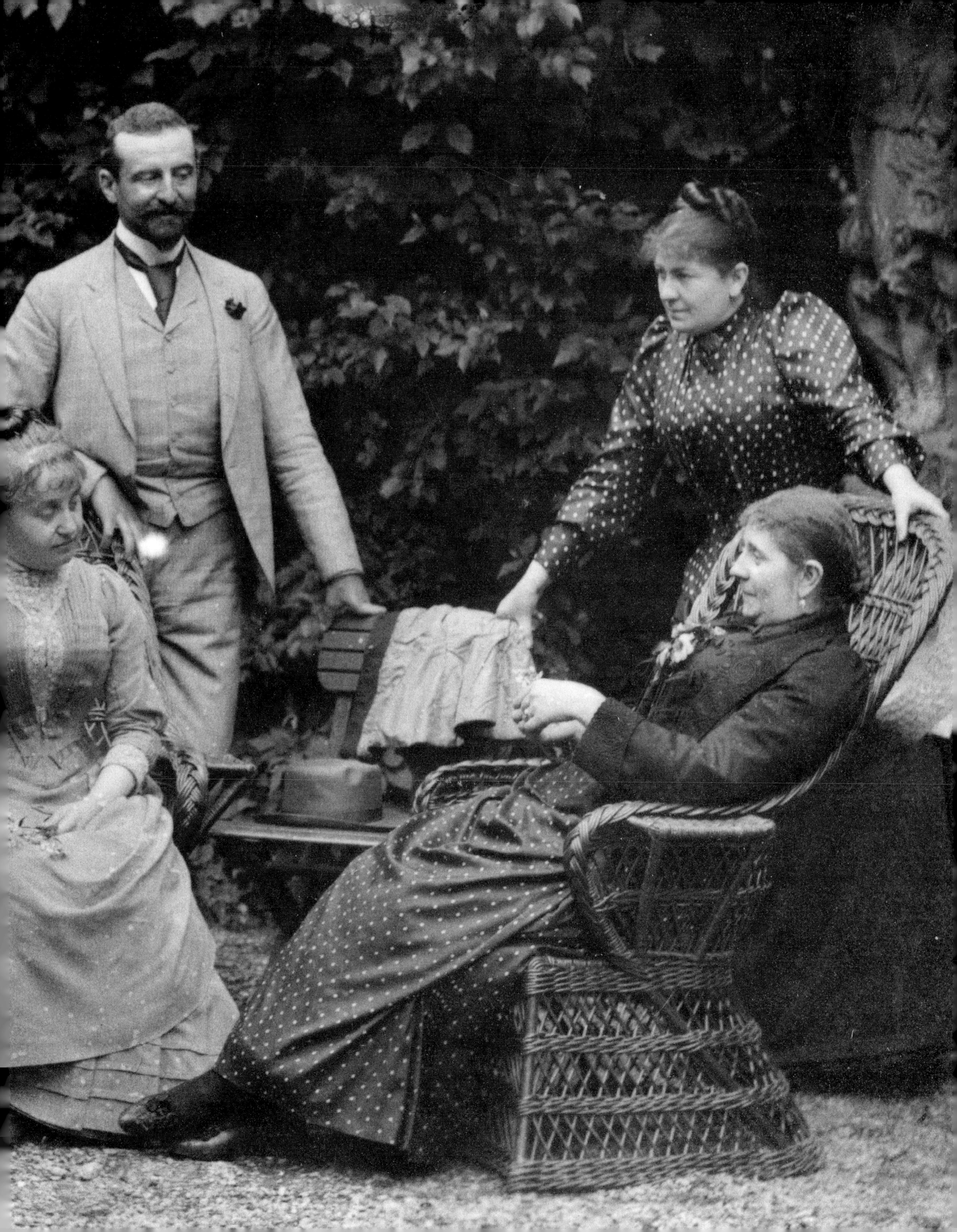

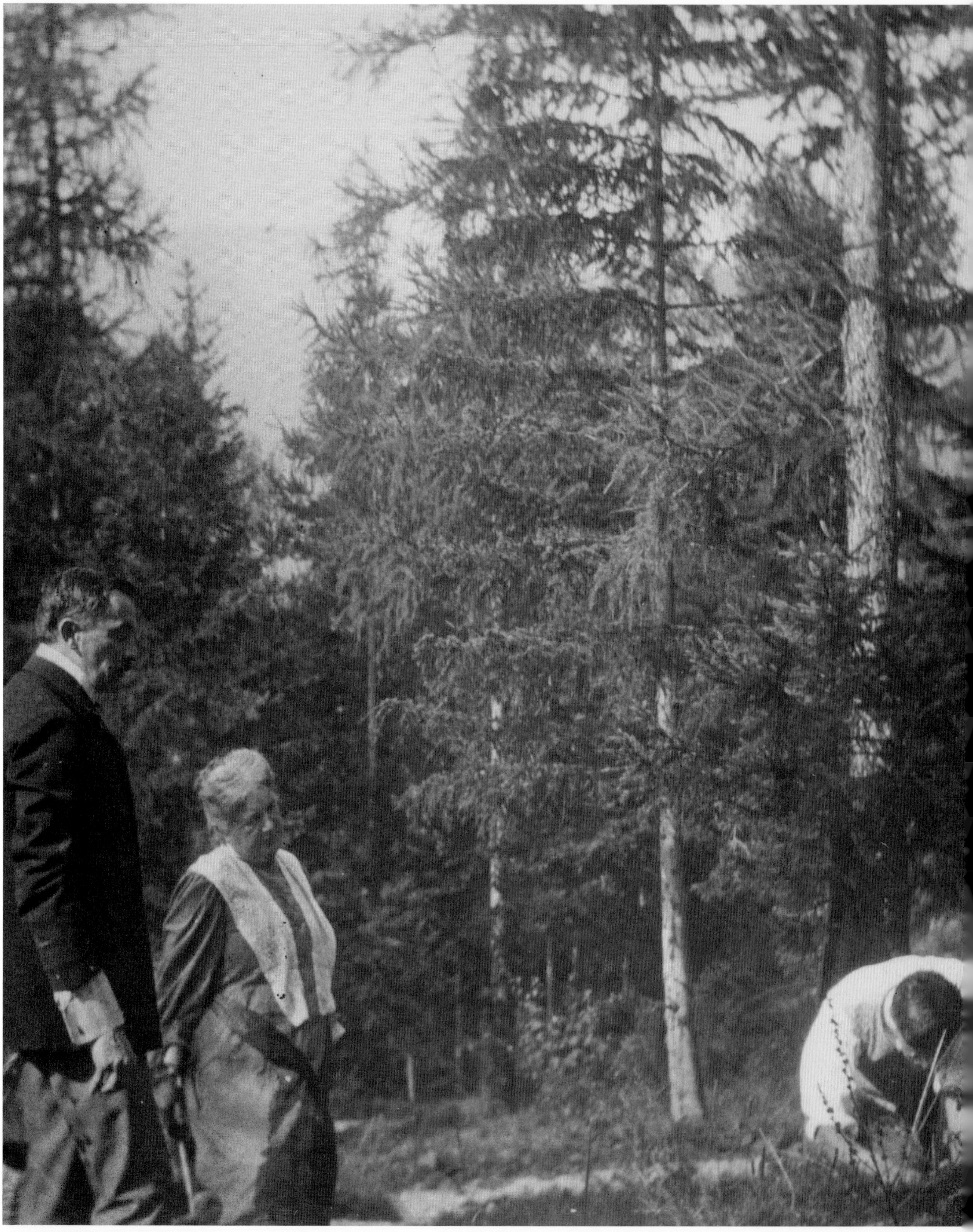

PROMINENZ
AUF SOMMERFRISCHE

Vorderseite:
Maler Emil Jakob Schindler auf dem gemieteten Liechtenstein'schen Schloss Plankenberg.
Der Künstler (3. v. l.) zusammen mit Gattin Anna Bergen (r. stehend), ihren Kindern Alma und Grete und Freunden im Park.
Um 1890.

Gegenüberliegende Seite:
Kolo Moser mit Schwiegermutter Editha Mautner-Markhof und Karl Otto Czeschka im Wald der Mautner-Villa am Semmering.
Um 1912.

Arthur Schnitzler bei einem Spaziergang in der Semmering-Landschaft.
Um 1920.

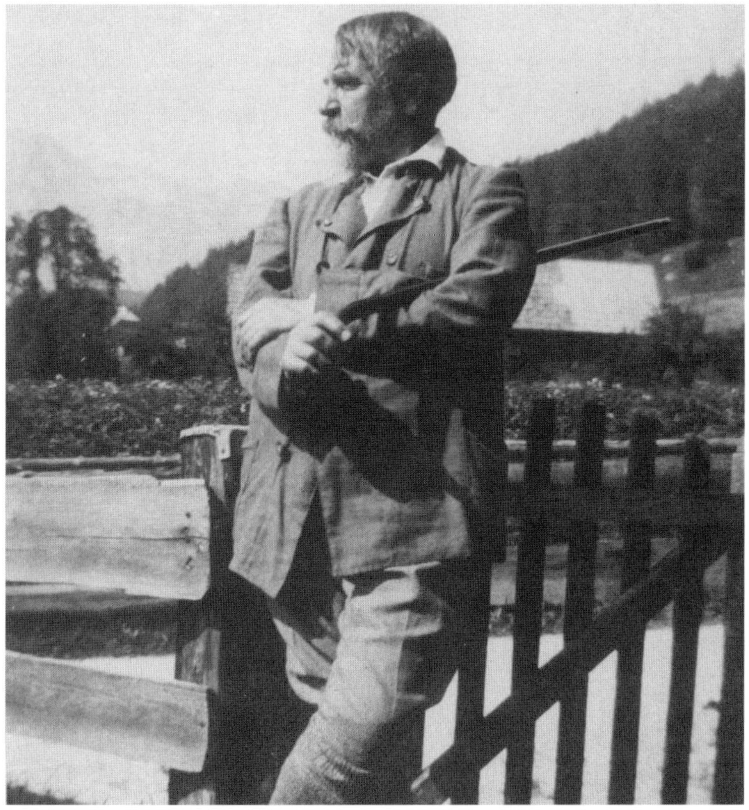

Anna Bergen (vermählte Schindler) mit ihren Töchtern Alma (r.) und Grete im Park von Schloss Plankenberg.
Um 1890.

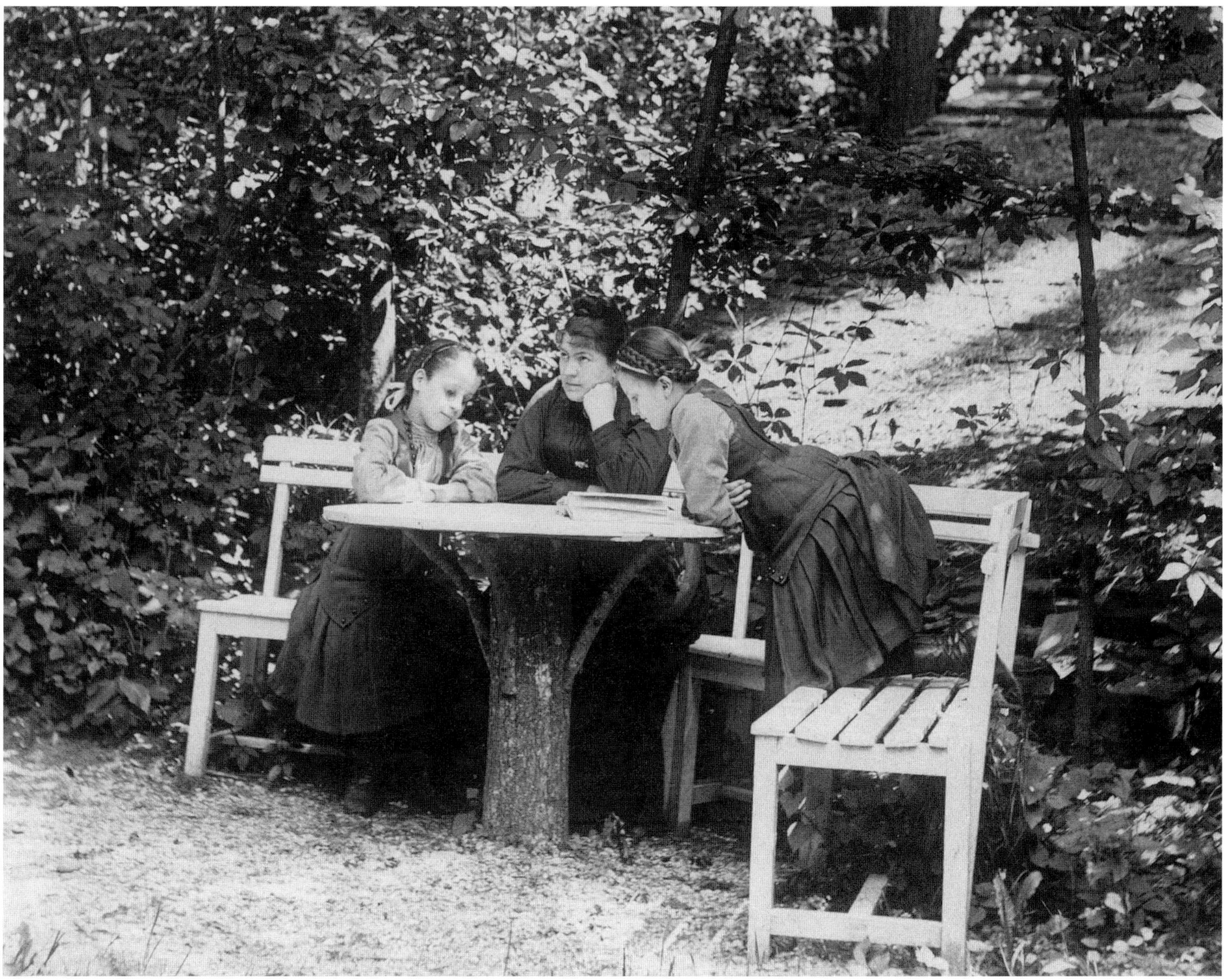

HELLERAU-LAXENBURG
Schule für Rhythmus, Musik und Körperbildung im Alten Schloss. Gruppe beim Ausdruckstanz. 1934.

KUBISCH-GEOMETRISCHER JUGENDSTIL
Sanatorium Purkersdorf, erbaut von Josef Hoffmann (1904–1905). Ansicht der Fassade nach der Aufstockung durch Leopold Berger. 1926.

ZAPFENSTREICH MIT ZWÖLF TÖNEN?
Komponist Arnold Schönberg als Soldat (unterste Reihe, 2. v. r.) im Militärlager Bruck an der Leitha im Ersten Weltkrieg. 1916.

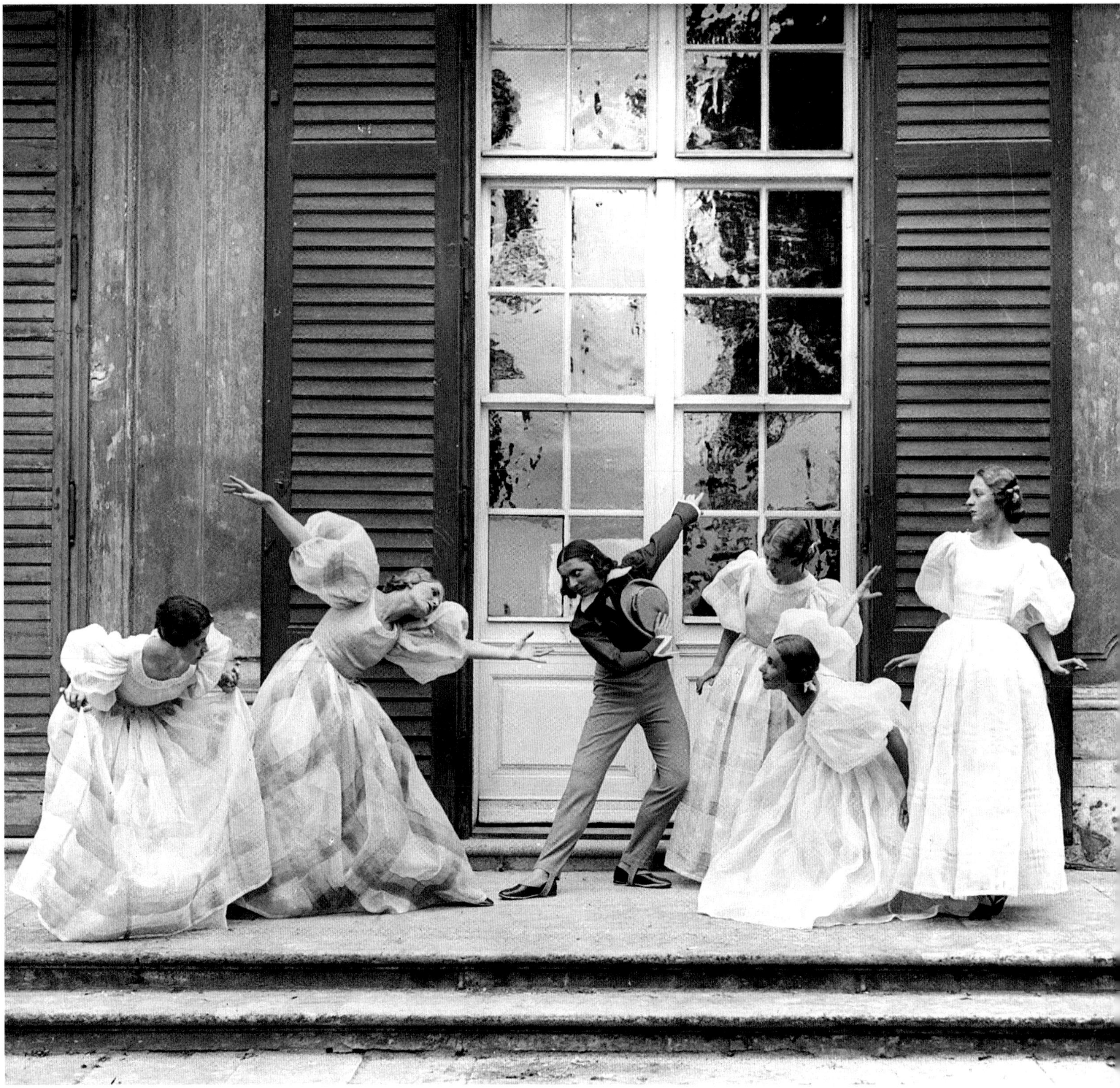

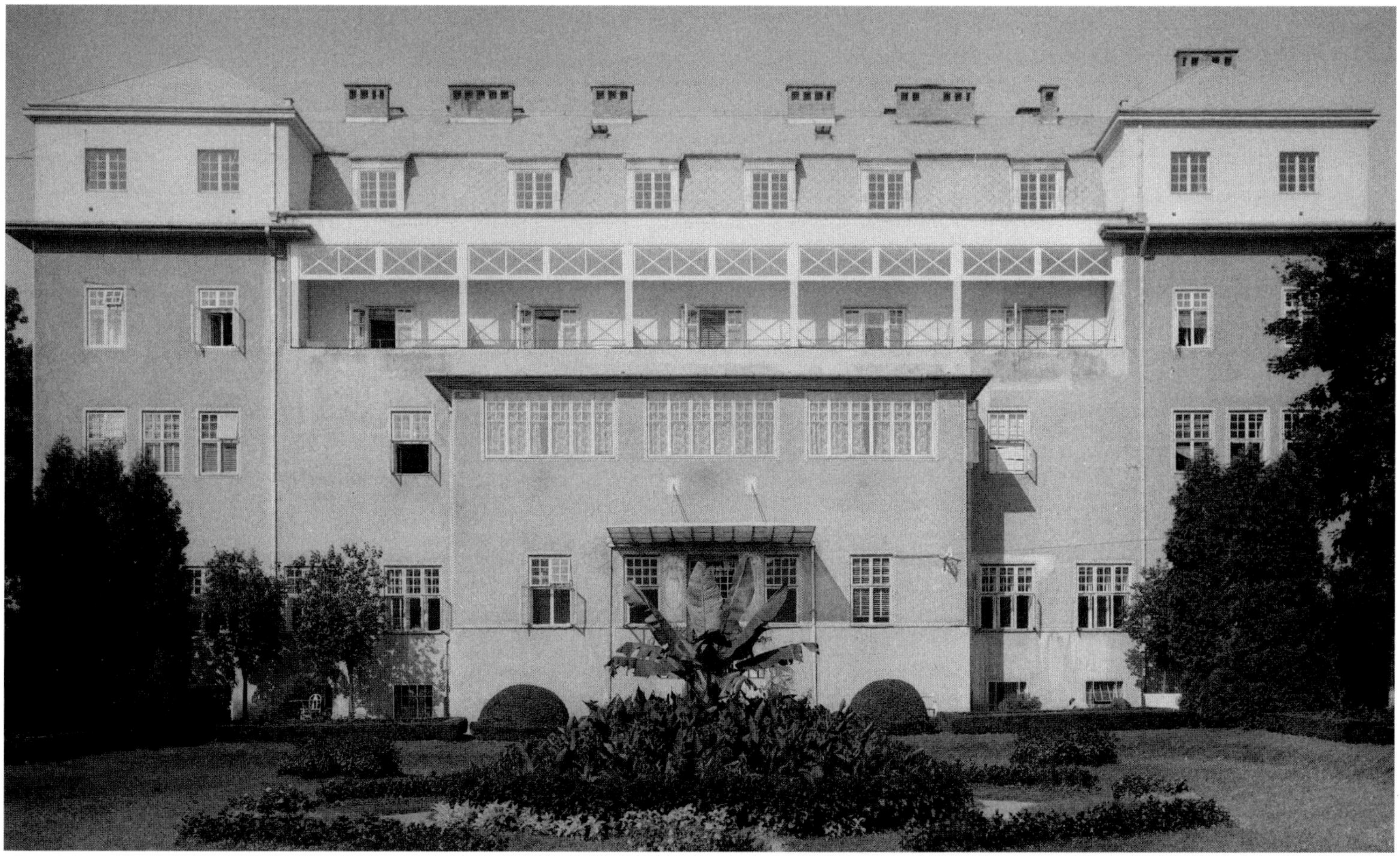

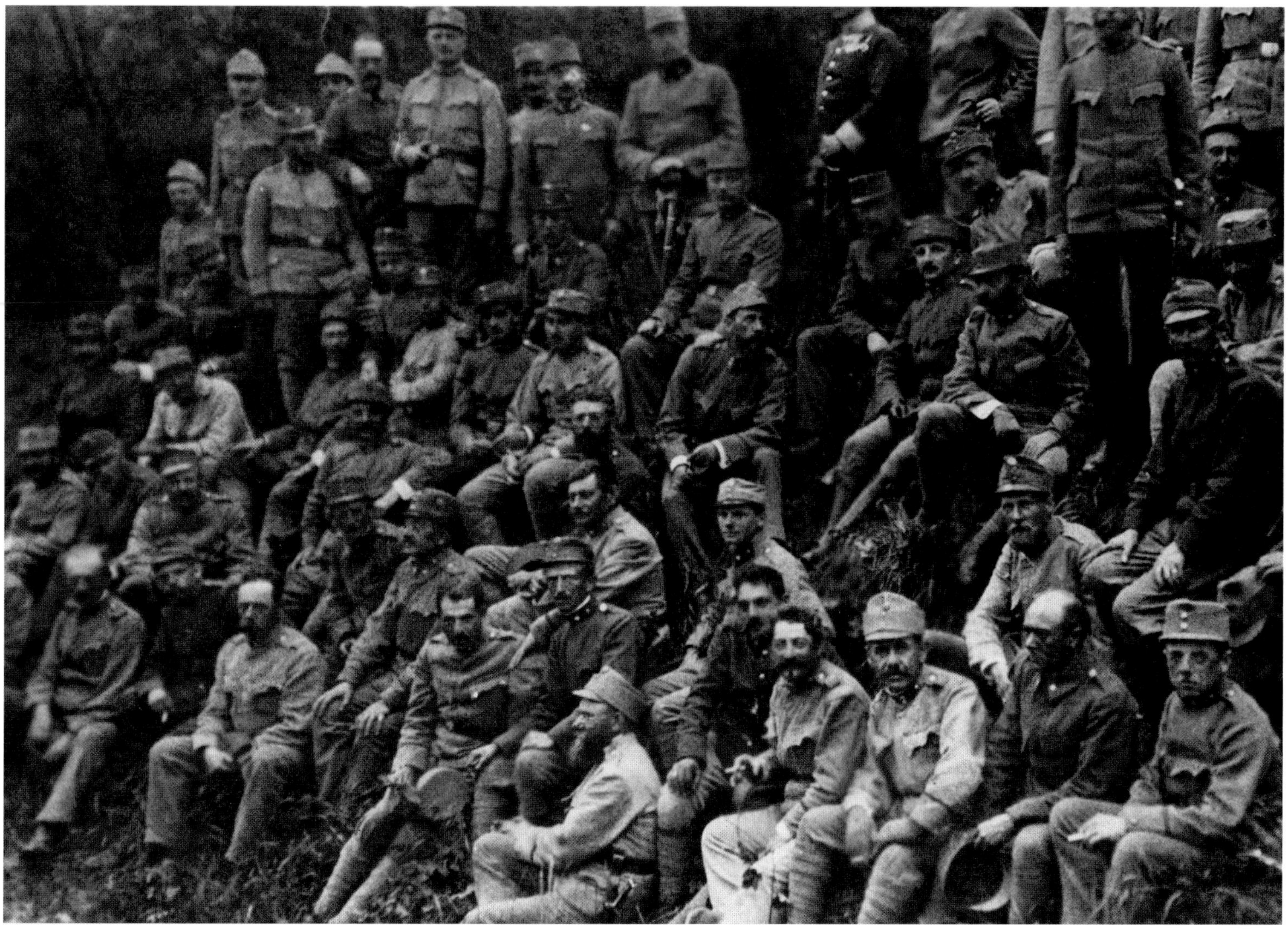

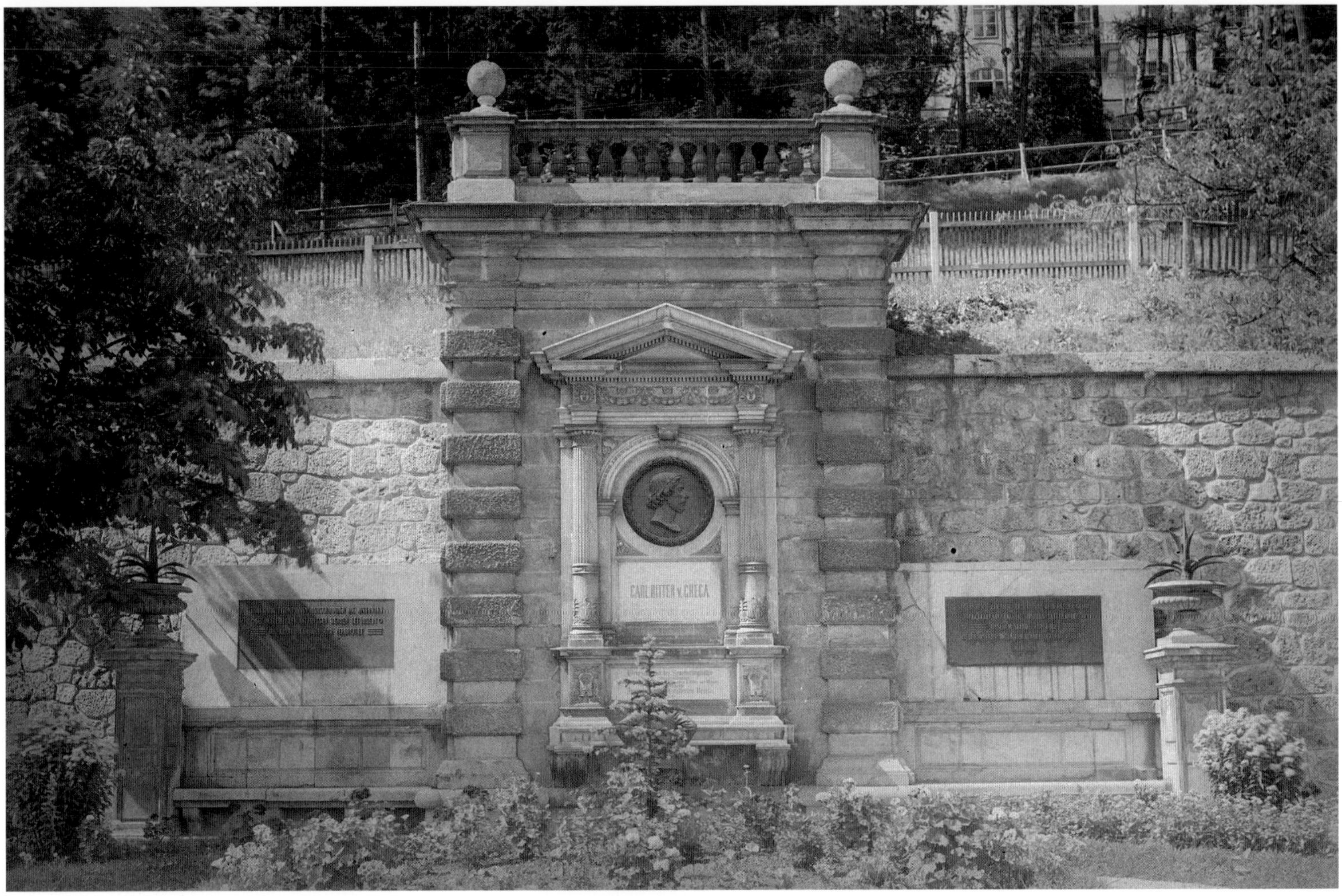
CARL RITTER v. GHEGA

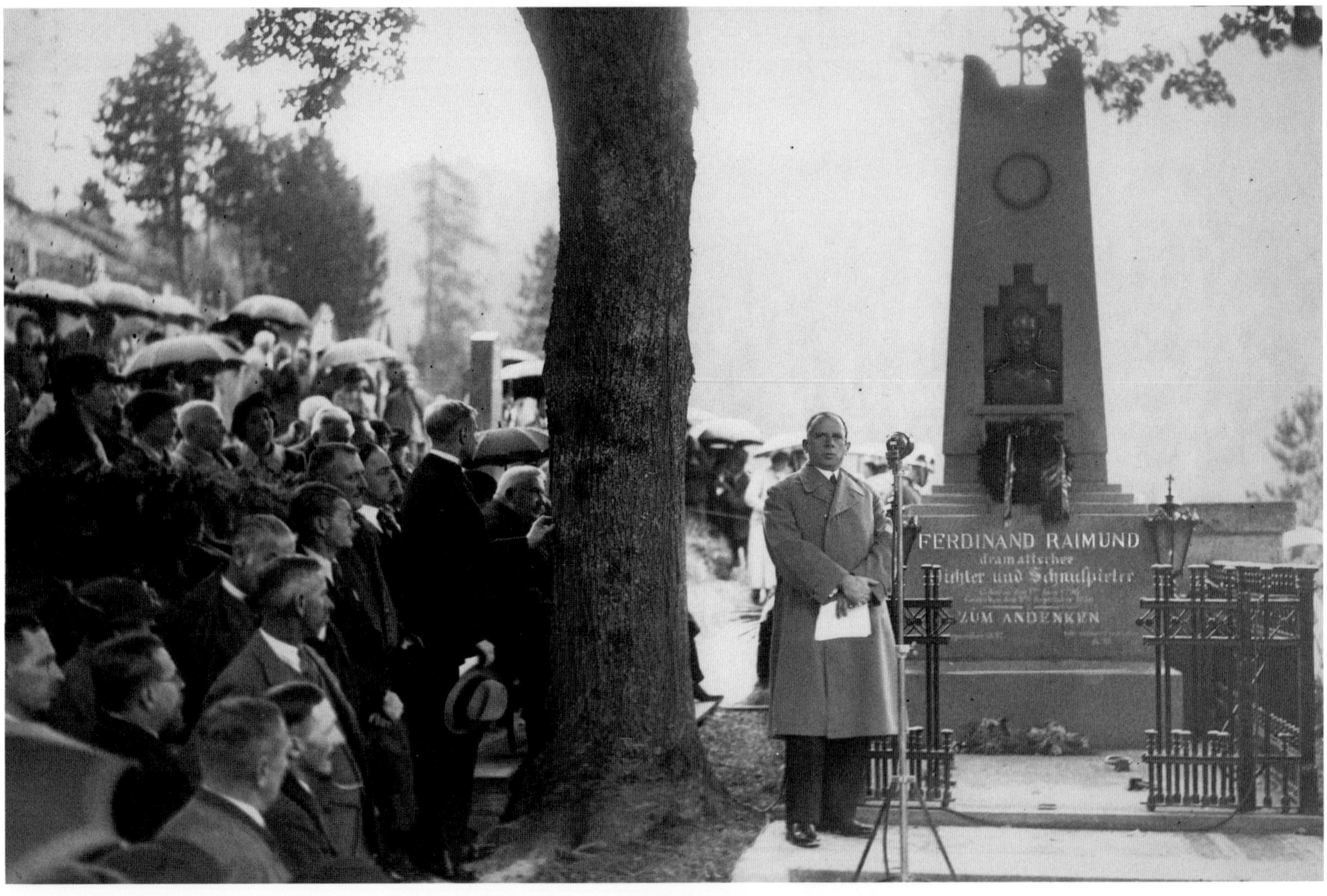
FERDINAND RAIMUND
dramatischer
Dichter und Schauspieler
ZUM ANDENKEN

Monument für den Erbauer der Semmeringbahn, Carl Ritter von Ghega (1869, nach Entwurf Heinrich v. Ferstels), am Bahnhof Semmering. 1927.

Am Grabmal des Dichters Ferdinand Raimund in Gutenstein. Unterrichtsminister Hans Pernter hält die Gedenkrede zum 100. Todestag am 5. September 1936.

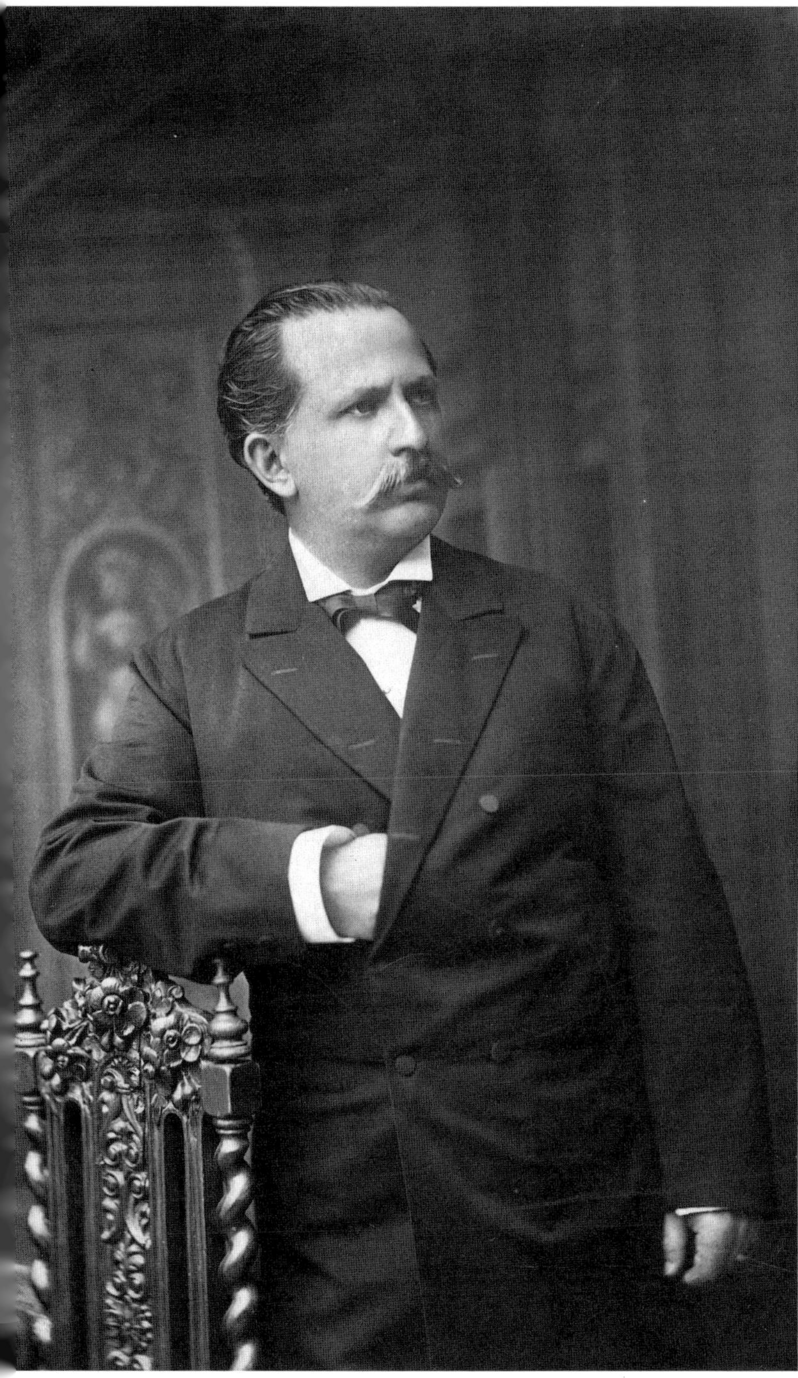

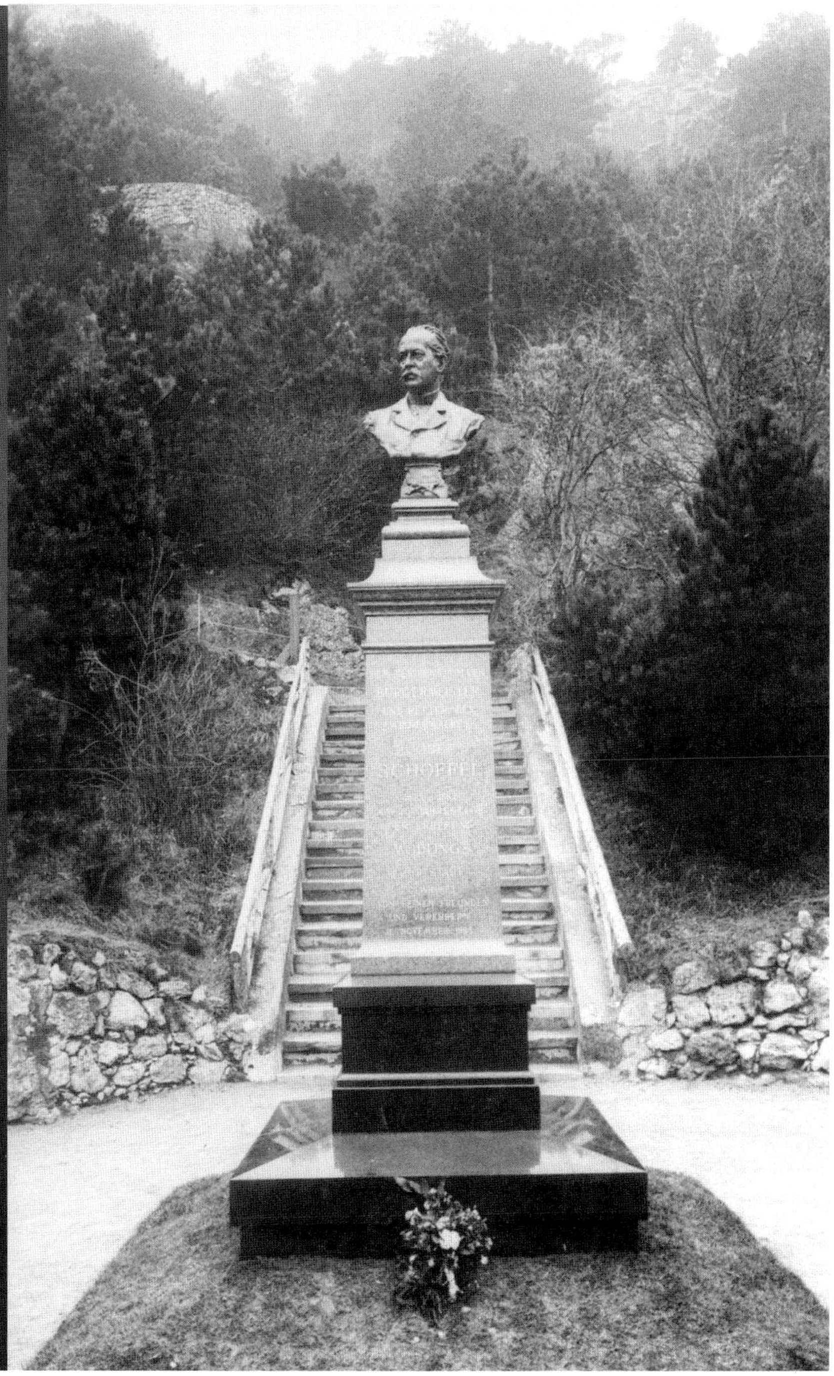

Josef Schöffel, der „Retter des Wienerwalds“, posiert als Bürgermeister von Mödling. Um 1876.

Josef-Schöffel-Denkmal im Schöffel-Park in Mödling. Bronzebüste, bezeichnet 1902. Um 1910

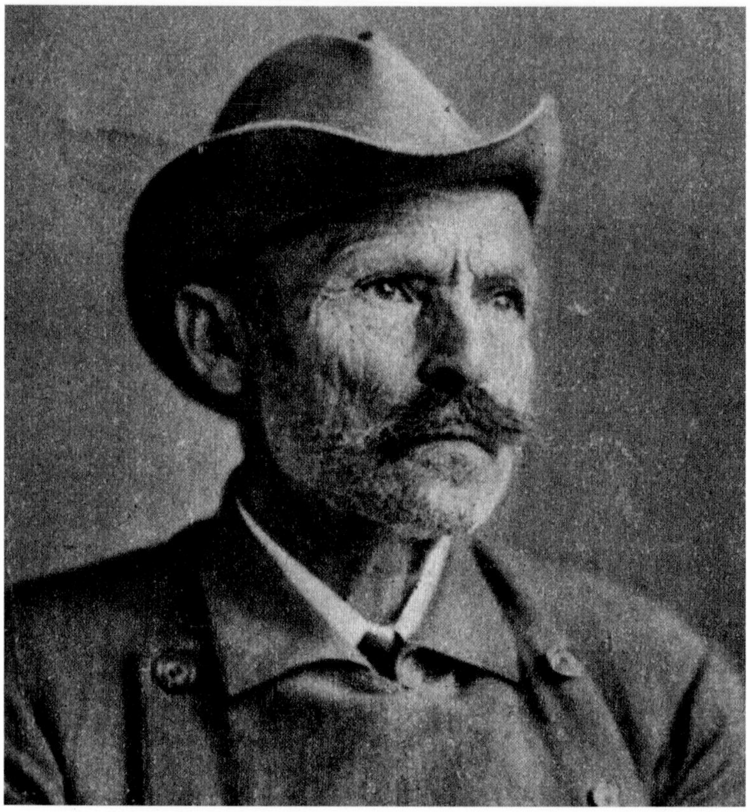

MATTHIAS ZDARSKY (1865–1940)

Altersporträt des Begründers der alpinen Skilauftechnik und Erfinders der „Lilienfelder Skibindung".
Um 1930.

Der Skipionier als Kletterer im steilen Hang der Kalkvoralpen.
Um 1925.

JOSEF HÖBARTH
(1891–1952)
Der Heimatforscher und Museumsgründer (1930) bei Ausgrabungen von Funden aus der Hallstattzeit bei Horn mit seinem Mitarbeiter (l.).
Um 1936.

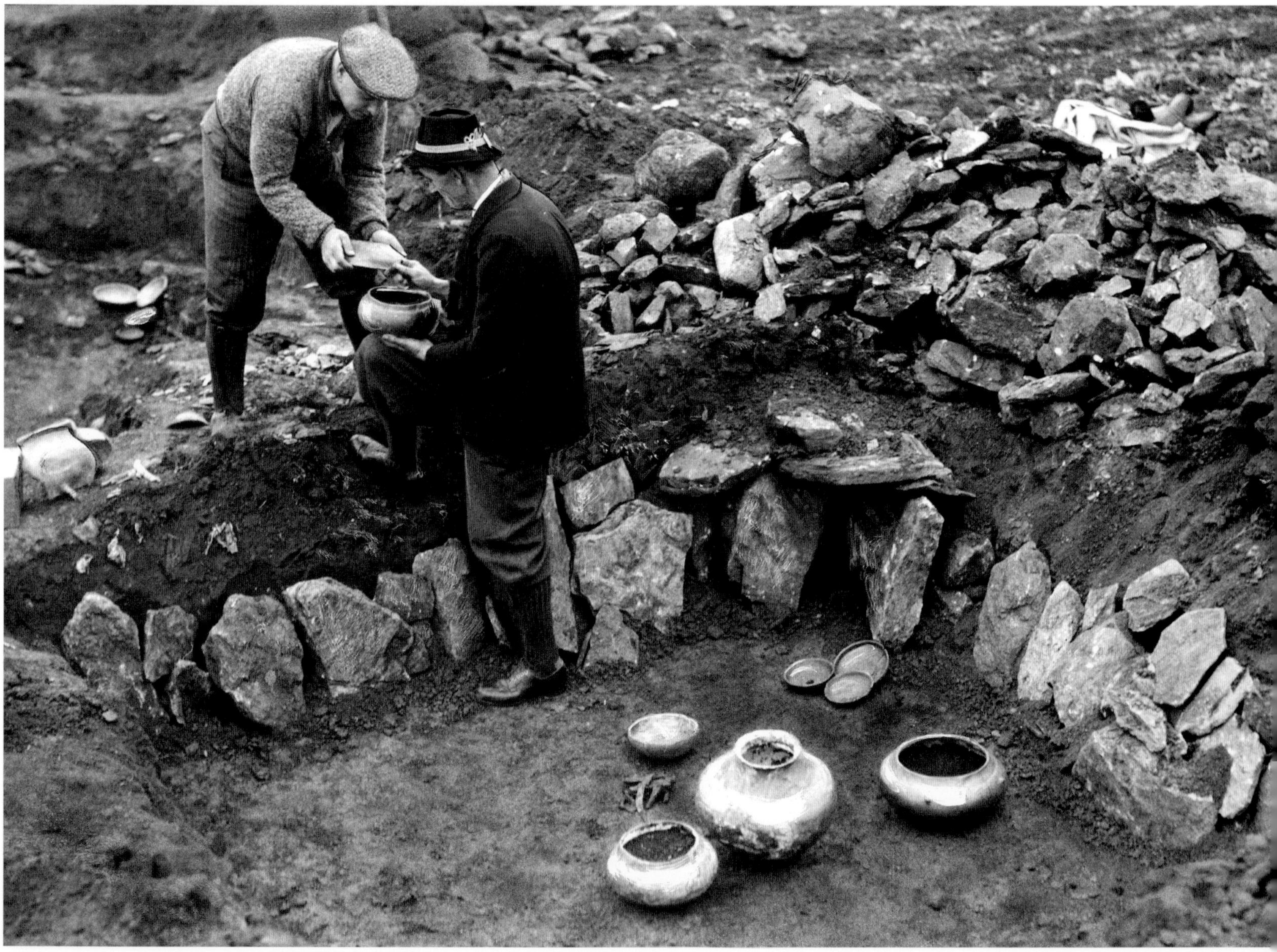

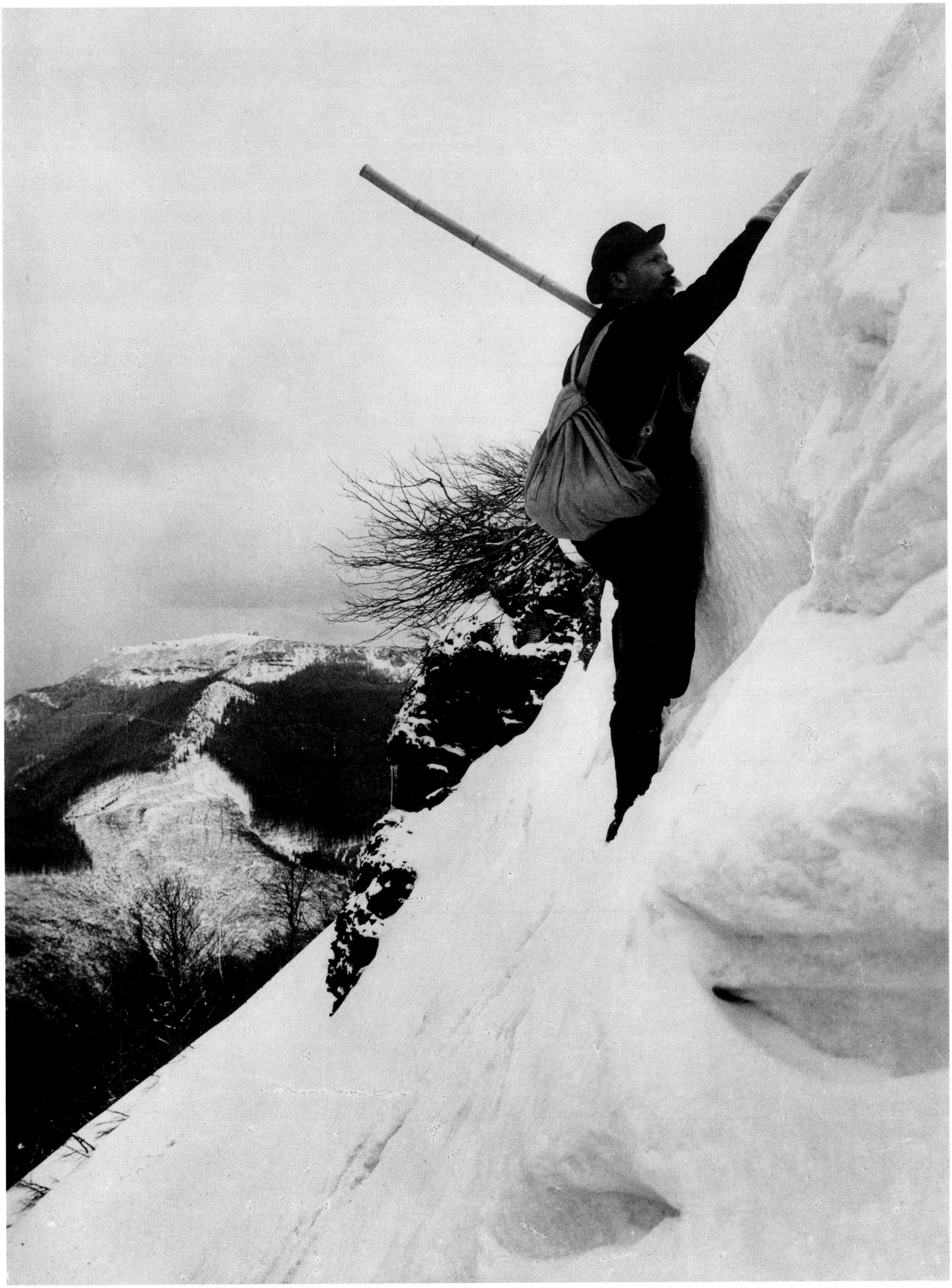

RUPERT HOLLAUS (1931–1954)
Österreichs einziger Motorradweltmeister, in seinem Elternhaus in Traisen, einen Monat bevor er beim Training in Monza tödlich verunglückte.

Hollaus mit seinem Vater vor seiner Trophäensammlung.
August 1954.

Hollaus überprüft den Motor seiner Maschine in der Werkstatt seines Vaters.
August 1954.

JUGENDLICHE SIEGFAHRER

Richard Haller (ganz r.), 1927 Präsident des Österreichischen Motorfahrer-Verbands, gewinnt früh die Horner Wanderfahrt.
1909

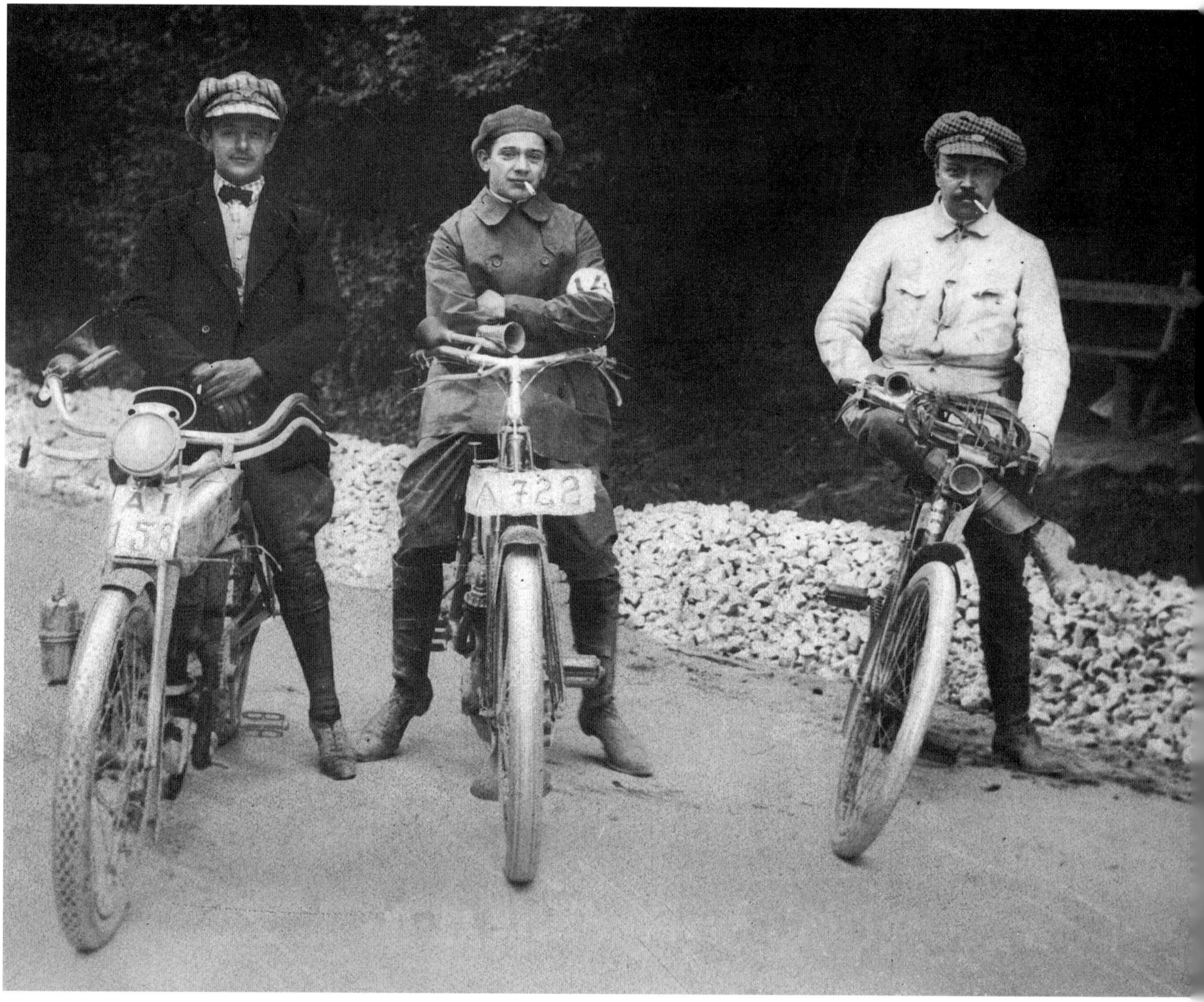

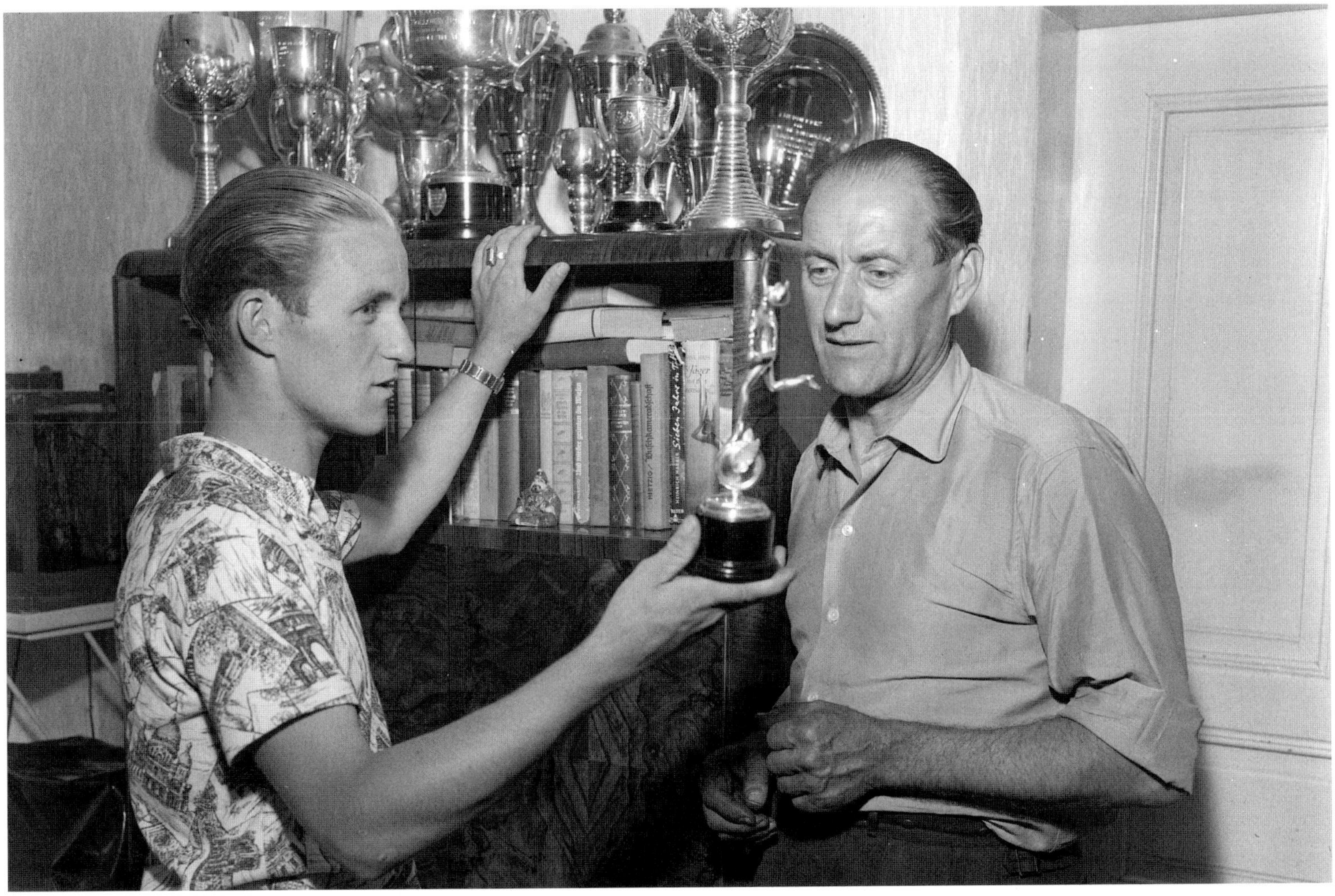

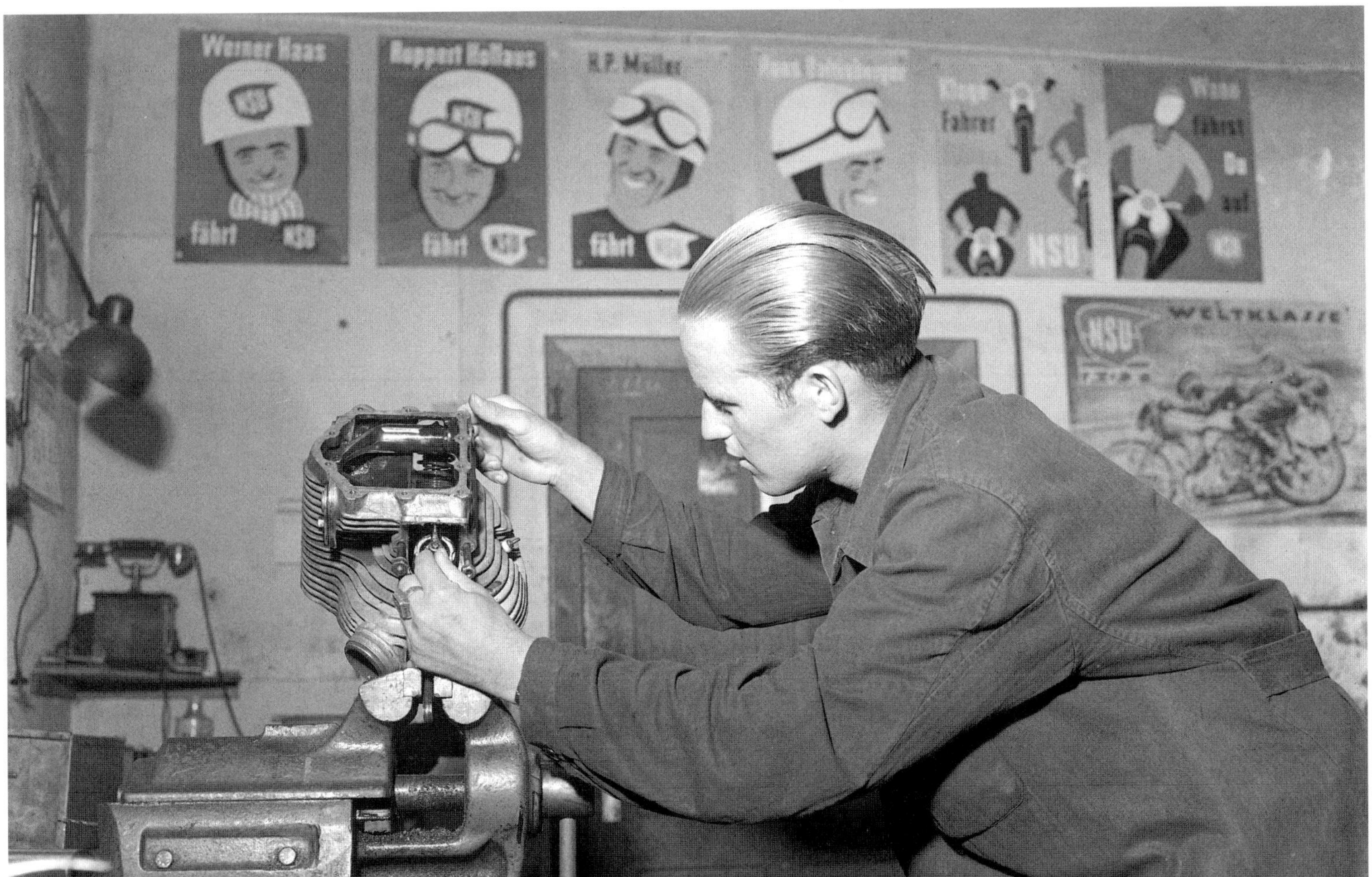
Werner Haas
fährt NSU
fährt
H.P. Müller
fährt
Fahrer
NSU
NSU
WELTKLASSE

FLUGPIONIERE

Flugtag in Wiener Neustadt am
18. September 1910.
Kaiser Franz Joseph I. im Gespräch mit
Igo Etrich vor dessen „Etrich-Taube".
Aufnahme Heinrich Schumann.

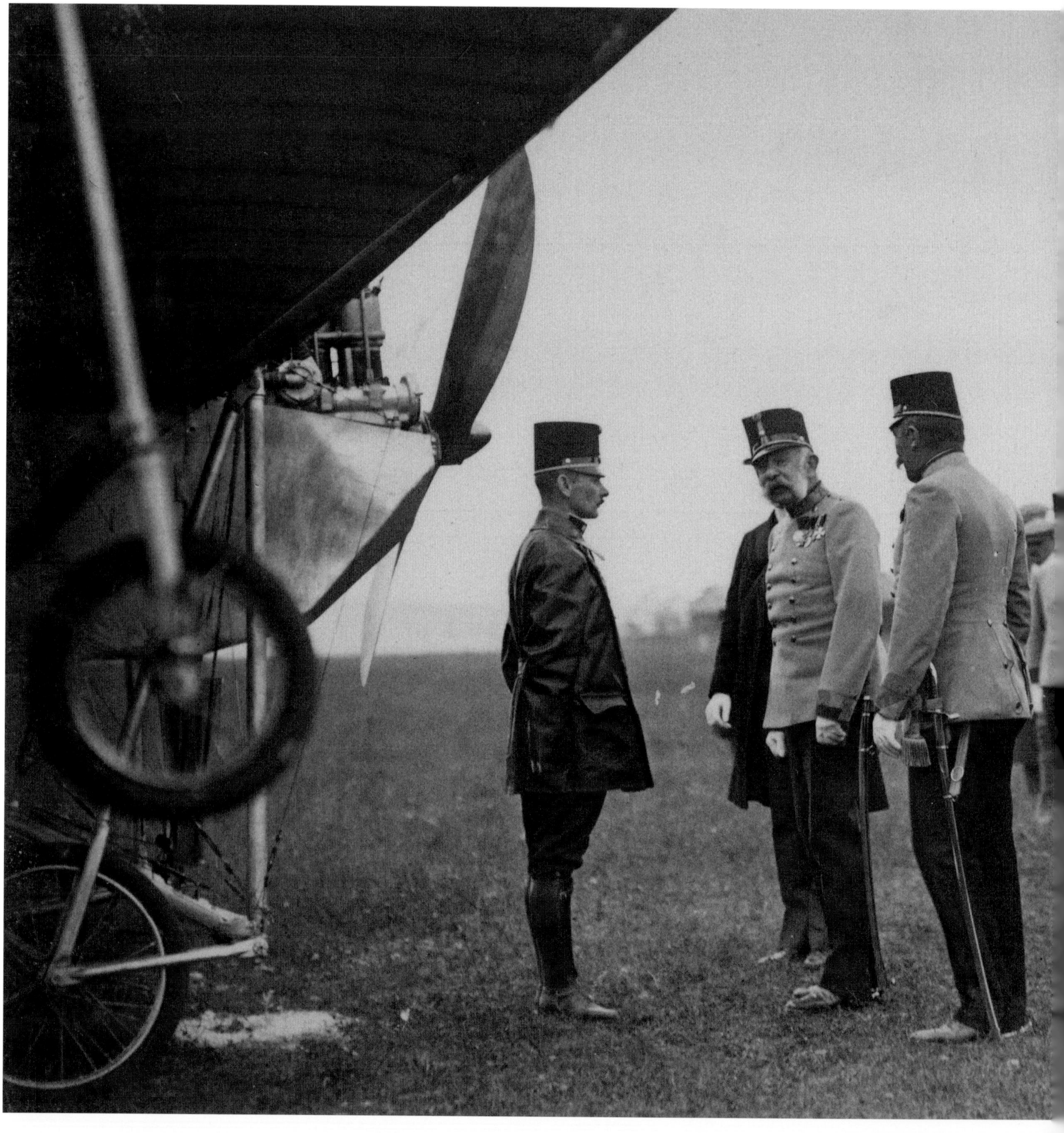

Karl Illner im „Cockpit".
1909 Pilot des ersten Flugs mit einer „Etrich-Taube" und 1910 des ersten Überlandflugs (Wiener Neustadt–Wien).
Um 1910.

Unten:
Von Wilhelm Kress konstruiertes Flugzeug am Flugfeld Tullnerbach.
Um 1900.

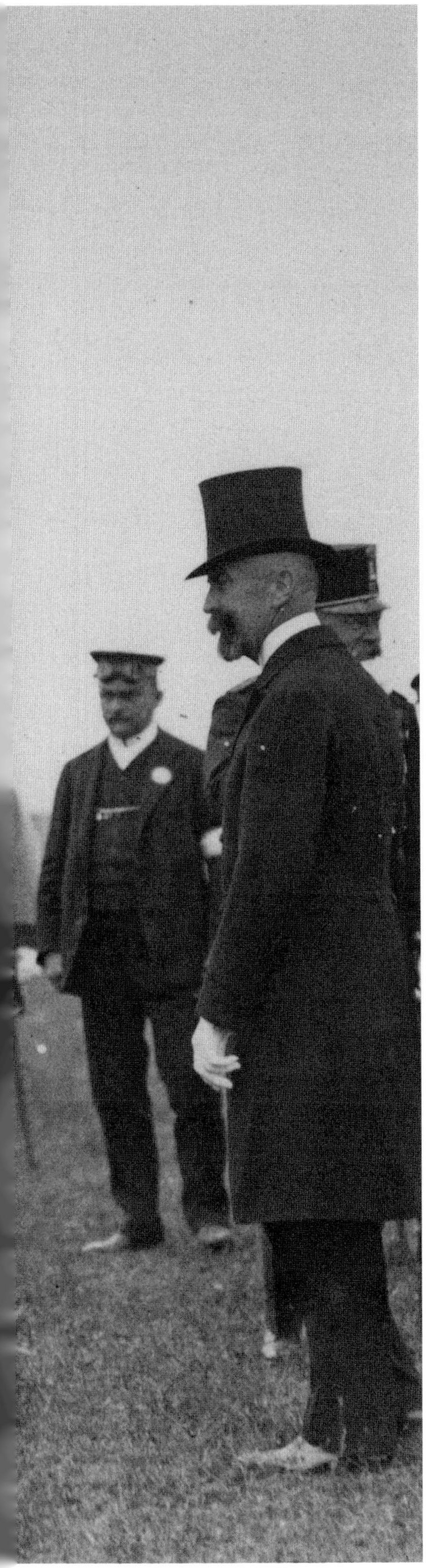

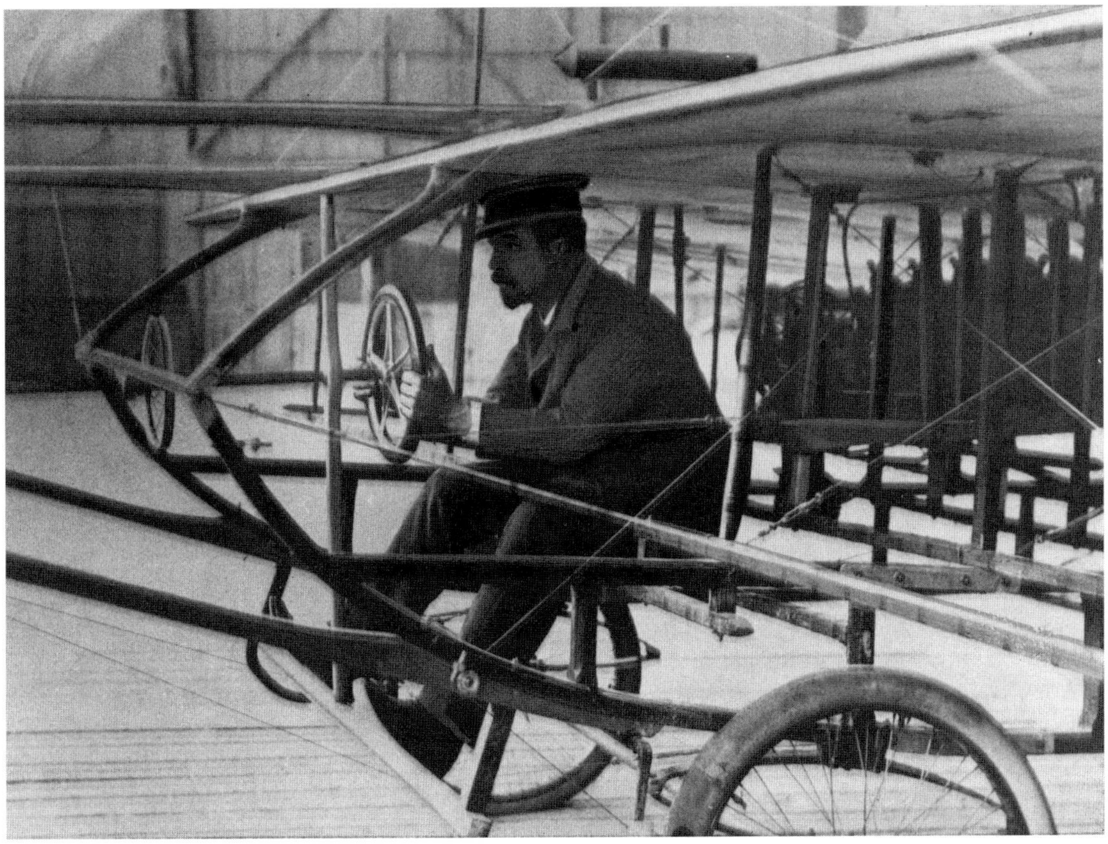

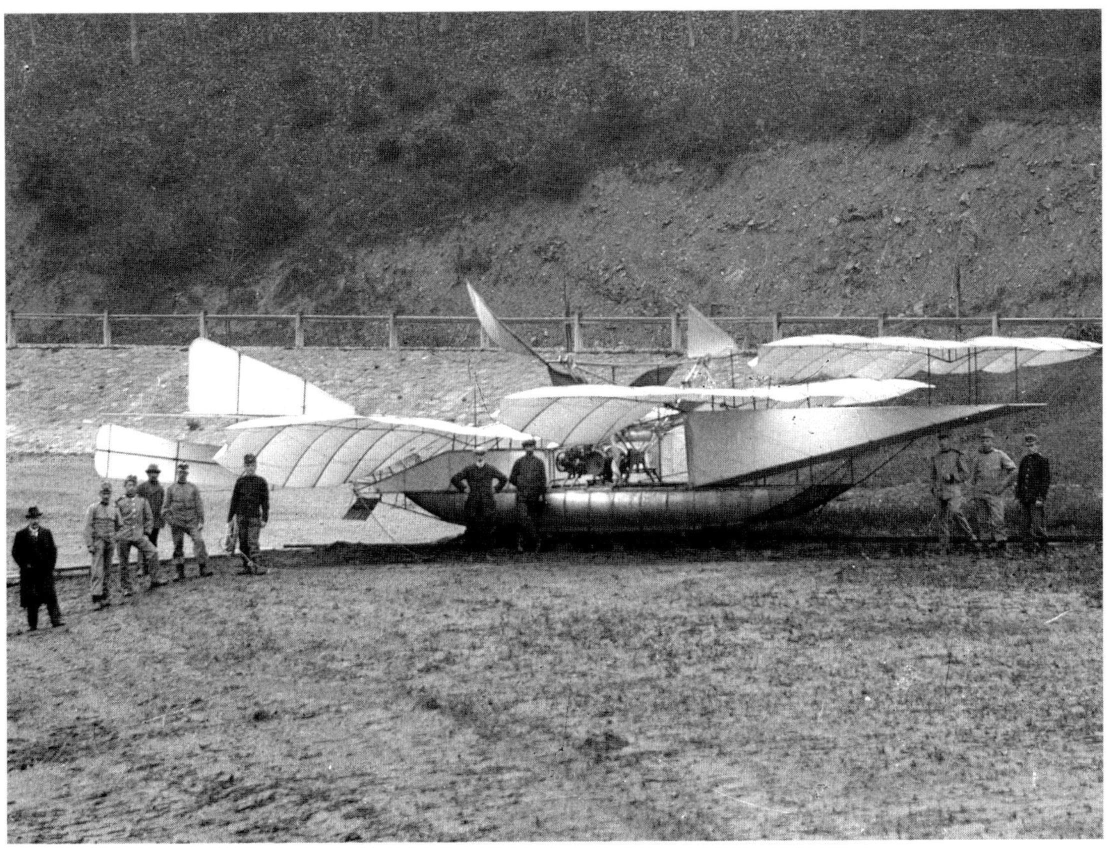

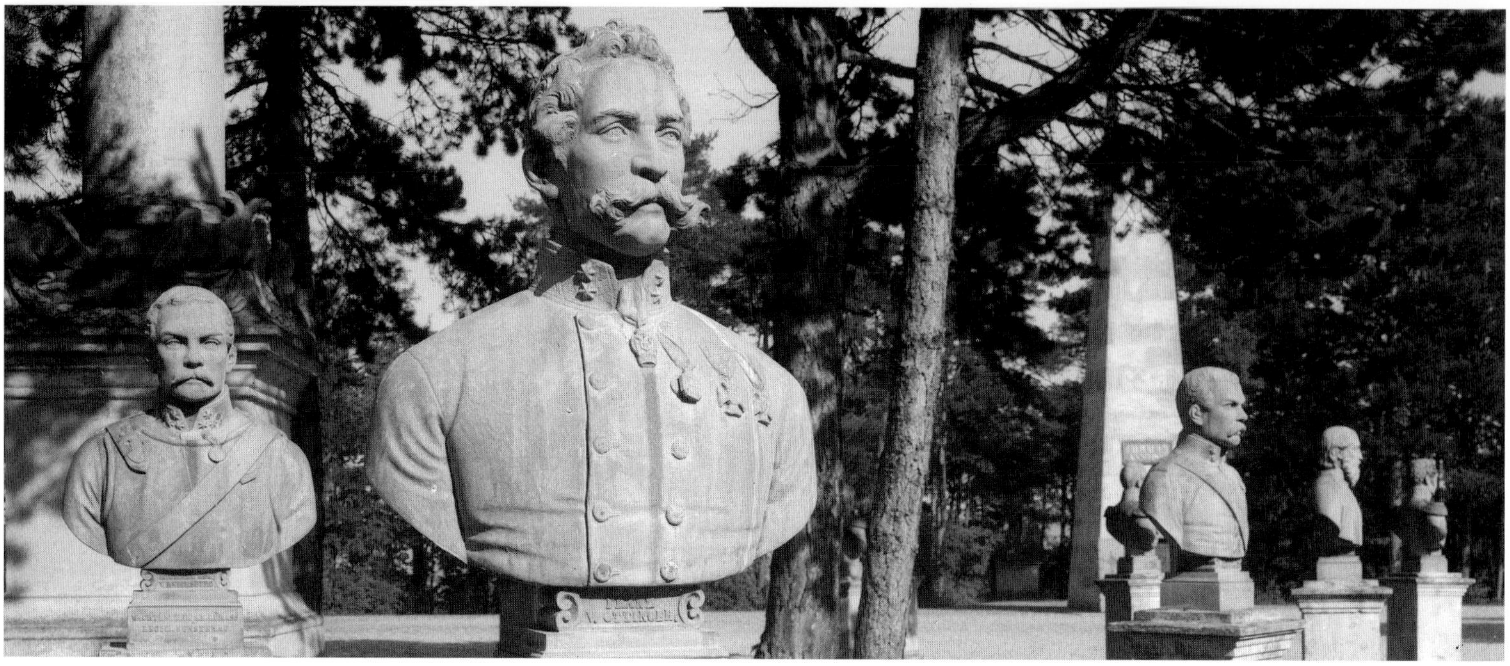

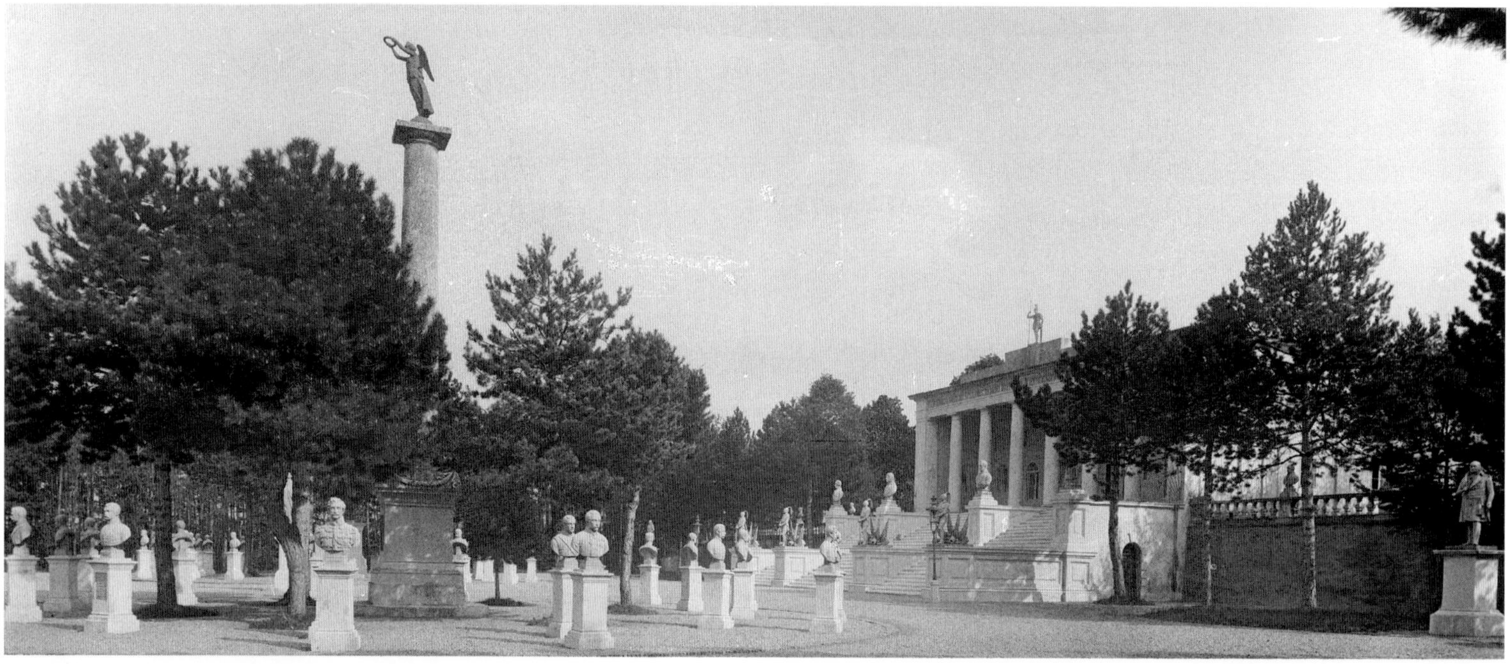

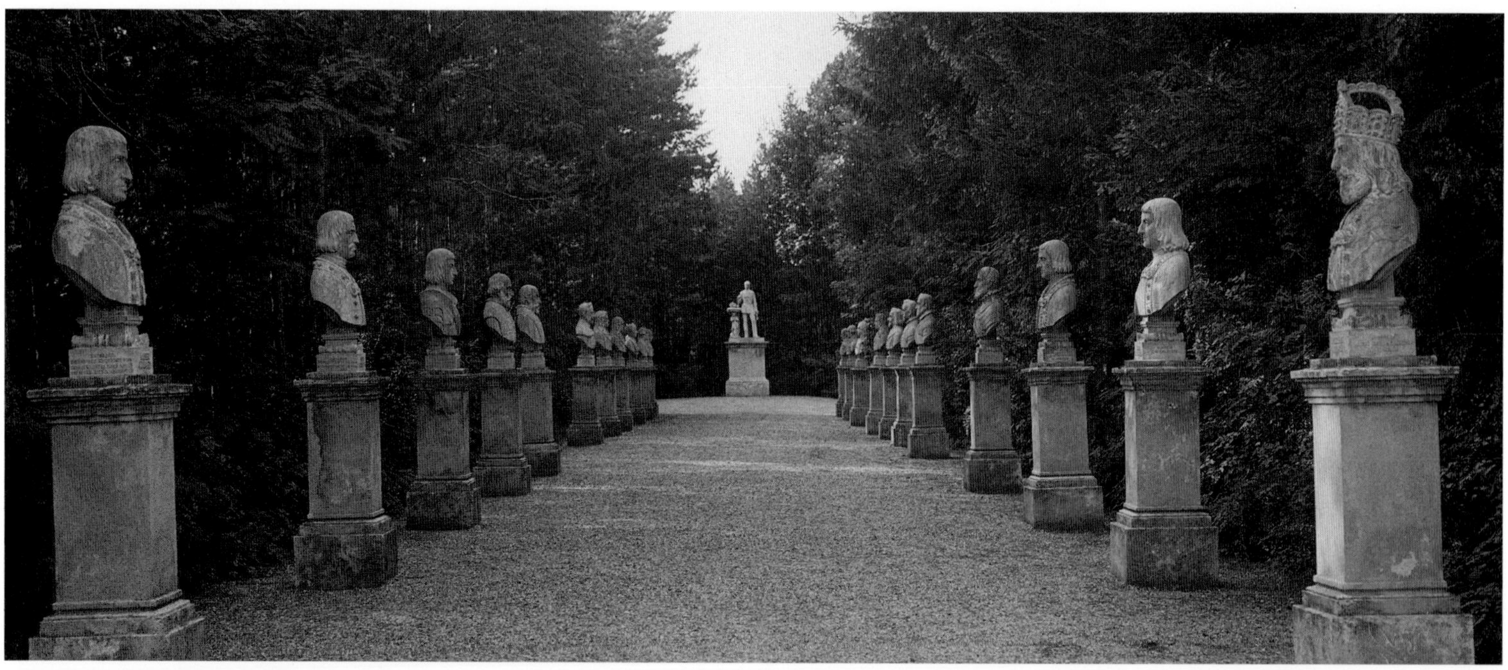

DER HELDENBERG in Kleinwetzdorf im Weinviertel.
Schloss und Ehrenhain des k. u. k. Armeelieferanten
J. G. Pargfrieder.

Oben: Büsten der Helden vor dem Ruhmestempel.
Um 1933.
Mitte: Blick schräg von rechts gegen die Säulenhalle.
Um 1910.
Unten: Kaiserallee.
April 1903.

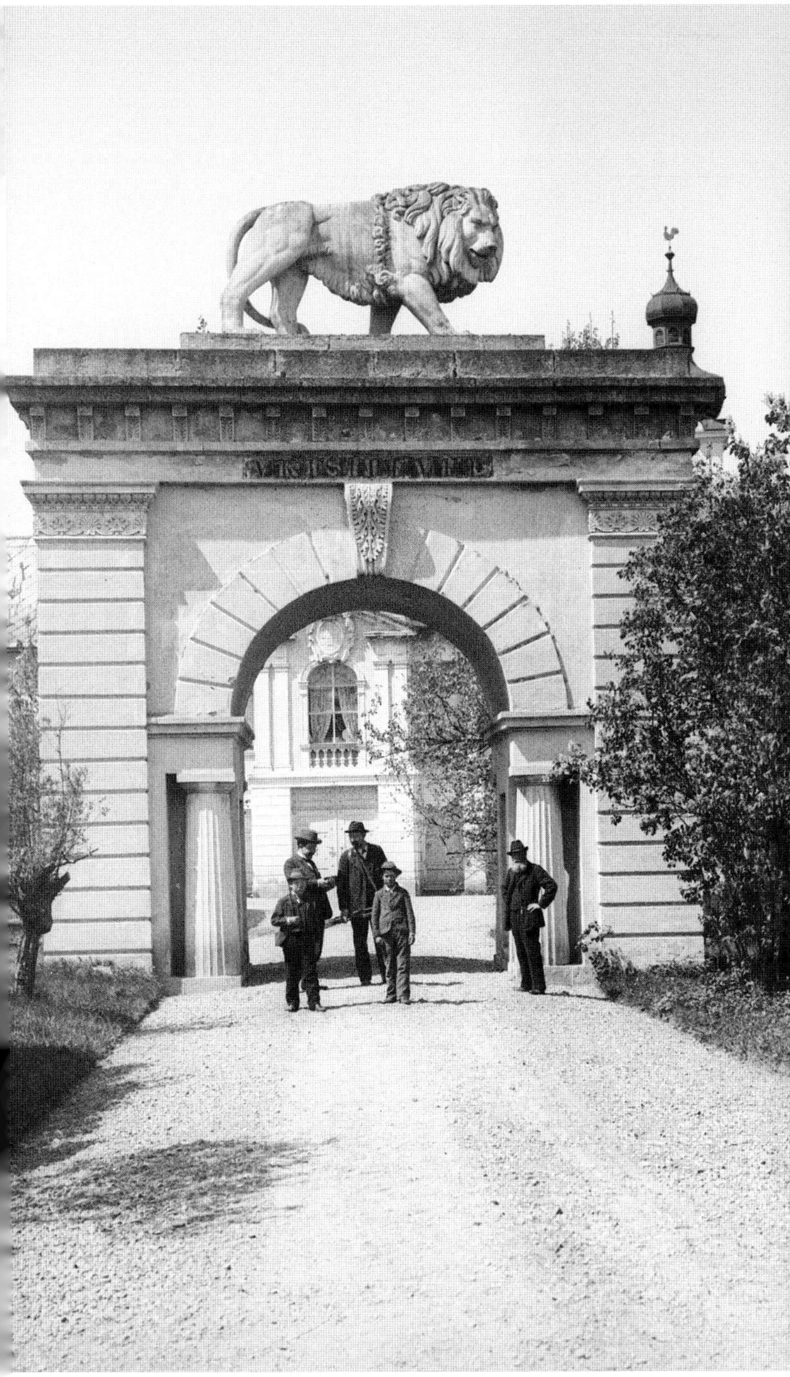

Freistehendes Löwentor
vor dem Schloss.
Um 1905.

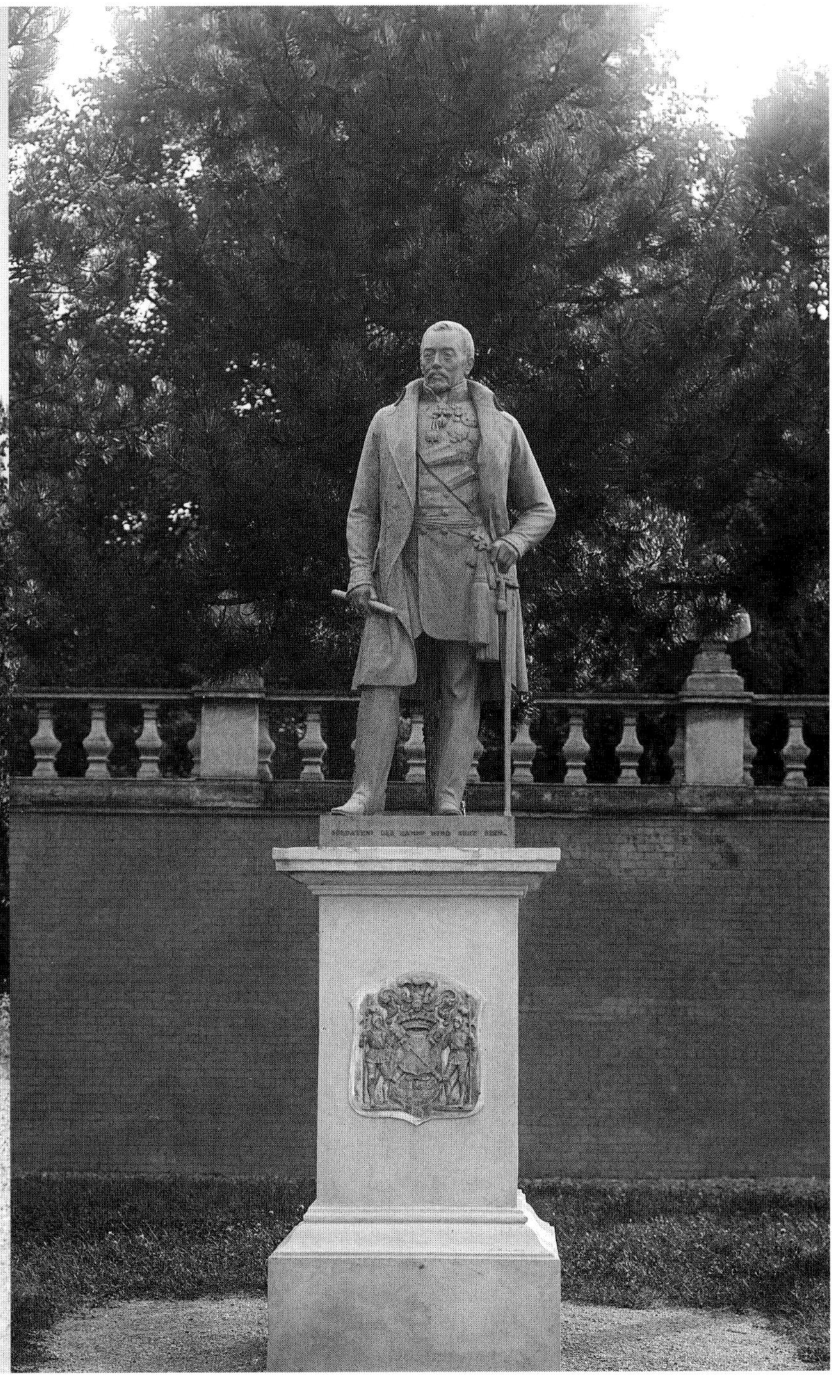

Denkmal für Feldmarschall
Graf Joseph Radetzky.
April 1903.

HOHE KUNST

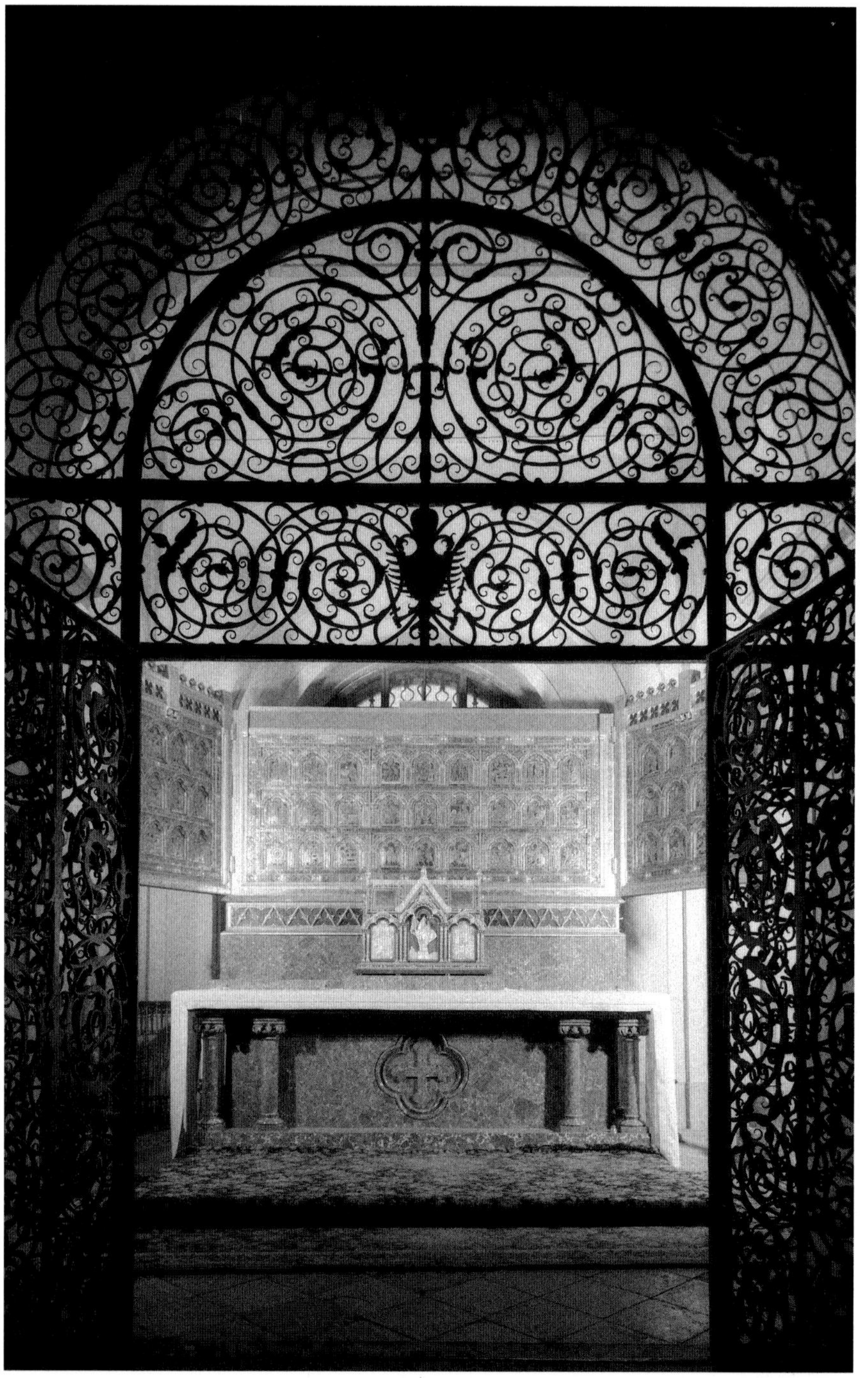

Verduner Altar in der Leopoldskapelle der Stiftskirche Klosterneuburg.
Blick durch das geöffnete Gittertor auf das Email-Werk (1181 vollendet) des Meisters Nikolaus von Verdun.
Um 1930.

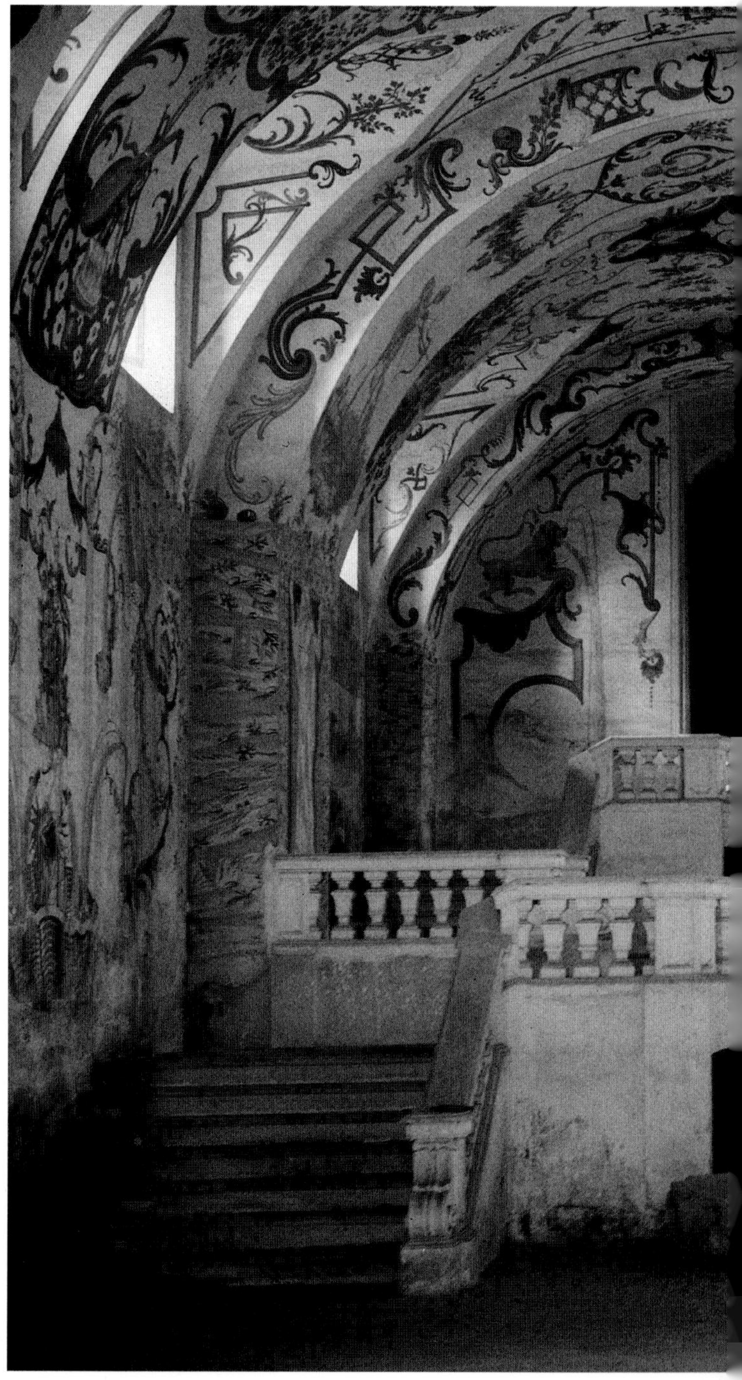

Stift Altenburg.
Krypta mit Treppenanlage und Gewölben mit barocker Groteskenmalerei.
Um 1910.

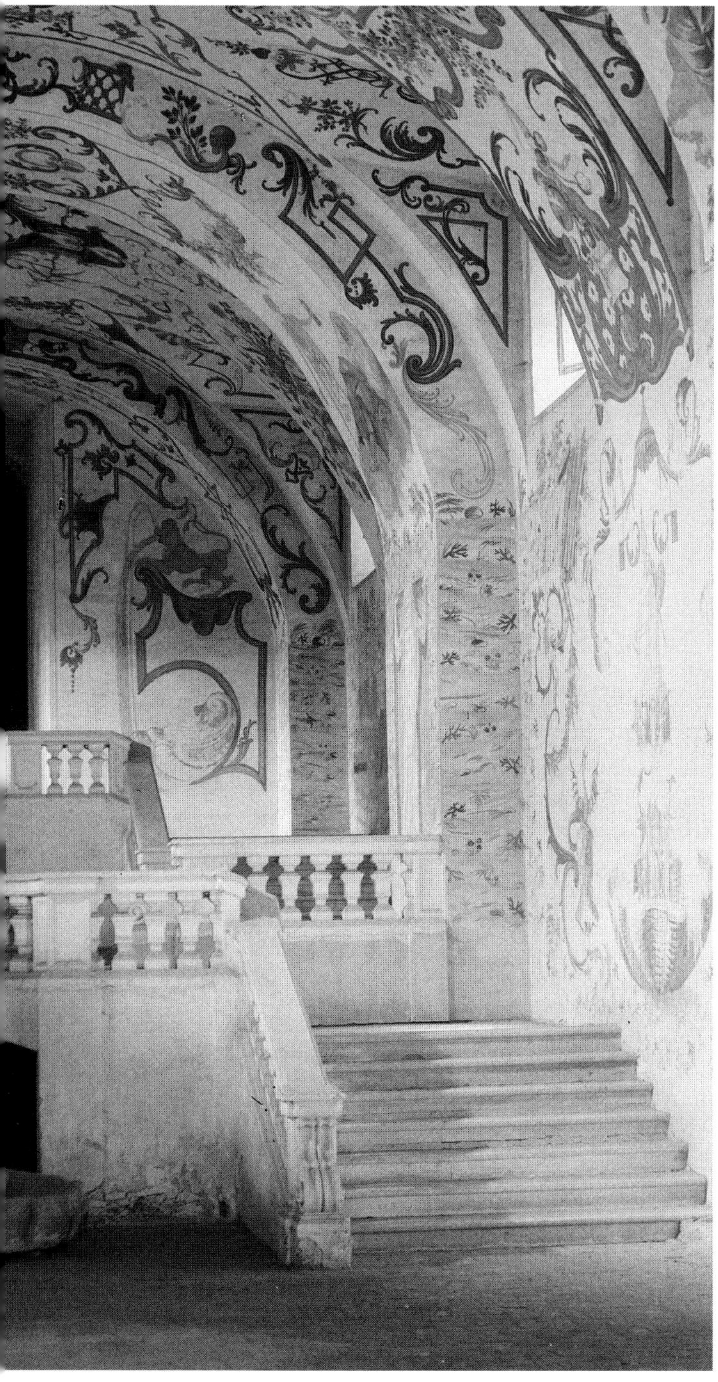

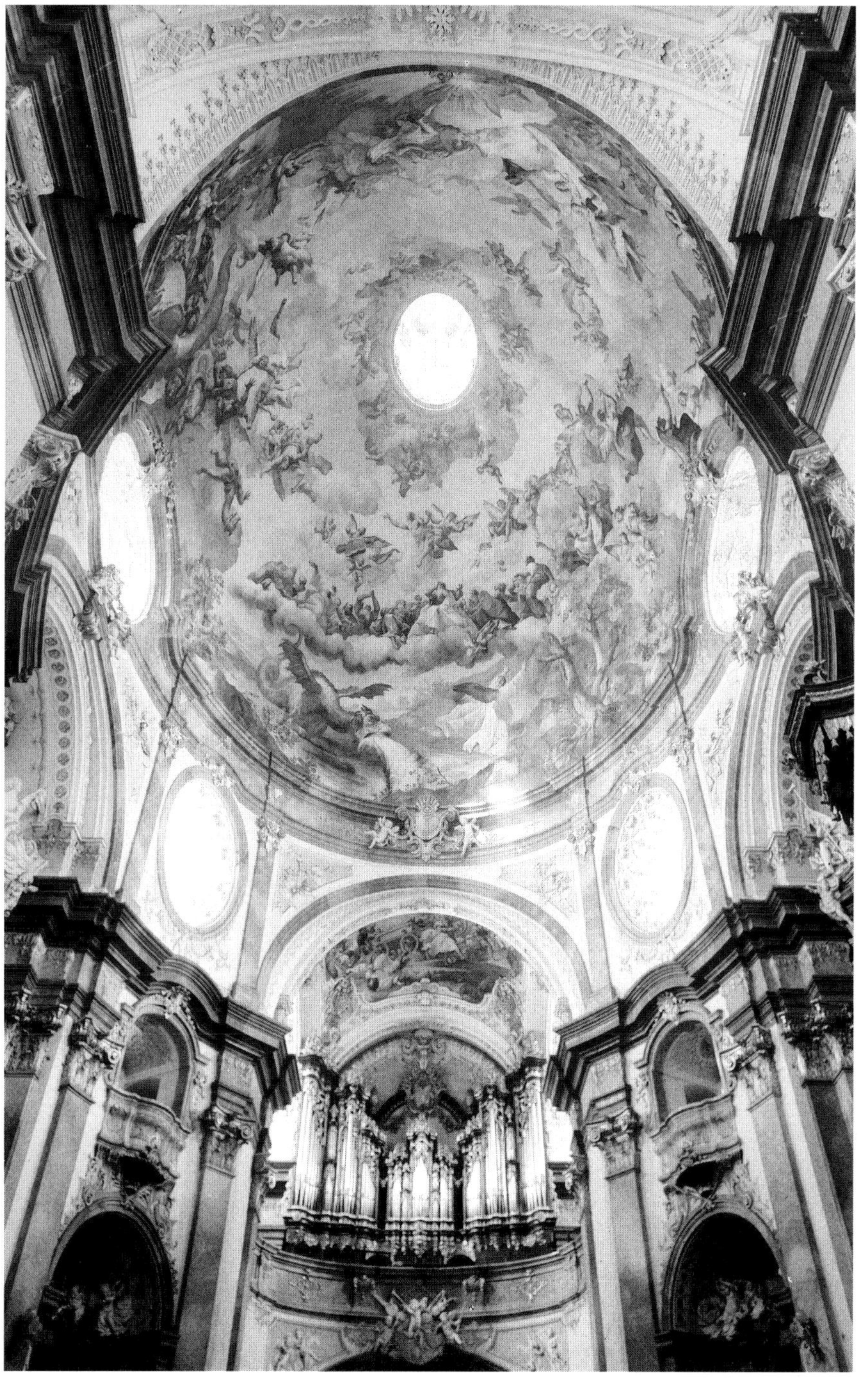

Stiftskirche Altenburg (hl. Lambert). Aufblick zu den Fresken in der Kuppel („Offenbarung des Johannes" von Paul Troger 1732) und gegen die Orgelempore. Um 1933.

DIE HÄUSER DER KOMPONISTEN

Beethovenhaus in Mödling
(Hauptstraße 79).
1818–1820 Sommerquartier
Ludwig van Beethovens.
Fassadenansicht.
Um 1930.

Geburtshaus von Joseph und
Michael Haydn in Rohrau.
Nahansicht mit Bewohnern
am Tor.
Um 1931.

Der Gasthof Höldrichsmühle
in der Hinterbrühl soll
Franz Schubert zu Liedern
inspiriert haben.
Ansicht mit Tor, Brunnen und
Linde.
Um 1920.

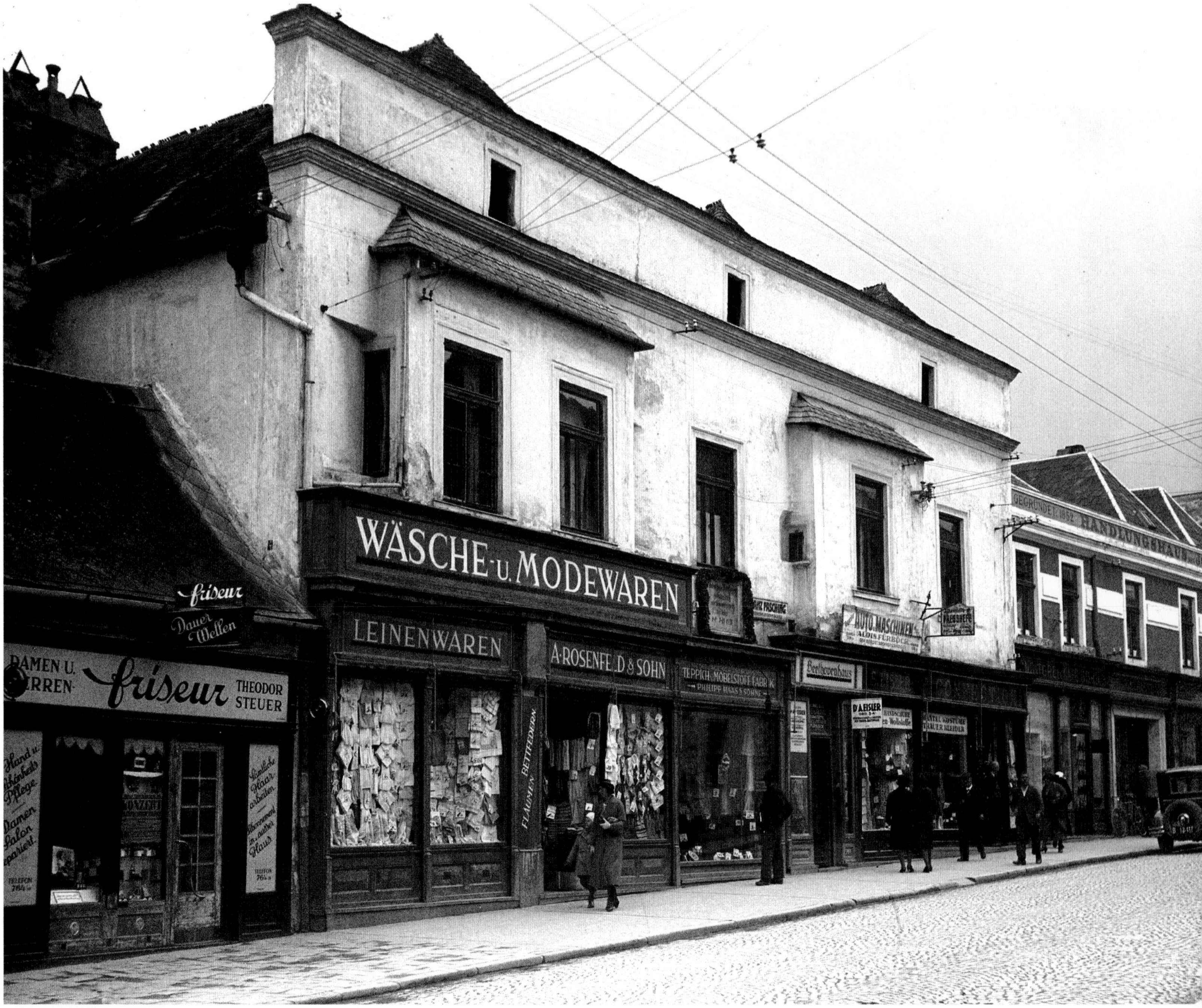

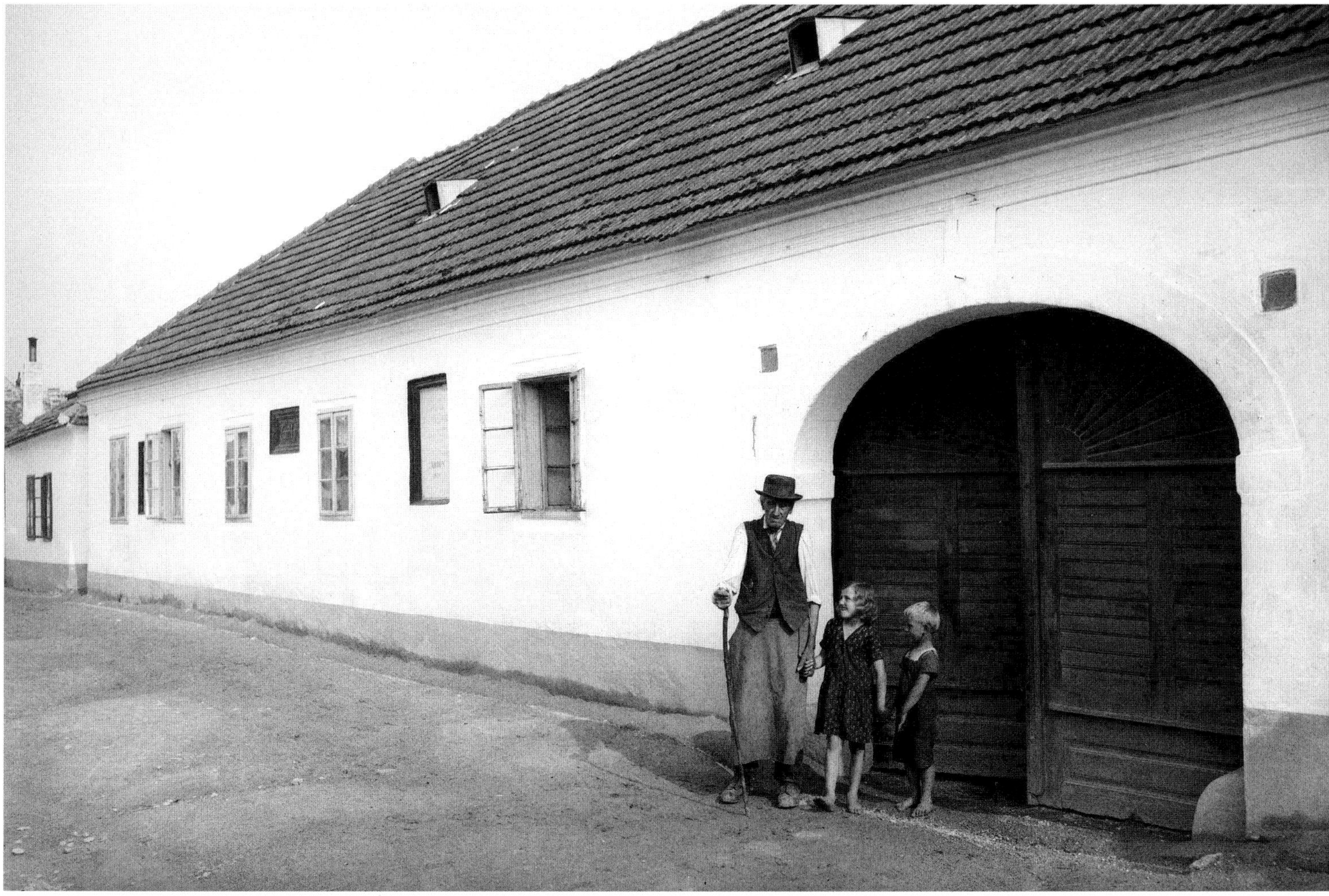

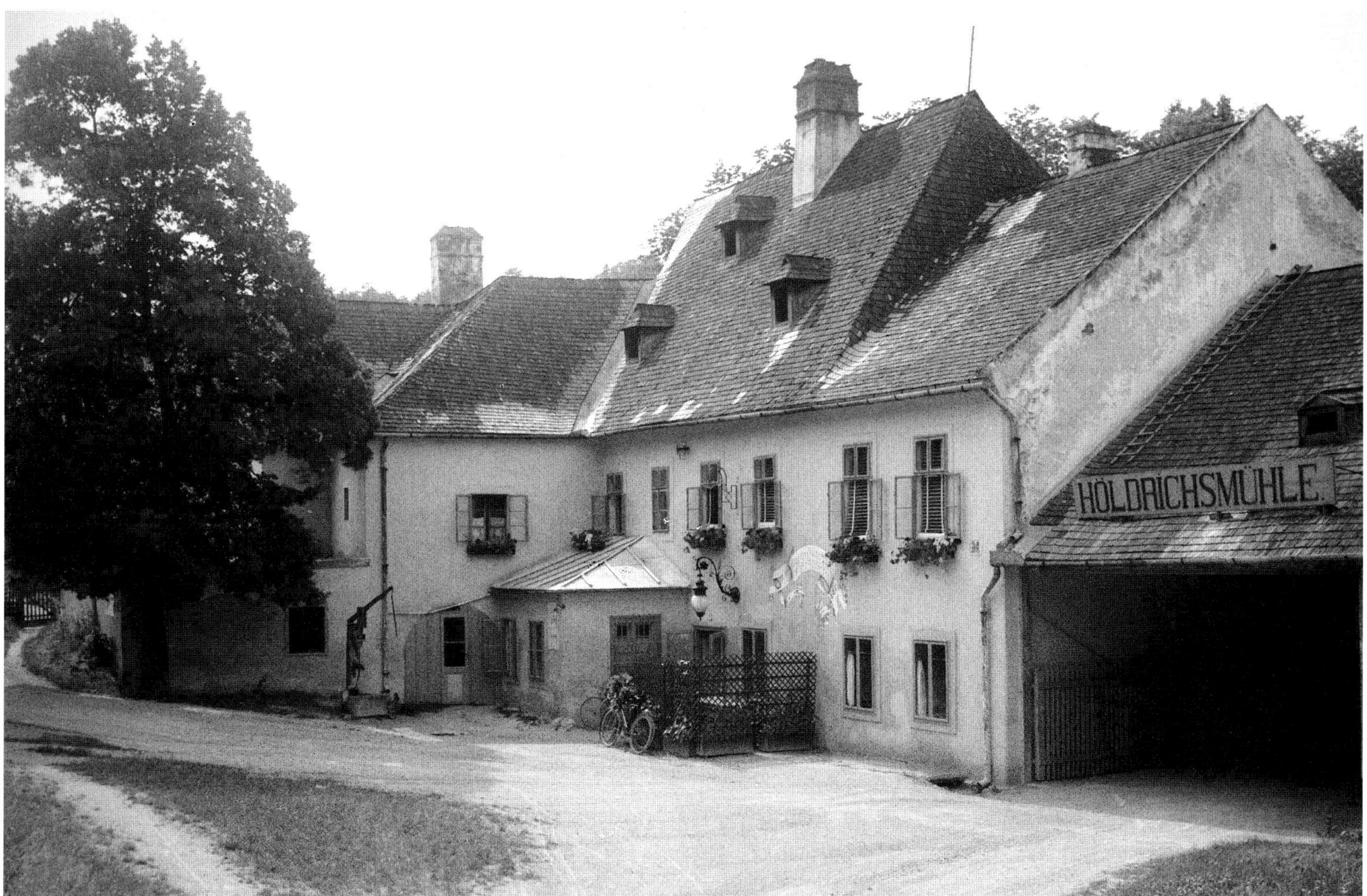
HÖLDRICHSMÜHLE

MAYERLING
Denkmal für Kronprinz Rudolf von Österreich im Schlosspark (in späteren Jahren abgetragen). Um 1924.

HEILIGENKREUZ
Besucher am Grabmal der Mary Freiin Vetsera auf dem Ortsfriedhof. Um 1920.

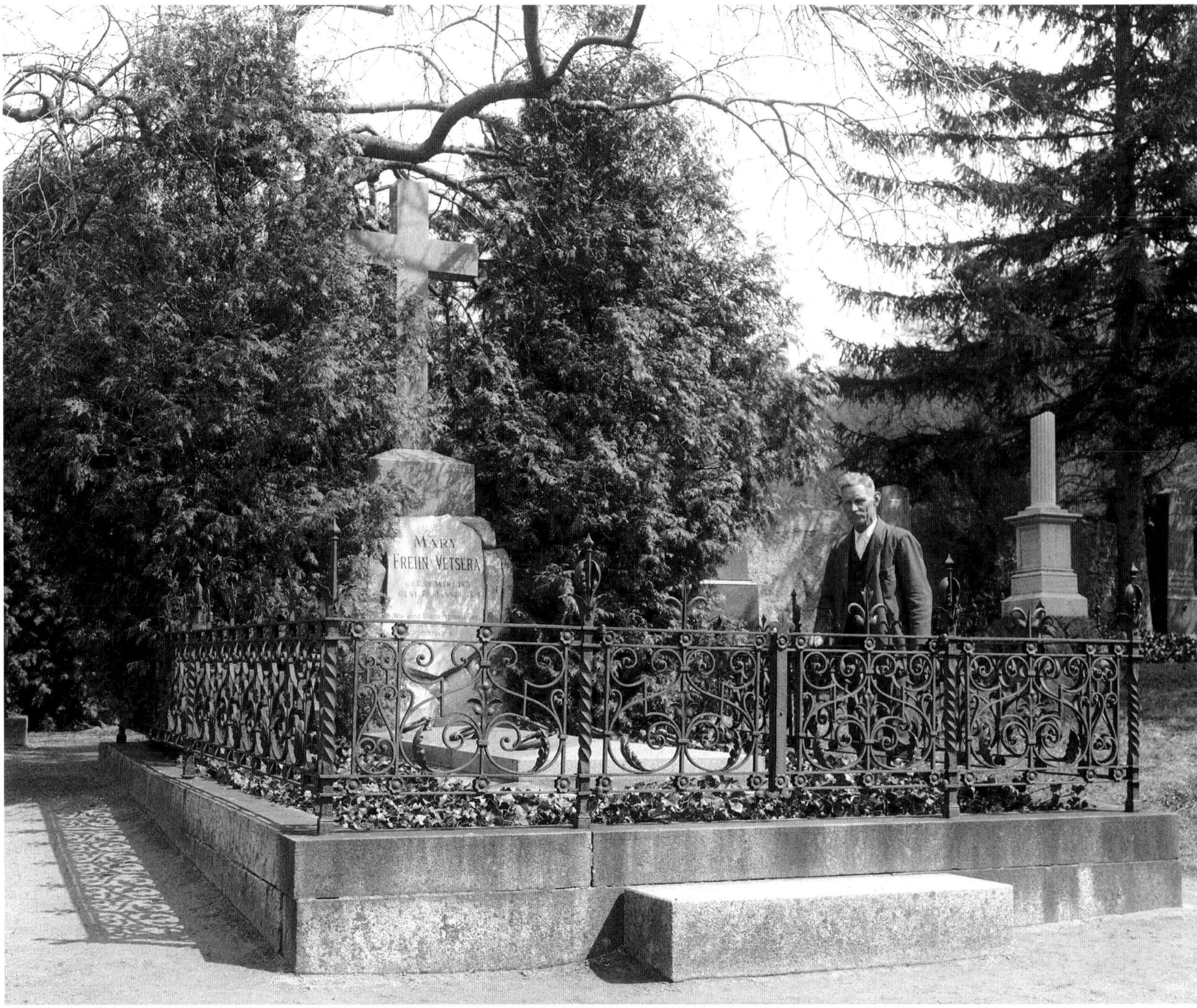

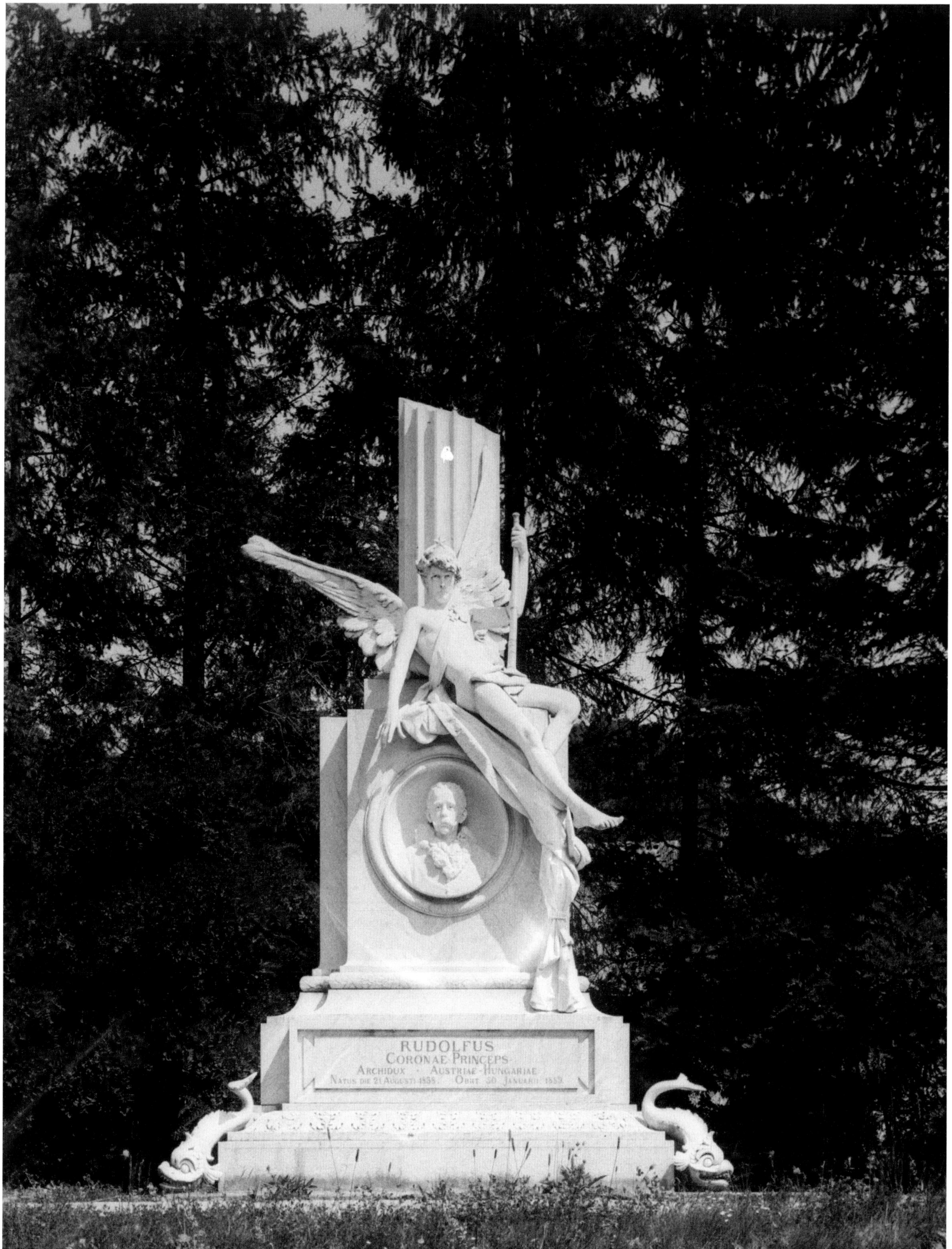
RUDOLFUS
CORONAE·PRINCEPS·
ARCHIDUX · AUSTRIAE·HUNGARIAE

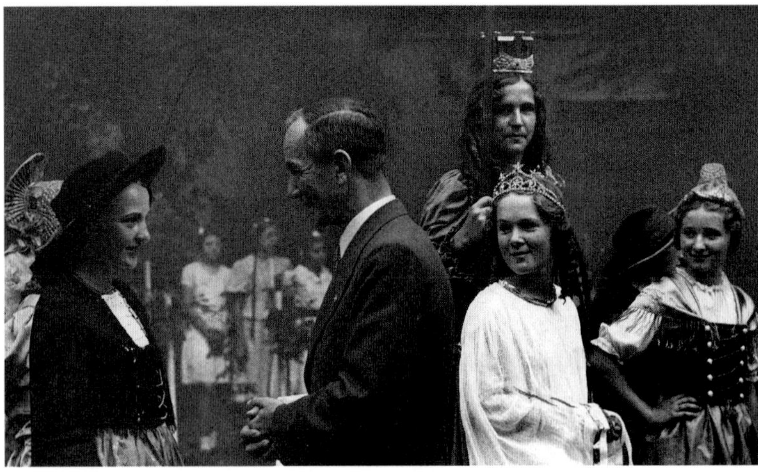

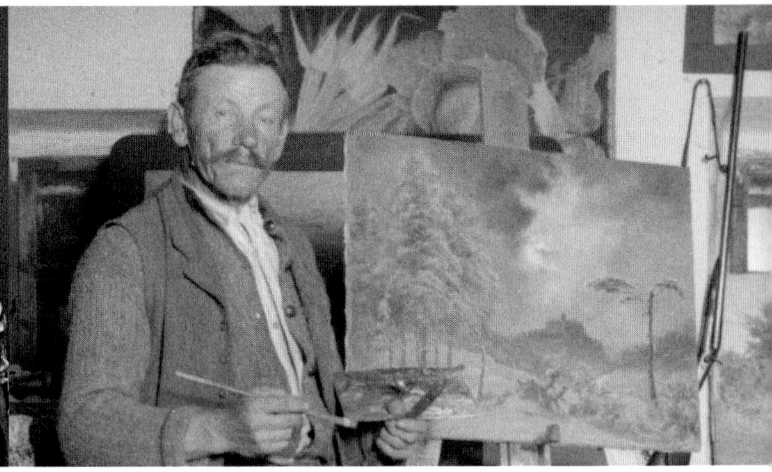

KAPITEL 10 EINBLICKE – AUSBLICKE

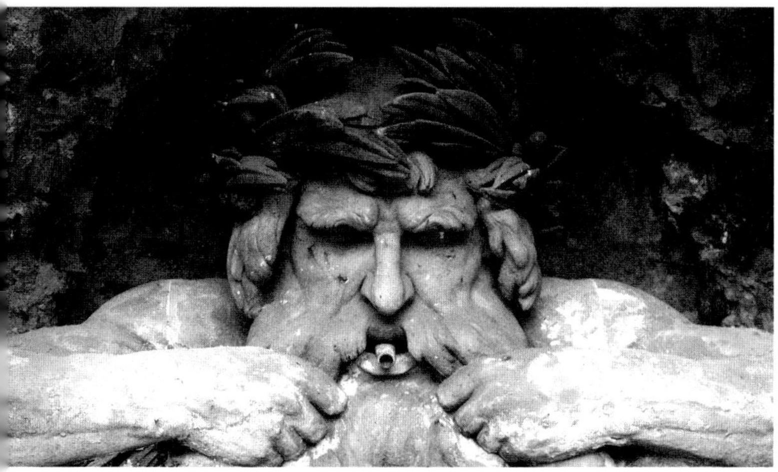

Thermalbad Vöslau – Schwimmkonkurrenz Mödling – Spielkasino Semmering – Gute Aussichten – Wasserschlösser – Burgen/Schlösser/Portale – Andere Zeiten, andere Ansichten – Tote und Tritonen – Heime und Heilanstalten – Schloss- und Kurkonzerte – Spektakel – Pressen und Fässer – Käserei – Haus- und Hofbilder – Der Bauer als Maler – Schönerer Rauch

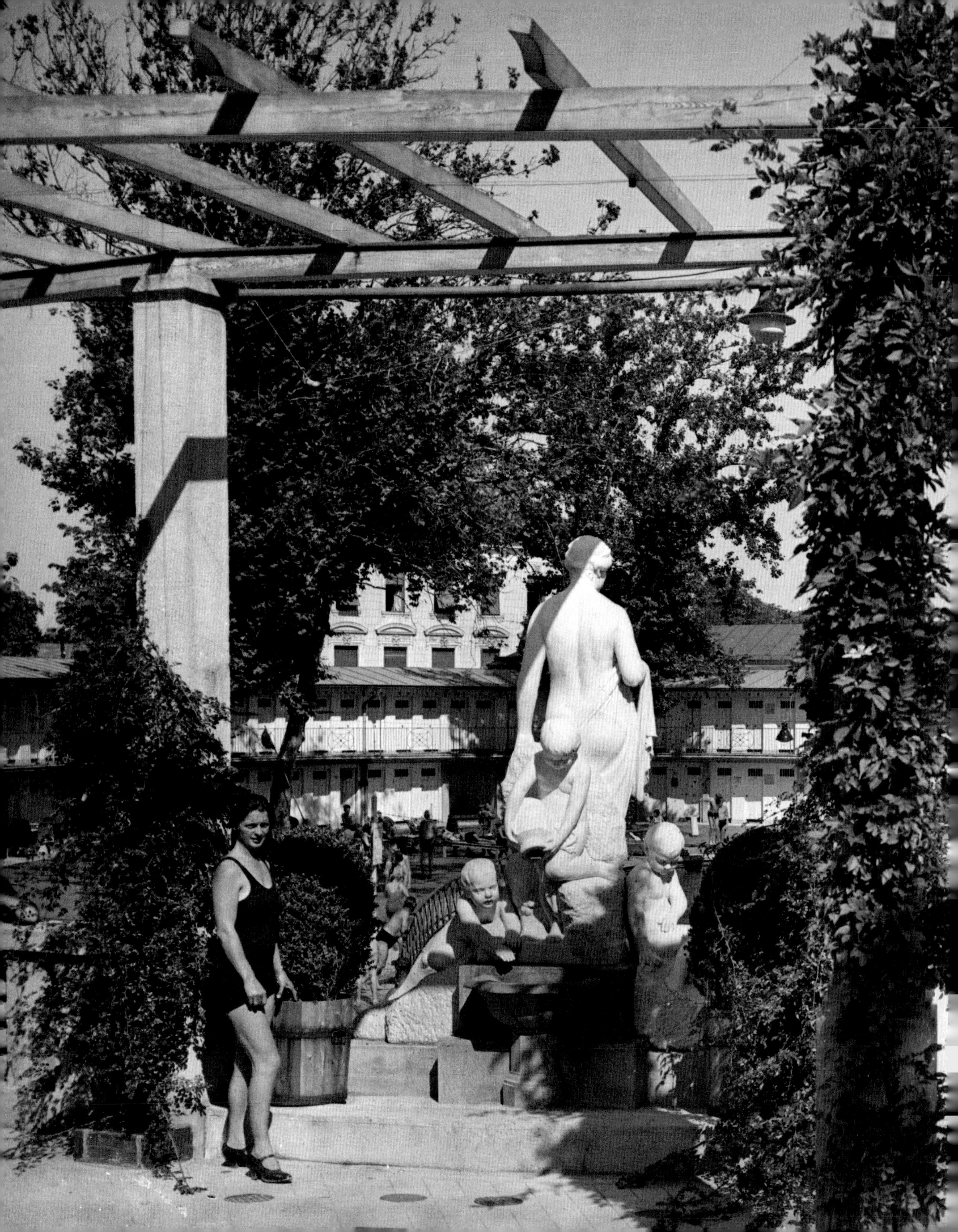

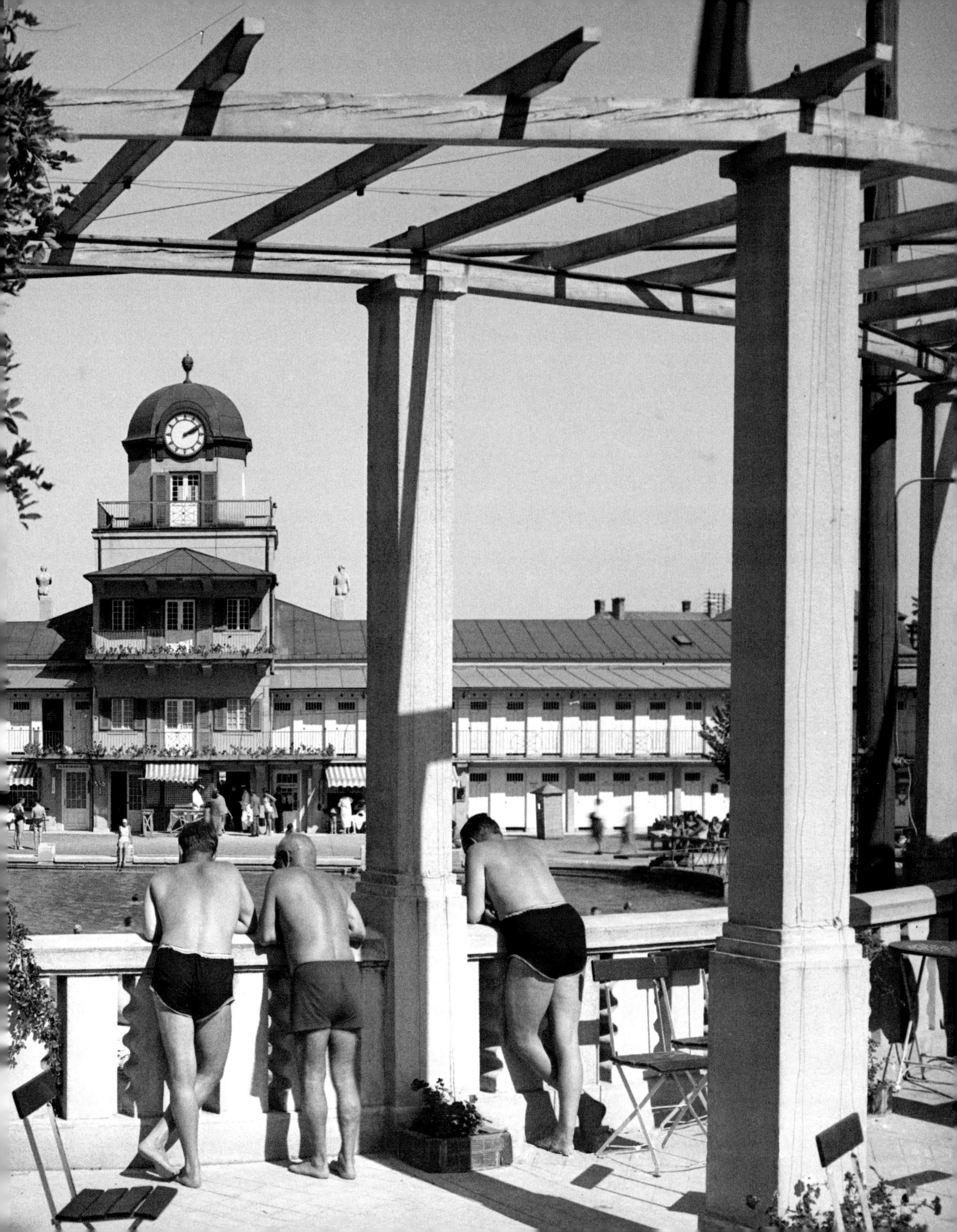

Vorderseite: BAD VÖSLAU
Thermalbad (1926 eröffnet).
Blick aus der Pergola über
das Schwimmbecken gegen
den Mittelrisalit mit Turm
des Eingangsgebäudes.
Um 1930.

DER ABSPRUNG
Schwimmkonkurrenz im
städtischen Bad Mödling.
Lothar Rübelt. Um 1925.

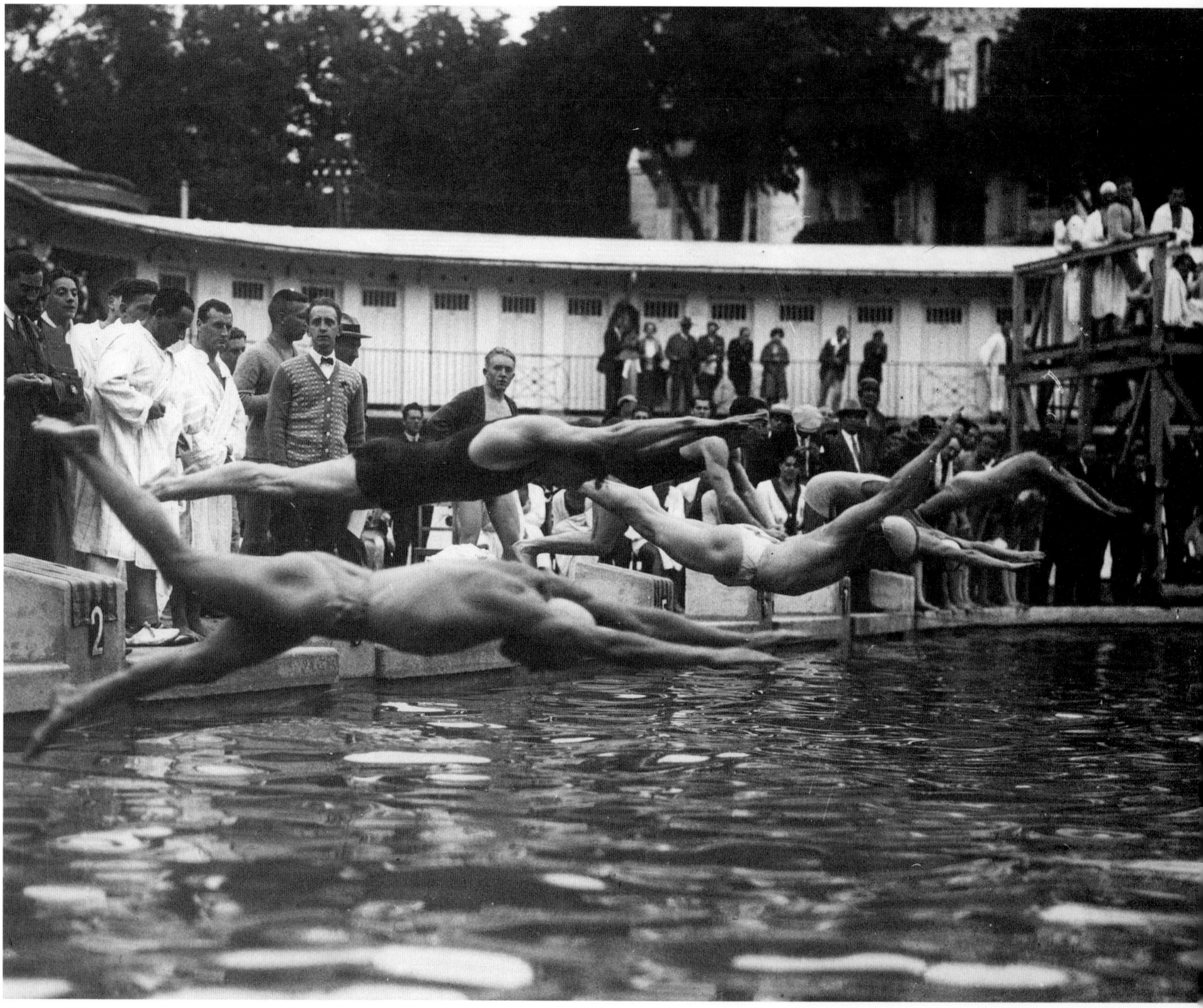

FAITES VOTRE JEU
Semmering.
Spielkasino im Hotel Panhans
nach der Eröffnung.
Publikum am Roulettetisch.
Februar 1934.

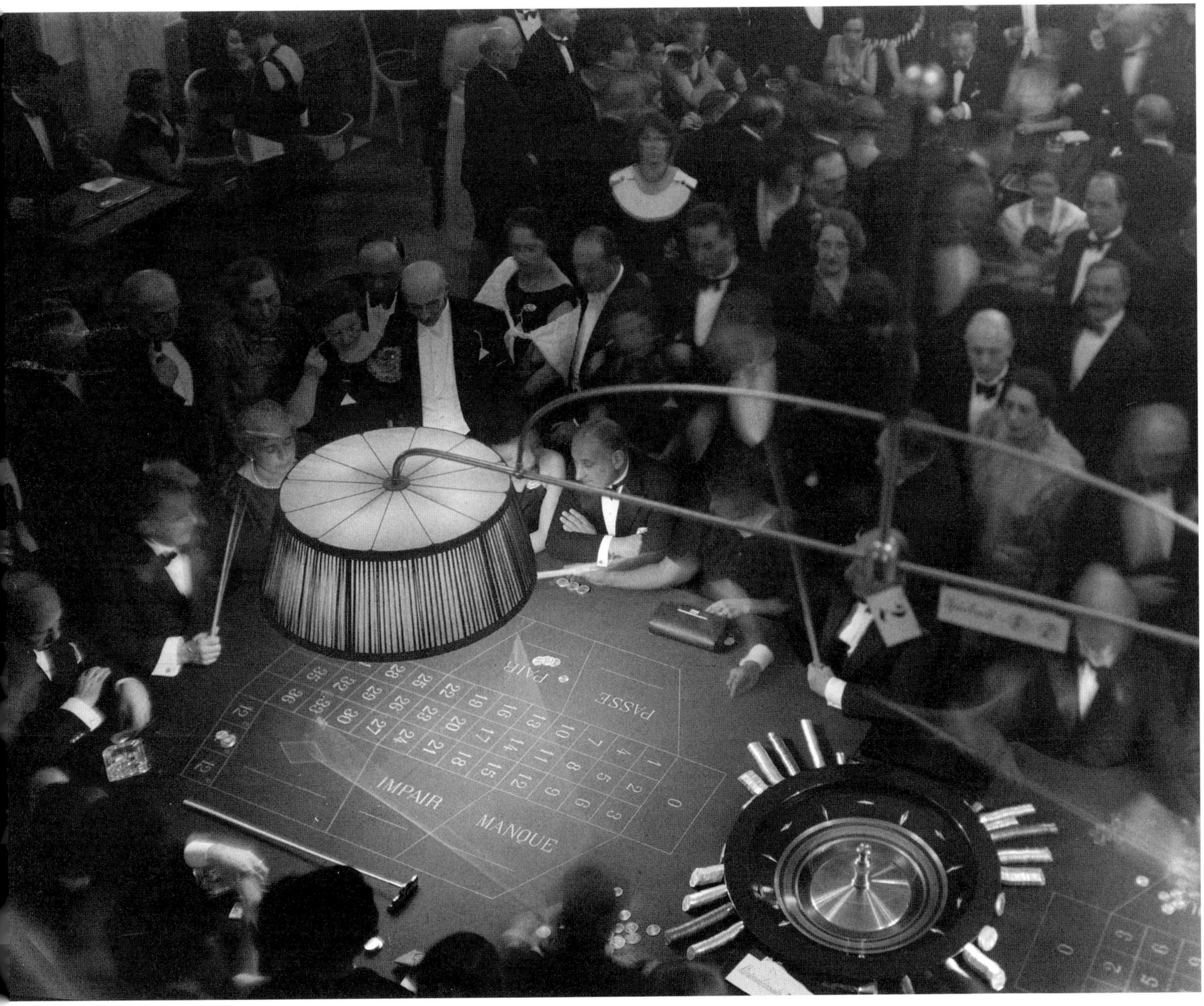

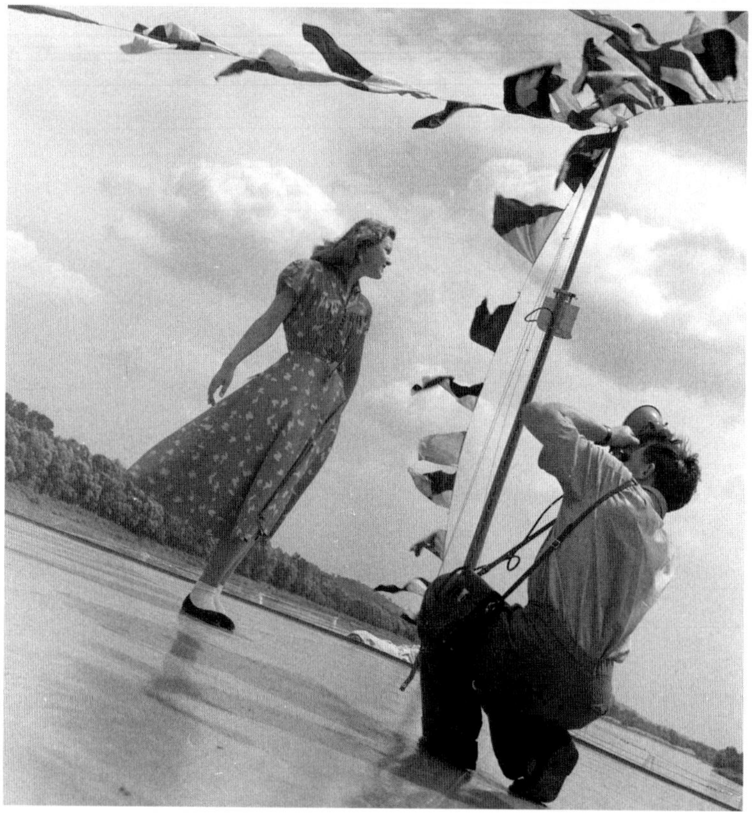

GUTE AUSSICHTEN (1)

Fotograf findet sein Modell auf dem Heck eines Ausflugsschiffs auf der Donau.
Um 1950.

Aussichtswarte am Tulbinger Kogel als Ausflugsziel.
Juni 1933.

Fotografenpaar und Ausflügler über der Ruine Greifenstein mit Blick ins Donautal.
Um 1930.

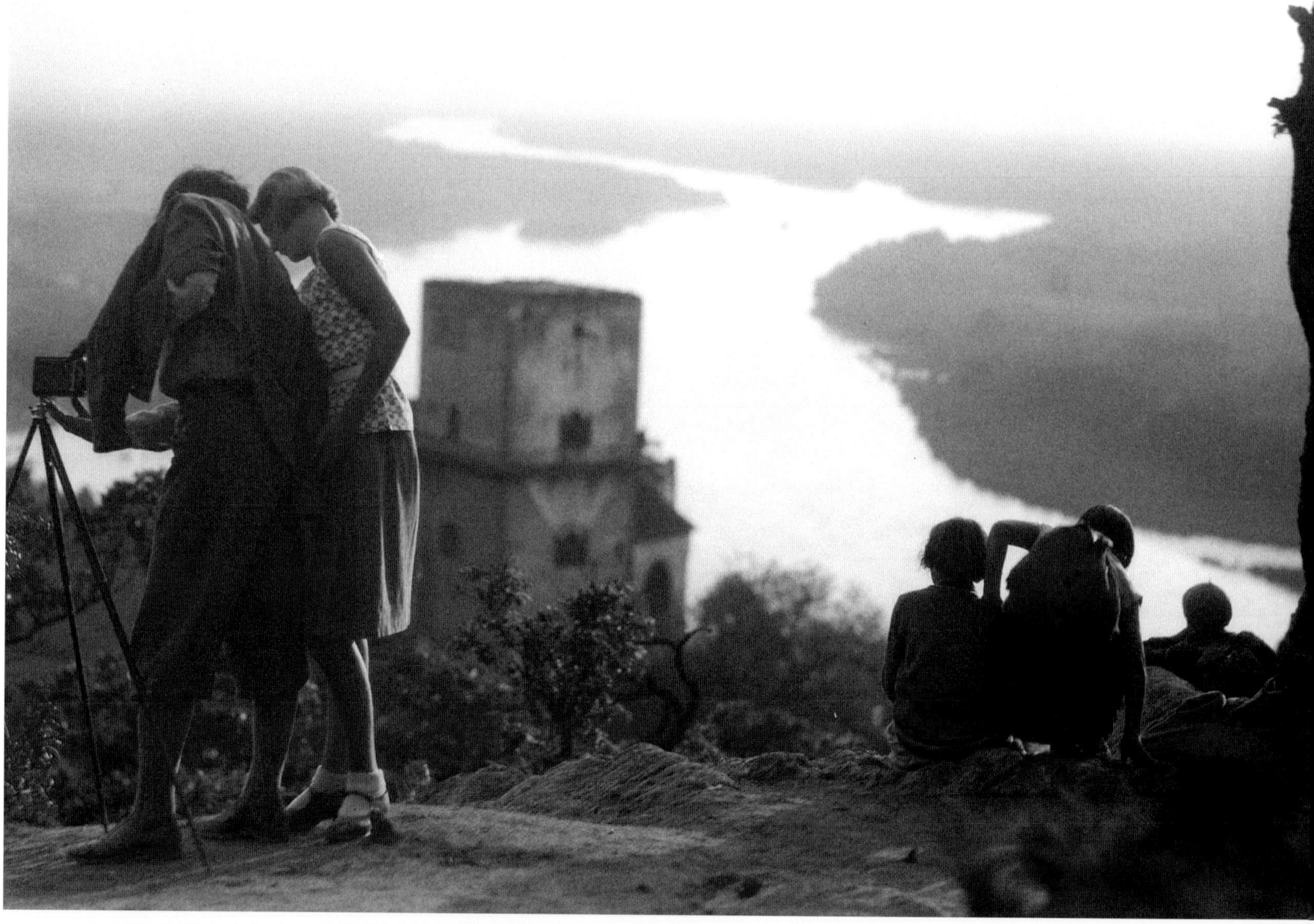

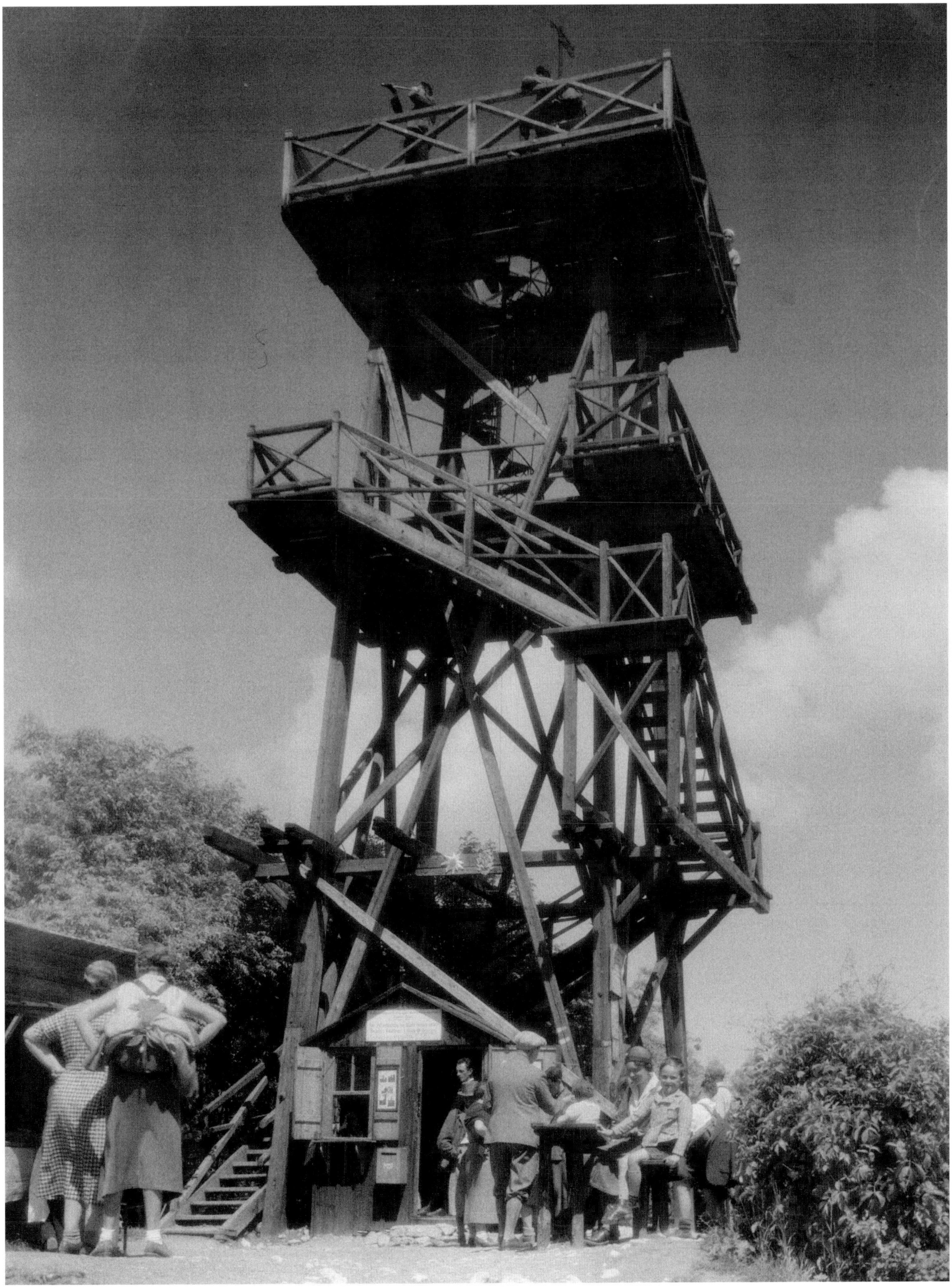

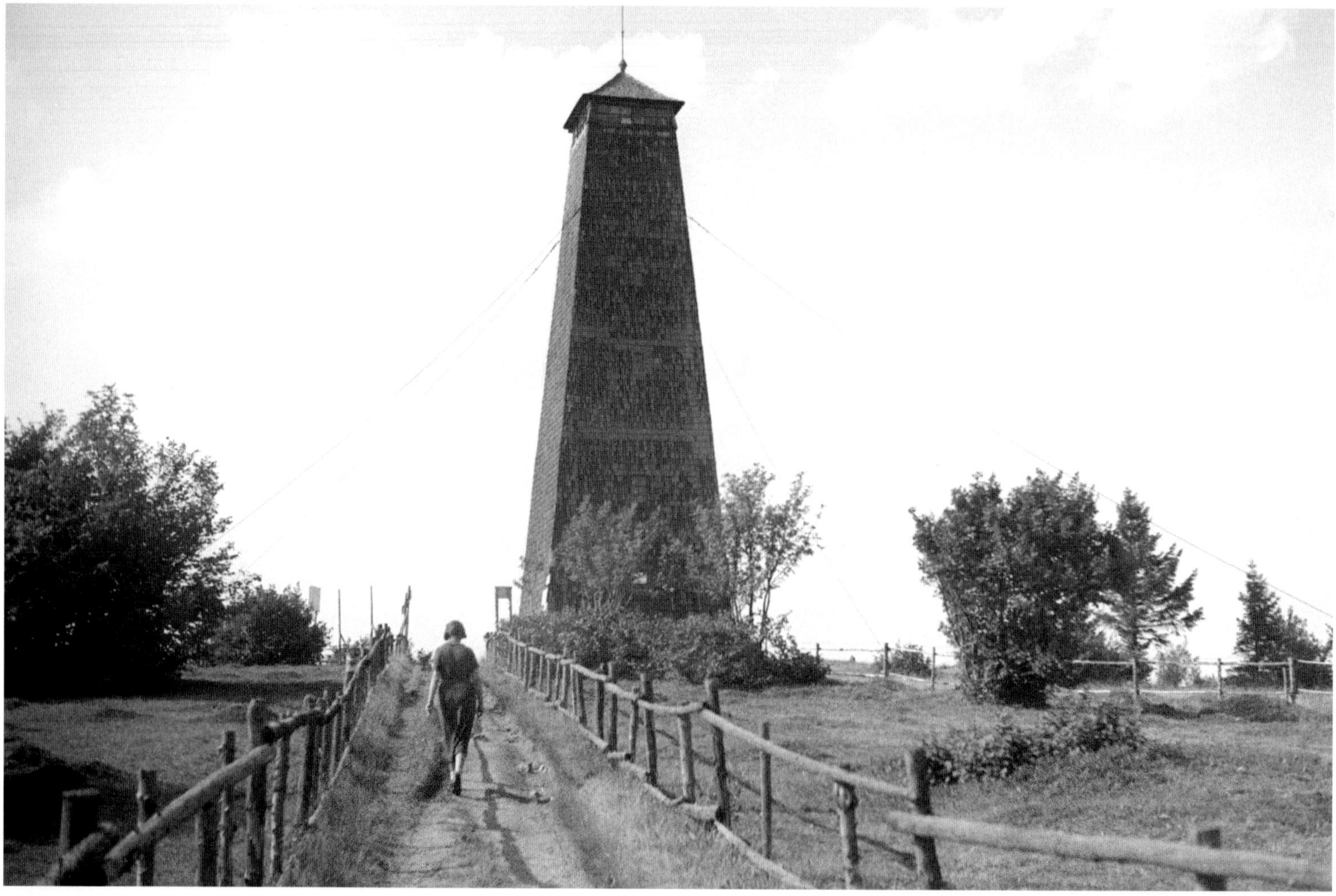

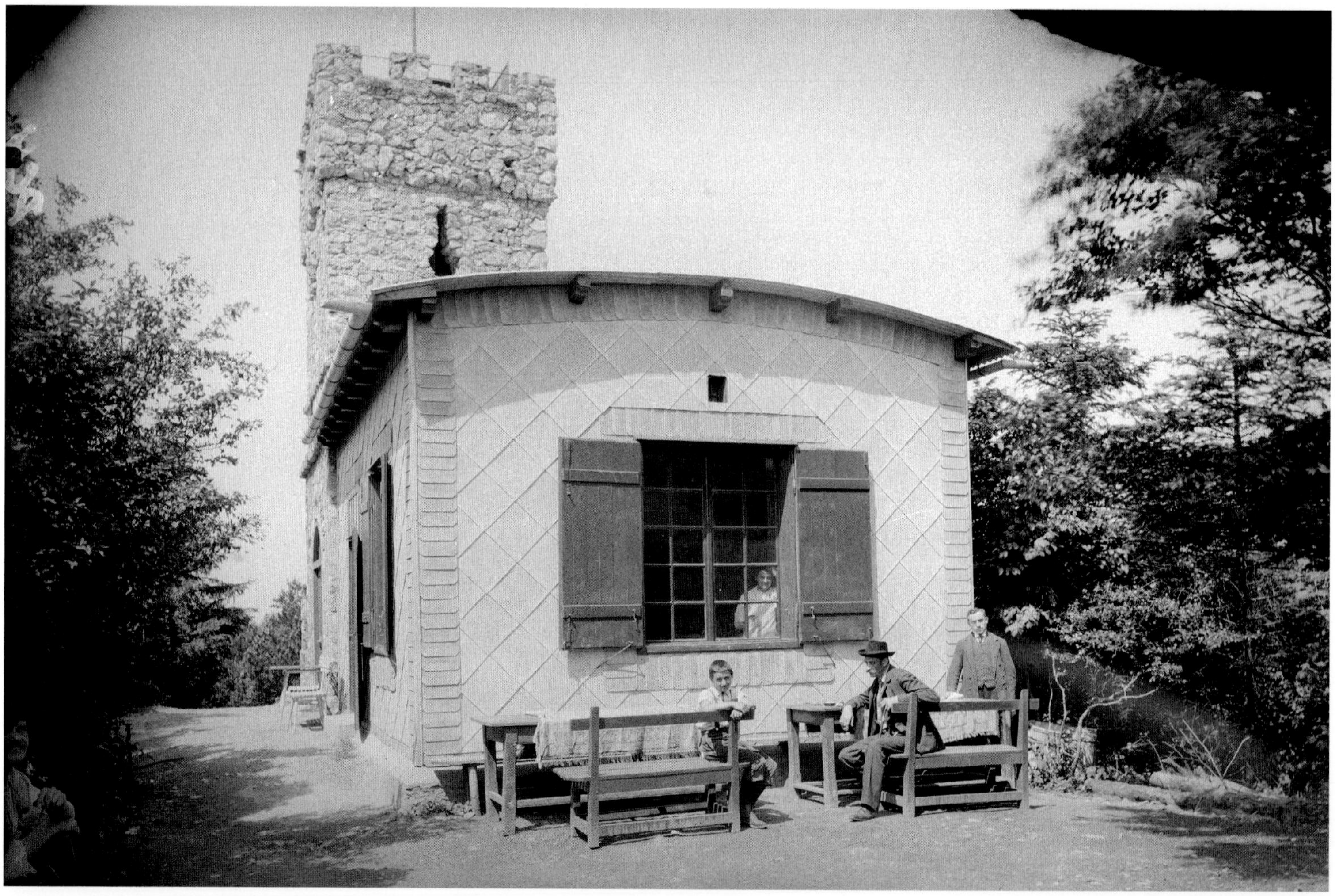

Jauerling.
Wanderin unterwegs zur Aussichtswarte. Um 1937.

Föhrenberge im Wienerwald.
Wanderer vor dem Höllensteinhaus mit der Julienwarte.
Um 1912.

Im Helenental.
Blick von der Brücke über die Schwechat zur Ruine Rauhenstein.
Um 1938.

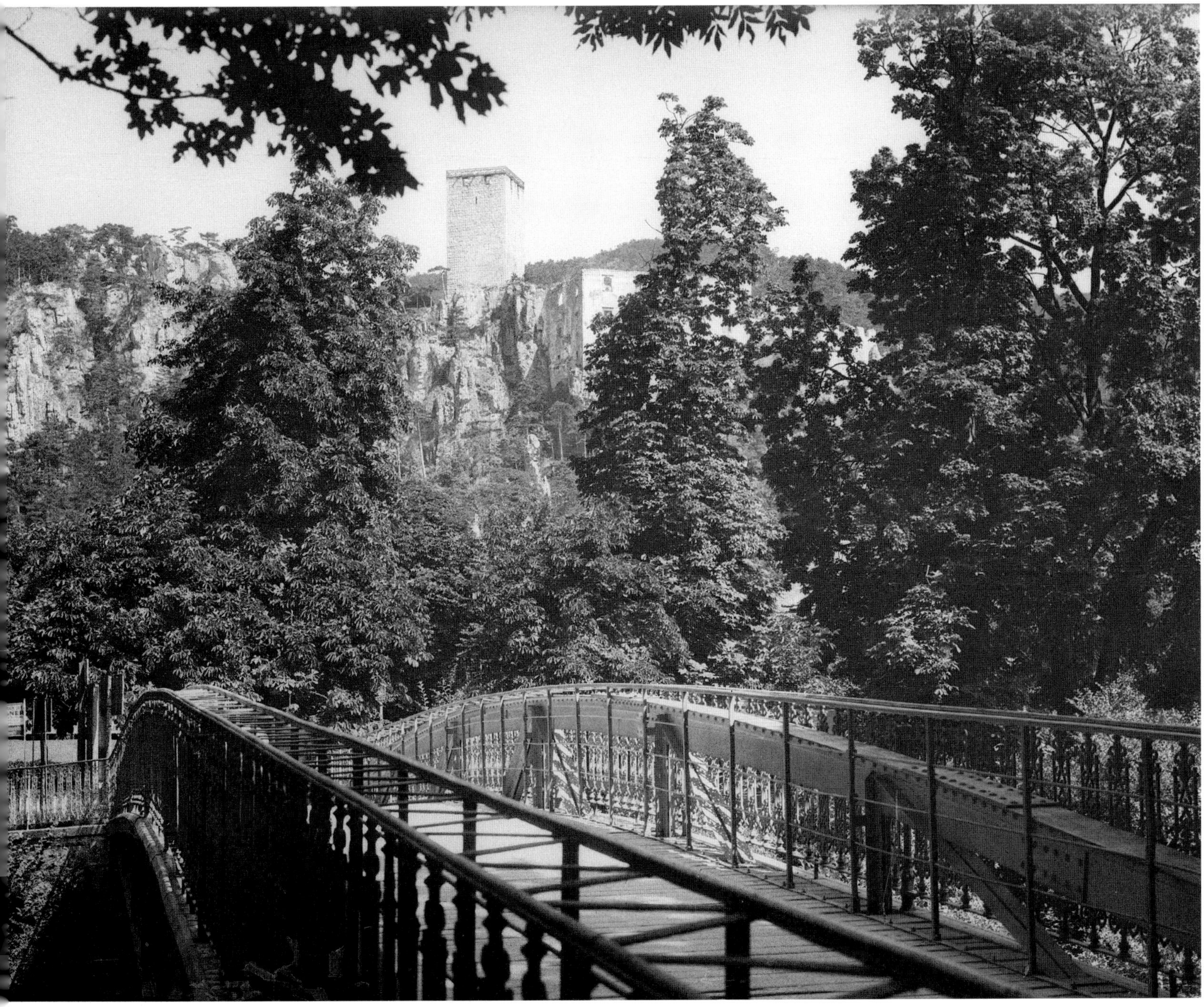

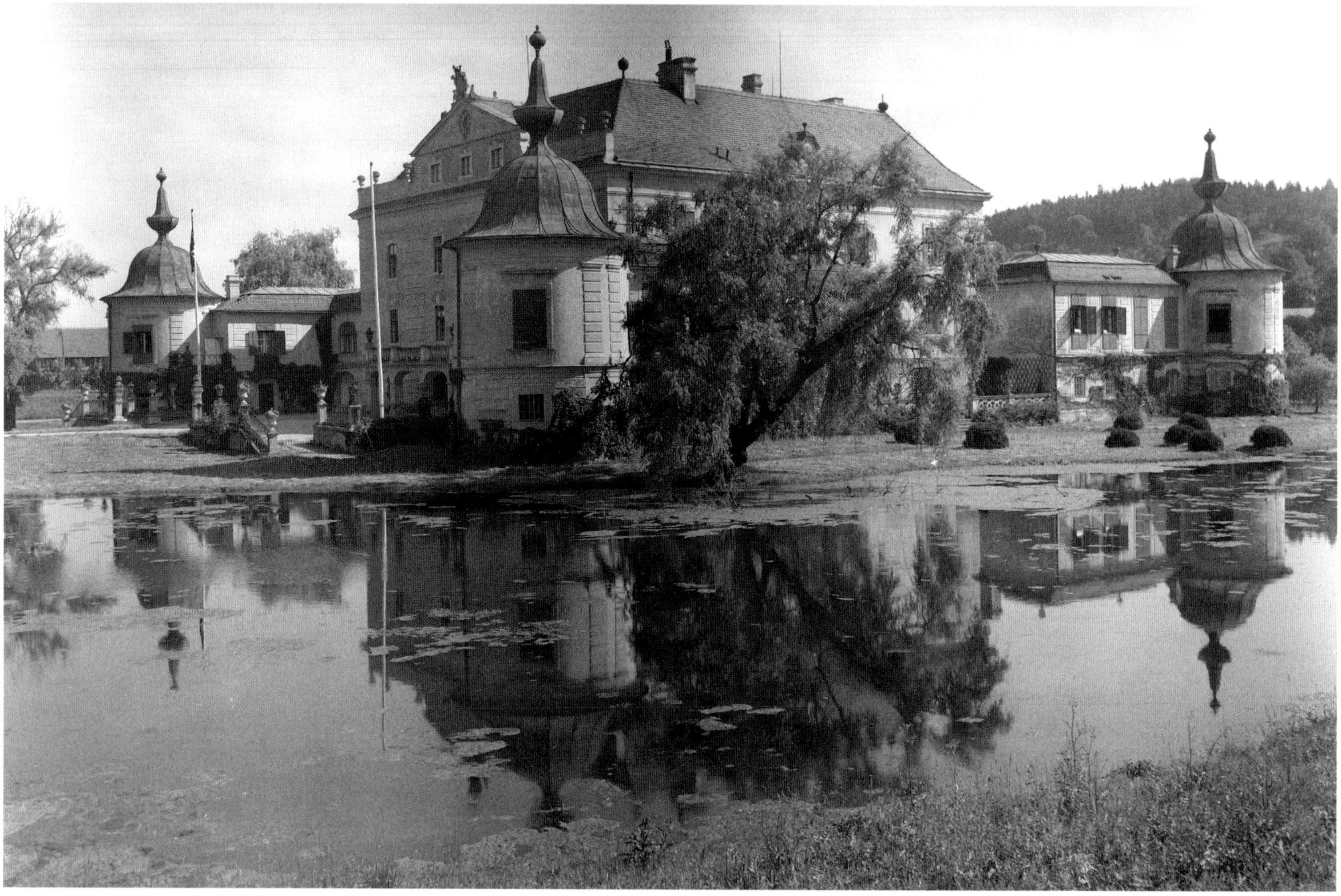

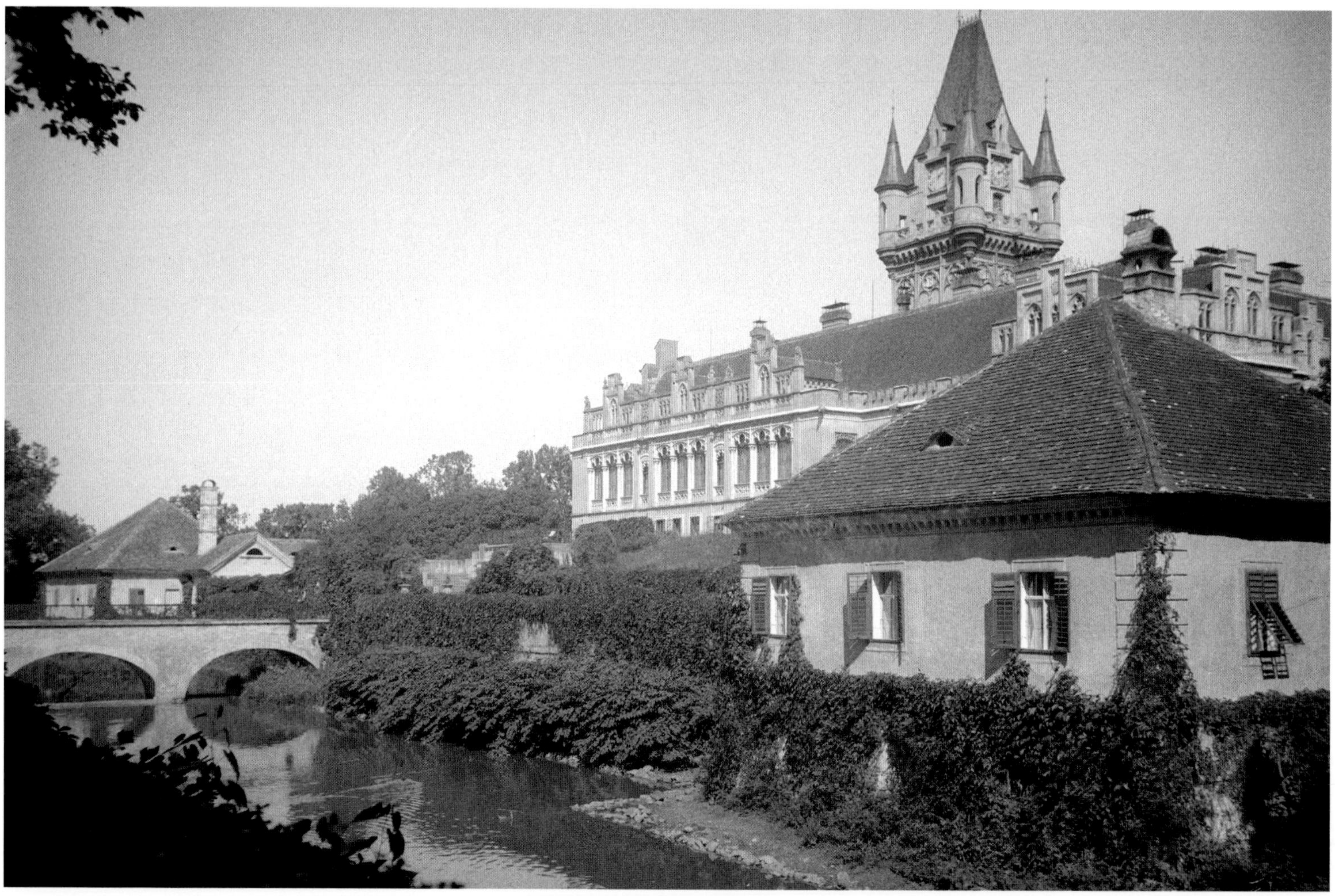

Schloss Wasserburg bei Pottenbrunn spiegelt sich im später trockengelegten Teich. Um 1950.

Schloss Grafenegg.
Ansicht über den Mühlkamp aus dem Schlosspark. Um 1931.

Schlosspark Laxenburg.
Franzensburg (mit Hakenkreuzfahne während der NS-Zeit) auf der Insel im Großen Teich mit Überfuhr.
Um 1939.

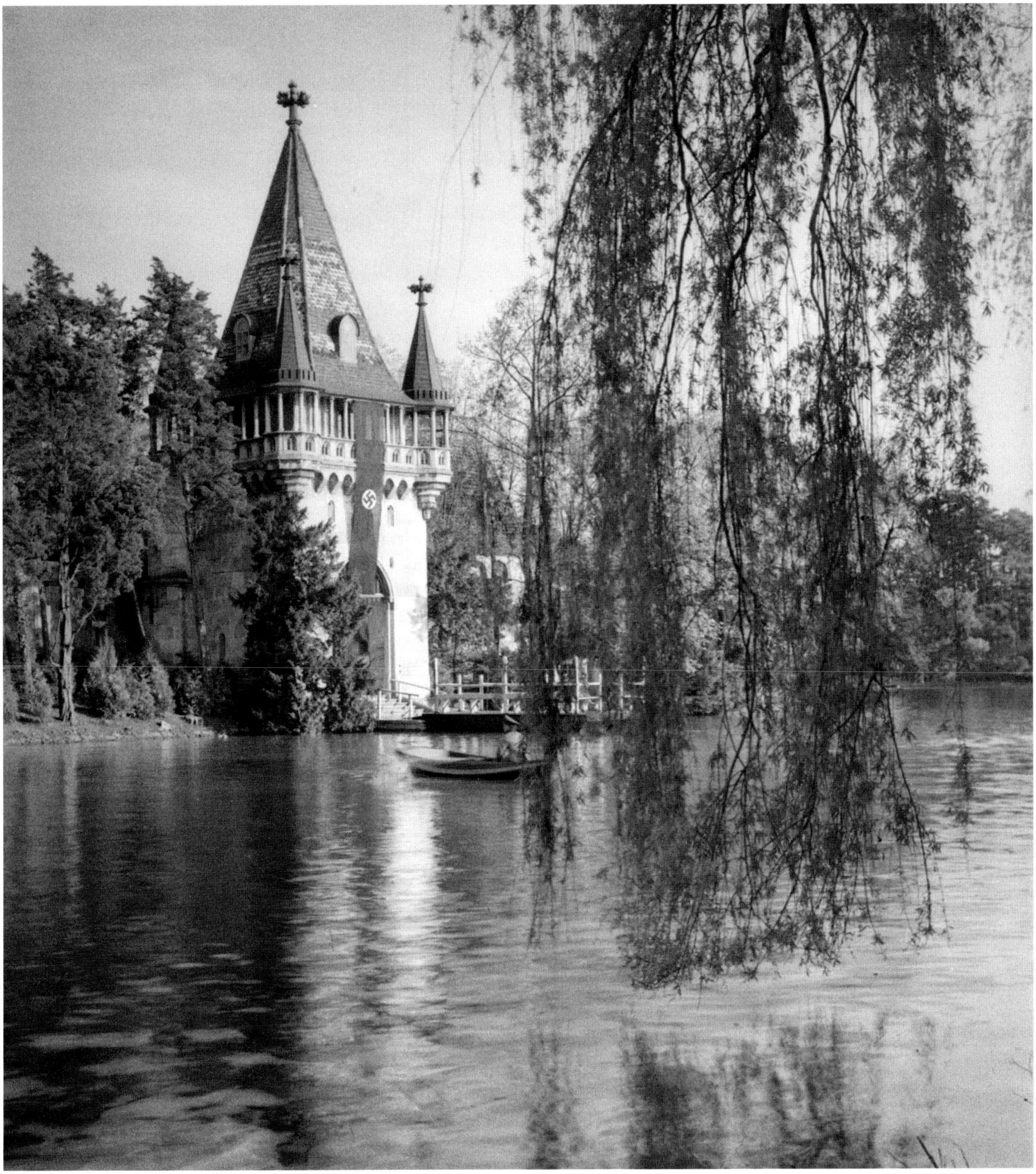

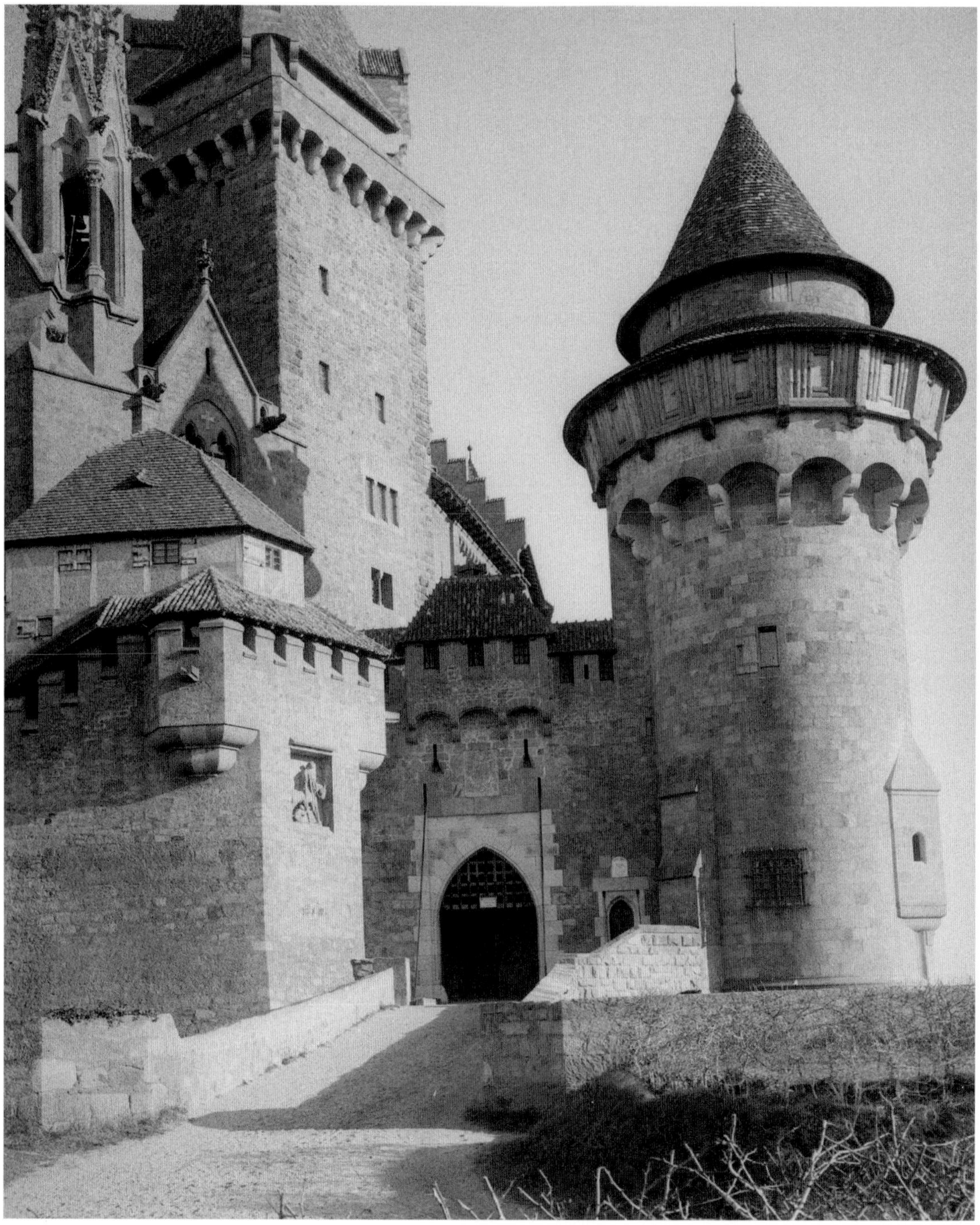

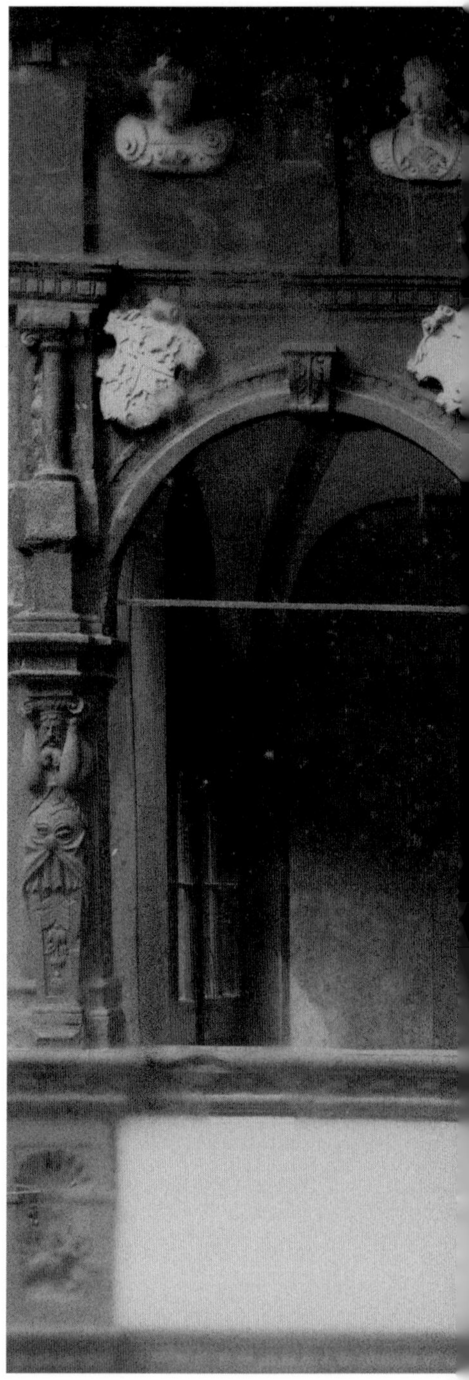

VOR DER BURG
KREUZENSTEIN
Blick von der Zugbrücke zum
Torhaus mit Pecherker.
Um 1912.

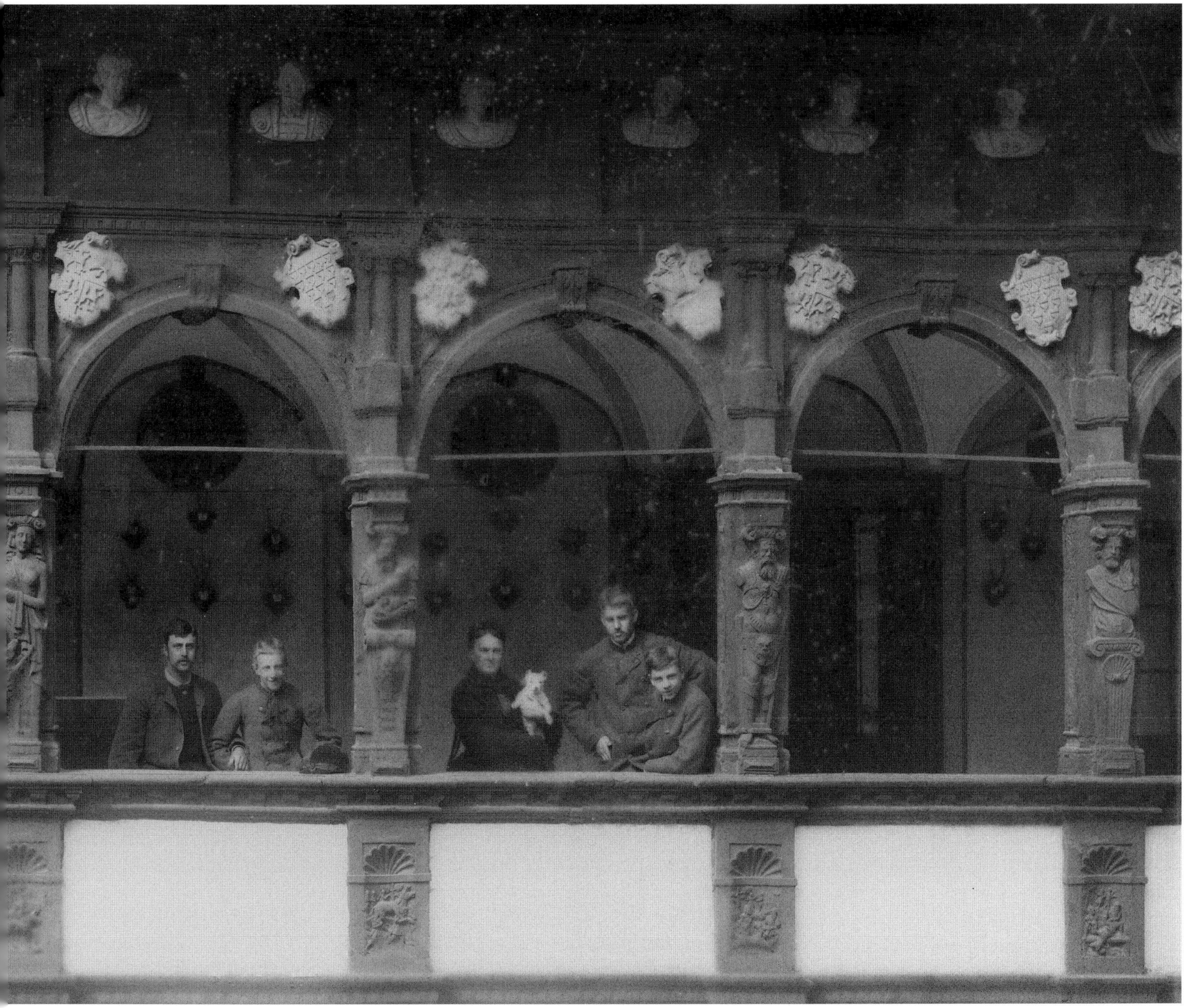

IN DER SCHALLABURG
Großer Arkadenhof. Ausblick aus dem Kreuzgratgewölbe an der Westseite im Obergeschoss. Heinrich Wlha. Um 1895.

PORTALE

Jagdschloss Niederweiden im Marchfeld. Blick zum Eingang und Mittelrisalit. Um 1910..

Gegenüberliegende Seite:

Oben links: Stiftskirche Zwettl durch das Tor zum Vorhof. Otto Schmidt. 1896.
Oben rechts: Schloss Karlstein an der Thaya. Zugangsbrücke im 2. Hof. 1931.
Unten links: Stift Heiligenkreuz. Blick durchs Tor des Wirtschaftshofs auf Uhrturm und Kirchturm. 1939.
Unten rechts: Stiftskirche Lilienfeld. Trichterportal an der Westfassade. Um 1912.

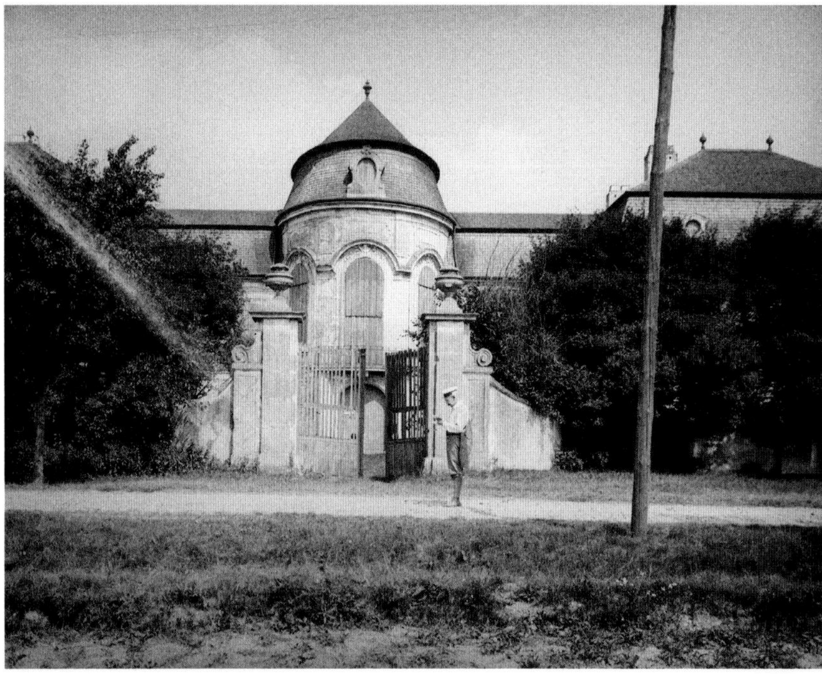

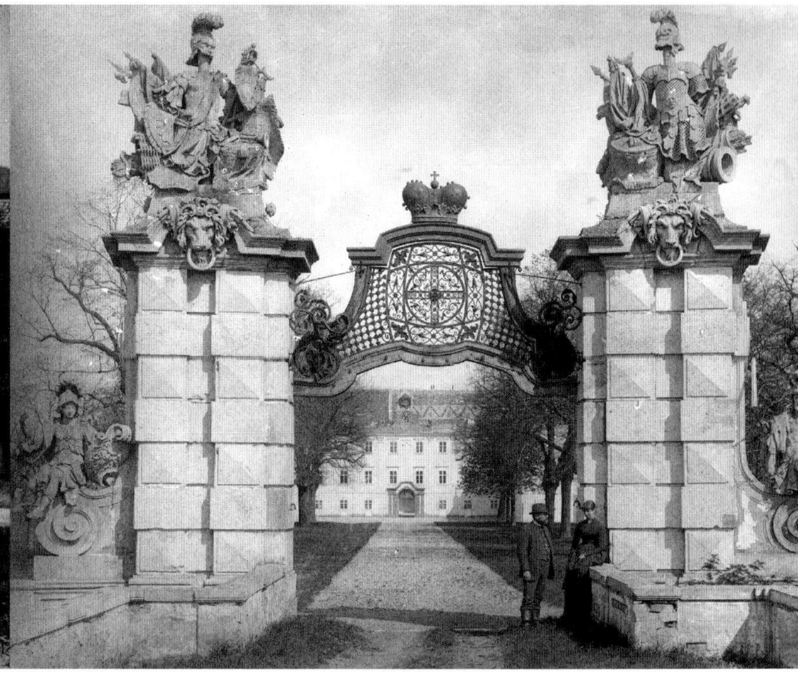

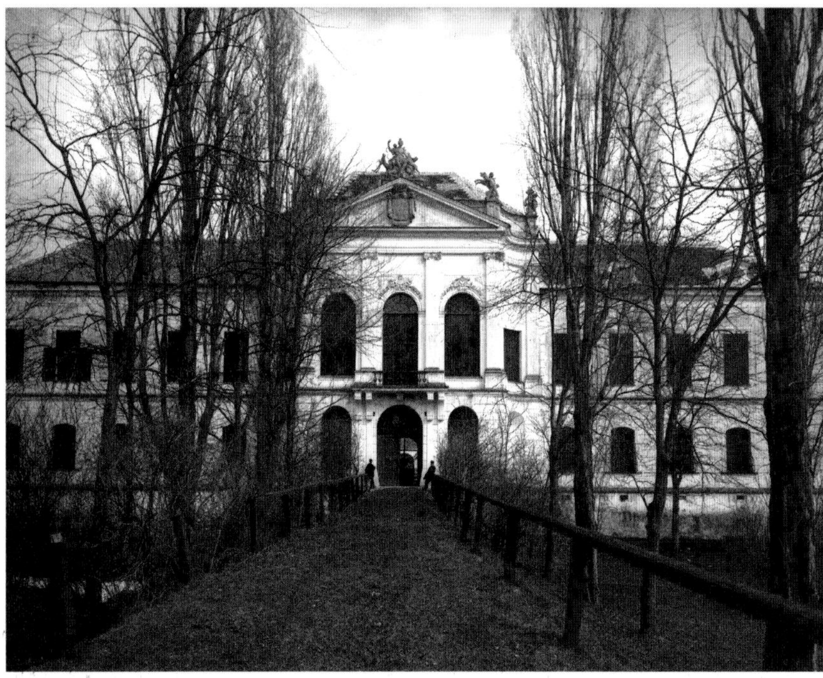

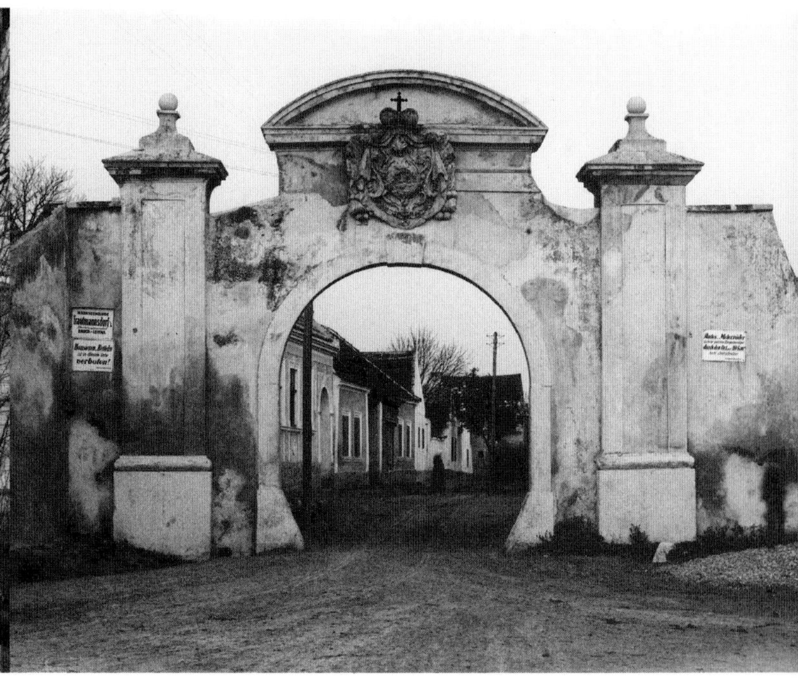

Jagdschloss Eckartsau. Zugang von Osten zum Segmentbogenportal. Heinrich Wlha. Um 1880.

Oben: Schlosshof.
Blick aus der Niederweidener Allee durch das Westportal zum Schloss. Heinrich Wlha. Um 1880.
Unten: Trautmannsdorf an der Leitha.
Westliches Markttor. Barocke Anlage. Um 1928.

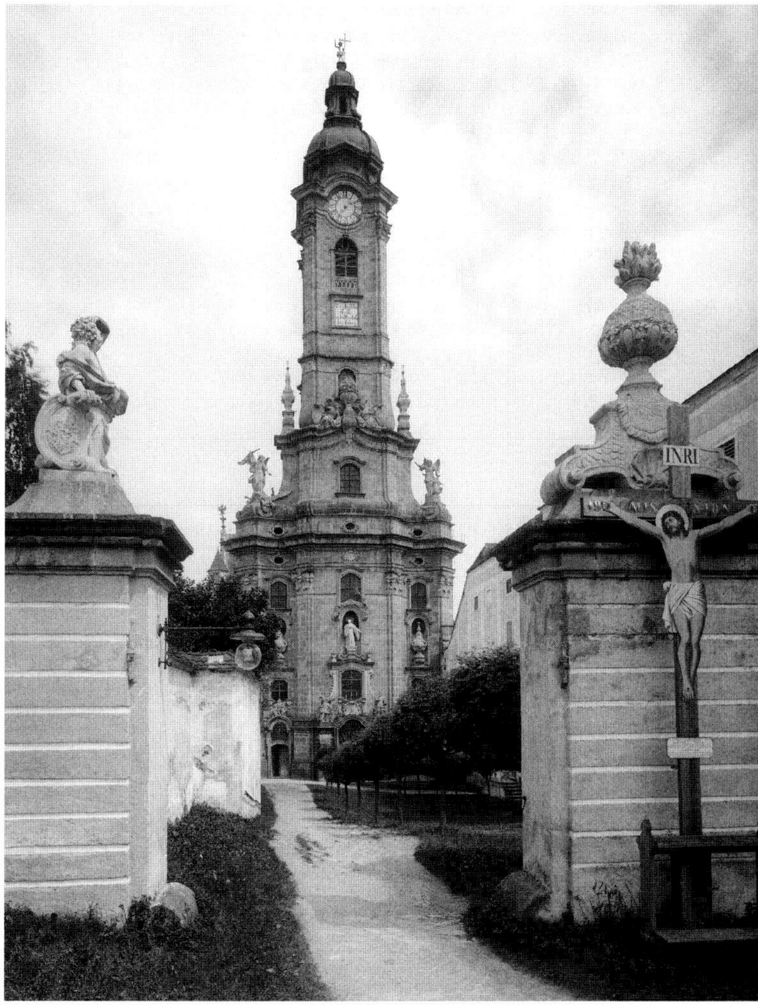
INRI

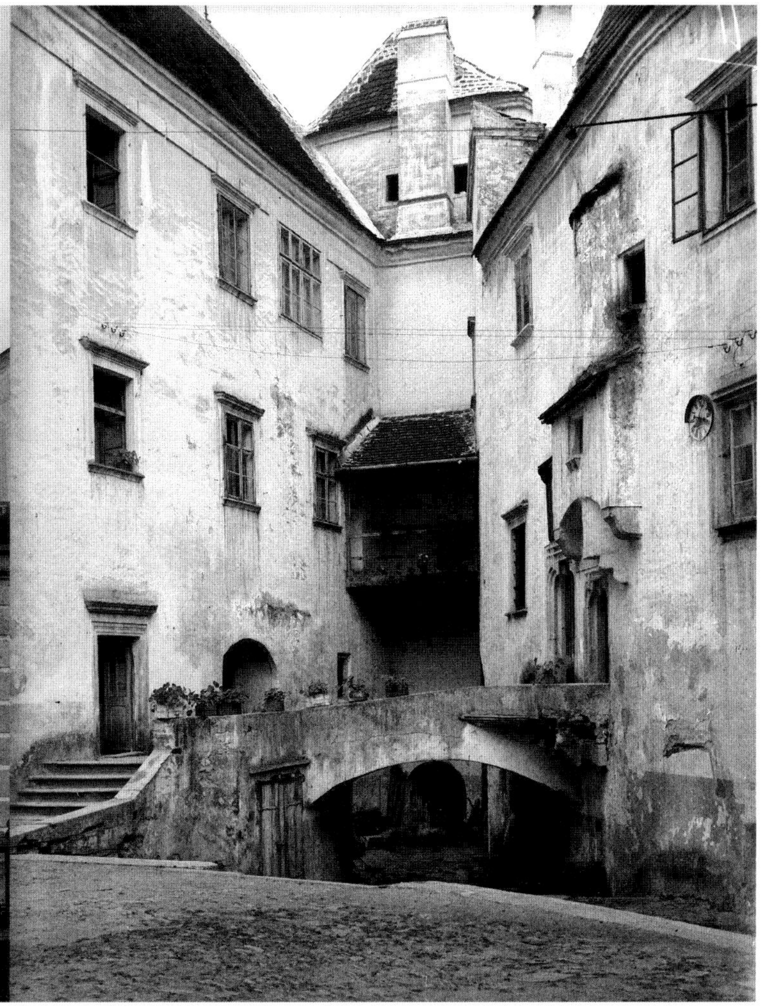

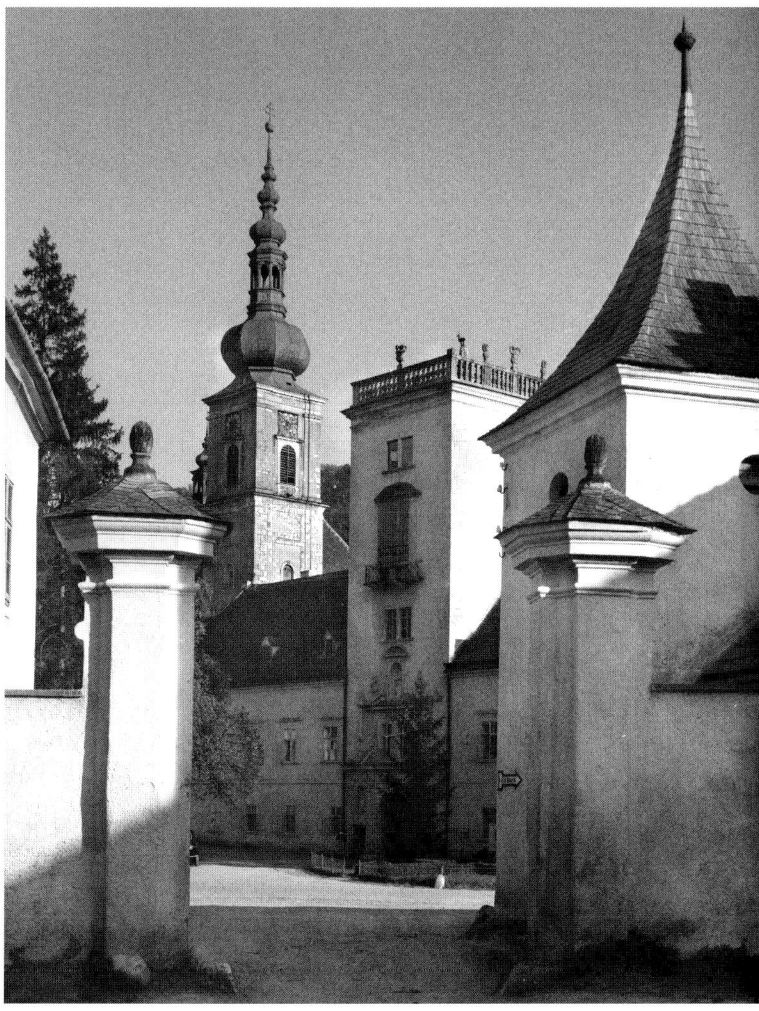

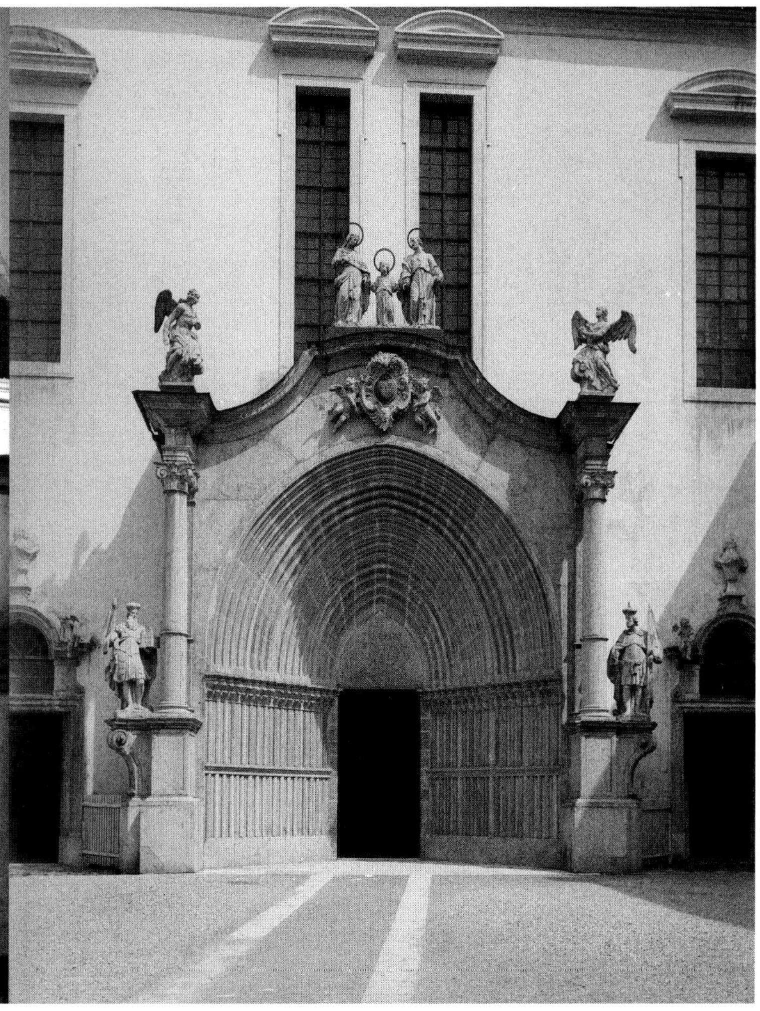

BURG FEISTRITZ
am Wechsel.
Waffensaal mit Ritterrüstungen
und Kanonenlafette.
1924.

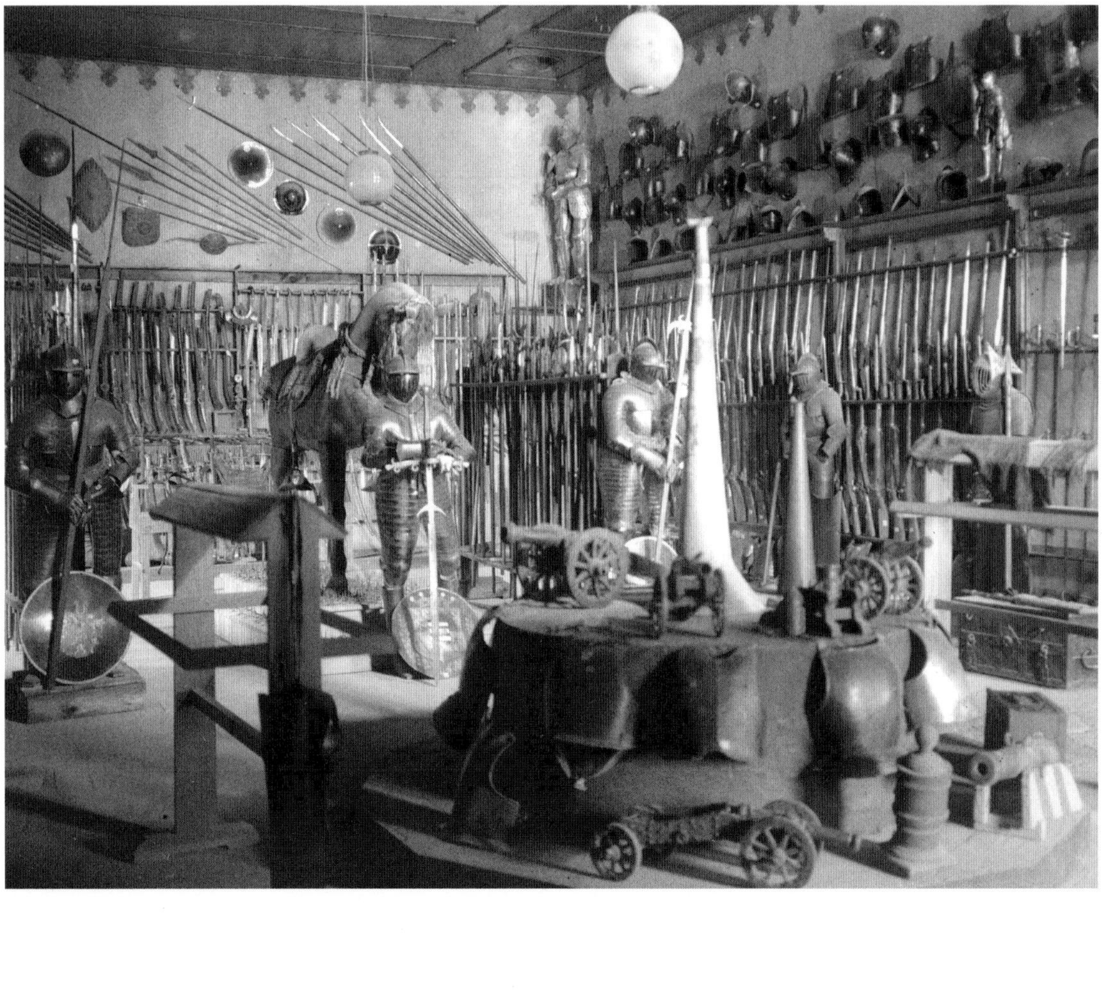

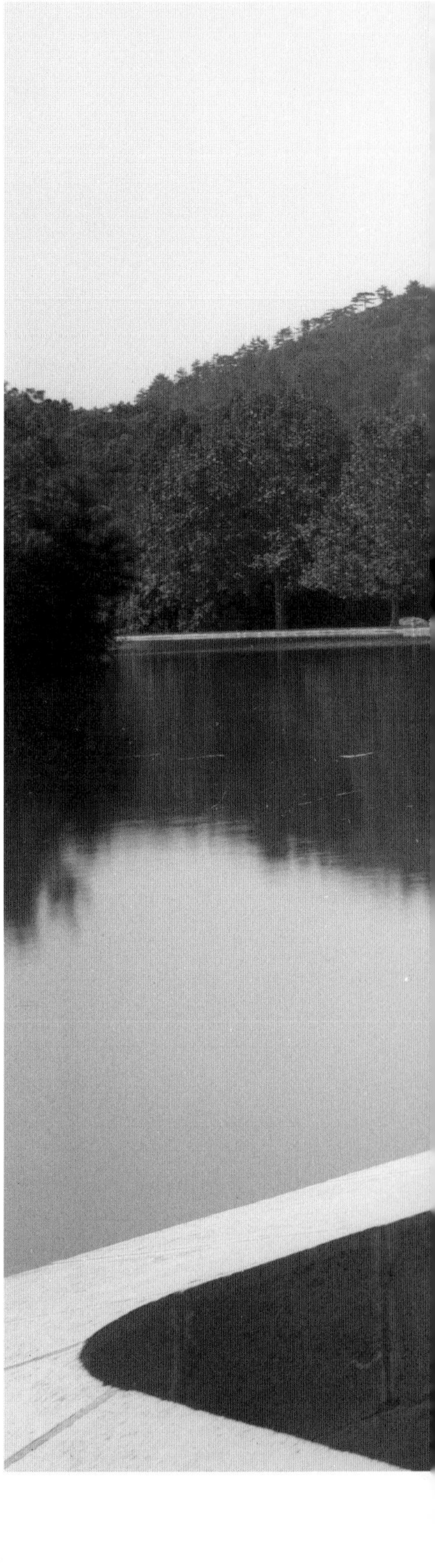

SCHLOSS HERNSTEIN
(Theophil Hansen, 1856–80).
Ansicht über den Teich
vom Kanonenschießstand.
Um 1912.

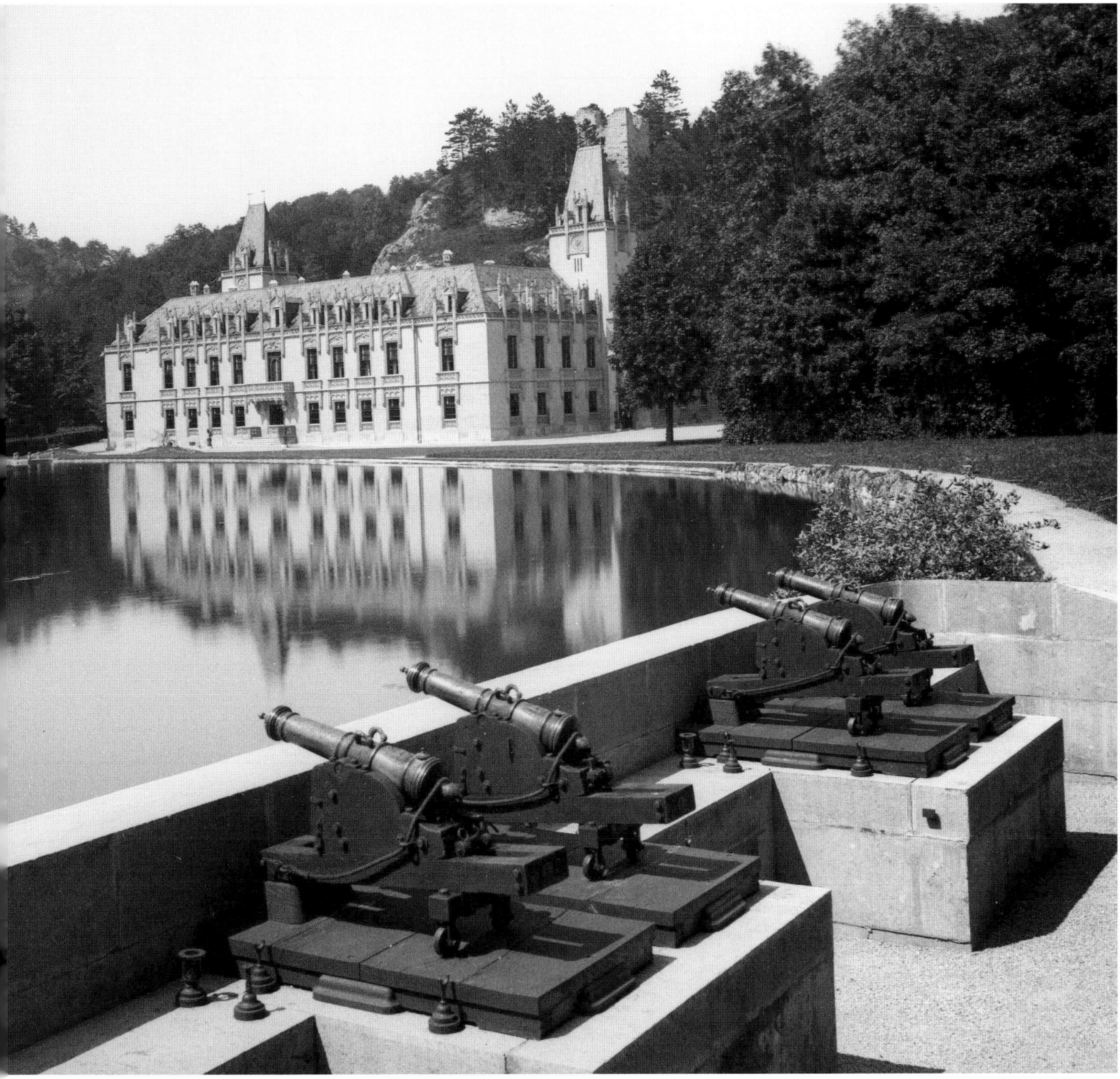

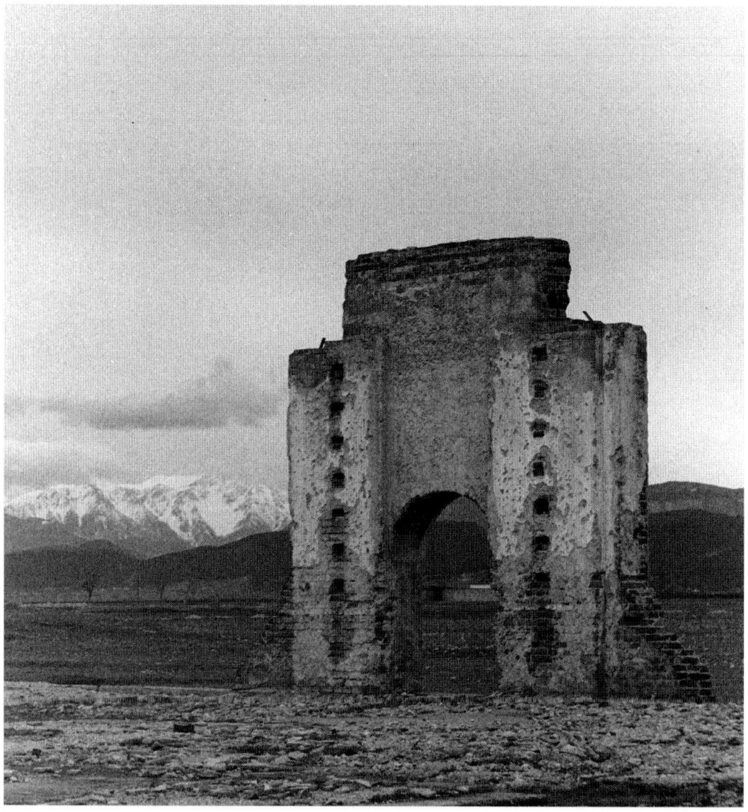

ANDERE ZEITEN,
ANDERE ANSICHTEN

Flugplatz Wiener Neustadt nach der Bombardierung im Zweiten Weltkrieg. Ehemaliges Denkmal der „14 Punkte für den Weltfrieden" des US-Präsidenten Th. W. Wilson. Um 1944.

Schottwien.
Durchblick mehr als 50 Jahre vor Errichtung des 130 m hohen und 632 m langen Talübergangs der Semmering-Schnellstraße. Um 1935.

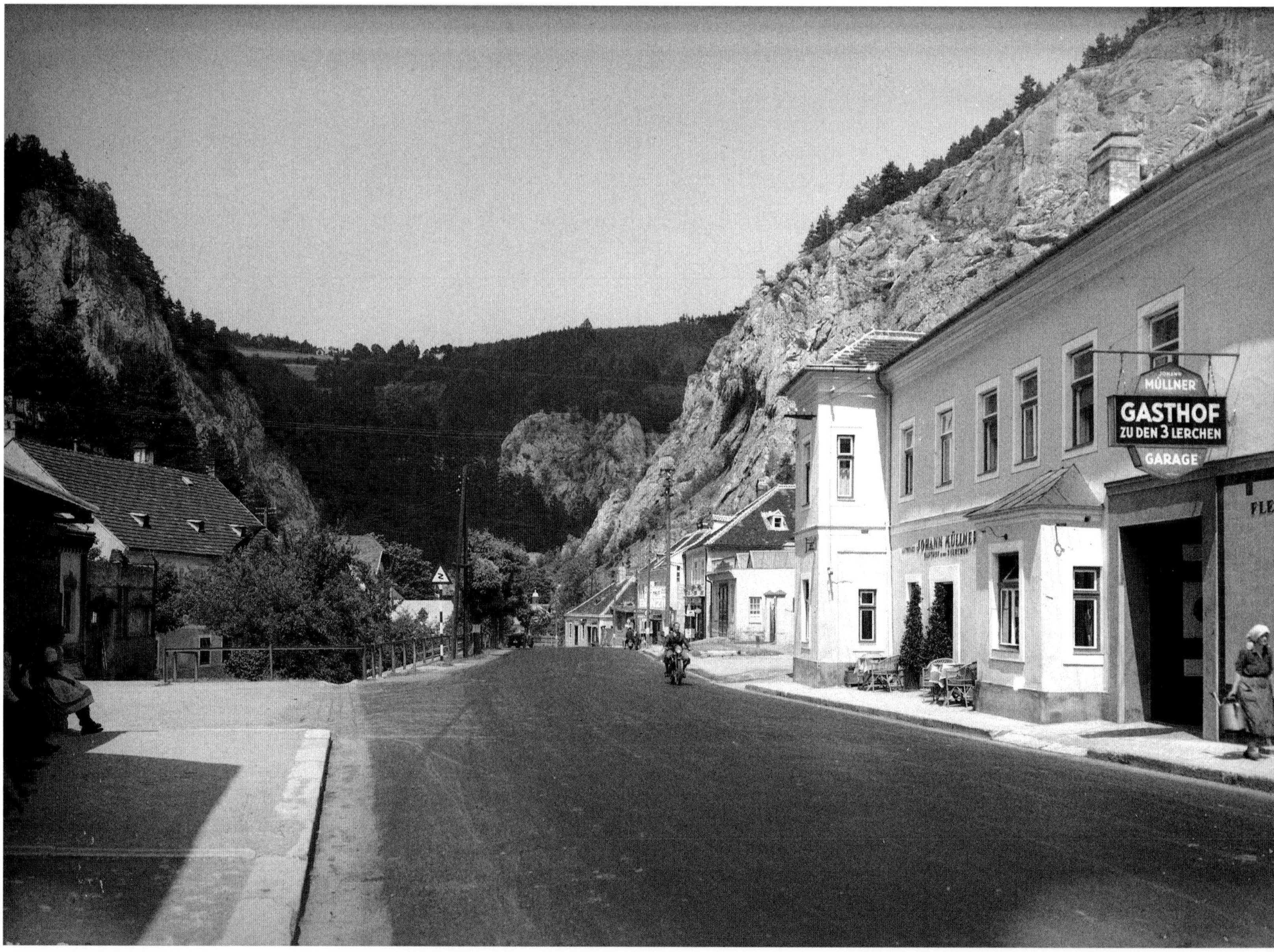

Markgrafneusiedl.
Ruine der Martinskirche,
ursprünglich Festung,
1817 Windmühle,
1862 abgebrannt.
Um 1930.

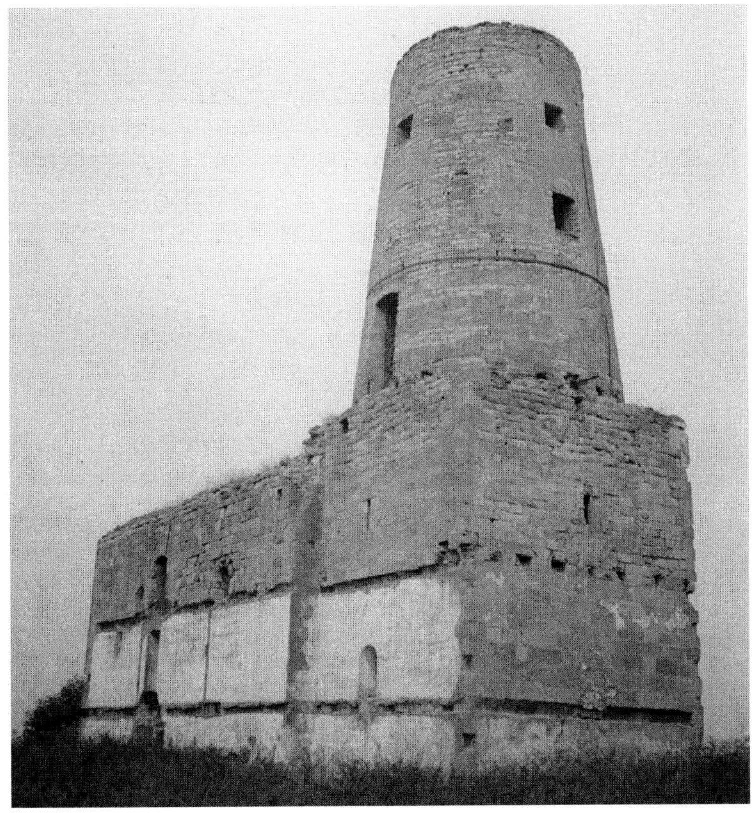

Mannersdorf am
Leithagebirge.
„Perlmooser Hof".
1517 Wildbad,
1604 Kapelle,
1786 Drahtzugfabrik,
1810 Wohnhaus.
Ansicht um 1935.

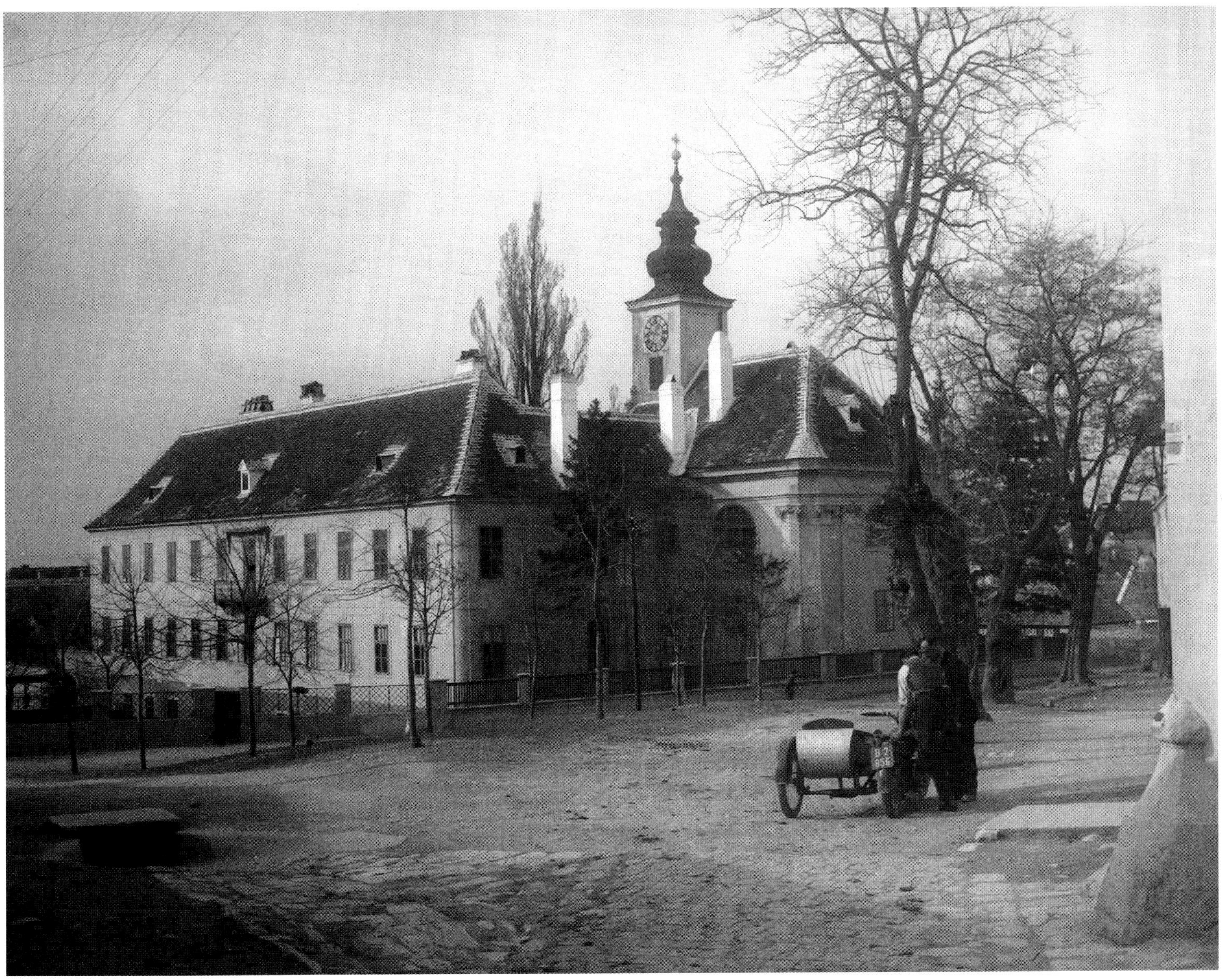

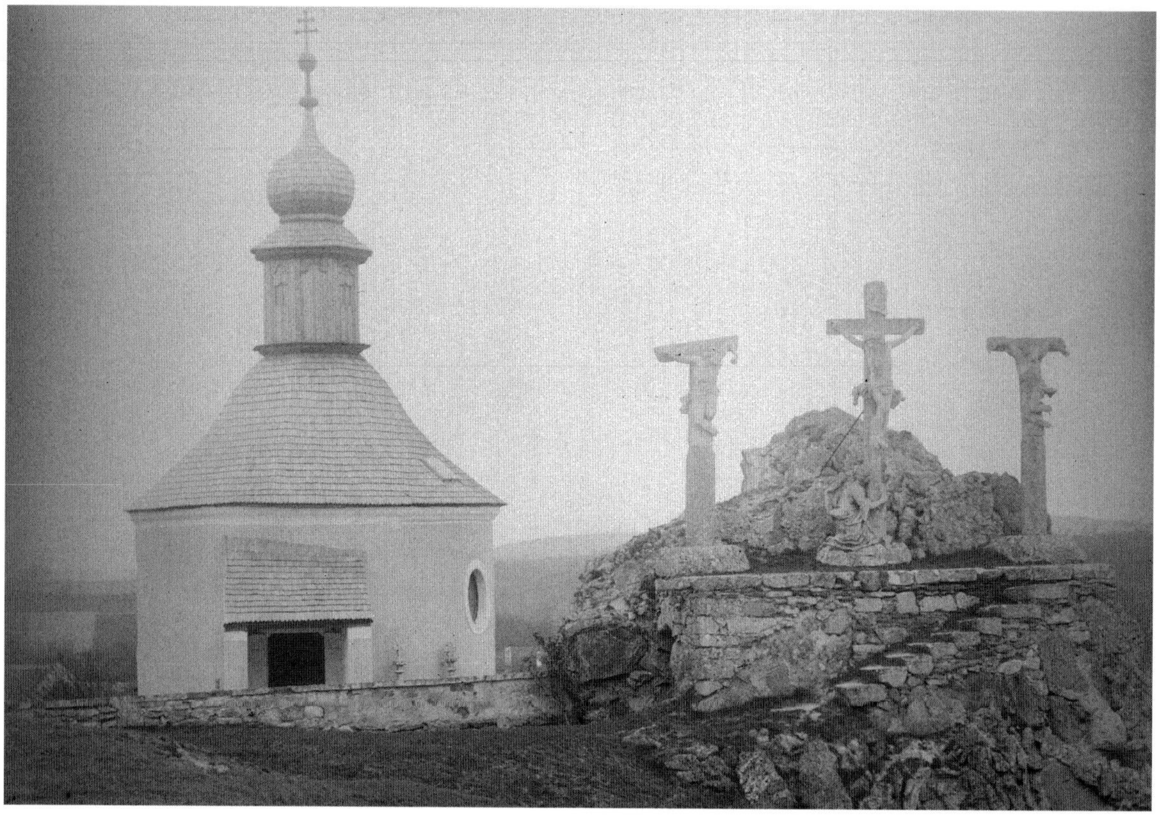

Karner und Kalvarienberg in Kühnring im Waldviertel. Um 1908.

Karner St. Michael in der Wachau. Pyramide der Totenschädel am Altar. Um 1937.

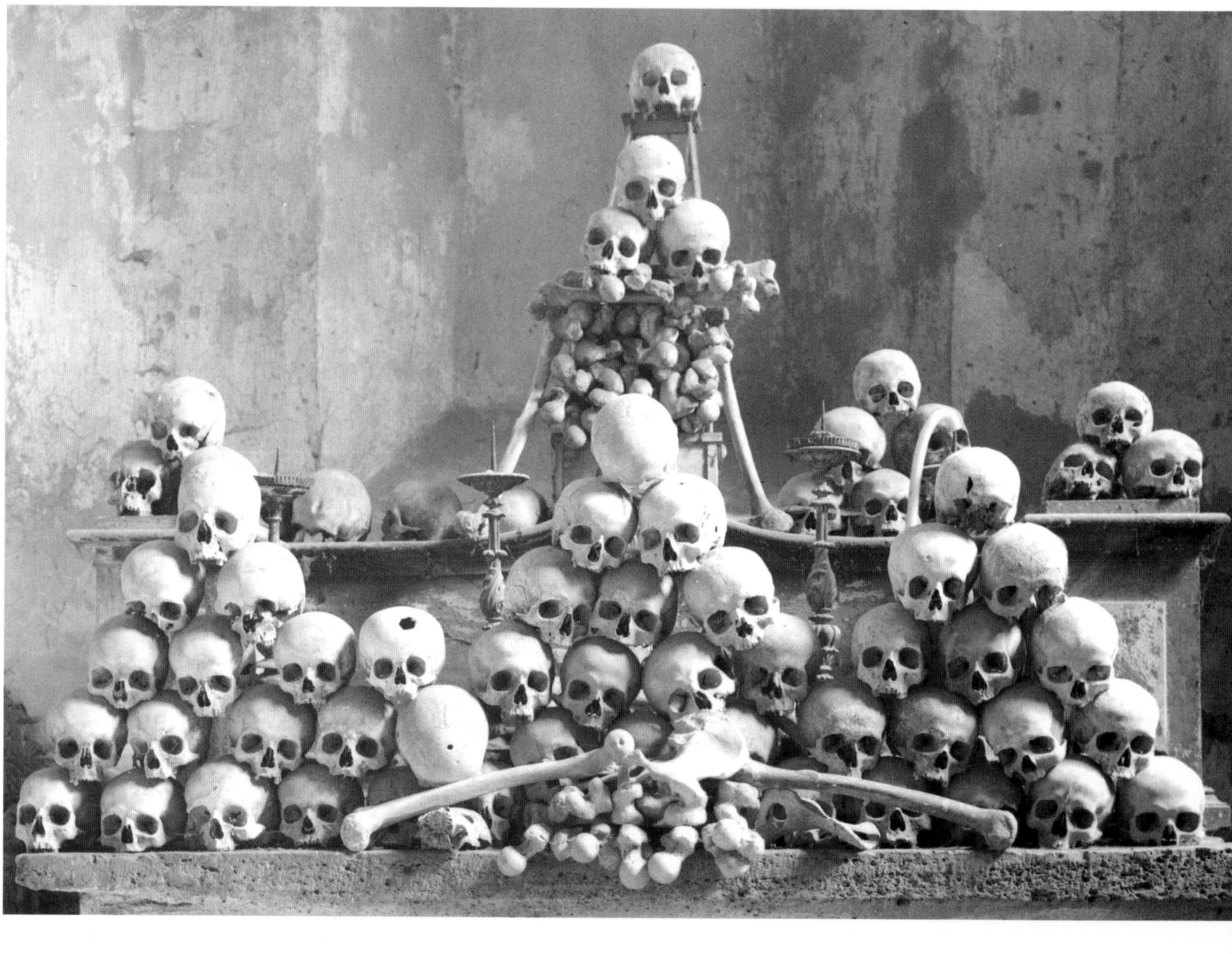

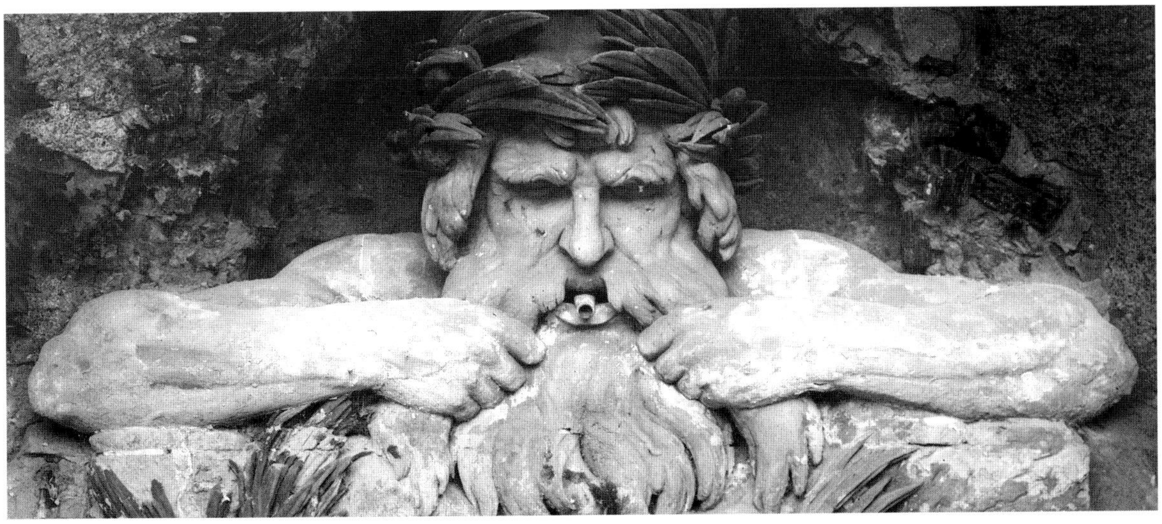

Wasserspeier (Josef Klieber, 1822) der Brunnengrotte in der Weilburg in Baden. Um 1937.

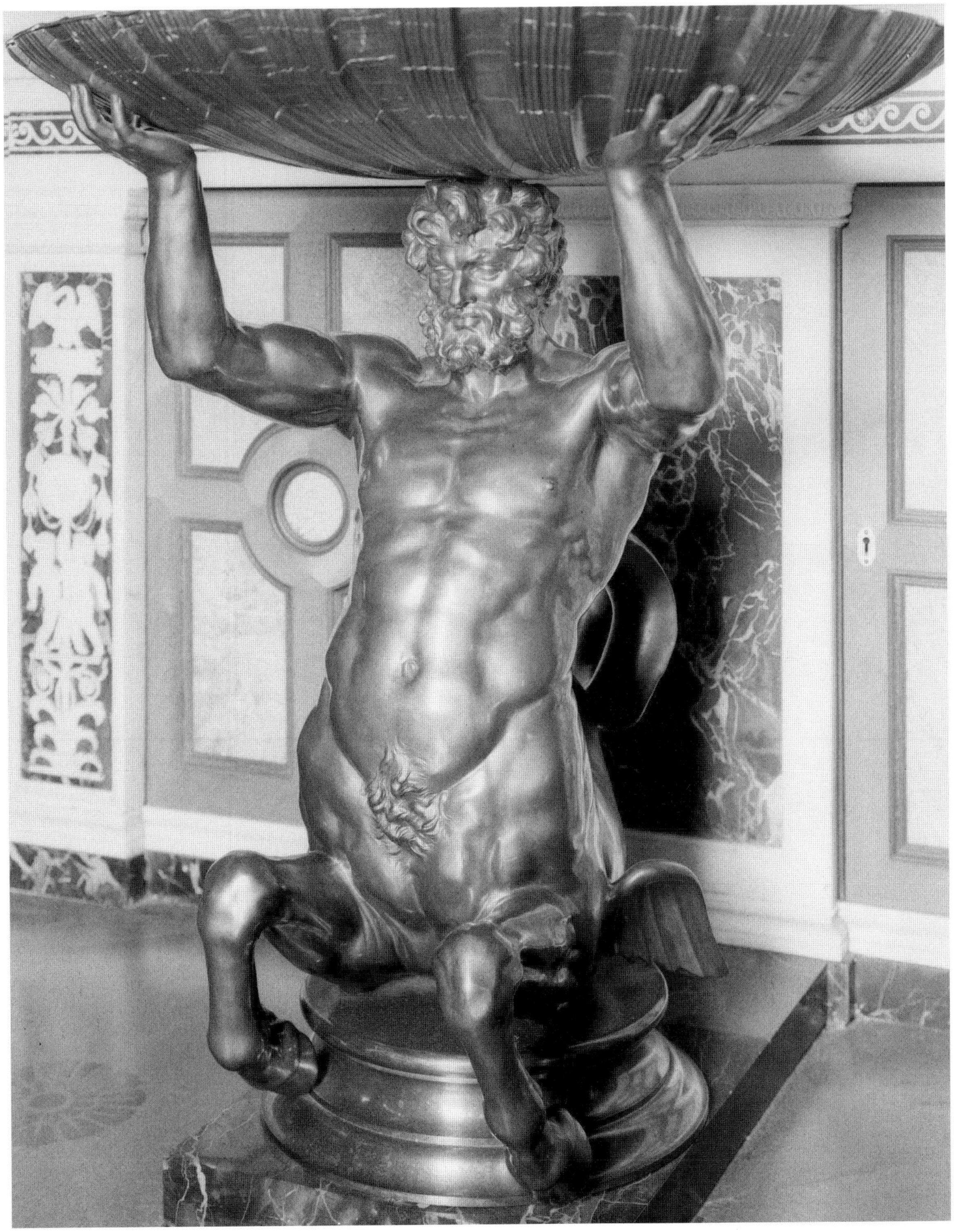

Triton trägt Muschelbecken (Bronzeguss von Daniel Hollenbach um 1850). Toilettenzimmer im Schloss Hernstein. Um 1920.

MENSCHEN IN IHREM HEIM

Erziehungsinstitut für Mädchen in Judenau.
Hans Rott (Staatssekretär für Soziales) mit den für ein Festspiel kostümierten Mädchen nach Enthüllung einer Gedenktafel für Engelbert Dollfuß. August 1937.

Unten: Altersheim in Schrems.
Bewohnerinnen am Nachmittag in der Loggia.
Um 1925.

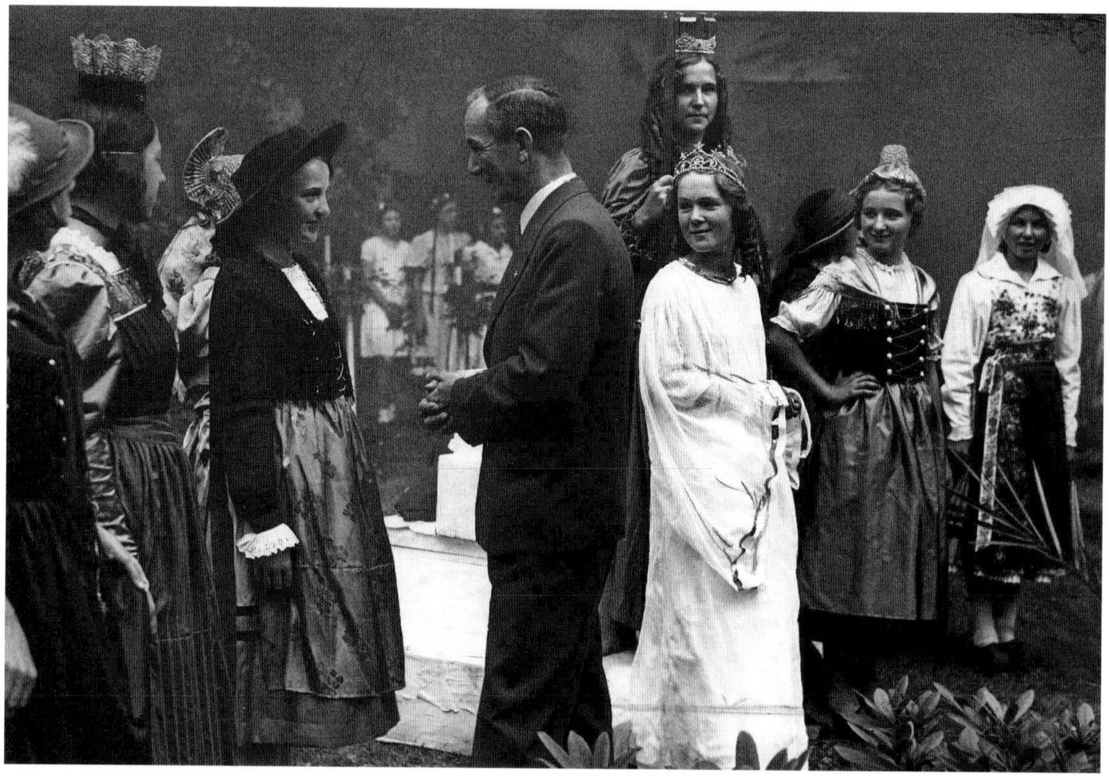

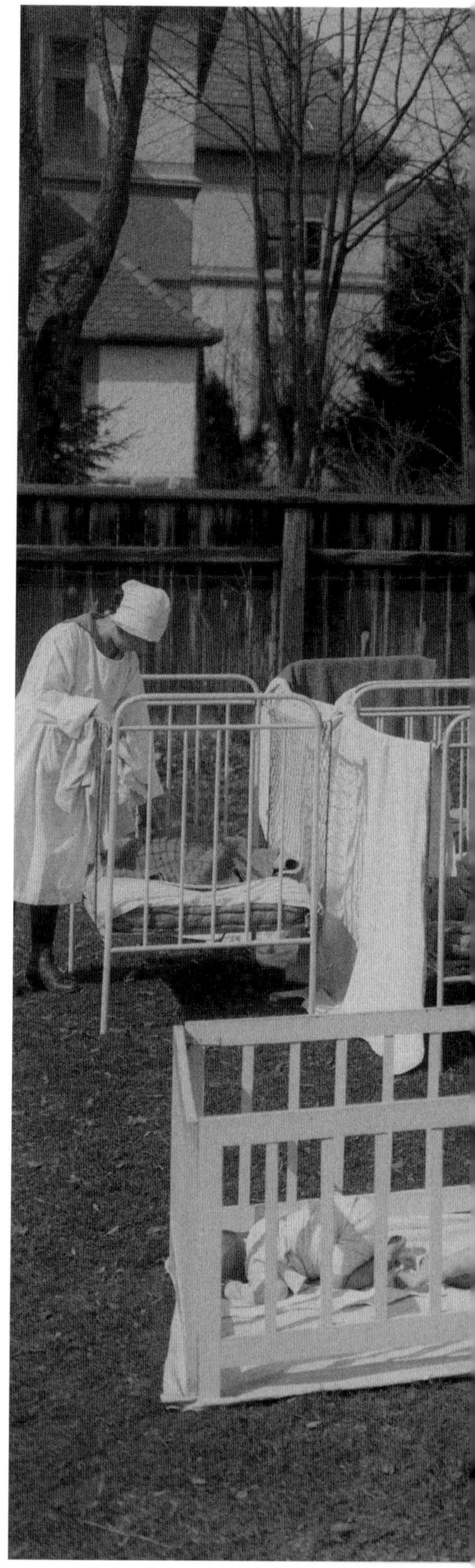

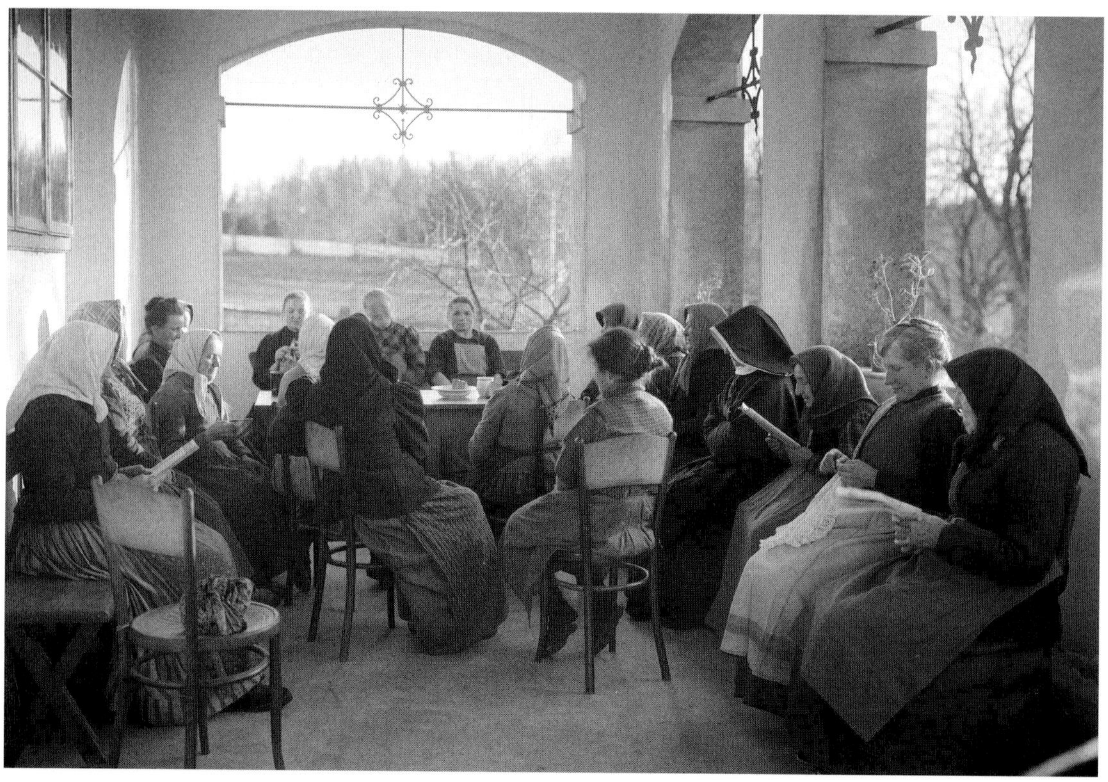

Säuglingsheim Waidhofen an der Ybbs. Visite im Freien. Um 1929.

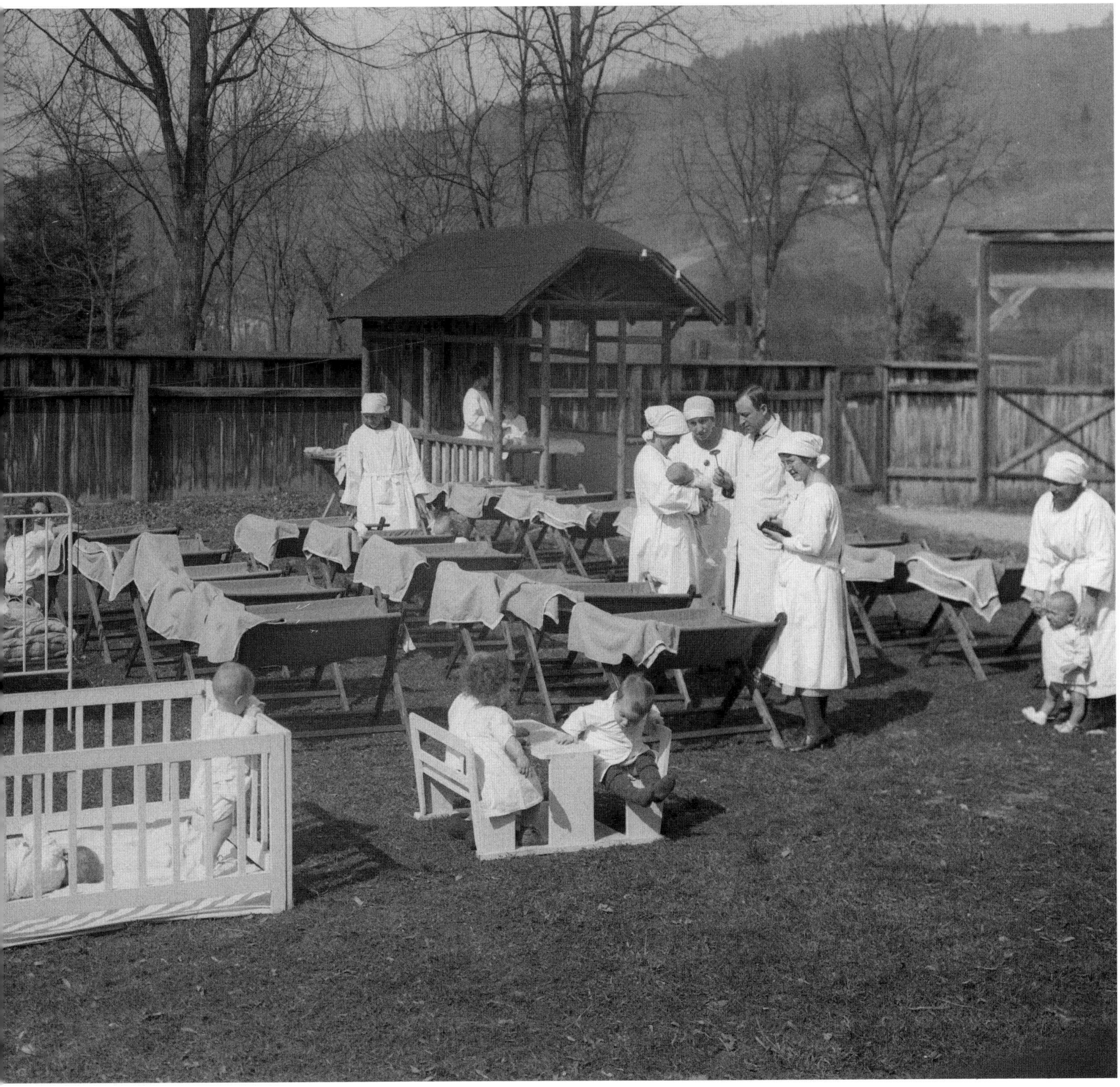

HEILANSTALTEN

Lungenheilanstalt Alland im Wienerwald. Ansicht des Schrötter-Pavillons während der Renovierung.
Bruno Reiffenstein. Um 1950.

Unten:
Kaiser-Franz-Joseph-Landes-Heil- und Pflegeanstalt in Mauer-Öhling. Widmungsmappe zur Eröffnung 1902.

Jugendstilbauten Gesellschaftshaus und Kapelle.

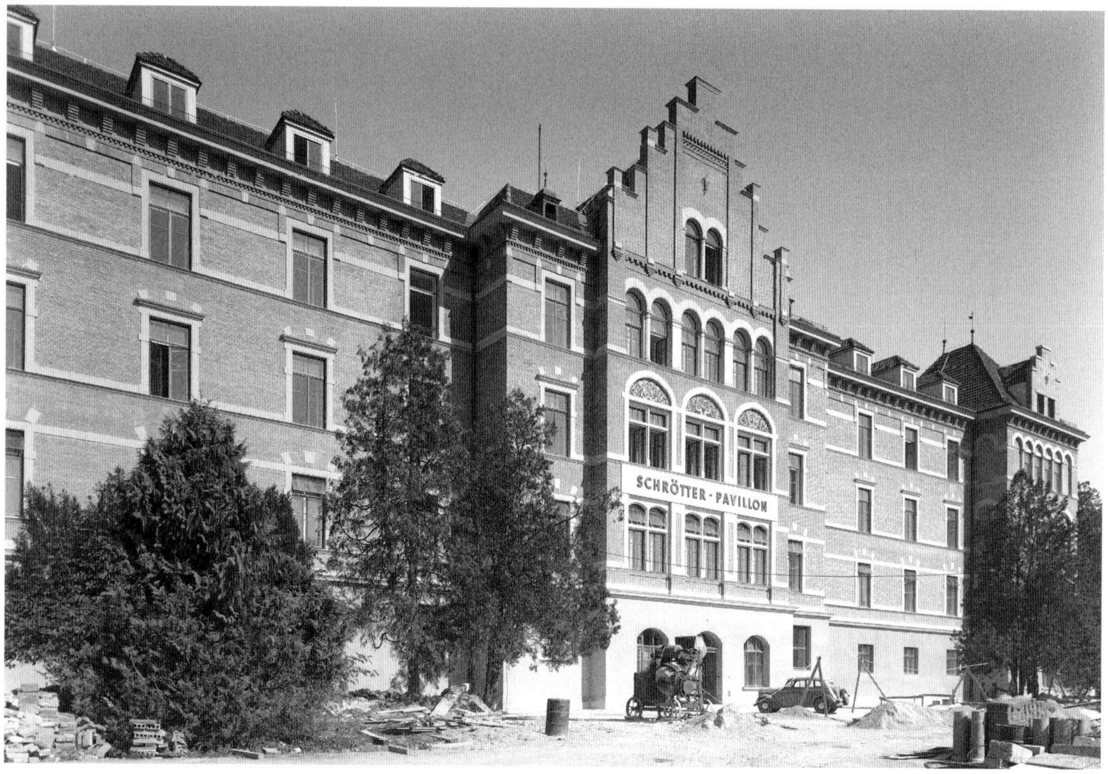

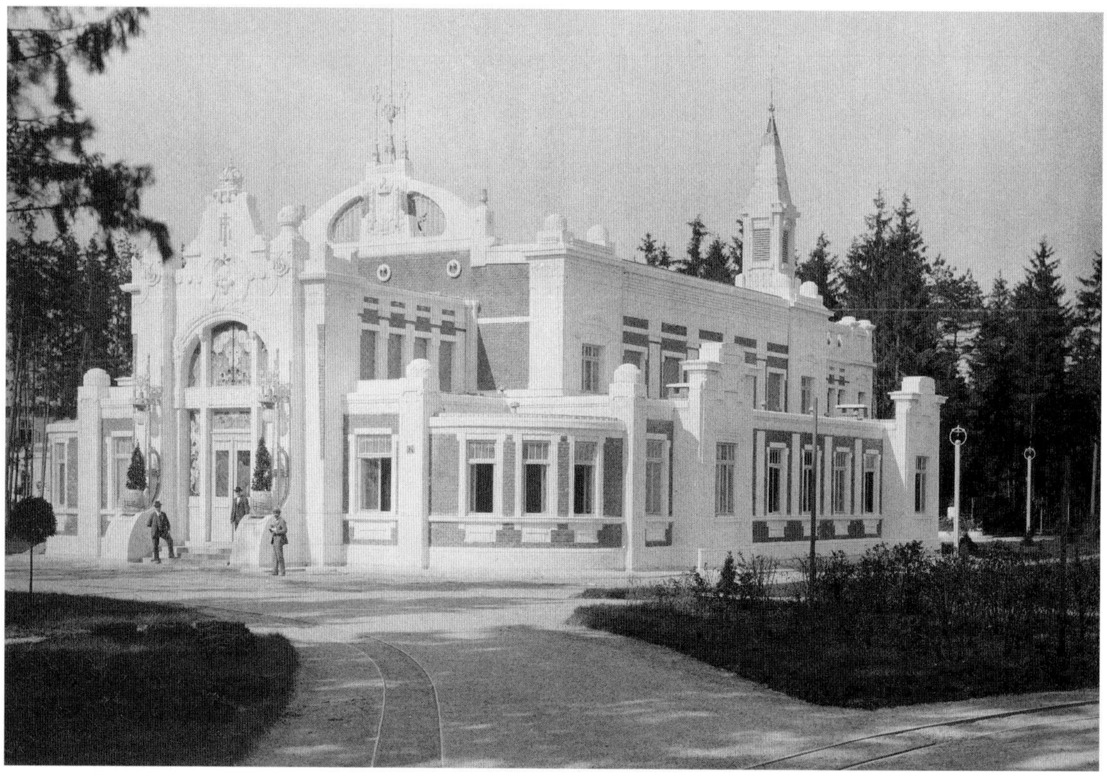

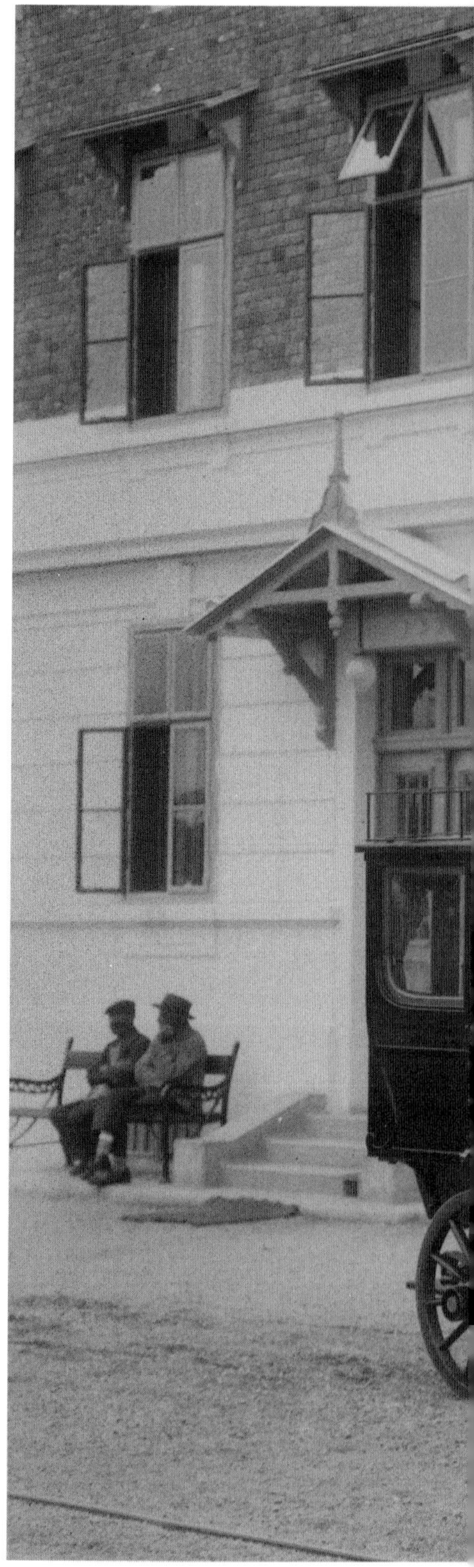

Kaiser-Franz-Joseph-Landes-Heil- und Pflegeanstalt in Mauer-Öhling. Widmungsmappe Juli 1902.

Das „Anstaltsfuhrwerk“ (Krankentransportwagen mit Pferdegespann).

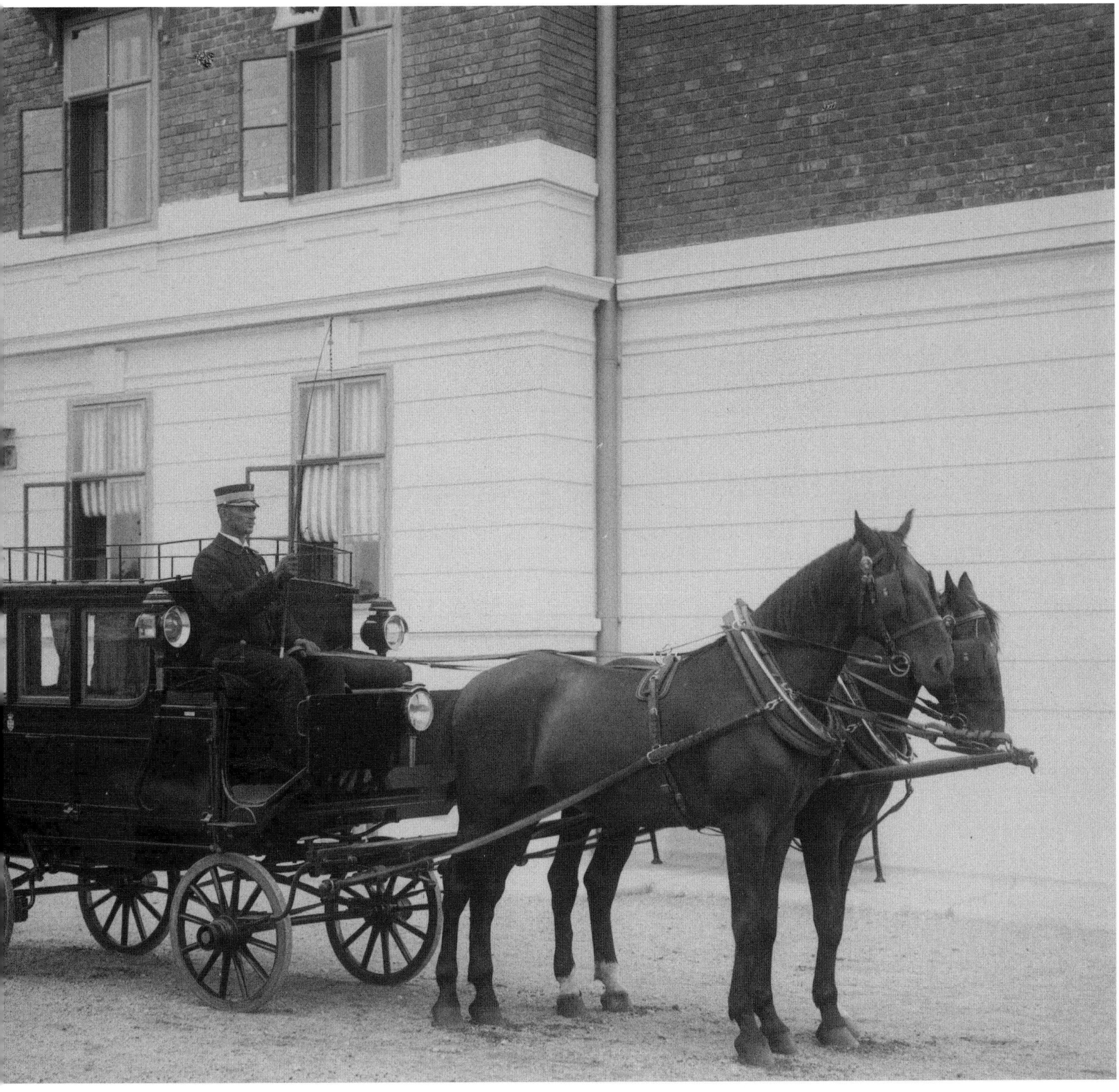

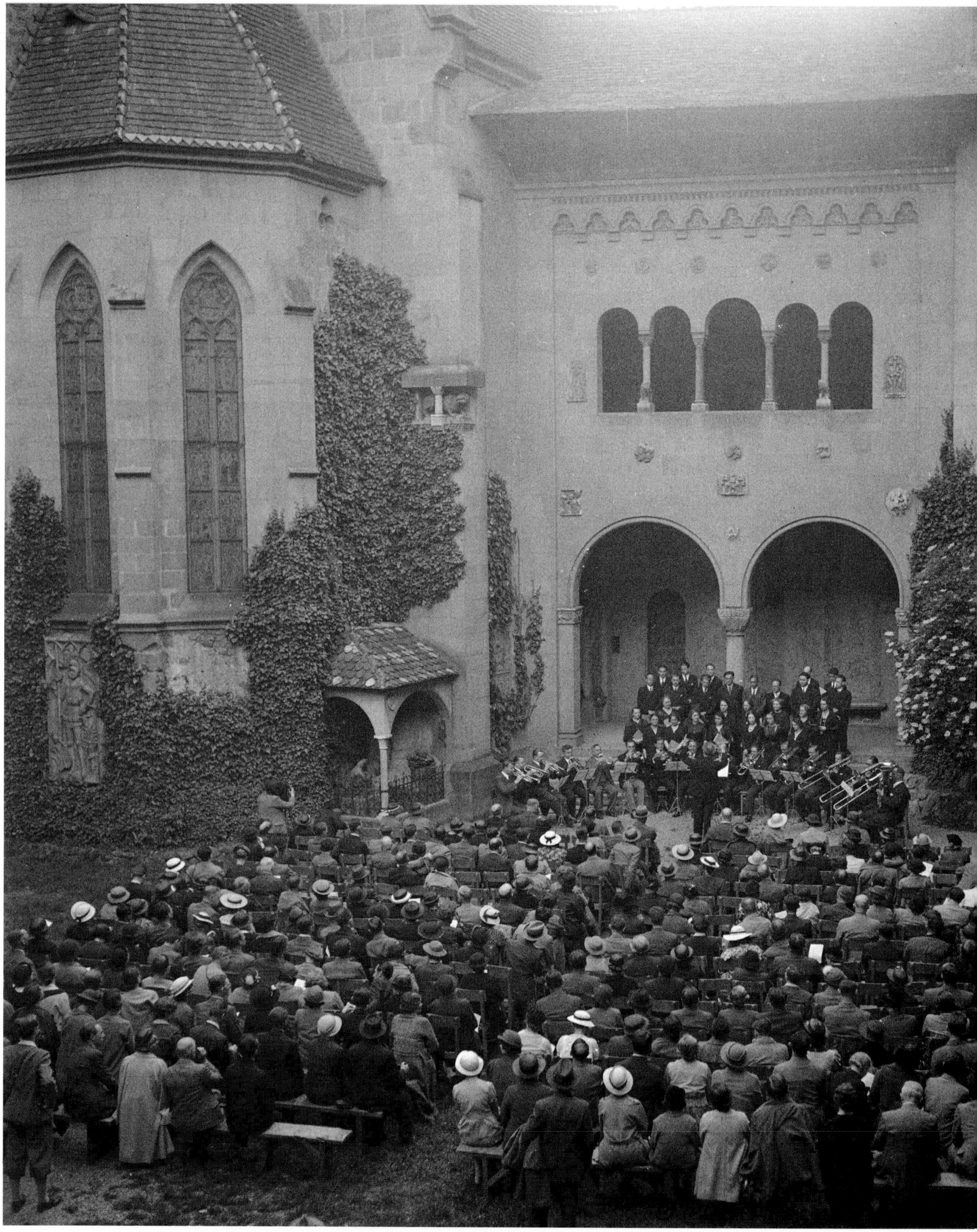

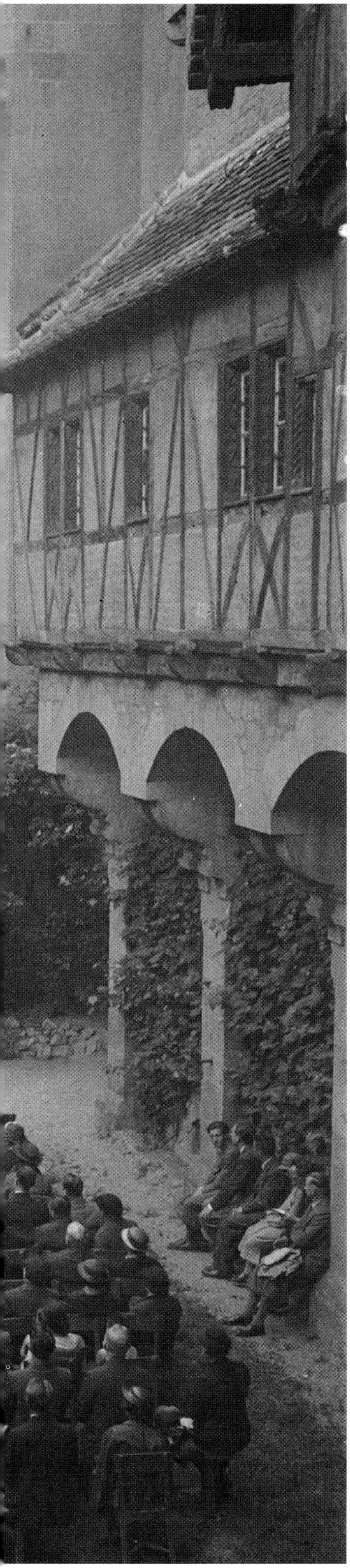

SCHLOSSKONZERT
im Hof der Burg Kreuzenstein.
Blick über die Zuhörerschaft
auf Kammerchor und Bläsergruppe vor der Burgkapelle.
Um 1937.

KURKONZERT
in der Trinkhalle Baden.
Das Orchester unter der Kuppel
mit Erik Werba am Klavier
und Ludwig Werba als Dirigent.
Um 1950.

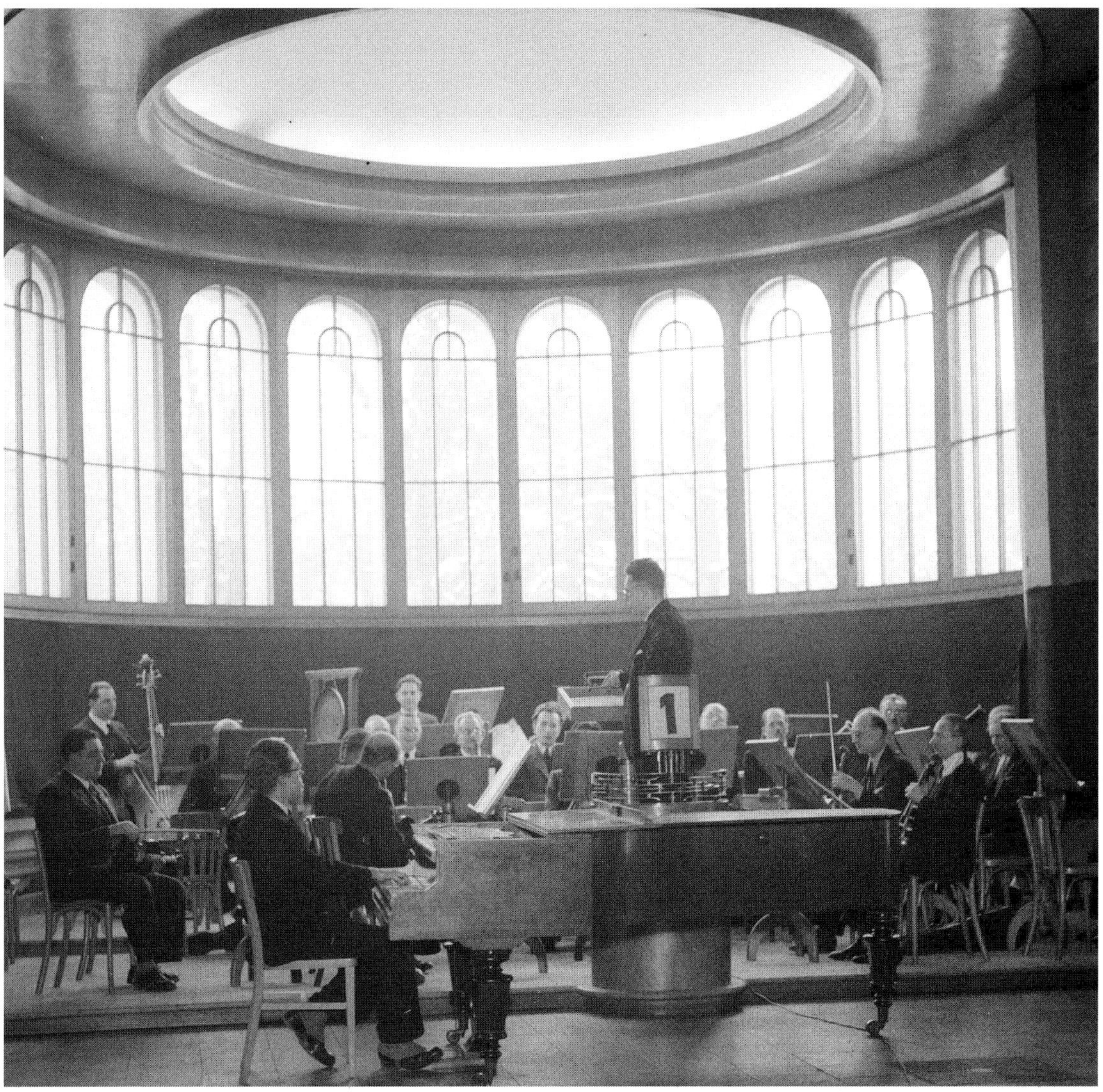

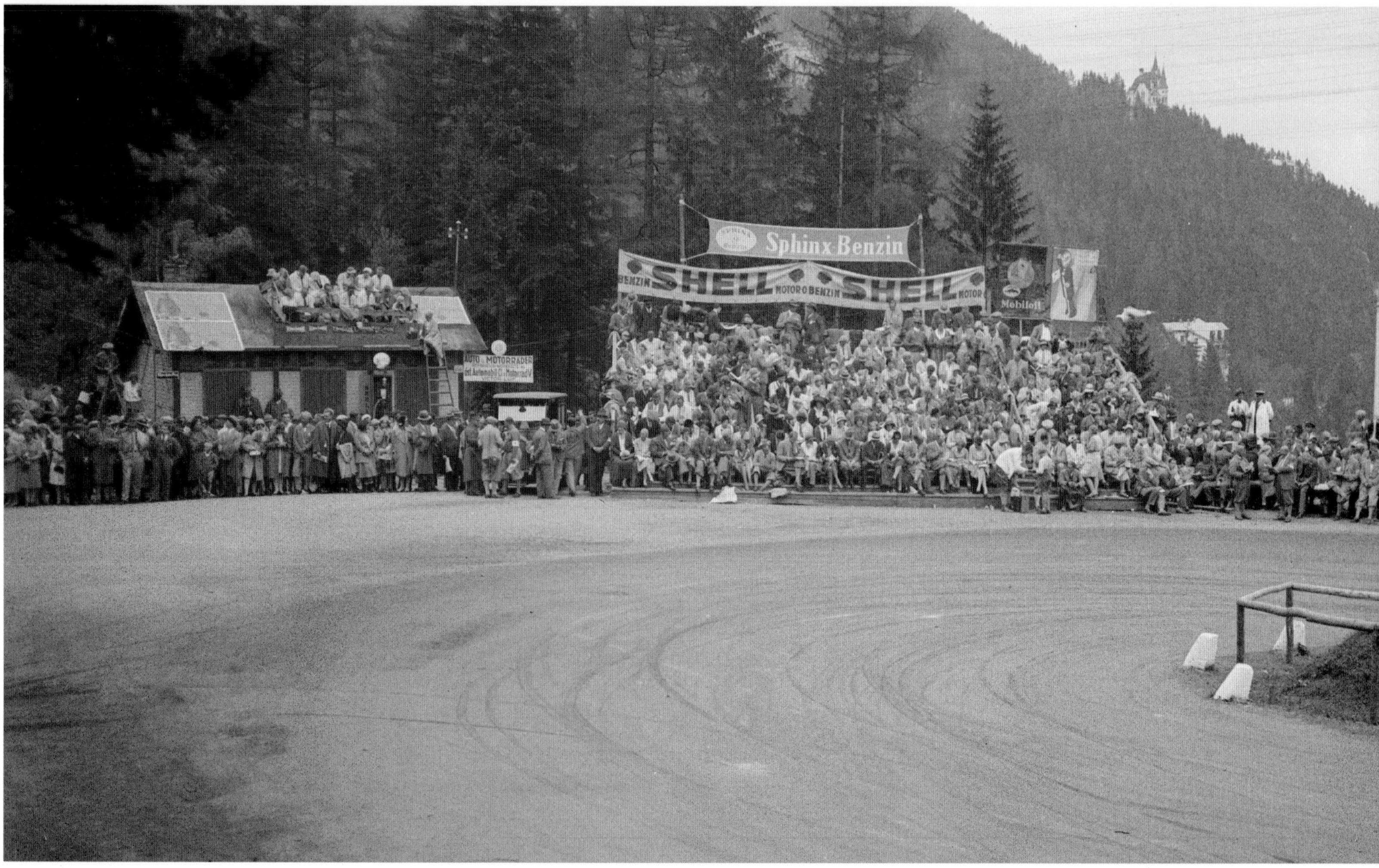
Sphinx-Benzin
SHELL
SHELL

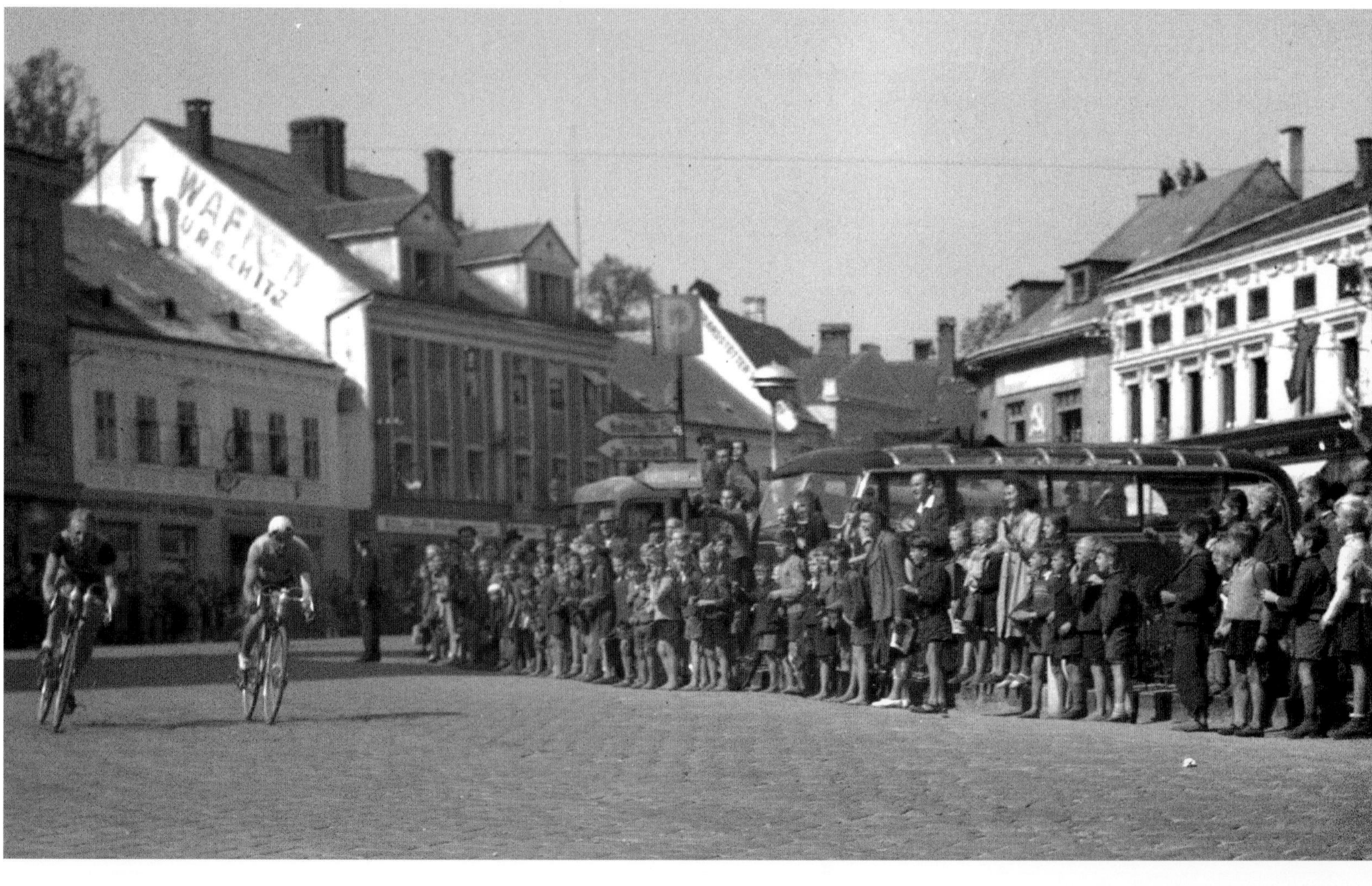

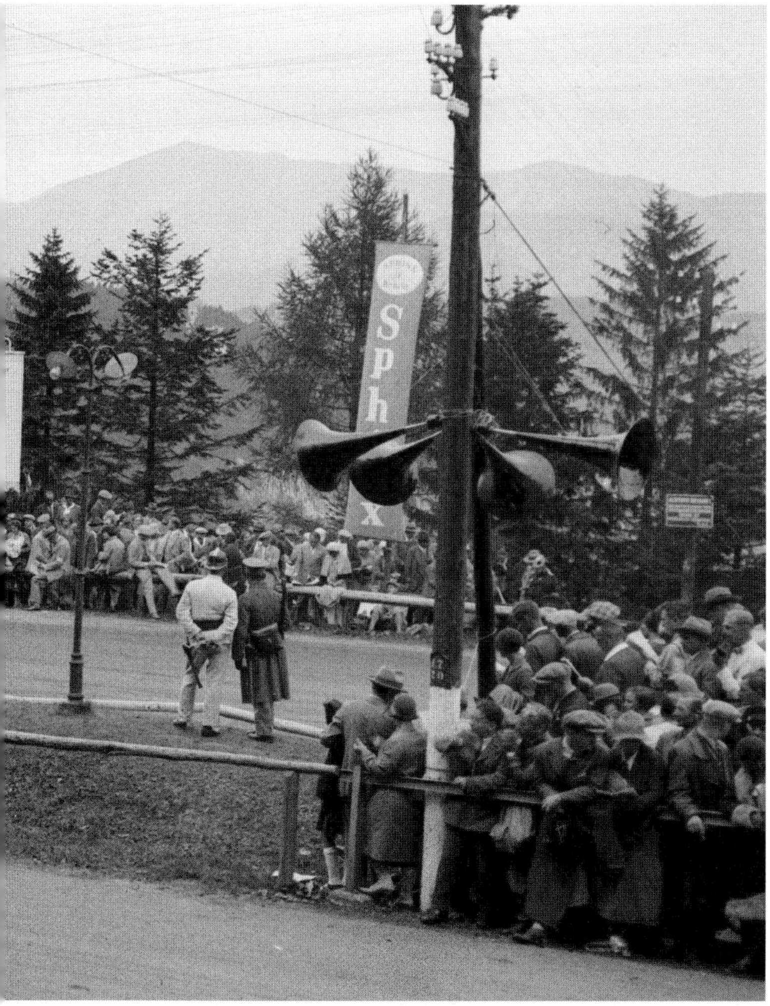

Semmering. Motorrad- und Automobilrennen zwischen Schottwien und der Passhöhe. Publikum in der neu ausgebauten „Mechanikerkurve". 1937.

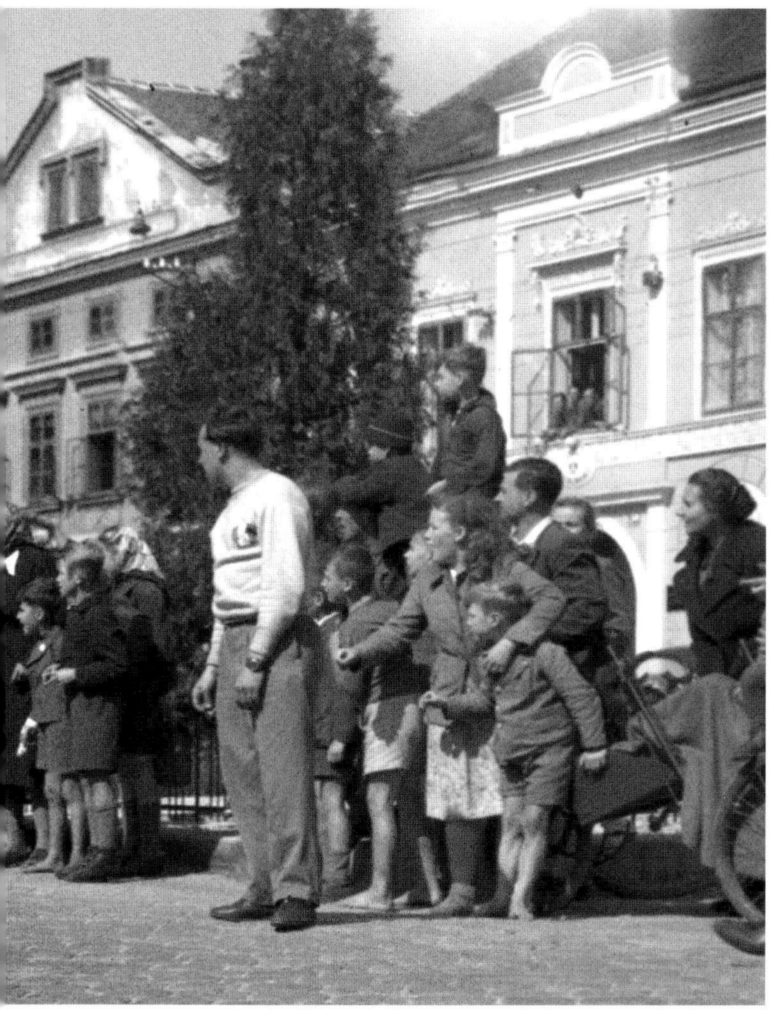

„Quer durch Österreich" (Vorläufer der „Österreich-Radrundfahrt"). Führungsduo bei der Durchfahrt am Hauptplatz in Amstetten auf der Etappe Linz–Wien. September 1948.

Eichhörnchen aus Getreidestroh auf einem prämierten Wagen eines Marchfelder Erntedank-Umzugs. Bruno Völkel. Um 1950.

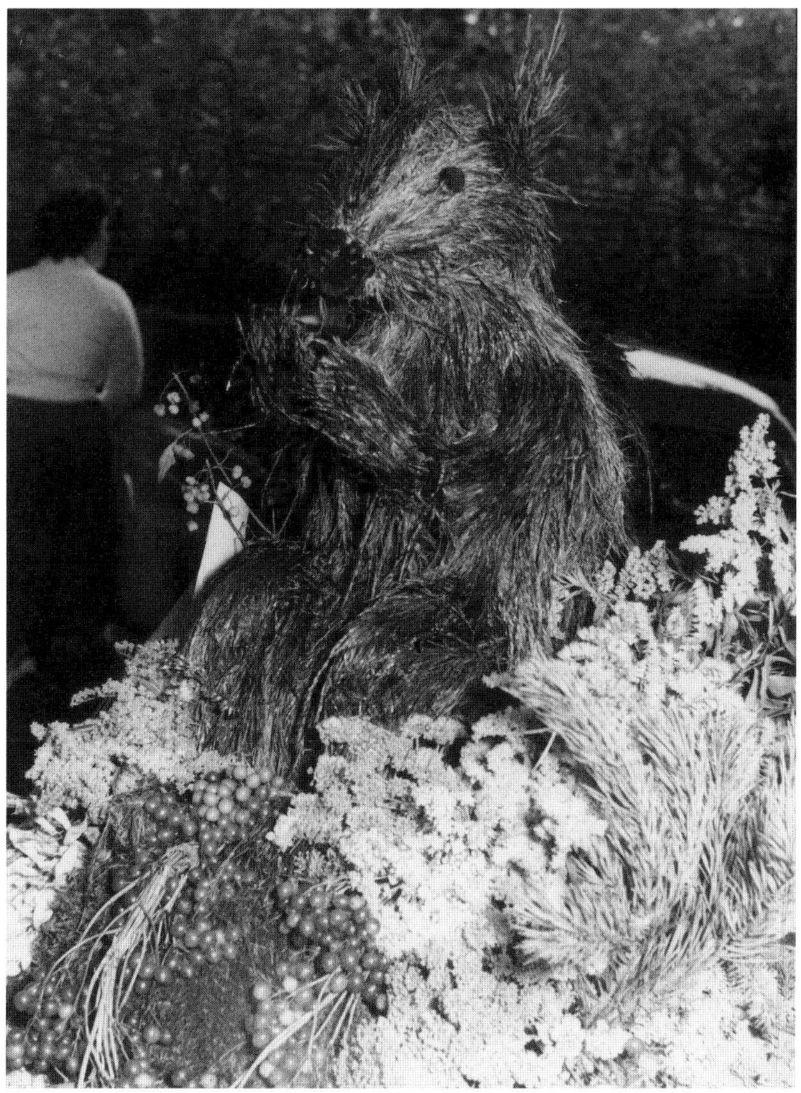

VON PRESSEN UND FÄSSERN

Spindelpresse in der „Wurzmühle" in Großpertholz mit eingelegtem Hadernpapier. (Letzte österreichische Papiermühle.) 1931.

Unten Mitte:
Großes Fass im Stiftskeller Klosterneuburg. Kinder auf der Fasshöhe vor dem Rutschen. Um 1938.

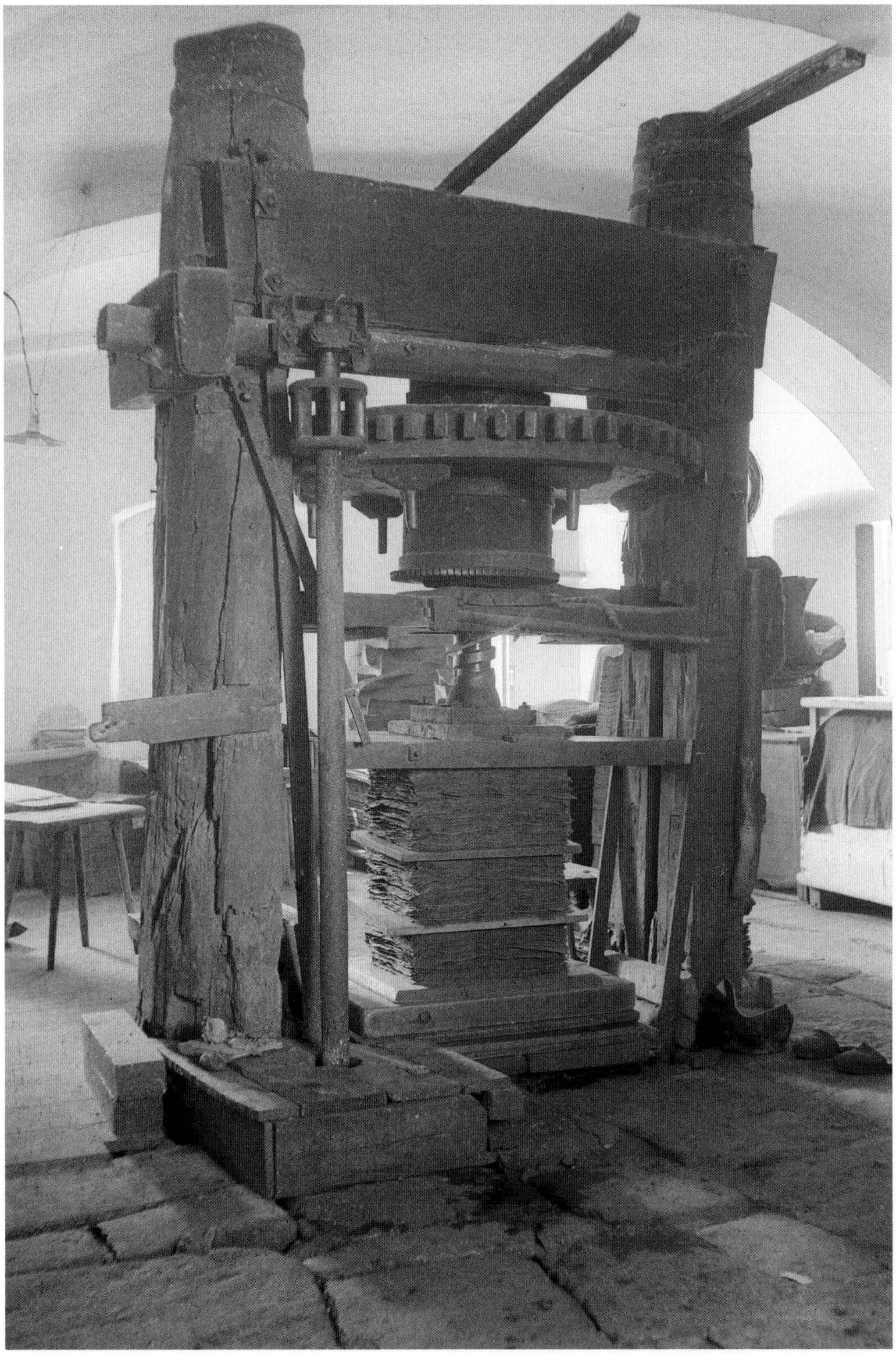

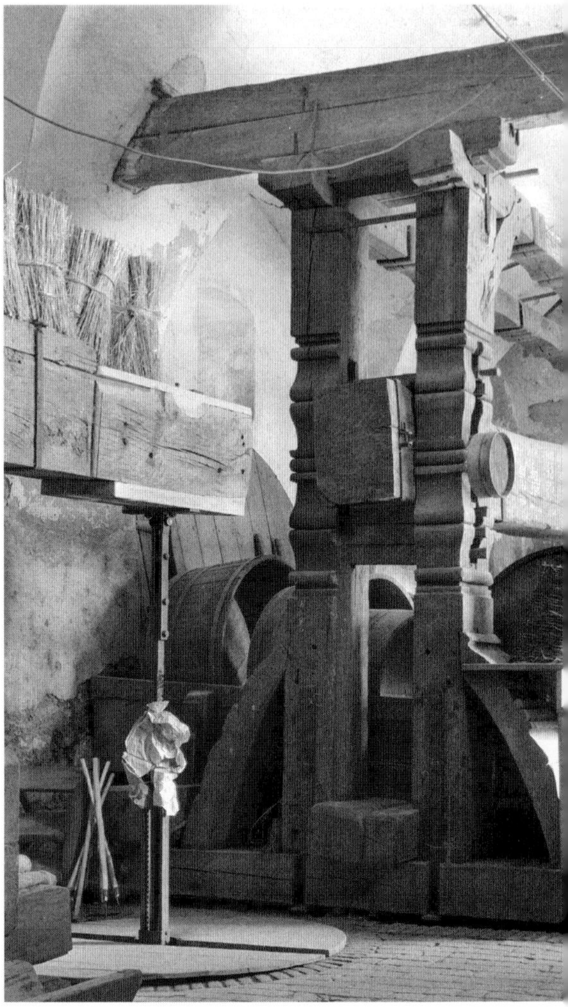

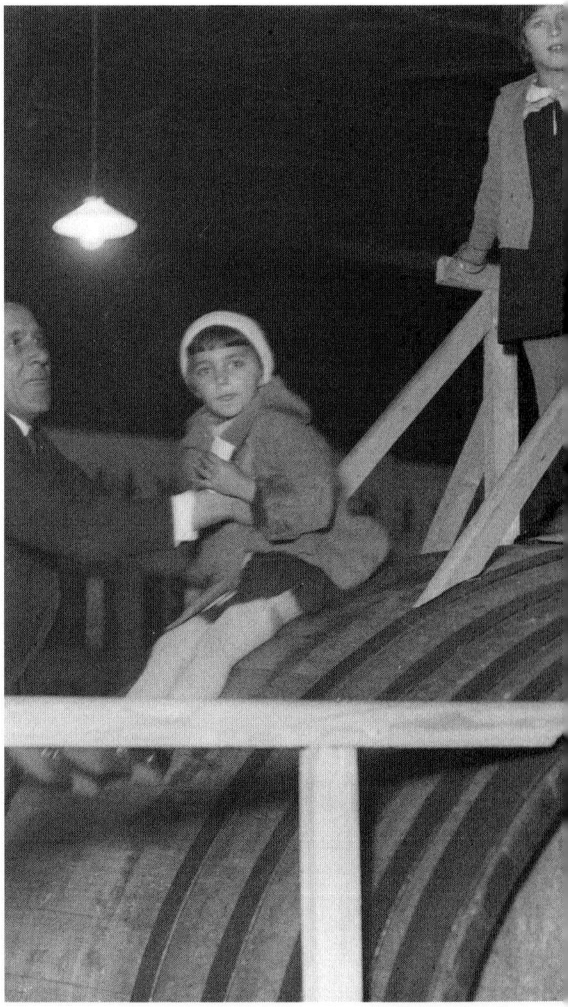

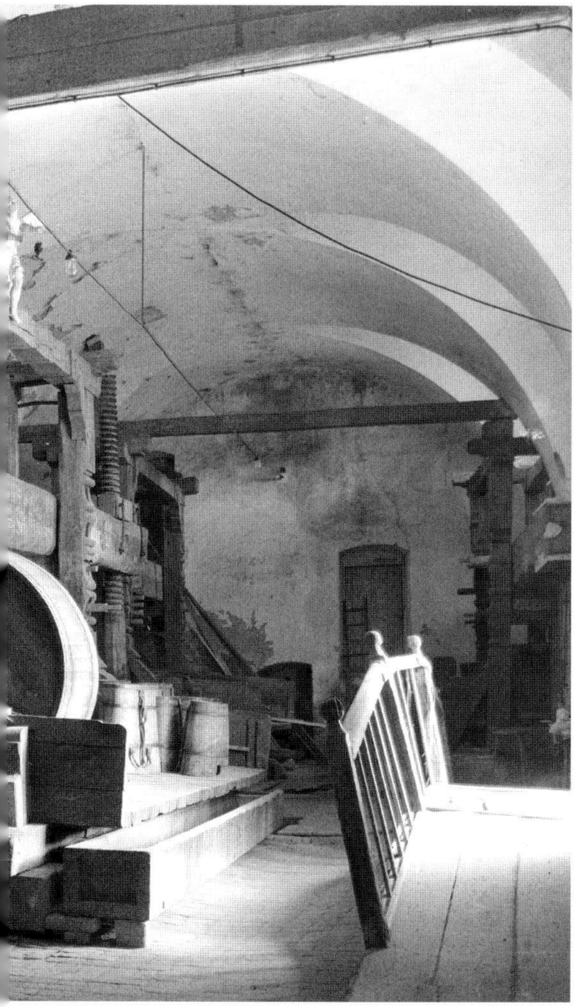

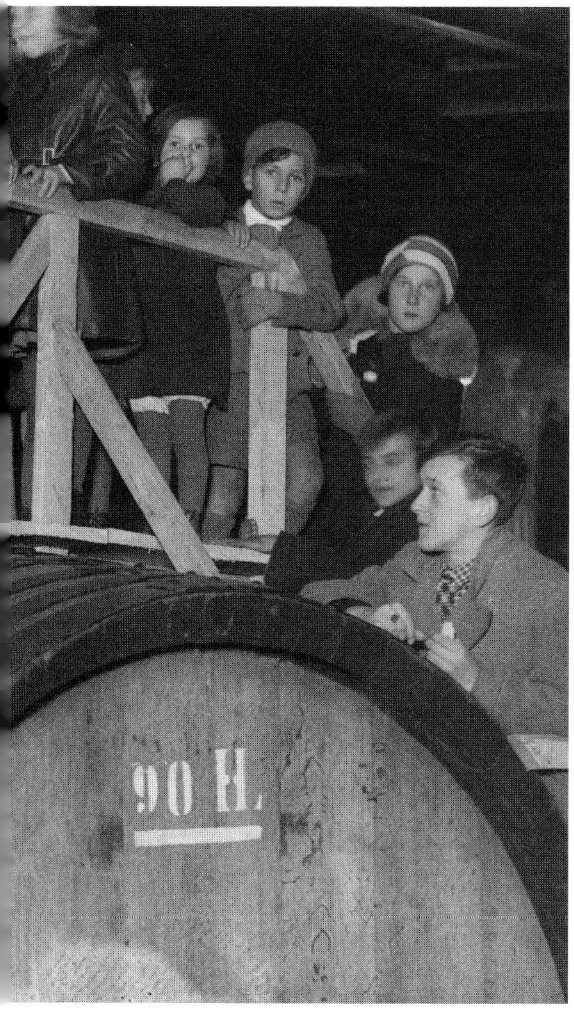

Links:
Gut Thallern des Stiftes Heiligenkreuz.
Hölzerne Weinpresse im Keller.
Um 1940.

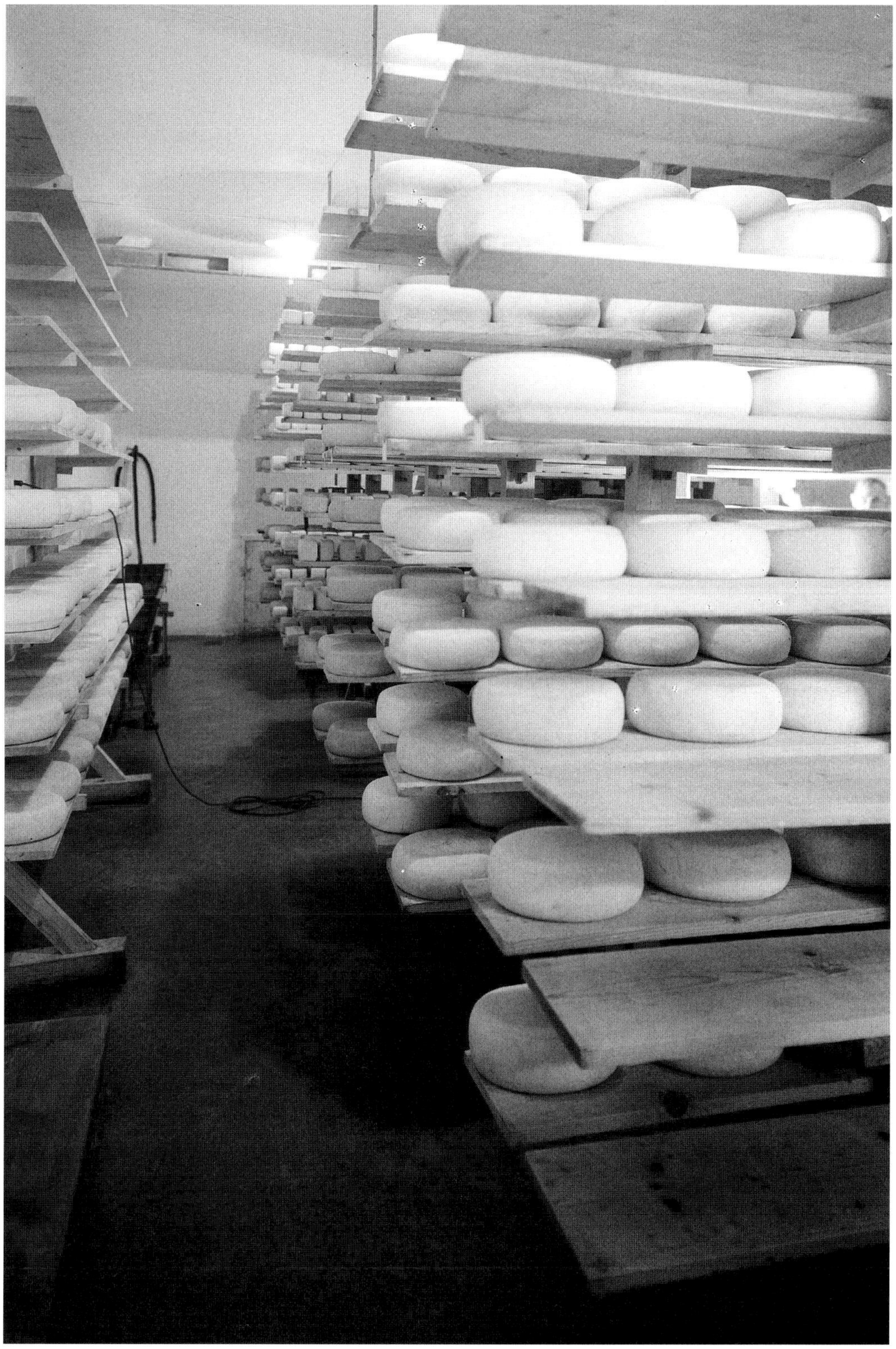

LAIBE AUF BRETTERN
Trockenraum der Käserei Mistelbach.
August 1937.

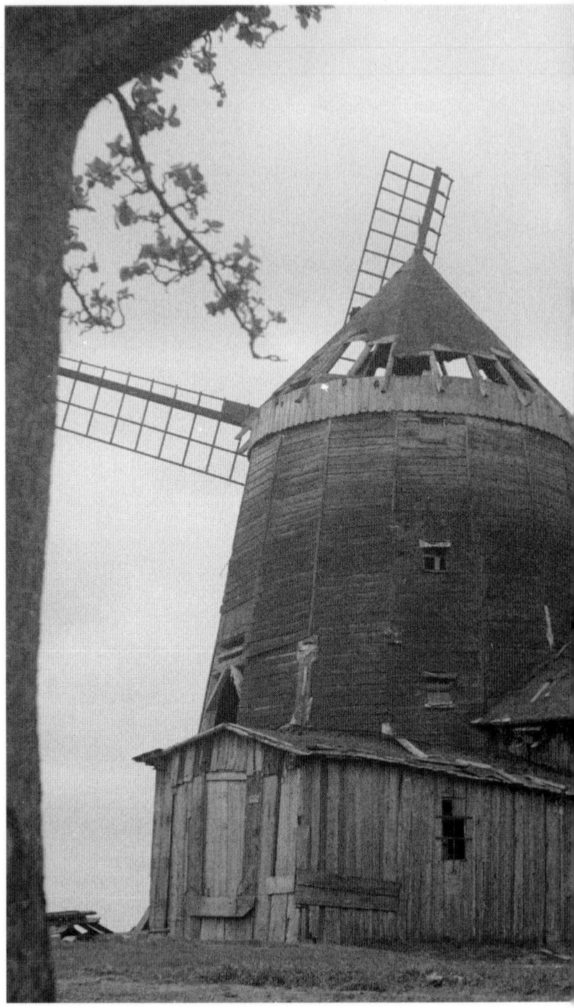

HAUS- UND HOFBILDER

Kirchberg am Wechsel.
Alte Linde mit Schiene im Geäst
im Hof einer Fleischhauerei.
Um 1930.

Unten Mitte:
Grabnerhof bei Thernberg.
Windmühle zum Schroten.
Um 1925.

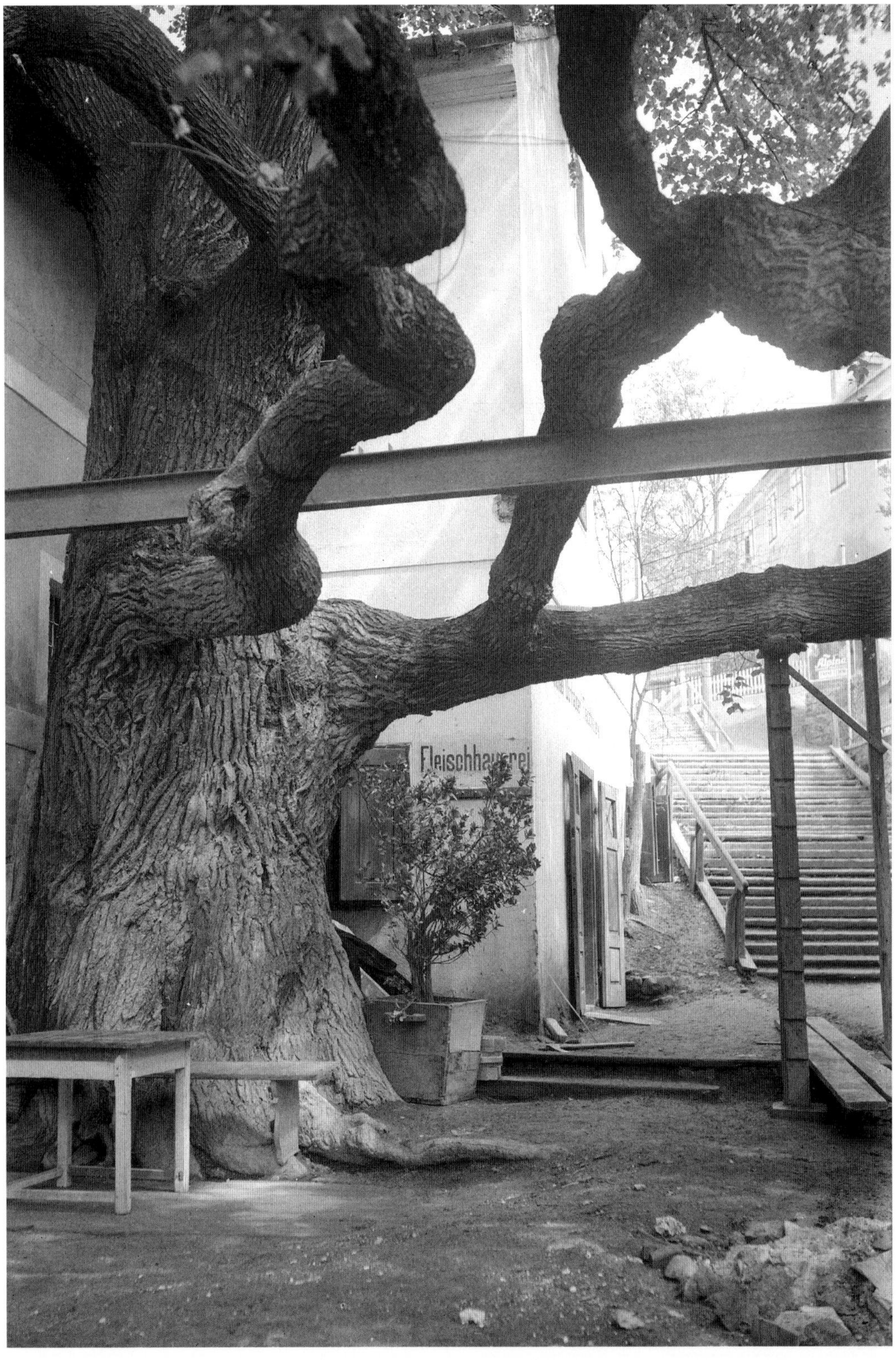

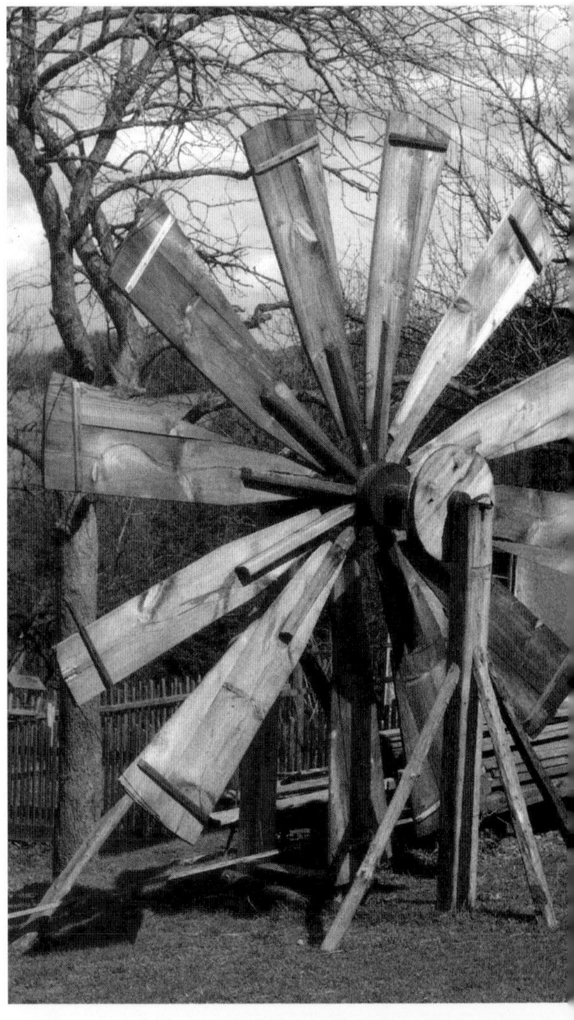

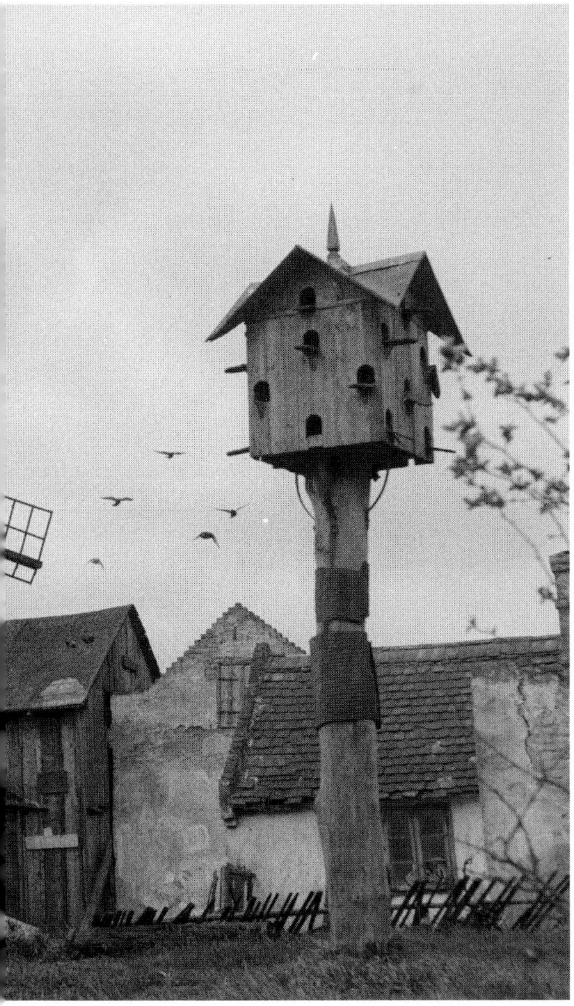

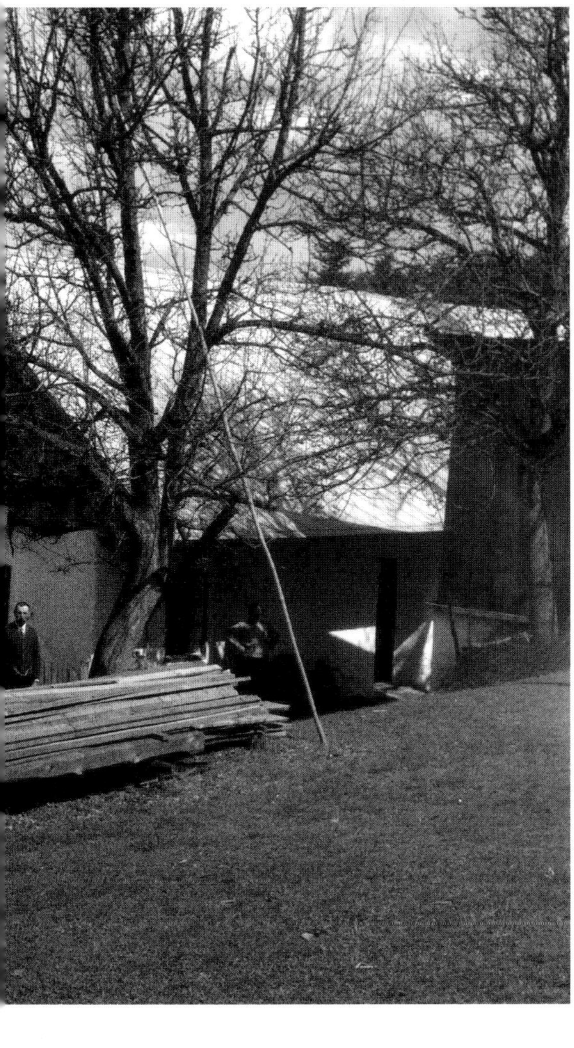

Links:
Deutsch-Altenburg.
Windmühle und Taubenschlag mit desolaten Wirtschaftsgebäuden.
Um 1950.

Burg Kreuzenstein nach dem Brand.
Blick aus dem Dachstuhl auf den Berchfrit.
April 1915.

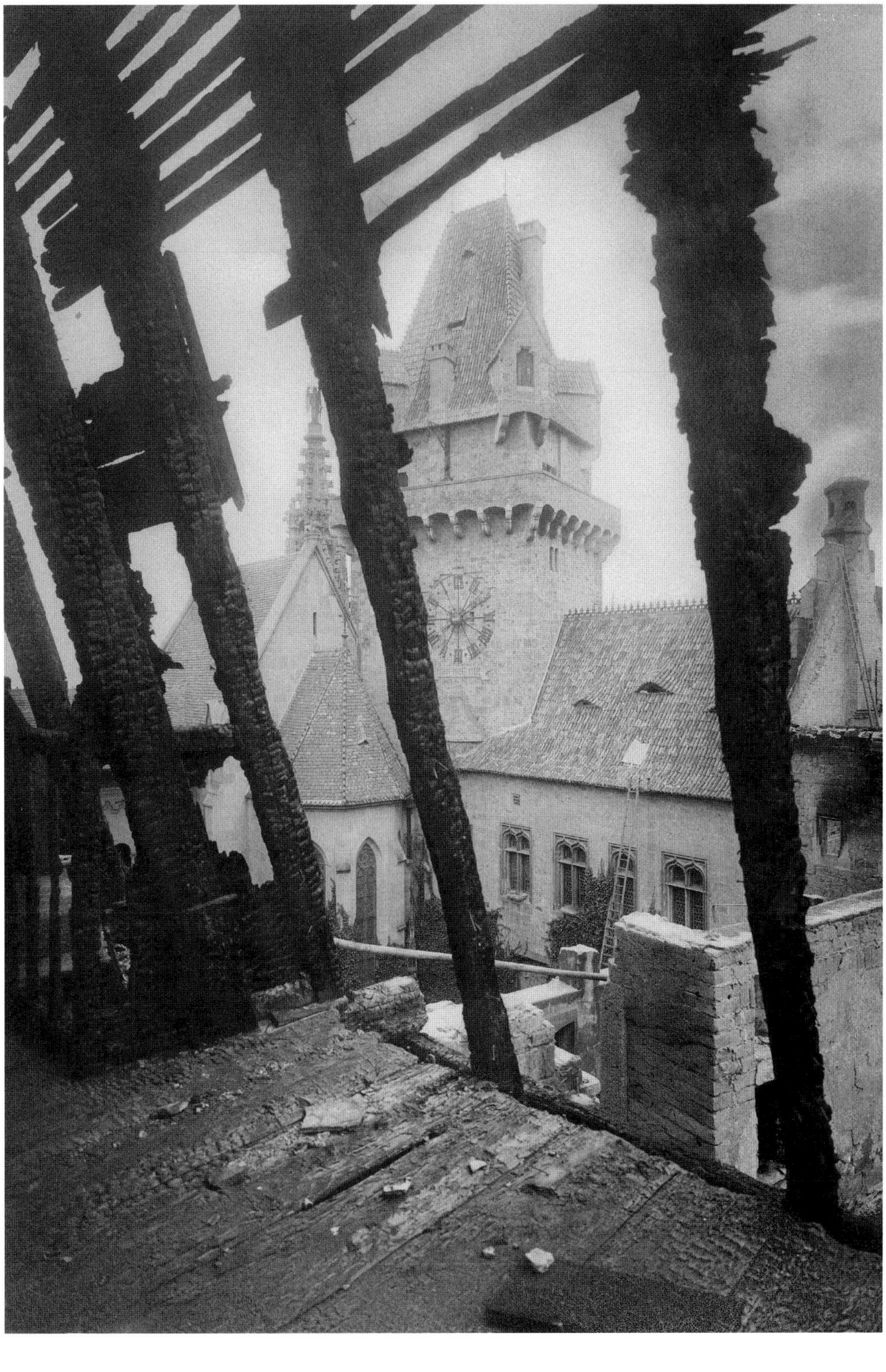

DER BAUER ALS MALER
in der Buckligen Welt.
Herr Ritter aus Habich
an der Staffelei in der Stube
seines Bauernhofs.
Um 1910.

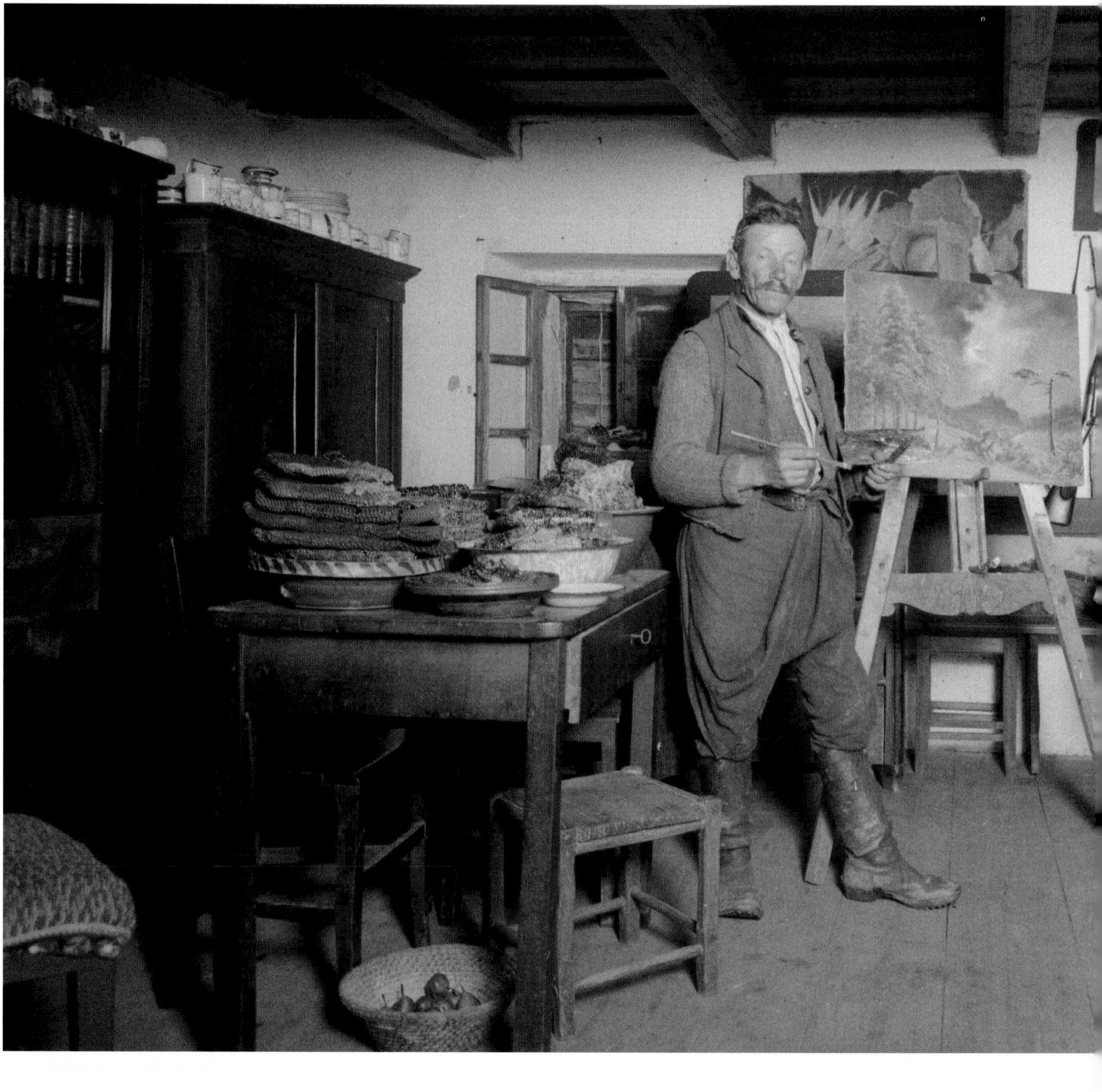

SCHÖNERER RAUCH
Waldviertler Bauer mit Pfeife, die ein Porträt des deutschnationalen Politikers Georg v. Schönerer, Herr auf Schloss Rosenau, ziert. (Nach dessen Tod wurden solche Andenken verkauft.)
Um 1921.

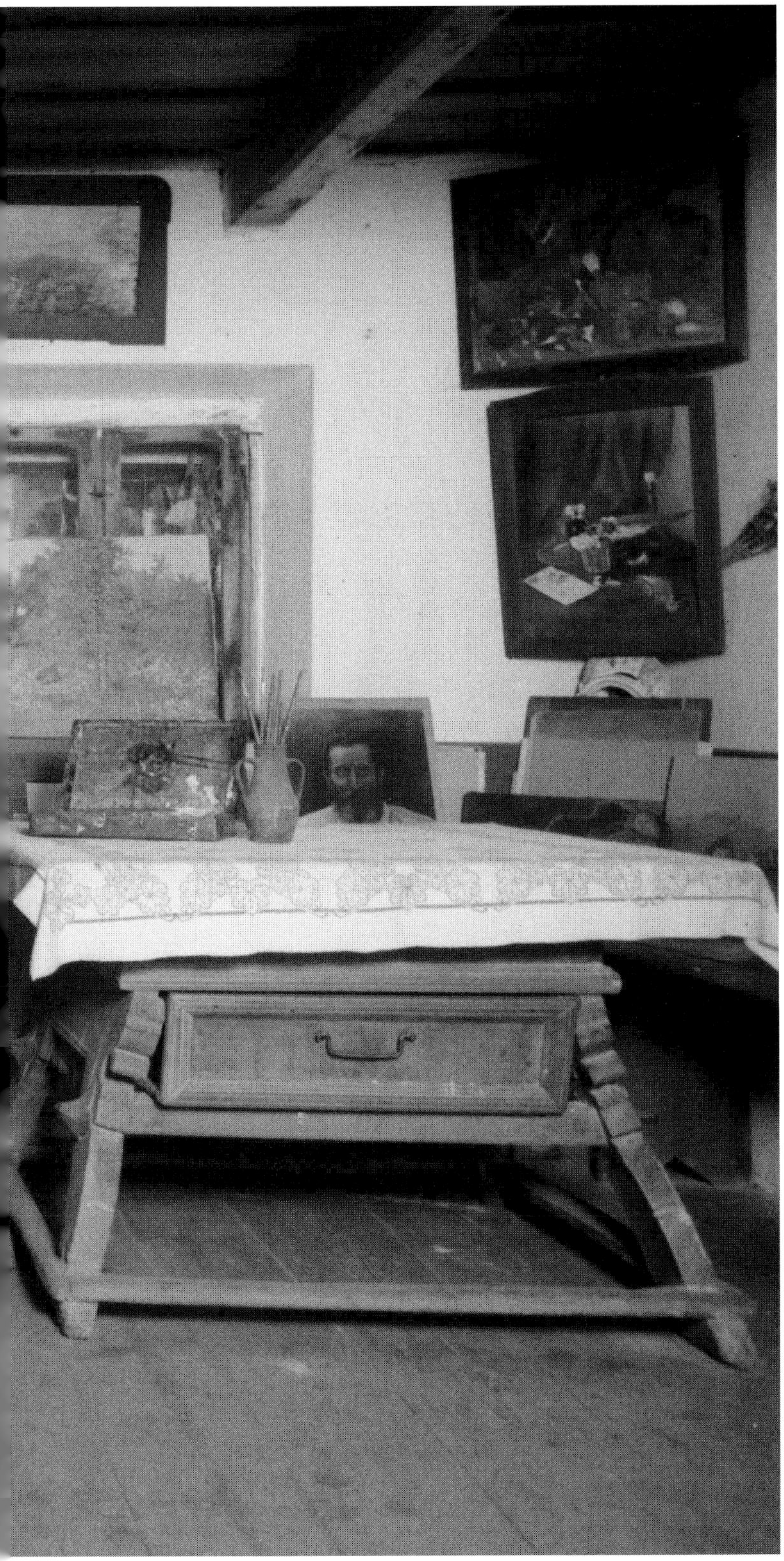

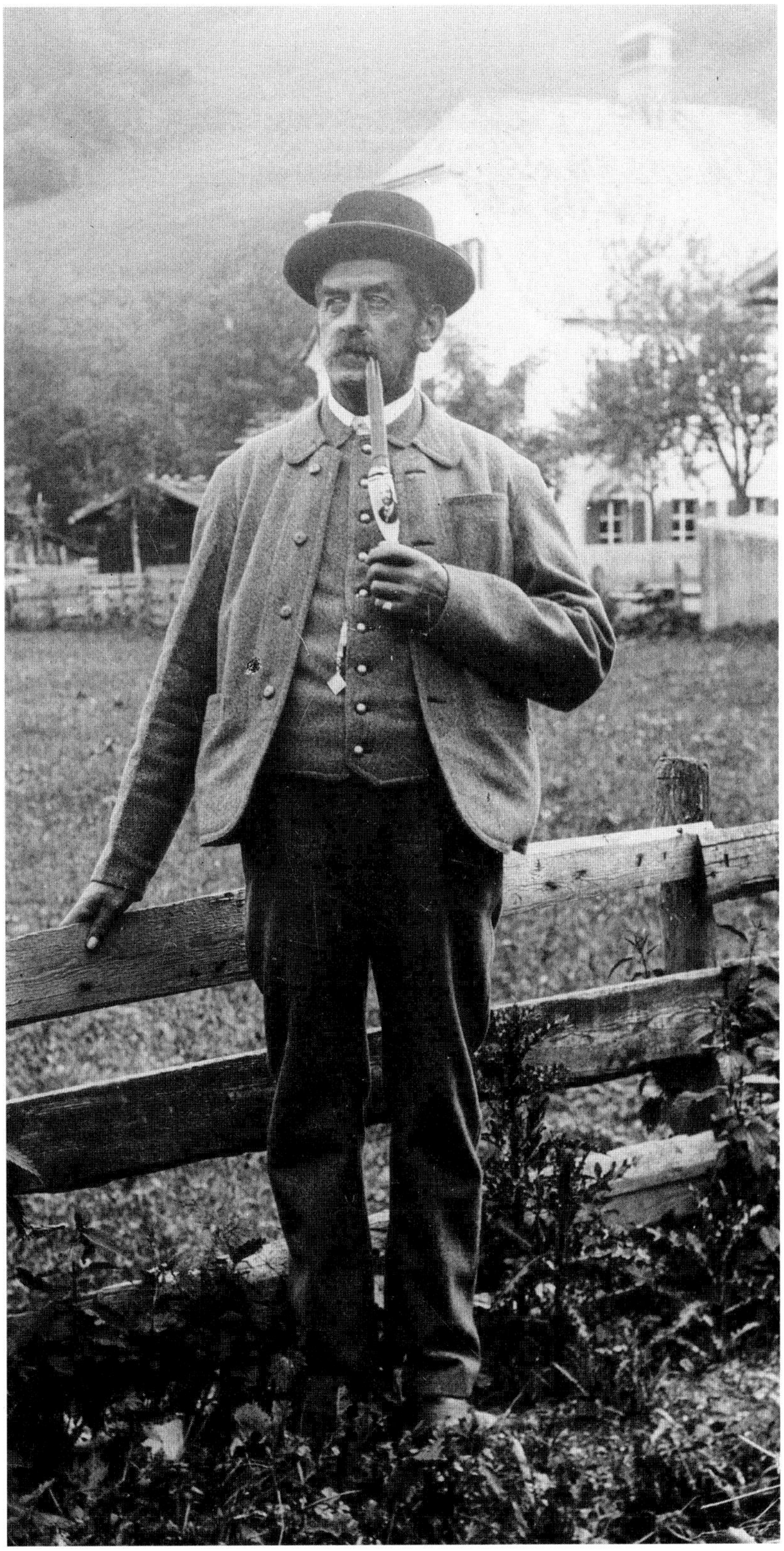

BILDQUELLEN

KAPITEL 1

12–13	Hochschneeberg, Kaiserin-Elisabeth-Gedächtniskirche	A. Binder, Wien	Um 1930
14 o.li.	Hochschneeberg, Klosterwappen	OR Preyer, Langenlois	Um 1910
14 u.quer	Hochschneeberg, Gipfelpyramide	Österr. Lichtbildstelle	Um 1935
15 u.quer	Hochschneeberg vom Höllental	A. Binder, Wien	Um 1930
15 o.re.	Hochschneeberg, Stadelwandgrat	A. Binder, Wien	Um 1930
16	Schneebergbahn, Bahnhof Puchberg	Heinrich Schumann, Wien	Um 1905
17 o.	Schneebergbahn, Zug am Hochplateau	Hans Kurz, Wien	Um 1920
17 u.	Schneebergbahn, Haltestelle Baumgarten	Ledermann, Wien	Um 1900
18	Raxalpe, Schweinehaltung	Hans Slanar, Wien	1942
19	Raxalpe, Kamillo Kronich	Österr. Lichtbildstelle	Um 1930
20	Raxbahn, Talstation Hirschwang	Österr. Lichtbildstelle	Um 1933
21 o.	Raxbahn, Bergstation Kleinau	Österr. Lichtbildstelle	Um 1932
21 u.	Raxbahn, Wagen bei einer Stütze	Österr. Lichtbildstelle	Um 1928
22	Raxalpe, Speckbacher Hütte	Karl König, Wien	1920
23	Raxalpe, Bergstation der Seilbahn	Hans Lutonsky, Wien	Um 1935
24 o.li.	Gösing, Bahnhof und Alpenhotel	Rudolf Pichler, Wien	Um 1912
24 u.quer	Gösing, Alpenhotel	Niederösterr. Landes-Fremden-Verkehrsverband	Um 1925
25 u.quer	Lackenhof, Winter	Gebhard Rossmanith, Wien	Um 1938
25 o.re.	Lassing-Fall	Atelier Kuss, Mariazell	Um 1875
26 li.	Semmering, Weinzettelwand	Österr. Lichtbildstelle	Um 1937
26 re.	Semmering, Liechtenstein-Sprungschanze	Hans Lutonsky, Wien	Um 1938
27 o.li.	Semmering, Teilübersicht von NO	Ledermann, Wien	Um 1900
27 o.re.	Semmering, Polleroswand	Ledermann, Wien	Um 1927
27 u.li.	Semmering, Bobbahn	Landesfremdenverkehrsverband für Niederösterreich	Um 1950
27 u.re.	Semmering, Viadukt über die Kalte Rinne	ÖFVW	Um 1935
28 o.	Gipfelpyramide, Hochwechsel	Niederösterr. Landes-Fremden-Verkehrsverband	1924
28 u.li.	Gipfelpyramide, Hochkar	Leopold Halbhuber, Wien	Um 1955
28 u.re.	Gipfelpyramide, Kaiserstein	Otto Schmitt, Wien	Um 1924
29 o.	Ötschereishöhle, Eisnadel	Niederösterr. Landes-Fremden-Verkehrsverband	Um 1920
29 u.li.	Einhornhöhle, Tropfsteinhalle	Hans Lutonsky, Wien	Um 1935
29 u.re.	Hermannshöhle, „Niagara"	ÖFVW	1924
30 o.	Göller, Gipfel mit Skifahrer	Österr. Lichtbildstelle	Um 1912
30 u.	Wienerwald, Skiläufer	Österr. Lichtbildstelle	Um 1930
31	Reisalpe, Schutzhaus	Ledermann, Wien	Um 1900

KAPITEL 2

34–35	Puchberg am Schneeberg, Teilansicht	Ledermann, Wien	Um 1935
36	Semmering, Golfplatz	ÖFVW	Um 1950
37	Semmering, Bahnhof	Ledermann (Heinrich), Wien	Um 1930
38 o.li.	Mariazeller Bahn, Wienerbruck	Ledermann, Wien	Um 1927
38 o.re.	Mariazeller Bahn, Bahnschleife Laubenbachmühle	Niederösterreichischer Landes-Fremden-Verkehrsverband	1924
38 u.li.	Mariazeller Bahn, Puchenstuben	Österr. Lichtbildstelle	Um 1928
38 u.re.	Terz, „Gasthaus zur österreichischen Grenze"	Karl Möhsl, Wien	1893
39 o.li.	Höllental, Abbrennbrücke	Ledermann, Wien	1933
39 o.re.	Höllental, Straßenpartie	Rudolf Tirold, Wien	Um 1907
39 u.li.	Gutenstein, „Lange Brücke"	Ferdinand Schaffer, Wien	1911
39 u.re.	Steinwandklamm, Eingang	Karl König, Wien	1912
40	Gleissenfeld, Ruine Türkensturz	Österr. Lichtbildstelle	Um 1935
41	Aspang, Mühle	Rudolf Pichler, Wien	Um 1912
42 o.quer	Neuhaus, Schloss	Rudolf Pichler, Wien	Um 1912
42 u.li.	Hohe Wand, Ausblick	A. Binder, Wien	Um 1930
42 u.re.	Peilstein, Felspartie	Oskar Frank, Wien	1941
43 o.li.	Sankt Helena bei Baden, Übersicht	Österr. Lichtbildstelle	Um 1935
43 o.re.	Pressbaum, Teilübersicht, Sacré Cœur	Ledermann, Wien	Um 1900
43 u.li.	Gumpoldskirchen, Weingärten, Schloss	Hermann Brühlmeyer , Wien	Um 1950
43 u.re.	Guntramsdorf, Partie am Mühlbach	Hans Markl, Wien	Um 1930
44	Hohenberg, Übersicht	Karl Möhsl, Wien	1928
45	Traismauer, Lössterrasse	Walter Hacker, Wien	Um 1925
46 o.li.	Hollenstein an der Ybbs	Armand Helm, Wien	Um 1895
46 o.re.	Klein Hollenstein	Armand Helm, Wien	Um 1895
46 u.li.	Gerstl an der Ybbs	Armand Helm, Wien	Um 1895
46 u.re.	Opponitz, Ybbstalkraftwerk	Ledermann (Wachuda), Wien	1925

47 o.li.	Ybbstal bei Waidhofen, Sonntagsberg	Österr. Lichtbildstelle	Um 1920
47 o.re.	Ybbstal bei Waidhofen, Zeller Ufer	Sammlung Springer, Wien	Um 1900
47 u.li.	Ybbstal, Böhlerwerk	Hans Lutonsky, Wien	Um 1938
47 u.re.	Ybbstal, Zeller Hochbrücke	Hans Lutonsky, Wien	Um 1938
48	Wachau bei Dürnstein, Übersicht	Ledermann, Wien	Um 1927
49	Wachau bei Dürnstein, Ruine	Rudolf Pichler, Wien	Um 1912
50	Wachau bei Spitz, Teufelsmauer	Österr. Lichtbildstelle	Um 1935
51 o.	Tullnerfeld, Ruine Greifenstein	Ledermann, Wien	Um 1934
51 u.li.	Am Wagram, Strass, Umgebung	Rudolf Pichler, Wien	1912
51 u.re.	Kamptal, Heiligensteiner Weinberg bei Zöbing	Hans Skul, Wien	1931
52 o.	Gmünd, Blockheide	Sammlung Sieber, Wien	Um 1910
52 u.li.	Greillenstein, Granitblöcke	Sammlung Sieber, Wien	Um 1910
52 u.re.	Am Stoitzenberg, Felsblöcke	Friedrich Widter, Wien	1950
53	Nebelstein, Gipfelfelsen	Sammlung Sieber, Wien	Um 1910
54 o.li.	Schloss Albrechtsberg	Julius Schulz-Döpfner, Wien	Um 1910
54 o.re.	Raabs an der Thaya, Übersicht	Ledermann, Wien	Um 1927
54 u.li.	Hardegg, Übersicht	Karl Möhsl, Wien	1909
54 u.re.	Heidenreichstein, Burg	Ilse Hruby, Wien	Um 1940
55 o.	Reinolz bei Dobersberg, Vierseithof	Österr. Lichtbildstelle	Um 1910
55 u.li.	Schloss Rosenburg	Ledermann, Wien	Um 1935
55 u.re.	Stift Altenburg	Rudolf Pichler, Wien	Um 1910
56 o.	Bei Untermarkersdorf, Weingärten	Friedrich Benesch, Wien	Um 1950
56 u.	Kreuttal, Luisenmühle	Österr. Lichtbildstelle	Um 1935
57 o.	Zwischen Deutsch-Wagram und Bockfließ, Felder	Walther Hacker, Wien	Um 1925
57 u.	Mühlbergfeld, Erdölförderung	Helfried Brunow, Wien	1955
58 o.li.	Wolfsthal, Hochwasser	U.S.I.S.	1954
58 u.quer	Hainburg, Pferdeschwemme	Franz Lobinger, Wien	1928
59 u.quer	Hainburg, Übersicht	A.Binder, Wien	Um 1920
59 o.re.	Wolfsthal, Hochwasserkatastrophe	U.S.I.S.	1954

KAPITEL 3

62–63	Rollfähre Ybbs-Persenbeug	Ledermann, Wien	Um 1900
64	Marbach an der Donau, Übersicht	Ledermann, Wien	Um 1936
65	Wallsee, Uferstation	Karl Graf Attems, Graz	1904
66 o.li.	Dorf Aggsbach an der Donau	Ledermann, Wien	Um 1927
66 u.quer	Bretterfloß im Strudengau	Hans Slanar, Wien	Um 1930
67 u.quer	Donautal bei Tulln, Fischfang	Österr. Lichtbildstelle	Um 1938
67 o.re.	Schönbühel an der Donau	Hans Lutonsky, Wien	Um 1937
68 o.li.	Stein an der Donau, Donaubrücke	August Makart, Wien	Um 1950
68 u.	Schifffahrt in der Wachau	Österr. Lichtbildstelle	Um 1935
69	Donaudampfer, Wachauerinnen	August Makart, Wien	Um 1950
70 o.	Greifenstein, Strandbad	Ledermann (Kempf)	1930
70 u.	Kritzendorf, Strandbad	Lothar Rübelt, Wien	Um 1925
71	Tuttendörfler Treppelweg	Robert Baller, Wien	Um 1912
72	Korneuburg, Werft der DDSG	Österr. Lichtbildstelle	1937
73 u.quer	Korneuburg, Werft der DDSG	Rudolf Pichler, Wien	Um 1910
73 o.re.	Korneuburg, Stapellauf	August Makart, Wien	Um 1950
74 o.	Spillern, Überschwemmung	Rudolf Pichler, Wien	Um 1900
74 u.	Restaurant „Fischerhütte" bei Mannswörth, Überschwemmung	U.S.I.S.	1954
75 u.quer	Hainburg, k. u. k. Pionierkadettenschule	Julius Hock, Wien	1908
75 o.re.	Petronell, Netzfischer	Unbekannter Fotograf	Um 1937
76 o.	Gänserndorf, Umgebung	Edmund Aigner, Wien	1912
76 u.	March bei Angern, Überschwemmung	Paul Pichier, Wien	Um 1906
77 o.	Stillfried a. d. March, Überfuhr	Rudolf Pichler, Wien	Um 1910
77 u.	Dürnkrut, Marchbrücke	Franz Mörtl, Wien	Um 1930
78 o.quer	Hardegg, Thayabrücke	Hans Kurz, Wien	Um 1912
78 u.li.	Gars am Kamp, Strandbad	Ledermann, Wien	Um 1925
78 u.re.	Thunau, Strandbad Gars	Österr. Lichtbildstelle	Um 1930
79 li.	Thaya bei Drosendorf	Gustav Adolf Witt	Um 1900
79 re.	Großes Ispertal, Isperklamm	Ledermann, Wien	Um 1927
80	Payerbach, Partie an der Schwarza	Ledermann, Wien	1932
81 o.li.	Unterpiesting, Partie an der Piesting	Bundesdenkmalamt	Um 1920
81 o.re.	Bruck an der Leitha, Motiv am Ufer	Karl Graf Attems, Graz	1907
81 u.quer	Wiener Neustädter Kanal	Marianne Dausek, Wien	Um 1911
82 o.	Erlaufsee, Teilansicht	Ledermann, Wien	Um 1925
82 u.	Erlaufstausee, Blick auf die Staumauer	Hans Lutonsky, Wien	Um 1938
83	Hinterbergteich	Karl Möhsl, Wien	1928
84 o.li.	Lunzer See, Biologische Station	Gustav Götzinger, Wien	1910
84 u.quer	Lunzer See gegen den Scheiblingstein	Ledermann (Stohl), Wien	Um 1927
85	Lunzer See, Studenten in Boot	Niederösterreichisches Landesmuseum	Um 1938

KAPITEL 4

88-89	Großgerungs, Ferkelmarkt	Franz Lobinger, Wien	1931
90	Artstetten, Ochsengespann	R. Himmel, Wien	Um 1958
91 o.quer	Waldviertel, Getreideernte	Peter Wieser, Edelhof bei Zwettl	Um 1925
91 u.li.	Waldviertel, Kornmandeln	Peter Wieser, Edelhof bei Zwettl	Um 1925
91 u.re.	Bei Persenbeug, Getreidemahd	Österr. Lichtbildstelle	Um 1935
92 o.	Langschlag, Vierkanthof	Franz Lobinger, Wien	1931
92 u.	Pfaffenreith, Bauernküche	Robert Baller, Wien	Um 1912
93	Allentsteig, Innenhof des Wirtshauses	Adolf Albin Blamauer, Wien	Um 1900
94 o.li.	Rehberg, Torbogen	Karl Weilguny, Wien	Um 1950
94 u.quer	Allentsteig, Kinder nach Unterrichtsschluss	Adolf Albin Blamauer, Wien	Um 1900
95	Heidenreichstein, Jahrmarkt	Urania	Um 1910
96 li.	Joching bei Weißenkirchen, St.Pöltner Hof	Ilse Hruby, Wien	Um 1910
96 o.re.	Dürnstein, Kremser Tor	August Makart, Wien	Um 1950
96 u.re.	Spitz an der Donau, Rotes Tor	Gebhard Rossmanith, Wien	Um 1938
97 o.li.	Schwallenbach, Anfertigung der Sonnwend-Hexe	Österr. Lichtbildstelle	Um 1933
97 o.re.	Langenlois, Winzerstangen	Österr. Lichtbildstelle	Um 1930
97 u.li.	„Weinbergoaß", Wachau	Hermann Brühlmeyer, Wien	Um 1950
97 u.re.	Poysdorf, Weinlesefest	Österr. Lichtbildstelle	1928
98 o.	Obersdorf, Weinhauerhaus	Walther Hacker, Wien	Um 1925
98 u.	Herrnbaumgarten, Weinfuhrwerk	Hans Slanar, Wien	Um 1940
99	Poysdorf, Weinlesefest	Österr. Lichtbildstelle	1928
100 o.quer	Niederkreuzstetten, Straßenbild	Ledermann, Wien	Um 1900
100 u.li.	Ulrichskirchen, Bahnhofsgebaude	Ledermann, Wien	Um 1900
100 u.re.	Bockfließ, Streckhof	Walther Hacker, Wien	Um 1925
101	Wolkersdorf, Wienerstraße	Ledermann, Wien	Um 1900
102 li.	Orth an der Donau, Schloss	Friedrich Widter, Wien	Um 1910
102 re.	Fischamend, Marktturm	Hans Lutonsky, Wien	Um 1937
103	Gumpoldskirchen, Schrannenplatz	Rudolf Pichler, Wien	Um 1905
104 o.	Albern, Wanderzirkus und Varieté-Theater	Robert Baller, Wien	Um 1912
104 u.	Laab im Walde, Posthaus	Friedrich Widter, Wien	Um 1910
105 o.	Bisamberg, Gastwirtschaft	Österr. Lichtbildstelle	Um 1938
105 u.	Maria Enzersdorf, Straßenbild	Hans Markl, Wien	Um 1930
106	Mitterndorf an der Fischa, Brand	Fritz Zvacek, Wien	Um 1925
107	Klausen bei Mödling, Hochwasserschäden	Archiv Stern & Hafferl, Wien	1900
108	Eberbach bei Weißenbach, Bergbauern	Otto von Wettstein, Wien	1910
109	Eberbach bei Weißenbach, Bauer Michael Hacker	Otto von Wettstein, Wien	1910
110 o.li.	Küb am Semmering, Bernhardinerzüchter	Matthias Rohrweck, Wien	Um 1910
110 u.quer	Aspang am Wechsel, Gasthaus „Zur Steinplatte"	Gustav Adolf Witt, Wien	Um 1900
111	Erlaufklause, Haltestelle mit Jägern	Niederösterr. Landes-Fremden-Verkehrsverband	Um 1925
112 li.	Spitz an der Donau, Marillenernte	Egyid Filek, Wien	1929
112 re.	Tullnerfeld, Butterrühren	Franz Lobinger, Wien	Um 1930
113 o.	Tullnerfeld, Zuckerrübenernte	Österr. Lichtbildstelle	Um 1935
113 u.	Vöslau, Weinlese	Österr. Lichtbildstelle	Um 1932
114	Königstetten, Straßenbild	Karl Möhsl, Wien	1912
115 o.li.	Rossatz, Schloss	Ferdinand von Gorup, Wien	Um 1918
115 o.re.	Goganz bei Gresten, Bauernhof	Erwin Hassak, Wien	Um 1912
115 u.	Rabenstein an der Pielach	Karl Möhsl, Wien	1901
116 o.li.	Haag, Hauptplatz	Friedrich Widter, Wien	Um 1925
116 u.quer	Haag, Ansicht über die Westbahn	Rudolf Pichler, Wien	Um 1910
117	Purgstall, Erlaufbrücke	Karl König, Wien	1932
118	Schloss Seebenstein, Torbogen	Otto Schmitt, Wien	1895
119 o.	Aspang am Wechsel, Bahnhof	Österr. Verkehrsamt	Um 1905
119 u.	Sankt Corona am Wechsel, Wallfahrtskirche	Karl Möhsl, Wien	1927
120	Göstling an der Ybbs, Goldene Hochzeit	Österr. Lichtbildstelle	Um 1935
121	Schönau im Gebirge, Bauernhochzeit	Gustav Adolf Witt, Wien	Um 1905

KAPITEL 5

124–125	Wiener Neustadt, Hauptplatz	Friedrich Widter, Wien	Um 1912
126 o.li.	Wiener Neustadt, Hauptplatz	Österr. Lichtbildstelle	Um 1935
126 u.quer	Wiener Neustadt, Johannes-von-Nepomuk-Platz	Josef Sikora, Wien	Um 1925
127	Wiener Neustadt, Pfarrgasse	Niederösterr. Landes-Fremden-Verkehrsverband	1924
128 o.li.	Wiener Neustadt, Bahnhof	Gottlieb Marktanner-Turneretscher, Salzburg u. Graz	Um 1910
128 u.quer	Wiener Neustadt, Artilleriekaserne	Herlango, Wien	Um 1908
129 u.quer	Wiener Neustädter Kanal	Adolf Albin Blamauer, Wien	Um 1900
129 o.re.	Wiener Neustadt, Synagoge	Unbekannter Fotograf	Um 1930
130 o.	Neunkirchen, Hauptplatz	Rudolf Pichler, Wien	Um 1905
130 u.	Neunkirchen, Pestsäule und Rathaus	Ledermann, Wien	1932
131	Gloggnitz, 75-jähr. Jubiläum der Semmeringbahn	Niederösterreichisches Landesmuseum	1929

132 o.	Baden, Kurhaus	Ledermann, Wien	Um 1930
132 u.	Baden, Kurpark	Ledermann, Wien	Um 1900
133	Baden, Trabrennplatz	Hermann Brühlmeyer, Wien	Um 1950
134 o.li.	Baden, Dreifaltigkeitssäule, Rathausplatz	Ledermann, Wien	Um 1935
134 o.re.	Baden, Josefsplatz, Badner Bahn	Hans Lutonsky, Wien	Um 1937
134 u.li.	Baden, Frauengasse	Franz. Swoboda, Baden	Um 1950
134 u.re.	Baden, Theresienstraße	Gerlach & Wiedling, Wien	Um 1910
135	Baden, Franzensbad	Heinrich Wlha, Wien	1902
136 li.	Mödling, Teilansicht	Friedrich Kaiser, Wien	Um 1910
136 re.	Mödling, Hauptplatz, Markt	Eduard Hein, Wien	Um 1930
137	Perchtoldsdorf, Hochstraße, Markttor	August Stauda, Wien	Um 1910
138 o.	Hainburg, Turm der Stadtmauer	Karl Graf Attems, Graz	1907
138 u.	Mödling, Straßenbahn	Stanislaus Wagner, Wien	Um 1930
139	Bruck an der Leitha, Hauptplatz	Ledermann, Wien	Um 1900
140 o.li.	Klosterneuburg, Türme der Stiftskirche	Josef Aumann, Wien	Um 1938
140 u.quer	Klosterneuburg, Rathausplatz	Ledermann, Wien	Um 1900
141	Klosterneuburg, Kreutzergasse	Edmund Aigner, Wien	Um 1900
142	Korneuburg, Stadtturm, Rathaus	Ledermann, Wien	Um 1900
143 u.quer	Korneuburg, Hauptplatz, Dreifaltigkeitssäule	Karl Möhsl, Wien	1895
143 o.re.	Klosterneuburg, Fischertor	Franz Holluber,Wien	1924
144 o.quer	Hollabrunn, Hauptplatz	Franz Lobinger, Wien	1931
144 u.quer	Mistelbach, Hauptplatz	Ledermann, Wien	Um 1900
145	Stockerau, Hauptstraße, Tabak-Trafik	Hans Lutonsky, Wien	Um 1937
146 o.li.	Retz, Sgraffitohaus	Josef Sikora, Wien	Um 1925
146 u.quer	Retz, Verderberhaus	Josef Sikora, Wien	Um 1925
147 u.quer	Eggenburg, Hauptplatz	Franz Lobinger, Wien	1931
147 o.re.	Eggenburg, Portal ins Karlstal	Karl Möhsl, Wien	1896
148 o.	Gmünd, Jahrmarkt	Sammlung Sieber, Wien	Um 1910
148 u.	Zwettl, Hauptplatz mit Pestsäule	Karl Möhsl, Wien	1913
149 o.	Waidhofen an der Thaya, Rathaus und Pfarrkirche	Franz Lobinger, Wien	1931
149 u.	Horn, Florianibrunnen und Georgskirche	Rudolf Pichler, Wien	Um 1910
150 o.li.	Waidhofen an der Ybbs, Wochenmarkt	Österr. Lichtbildstelle	Um 1920
150 u.quer	Waidhofen an der Ybbs, Zeller Hochbrücke	Hans Lutonsky, Wien	Um 1937
151	Waidhofen an der Ybbs, Ybbsturm	Pogruitz, o.O.	Um 1920
152	Tulln, Blutgasse, Pferdefleischhauer	Rudolf Pichler, Wien	Um 1910
153	Tulln, Hauptplatz	Franz Lobinger, Wien	1930
154 o.	Krems an der Donau, Pferdemarkt	Karl Möhsl, Wien	1896
154 u.	Krems an der Donau, Marktbild	Österr. Lichtbildstelle	Um 1937
155 o.	Krems, Gendarmerieabteilung	Walter Marenzeller, Wien	Um 1934
155 u.	Krems an der Donau, Natureislaufplatz	Atelier Müller, Krems	Um 1910
156	Stein an der Donau, Hochwasser	Julius Schulz-Döpfner, Wien	Um 1910
157 o.li.	Krems an der Donau, Steiner Tor	Friedrich Widter, Wien	Um 1910
157 o.re.	Krems , Obere Landstraße	Rudolf Pichler, Wien	Um 1905
157 u.li.	Krems , Steiner Tor, sowjetisches Denkmal	Siegenfeld, Wien	1950
157 u.re.	Stein an der Donau, Weiler Förthof	Rudolf Pichler, Wien	Um 1910
158 o.	Spitz an der Donau, Hauptplatz	Hans Lutonsky, Wien	Um 1937
158 u.	Wilhelmsburg, Straßenbild	Rudolf Pichler, Wien	Um 1912
159	Lilienfeld, Stift	Karl Möhsl, Wien	1893
160	St. Pölten, Übersicht	Rudolf Pichler, Wien	Um 1910
161 o.	St. Pölten, Bahnhof	Ledermann, Wien	Um 1925
161 u.	St. Pölten, Bahnhofplatz	Hans Lutonsky, Wien	Um 1937
162	Sankt Pölten, Herrenplatz	Hans Lutonsky, Wien	Um 1937
163	Sankt Pölten, Kremser Landstraße	Erwin Hassak, Wien	Um 1912

KAPITEL 6

166–167	Krems, „Schwedenbelagerung"	Bundesdenkmalamt	1906
168	Deutsch-Altenburg, Tumulus	Karl Möhsl, Wien	1913
169 u.quer	Venus von Willendorf	Wien-Film	Um 1950
169 o.li.	Venus von Willendorf	Josef Szombathy, Wien	1908
169 o.re.	Venus von Willendorf	Josef Szombathy, Wien	1908
170 o.quer	Carnuntum, 1. Amphitheater, Osttor	Karl Möhsl, Wien	1913
170 u.li.	Carnuntum, 1. Amphitheater	Hans Herkommer, Frankfurt/M.	Um 1925
170 u.e.	Carnuntum, 1. Amphitheater	Karl König, Wien	1913
171	Carnuntum, Heidentor	Robert Sedlacek, Wien	1958
172 li.	Pöchlarn, Wolfgangbrunnen	Unbekannter Fotograf	Um 1940
172 re.	Leopold III., der Heilige, Holzskulptur	Dorotheum (Pichl), Wien	1959
173	Wiener Neustadt, Georgskapelle	Heinrich Wlha, Baden-Wien	Um 1895
174	Krems, „Schwedenbelagerung"	Bundesdenkmalamt	1906
175 o.quer	Unterloiben, „Franzosenturm"	Friedrich Benesch, Wien	Um 1950
175 u.li.	Hollabrunn, Kriegerdenkmal für die Gefallenen des Jahres 1805	Karl Möhsl, Wien	1812

175 u.re.	Deutsch-Wagram, Heldendenkmal	Österr. Lichtbildstelle	1910
176 o.	Berndorf, Eröffnung des Arbeitertheaters	Atelier Lechner, Wien	1899
176 u.li.	Bernorf, Festdekoration der Krupp'schen Metallwerke	Atelier Lechner, Wien	1899
176 u.re.	Berndorf, Eröffnung des Arbeitertheaters	Atelier Lechner, Wien	1899
177	Berndorf, Kaiser Franz Joseph I. und Arthur Krupp	Atelier Lechner, Wien	1899
178	Payerbach, Ankunft Erzherzog Franz Ferdinand und Gattin Sophie	Heinrich Schumann, Wien	1912
179	Payerbach, Feldmesse des Gebirgsartillerie-Regiments Nr. 2	Heinrich Schumann, Wien	1918
180	Laxenburg, Karl I. und Wilhelm II. am Bahnhof	K. u. k. Kriegspresse Hauptquartier	1917
181 o.	Laxenburg, Besuch des deutschen Kaiserpaares	K. u. k. Kriegspresse Hauptquartier	1917
181 u.	Laxenburg, Militärverdienstkreuz für Kaiser Karl I.	Heinrich Schumann, Wien	1917
182 o.	Barackenlager Gmünd, Ansicht des Lagers	K. u. k. Innenministerium	1915
182 u.li.	Barackenlager Bruck an der Leitha, Totalansicht	K. u. k. Innenministerium	1914/15
182 u.re.	Barackenlager Bruck an der Leitha, Waschstraße	K. u. k. Innenministerium	1914/15
183 o.	Traiskirchen, Staatserziehungsanstalt	Österr. Lichtbildstelle	1918
183 u.	Traiskirchen, Staatserziehungsanstalt	Österr. Lichtbildstelle	1918
184 o.	Mödling, Julius Deutsch bei Gedenktafelenthüllung	Österr. Parlamentsdirektion	1926
184 u.	Scheibbs, Manöver des österreichischen Bundesheeres	Österr. Parlamentsdirektion	1928
185 o.	Wiener Neustadt, „Heimwehrtag"	Ernst & Cesanek, Wien	1928
185 u.	Wien, Sitzung des Niederösterreichischen Landtages	Bundespressedienst	1934
186 o.	Döllersheim, Spital und Pfarrkirche	Paul Buberl, Wien	1909
186 u.	Döllersheim, Spital und Pfarrkirche	Ledermann (Kempf), Wien	1958
187	Melk, Durchfahrt der Deutschen Wehrmacht	Josef Szombathy, Wien	1939
188 o.	Gmünd, Grenze zur ČSSR	U.S.I.S.	1953
188 u.	Staatsgrenze bei Laa an der Thaya	U.S.I.S.	1952
189	Gmünd, Tschechischer Grenzposten	U.S.I.S.	1953
190 o.li.	Demarkationslinie an der Enns	August Makart, Wien	1946
190 o.re.	Krems, LKW der sowjetischen Besatzungstruppen	Roland Loewe, Wien	1955
190 u.	Neusiedl an der Zaya, Erdölfeld	Helfried Brunow, Wien	1955
191	Hainfeld, Kundgebung der S.P.Ö.	U.S.I.S.	1948
192	Rust im Tullnerfeld, Leopold Figl im Keller	U.S.I.S.	1952
193	Johann Steinböck, Portraitsitzung im Atelier Bodenstein	Walter Wellek, Wien	Um 1958

KAPITEL 7

196–197	Amstetten, Bahnhof	Hans Lutonsky, Wien	Um 1938
198	Bahnhof Aspang am Wechsel, Eröffnung	Adolf Albin Blamauer, Wien	Um 1910
199	Guntramsdorf, Dampftramway nach Wien	Ledermann, Wien	Um 1900
200 o.quer	Semmeringbahn, Aussichtswagen	Österr. Lichtbildstelle	Um 1934
200 u.li.	Gloggnitz, Jubiläums-Lokomotive	Niederösterreichisches Landesmuseum	1929
200 u.re.	Semmeringbahn, Aussichtswagen der ÖBB	Österr. Lichtbildstelle	Um 1934
201 o.li.	Westbahn, Werbetafel der ÖBB bei Melk	Roland Loewe, Wien	1956
201 u.li.	Westbahn, Werbetafel der ÖBB bei Melk	Roland Loewe, Wien	1956
201 re.	Westbahn, Elektrifizierung bei Rekawinkel	U.S.I.S.	1952
202	Kraftwerk Wallsee-Mitterkirchen	Richard Weber, Wien	1967
202/203	Opponitz, Wasserkraftwerk	August Makart, Wien	Um 1935
203	Ybbs-Persenbeug, Laufkraftwerk	Margit Zell, Wien	1957
204	Ötschergräben, Speicherkraftwerk Wienerbruck	Niederösterr. Landes-Fremden-Verkehrsverband	Um 1924
205 u.quer	Kematen, Papierfabrik	Ledermann (Stohl), Wien	Um 1930
205 o.re.	Klein-Neusiedl an der Schwechat, Papierfabrik	Pogruitz, o.O.	Um 1920
206 li.	Hohenau, Zuckerfabrik	Fritz Zvaček, Wien	Um 1930
206 o.re.	Tulln, Zuckerfabrik	Hans Lutonsky, Wien	Um 1938
206 u.re.	Wiener Neustadt, Flugzeugfabrik	Fritz Zvaček, Wien	Um 1930
207 o.li.	Krupp'sche Metallwerke Berndorf	Rudolf Pichler, Wien	Um 1910
207 u.li.	Enzesfelder Metallwerke AG., Walzwerk	Charles Scolik, Wien	Um 1914
207 re.	Erdölfeld Zistersdorf, Bohranlage	Österr. Lichtbildstelle	Um 1938
208	Kaiserbrunn, Wasserschloss	Ledermann, Wien	Um 1900
209 u.quer	Kaiserbrunn, Wasserschloss	Karl Möhsl, Wien	1891
209 o.re.	Eichkogel bei Mödling, Wasserreservoir	Hermann Kosel, Wien	1932
210 o.	Bruck an der Leitha, Ballon im Militärlager	Unbekannter Fotograf	1903
210 u.	Flugfeld Tulln-Langenlebarn, Eröffnung der Flugverbindung New York–Wien	U.S.I.S.	1946
211 li.	Jauerling, Sendeanlage	Ledermann (Kempf), Wien	1960
211 re.	Großsender Bisamberg	Hans Markl, Wien	1933
212	Höllental, Windbrücke bei Hirschwang	Österr. Lichtbildstelle	Um 1930
213 o.	Ötscher, Landstraße beim Stausee	Österr. Lichtbildstelle	Um 1930
213 u.	Rapottenstein, staatlicher Linienbus	Franz Lobinger, Wien	1932
215	Pernitz, Jausenstation „Am Hals"	Ledermann, Wien	Um 1950
214	Semmering, alter Grenzstein	Roland Loewe, Wien	1955

KAPITEL 8

218–219	Klausenleopoldsdorf, Holzschwemmen	Österr. Lichtbildstelle	Um 1910
220	Neuhaus im Triestingtal, Imkerschule	Unbekannter Fotograf	1936
221	Neuhaus im Triestingtal, Imkerschule	Unbekannter Fotograf	1936
222	Förster im Wienerwald	Urania	Um 1910
223 o.li.	Füllenberg bei Heiligenkreuz, Obstpresse	Österr. Lichtbildstelle	Um 1933
223 u.li.	Amaliendorf, Torfstich	Urania	Um 1910
223 re.	2. Wiener Hochquellenleitung, Sonnleitenstollen	Gustav Götzinger, Wien	1906
224 li.	Seegrotte Hinterbrühl, aufgelassene Stollen	Hans Lutonsky, Wien	Um 1937
224 o.re.	Piestingtal, Kalkofen	Pogruitz. o.O.	Um 1920
224 u.li.	Schrems, Granitsteinbruch	Urania	Um 1910
225 o.li.	Triestingtal, Zementwerk Tasshof	Bundesdenkmalamt	Um 1914
225 u.li.	Statzendorf, Schachtanlage	Österr. Lichtbildstelle	Um 1910
225 re.	Zistersdorf, Ölförderturm	Österr. Lichtbildstelle	Um 1936
226 o.li.	Bei Hollenburg, Bau einer 110-kV-Freileitung	Roland Loewe, Wien	1956
226 u.quer	Weißenkirchen, Bachregulierung	Ilse Hruby, Wien	Um 1910
227	Hart bei Gloggnitz, Kohlenbergwerk	Österr. Lichtbildstelle	Um 1910
228 o.	Groß-Siegharts, Waldviertler Hausweberei	Urania	Um 1910
228 u.	Pottendorfer Spinnerei/Felixdorfer Weberei	Österr. Lichtbildstelle	1937
229 u.quer	Ebergassing, Teppichfabrik Philipp Haas & Söhne	Österr. Lichtbildstelle	1937
229 o.re.	Ebergassing, Teppichfabrik Philipp Haas & Söhne	Österr. Lichtbildstelle	1937
230 o.	Hochneukirchen, Jahrmarkt, Pfeifenkramer	Gustav Adolf Witt, Wien	Um 1905
230 u.	Hochneukirchen, Jahrmarkt, Töpfer und Gerber	Gustav Adolf Witt, Wien	Um 1905
231	Wachau, Slowakischer Hausierer	Rudolf Friedrich, Wien	Um 1910
232 li.	Piestinger Wald, Pechgewinnung	Österr. Lichtbildstelle	Um 1938
232 o.re.	Schmiede Tullnerfeld, Beschlagen eines Pferdes	Franz Lobinger, Wien	Um 1930
232 u.re.	Saubichl bei Möltern, Sägemühle	Gustav Adolf Witt, Wien	Um 1905
233 li.	Tullnerfeld, Schmiede	Franz Lobinger, Wien	Um 1930
233 re.	Altnagelberg, Glashütte	Franz Lobinger, Wien	1931
234 o.	Gmünd, Straßenzollamt an der Grenze zu Böhmen	Urania	Um 1910
234 u.	Seegrotte Hinterbrühl, Eingang	Hans Lutonsky, Wien	Um 1937
235	Wiener Neustadt, Wiener Maut	Unbekannter Fotograf	Um 1925
236	Mönichkirchen, Nachtwächter	Niederösterr. Landes-Fremden-Verkehrsverband	Um 1924
237	Gugging, Freiwillige Feuerwehr	Ledermann, Wien	Um 1900

KAPITEL 9

240–241	Schloss Plankenberg, Emil Jakob Schindler mit Familie	Nachlass Wilhelm Legler	Um 1890
242	Semmering, Kolo Moser, Editha Mautner-Markhof, K. O. Czeschka	Hans Ankwicz-Kleehoven, Wien	Um 1912
243 u.quer	Schloss Plankenberg, Anna Mahler mit ihren Kindern	Nachlass Wilhelm Legler	Um 1890
243 o.re.	Arthur Schnitzler in Semmering-Landschaft	Unbekannter Fotograf	Um 1920
244	Hellerau-Laxenburg, Schule für Rhythmus, Musik u. Körperbildung	Bundespressedienst	1934
245 o.	Purkersdorf, Sanatorium	Ledermann, Wien	1926
245 u.	Militärlager zu Bruck an der Leitha, Arnold Schönberg	August Töke, Bruck an der Leitha	1916
246 o.	Semmering, Monument für Carl Ritter von Ghega	Karl Linke, Wien	1927
246 u.	Gutenstein, Feier am Grab Ferdinand Raimunds	Leo Ernst & Albert Hilscher, Wien	1936
247 li.	Josef Schöffel als Bürgermeister	Hans Siegenfeld, Wien	Um 1876
247 re.	Mödling, Josef-Schöffel-Denkmal	Urania	Um 1910
248 o.li.	Matthias Zdarsky, Altersporträt	Robert F. Arnold, Wien	Um 1930
248 u.quer	Horn, Josef Höbarth bei Ausgrabungen	Hans Dietrich, Wien	Um 1936
249	Matthias Zdarsky als Kletterer	Wilhelm Wagner, Lilienfeld	Um 1925
250	Richard Haller, Motorradsieger in Horn	Unbekannter Fotograf	1909
251 o. und u.	Rupert Hollaus in Traisen	U.S.I.S.	1954
252	Wiener Neustadt, Flugtag	Heinrich Schumann, Wien	1910
253 o.	Wiener Neustadt, Karl Illner mit Etrich-Taube	Max Fenichel, Wien	Um 1910
253 u.	Flugfeld Tullnerbach, Flugzeug von Wilhelm Kress	Rudolf Kleinschnitz, Wien	Um 1900
254 o.	Heldenberg in Kleinwetzdorf, Büsten	Österr. Lichtbildstelle	Um 1933
254 Mitte	Heldenberg in Kleinwetzdorf, Säulenhalle	Rudolf Pichler, Wien	Um 1910
254 u.	Heldenberg in Kleinwetzdorf, Kaiserallee	Heydenhauss & Robert, Wien	1903
255 li.	Heldenberg, Löwentor zum Schloss	Rudolf Friedrich, Wien	Um 1905
255 re.	Heldenberg, Radetzky-Denkmal	Heydenhauss & Robert, Wien	1903
256 li.	Klosterneuburg, Stiftskirche, Verduner Altar	Österr. Lichtbildstelle	Um 1930
256/57 Mitte	Stift Altenburg, Krypta	Österr. Lichtbildstelle	Um 1910
257 re.	Stiftskirche Altenburg, Kuppel	Österr. Lichtbildstelle	Um 1933
258	Mödling, Beethovenhaus	Stanislaus Wagner, Wien	Um 1930
259 o.	Rohrau, Geburtshaus von Joseph und Michael Haydn	Österr. Lichtbildstelle	Um 1931
259 u.	Hinterbrühl, Gasthof Höldrichsmühle	Jenny & Vereby, Wien	Um 1920
260	Heiligenkreuz, Grabmal der Mary Vetsera	Österr. Lichtbildstelle	Um 1920
261	Mayerling, Denkmal für Kronprinz Rudolf	Otto Schmitt, Wien	Um 1924

KAPITEL 10

264–265	Bad Vöslau, Thermalbad	Österr. Lichtbildstelle	Um 1930
266	Mödling, Schwimmkonkurrenz im städtischen Bad	Lothar Rübelt, Wien	Um 1925
267	Semmering, Spielkasino	Österr. Lichtbildstelle	1934
268 o.li.	Fotograf auf einem Donaudampfer	August Makart, Wien	Um 1950
268 u.quer	Greifenstein, Ruine	Österr. Lichtbildstelle	Um 1930
269	Tulbinger Kogel, Aussichtswarte	Karl König, Wien	1933
270 o.	Jauerling, Aussichtswarte	Österr. Lichtbildstelle	Um 1937
270 u.	Wienerwald, Höllensteinhaus und Julienwarte	Rudolf Pichler, Wien	Um 1912
271	Im Helenental, Brücke über die Schwechat	Hans Lutonsky, Wien	Um 1938
272 o.	Schloss Wasserburg bei Pottenbrunn	Landesfremdenverkehrsamt für Niederösterreich	Um 1950
272 u.	Schloss Grafenegg	Hans Skul, Wien	1931
273	Schlosspark Laxenburg, Franzensburg	Friedrich Widter, Wien	Um 1939
274	Burg Kreuzenstein, Torhaus	Rudolf Pichler, Wien	Um 1912
275	Schallaburg, Erster Hof	Heinrich Wlha, Wien	Um 1895
276 o.li.	Jagdschloss Niederweiden im Marchfeld	Friedrich Widter, Wien	Um 1910
276 o.re.	Schloss Hof aus der Niederweidener Allee	Heinrich Wlha, Wien	Um 1880
276 u.li.	Jagdschloss Eckartsau	Heinrich Wlha, Wien	Um 1880
276 u.re.	Trautmannsdorf an der Leitha, Markttor	Österr. Lichtbildstelle	Um 1928
277 o.li.	Zwettl, Stiftskirche	Otto Schmitt, Wien	1896
277 o.re.	Schloss Karlstein	Franz Lobinger, Wien	1931
277 u.li.	Heiligenkreuz, Stift	Ledermann (Kepf), Wien	1939
277 u.re.	Stiftskirche Lilienfeld, Trichterportal	Rudolf Pichler, Wien	Um 1912
278	Feistritz am Wechsel, Waffensaal der Burg	Niederösterreichischer Landes-Fremden-Verkehrsverband	1924
279	Schloss Hernstein	Rudolf Pichler, Wien	Um 1912
280 o.li.	Wiener Neustadt, Flugplatz, ehemaliges Denkmal	Ludwig Jäckle, Wien	Um 1944
280 u.quer	Schottwien, Straßenbild mit Gasthof	Ledermann, Wien	Um 1935
281 o.re.	Markgrafneusiedl, Ruine der Martinskirche	Hans Slanar, Wien	Um 1930
281 u.quer	Mannersdorf am Leithagebirge	Friedrich Widter, Wien	Um 1935
282 o.	Karner und Kalvarienberg in Kühnring	Unbekannter Fotograf	Um 1908
282 u.	Karner St. Michael in der Wachau, Altar	Österr. Lichtbildstelle	Um 1937
283 o.	Wasserspeier, Brunnengrotte der Weilburg in Baden	Unbekannter Fotograf	Um 1937
283 u.	Schloss Hernstein, Toilettenzimmer	Österr. Lichtbildstelle	Um 1920
284 o.	Judenau, H. Rott nach Gedenktafelenthüllung für Engelbert Dollfuß	Ernst Gersdorff, Wien	1937
284 u.	Schrems, Altersheim	Niederösterreichisches Landesmuseum	Um 1925
285	Waidhofen an der Ybbs, Säuglingsheim	Niederösterreichisches Landesmuseum	Um 1929
286 o.	Alland, Lungenheilanstalt	Bruno Reiffenstein, Wien	Um 1950
286 u.	Mauer-Öhling, Kaiser-Franz-Joseph-Landes-Heil- und Pflegeanstalt	Unbekannter Fotograf	1902
287	Mauer-Öhling, Kaiser-Franz-Joseph-Landes-Heil- und Pflegeanstalt	Unbekannter Fotograf	1902
288	Burg Kreuzenstein, Schlosskonzert	Unbekannter Fotograf	Um 1937
289	Baden, Konzert in der Trinkhalle	Hermann Brühlmeyer, Wien	Um 1950
290 o.	Semmering, Motorrad- und Automobilrennen	Hans Lutonsky, Wien	1937
290 u.	Amstetten, Radrennen „Quer durch Österreich"	U.S.I.S.	1948
291	Marchfeld, Eichhörnchen aus Getreidestroh	Bruno Völker, Wien	Um 1950
292 li.	Großpertholz, Papiermühle, Papierpresse	Franz Lobinger, Wien	1931
292/293 o.	Thallern, Gutskeller des Stiftes Heilligenkreuz, Weinpresse	Friedrich Widter, Wien	Um 1940
292/293 u.	Klosterneuburger Stiftskeller, Fasselrutschen	Österr. Lichtbildstelle	Um 1938
293 r.	Mistelbach, Käserei, Trockenraum	Hermann Kosel, Wien	1937
294 li.	Kirchberg am Wechsel, Alte Linde	Österr. Lichtbildstelle	Um 1930
294/295 o.	Deutsch-Altenburg, Windmühle und Taubenschlag	Landesfremdenverkehrsamt für Niederösterreich	Um 1950
294/295 u.	Grabnerhof bei Thernberg, Schrotwindmühle	Walter Hacker, Wien	Um 1925
295 re.	Kreuzenstein, Burg nach dem Brand	Graf Wilczek	1915
296	Habich, Herr Ritter, Bauer und Maler	Gustav Adolf Witt, Wien	Um 1910
297	Waldviertler Bauer mit Pfeife mit Portrait des Georg v. Schönerer	Historisches Museum der Stadt Wien	Um 1921

ABKÜRZUNGEN

ÖFVW: Österreichische Fremdenverkehrswerbung
U.S.I.S.: United States Information Service
British I.S.B: British Information Service Branch

BILDNACHWEIS

Alle Bilder und Bildausschnitte nach Originalvorlagen aus dem Bildarchiv der Österreichischen Nationalbibliothek.
www.bildarchiv.at

Österreichische Nationalbibliothek

Bildarchiv